중국서원사

中國書院史

※ 이 번역서는 중화학술외역(中華學術外譯) 프로젝트(19WJKB002)에 의해 중국의 국가사회
과학기금(國家社會科學基金, The National Social Science Fund of China)의 지원을 받았습
니다.

중국서원사
中國書院史

덩훙보 鄧洪波 지음
임려 林麗·장윤정 張允瀞 옮김

學古房

본서는 덩훙보鄧洪波 저서 『中國書院史』(2012년 증보판, 武漢大學出版社)를 저본으로 하여, 일부 내용을 재구성한 후 번역한 것이다.

1. 일반 한자 용어의 표기

1) 본문 중 한자 용어의 경우

최초로 사용된 한자는 병기로 표기하고 오해를 일으킬 여지가 없는 한 반복 사용된 한자는 병기하지 않았다. 다만 발음이 같아서 다른 뜻으로 해석이 가능한 한자어의 경우 반복 병기할 수도 있다.

2) 각주 중 한자 용어의 경우

문장의 간결성을 위해 각주의 한자어는 한자만 표기하고 한자음은 생략했다.

2. 중국 지명, 인명, 연호의 표기

1) 중국 지명이나 인명이 대부분 고문서에서 인용되었다는 점을 감안하여 대부분은 현 중국어의 한글 표기법을 따르지 않고, 한국 한자음으로 표기했다. 다만 현대 학자들의 이름은 중국어의 한글 표기법에 따랐다.

2) 중국 지명, 인명, 연호의 한자 표기 횟수는 각 소절小節을 기준으로 한번만 표기했다. 앞 소절에 등장했던 용어가 뒷 소절에 다시 출현한 경우 반복 표기했다.

3. 인용문의 표기

인용구는 길이에 따라 다음과 같은 두 가지 양식으로 원문 내용을 표기했다.

1) 짧은 구나 절의 경우

짧은 인용문이나 절의 경우, 본문에 풀어서 번역하고, 그 뒤에 원문 내용을 제시했다.

2) 긴 문장의 경우

긴 인용문의 경우, 본문에 풀어서 번역하고, 각주를 달아 원문 내용을 제시했다.

당대唐代 개인이 수학하는 서재書齋와 전적을 정리하는 관청인 아문衙門에서 유래한 서원은, 중국 전통시대 사인들이 서적을 소장하고, 읽고, 가르치고, 강화하고, 편찬하고, 간행하는 등의 다양한 활동이 이루어지던 곳이자, 문화를 축적하고 연구하고 창조하고 전파하던 문화 교육조직으로, 1200여 년의 역사를 자랑하며 그 수는 최소 7500여 개에 달한다. 서원은 중국의 교육, 학술, 문화, 출판, 장서 등 사업의 바탕이 되는, 사인의 학풍 조성 및 민간풍속 교화, 윤리의식 및 국민의 성숙한 사고방식 함양 등에 크게 이바지했다. 명대부터는 한반도, 일본, 인도네시아, 싱가포르, 말레이시아 등 동아시아와 동남아 각국을 비롯하여, 이탈리아 나폴리, 미국 샌프란시스코 등 구미 지역까지 진출하면서, 중화문명 전파와 현지 문화 발전에도 기여했다.

본서에서는 서원의 기원과 초기 형태, 서원의 교육기능 강화, 서원 제도의 확립, 서원의 보급과 관학화, 서원의 번영과 발전, 서원의 보급과 변천 등의 주제별로, 당대 초부터 청대 말까지 1200여 년 동안 이어져 온 중국 서원의 발전 과정을 체계적으로 설명하고 있다. 아울러 시대별 서원의 발전 현황을 주축으로, 서원의 문화적, 단계별 특징들을 정리했다. 뿐만 아니라 각 시기를 대표하는 서원의 사례연구를 통해, 개별 서원의 차원을 넘어 유사한 서원들을 분류하고 지역적 특성으로까지 연결하여, 중국의 교육, 문화, 학술, 출판, 장서, 윤리, 사고방식, 민간풍속, 중국과 외국의 문화교류 등에 서원이 기여한 바를 전체적으로 담아내고자 했다.

본서는 실증, 통계 분석 등의 연구 방법으로 다량의 1차 문헌과 현장 학술조사 자료를 분석하여 총체적 문화의 시각으로 큰 그림을 그리면서도 각 시기별 단계적 특징을 부각하였으며, 이를 토대로 학술적으로 새로운 견해들을 제시했다. 이에 대한 구체적인 내용은 다음과 같다.

첫째, 문화사회학적 관점에서 서원을 정의하고, 외국인 선교사들이 중국에 설립한 교회 서원, 중국의 영향을 받은 동남아 및 동양, 서양 등 해외 서원들을 포함한, 역사상 존재했던 모든 서원을 연구대상으로 삼아, 중국 문화가 어떻게 축적, 연구, 창조, 전파되는지를 분석했다. 또한 중국 문화의 보편성과 세계성을 재확인하고 서원이 중서中西 문화 사이에서 가교 역할을 했다는 점을 강조했다. 이 점이 기존 연구와 차별되는 본서만의 새로운 관점이다.

둘째, 서원은 관官과 민民, 두 가지 경로에서 시작된 이후에도 관영官營과 민영民營으로 각각 발전했다. 이처럼 공적 세력과 사적 세력이 오랜 기간 병존함으로써 서원은 관학과 사학의 성격이 공존하는 구조를 오랫동안 유지할 수 있었고, 관학이면서도 관학이 아닌, 사학이면서도 사학이 아닌, 종합적인 특징을 갖추게 되었다. 이러한 성격 덕분에 기존의 관학, 사학과는 완전히 다르면서도 관학, 사학으로부터 독립된, 완전히 새로운 문화교육체제로 성장할 수 있었다고 생각한다. 이것이 바로 서원이 천 여 년 동안 발전할 수 있었던 주요 원동력이다.

셋째, 송대 학자들에 의해 서원과 이학이 결합된 후, 주요 서원이 학술의 중심지로서 각 학파의 기지가 되는 등 서원과 학술은 서로 영향을 주고받고 성쇠와 영욕을 같이하며 일체화되었다는 관점을 제시했다. 대체로 남송대부터 중국 학술문화의 형성, 학파의 탄생, 학술성과 구축, 학술 전파 등이 서원과 연동되었는데, 그런 의미에서 서원은 전통시대 중국 학술의 발원지이자 파종기였다.

필자가 덩훙보 선생을 알고 지낸 지도 20년 가까이 되었다. 현재 중국 서원사 연구의 최고 권위자인 덩훙보 선생은, 서원에 관한 책만 해도 10권 이상 출판했고, 관련해서 수많은 글을 발표했다. 그에 견줄 만큼 이 분야에서 뛰어난 연구 성과를 보인 이는 쉽사리 떠오르지 않는다.

최근 그의 오랜 연구 성과인 『중국서원사中國書院史』가 출판되었다. 간체자판으로 대륙에서 먼저 출판되었던 이 책은, 현재 수정 및 증보를 거쳐 『동아시아문명총서(東亞文明叢書)』에 수록되어 대만대학교에서도 번체자 판으로 정식 출판되었다. 나는 이 책이 서원 연구의 이정표가 될 것이며 많은 사람들에게 인용될 것이라 확신한다.

이 책의 가장 큰 장점으로 풍부한 자료 활용을 꼽을 수 있다. 『중국서원사』는 내가 지금까지 본 연구 중에, 정사, 문집, 서원지, 지방지, 심지어 필기, 소설, 근현대 문서를 넘나들며 사료를 가장 풍부하게 인용한 책이다. 성실함에서는 누구도 그와 비견될 수 없을 것이다.

두 번째 장점은 서원의 이상에 대한 새로운 견해와 폭넓은 시각이다. 덩 선생 역시도 20세기 초 이래 중국학자들의 관점을 이어받아, 서원이 개인 강학의 정신을 대표한다고 생각했다. 그러나 여기에서 그치지 않고 서원의 관학화에도 유의미한 지점이 있다고 지적하면서, '관학화'로 인해 서원의 교육 이상과 학문적 영향이 상실되었다고 단정 짓지 않았다. 사실 덩 선생은 서원과 학술 간의 밀접성에 대해 여러 차례 체계적으로 논의했는데, 이를 통해 남송 이래 서원이 학풍에 점점 더 큰 영향을 미쳤으며 주요 사상이 모두 서원이라는 배경 속에서 탄생했음을 밝혔다. 이 같은 상황이 북송대까지만 해도 아직 뚜렷하지 않았기 때문에, 당대, 오대까지 거슬러 올라갈 수 있는지는 아직 미지수이나, 지속적으로 탐색해가야 할 것이다.

덩 선생은 포괄적 의미에서 서원을 정의했기 때문에, 서원의 역사를 당대까지 끌어올릴 수 있었다. 심지어 당대 이전의 일부 교육 기관도 후대의 서원과 연관 지었다. 그러나 이 책의 가장 큰 특징은 근대 이후 외국인들이 중국에 세운 '서원'도 중국 '서원'의 전통으로 간주한다는 점이다. 이러한 '유명론적' 접근법으로 인해 '서원'의 역사적 특징과 송명이학이 표방하는 개인 강학의 정신 간에 차이가 생겨난 듯하지만, 이것이야말로 현실적인 접근이다. 바로 이러한 관점에 기반해야 초기 서양인들이 중국 교육의 발전을 논할 때마다 왜 이탈리아 나폴리의 문화서원을 매번 언급했는지 이해할 수 있기 때문이다. 문화서원과 같은 '서원'은 일반 중국인들이 상상하는 서원과는 거리가 멀지만, 덩 선생의 연구에서는 나름의 위치를 차지하고 있다. 청말 서양 학문을 가르친 서원이나 서양인들이 세운 '서원'도 모두 중국 서원 발전사의 일부로 본 것이다. 독자들은 이러한 관점이 전통적 중국 서원과는 매우 동떨어진, 그야말로 이름만 같고 실질은 다르다고 할지 모르지만, 이는 중국인들의 서양에 대한 과도한 거부감 때문일 수도 있다. 사실 알렌(Young John Allen, 林樂知) 같은 서양 선교사들은 중국에서 교육할 때 중국과 서양의 학문을 조화시키고자 했으며, 서양식 학교의 이름을 '서원'이라 명명한 것도 바로 그 때문이었다. 중국인들만이 중국의 학문과 서양의 학문을 조화시키기를 원했고, 서양인들은 모두 '서원'이라는 이름 뒤에서 포교하고자 했다고 오해하면 안 될 것이다.

덩 선생이 포괄적 의미에서 '서원'을 정의한 것이 문화의 보편성을 강조하기 위함은 아니었으나, 결과적으로는 그렇게 되었다. 서원에 대한 이러한 정의 덕분에 자연스럽게 남양의 화교 지역, 한국과 일본의 서원에 대해서도 논의할 수 있게 된 것이다. 이는 기존의 서원 역사 연구자들이 간과한 것으로, '화교 문화권'이라는 의식이 반영된 관점이다. 중국 문화가 '중국'이라는 정치체에 포함될 수 없는 지역에까지 광범위하게 전파되었다는 것은 중요한 역사적 사실이다. 서원은 중국 문화의 산물이지만, 그 안에 내포된 '교육'의 의미는 인류가 보편적으로 추구하는 문화적 이상이라는 신념에 근거해야 한다. 한국과 일본에서의 서원은 중국 본토인들이 상상하는 '서원'에 근접한다. 일반적으로 중국인들은 서원의 이상과 실천이 '화교 문화권'의 산물이라고 간주하는데, 어떤 면에서 틀린 주장은 아니지만, 나는 그것이 인류가 함께 더 나은 삶을 추구한 결과라고 생각한다. 서원은 중국인이 창조했지만, 서원의 교육적 이상은 인류가 공유할 수 있기 때문이다. 그러므로 서원의 사상적 특성을 단순히 송명이학만으로 포괄하여 정의하거나 설명할 수 없다.

본서의 세 번째 장점은 기존 학자들이 언급하지 않았던, 저자만의 해석을 제시하여, 이전에 주목받지 못했거나 연구되지 않았던 서원들에 대해 관심을 불러일으켰다는 것이다. 원대의 서호서원西湖書院은 당시 책을 간각하는 것으로 유명했는데, 과거에는 소수만이 관심을 기울였다. 판수거班書閣처럼 서원의 장서와 인쇄 작업에 주목했던 이도 물론 있었지만, 덩 선생의 본 연구에 와서야 이에 관한 문제를 체계적으로 다루게 되었다. 그의 서호서원에 대한 상세한 논의는 전례 없는 것이다. 명청대 이후 널리 행해진 서원의 판각 작업은 서원의 교육 보급 기능을 잘 보여준다. 원대에 유명했던 역산서원歷山書院은 또 다른 교육 이념을 대표한다. 오래 유지되지 못했기 때문에 현대인들에게는 거의 알려지지 않았지만, 한때 의학 지식을 가르치고 진료를 보기도 했으며, 대량의 의학 서적을 수집하기도 했다. 덩 선생은 역산서원 외에도 각종 무서원武書院, 정음서원正音書院 등을 '전문' 서원으로 꼽았다. 이들 서원 수는 확실히 적은 편이지만, 모두 주목할 가치가 있다. 이러한 사례를 통해 덩 선생이 중국 서원사에 관한 데이터를 바탕으로 새로운 견해들을 제시했음을 알 수 있다.

덩 선생은 백록동서원, 동림서원처럼 예전부터 주목받아왔던 서원들에 대해서도 새로운 견해를 제시했다. 그는 동림서원이 '제자와 같은 제생'을 정식으로 모집하지 않았다는 점에서, 다른 교학 중심의 서원과 다르다는 점에 주목했으며, 동림서원을 자신이 새롭게 개념화 한 '사단서원社團書院'으로 분류했다. 이에 관해서는 아래에서 다시 논의하도록 하고, 명 중후기에 이르러 서원이 비약적으로 발전했는데, 이 시기에 동림서원과 백록동서원이 특별한 역할을 담당했다는 정도만 우선 지적하고자 한다. 과거의 학자들이 백록동서원이라 명명했던 이유는 주희의 유명한 「백록동서원학규白鹿洞書院學規」 때문이었다. 그러나 막상 백록동서원 역사 자체에 대해서는 많이 알려져 있지 않다. 사실 백록동서원은 왕수인을 포함한 중국의 모든 사상가들이 참배하고 교학하고 싶어

했던 곳이기도 한데, 본서에서는 이 점을 매우 객관적으로 설명하고 있다. 덩 선생역시 기존의 논의를 중시하긴 했지만, 이 책을 완독해보면 중국학술사에서 백록동서원이 끼친 영향이 그리 크지 않다는 것도 알게 될 것이다.

앞에서 사단서원과 함께, 명 중기 이후 민간(서민) 교육이 중시되었다는 것을 언급했는데, 이 둘은 모두 왕수인과 그의 제자들 사상에 영향을 받았다는 점에서 밀접한관련이 있다. 서원 강학은 일반적으로 동림서원의 사인들과 함께 논해진다. 동림서원이사단서원의 대표격이므로 이러한 논의는 일리가 있지만, 덩 선생은 왕수인이 동림서원을 중시했다는 점을 강조했다. 일반 학자들은 동림서원의 사대부들이 주자 사상 회복에뜻을 두고 있다고 생각했기 때문에, 덩 선생의 이러한 지적은 의미가 있다. 그러나그들이 사단서원의 이상을 펼치고 일반 백성 교육에 관심을 기울인 것에는 왕수인의영향이 반영되어 있다. 황종희의 명대 사상에 대한 해석의 영향으로, 일반적으로 양명학의 심학적 경향에 대해 지나치게 부정적인 인식을 갖게 되었고, 양명학이 서민교육에끼친 영향을 균형 잡힌 시각에서 평가할 수 없게 되었다. 그리고 민간 교육을 중시하는교육 이념이 중국 정치사에 미친 영향도 간과하게 되었다. 중국 사회가 민간 교육을중시하고 백성들의 입장에서 교육의 내용을 논하기 시작한 것은 왕수인과 그 후학들의공헌 덕분이다. 덩 선생의 책을 읽고 난 후, 소위 '선서善書'의 유행과 이들에 담겨있는이념(유교, 불교, 도교)이 명 중기 이후 심학자들의 영향을 받았다고 느껴졌다. 덩 선생이 자신의 책에서 이 점을 특별히 강조하지는 않은 듯하지만, 독자들은 왕수인과 그의제자들의 공헌에 대한 그의 논의를 접할 때 이러한 느낌을 받을 것이다. 중국 서원과서민의 교육은 떼려야 뗄 수 없다.

덩 선생은 예전이라면 주목하지 않았을지도 모를 새로운 해설도 많이 제시했는데,그 중에는 당대 서원에 대한 연구도 포함되어 있다. 당대와 오대 서원에 대한 연구로인해 서원의 '전사前史'를 매우 흥미롭게 다루었다(그는 이미 관련 자료를 모두 다찾은 듯하다. 미처 찾지 못한 자료가 있다면 불경에서 찾을 수 있을 것이다). 그는당 현종 연간 '여정서원'과 '집현서원'보다 앞선 사설 '서원'이 존재했다는 증거를 발견했다(덩 선생이 두 서원의 조직, 편제, 활동에 대해 현재까지 가장 철저하게 고증했다는 점도 언급해둔다). 더 중요한 것은 그가 서원의 부흥을 민간 교육 수요의 결과로 본 것이다. 덩 선생이 강조해 온 서원의 민간적(또는 민력 설립) 성격과 연결돼 있다는 점에서 이러한 해석은 중요하다. 이미 언급했던 것처럼, 덩 선생은 관영과 민영이 모순되는 관계라고 생각하지 않았다. 오히려 그는 관영, 민영 상관없이 백성들을 교육한다는 목적을 달성할 수 있다고 생각했다. 이러한 개방적인 태도 덕분에 청대 서원 대부분이 민력으로 설립되었다는 것을 발견했으며, 이들도 마찬가지로 민간의 교육을 담당했다고 생각했다. '관학화'라는 부정적인 듯한 개념에도 최소 중립적인 함의가 있었던 것이다.

덩 선생은 지속적으로 서원과 과거시험의 관계에 주목해왔다. 이는 모든 서원 연구자들이 공통적으로 관심을 기울였던 주제이지만, 덩 선생만큼 집요하게 파고들었던 이는 그리 많지 않다. 과거 학자들은 주희가 과거제를 비판했기 때문에 서원의 교육 이상은 과거제에 대한 비판적인 태도 위에 세워져야 한다고 생각했다. 이는 분명 잘못된 견해이다. 덩 선생은 과거 시험을 긍정적으로 평가하는 입장에 서 있기 때문에, 서원의 과거제 반대 주장을 특별히 강조하지는 않았다. 동시에 과거제에 대한 필요로 인해 서원이 설립된 사례도 과도하게 비판하지 않았다. 우리도 중국 서원이 오래 발전할 수 있었던 이유의 상당 부분이 과거시험 덕분이라는 것을 잘 알고 있다. 광주의 진씨서원陳氏書院이 대표적인 예다. 진씨서원은 동림서원처럼 기본적으로 제생을 받지 않았고, 광동 각지의 진씨 자제들이 광주부에 가서 시험을 치를 때 잠시 묵거나 시험을 준비하던 곳이다. 이러한 서원은 사실 '회관會館'과 더 유사하지만, 서원사의 일부이기도 하다. 여느 수많은 서원들처럼 시험과 밀접한 관련이 있다.

앞에서 간략하게 언급한 것처럼 서원 교육과 과거 시험의 관계를 중시하는 덩 선생은 서원이 학문 발전에 효과적으로 영향을 미칠 수 있다고 강조했다. 명청대 사상 및 교육사를 연구하는 미국의 벤자민 엘먼(Benjamin Elman) 교수도 동일한 주제에 관심을 갖고 있다. 이 주제는 향후에 깊이 연구하고 확장해 갈 다음 연구 목표로 삼을 수 있다고 생각한다. 명청대 이후 서원의 교육 내용이 시험 문제에 영향을 미쳤다는 점은 이미 잘 알려져 있다. 송원대에 어떠했는지에 대해서는 더 깊은 연구가 필요할 것이다.

마지막으로 덩 선생 연구의 장점 하나를 더 언급하고 싶다. 바로 통계와 도표를 활용하여 서원의 발전 과정을 체계적으로 묘사했다는 점이다. 이러한 연구는 초기 차오송예曹松葉부터 최근 바이신량白新良까지 지속적으로 이루어져 왔는데, 덩 선생은 주로 바이신량의 연구에 많이 의존하고 있다. 통계는 '개체성'이나 역사의 '독특성'을 담아낼 수 없다는 한계가 분명하지만, '과정'이나 '추세'를 시각화함으로써 독자들이 역사의 변천을 쉽게 파악할 수 있도록 도움을 주기에, 통계와 도표의 역할은 무시할 수 없다. 때문에 덩 선생의 이러한 작업 역시 매우 유의미하다.

전술했듯이 덩훙보 선생과 20여 년을 알고 지낸 지기로서, 필자가 그를 대신하여 이 책의 서문을 쓰게 된 것을 매우 기쁘게 생각한다. 새로운 자료, 새로운 의견, 새로운 견해로 가득 찬 이 책 덕분에, 우리는 더욱 합리적이고 정확하게 서원의 역사를 이해할 수 있게 될 것이다. 독자들이 그의 관점과 방법을 충분히 이해함으로써, 유서 깊은 중국 교육 제도의 역사를 함께 이어갈 수 있기를 바란다.

2005년 6월 30일, 미국 뉴욕 나파밸리(Napa Valley)에서
타이완대학교 동아시아문명연구센터 센터장 리훙치 씀

　이 책은 중국 湖南大學 嶽麓書院 덩훙보 교수의 『中國書院史』를 우리말로 옮긴
것이다. 이 책은 2004년에 처음 상해 동방출판센터에서 출판되었고, 2005년에는 일부
내용을 수정해 대만대학출판센터에서 번체자본으로 출간되었다. 2012년에는 기존의
수정본을 전체적으로 재수정한 개정판을 武漢大學出版社에서 출간하였는데, 본서는 이
개정판의 번역본이다.

　저자인 덩훙보 교수는 중국을 대표하는 서원 연구자로, 100여 편 이상의 논문과
20여 종의 학술서를 저술했다. 특히 덩 교수가 주관한 『中國書院文獻整理與研究』,
『東亞國家書院文獻整理與研究』 등 국가사회과학기금 중대사업 10여 개, 대표 저서
『中國書院制度研究』, 『湖南書院史稿』, 『嶽麓書院史』 등, 주편을 맡았던 『中國書院
史資料』(전3권), 『中國書院學規集成』(전3권), 『中國書院文獻叢刊』(전300권), 『中國
書院文化叢書』(전5권) 등은, 중국 서원 연구가 활성화될 수 있는 토대를 제공했다.

　이번에 번역된 『중국서원사』는 위와 같이 저자가 그간 각고의 노력 끝에 이룬 중국
서원에 관한 방대한 연구를 바탕으로 하였고, 특히 오랜 공력을 들여 수집한 새로운
자료를 수록하고 이들 사료를 바탕으로 이론화 하였다는 점에서 학계의 주목을 받기에
마땅하다.

　본서는 중국 서원에 대한 통사로, 서원의 기원과 초기 형태, 서원의 교육기능 강화,
서원 제도의 확립, 서원의 보급과 관학화, 서원의 번영과 발전, 서원의 보급과 변천
등을 주제로 하여, 당대 초부터 청대 말까지 1,200여 년 동안 이어져 온 중국 서원의
발전 과정을 체계적으로 설명하고 있다. 저자는 이 책에서 서원을 포괄적인 의미로
정의하면서 서원의 역사를 당대까지 소급했다. 그 연장선상에서 근대 이후 외국인 선교
사들이 중국에 설립한 교회 서원, 중국의 영향을 받은 동남아, 동아시아 및 동양, 서양

등 해외 서원들도 중국 서원 발전사의 일부로 보고 포함하여 기술하고 있는 것이 특징적인데, 이는 중국 서원이 광범위하게 전파되었다는 역사적 중요성을 확인하는 것이다.

본서는 시대별로 서원의 발전 현황을 기술하고, 나아가 학술적, 단계별 특징들을 정리했다. 뿐만 아니라 각 시기의 특징을 보여주는 서원의 사례연구를 통해 서원의 다양한 기능을 그려내고 있다. 또한 청말 서원이 학당으로 개정되는 양상과 그 이후의 변화 과정까지도 기술했다. 이는 현대적 시각에서 전통을 재평가하고 전통의 바탕 위에 현대를 재창조하고자 하는 저자의 생각이 반영된 것으로 보인다.

딩 교수의 『중국서원사』는 3번에 걸쳐 출간되었는데, 개정판이 출간될 때마다 서원 연구의 최신 성과들을 반영했을 뿐만 아니라 새로운 견해를 내놓았다. 그가 참신한 시각으로 제시한 독창적 견해에서 우리는 중국서원사의 체계를 세우기 위한 저자의 공력을 엿볼 수 있다. 이는 또한 새로운 지식을 갈구하는 독자들의 욕구를 충족시키고도 남을 것이다. 나아가 본서에는 다량의 1차 문헌과 현장 학술조사 자료 분석에 기반한 통계와 도표가 실려 있다. 이를 통해 각 시기별 단계적 특징을 부각하였으며 나아가 일반 독자에게 충분한 신뢰감을 준다.

특히 이 책의 번역 출간은 중국 서원에 대한 이해가 필수적인 한국의 서원 연구자들에게 큰 도움을 줄 것이라는 점에서 학계의 큰 기쁨이라 할 수 있다. 널리 알려져 있다시피 한국의 서원은 중국 송대 서원의 영향을 받아 설립되었고, 현재도 한국의 서원 강당 내에는 '白鹿洞書院規'가 걸려 있다. 이 책의 출간을 계기로 한국의 서원 연구가 좀 더 활성화되는 계기가 되기를 기원한다.

필자는 2000년 대 초 딩 교수의 초청으로 악록서원을 방문한 이래 최근까지 한국과 중국 등의 각종 학술회의에 참가하면서 교류를 이어오고 있다. 이런 인연으로 책 출간을 축하하는 몇 마디 글을 적었다. 딩 교수는 아직도 남다른 학문적 열의로 서원 연구에 매진하고 있는데, 앞으로도 계속해서 빛나는 학문적 성과로 학계에 공헌해주기를 바란다.

영남대학교 명예교수

이 수 환

제6장
서원의 보급과 변천

제7장
해외로 전파된 서원: 서원제도의 이식

제8장
근대 이래의 서원

제1장

서원: 새로운 문화 교육 조직의 탄생

　서원이 당대唐代에 출현했다는 것은 의문의 여지가 없는 사실이다. 그러나 서원이 정확히 당대 어느 시기에 출현했는지의 문제는 여전히 논쟁의 대상이다. 이 문제를 놓고 연구자들은 청대 학자인 원매袁枚의 『수원수필隨園隨筆』 권14에 기록된 아래의 내용을 여러 차례 인용한 바 있다.

　　서원이라는 명칭은 당 현종玄宗 때의 여정서원麗正書院, 집현서원集賢書院에서 시작되었는데, 이들은 모두 조정에 의해 설립된 서적 편찬 장소였지 선비들이 수학하는 장소가 아니었다.[1]

　깊은 연구 없이 위 대목에만 근거하면 서원이 당 현종 시기에 최초로 등장했다고 단언하기 쉽다. 그러나 현종 당시의 여정서원, 집현서원은 최초로 서원이라는 명칭을 사용하기는 했으나 결코 선비들이 수학하는 학교의 성격을 띤 서원은 아니었으며, 후대의 서원과는 직접적인 계승관계가 없는 기관이었다. 사실 '성령性靈'을 강조한 것으로 유명한 청대 시인 원매의 "수필"에 나오는 위의 내용은, 신뢰도가 떨어지고 연구 사료로 삼기에는 부족하므로, 역사가를 오도誤導할 수 있다.

---

1) "書院之名, 起唐玄宗時麗正書院, 集賢書院, 皆建於朝省, 爲修書之地, 非士子肄業之所也."

필자는 이하 두 가지 점을 주장한다. 첫째, 최초로 서원이라는 명칭이 사용된 곳은 당 현종 당시의 관설官設 서원이 아닌 그 이전의 민간서원이었다. 둘째, 비록 후대에는 학교의 성격을 띤 서원들이 주류가 되기는 하지만, 교육과 교학만으로 서원의 모든 기능을 포괄할 수는 없으므로, 이들 기능만 무조건적으로 강조해서 서원을 특정 성격을 띤 학교로만 규정해서는 안 된다. 그럴 경우 역대 왕조마다 실제로 존재했지만 학교의 성격을 띠지는 않았던 서원들이 연구범위에서 제외될 위험이 있다. 심지어 훗날 연구자들이 수백수천 년 전의 선인들이 실제로 건립하고 운영했던 서원들을 가짜로 취급해 버리고, 시쳇말로 "거짓을 타파하자!(打假)"는 구호를 내세워, 당시 서원들이 가짜였다고 굳게 믿어버릴 위험도 있다. 이는 분명 역사연구의 기본 원칙에 위배되므로, 이 책에서는 이러한 관점을 취하지 않을 것이다. 필자는 실재했던 모든 서원들을 존중하는 태도와 관점을 견지하고자 한다. 여정서원과 집현서원 역시 그 예외가 아니다.

필자는 당대唐代 중국 선비들의 문화 교육 조직으로 탄생했던 서원이, 민간과 정부 모두에서 기원했다고 본다. 또한 사회적으로 서적들이 대량 유통되면서 독서인들이 지속적으로 증가했는데, 이들이 책을 저술, 교정, 출판, 소장하고 독서, 교육 등의 활동을 전개하며 다양한 문화를 축적, 연구, 창조, 전파했던 것의 필연적 결과로 서원이 탄생했다고 본다. 이 장에서는 민간과 정부로 나누어서 서원의 기원 및 당대와 오대십국五代十國 시대의 초기 서원 형태에 대해 논하고자 한다.

제1절 당대唐代의 민간서원

기존 연구에서는 당 현종 시기 조정에서 건립한 여정서원과 집현서원이 최초로 서원이라는 명칭을 사용한 것으로 보는데, 이는 사실이 아니다. 당 현종 시기의 문헌들은 이 두 서원 이전, 이미 민간에 서원이 존재했음을 말해준다. 가장 확실한 증거는 오늘날 호남성湖南省 유현攸縣에 위치한 광석산서원光石山書院이다. 지방지에 따르면 현종 시기 이전에 네 곳의 서원이 이미 존재했다. 이에 따르면, 서원이 당대 초기에 출현했다고까지 추정할 수 있다.

1. 당초唐初 민간서원의 출현

광석산서원: 여정서원, 집현서원보다 앞서 등장했던 민간서원

남제南齊 영태永泰 4년(498), 명제明帝가 세상을 떠나고 동혼후東昏侯 소보권蕭寶卷이 황제의 자리에 올랐다. 그러나 그는 "정사를 더욱 어지럽고 가혹하게 하였으니, 안으로는 예제를 정비하지 않고 밖으로는 대신의 간언을 듣지 않았으며, 제멋대로에 부도덕하게 행동하면서 백성들을 학대하고 그들에게 해를 끼쳤다."[2] 그리하여 하늘과 사람의 원망을 샀다. 도저히 그를 바로잡을 방법이 없던 사공司空[3] 장절張岊은 "제나라가 곧 망하겠구나(齊國將亡)!"라고 장탄식한 후 "관모를 동문에 걸어놓고(掛冠東門)" 산천으로 물러나 은거했다. 그는 "경치 좋은 곳에 대해 들으면 천 리 길이라도 가지 않은 적이 없었으며"[4] 불로장생하고 난세의 화를 피할 수 있는 곳을 찾고자 했다. 그가 상동군湘東郡 유현(현 호남성에 속함)의 기린산麒麟山에 이르렀을 때, "구름에 싸인 산봉우리와 울창한 소나무와 등나무, 맑은 개천"[5]의 자연환경에 심취하여 "온 집안을 남쪽으로 옮겨왔다(傾家南來)." 그 후 사공 장절은 여기에 "단을 쌓고 성숙星宿을 관찰하여 아침저녁으로 『고동진경古洞眞經』 서른아홉 장을 암송하며"[6] 신선의 도술에 몰두하여 수련했다. 그로부터 얼마 되지 않은 어느 날 홀연히 "신수가 흰하고 맑으며 고박한 풍모를 갖춘 한 늙은이가 학창의鶴氅衣를 걸치고 소나무로 뒤덮인 나무그늘에서 걸어왔다."[7] 그는 갈홍葛洪이라 자칭하며 "단壇에 올라" 장절에게 "금액[8]"을 만드는

---

2) "政尙煩苛, 內不修禮制, 外不聽臣諫, 縱恣穢行, 害虐生民."

3) 역자주. 司空이란 당나라의 관직명으로 太尉·司徒와 함께 三公이라 총칭되었다. 직급은 정1품이지만 모두 職事가 없는 虛職이다.

4) "問有勝境, 雖遠千里, 未嘗不一訪尋."

5) "雲岫回合, 松蘿蓊郁, 泉源淸冷."

6) "築壇瞻斗, 旦夕誦「古洞眞經」三十九章."

비법을 전수하고 화정(火鼎: 솥-역자)에서 단약을 연조하는 것을 도와주었다."⁹⁾

이때부터 장절은 손을 대면 금으로 변하게 하는 도술을 배워서, "비밀리에 가난하거나 병든 사람을 구제했다(密濟貧病)." 양梁 무제武帝 천감天監 2년 음력 8월 15일(503년 9월 21일) "경전 암송과 수련(誦經修煉)"에 전념하던 장 사공은 "자연이 조화롭고 난조鸞鳥와 학이 모여들어 우는"¹⁰⁾ 가운데 하늘에서 내려온 자줏빛 구름에 올라 "온 집안 팔십여 명을 이끌고 대낮에 하늘로 솟구쳐 올라"¹¹⁾ 신선이 되었다. 이러한 까닭에 기린산은 사공산司空山으로 개칭되었다. 반세기쯤 지난 뒤 장절의 두 제자인 "장 씨와 마 씨(章馬二先生)"는 역시 사공산에 와서 "도를 열심히 닦아(精修道行)", 진陳 문제文帝 천가天嘉 4년 음력 2월 14일(563년 3월 23일)에 "(스승과 마찬가지로) 학을 타고 간책을 손에 든 채 신선의 반열에 올랐다."¹²⁾

이상의 신화에 가까운 이야기는 이 일이 일어난 지 약 200년 후 90세가 넘은 사공산의 도사 종선지鐘仙芝가 진술하고 담주潭州자사 소사도蘇師道가 기록한 것이다. 이때는 당 현종 천보天寶 14년(755) 음력 10월로, 지금으로부터 1240여 년 전의 일이다. 당 왕조의 성은 이씨李氏로, 노자老子를 시조로 모시고 도교를 국교로 받들었기에 자연스레 도를 닦아 신선이 되는 일을 중시했다. 소자사蘇刺史가 부임하기 7년 전인 천보 7년 음력 5월 13일(748년 6월 13일)에 당 현종은 "사공 장절 온 식구가 하늘로 올라간 것을 기이하게 여겨",¹³⁾ 웅장한 규모의 주양관朱陽觀이라는 도관을 건축하여 장절을

---

7) "貌古神淸, 披鶴衣, 步松陰."

8) 역자주. 金液은 고대 方士가 정련하여 만든 丹液의 일종이다.

9) "授以金液之訣, 俾成火鼎之功."

10) 역자주. 天鈞鏗爾, 鸞鶴翔鳴.『莊子·齊物論』에는 "성인은 옳고 그름이라는 양끝을 조화롭게 하여 자연의 균형에 머문다. 이를 '양행'이라고 한다(是以聖人和之以是非而休乎天鈞, 是之謂兩行)"는 구절이 있다. 이 구절 중의 "天鈞"에 대해 成玄英은 "저절로 균등해지는 이치이다(自然均平之理也)"라고 풀이했다.

11) "全家八十餘口, 白日冲天."

12) "亦跨鶴執簡登仙."

13) "以司空全家昇擧異之."

모시는 사당으로 삼고, "도사들이 그 안에서 향불을 피우고 수양을 하도록"[14] 명을 내렸다. 전해지는 바에 따르면, "가뭄을 겪을 때마다 사람들이 그곳에서 기도를 드리면 (하늘의) 응답이 없는 경우가 없었기에",[15] "사방[十方][16]에서 사람들이 구름처럼 모여 들었다."[17] 이들은 모두 사공 장절을 신령으로 받들었다. 소사도가 유현에 자리 잡고 있는 사공산에 온 것도 기우제를 지내 가뭄을 극복하기 위해서였다. 그는 숭배하고 존경하는 마음으로 덕망과 명성이 높은 도사 종선지의 안내를 받아 주양관 및 그 근처에 있는 사공 장절의 유적을 둘러보았다. 아래는 그들이 보고 듣고 느낀 바를 기술한 것이다.

　　주양관 부근에서 사공 장절의 유적을 탐방할 수 있었다. (주양관) 동남쪽에는 열두 개의 아름다운 산봉우리가 우뚝 서 있다. 그 봉우리들에는 화병畫瓶, 청우青牛, 대연화大蓮花, 소연화小蓮花, 자개紫盖, 서운瑞雲, 동문洞門, 자린紫麟, 원음遠吟, 은진隱眞, 회룡回龍, 백학白鶴 등 저마다 이름이 있었다. …… 사공 장절의 집은 산의 서쪽에 있으며 주양관으로부터 11리 떨어진 곳에 위치하고 있는데, 아직도 전당에는 인물상이 있고 단정壇井의 터도 남아 있어서, 마치 그 시기로 돌아간 것만 같았다.

　　집 왼편에는 광석산서원이 있는데, 그 옛터가 아직도 보존되어 있었다. 북쪽으로 1리 떨어진 곳에 혜광사惠光寺가 있고, 그 앞에는 세약지洗藥池라는 연못이 있다. 그 연못물은 겨울에는 따뜻하고 여름에는 차가우며, 이채로운 향기가 사람을 휘감는데 그 물을 마시면 병이 나을 수 있다고 한다.

　　또한 집과 10리 거리에 보제사菩提寺가 있고, 그 앞에는 사방으로 너비가 22장丈인 연못이 있었는데, 이 연못물이 세약지와 같이 질병에 효험이 있었으며, 가뭄이 들어도 마르지 않았다. 전하는 말에 따르면, 사공 장절은 항상 이 물로 목욕을 했다고 한다. 지금은 이 연못을 선지仙池라고 부른다.

---

14) "度道士焚修其中."
15) "每遇歲旱, 居人祈禱, 無不昭應."
16) 역자주: 十方은 불교용어로 四方과 四隅, 上下의 열 개 방향을 통틀어 이르는 말이다. 후대에 十方이란 말은 일반화되어 '온 세계'라는 뜻을 지칭하게 되었다.
17) "十方歸從, 紛若雲臻."

이 연못으로부터 35리 떨어진 곳에 은진암隱眞岩이라는 바위가 있는데 이곳은 사공 장절이 단약을 만들 때 머물던 곳으로, 주변 평평한 돌 위에는 돌절구가 보인다. 돌절구는 길이가 2척 정도이며 밑 부분은 옅은 홍색을 띠고 있어 여전히 약 기운이 남아있는 듯하다. 그 옆에는 석지石池라는 연못이 있는데, 사방 너비는 1장이며, 물이 거울과 같이 맑다. 가운데에는 연꽃(荷花)이 있는데, 꽃이 필 때마다 오색이 서로 어우러지니 매우 아름답고 이채롭다. 전하는 말에 따르면 이 못에 사공 장절이 연꽃을 심었다고 한다.

아아, 사공 장절이 이곳에서 발신發身하였으니 (지금까지) 남겨진 유적지가 적지 않구나. 배움에 뜻을 둔 선비나 (수행에) 마음을 기탁한 사람이 이곳에 들른다면 사공 장절을 만날 수 있을지도 모른다.[18]

소사도와 종선지가 탐방한 사공 장절의 유적지는 신령한 기운으로 가득 차 있지만 결코 봉래산蓬萊山[19]의 선각仙閣이 아니다. 세약지, 선지, 종하지(種荷池: 연꽃을 심었던 石池-역자), 은진암 등은 모두 허구적인 것으로 취급될 수 없으며, 서원, 도관, 사찰이 산속에 정립해 있었기 때문에 이들은 모두 실제로 존재하던 것들이라고 할 수 있다. 이에 근거해 광석산서원이 남북조南北朝 시대에 건립되었다고 단정할 수는 없으나 현종 시기의 사람들이 이미 "옛터(故基)"라고 불렀다는 점에서 그 서원이 현종 재위기간

---

18) (唐)蘇師道,「司空山記」,『湖南通志』권15. "自(朱陽)觀遠近, 司空遺跡尙可尋訪. 東南隅有秀峰十二聳翠卓立, 其峰有花瓶, 靑牛, 大蓮花, 小蓮花, 紫蓋, 瑞雲, 洞門, 紫麟, 遠吟, 隱眞, 回龍, 白鶴, 名稱不一.…… 司空宅在山之西, 去觀十一里, 今殿宇有像, 壇井基圖, 宛然在焉. 宅左有光石山書院, 故基尙存. 北一里有惠光寺, 前有洗藥池, 池水冬溫夏冷, 異香襲人, 掬飮可以愈疾. 又十里有菩提寺, 寺前有池, 方廣二十丈, 其水亦如藥池, 歲旱不涸, 傳雲司空昔常於此水沐浴, 今謂之仙池. 池又去三十五里有隱眞巖, 是司空煉藥時栖止之地, 故崖之左右平石之上有石臼, 僅二尺許, 臼底微紅, 猶有藥氣. 傍有石池, 方廣一丈, 水淸如鑑, 中有荷花, 芳華甚異, 每花開, 五色相間, 傳雲司空种荷之池也. 於戲, 自司空發蹟於玆, 奇踪遺蹟異址不鮮, 若夫志學之士, 栖心之人, 尋訪於玆, 往往有遇焉."
위에서 사공산에 관한 인용은 모두 이 글에서 발췌한 것이다. 『古今圖書集成』권2214에도 동일한 내용이 실려 있다.

19) 역자주. 중국 고대 전설에 따르면, 蓬萊山은 신선들이 사는 산, 仙閣은 신선들이 사는 누각이다.

(713-755)보다 이른 시기, 즉 조정에서 건립한 여정서원과 집현서원보다 먼저 존재했다는 것에는 의문의 여지가 없다. 다시 말해 개원開元 6년(718) 조정에서 서원을 세우기 이전에 민간에 이미 서원이 존재했음이 분명하다. 이 점이 중요한 이유는, 최초의 서원이 정부에 의해서가 아닌 민간에서 창건되었다는 사실을 알려주기 때문이다. 이러한 역사적 사실 앞에서 원매의 "수필"에 나오는 내용은 별도로 비판하지 않아도 타당성을 잃게 된다.

지방지에 실린 당 초기 서원

지방지에 실린 내용이 틀리지 않았다면 서원은 당대 초에 건립되었으며, 최초에는 선비들이 독서하고 학문을 연구하는 곳 정도였을 것이다. 이것은 종래의 연구결과와 대비되는 새로운 관점으로, 학계의 비판을 기다리고 있다. 현재까지 알려진 문헌에 따르면, 유현의 광석산서원은 섬서성 남전藍田의 영주서원瀛洲書院, 산동성 임구臨朐의 이공서원李公書院, 하북성 만성滿城의 장열서원張說書院 등과 함께 중국 역사상 최초로 출현한 서원이라고 추정해도 무방할 것이다.[20]

옹정제 때의 『섬서통지陝西通志』 권27에는 다음과 같은 내용이 실려 있다.

영주서원은 남전현藍田縣 현치縣治[21] 남쪽에 자리를 잡았으며, 당 학사學士 이원통李元通이 건립했다. 명 홍치弘治 연간에 지현知縣 임문헌任文獻이 중건했다.[22]

가경嘉慶 연간의 『청일통지清一統志』 권233과 광서光緖 연간의 『남전현지藍田縣志』

---

20) 과거에는 貞觀 9년에 건립된 사천성 遂寧의 張九宗書院이 중국에서 가장 오래된 서원이라고 생각하는 연구자도 있었다. 그러나 여기서 '貞觀'은 사실 '貞元'의 오기이다. 이러한 착오는 옹정 연간의 『四川通志』 권5, 가경 연간의 『四川通志』 권9에서 처음 보인다. 자세한 내용은 『敎育評論』(제2기, 1990년)에 실린 졸고 「唐代地方書院考」를 참고하라.

21) 역자주. 縣治는 옛날 현 정부 소재지를 말한다.

22) "瀛州書院在(藍田)縣治南, 唐學士李元通建. 明弘治時, 知縣任文獻重修."

권14를 살펴보면 이원통은 남전현 사람이다. 수隋나라에서 응양낭장鷹揚郎將[23]이 되었다가 당나라에 귀의하여 당 고조高祖에 의해 정주총관定州總管으로 임명되었다. 그는 유흑달劉黑闥과 싸우다 패해서 사로잡혔지만, 단호하게 투항을 거절하고 "대장부가 사방을 평정할 수 있어도 지키지 못한다면, 죽음을 두려워하겠는가!"[24]라며, 절개를 지켰던 충열지사忠烈之士였다.

기록에 따르면 유흑달은 수대 말기 농민군의 수령이었다. 당 무덕武德 4년(621) 한동왕漢東王을 자칭하며 당나라를 상대로 반란을 일으켰지만, 2년 후 패배한 뒤 죽임을 당했다. 이에 근거해 볼 때, 영주서원이 조정의 여정서원과 집현서원 창건보다 100년 가까이 빠른 당 고조 무덕 6년(623) 이전에 건립되었음을 알 수 있다.

또한 가경 연간의 『청주부지靑州府志』 권9에는 다음과 같은 내용이 실려 있다.

> 이공서원은 임구현臨朐縣의 남서쪽에 있으며, 당대의 이정(李靖, 571- 649)이 독서를 했던 곳이다. 일설에 따르면 이정은 태종太宗을 따라 의무려산醫巫閭山 동쪽 지역을 정벌할 때, 여기서 사마병법司馬兵法[25]을 읽었다.[26]

임구현에서 남쪽으로 100리 떨어진 곳에는 아직도 이정이 책을 읽던 누대가 남아 있다. "이정이 출세하기 전 여기에서 책을 읽었으며, 태종을 따라 의무려산 동쪽 지역을 정벌할 때, 여기서 사마병법을 읽었다"[27]는 기록으로 보아 이공 즉, 이정은 임구현과 매우 긴밀한 관계를 가지고 있었던 듯하다.

기록에 따르면 이정은 경조부京兆府[28] 삼원三原 지역(현 陝西省 三原縣) 사람이다.

---

23) 역자주. 607년에 驃騎將軍府가 鷹揚府로 개편되면서 지휘관인 驃騎將軍도 鷹揚郎將으로 개칭되었다.

24) "大丈夫撫方而不能保守, 尙何惕息耶."

25) 역자주. '司馬穰苴兵法'라고도 불리는 司馬兵法에는 전투지휘, 각종 병기, 천시, 지리 등의 내용이 서술되어 있다.

26) "李公書院在(臨朐)縣西南, 唐李靖讀書處. 一云靖從太宗征閭左, 於此閱司馬兵法."

27) 嘉慶 『臨朐縣志』 권4. "相傳李靖微時讀書於此. 又云靖從太宗征閭左, 於此閱司馬兵法."

그는 병법에 정통했으며, 수나라 때 마읍馬邑의 군승郡丞29)을 역임했다. 당나라에 귀의한 이후 당 고조30)와 태종을 따라 남정북벌南征北伐했으며, 당나라의 천하통일에 큰 공을 세워서 당 태종 이세민李世民의 총애를 얻었다. 병부상서兵部尚書, 상서우복야尚書右僕射 등의 관직에 올랐으며, 당시 "출장입상出將入相"31)이라고 칭송받을 정도로 문무를 겸비했었다. 그는 정관 23년(649) 자신의 집에서 숨을 거두었으며, 경무景武라는 시호를 받았다. 그 일생의 행적은 『신당서新唐書』와 『구당서舊唐書』에 모두 실려 있다. 이공서원은 이정이 독서를 했거나 병법을 연구했던 곳으로, 정관 23년보다 늦게 설립되었을 수는 없다. 따라서 조정의 여정서원과 집현서원 건립보다 50년 정도 앞섰다고 볼 수 있다.

장열서원은 장상공당張相公堂이라고도 불리며, 영락현(永樂縣, 당 현종 천보 원년 滿城縣으로 개칭되었다.) 화양산花陽山 안에 있다. 명 홍치제 때의 『보정군지保定郡志』 저자는 송대 사람인 등중滕中의 『장열상공당기張說相公堂記』에 근거하여, 『보정군지』의 권12 「산천山川」, 권16 「우현寓賢」, 권22 「고적古迹」에는 장열서원에 대해 다음과 같이 기록되어 있다.

> (장열이) "불우했을 때는 만성滿城의 화양산에 이르렀다. 그 풍경이 매우 이채롭고 꽃과 나무가 무성하여, 이곳에 집을 짓고 독서하는 곳으로 삼았다. 후세 사람들이 이곳을 수선하고 상공당相公堂으로 개칭했다."32)

---

28) 역자주. 당나라 도성인 長安 부근으로, 현 陝西省 西安市에 해당한다.

29) 역자주. '郡丞'은 관직명이며 군 태수의 속관인 丞을 말한다. 수석 속관으로 군수의 일을 대행했으며 속관 중 事務長에 해당하여 각종 사무를 관리했다.

30) 역자주. 원문에는 고종이라고 되어 있지만, 고종이 649년 즉위했다는 점에서 "당 고조와 태종을 따라"로 하는 것이 역사적 사실에 부합한다.

31) 역자주. '出將入相'은 나가서는 장수가 되고 들어와서는 재상이 된다는 뜻으로, 문무를 다 갖추어 장수와 재상의 벼슬을 모두 지낸다는 것을 이르는 말이다.

32) "未遇時, 至滿城花陽山, 因見風景異常, 花木蓊郁, 築室於此, 以爲讀書之處. 後人修葺完好, 更名相公堂."

(장열이) "만성을 지나갈 때 화양산에 서원을 짓고 장서하고 수학修學하는 곳으로 삼았다. 후세 사람들이 그의 거처를 상공당이라고 불렀다."[33]

"당나라 장열이 여기에서 학문을 닦았고, 서원의 옛터가 보존되어 있다."[34]

등중은 송대 사람으로, 시간적으로 비교적 가까운 당대의 이 기록은 믿을 만하다. 비록 현재는 그의 글이 전해지지 않고 있지만, 위 서원에 관한 내용은 분명한 사실이다.

기록에 따르면 장열(667-730)은 자字가 도제道濟 혹은 열지說之이며 낙양 사람이다. 측천무후 영창永昌 원년(689) 현량방정과賢良方正科 수석으로 등과하여 교서랑校書郞에 제수되어 그 때부터 벼슬길에 올랐다. 당 예종睿宗과 현종 때 세 차례 재상에 임명되었으며 집현서원 학사를 겸하는 등 총애와 신임을 받았다. 『신당서』와 『구당서』 모두 그에 대한 기록이 실려 있다. 장열서원은 장열이 "불우했을 때未遇" 학문을 닦기 위해 세운 곳으로, 영창 원년 이전에 설립되었다는 점은 의심의 여지가 없다. 30여년 이후 장열은 여정서원과 집현서원을 총괄하게 되었으며, 당 현종 및 다른 대신들과 함께 강학하고(開學), 정치를 논하며(問政), 시문을 지어 서로 주고받는(唱酬) 등 사회 풍조를 진작시켰다. 이는 그가 젊었을 때 화양산의 서원에서 독서하고 학문을 닦았던 경험과 관련 있을 것이다.

이상의 당대 최초 서원 네 곳 중 세 곳에서 선비들의 독서와 학문 활동이 이루어졌다. 이는 서원이 서적, 독서인과 긴밀한 관계를 맺고 있음을 말해준다. 그런데 이 중 두 곳이 전쟁, 군사와 관련되어 있다는 점이 다소 생소할 수 있겠지만, 실은 그렇지 않다. 첫째, 수말당초隋末唐初는 전란의 격동기로, 독서인들은 붓이 아닌 무기라는 또 다른 도구로 국가에 봉사했다. 이는 사회적 책임감이 시대에 맞게 발현된 것으로, 당시 상황을 고려하면 이상할 게 없다. 둘째, 당대에는 "문이나 무를 익히는 자를 사인士人"이라 했는데, 본래 사인의 의미는 문인과 무인 모두를 포함한다. 영주서원과 이공서원의 주체들 모두 문무文武를 겸비한 인물이었다. 따라서 초기 서원들이 군사와 관련이 있었

---

33) "過滿城, 築書院於花陽山, 以爲藏修之所, 後人名其居曰相公堂."
34) "唐張說肄業於此, 書院故址見存."

28

던 것은 수말당초라는 특정 시기의 사회적 현상으로, 오히려 사인은 "학문과 무예를 모두 익힌(習學文武)"다는 원래의 의미에 부합한다고 할 수 있다. 이를 이해한다면, 훗날 군사교육 및 무예를 교육하는 서원의 출현 역시 이해할 수 있을 것이다.

2. 송주서원松洲書院: 대중을 위해 설립되어 "도를 전승하고 학업을 전수한(傳道授業)" 대표적인 서원

민간서원이 출현한 지 얼마 되지 않아 서원의 역할과 영향이 개인에서 대중으로까지 확장되면서, 사회에 문화 지식을 전파하는 동시에 "도를 전승하고 학업을 전수하는" 교학활동도 시작되었다. 그 대표적인 사례가 바로 장주漳州 용계龍溪의 송주서원이다.

건륭제乾隆帝 때의 『용계현지龍溪縣志』 권4에는 "송주서원은 장주부漳州府 제24도都35)에 위치하며, 당대 진향陳珦이 사민士民들을 모아 강학을 하던 곳이다"36)라고 기록되어 있다. 지방지의 기록에 따르면, 진향의 자는 조패朝佩로, 초대初代 장주자사였던 진원광陳元光의 아들이었기에 호적에는 장주 사람으로 되어 있다. 그는 측천무후 만세통천萬歲通天 원년(696) 명경과明經科에 급제하여 한림승지직학사翰林承旨直學士에 제수되었다. 그 후 "상소를 올려 고향에 돌아가 부모를 모시기를 청하였지만 장주에서 문학을 관장하라는 명을 받았다. 용계현의 윤석굉尹席宏은 그를 향교로 초빙하여 송주에서 서원을 세우고 사민들에게 의례와 제도를 가르치도록 하였다. 이때 장주는 행정기관이 설치된 지 얼마 되지 않아 풍속이 비루하였는데, 진향이 옛 제도와 의례를 도입하여 풍속과 교육에 큰 보탬이 되었다."37) 당 예종 경운景雲 연간에 진향의 아버지가 전사했다. 그는 복상을 마친 후 당 현종 선천先天 원년(712)에 아버지의 직을 이어받아 장주자사가 되어 10여 년 간 자사刺史 직을 수행하면서 "낡은 습속을 철폐하고 사민들

---

35) 역자주. 옛날 縣과 鄕 사이의 행정 단위를 말한다.
36) "松洲書院, 在二十四都, 唐陳珦與士民講學處."
37) "上疏乞歸養, 使主漳州文學, 龍溪尹席宏聘至鄕校, 乃闢書院於松洲, 與士民論說典禮. 是時, 州治初建, 俗固陋, 珦開引古義, 於風敎多所裨益."

을 잘 이끌고 깨우쳐서 교화가 잘 스며들도록" 하였다.[38] 개원開元 19년(731) 장안에 온 진향은 왕유王維가 장원급제했던 과거 시험에서 진사과進士科에 급제자로 이름을 올렸다. 진사가 된 진향은 "표表를 올려 봉작을 내놓으려 했지만 허락 받지 못했다."[39] 그는 개원 25년(737) 은퇴한 후 "다시 송주서원을 찾아 생도를 모아 가르쳤으며",[40] 천보 원년(742) 죽을 때까지 이를 계속했으며, 문영文英[41]이라는 시호를 받았다. 조사에 따르면 윤석굉이 용계현의 현령을 맡았던 기간은 당 중종中宗 경룡景龍 연간(707-709) 이었다.[42] 따라서 송주서원의 건립은 경룡 연간 삼년 중 한 해에 이루어진 것으로 보이는데, 이 역시 장안의 집현서원과 낙양의 여정서원보다 10여년 빠른 것이다.

위의 내용을 통해 송주서원은 긴 학문의 역사를 갖고 있으며 서원의 주요 업무를 주관하는 인물이 진향이었다는 점을 알 수 있다. 그가 송주서원에서 보낸 처음 3-5년은 현령 윤석굉의 초빙으로 장주 문학교관을 지냈고, 그 후 6년은 은퇴한 관리의 신분으로 "생도를 모아 가르쳤다(聚徒敎授)." 이에 따라 송주서원의 성격에도 다소 변화가 있었다. 처음 3-5년 당시의 송주서원은 현급縣級의 "향교" 정도에 해당하며, 뒤의 6년은 개인적인 "별업(別業)"을 했던 공간이 되었다. 송주서원에는 관官 주도적 성격과 사적 성격이 뒤섞여 있지만, 종합해서 말하자면 용계현 현령의 참여는 지방관원의 개인적 행위일 뿐 송주서원이 지닌 민간 창건이라는 성격 자체가 바뀐 것은 아니었다. 또한 윤석굉이 참여한 배경에는 개인적 관계도 관련이 깊었다. 진향은 노부老父를 모시고 있었는데, 윤석굉이 자신의 상관인 장주자사 진원광의 아들인 진향을 초빙하여 송주서원의 일을 주관하게 한 것은, 상관의 비위를 맞추기 위해서였을 수도 있다. 게다가 훗날 송주서원이 진 씨의 "별업"의 공간이 되었던 점은 이 서원이 민간에 속했음을

---

38) "剪除頑梗, 訓誨士民, 澤洽化行."

39) "表辭封爵, 不允."

40) "復尋松洲別業, 聚徒敎授."

41) 民國『福建通志‧列傳』권2.

42) 건륭 연간의『龍溪縣志』권12에는 "당나라 윤석굉이 景龍 연간에 용계현의 현령을 맡았는데, 이러한 사실은『龍湖家譜』에 보인다(唐縣令席宏, 景龍年間, 見『龍湖家譜』)."라고 기재되어 있다.

더욱 명확하게 보여준다. 이것이 송주서원이 민간 주도적으로 설립된 것으로 보아야 하는 첫 번째 이유이다. 두 번째 이유는 송주서원의 창건이 낡은 습속을 고치고 백성을 교화하는 것을 목적으로 한다는 점이다. 장주는 진원광이 수공垂拱 2년(686) 민·월閩·粤 지역 간의 '만묘蠻苗 폭동'43)을 진압한 후 주청을 올려 설치한 주이다. 그는 "창칼과 갑옷은 겉으로만 위압할 수 있을 뿐이니, 예의와 사양함으로 교화해야 비로소 그들의 마음을 바로잡을 수 있다"44)고 생각하여, "백성들을 교화하여 아름다운 풍속을 만들기(化民成俗)" 위해 주부州府를 설치하고 학교를 운영하는 것이 가장 중요한 두 가지 일이라고 보았다. 이것이 이른바 "근본은 주와 현을 설치하는 것에 있지만, 핵심은 상서庠序 즉, 학교를 창건함에 있다. 대저 윤리가 근엄하면 풍속이 저절로 믿음직하게 되고, 법을 엄하게 집행하면 민심이 저절로 감격함을 알게 된다"45)는 것이다.46) 장주가 설치된 지 얼마 지나지 않아 진향은 "상소를 올려 고향에 돌아가 부모를 모시기를 청했는데(乞歸養)", 여기에는 아버지를 도와 학문을 일으키고 지방을 안정시키고자 하는 근본적인 동기가 있었다. 또한 장주의 문학 교관이라는 신분으로 주도州都 근교의 용계현 송주서원에서 강의를 이끎으로써 풍속 교화라는 자신의 소원도 실현시킬 수 있었다. 셋째 송주서원에는 다양한 교학 형식이 존재했다. "사민" 모두를 대상으로 진행하는 사회적 교육뿐만 아니라 "생도를 모아(聚徒)" 학문을 전수하는 전문적인 교학도 존재했다. 교학 내용은 유가경전과 예의였으며, 교수방법은 "설명하고 토론하며(論說)", "이끌어주는 것(開引)"으로, 깨우치는 것을 중시했다. 그리하여 "풍속 교화에 큰 보탬이 되었다"47)는 훌륭한 교육효과를 얻었으니, 성공적이라고 평가할 만하다.

　요컨대, 중국에서 최초로 교학의 기능을 비교적 잘 갖추고 있었던 서원인 송주서원

---

43) 역자주. '蠻'은 고대 중국 남방지역의 소수민족을 일컫는 호칭이다. 여기서의 '蠻苗暴動'은 '苗'라는 소수민족의 폭동을 가리킨다.

44) "兵革徒威於外, 禮讓乃革其心."

45) "其本則在創州縣, 其要則在興庠序. 蓋論理謹則風俗自爾漸孚, 治法彰則民心自知感激."

46) (唐)陳元光,「請建州縣表」,『全唐文』권544.

47) "於風敎多所裨益."

은[48] 사민 및 생도들을 위해 봉사했으며, 개인 소유의 서원이 대중에게 다가서는 과도기적 단계에 있었다고 볼 수 있다. 이 점에서 보면 송주서원은 서원 발전사에서 하나의 이정표를 세웠다고 할 수 있다. 송주서원 이후로 서원들은 선비들의 문화 교육 조직으로서 존속 및 발전을 위한 광범위한 기반을 갖출 수 있게 되었다.

3. 당시唐詩에 나타난 서원

민간에서 서원들이 출현하고 발전한 지 약 1세기가 지난 현종 시기 즉 당 중엽에 이르자, 중앙정부에서도 이 새로운 문화조직에 주목하기 시작했는데, 개원 연간에는 수도인 장안長安 및 동도東都인 낙양洛陽에 집현서원과 여정서원을 창건했다. 정부 주도하의 서원의 창건, 역할, 운영규칙 및 당 현종 당시의 군신들이 그곳에서 강학, 문정(問政: 정치토론-역자), 연음宴飮, 주악(奏樂: 음악을 연주함-역자), 부시(賦詩: 시를 지음-역자) 등을 했던 상황에 대해서는 아래에서 상세하게 논할 것이다. 여기에서 지적하고자 하는 바는 다음과 같다. 동서양도東西兩都 서원의 창건으로 서원의 명성은 크게 높아졌다. 이른바 "위에서 좋아하는 바는 아래에서 더욱 좋아하는 법이다."[49] 이러한 전통적 습관의 강력한 추동을 받은 선비들은 정부의 승인을 얻은 새로운 문화 교육 조직인 서원을 적극적으로 받아들였다. 그들은 저마다의 문화적 자질, 수요 및 시대적·공간적 조건에 따라 끊임없이 서원에 새로운 문화적 함의를 부여했고 이에 따라 수많은 서원이 민간에서 창건되었다.

당대의 민간서원들에 관해 가장 믿을 만하며 구체적인 기록들은 당시 시인들의 작품에서 볼 수 있다. 당나라 시들 중 여정서원과 집현서원 이외의 서원을 언급한 작품은 최소 14수이다.[50] 필자가 고증한 결과로 그 중 이익李益의 『서원무력일이시대서문로시

---

48) 江州 陳씨의 東佳書堂(즉 義門書院)은 당 大順 연간에 세워졌는데, 이는 당 후기의 교학 및 내규라는 측면에서 보다 완비된 서원이었다. 동가서당에 관한 내용은 뒤에서 자세히 논하도록 하겠다.
49) 『孟子·滕文公上』: "上有好者, 下必甚焉."

32

어육월대소書院無歷日以詩代書問路侍御六月大小』는 집현서원에 관한 시이기 때문에 민간서원에 관한 시는 지금까지 13수가 전해진다고 할 수 있다. 이처럼 시를 통해 서원의 정취를 생생하게 느낄 수 있다.

題玉眞觀李泌書院[51]/韓翃
옥진관 이필의 서원에 적다/한굉

白雲斜日影深松	흰구름에 해 거름이 솔숲에 드리우니
玉字(疑爲宇)[52]瑤壇知幾	옥 궁전, 옥 계단이 몇 겹인지 뉘 알랴
把酒題詩人散後	술 들고 시 짓던 사람들 흩어진 뒤
華陽洞裏有疏鍾	화양동 안에는 드문드문 종소리만 울리네

한굉韓翃은 자가 군평君平이며 "대력십재자大歷十才子"[53] 중의 한 명이다. "그의 시구들은 사조詞藻가 풍부하고 화려하며, 조야朝野가 모두 귀중하게 여겼다."[54] 한굉은 천보 13년(754) 진사가 되었으며, 건중建中 연간(780-783) "시로 당 덕종德宗에게 알려져 가부낭중駕部郎中[55] 및 황제의 조칙을 기초하는 지제고知制誥로 발탁되었고, 그 다음 해 중서사인中書舍人이 되었다가 783년에 별세했다."[56][57]

기록에 따르면 이필李泌은 경조京兆 사람으로 722년에 태어나 789년에 사망했으며, 한굉과 동시대 인물이었다. 따라서 한굉의 시에 등장하는 인물이 바로 이필일 것이다. 이필은 현종 천보 연간(742-755)에서 대종代宗 즉위(762)까지, 두 차례에 걸쳐 형악衡

---

50) 일반적으로 당시 중 11수가 서원에 관한 시로 알려져 있다.

51) 『全唐詩』 권245. 上海古籍出版社, 1985년.

52) 역자주. 字는 宇의 오자로 보인다. 玉宇瑤壇으로 매우 화려한 궁전을 묘사한 표현이다.

53) 역자주. 大歷十才子는 唐代 大歷 연간(766-779)에 활동한 열 명의 시인을 가리킨다.

54) "爲詩興致繁富, 一篇一咏朝野珍之."

55) 역자주. 원문에는 '賀部侍郞'으로 되어 있는데, 이는 '駕部侍郞'의 오기인 듯하여 바로잡는다.

56) "以詩受知德宗, 除駕部郎中, 知制誥, 擢中書舍人卒."

57) 『全唐詩』 권243.

岳[58] 등지에 은거했는데, 시에 나오는 서원은 이 시기에 창건된 것으로 추측된다. 이 시에는 흰 구름, 기운 해, 깊은 솔숲이 서로 어우러지는 풍경, 선비들이 술을 마시고 시를 짓고 유연遊宴을 베풀며 즐기는 장면 외에도 주목해야 할 점이 있다. 그것은 바로 서원과 도관道觀의 상호 관계이다. "옥 궁전(玉宇)", "드문드문 울리는 종소리(疏鐘)" 등은 도교적 분위기가 물씬 풍기는 이곳에 서원이 있었다면, 분명 이들의 영향을 받았을 것이다.

同耿拾遺春中題第五四郎[59]新修書院[60][61]/盧綸
봄날 경습유와 함께 제오기 넷째 아들이 새로 지은 서원에 적다/노륜

得接西園會[62]	서원회를 이어갈 수 있는 것은
多因野性同	세속에 매이지 않는 성품이 같기 때문이네
引藤連樹影	넌출진 넝쿨은 나무와 함께 그늘지고
移石(栢)間花叢	옮겨온 돌 사이엔 꽃떨기가 피었네
學就晨昏外	학문은 부모 곁을 떠나 이루어지고
歡生禮樂中	즐거움은 예악 가운데 생긴다네
春遊隨墨客	봄이라 묵객을 따라 노닐고
夜宿伴潛公[63]	밤에는 잠공과 함께 잠드네

---

58) 역자주. 衡岳은 중국 五岳의 하나인 衡山을 가리킨다.

59) 역자주. 第五四郎은 權臣 第五琦의 넷째 아들이다. 耿拾遺는 耿湋라고도 불렸으며, 제오기에게 발탁되었던 것으로 추정된다.

60) 『全唐詩』권28. 다른 판본에는 「同錢員外春中題薛載少府新書院」이라는 제목으로 되어 있다.

61) 역자주. '劉初棠 校註, 『盧綸詩集校注盧綸詩注·卷三』(上海古籍出版社, 1989년, 350-352쪽)' 에는 제목에 관해 '五'자를 더하여 '第五'를 復姓으로 간주해야 한다고 설명하고 있으며, '王啓興 編, 『校編全唐詩』(上海古籍出版社, 2001년, 1362쪽)'에도 동일한 내용을 해설하고 있다. 본 번역문은 이 두 책의 주석을 바탕으로 시를 해석했다.

62) 역자주. 曹丕가 태자로 지냈을 때 西園에서 성대하게 연회를 베푼 적이 있는데, 후세에도 이에 근거하여 성대한 연회를 '西園會'라고 일컫는다.

63) 역자주. 潛公은 남북조시대 晉나라 승려 竺道潛(286-374)을 가리킨다. 축도잠은 대장군 王敦의

散帙燈驚燕	등불 켜고 책을 펼치니 제비 놀라 날아가고
開簾月帶風	발 걷으니 달빛이 바람을 데려오네
朝朝在門下	밤낮으로 서원에 머무르니
自與五侯⁶⁴⁾通	저절로 오후五侯들과 교제하게 되는구나

노륜(盧綸, 748-800?)은 "대력십재자" 중의 한 명이다. "서원의 모임西園會"에 참여했다는 것으로 미루어 볼 때 이 시는 노륜이 유명해진 이후에 지어진 것으로 추정된다. 따라서 서원의 창건 시점은 대력大曆 연간(766-779) 혹은 그보다 약간 뒤일 것이다. "밤낮으로 서원에 머무르고朝朝在門下", "학문은 부모 곁을 떠나 이루어지고學就晨昏外", "묵객을 따라 노닐고遊隨墨客", "예악에서 즐거움이 생긴다歡生禮樂" 등과 같은 표현들은 모두 서원에서 이미 교학활동이 전개되었음을 말해준다. "서원회를 이어갈 수 있는 것은 세속에 매이지 않는 성품이 같기 때문이네得接西園會,多因野性同"라는 표현은 서원에서 학문을 하는 선비들의 성정과 지취志趣가 서로 같아서 함께 모여앉아 달빛 아래 등불을 밝혀두고 시와 글을 논하는 모습을 보여준다. 이는 분명 일종의 학술교류로, 후대 서원에서 시문을 주고받으면서 이루어진 학술 모임에 해당하는 것으로 볼 수도 있다.

宴趙氏昆季書院因與會文並率爾投贈⁶⁵⁾⁶⁶⁾/盧綸
조씨 형제들이 베푼 서원 연회에서 문장을 논하며 자유로이 시를 써 주다/노륜

詩禮挹餘波	시와 예는 집안 가풍을 이었으니

아우로, 출가한 후 劉元貞을 스승으로 섬겼으며 元帝와 明帝 등에게 중용되었다. 나중에 剡縣의 산속에 은거해 세상을 등지고 살다가 입적했다.

64) 역자주. 五侯는 원래 다섯 등급의 諸侯인 公, 侯, 伯, 子, 男을 가리키는 표현인데, 여기에서는 권력을 바탕으로 사회의 상층부를 장악한 귀족을 총칭하는 표현으로 사용되었다.

65) 『全唐詩』 권27.

66) 역자주. 이 시의 해석은 '劉初棠 校註, 『盧綸詩集校注·卷三』(上海古籍出版社, 1989년, 412-415쪽)'을 참고했다.

相歡在琢磨	서로의 기쁨이 절차탁마하는 데 있네
琴尊方會集	거문고[琴]와 함께 술잔을 나누며
珠玉忽駢羅	주옥같은 영재들이 한데 모였구나
謝族67)風流盛	사안 집안은 풍류가 성대하고
于門68)福慶	우씨 집안은 복과 경사가 많도다
花攢69)騏驥櫪	털빛 고운 천리마의 구유요
錦絢鳳凰窠	비단 문채의 봉황이 둥지를 틀었어라
詠雪因饒妹70)	눈을 읊은 것은 조카를 아껴서였고
書經爲愛鵝71)	경經을 써준 것은 거위를 사랑해서였네

67) 역자주. 謝族은 東晉 중기의 대표적인 귀족 정치인 謝安의 가문을 가리킨다. 사 씨 가문은 문풍이 흥성하여 謝混이라는 뛰어난 시인에 이어 謝靈運이라는 대시인까지 탄생시켰다.

68) 역자주. '于門'은 한나라 于定國 가문을 가리킨 것이다. 『漢書·卷71』에는 다음과 같은 내용이 기재되어 있다. 우정국의 부친 于公이 옥관으로 오판이나 모함으로 억울함을 남긴 사건 없이 항상 공정하게 판결하기 때문에 자신의 蔭德으로 귀하게 될 자가 나올 것이라고 하며 자기 집을 수리해 준 장인에게 말 네 마리가 함께 들어설 수 있는 高門을 세우라고 하였다. 과연 그 후에 아들 定國은 승상이 되었고 손자 于永은 御史大夫가 되었다. 여기에서 '駟馬高門', '高門盛事'라는 성어가 전해온다.

69) 역자주. 花攢은 三花馬와 五花馬를 뜻한다. 당나라 때 말갈기를 꽃 모양으로 잘라 말을 장식하는 습례가 있다. 일반적으로 세 갈래로 잘라 만든 것은 三花, 다섯 갈래로 잘라 만든 것은 五花라고 하였다. 후대에 이르러서 '五花馬'는 털빛 곱고 귀한 말을 지칭하는 표현이 되었다.

70) 역자주. 이 구절에 관해서는 유명한 선비들의 대화를 모아놓은 책인 『世說新語·言語』편에 사안의 조카인 사도온과 관련된 고사가 전해온다. 진나라 太傅 謝安은 눈이 내리는 추운 날 子姪들을 모아놓고 문장을 강론하고 있었다. 잠시 후 갑자기 눈이 펑펑 내리니 공이 기뻐하며 "흩날리는 흰 눈이 무엇과 흡사합니까?"라고 물었다. 형의 아들인 胡兒는 "공중에 소금을 뿌린 것과 그런 대로 비슷합니다"라고 하자, 형의 딸인 道蘊은 "버들개지 바람에 날리는 것 같지 않습니까"라고 했다. 이에 공이 크게 기뻐하며 즐거워했다. 이 고사에서 비롯된 '詠雪之才'라는 성어는 여자의 뛰어난 글재주를 의미하며, 현재까지 사용되고 있다.

71) 역자주. 중국 역사상 으뜸가는 書聖인 王羲之는 평소 거위를 사랑했는데, 길고 유연하며 변화무쌍한 거위 목을 보면서 서체에 대한 영감을 얻었다고 한다. 어느 날 왕희지는 山陰의 道士가 기르는 거위를 보고 반하여 자신에게 팔 것을 청하였는데, 도사는 黃庭經을 써주면 거위를 주겠다고 제의했다. 이에 왕희지는 반나절동안 황정경을 써주고 답례로 흰 거위를 받아 들고 돌아왔다고 한다. 이 고사의 내용은 『晉書』권80 「왕희지전」과 張彦遠의 『法書要錄』, 『宣和書譜』 등에서 확인할 수 있다.

| 仍聞廣練被[72] | 두터운 이불을 내준다는 소문 듣고 |
| 更有遠儒過[73] | 아주 먼 곳의 선비까지 모여 들었다네 |

앞의 시와 마찬가지로 노륜의 이 시 역시 그가 유명해진 이후에 지어진 것이다. 따라서 서원이 존속했던 시기는 대력 연간 혹은 그 이후라고 보아야 할 것이다. 이 시는 선비들이 함께 모여 연회를 즐기는 가운데 학문을 논하고 글을 지으며 시를 평론하는 광경 및 뜻이 맞는 글벗들이 시의 문체와 글의 풍격을 "절차탁마하고(琢磨)", "서로 기뻐하는(相歡)" 모습 등을 묘사했다. 또한 서원이 학술적 분위기로 가득 차 있으면서도 매우 자유로우며 즐거움과 흥취를 잃지 않아서 "먼 곳의 선비(遠儒)"들도 찾아왔다고 표현했다. 따라서 조씨 형제들의 서원은 실제로 학문 및 시 토론, 글 모임 등이 이루어졌던 장소라고 할 수 있다.

杜中丞[74]書院新移小竹[75]/王建

두중승의 서원에 어린 대나무를 새로 옮겨오다/왕건

| 此地本無竹 | 이곳에는 본래 소죽이 없었는데 |
| 遠從山寺移 | 멀리 산사로부터 옮겨 왔네 |

---

72) 역자주. 당나라 시인 白居易가 저술한 『白氏六帖事類集·卷四』에는 이 내용과 관련하여 다음과 같은 내용이 기재되어 있다. 중국 삼국시대 오나라 江夏 지역 사람인 孟宗의 어머니는 그가 어릴 때 어질고 현명한 선비들이 아들과 같이 잘 수 있도록 이불 열두 채를 만들어 주었는데, 이는 군자와의 교류를 통해 훌륭한 인재가 되기를 바라는 어머니의 바람에서였다. 훗날 맹종은 어머니의 기대에 어긋나지 않게 훌륭한 인재가 되었다. 여말선초 元天錫의 『耘谷行錄』에서도 같은 내용을 확인할 수 있다.

73) 역자주. 맹종의 어머니가 招賢被를 만들어 준 것과 마찬가지로 이 서원이 선비들에게 대접을 잘해서 사람들이 잘 모인다는 의미를 비유적으로 표현한 것이다.

74) 역자주. 『王建詩集校注·卷五』에 따르면, '杜'는 성, 中丞은 관직명으로, '杜中丞'이 누구인지는 현재까지 정확하게 고증하지 못하고 있다.

75) 역자주. 이 시의 해석은 '尹占華 校註, 『王建詩集校注·卷五』(巴蜀書社, 2006년, 218쪽)'을 참고했다.

經年求養法	여러 해를 거쳐 기르는 법을 알아냈으니
隔日記澆時	격일로 물주는 시간을 잊지 않아
嫩綠卷新葉	새싹 푸르고 새잎은 돌돌 말리는데
殘黃收故枝	남아있는 누런 잎은 마른 가지에서 시드네
色經寒不動	색은 추위를 겪고도 변하지 않는데
聲與靜相宜	소리와 고요함이 서로 잘 어울리네
愛護出常數	아끼고 사랑하여 늘 돌보았기에
稀稠看自知	소죽이 잘 자랄지 말지를 절로 아는데
貧來緣(原)76)未有	사람들이 가끔 찾아 와도 인연이 없는지
客散獨行遲	객들 흩어지자 홀로 느릿느릿 움직이네

　왕건王建은 대력 10년(775) 진사가 되었으며, 처음에는 위남위渭南尉가 되었다가 비서승秘書丞, 시어사侍御史 등을 역임했다. 태화大和 연간(827-835)에는 외직에 나가서 섬주사마陝州司馬가 되어 변경에서 종군했고, 나중에는 함양咸陽에 물러나 정착했다.77) 따라서 두중승서원이 존속했던 시기는 대력에서 태화 연간(766-835) 즉 당 중후기일 것이다. 이 시에는 두 가지 주목할 만한 점이 있다. 첫째, 환경 조성이다. 서원에는 본래 대나무가 없었는데 왕건이 먼 곳에서 어린 대나무를 옮겨왔다는 것을 감안하면, 그가 대나무의 "색은 추위 겪고도 변하지 않고, (잎사귀 나부끼는) 소리는 고요함과 서로 어울리는(色經寒不動, 聲與靜相宜)" 성질을 좋아했음을 어렵지 않게 확인할 수 있다. 어려움을 겪으면서도 변하지 않고 조용하게 신심을 닦고 교양을 쌓는 것이 바로 유가의 본모습이며, 모든 사대부들이 추구했던 목표였다. 이를 통해 두중승은 인성수양이 자연환경과 밀접한 관계가 있음을 깨달았다는 것을 알 수 있다. 둘째, 서원과 "산사山寺"의 관계이다. 불교에서 지세地勢와 자연 풍경을 중시했다는 것은 잘 알려진 사실이다. 매우 절친한 관계가 아니었다면 자신들의 절에서 자라고 있는 어린 대나무를

---

76) '緣'자가 '原'자로 되어 있는 기록도 있다.
77) 『全唐詩』 권297.

파서 옮겨가도록 허락하지 않았을 것이다. 어린 대나무를 "멀리 산사로부터 옮겨왔다 (遠從山寺移)"는 것은 유교와 불교의 관계가 밀접한 편이었고 서원과 산사도 분명 상호 영향을 주고받았음을 보여준다.

題宇文裔山寺讀書院[78]/于鵠

우문경의 산사 독서원에 적다/우곡

讀書林下寺	산속 절간에서 책을 읽느라
不出動經年	출입하지 않고 걸핏 해를 넘겼네
草閣(書)連(通)[79]僧院	초가집은 절과 잇닿아 있고
山廚共石泉	산속 부엌은 바위 샘물을 함께 쓰네
雲(雪)庭(亭)[80]無履跡	구름 속 정원은 발자국조차도 없는데
龕壁有燈煙	감실 벽에 등잔 연기 올라오네
年少今頭白	젊은이는 이제 백발이 되었건만
刪詩到幾篇	시 엮은 것이 몇 편이나 되었던가

우곡于鵠은 대력과 정원貞元 연간의 시인이다. 그는 한양漢陽에 은거했으며, "사부使府[81]에서 종사從事[82]를 지낸 적이 있었다(諸府從事)." 따라서 독서원讀書院은 대력 및 정원 연간(766-804)에 존속했었을 것이다. 이 시에는 주목할 만한 점이 세 군데 있다. 우문경은 독서하고 시를 간추려 편집했던 선비이다. 그의 독서원은 산사와 연결되어 있었으며 샘물을 함께 사용하였으니 서원과 산사 간에는 분명 밀접한 교류가 있었을

---

78) 역자주. 이 시의 해석은 '蕭楓 編, 『唐詩宋詞全集·卷六』(西安出版社, 2000년, 380쪽)'을 참고했다.

79) '閣'자가 '書'자로, '連'자가 '通'자로 되어 있는 기록도 있다.

80) '雲'자가 '雪'자로, '庭'자가 '亭'자로 되어 있는 기록도 있다.

81) 역자주. 節度使의 소속 관청을 가리키는 말로, 幕府라고도 한다.

82) 역자주. 從事는 특정한 관직을 가리키는 것이 아니라 唐代 幕府, 幕僚의 직무를 통틀어 이르는 말이다.

것이다. 그러나 여러 해 동안 독서에 몰두했던 선비 우문경은 젊었을 때부터 백발이 될 때까지 감실 벽의 등잔불 붙이는 것 이외에는 산사의 일에 대해 거의 관심을 두지 않았는데, 이는 불교와 유교 간에 상당한 구분도 동시에 존재하였음을 시사해 준다. 이것이 첫 번째이다. 둘째, 우곡이 다루었던 대상은 우문경이 독서를 했던 장소로, 아래에 나올 이관중수재서원李管中秀才書院과 별반 다른 것이 없어 보이는데, 똑같이 독서를 했던 장소임에도 불구하고 여기에서는 "서원"이라고 부르지 않고 "독서원"이라고 부르고 있음을 확인할 수 있다. 이는 하나의 제도로서의 서원이 보편적으로 인정되지 못하고 아직은 검증 단계였기 때문에, 서원이라는 이름도 사회적으로 공인되지 못하고 있었음을 보여준다. 셋째, "젊은이는 이제 백발이 되었건만 시 엮은 것이 몇 편이나 되었던가(年少今頭白, 刪詩到幾篇)?"라는 대목은 우문경이 서원에서 독서 외에 연구 및 저술 활동에도 종사했음을 보여준다.

題五老峰下費君[83]書院[84]/楊巨源
오로봉 아래 비군서원에 적다/양거원

解向花間栽碧松	꽃들 사이로 푸른 솔 심어 놓았으니
門前不負老人峰	문 앞이 노인봉의 운치 못지 않네
已將心事隨身隱	마음은 이미 몸을 따라 은거했거니
認得溪雲第幾重	계곡 구름이 몇 겹인지 내 어찌 알랴

양거원楊巨源은 자가 경산景山이며, 정원貞元 5년(789) 진사가 되어 비서랑秘書郎, 태상박사太常博士, 예부원외랑禮部員外郎, 국자사업國子司業 등을 역임했다. 그러므로

---

83) 역자주. 『虞鄕顯志·書院』에는 '비군서원은 永濟縣 中條山 太乙峰 밑에 위치했는데, 고을 선비 費冠卿이 독서하던 곳(費君書院, 在永濟縣中條山太乙峰下, 邑人費冠卿讀書處)'이라는 기록이 있다.

84) 역자주. 이 시에 대한 해석은 '孫年法 編, 『運城古中國遊記·詩詞歌賦篇』(山西人民出版社, 2015년, 360쪽)'을 참고했다.

서원이 존속했던 기간은 정원 연간(785-804) 혹은 그 이후가 될 것이다. 시의 앞부분에 나오는 "꽃", "푸른 솔", "노인봉" 등은 서원의 조용하고 아름다운 풍경 및 주변 환경을 말해준다. 뒷부분의 비관경費冠卿은 안사安史의 난[85] 이후 현실세계에 극도로 실망한 나머지 산림으로 물러나 은거하면서, 꽃과 나무를 즐기고 구름과 물의 흐름을 감상하며 심신의 평정을 추구했던 상황을 말해준다. "마음은 이미 몸을 따라 은거했거니 계곡 구름이 몇 겹인지 내 어찌 알랴(已將心事隨身隱, 認得溪雲第幾重)"라는 구절은 낙담한 유가 선비의 심상을 있는 그대로 읊은 것이다. 어려서부터 받은 교육으로 인해 이들 선비들은 강력한 사회적 책임감을 가졌지만, 엄혹한 현실은 그들이 추구하는 이상을 실패로 내몰았다. 한편으로 이러한 갈등과 고통은 점차 그들로 하여금 현실의 홍진紅塵에서 벗어나 산수와 숲, 암석이 어우러진 "도원桃源"[86]으로 옮겨가게 만들었지만, 천당과 신선의 경지로 들어가게까지는 하지 못했다. 다른 한편으로 이러한 갈등과 고통은 선비들이 경전 원문으로 회귀하여 수신제가치국평천하修身齊家治國平天下의 방법과 길을 재탐색하고 새로운 이론적 사고와 창조를 진행하도록 만들었다. 이것이 바로 서원이 출현하게 된 문화적 배경이다.

同恭夏日題尋眞觀李寬中秀才書院[87]/呂溫
여름날 심진관 이관중의 수재서원에 적다/여온

閉(一作閑)[88]院開軒笑語闌　서원을 닫고 창을 여니 웃음소리 무르익는데
江山並入一壺寬[89]　　　　강산이 한 폭의 선경 속으로 들어오네

---

85) 역자주. 唐代 현종 말기인 755년에 安祿山과 史思明이 주동이 되어 일으킨 반란이다.
86) 역자주. '桃源'은 陶淵明의 「桃花源記」에 나오는 말로 이상향을 비유적으로 이르는 말이다.
87) 이 시의 해석은 '陳貽焮 主編, 『增訂註釋全唐詩·卷359』(文化藝術出版社, 2001년, 第2冊 728쪽)'을 참고했다.
88) '閉'자가 '閑'자로 되어 있는 기록도 있다.
89) 이 말은 '一壺天, 壺中天'이라는 고사를 전거로 하고 있다. 『後漢書·費長房傳』에는 다음과 같은 이야기가 기록되어 있다. 費長房은 汝南 사람으로 시장을 관리하는 일을 맡고 있었다.

微風但覺杉香滿	미풍에 삼나무 향기 물씬 풍겨오고
烈日方知竹氣寒	찌는 더위에 대숲의 서늘함이 비로소 느껴지네
披卷最宜生白室90)	독서는 텅 빈 방이 으뜸이려니
吟詩好就步虛壇91)	시 읊조리려 보허단으로 즐겨 나아가세
願君此地攻文字	그대들은 이곳에서 부지런히 공부하여
如煉仙家九轉丹	선가에서 구전단 굽듯 익혀야 하리

여온呂溫은 자가 화숙和叔이며, 정원 말기 진사로 뽑혀 좌습유左拾遺를 역임했고, 시어사侍御使로서 토번吐藩에 사신으로 갔다가 원화元和 원년(806)에 돌아왔다. 훗날 재상 이길보李吉甫와 불화하여 균주均州, 도주道州, 형주衡州 자사로 좌천되었고 형주에서 죽었다.92) 그러므로 서원이 존속했던 시기는 원화 연간(806-820)일 것이다. 광서 연간의 『호남통지湖南通志』권69에는 석고서원石鼓書院이 형양현衡陽縣 북쪽 석고산石鼓山에 위치했다고 기술되어 있다.

이곳은 예전에는 심진관尋眞觀이었는데, 당나라의 판사判史였던 제영齊映이 산의 오른편에 합강정合江亭을 지었다. 원화 연간에 중주中州93) 사람 이관李寬이 초려를 짓고

시장에는 약을 파는 노인 한 명이 있었는데, 가게 앞에 늘 항아리 하나를 걸어두고 있었다. 장사가 끝나면 노인은 언제나 그 항아리 속으로 들어가 모습을 감추었다. 시장 사람들은 이를 보지 못했고, 비장방만 누각에서 이 장면을 보았다. 이상하게 여긴 비장방이 어느 날 안주를 가지고 노인을 찾아갔다. 노인은 비장방의 뜻을 이미 알아채고 자신이 신선이라 말하며 그에게 내일 다시 오라고 말했다. 비장방은 다음날 노인에게 찾아가 노인과 함께 항아리 속으로 들어갔다. 항아리 속에는 장엄하고 화려하게 꾸민 방이 있고 좋은 술과 산해진미가 가득 차려져 있었다. 그 곳에서 노인과 술을 실컷 마시고 다시 항아리에서 나왔다. 후세 사람들은 이 노인을 '壺公'이라 불렀으며 항아리 속의 아름다운 광경을 선경에 비유하게 되었다. 즉 이 표현은 서원 경치가 매우 아름다워 마치 선경과 같다는 의미를 담고 있다.

90) 역자주. 『莊子·人間世』에는 "저 텅 빈 곳을 보게나, 방을 비우니 환히 밝지 않은가. 복된 일도 그곳에 머문다(瞻彼闋者, 虛室生白, 吉祥止止)"는 구절이 있다. 이를 참고하면 위의 시 구절은 서원과 같은 고요한 곳에서 공부하면 淸虛하고 욕심이 없어져 道心이 절로 생겨남을 말한 것으로 해석할 수 있다.

91) 역자주. 步虛壇은 道士가 경문을 읽는 곳이다.

92) 『全唐詩』권370.

이곳에서 독서를 했다. 그리고 자사 여온이 여기를 방문했었다.[94]

　위 내용은 상술한 추론이 틀리지 않았음을 입증해 준다. 수재서원을 세운 사람이 이관李寬인지 이관중李寬中인지의 여부는 『호남통지』의 저자가 권161 앞에서 의문을 갖고 고증했지만 결론을 내지는 못했다. 그래서 여기에서는 일단 "이관중수재서원李寬中秀才書院"이라는 제목을 붙였다. 이 시에서는 두 가지 점을 주목할 만하다. 첫째, 강산이 한 눈에 들어오고, 삼나무 향기와 대숲의 기운이 서원을 가득 채웠다. 둘째, 수재가 보허단과 단로 근처에서 독서하고 시를 읊으며 부지런히 공부했다면 신선가의 도기道氣, 단술丹術 등에 대해서도 어느 정도 이해했거나 체득했을 것이다.

南溪書院/楊發

남계서원/양발

茅屋住來久	초가집에 산 지 오래되었으니
山深不置門	산 깊은 곳이라 문도 세우지 않았네
草生垂井口	풀은 자라 우물가를 덮고
花發接(一作擁)[95]籬根	꽃은 피어 울타리 끝까지 닿았네
入院將雛鳥	서원엔 새끼를 거느린 새가 깃들고
攀蘿抱子猿	덩굴엔 새끼를 품은 원숭이가 오르네
曾逢異人說	일찍이 다른 이를 만나 얘기하니
風景似桃源	풍경이 무릉도원과 같다 하네

　『명일통지明一統志』 권69에는 "남계서원南溪書院은 서주부敍州府 남계현南溪縣 북쪽에 있었다"[96]라는 설명 뒤에 양발의 이 시가 부기되어 있다. 이에 근거해 서원이 현재

---

93) 역자주. 현 河南省 일대를 가리킨다.
94) "舊爲尋眞觀, 唐判史齊映建合江亭於山之右, 元和中州人李寬結蘆讀書其上. 刺史呂溫嘗訪之."
95) '接'자가 '擁'자로 되어 있는 기록도 있다.

의 사천성四川省 안에 있었음을 알 수 있다. 기록에 따르면 양발楊發은 자가 지지至之이며, 아버지가 소주蘇州에 거주했기 때문에 소주가 본적으로 되어 있다. 태화 4년(830) 진사가 되었으며, 태상소경太常少卿, 소주판사蘇州判史, 영남절도사嶺南節度使 등을 역임했다. 따라서 서원이 존속했던 시기는 대략 태화 연간(827-835) 혹은 그 전후가 될 것이다. 이 서원은 속세와 멀리 떨어진 산중에 세워졌는데, 풀은 우물 입구를 가득 덮고 꽃은 울타리 끝까지 자랐으며, 새끼 거느린 새와 새끼 품은 원숭이가 그 사이를 드나드니, "풍경이 마치 무릉도원과 같았다(風景似桃源)."

書院二小松97)/李群玉
서원의 작은 소나무 두 그루/이군옥

一雙幽色出凡塵　　속태를 벗은 한 쌍의 소나무, 그윽한 살결이여
數粒秋煙二尺鱗　　성근 솔잎은 푸르고 두 척의 목피는 편린 같은데
從此靜窗聞細韻　　고요한 창가에 솔바람 소리 은은히 들려오니
琴聲長伴讀書人　　그 나즈막한 가락은 독서인과 이미 오랜 벗이 되었네

이군옥李群玉은 자가 문산文山이며 예주澧州 사람이다. 그는 "무언가에 얽매이는 것을 좋아하지 않아 벼슬에 나가는 것을 기껍게 여기지 않았으며 오직 시를 읊으며 유유자적했다. 사조詞藻가 화려하고 시문에 재능이 뛰어났다."98) 그는 노년에 배휴裴休와 영호도令狐綯 등의 추천으로 홍문관弘文館 교서랑校書郎에 임명되었으나, "얼마 지나지 않아 해임되어 고향으로 돌아갔고"99) 2년 후 세상을 떠났다. 그가 죽자 단성식段成式이 시를 지어 곡하면서 "나라가 잘 다스려질 때에는 예형100)처럼 행동하지 말아야 할

---

96) "南溪書院在敍州府南溪縣北."
97) 역자주. 이 시의 해석은 '陳貽焮 主編, 『增訂註釋全唐詩·卷563』(文化藝術出版社, 2001년, 第4冊 114쪽)'을 참고했다.
98) "曠逸不樂仕進, 專以吟詩自適, 詩筆艷麗, 才力邁健."
99) "未幾解任歸."

것이니, 공경들을 능멸하더니 구천으로 돌아갔구나"[101]라고 읊었다.[102] 단성식은 863
년에 죽었으니 서원이 존속했던 시기는 함통咸通 연간(860-874)[103] 혹은 그 이전일
것이다. 이 서원이 누구의 것인지는 분명하지 않으나, 거문고 소리처럼 들리는 그 나지
막한 솔바람 소리가 시인의 기질에 매우 부합한다는 점으로 볼 때 아마도 이군옥 자신
이 독서하던 곳으로 보인다. 그러므로 이 책에서는 잠정적으로 "(이군옥) 서원"이라
부르겠다. 이 시는 서원 주인이 서원의 환경을 즐겨 가꿈으로써 시적 분위기를 고조시
켰음을 말해준다.

田將軍書院[104]/賈島
전田장군의 서원/가도

滿庭花木半新栽	뜰에 가득한 꽃과 나무 절반이 새로 가꾼 것인데
石自平湖遠岸來	돌은 저 멀리 태호太湖에서 옮겨 왔네
筍迸鄰家還長竹	죽순은 이웃집에 자라나 다시 큰 대나무가 되고
地經山雨幾層苔	흙길은 산비를 맞아 이끼가 몇 겹이나 끼었네
井當深夜泉微上	우물은 밤이 깊어지자 샘물이 차츰 차오르고
閣入高秋戶盡開	누각은 가을이 깊어져 문을 모두 열어놓았는데
行背曲江誰到此	곡강[105]을 등지고 있거늘 누가 여길 찾아오랴

---

100) 역자주. 禰衡(173-198)은 중국 후한 말의 인물로, 젊었을 때 재주가 있고 언변이 좋아 명사로
이름을 떨쳤다. 후에 지나치게 자기 재주를 믿고 오만하여 曹操에게 쫓겨났다. 후에 黃祖에게
의지하여 鸚鵡賦를 지어 칭찬도 받았으나 끝내 황조의 비위를 거슬러 피살되었다.

101) 역자주. 段成式의 시,『哭李群玉』의 全文은 다음과 같다. "酒里詩中三十年, 縱橫唐突世喧喧.
明時不作禰衡死, 傲盡公卿歸九泉".

102) 『全唐詩』권570.

103) 역자주. 원문에는 '함통 연간(800-874)'으로 되어 있는데, 이는 오타로 보인다. '함통 연간
(860-874)'으로 바로잡는다.

104) 역자주. 이 시의 해석은 '陳貽焮 主編,『增訂註釋全唐詩 · 卷567』(文化藝術出版社, 2001년,
第四冊 162쪽)'을 참고했다.

105) 역자주. 曲江(혹은 曲江池)은 長安 남쪽 朱雀橋 동편에 위치하며 당시 장안에서 제일 크고

琴書鎖著未朝回　거문고와 책을 잠가 놓고 조회朝會에서 돌아오지 않았네

　　가도(賈島, 779-843)는 자가 랑浪이며, 낭선閬仙이라고도 한다. 그는 처음에 무본無本이라는 법호法號로 승려로 지냈다가, '퇴고推敲'[106]의 일로 한유와 인연을 맺었으며 "불교를 떠나 과거科擧에서 급제해 진사가 되었다."[107] 가도와 전장군의 교류는 그가 성년이 된 이후이므로 서원이 존속했던 시기는 정원 연간 혹은 그 이후일 것이다. 이 시를 통해 이 서원이 산과 물을 끼고 있었으며, 서원 안에 꽃과 나무, 죽순과 대나무, 샘물과 돌, 누각 등을 모두 갖추고 있었음을 알 수 있다. 또한 풍경이 고요하고 아름다워서, 거문고를 타고 독서하며 자신을 수양하고 성품을 닦는 데 좋은 곳이었음을 알 수도 있다.

題子侄書院雙松[108]/曹唐

자질子姪[109]의 서원에 있는 소나무 두 그루에 부침/조당

自種雙松費幾錢　몸소 소나무 두 그루를 심느라 품이 얼마나 들었을까
頓令院落似秋天　문득 서원 뜨락이 가을날 같네
能藏此地新晴雨　갓 갠 비로 솔가지에는 물방울이 어려 있고
卻惹空山舊燒煙　고요한 산 속에서는 연기가 그윽히 피어오르네
枝壓細風過枕上　솔가지를 흔드는 세풍이 머리맡을 스치고

유명한 관광지였다.

106) 역자주. '推敲'라는 말은 가도가 '새는 연못가 나무 위에서 잠들고, 스님은 달 아래 문을 두드리네(鳥宿池邊樹, 僧敲月下門)'라는 시구 중 '문을 두드리네[敲]'와 '문을 미네[推]' 두 가지 표현을 놓고 고민하던 중 韓愈를 만나 그의 건의로 '敲'자를 쓰게 되었다는 이야기에서 유래되었다. 현재는 글을 지을 때 여러 번 검토하고 고친다는 의미로 사용되고 있다.

107) "遂去浮屠, 擧進士."

108) 역자주. 이 시의 해석은 '陳貽焮 主編, 『增訂註釋全唐詩·卷634』(文化藝術出版社, 2001년, 第四冊 703쪽)'을 참고했다.

109) 역자주. 子姪은 아들과 조카를 아울러 이르는 말이다.

影籠殘月到窓前　달빛에 비친 그림자는 창밖에 어른거리네
莫教取次成閑夢　아무렇게나 한가한 꿈을 꾸지 말게나
使汝悠悠十八年[110]　그대 18년 긴 세월 헛될 수 있네

　조당曹唐의 자는 요빈堯賓이며, 계주桂州 사람이다. 처음에는 도사道士였다가 후에 진사에 응시했으나 낙제했다. 함통 연간(860-873)에 사부使府의 종사從事를 지냈다.[111] 따라서 서원의 존속 시기는 860-873년 혹은 그 전후가 될 것이다. 서원이 있었던 곳의 풍경이 그다지 아름답지 않았기에 서원의 주인은 몸소 소나무 두 그루를 심었다. 솔가지에 어려 있는 물방울, 소나무 위로 피어오르는 연기, 머리맡을 스쳐가는 세풍, 달빛에 비추인 소나무 그림자들 모두가 "서원 마당을 가을날 같게(頓令院落似秋天)" 하여 사람 마음이 탁 트이고 상쾌하게 만들었다. 기존에 부족했던 부분을 인위적으로 보완하는 것은 공부에 적합한 환경을 조성하는 것이 이미 일반화된 행위가 되었음을 말해주는 것으로, 여기에는 사대부가 천인합일을 추구하는 마음 자세가 담겨져 있다.

宿沈彬進士書院[112]/齊己
심빈 진사의 서원에 묵다/제기

相期只爲話篇章　그저 시를 논하기 위해 서로 기약하고
踏雪曾來宿此房　눈을 밟고 와서 이 방에 묵은 적이 있었지
喧滑盡消城漏滴　성 안의 시끄럽던 물방울 소리마저 모두 사라지면

---

110) 역자주. 이 말은 '丁固夢松'의 고사를 전거로 하고 있다. 『三國志・吳志・孫皓傳』에는 다음과 같이 기록되어 있다. 처음에 정고가 상서가 되었을 때 소나무가 그의 배에서 나오는 꿈을 꾸었다. 이에 다른 사람에게 이르기를 "松자는 十八에 公인 즉, 앞으로 18년 후에 내가 公이 될 것이다"라고 하였는데, 마침내 꿈과 같이 되었다. 이 말에는 조당이 子姪들에게 시간을 헛되이 보내지 말고 18년 후에 모두 훌륭한 인재가 되라는 바람이 담겨 있다.

111) 『全唐詩』권640.

112) 역자주. 이 시의 해석은 '陳貽焮 主編,『增訂註釋全唐詩・卷839』(文化藝術出版社, 2001년, 第五冊 696쪽)'을 참고했다.

窗扉初掩嶺茶香　사립창문 닫아걸고 산의 차향을 맡네
舊山春暖生薇蕨　옛 산의 봄은 따뜻하여 고사리 돋아나건만
大國塵昏懼殺傷　나라는 어지러워져 살상이 두렵구나
應有太平時節在　마땅히 태평시절이 되어야 하거늘
寒宵未臥共思量　추운 밤에 잠 못 이루고 서로 깊은 시름에 잠기네

『전당시』에는 다음과 같이 기록되어 있다.

　　심빈沈彬은 자가 자구子久이며, 고안高安 사람이다. 당 말기 진사시험에 응시했으나
급제하지 못하고 호상湖湘[113] 일대를 유랑했으며, 승려 허중虛中, 제기齊己 등과 시우詩
友가 되었다. 심빈은 당 말기의 유명한 가문 오흥심씨吳興沈氏의 후손으로 비서랑에
제수되었으며, 이부낭중吏部郎中에 이르러 사직했다. 80여 세가 되었을 때 이경李璟이
옛 은혜를 이유로 접견하고서는 곡식과 비단을 하사하고 그의 아들에게 관직을 내렸
다.[114]

　　기록에 따르면 이경은 남당南唐 제2대 황제로 946년에서 961년까지 제위에 있었다.
이경이 즉위하자마자 80여세의 심빈을 접견했다고 가정한다면, 심빈이 당나라 때 40여
년을 살았다고 추산할 수 있다. 이는 "당 말기 진사시험에 응시했으나 급제하지 못했
다."[115]는 기록에도 부합한다. 여기에서 "급제하지 못함(不第)"과 시 제목의 "진사"
간에 보이는 모순은 문인을 예우하는 차원에서 진사라는 호칭을 쓴 것 때문에 생긴
것으로 보인다. 또한 『호남역대명인사전湖南歷代名人詞典』의 기록에 따르면 제기
(860-940)의 속세 시절 성은 호胡, 이름은 득생得生, 자는 이위邇潙였다. 그는 집안이
가난했고 일찍 고아가 되었기에 출가하여 승려가 되었다. 스스로 형악사문衡嶽沙門이

---

113) 역자주. 호남성 洞庭湖와 湘江 일대를 가리킨다.
114) 『全唐詩』 권743. "沈彬, 字子九, 高安人, 唐末應進士不第, 浪跡湖湘, 嘗與僧虛中, 齊己爲詩
　　友. 事吳爲秘書郎, 以吏部郎中致仕. 年八十餘, 李璟以舊恩召見, 賜粟帛, 官其子."
115) "唐末應進士不第."

라는 호를 붙였으며, 산수를 사랑하고 양자강 이남 지역을 주유하면서, 명사들과 교류했다. 또한 시문에도 능하여 『백련집白蓮集』 10권을 후세에 남겼다. 이를 토대로 추산해 볼 때, 80세 인생을 살았던 심빈은 당이 멸망했을 때 이미 47세였으므로 그의 인생의 절반 이상을 당나라에서 보냈다고 할 수 있다. 이러한 까닭에 심빈서원이 존속했던 시기는 대략 당 말기라고 추측할 수 있다.116) 서원의 활동은 크게 두 가지였다. 첫째, 정기적인 강학모임이다. 심빈과 제기는 서로 시우로 매우 친밀한 관계였는데, 『전당시』 권838에 실린 제기의 『우거악록사진사침빈재방寓居嶽麓謝進士沈彬再訪』은 두 사람의 관계를 잘 보여준다.

寓居嶽麓謝進士沈彬再訪117)/齊己
악록에 머물며 진사 심빈의 재방에 감사를 표하다/제기

去歲來尋我	지난 해 나를 찾아왔는데
留題在蘚痕	남겨 놓은 시에는 이끼가 끼었네
又因風雪夜	다시 눈보라 치는 밤에 찾아와
重宿古松門	고송문 안에 또 다시 묵네
玉有疑休泣118)	옥이 의심 받고도 눈물을 그치니

---

116) 李勤松의 『五代時期的江西書院考述』에서는 심빈서원이 五代에 창건되었다고 보고 있다. 이 주장은 어느 정도 일리가 있지만 정론으로 보기는 어려우므로 여기에서는 당 말기 서원으로 분류하였다. 李勤松의 글은 『中國書院』 제42집, 117-118쪽에 실려 있다.

117) 역자주. 이 시의 해석은 '陳貽焮 主編, 『增訂註釋全唐詩·卷833』(文化藝術出版社, 2001년, 第五冊 643쪽)'을 참고했다.

118) 역자주. 이 구절은 卞和獻玉의 고사를 전고로 하고 있다. 『韓非子·和氏第十三』에는 다음과 같이 기재되어 있다. 초나라 사람 화씨가 초산에서 옥돌을 발견했다. 이것을 가져다가 초나라 厲王에게 올리니, 여왕이 옥 감정인을 시켜 감정하게 했다. 옥을 감정하는 사람이 "돌입니다" 하니, 厲王은 화씨가 거짓으로 속였다고 하여 그의 왼쪽 발을 자르게 했다. 여왕이 죽고 무왕이 왕위에 올랐다. 화씨는 또 그 옥돌을 가지고 가서 무왕에게 올렸다. 무왕은 옥 감정인을 시켜 감정하게 했다. 옥 감정인이 또 "돌입니다"하니 무왕은 또 화씨가 속였다고 하여 그의 오른쪽 발을 자르게 했다. 무왕이 죽고 문왕이 왕위에 올랐다. 그러자 화씨는 그 옥돌을 안고 초산

詩無主且言	시는 주인 없이도 말을 하는구나
明朝此相送	내일 아침 이곳에서 전송하고서
披褐入桃源	갈옷 걸치고 도원으로 들어가리라

　　비록 시를 감상하고 서로 다듬어주는 시 평론은 유생과 승려 신분인 두 친구 간의 개인적인 교류이기는 하지만, 이것은 "서로 기약하여(相期)" 미리 정해둔 모임이었다. 이러한 정기적인 학술활동은 명청明淸시대 서원의 강학모임의 성격을 지닌 것이다. 둘째, 심빈과 제기 간의 "서로 기약된(相期)" 토론에서는 학술적 내용 외에 당시의 정치에 대해서도 다루어졌다. "나라가 어지러워지고(大國塵昏)", 도처에서 "살상殺傷"이 벌어졌다는 것은 당 말기의 정치적 부패 및 전란의 참화를 표현한 것이다. "마땅히 태평시절이 있어야 하거늘 추운 밤에 잠 못 이루고 서로 깊은 시름에 잠기네(應有太平時節在,寒宵未臥共思量)."라는 구절은 강력한 사회적 책임감을 지닌 지식인들이 국가와 백성을 걱정하는 마음, 전란을 종식시키고 평화를 이루길 희구하는 고뇌에 찬 마음을 표현한 것이다. 이는 서원의 독서인들이 시종일관 책만 붙들고 있었던 것이 아니라 사회와 정치에 매우 높은 관심을 가졌음을 말해준다. 이것이 바로 "바람소리, 빗소리, 글 읽는 소리, 소리마다 귀에 들려오고, 집안의 일, 나라의 일, 천하의 일, 일마다 관심을 갖는다"[119)]는 동림東林 정신의 근원이다.

　　『전당시외편全唐詩外編』 상권에는 번주樊鑄의 『급제후독서원영물십수상예부이시랑及第後讀書院咏物十首上禮部李侍郎』 10수가 실려 있는데, 이들 시가 읊은 대상은 걸개(簾

아래에 가서 사흘 동안 밤낮으로 피눈물을 흘리며 울었다. 임금이 이를 듣고 사람을 보내 그 까닭을 물었다. "천하에 발이 베이는 형벌을 받은 사람이 많은데, 너는 어찌 그리 슬피 우느냐." 화씨는 대답했다. "나는 발이 베인 것을 슬퍼하는 것이 아닙니다. 저 보배인 옥을 돌이라 우기며 왕을 속여, 나에게 죄명을 씌우니 이를 슬퍼하는 것입니다." 그 말에 문왕이 옥인을 시켜 그 옥돌을 다듬게 하여, 寶玉을 얻게 되었다. 그리하여 그 옥을 "화씨의 옥"이라고 명명했다. 이 구절은 알아주는 사람이 없어도 낙심하지 말라는, 제기가 심빈을 격려하는 뜻이 담겨져 있다.

119) "風聲雨聲讀書聲聲聲入耳, 家事國事天下事事事關心."

鉤), 회초리(鞭鞘), 투호용 화살(箭括), 열쇠(鑰匙), 소매점(門店), 절구(藥臼), 그물(濾水羅), 우물가의 도르레(井轆轤), 바둑 등 서원 생활에서 일상적으로 사용하는 시설이나 도구였다. 번주는 천보 연간(742-755)의 인물로, 서원의 존속 시기는 천보 연간이라고 볼 수 있다. 번주는 어째서 이러한 일련의 시들을 짓게 된 것일까? 그 이유는 아마 다음과 같이 정리할 수 있을 것이다. 그는 과거에 급제하기 전 서원에서 독서를 하며 시험을 준비했는데, 급제한 후에는 서원 생활과 이별해야 했기에 이에 대한 아쉬운 감정을 시를 지어 기억하고자 한 것이다. 이렇게 볼 때 이 시 제목에 나오는 서원이 곧 작자가 독서를 하던 장소라는 것을 알 수 있다. 따라서 이 책에서는 잠정적으로 이 서원을 "(번주) 서원"이라고 명명했다.

書院無歷日間路侍御六月大小[120]/李益
서원에 달력이 없어 노로路 씨 시어사侍御史에게 6월 대소사를 묻다/이익

野性迷堯歷	질박한 성품이라 요력堯歷엔 어두운데
松窗有道經[121]	소나무 창가에 도덕경이 있네
故人爲柱史[122]	옛 사람이 내 주사가 되어
爲我數階蓂[123]	나를 위해 계명을 헤아려주네

---

120) 역자주. 이 시의 해석은 '陳貽焮 主編, 『增訂註釋全唐詩·卷272』(文化藝術出版社, 2001년, 第二冊 896쪽)'을 참고했다.

121) 역자주. 松窗에는 소나무 창가라는 뜻도 있고 서재라는 뜻도 있다. 이 시구에는 같이 공부했던 사람들 중 시어사가 된 친구가 있다는 의미가 담겨져 있다. 侍御史와 老子, 柱史와의 관계는 다음 각주를 참조하라.

122) 역자주. 柱史는 柱下史의 약칭이다. 周나라와 秦나라 시기의 관직으로, 노자가 周나라의 柱史 직을 맡은 적이 있었다. 후대에는 柱史 대신 侍御史를 사용하기도 했다.

123) 역자주. 『竹書紀年·권上』에는 다음과 같은 내용이 기재되어 있다. '階蓂'은 전설 속 상서로운 풀인 蓂莢으로, 이 풀이 계단을 끼고 자란다고 하여 붙여진 이름이다. 이 풀은 매달 1일부터 15일까지는 하루에 잎 한 장씩 피고 15일 이후로는 매일 잎 한 장씩 지며, 달수가 작은달에는 마지막 잎은 시들기만 하고 떨어지지는 않아서, 이를 토대로 날을 계산하여 달력으로 삼았다고 한다. 이는 시기가 봄임을 말해준다.

이 시는 『만수당인절구萬首唐人絶句』 권4에 실려 있으며, 『전당시』 권283에도 실려 있는데, 제목은 『서원무력일이시대서문로시어육월대소書院無歷日以詩代書問路侍御六月大小』이다.

이익(李益, 748-827)은 자가 군우君虞이다. 대력 7년(769) 진사에 급제하여 정현鄭縣의 태위에 제수되었다. 이후 오랫동안 승진을 하지 못하다가 관직을 그만두고 북쪽의 하삭河朔 지역에서 유랑했다. 후에 유연幽燕124) 지역에서 종군하면서 시를 지어 스스로 즐기다 이하李賀와 함께 유명해졌다. 헌종 때 비서소감秘書少監, 집현전학사에 올랐으나 동료들의 미움을 사 산직125)으로 강등되었다. 얼마 지나지 않아 다시 비서감으로 복직하고 태자빈객太子賓客126)으로 옮겼으며 집현전학사, 판원사判院事 등을 역임했다. 대화大和 초년(827) 예부상서禮部尙書에 이르러 사직하고 세상을 떠났다. 기록에 따르면 개원 13년(725) 집현전수서소集賢殿修書所를 집현전서원으로 바꾸었으며, 학사, 직학사直學士 등의 관직을 설치했다. 이익은 헌종 때 두 차례에 걸쳐 집현전학사를 역임하고 판원사에 이르렀다. 따라서 시에서 말하는 서원이 집현전서원이라는 것에는 의심의 여지가 없으며, 이 시 역시 원화 연간(806-820)에 지어졌을 것이다. 집현서원, 여정서원 및 이와 관련된 시가들은 아래에서 상세히 다룰 것이다.

아래의 표를 통해 좀 더 명료하게 각 서원들의 개황을 파악할 수 있다.

〈표 1.1〉 당시에 나타난 서원 개황 통계표

서원명	건립 연도 및 존속 시기	창건인	특색
(번주)서원	742-755년	번주樊鑄	독서하고 시험을 준비하던 곳
이필서원	742-762년	이필李泌	수려한 풍경, 문인과 선비들이 술을 마시며 시를 짓는 광경, 도가와 밀접한 관계

---

124) 역자주. 현 河北省 북부와 북경, 천진, 療寧省 일대, 대동강 이북 지역을 통틀어 가리킨다. 위 지역들은 당나라 이전에는 幽州에 속해 있었고, 戰國시기에는 燕나라에 속해 있었으므로 '幽燕' 지역이라 부르게 되었다.

125) 역자주. 散秩은 직위만 있고 직무가 없는 관리를 말한다.

126) 역자주. 당나라 때 설치한 것으로 처음에는 태자 교육과 관련된 관직이었다.

서원명	건립 연도 및 존속 시기	창건인	특색
조씨곤계서원	766-779년	조씨곤계趙氏昆季	글 모임과 시 평론 등 학술활동이 존재
제사랑서원 혹은 서재소부서원	766-779년	제사랑第四郎, 혹은 설재薛載	교학활동, 서원의 모임[西園會]
우문경독서원	769-804년	우문경宇文裔	불교 사찰과 밀접한 관계, 연구 및 저술활동
두중승서원	766-835년	두중승杜中丞	환경을 개선함, 불교 사찰과 밀접한 관계
전장군서원	785-804년	전장군田將軍	환경을 개선함
비군서원	785-804년	비군費君	풍경이 아름다움
이관중수재서원	806-820년	이관중李寬中	풍경이 아름다움, 도가와 밀접한 관계
남계서원	827-835년		풍경이 도원과 같음
(이군옥)서원	860-874년 혹은 그 이전	이군옥李群玉	환경을 개선함
자질서원	860-874년	조당자질曹唐子姪	환경을 개선함
심빈진사서원	당말	심빈沈彬	정기적 강학모임, 학술교류, 정치토론

상술한 시가들은 정확한 역사 기록으로 확인된다. 필자는 이에 근거하여 당시에 실려 있는 서원들의 개황에 대해 다음과 같이 개괄한다.

첫째, 서원의 소유 측면에서 보자면, 상술한 서원들은 대부분 사대부들이 독서를 하던 개인적 공간으로, 보통의 서재와 동일한 성격을 가졌다. 그러나 동시에 이곳들은 개방되어 있어서 교우, 학자, 문인, 문객, 도사, 승려들을 받아들였다. 이들이 함께 모여 연회, 배움, 강학모임, 시 평론, 문장토론, 연구, 저술, 시사토론 등을 진행하면서, 서원은 서재에는 결코 없었던 광범위한 사회적 성격을 지닌 공적 문화 활동 공간으로 변모해 갔다. 사적 소유물에서 대중에 봉사하는 공간으로의 변모는 서원이 단순한 서재에서 벗어나는 매우 중요한 한 걸음을 내딛은 것이었다. 그리하여 중국 사회에는 새롭고도 중요한 문화 조직을 탄생시켰다. 그 후 천여 년 동안 서원은 중국의 문화를 개조, 갱신, 전승하는 중임重任을 줄곧 맡아 왔다.

둘째, 하나의 문화 조직으로서 당대 서원의 기능은 장서와 독서, 연회와 교류, 시와 글짓기, 학술교류, 교학과 수업, 정치토론, 연구저술 등으로, 후대 서원들의 거의 모든 활동의 원류를 여기에서 찾을 수 있다.

셋째, 서원은 유학 연구의 분야이지만 불교와 도교를 배척하지는 않았다. 위에서 다룬 14곳의 서원(집현서원을 제외하면 13곳) 중 불교와 관련된 곳은 3곳, 도교와 관련된 곳은 2곳으로, 도교 혹은 불교와 관련된 비율은 35.7%(집현서원 제외 시 38.5%)였다. 산사, 도관, 서원은 누각이 서로 연결되어 있고 샘물을 함께 사용할 정도로 가까이 위치해 있었다. 그리고 승려, 도인, 유생들이 한 곳에 모여 "시를 논하고(話篇章)", "부지런히 공부했으며(攻文字)", 국가의 앞날에 대해 "추운 밤에 잠 못 이루고 서로 깊은 시름에 잠기기(寒宵未臥共思量)"도 했다. 다시 말해 유·불·도의 상호교류 및 영향은 서원 탄생의 문화적 배경이었다.

넷째, 대부분의 서원은 지리적 환경이 좋은 곳에 위치하여, 고요하고 수려하며 문인들에게 적합했기에, "풍경이 마치 도원과 같았다(風景似桃源)." 자리 잡은 곳의 환경이 썩 좋지 않으면 온갖 생각을 짜내어 꽃을 다듬고 나무를 심으며 대나무를 옮겨오고, 호석湖石[127]을 옮겨오는 등 환경을 개선하여 "서원 마당이 가을날 같도록(頓令院落似秋天)" 만들었다. 이는 당시 서원을 세웠던 사람들이 자연이 인격 도야에 미치는 영향을 충분히 인식하고 있었으며, 인간과 주위환경의 조화를 매우 중시했다는 점을 말해준다. 여기에는 불교사찰 및 도교 도관의 영향도 존재하며, "천인합일"이라는 유가 가치관이 역시 담겨 있다.

4. 당대 각지 서원 개황

필자는 당시唐詩 외에도 여러 지방지 안에서 당대에 건립된 최소 40곳 이상의 서원들의 기록을 확인할 수 있었다. 오늘날의 중국 행정구획인 성省을 기준으로 하여 각 서원들의 개황을 아래와 같이 정리했다.

섬서성陝西省 1곳

영주서원瀛洲書院. 남전현藍田縣 현치 남쪽에 자리 잡았으며, 당 고조 무덕武德 6년(623)

---

127) 역자주. 湖石은 太湖에서 나는 돌로, 조경용으로 많이 사용되었다.

학사 이원통李元通이 건립했다. 이 서원은 중국 역사상 최초의 서원 중 하나이다.

산서성山西省 1곳

비군서원費君書院. 영제현永濟縣 중조산中條山 태을봉太乙峰 아래에 위치했으며, 고을 사람 비관경費冠卿이 독서했던 곳이다. 양거원楊巨源이 『제오로봉하비군서원題五老峰下費君書院』이라는 시를 지어 세상에 전했다.

하북성河北省 2곳

장열서원張說書院. 장상공당張相公堂이라고도 불린다. 만성현(滿城縣: 현 하북성에 속함) 화양산花陽山 속에 위치했으며, 측천무후 영창 원년(689) 이전 장열이 건립하여 독서하고 학문하는 곳으로 삼았다.

서계서원西谿書院. 진정현(眞定縣, 현 正定縣) 용수봉龍首峰 서쪽에 위치했으며, "당대 선비 요경姚敬이 은둔했던 곳"[128]이다. 송대에 일찍이 구경九經을 얻었고, 장저張著가 훈장을 맡았을 때 다시 수선되었다. 원대 사람인 안희安熙는 시를 지어 그 때의 일을 기록했다.

西谿書院廢址/安熙

서계서원 폐지에서/안희

世道有升降　　세상의 도엔 오르내림이 있으니
乾坤幾消磨　　건곤은 몇 번이나 소멸되었던가
誰知昔年中　　누군들 옛일을 잘 알리요
師生此弦歌　　이곳에 사제 간의 현가가 있었음을
我來愛佳名　　내가 그 아름다운 이름을 아껴

---

128) "唐隱士姚敬栖遁之所."

策杖時經過	지팡이 짚고 시시때때로 거닐며
深尋得遺經	깊은 곳 찾아 남겨진 경서를 얻으니
山經[129]信非訛	산경은 진정 그릇되지 않음을 확신하네

이를 통해 서계서원이 당대에는 선비 요경이 은거하며 수양했던 곳이었으며, 송대에는 스승과 제자들이 거문고를 타고 노래를 하며 학문을 하던 곳이었음을 알 수 있다.[130]

산동성山東省 1곳

이공서원李公書院. 임구현臨朐縣의 남서쪽에 위치했으며, 당 태종 정관 23년(649) 이전 이정이 독서하거나 병법 연구를 했던 곳이다.

절강성浙江省 5곳

여정서원. 회계현會稽縣에 위치했으며, 당 현종 개원 11년(723) 건립되었다.

구봉서원九峯書院. 용구현(龍丘縣: 오대십국시대 龍游縣으로 개칭되었으며, 현 浙江省 衢縣에 속함-역자)에 위치했으며, 당 현종 개원 연간(713- 740) 집현전학사 서안정徐安貞이 독서했던 곳이다.

청산서원靑山書院. 수창현壽昌縣에서 서남쪽으로 10리 떨어진 청산靑山에 위치했으며, 당 희종僖宗 연간(874-888) 주객원외랑主客員外郎 옹조翁洮가 청산에 은거하면서 이 서원을 세우고 거기에서 수양하였다. 『전당시』 권667에는 그는 "관직에 임명되어도 출사하지 않았다(征召不起)"라고 되어 있으며, 이 구절과 함께 『고목시枯木詩-사소명작辭召命作』이라는 시도 수록되어 있다.

---

129) 역자주. 원문에는 '山徑'으로 되어 있는데, 이는 오타로 보인다. 『全唐詩』와 『增訂註釋全唐詩』를 근거하여 '山經'으로 바로잡는다.

130) 이상 河北省의 서원들은 명대 萬壽堂에서 간행한 『明一統志』 권3에 근거한 것이다.

枯木詩辭召命作[131]

고목시를 지어 조정의 부름을 사양하다

枯木傍溪崖	깎아지른 계곡에 서 있는 고목은
由來歲月賒	지나온 세월이 아득하다네
有根盤水石	뿌리 내려 수석에 서리었고
無葉接烟霞	잎도 없이 노을에 닿아있네
二月苔爲色	이월의 이끼가 색깔을 자아내고
三冬雪作花	삼동三冬의 눈은 꽃을 피우는데
不因星使至	조정의 사신이 오지 않았다면
誰識是靈槎[132]	누가 이 신령한 뗏목을 알았겠는가

이를 통해 옹조가 서원에서 자득자족하면서 매우 즐거워하였음을 알 수 있다.

덕윤서원德潤書院. 자계현滋溪縣에 위치했으며, 당 대중大中 2년(848) 현령縣令 이초신李楚臣이 세웠다.

봉래서원蓬萊書院. 상산현象山縣에 위치했으며, 대중 4년(850) 현령 양홍정楊弘正[133]이 세웠다.[134]

복건성福建省 6곳

송주서원松洲書院. 용계현龍溪縣에 위치했으며, 당 중종中宗 경룡景龍 연간(707-709)에

---

131) 역자주. 이 시의 해석은 '『評注唐詩讀本·卷3』, 35쪽'을 참고했다.
132) 역자주. 漢나라 張騫이 西域에 使臣으로 가면서, 뗏목[槎]을 타고 강물을 따라 銀河水에 이르러, 織女星을 만나고 왔다는 전설에 근거하여, 신령스러운 뗏목[靈槎]이라 하였다.
133) 楊宏正이라고도 기재되어 있다.
134) 이상 浙江省의 서원들은 홍치 연간의 『衢州府志』 권4, 강희 연간의 『浙江通志』 권16, 광서 연간의 『浙江通志』 권27, 권29, 李嘯風 외의 『中國書院辭典』(浙江敎育出版社, 1996년, 71쪽), 邵祖德, 張彬, 王海松의 『浙江書院命錄』(미간행원고) 등에 근거한 것들이다.

세워졌다. 이곳은 진향陳珦이 사민들에게 제도와 의례를 가르치고 학생을 모아 강학하던 곳으로, 당대 최초로 교학활동을 시작했던 서원이다.

양산서원梁山書院. 장포현漳浦縣에 위치했으며, 고을 사람 반존실潘存實이 독서했던 곳이다. 존실의 자는 진지鎭之이며, 당 헌종憲宗 원화元和 12년(817)에 진사가 되었고 관직이 호부시랑戶部侍郞에 이르렀다. 기록에 따르면 "포浦 땅 사람들의 과거급제가 반존실로부터 시작되었다."[135]고 한다. 과거급제가 반존실로부터 되었다는 것은 아마도 그가 젊었을 때 양산서원에서의 "자기 수양自修"과 관련이 있으며, 따라서 양산서원의 창건은 원화 12년 이전일 것이다.

초당서원草堂書院. 장계현(長溪縣, 현 福鼎縣에 속함)에 위치했으며, 건부乾符 2년(875) 고을 진사 임숭林嵩이 독서했던 곳이다. 임숭은 자가 강신降神이며, 진사가 되었을 때는 바로 황소黃巢가 당나라에 반기를 들었을 때이다. 임숭은 그 다음 해에 귀향하고 단련순검관團練巡檢官, 도지사度支使가 되어 현지에서 군사 업무를 도왔다. 기록에 따르면 그는 "비록 군대에 있었으나, 제례의 일을 잊지 않았으며, 훗날 모시박사毛詩博士에 제수되고 벼슬이 금주자사金州刺史에 이르렀다."[136]고 한다. 따라서 초당서원의 건립은 그가 진사일 때가 아닌, "귀향(東歸)" 후의 일이다. 그가 박사에 제수되었던 것은 아마도 그때 서원에서 고학하며 학문을 깊이 탐구했기 때문일 것이다.

오봉서원籠峰書院. 건양현建陽縣 숭태리崇泰里 웅돈熊墩에 위치했으며, 당唐의 상서尙書 웅비熊秘가 세웠다.

청문독서원淸聞讀書院. 복당현(福唐縣, 오대십국시대 福淸縣으로 개칭되었음.)에 위치했으며, 당의 수부낭중水部郞中 진찬陳璨이 독서했던 곳이다.

화평서원和平書院. 소무현邵武縣에 위치했으며, 당 말기 고을 사람 황초黃峭가 세웠다.[137]

---

135) "浦人登第自存實始."

136) "雖在軍旅, 不忘俎豆之事. 後除毛詩博士, 官至金州刺史."

137) 이상 복건성의 서원들은 명대 만수당에서 간행한 『明一統志』 권76, 가정 연간의 『建陽縣志』 권5, 가정 연간의 『乾寧府志』 권7, 강희 연간의 『漳浦縣志』 권9, 권15, 건륭 연간의 『龍溪縣

58

강서성江西省 8곳

나산서원羅山書院. 대력大歷 5년(770), 강서 감찰사 위소유魏少遊, 관찰사 이비李秘이 운소관雲宵觀을 개조하여 만든 서원으로, 풍성현豊城顯 나산의 정상에 위치했으며, 나산서사羅山書舍, 나산학사羅山學舍라고도 불렸다. 진晉나라 사람 나문통(羅文通, 詔賢 선생)을 제사지냈으며, 내청內廳[138] 문미에는 '연비어약鳶飛魚躍' 편액, 내청 뒤의 당에는 '응신인성凝神認性' 편액이 걸려 있었다. 위소유의 『진정군나산은거명晉征君羅山隱居銘』과 『나산서원기羅山書院記』에 따르면 제사, 독서, 강학 기능을 겸한 나산서원은 지방 정부가 잠덕潛德을 지닌 사람을 표창하거나 올바른 사회적 풍조를 바로잡기기 위해 세워졌으며, 서원 제생들이 "시를 낭송하고 책을 읽음으로써 요순의 도를 깨닫"기를 도모했다.

계암서원桂岩書院. 고안현高安縣 북쪽 60리 홍성洪城 계암桂岩에 위치했다. 그리고 "봉령鳳嶺과 마주하고 쌍봉雙峰이 푸른빛을 내뿜으며 자운사慈雲寺를 등진 채 산천이 매우 수려했다."[139] 또한 "물이 맑고 초목이 무성하며",[140] "운무가 맴돌고 명암의 변화를 그림으로 담을 수가 없었다."[141] 비록 계암서원이 네 산 가운데 위치하기는 했지만 풍경이 수려하여 마치 그림과 같았다. 당 헌종 원화 9년(814) 고을 사람 행남용幸南容이 국자감 좨주國子監祭酒에서 물러나서 이 서원을 세우고 "학생들을 모아 학문을 전수했다(開館授業)." 함통咸通 7년(866)에 이르면 행남용의 손자 행식幸軾이 삼사과三史科[142]에 급제하고 2년 동안 태자교서랑太子校書郎을 역임했는데, 이 때 "가족들이 군군郡으로 이주하면서 서원은 버려졌다[143]." 즉 계암서원이 존속했던 시기는 55년(814-868) 정도이며, 당대

志』권4, 권12, 건륭 연간의 『福建通志』권18, 동치 연간의 『福建通志』권64, 권66, 민국시기 『福建通志·文苑傳』권1, 黃金鍾의 『福建書院名錄』(미간행원고) 등에 근거한 것이다.

138) 역자주. 內廳은 중국 전통 가옥 중 손님 접대나 연회, 예식장으로 사용하던 건축물이다.

139) "面鳳嶺, 雙岫出碧; 背慈雲, 千巖競秀."

140) "水泉清冽而草木敷茂."

141) "煙雲吐納, 明晦變化, 丹青莫狀."

142) 역자주. 唐代 과거시험 과목 중의 하나이다.

의 서원들 중 가장 오랫동안 학문 활동이 이루어졌던 서원이다. 340여년 후인 남송 가정嘉定 4년(1211) 행 씨의 후예인 행원용幸元龍이 이 서원을 중건했으며, 『계암서원기 桂岩書院記』를 지어서 서원의 창건 및 중건 과정을 기록했다.

경성서원景星書院. 강주성江州城 동쪽에 위치했으며, 당 목종穆宗 장경長慶 연간 (821-824) 자사 이발李渤이 창건했고, 후대인은 한유가 국태민안의 징조를 '경성景星'의 출현과 관련지었던 점을 염두에 두고 서원 이름을 경성이라고 명명했다.

이발서당李渤書堂. 덕안현德安縣 남쪽 40리의 사군산오史君山塢에 위치했으며, 장경 연간 강주자사 이발이 이 산까지 순시를 왔다가, "주위 환경이 수려함을 보고 여기에 집을 짓고 선비들이 독서하는 곳으로 삼았다(見環拱秀麗, 遂築室於斯, 爲士人讀書處)."

등동서원登東書院. 여릉(廬陵, 현 吉水縣)에 위치했으며, 건부 말년(879) 해세륭解世隆이 창건했다.

동가서당東佳書堂. 동가서원이라고도 하며, 덕안현德安縣 서북쪽 60리 동가산 아래 위 치했다. 의문義門[144] 진陳 씨가 대순大順 원년(890) 이전에 창건했으며, "배우는 자에게 서적을 천 여 권 마련해 주었으며, 스무 살이 된 남성 자제를 모두 입학시켜 교육시켰 다." 대순 원년 진숭립陳崇立의 『진씨가법陳氏家法』에서는 교학, 장서. 학전學田에 관한 규칙을 처음 제정했다. 동가서원은 당나라 시기의 서원 중 학전, 장서, 강학 기능을 모두 겸한, 가장 전범이 되는 서원이다.

황요서원皇療書院. 여릉 유주渝州(현 영풍현永豐縣)에 위치했으며, 기록에 따르면 당대 길주吉州 통판通判이었던 유경림劉慶霖이 이곳에서 귀양 생활을 하면서 서원을 세워 강학했다고 한다. "통판"은 송 초기 설치된 관직으로, 그 취지는 당 말기와 오대십국시 대 번진들이 전권을 가지면서 발생했던 폐해들을 예방하는 것이었다. 따라서 유경림은 아마도 당대 인물이 아니었을 것이다. 또한 유경림이 여릉에 유배되었다고 했는데, 이 일은 아마 성년 이후의 일일 것이고, 만약 당 말기에 태어나서 송 초기에 길주

---

143) "家徙於郡, 而書院自是蕪矣."
144) 역자주. 조정에서 의리를 중시하는 것으로 표창을 내린 가문을 뜻한다.

통판으로 부임했다고 한다면 오대십국시대 50년을 뛰어넘어야 하므로, 그를 당대 인물이라고 볼 수는 없을 것이다. 따라서 동요서원이 당대에 창건되었는지 여부는 여전히 의문이 남아 있어서 앞으로 고증이 필요한 문제이다.[145]

위에서 언급한 일곱 곳의 서원 이외에도 강서 지역에는 이름이 전해지지 않는 서원 한 곳이 더 있다. 『정통도장正統道藏‧역세진선체도통감歷世眞仙體道通鑒』 권45 「시견오전施肩吾傳」을 보면, 홍주洪州(현 남창南昌) 사람 시견오施肩吾가 원화元和 연간 (806-820) 진사가 된 이후 홍주성 서쪽 1리에 있는 서산西山 파초원芭蕉源에 은거하면서 집을 지어 그곳에서 독서를 하며 죽을 때까지 벼슬에 나아가지 않았다. 서산을 끼고 "계단을 올라가면 서원 옛터가 있고, 돌로 지은 집이 그대로 남아 있었으며", 시견오가 "손수 심은 측백나무는 한 두 그루 살아남았다"고 했다. 그가 지은 시문은 "산 속에서 전해져 오는(山中所傳)" 14수가 있다. 이것은 비록 이 서원의 이름이 전해져 오지 않기는 하지만 이 서원이 당 말기에 존재했었다는 것에는 의문의 여지가 없음을 말해준다. 이 서원은 시견오의 독서 및 수양과 관련이 있으며, 따라서 잠정적으로 "시견오서원施肩吾書院"이라고 부를 수 있을 것이다.

호남성湖南省 8곳

광석산서원光石山書院. 유현攸縣 사공산司空山에 위치했으며, 당 현종 이전에 창건되었다.

업후서원鄴侯書院. 형산현衡山縣 남악 서쪽 기슭에 위치한 이 서원은 남악서원南岳書院 혹은 명도서원明道書院이라고 불렸다. 이필李泌은 두 차례 형산에 은거했다가, 당 대종代宗 대력大歷 3년 (768) 다시 출사했다. 덕종 때에는 재상의 지위에 올랐으며, 업후鄴侯에 봉해졌다. 그 아들 이번李蘩은 아버지의 자취를 기념하기 위해 아버지가 은거했던

145) 이상 강서성의 서원들은 嘉靖 연간의 『九江府志』 권10, 明代 萬壽堂에서 간행한 『明一統志』 권51, 光緒 연간의 『江西通志』 권81-82, 同治 연간의 『九江府志』 권22, 光緒 연간의 『吉安府志』 권19, 李才棟의 『江西古代書院研究』(江西敎育出版社, 1993년, 13-28쪽) 등에 근거한 것이다.

곳에 서원을 세웠다. 또한 한유는 시에서 "업후서원에는 책이 많아서 서가에 책을 삼만 권을 끼울 수 있다(鄴侯家多書, 揷架三萬軸)."고 읊었는데, 이를 통해 이필이 얼마나 책을 아꼈는지 알 수 있다. 한유의 시와 한굉의 『제옥진관이필서원題玉眞觀李泌書院』이라는 시로 인해, 사서들 중에는 업후서원을 창건한 인물이 이필이라고 보는 경우도 있다. 그러나 필자는 업후서원이 시간적으로 이필이 다시 출세한 이후 아들 이번에 의해 창건되었다고 보고 있다.

두릉서원杜陵書院. 뇌양현未陽縣 북쪽에 위치했으며, 시성詩聖인 두보杜甫를 기리는 서원이다. 두릉서원은 대력 5년(770) 두보가 뇌양에서 죽은 이후 창건되었을 것이다. 당나라 사람인 서개徐介, 배열裴說 등이 남긴 『제두보사당題杜甫祠堂』, 『제뇌양두공사題未陽杜公祠』 등의 시가에 비추어 볼 때 당시 두릉서원은 서원과 사당의 기능 간에 명확한 경계가 없었음을 알 수 있다.

이관중李寬中(일명 이관李寬) 서원수재秀才書院. 형양衡陽 석고산石鼓山에 위치했으며, 원화 연간(806-820) 지역 인물인 이관중이 독서하고 학문을 닦던 장소이며, 자사 여온이 이 서원을 방문하고 시를 지었다. 송대에는 석고서원으로 개칭되었다.

위주서원韋宙書院. 형산현衡山縣 남쪽 15리 정복산淨福山에 위치했다. 위주는 당 선종宣宗 때(847-859) 영주자사永州刺史에 부임했으며, 은퇴 후 이곳에 머물며 서원을 짓고 독서를 했다.

문산서원文山書院. 풍주豐州에 위치했다. 당 선종 때 지역 인물인 이군옥이 이 서원을 짓고 그곳에서 독서를 했다.

노번서원盧藩書院. 형산衡山 자개봉紫蓋峰에 위치했으며, 당나라의 은사 노번盧藩이 창건했다.

천녕서원天寧書院. 도원현桃源縣 도천궁桃川宮 부근에 위치했으며, 당나라시기에 창건되었다고 전해진다.[146]

---

146) 이상 호남성의 서원들은 弘治 연간의 『岳州府志』 권7, 嘉靖 연간의 『衡州志』 권5, 道光 연간의 『衡山縣志』 권15, 光緖 연간의 『未陽縣志』 권3, 『桃源縣志』 권4, 권6, 『湖南通志』 권69, 권110 등에 근거한 것이다.

광동성廣東省 2곳

문헌공서원文獻公書院. 당 개원 연간(713-740)에 창건되었으며, 시흥始興에 위치했다. 문헌文獻은 장구령(張九齡, 678-740)의 시호이며, 시흥은 곡강曲江과 같은 군邵이다. 따라서 서원은 집현서원 학사 장구령을 기리기 위해 창건된 것이다.

공림서원孔林書院. 정창현湞昌縣(현 남웅南雄) 동평재촌東平材村에 위치했다. 이 서원을 창건한 인물에 대해서는, 당 헌종 때 영남절도사를 역임했던 공규孔戣의 손자 공진옥孔振玉이 세웠다는 설도 있고, 공규의 후손 공윤孔潤이 송 건륭建隆 7년에 세웠다는 설도 있다. 살펴보건대, 공규는 장경長慶 4년(824) 정월 기미일에 74세의 고령으로 이미 세상을 떠났으며, 그가 30세에 아들을 얻었고, 그 아들은 다시 30세에 아들을 얻었다고 한다면, 공진옥은 840년 즉 당 무종이 제위에 올랐을 때 태어났을 것이며, 만약 그가 70세까지 살았다고 한다면 당이 멸망하고 3년 후에 죽었을 것이다. 공윤은 당 소종昭宗 경복景福 2년(893, 계축년) 진사가 되었는데, 그때 나이 19세였고, 당이 멸망했을 때(907) 이미 33세였다. 송 태조가 "진교의 변(陳橋兵變)" 이후 연호로 삼았던 '건륭建隆'은 3년만 사용했기 때문에 "건륭 7년"은 곧 건덕乾德 4년(966)을 의미하는데, 만약 이때까지 공윤이 살아있었다고 한다면 그의 나이는 이미 92세였을 것이다. 따라서 공림서원의 창건자가 누구인지의 문제를 차치하고서라도 그 창건 시점은 당 말기, 늦어도 오대십국시대가 되어야 옳지, 결코 송 초기가 될 수는 없을 것이다.[147]

귀주성貴州省 1곳

유계서원儒溪書院. 수양현綏陽縣에 위치했으며, 유종원(柳宗元, 773-819)이 독서했던 곳이라고 전해진다. 유종원은 정원 연간 진사가 되었으며, 원화 14년 세상을 떠났으니, 유계서원의 창건시점은 정원 연간과 원화 연간 사이일 것이다. 다만 지방지에서는 유종

---

147) 이상 광동성의 서원들은 明代 萬壽堂에서 간행한 『明一統志』 권80, 嘉靖 연간의 『始興縣志』 권 上, 同治 연간의 『廣東通志』 권225, 권304, 권334 등에 근거한 것이다.

원이 건부乾符 3년(876) 유계서원을 세웠다고 하는데, 이때는 유종원이 세상을 떠난 지 반세기가 지난 후라는 점에서 이 기록은 오기이며, 따라서 신뢰하기 어렵다. 유계서원은 아마도 후세 사람이 유종원을 기념하기 위해 창건한 서원일 것이다.[148]

사천성四川省 6곳

청연서원清蓮書院. 염정현鹽亭縣에 위치했으며, 당대 이백李白이 독서를 했던 곳이다. 살펴보건대, 이백(701-762)의 자는 태백太白이며, 호는 청연거사清蓮居士이다. 그는 개원 13년(725) 촉 땅을 떠났으므로 서원의 창건은 그 이전이 되어야 할 것이다. 후세 사람이 이백을 기리기 위해 창건하고 "청연"이라고 명칭을 붙인 것일 가능성도 있다.

장구종서원張九宗書院. 수녕현遂寧縣 서태산書臺山에 위치했으며, 지역 인물인 장구종이 정원貞元 연간(785-804)에 창건했다. 살펴보건대, 청대 옹정제 때의 『사천통지』 권5, 가경제 때의 『사천통지』 권79에서는 "정원貞元"을 "정관貞觀 9년"이라고 오기했으며, 몇몇 사람들은 이에 근거하여 장구종서원이 당대 최초의 서원이라고 여기는데, 이것은 잘못된 것이다. 이러한 오해는 옹정제 때의 『사천통지』로부터 근원한 것으로, 가경제 때의 『사천통지』는 이러한 착오를 그대로 따른 것일 뿐인데, 오늘날 사람들은 가경제 때의 『사천통지』를 인용하는 경우가 많다. 강희 연간에 간행된 『고금도서집성古今圖書集成·직방전職方傳·사천학교고四川學校考』에는 착오가 없고, 민국 시기 『수녕현지遂寧縣志』의 관련 부분에서 옹정제와 가경제 때의 『사천통지』의 오류를 수정했던 등등의 고증은 졸고 「당대지방서원고唐代地方書院考」[149]에서 상세하게 다루었다. 따라서 여기에서는 다시 논하지 않겠다.

해당지서원海棠池書院. 대도하大渡河에 위치했으며, 정원 연간(785-804) 사천절도사 위고韋皋(745-805)가 창건했다.

봉상서원鳳翔書院. 남계현南溪縣 성城 북쪽 반半 리 거리에 위치했으며, 지역 인물인

---

148) 譚佛佑, 『貴州書院名錄』(미간행원고).
149) 졸고는 『敎育評論』(1990년 제2기)에 실려 있다.

양발楊發이 독서를 했던 곳이다. 살펴보건대, 양발의 자는 지지至之이며, 대화大和 4년 (830) 진사가 되었으며, 관직은 지영남절도사知嶺南節度使에 이르렀으며, 그가 지은 『남계서원』이라는 시는 이미 앞에서 소개되었다. 또한 『명일통지明一統志』 권69에는 남계서원이 남계현 서북쪽에 있다고 기록되어 있으며, 양발의 이 시가 함께 실려 있다. '봉상'과 '남계'가 한 서원의 두 명칭이라고 주장할 만한 고증은 없지만, 양자 간에 모종의 관계가 있다는 점은 확실해 보인다.

단제서원丹梯書院. 파주성巴州城 남쪽 서안산書案山에 위치했으며, 장서張曙가 독서했던 곳이다. 살펴보건대, 장서는 남양南陽 사람이며, 중화中和 4년(884) 봄 전란을 피하기 위해 파주로 이주했다. 대순大順 2년(891) 진사시험에 합격하여 이부시랑吏部侍郎까지 역임했다. 따라서 단제서원은 그가 은거하며 독서하던 시기에 창건되었을 것이다. 몇몇 지방지들은 장서가 장원급제했다고 기록했지만 이는 잘못된 것이다.[150]

지방지에 실린 41곳의 서원들의 개황을 좀 더 명료하게 제시하기 위해 시간적 순서에 따라 아래와 같이 표를 작성했다.

〈표 1.2〉 지방지에 실린 당대 서원 개황 일람표

서원명	위치	창건 혹은 존속 시기	창건인	특색
영주서원	남전현(섬서성)	623년 이전	이원통	독서를 하던 곳
이공서원	임구현(산동성)	649년 이전	이정	독서하고 공부하던 곳
장열서원	만성현(하북성)	689년 이전	장열	독서하고 학문하던 곳
송주서원	용계현(복건성)	707-710년	진항	선비 및 백성, 학생들과 강학하던 곳
광석산서원	유현(호남성)	713년 이전		
여정서원	회계(절강성)	723년		
문헌서원	시흥(광동성)	713-740년		장구령을 기리는 곳
구봉서원	용구(절강성)	713-740년	서안정	독서를 하던 곳
청연서원	염정(사천성)	725년 전후	이백	독서를 하던 곳

---

150) 이상 사천성의 서원들은 明代 萬壽堂에서 간행한 『明一統志』 권69, 권71, 嘉慶 연간의 『四川通志』 권79, 道光 연간의 『巴州志』 권3, 권6, 권7, 민국시기의 『遂寧新志』 권3, 권7, 白新良의 『中國古代書院發展史』(天津大學出版社, 1995년, 2쪽), 譚佛佑의 『四川書院名錄』(미간행원고) 등에 근거한 것이다.

서원명	위치	창건 혹은 존속 시기	창건인	특색
업후서원	형산(호남성)	762-789년	이번	장서 겸 제사
나산서원	풍성현(강서성)			
두릉서원	뇌양(호남성)	770년 이후		두보를 기리는 곳
비군서원	영제(산서성)	785-804년	비관경	독서를 하던 곳
장구종서원	수녕(사천성)	785-804년	장구종	
해당지서원	대도하(사천성)	785-804년	위고	
유계서원	수양현(귀주성)	785-819년	유종원	
이관중수재서원	형양(호남성)	806-820년	이관중	독서하고 공부하던 곳
시견오서원	홍주(강서성)	806-820년 이후	시견오	은거하며 독서함
계암서원	고안(강서성)	814년	행남용	서원을 열고 학문을 전수함
양산서원	장포(복건성)	817년 이후	반존실	독서를 하던 곳
경성서원	강주(강서성)	821-824년	이발	
이발서당	덕안(강서성)	821-824년	이발	선비들이 독서를 하던 곳
남계서원	남계(사천성)	830년 이후	양발	독서를 하던 곳
봉상서원	남계(사천성)	830년 이후	양발	독서를 하던 곳
문산서원	풍주(호남성)	847-859년	이군옥	독서를 하던 곳
덕윤서원	자계(절강성)	848년	이초신	
봉래서원	상산(절강성)	850년	양홍정	
위주서원	형산(호남성)	847-859년 이후	위주	은거하며 독서하던 곳
초당서원	장계(복건성)	875-876년 전후	임숭	독서하고 공부하던 곳
등동서원	여릉(강서성)	879년	해세륭	독서하던 곳
청산서원	수창(절강성)	874-888년 이후	옹조	은거하며 독서하던 곳
단제서원	파주(사천성)	884-891년	장서	독서를 하던 곳
동가서원	덕안(강서성)	890년 이전	진씨 가문 사람	장서하고 학문을 가르치던 곳
오봉서원	건양(복건성)	당	웅비	
청문독서원	복당(복건성)	당	진찬	독서를 하던 곳
화평서원	소무(복건성)	당 말기	황초	
노번서원	형산(호남성)	당	노번	
서계서원	진정(하북성)	당	요경	은둔하며 독서하던 곳
공림서원	정창(광동성)	당 말기	공씨 가문 사람	
천녕서원	도원(호남성)	당		
황요서원	여릉(강서성)	당?	유경림	강학을 하던 곳

이상 지방지에 기록된 당대 창건된 41곳의 서원들이다.[151] 이 중 형양의 이관중수재

---

151) 하남성의 지방지 중에는 개원 11년(723) 낙양에서 여정서원이 창건되었다고 기록된 것도 있다.

서원, 남계의 남계서원, 영제의 비군서원 등은 당나라 시에 나오는 서원들과 완전히 일치하며, 풍주澧州의 문산서원은 당나라 시에서 나오는 이군옥서원이다. 이처럼 중복되는 숫자를 제외하면 당대에는 총 50곳의 서원이 실제로 존재했다고 할 수 있는데, 이는 기존의 어떤 통계보다도 많은 숫자이다. 우리는 후대 연구에 기댄다는 핑계로 사실을 쉽게 부정해서도 안 되고, 먼 과거의 일이라고 해서 함부로 과장해서도 안 될 것이다. 필자는 이러한 결론이 실제 역사와 더욱 일치한다고 생각한다.

제2절 당대의 관부官府서원

민간사회의 "책을 수집하고(聚書)-읽고(讀書)-함께 모여 독서하는(聚眾讀書)" 과정에서, 역사상 최초로 서원이라는 사인士人들의 조직이 생겨났다. 관부에서도 당대 중기에 한위漢魏이래의 선례를 토대로, '여러 책을 수집하고', '경적經籍을 교감 및 정리하는' 비서성秘書省의 직책을 계승하여, 중서성中書省은 여정서원麗正書院, 집현서원集賢書院이라는 새로운 관부 학술문화 기구를 탄생시켰다. 이는 민간서원과는 또 다른 두 번째 유형의 서원의 시작이었다.

唐代의 낙양이 東都로 불렸다는 것과 여정서원이 사실 중앙정부의 서원이었다는 점을 감안하여, 지방서원의 통계는 포함시키지 않았다. 또한 낙양 龍門山 서쪽 골짜기에 당나라 사람인 王龜가 창건한 松齋書堂이 있는데, 이는 명백한 개인 서재이므로 기록하지 않았다. 왕귀의 서재는 송대 인물인 程頤가 文彥博에게 보낸 서신에도 등장한다. 정이는 이 서신에서 "당나라 왕귀가 서쪽 골짜기에서 서당을 창건하고 송재라 이름을 붙였으며 오늘날까지 이어졌다. 내가 비록 재주는 없지만 역시 이 용문산에 이름을 남겨 후대에 전하여 문하생들의 아름다운 일로 삼을 수는 있을 것이다(唐王龜創書堂於西穀, 松齋之名, 傳之至今. 頤雖不才, 亦能為龍門山 添勝跡於後代. 為門下之美事)."라고 말했다. 이상의 내용은 『二程集』(602쪽, 中華書局点校本), 또한 胡昭曦의 『四川書院史』(6쪽) 등에 근거한 것이다. 그리고 『大足縣志』(1996년 개정편)의 제28편 「教育志」에는 당대 大足縣에 南岩書院이 있었다고 하지만, 이것의 사실 여부에 대해서는 고증이 필요하다.

1. 여정서원과 집현서원의 설립

한위 이래, 국가적으로 도서전적圖書典籍은 매우 중시되었다. 전한(西漢)의 난대蘭臺, 후한(東漢)의 동관東觀은 모두 궁에서 책을 소장하던 곳으로, 비서랑秘書郎, 교서랑校書郎 등의 직책을 설치하여, 도서 교감 및 간행, 오류 수정을 관장했다. 환제桓帝 연희延熹 2년(159)에 정식으로 비서성을 설립하여 도서를 관장하고 고문古文과 금문今文의 차이를 고증했다. 비서성은 궁중의 도서비적을 관장했기 때문에 붙여진 이름으로, 구경九卿 중 하나인 태상경太常卿에 속해 있었다. 위魏 문제文帝 시기에 비서감秘書監으로 개칭되었으며, 문학 및 예술 관련 도서를 관장했다. 진晉나라 때 중서성中書省에 편입되기도 했지만, 혜제惠帝 영평永平 원년(291)에 와서 비서감으로 재개칭되었다. 머지않아 비서사秘書寺, 비서성秘書省으로 이름이 바뀌었고, 원래 중서성에 소속되어 있었던 비서저작秘書著作도 비서성으로 편입되었다. 기록에 따르면 '저작'이라는 말은 후한시기에 생긴 것으로, 당대當代 국사 편찬을 담당하는 직책이었다. 당시만 해도 이 일을 전적으로 맡은 것은 아니었고, 다른 부서의 관원이 겸임하였다. 위魏 명제明帝 시기에 본격적으로 중서성 소속의 저작랑著作郎이 설치되어, 전적으로 이 일을 주관하도록 했다. 진나라는 위나라를 계승하긴 했지만, 국가의 주요 업무를 주관하는 중서성에서 사관史官을 겸임하자 전문성이 떨어지게 되면서, 원강元康 2년(292)에 비서성에 분할 및 귀속되었다. 이 때 비서성은 국가 전적 관리 외에 국사 편수 임무가 하나 더 늘어나게 된다. 머지않아 별도로 저작성著作省을 세우긴 했지만, 여전히 비서성에 속해 있었다. 남북조 시대의 각 국가는 이 제도를 따라 비서성이 저작성을 관리하고 국가 도서전적과 국사 편찬을 관장토록 했다. 수대隋代에는 비서성이 비서감으로, 저작성이 저작조著作曹로 개칭되었으나, 직책과 소속 관계가 변한 것은 아니었다.

비서성이 담당했던 전적 교감, 목록 편성, 국사 편찬 모두 도서와 밀접한 관련이 있었는데, 이러한 책들이 모아지면서 자연스럽게 유명 장서 기구의 설립으로 이어졌다. 앞에서 언급했던 난대, 동관 이외에, 양梁 무제武帝 시기의 문덕전文德殿, 북제北齊의 문림관文林館, 후주後周의 린지전麟趾殿, 수隋 양제煬帝 시기의 비서외각秘書外閣, 관문

전관文殿 등에서도 '많은 책을 소장했다(列藏衆書).' 비서성은 이들 서적들을 편수, 교감, 간행하면서 자연스럽게 학술기지로 발전하곤 했는데, 후주의 린지전이 바로 그런 경우였다. 기록에 따르면, 북주(후주)北周 명제明帝 우문육宇文毓(557-560 재위)은 공부를 좋아하고 여러 책을 두루 읽었으며, 공경公卿 중 경적 연구자 80여 명을 린지전으로 모아, 경사經史 교정을 관장하게 하였다. 당시에 이를 '린지학麟趾學'이라 칭하고, 그 일에 참여하는 사람들 모두에게 '린지전학사麟趾殿學士'라는 관직을 수여했다. 『통전通典 직관삼職官三』의 "후주에는 린지전학사가 있는데 저술을 관장했다(後周有麟趾殿學士, 皆掌著述)."는 구절에서 책을 소장해 두었던 린지전이 이미 연구 사명을 짊어진 학술기구로 변모했음을 다는 것을 알 수 있다.

당대에 이르러 중국사회가 전대미문의 번영을 이루면서, 문화는 발전하고 서적은 늘어났다. 국가에서는 역시나 비서성을 설치하여 도서와 저작, 이 두 가지에 관한 일을 주관했는데, 이는 당대 관제官制를 전문적으로 기록한 『당육전唐六典』에 명확하게 설명되어 있다. "한나라 연희 때부터 지금까지 모두 비서성에서 도서를 관리했다(自漢延熹至今, 皆秘書省掌圖籍)." 당나라의 "서적은 대부분 비서령에서 관리(書籍在祕書令)"했지만 "궁중의 서적은 비서성에서 소장하기도 했다(禁中之書, 時或有之)." 비서성 외에 문하성門下省의 홍문관弘文館, 중서성의 사관史館, 동궁의 사경국司經局과 숭문관崇文館 등에도 장서량이 풍부했다.[152] 이러한 기구 모두 비서성과 유사하게 도서를 정리, 교감 및 간행하는 일에 종사했다. 홍문관의 경우 태종 즉위 당시 보유한 장서만 해도 20여만 권에 달했으며, 학사를 설치하여 "도서와 경적을 상세히 교정하는 일을 관장하고, 생도들을 가르치고(掌詳正書籍, 敎授生徒)", "조정의 제도 연혁과 예의의 경중(朝廷制度沿革, 禮儀輕重)"을 논의했으며, 교서랑校書郎을 설치하여 "전적의 교감 및 정리, 오류 수정을 관장하였다(掌校理典籍, 刊正錯謬)." 숭문관에서는 학사를 설치하여 "경적과 도서를 관장하고 생도를 가르쳤으며(掌經籍圖書, 敎授生徒)", 교서랑을 설치하여 "서적의 교감

152) 唐·張九齡 외, 『唐六典』 권9. 陳谷嘉·鄧洪波, 『中國書院史資料』(杭州: 浙江敎育出版社, 1998년, 31-32쪽)에서 재인용.

및 정리를 관장했다(掌校理書籍)." 사경국에서는 세마洗馬[153]를 설치하여 "경적을 관장하였는데(掌經籍)", 동궁에 들어온 서적들을 모두 받아 소장했고(圖書上東宮者, 皆受而藏之)", 문학文學을 설치하여 "경적을 분별하고 문장을 받들었으며(分知經籍, 侍奉文章)", 교서校書, 정자正字 등을 설치하여 "경사의 교감 및 간행을 관장하였다(掌校刊經史)."[154] 이러한 기록들은 날로 커지는 사회의 문화적 수요를 만족시키기 위해 관부에서 도서 소장, 정리, 교감 및 간행에 관한 업무를 더욱 확대하였다는 것을 보여준다. 바로 이러한 배경 하에 중서성에서는 개원 연간에 집현전서원集賢殿書院을 창설하여, "고금의 경적들을 간행 및 편집하는(刊輯古今經籍)" 사업을 시작하였다.

집현전서원은 집현원集賢院 혹은 집현서원集賢書院이라고도 불렸는데, 이곳의 전신은 여정서원(麗正殿修書院, 麗正修書院이라고도 불림)이었다. 집현서원의 연혁에 관한 가장 권위 있고 완벽한 자료는 바로 집현원 학사 위술韋述이 편찬한 『집현주기集賢注記』이다. 위술은 개원 5년(717) 겨울에 칙명을 받아 비서성으로 부임하여, 왕검王儉의 목록학 저작인 『칠지七志』를 속찬續撰하고 사고四庫의 서적을 교정했다. 8년에는 여정전麗正殿에 교감경사校勘經史로 들어갔으며 13년 3월에는 집현원 학사를 맡으면서, 여정서원과 집현서원의 창건 및 발전 과정에 직접 참여하였다. 천보天寶 15년(756) 2월, 그는 동시대의 사람들 '대부분이 세상을 떠난(凋亡以盡)' 탓에 '후세 현인들이 서원의 연혁을 잘 모른다(後來賢彦多不委書院本末)'는 것을 안타까워하여, 원로元老의 신분으로 『집현주기』를 저술하였다. 이 책에는 서원 설립의 배경, 서원 관련 이야기, 역사서 편찬 및 역대 학사명과 행적을 기록되어 있다.[155] 이 책은 현재 소실되어 남아있지 않고, 송대 왕응린王應麟의 『옥해玉海』에 일부 내용이 남아 있다. 본문에서는 이 책 및 기타 문헌을 참고하여, 여정서원과 집현서원의 창건 상황을 소개하고자 한다.

여정서원의 설립 계기는 조정의 1차 대규모 서원 수리 때로 거슬러 올라간다. 개원

---

153) 역자주. 洗馬는 고대의 관명으로 당대 동궁 경사 도서의 교감 및 간행을 관장하였다.
154) 『新唐書』 권47, 1209쪽, 권49 상「百官志」 1294쪽, 北京: 中華書局點校本.
155) 孫猛, 『郡齋讀書志校證』 권7, 『集賢注記』 권2, 上海: 上海古籍出版社, 1990년, 317-318쪽.

5년(717), 당 현종은 대신들이 관부 내의 장서를 정리하고 왕검의 『칠지』 및 『수서경적지隋書經籍志』 등 목록저작을 속편續編하자는 건의를 받아들여, 문관학사文館學士 마회소馬懷素를 도서사圖書使로 임명하고, 숭문관학사 저무량褚無量과 함께 사부四部[156]의 책을 "정리 및 교감(整比)"할 것을 명했다. 『구당서舊唐書 저무량전褚無量傳』에 따르면, 당시 "동도 낙양 건원전 앞에 서가를 놓고 대규모로 책을 배치하고(于東都洛陽乾元殿前施架排次, 大加搜寫)", "천하의 다양한 판본을 수집했다(廣采天下異本)."고 전해진다. 『신당서新唐書 백관지百官志』에 따르면 건원전에서 사부四部의 책을 편찬할 당시, 건원원사乾元院使를 세우고 그 아래로 간정관刊正官, 압원중사押院中使, 지서관知書官 등의 관직을 두었다고 한다. 6년(718) 겨울, 경사京師 장안長安으로 서환西還하면서 책을 동궁의 여정서원으로 옮기고 저작원著作院에 수서원修書院을 설치하였다. 그러면서 건원원은 여정수서원麗正修書院으로 개칭되었고, 원사院使 및 검교관檢校官이 설치되었으며, 수서관修書官은 여정전직학사麗正殿直學士로 관직명이 변경되었다. 이런 과정을 거쳐 여정서원이 정식으로 설립되었음을 알 수 있다.[157]

개원 6년 설치된 여정서원은 여정전에 있었는데, 이는 동궁정전東宮正殿 숭교전崇敎殿의 북쪽, 광천전光天殿의 남쪽에 위치하고 있다. 태자동궁太子東宮의 여정서원 외에도 경사 장안과 동도東都 낙양에 여정서원이 각각 하나씩 세워졌다. 경사 여정서원은 본래 명부원命婦院의 땅에 있었으나 개원 11년에 대명궁大明宮 광순문光順門 밖으로 나뉘어 설치되었다. 서원의 북쪽 정원은 명부원 옛 건물들을 이용하여 지어졌는데 길이는 동서로 58보, 남북으로 69보[158]에 달하는, 제법 큰 규모를 갖추고 있었다. 정원 안에는 일행대사一行大師가 『대연력大衍曆』을 편찬하고 천체를 관측하던 앙관대仰觀臺도 설치되어 있었다.

동도여정서원東都麗正書院은 명복문明福門 밖의 대로 서쪽에 위치하였으며, 무성궁武

---

156) 역자주. 經, 史, 子, 集으로 분류된 모든 책이다.

157) 여정서원의 설립 시간에 관해 『唐會要』에는 개원 5년11월, 『唐六典』에는 7년이라고 기록하였다.

158) 역자주. '步'는 중국의 옛 길이 단위로, 1 보는 약 1.3 미터에 해당한다.

成宮과 마주보고 있었다. 본래 태평공주太平公主의 저택으로, 동서 길이는 41보, 남북 길이는 58보였고, 서향西向으로 문이 열렸으며, 개원 10년 3월에 서원을 이곳으로 이전했다. 이를 통해 당시 지역은 다르지만 이름은 같았던 세 곳의 여정서원에서 동일한 작업을 진행했다는 것을 알 수 있다. 이 과정은 서원에서 개원 8년에 문학직文學直, 수찬관修撰官, 교리관校理官, 간정관刊正官, 교감관校勘官이, 11년에 서학사書學士가 설치되었다는 사실을 통해 대략적으로 이해할 수 있다.

개원 13년 4월 5일(725년 5월 21일) 당 현종은 "여정전의 도서 편수 작업을 파악하고 있는(都知麗正殿修書士)" 장열張說 등 대신들을 불러 모아 봉선封禪[159] 제사에 관한 일을 협의하고, 집선전集仙殿에서 연회를 베풀었다. 그 자리에서 "경卿들 같은 인재들과 이곳에서 함께 연회를 즐겼으니, 집선전을 집현전集賢殿으로, 여정서원을 집현원集賢院으로 바꾸는 것이 적합하겠노라[160]"라 하였고, "선仙이라는 것은 거처 없이 떠도는 듯하니 짐은 이를 취하지 않겠노라. 현賢이라는 것은 나라를 다스리는 재능과 일을 적극적으로 추진하는 능력을 의미하니, 이와 명실상부하게 이름을 고쳐야 될 것이다[161]."[162]라는 조서를 내렸다. 이에 여정서원은 집현서원으로 개명되었다. 여기에는 당 현종이 천하의 인재를 모아 세상을 다스리고자 하는 의도가 담겨 있다. 앞에서 언급했던 동궁, 경사, 동도 세 곳의 여정서원 역시 황제의 조서에 따라 집현서원으로 개명되었다. 이때부터 '여정'이라는 이름은 더 이상 불리지 않고 '집현'으로 불렸으며 문헌에도 '집현'으로 표기되면서, '여정'이란 명칭이 잊혀지는 현상까지 생겨났다. 때문에 특별히 지면을 할애하여 여정서원에서 집현서원까지의 변천 과정을 서술한 것이다.

개원 시대에는 황제가 어질고 신하들이 현명해서 문화 사업을 매우 중시했는데, 세 곳의 관부서원으로는 수요를 만족시킬 수 없어 네 번째, 다섯 번째 집현서원을 창설하

---

159) 역자주. '봉선'은 옛날 중국에서 천자天子가 흙으로 단壇을 만들어 하늘에 제사 지내고 땅을 淨하게 하여 산천에 제사 지내던 일이다.

160) "與卿等賢才同宴于此, 宜改集仙殿曰集賢殿, 改麗正書院爲集賢院."

161) "仙者捕影之流, 朕所不取者;賢者濟治之具, 當務其實."

162) 宋·王溥, 『唐會要』 권64. 陳谷嘉·鄧洪波,『中國書院史資料』, 37쪽.

게 되었다. 네 번째 집현서원은 흥경궁興慶宮에 위치하여, 흥경궁집현원이라고도 불렸다. 개원 24년(736)에 황제가 낙양으로 행차한 뒤 장안으로 돌아가기 전에, 집현원학사 장구령張九齡은 직관直官 위광록魏光祿을 먼저 경사로 보내 서원을 짓도록 하였다. 이 서원은 화풍문和豊門(和風門이라고도 함)을 가로지르는 거리 남쪽에 위치하여 중서성과 인접하고 있었는데, 정원은 동서로 23보, 남북으로 30보 정도로 규모는 그리 크지 않았다. 다섯 번째 집현서원은 화청궁華淸宮 북쪽 서우림장원西羽林仗院에 위치했으며, 화청궁집현원이라고도 불렸다. 개원 28년에 건축되었던 이 서원은 동서로 48보, 남북으로 50보 정도의 규모를 갖추었다.[163] 화청궁, 흥경궁 두 곳의 집현서원에 대해서는 기존 연구에서 언급된 적이 없으므로, 독자들의 관심을 부탁드린다.

전술했던 내용을 통해 개원 6년에서 28년까지(718-740) 당나라 중앙정부는 22년의 시간을 들여 여정에서 집현으로, 경사에서 동도東都로 '서원'이라는 새로운 문화조직 기구 창설사업을 완수했다는 것을 알 수 있다.

새로운 사물의 탄생이 모두 그러하듯, 서원은 정부기구로 설치되었음에도 저항에 부딪혔다. 기록에 따르면, 개원 연간 초 중서사인中書舍人이었던 육견陸堅은 "학사는 일반인이 아니기에 (서원을 설치하면) 봉급이 많이 들어 국가에 이롭지 않으니 더 이상 논의할 필요가 없다[164]"며 서원의 설립을 반대하였다. 지원사知院事 장열은 그렇게 생각하지 않았다. "예로부터 제왕이 공을 이루면, 사치와 방종의 과오가 있거나, 지대池臺(호화로운 건물-역자)를 짓거나, 성색聲色을 즐기기도 하였습니다. 이제 폐하께서는 유학의 도를 추숭하여 몸소 강론하시고 준걸들을 널리 받아들이시면 여정서원은 천자 예악이 행해지는 기관(司)이 될 것이며, 들이는 것은 적어도 얻는 것은 클 것입니다. 육陸 선생의 말은 이치에 맞지 않습니다! 황제께서는 이를 염두에 두시어, 육견의 의견을 물리치셔야 합니다."[165][166] 당 현종과 장열 군신들의 노력으로 유학의 도를 더욱

---

163) 이상 여정, 집현서원의 설립 상황은 宋·王應麟의 『玉海』 권167을 참고했다, 위의 책, 12쪽.

164) "以學士或非其人, 而供擬太厚, 無益國家者, 議白罷之."

165) "古帝王功成則有奢滿之失, 或興池觀, 或尙聲色,今陛下崇儒向道, 躬自講論, 詳延豪俊, 則 麗正乃天子礼樂之司, 所費細而所益者大. 陸生之言, 盖其達耶! 帝知, 遂薄堅."

추숭하게 되고 널리 인재를 초빙하고 강론을 하게 되었다. 이러한 추세 속에서 육견의 의견은 수용되지 못했고, 동도와 경사에 잇따라 다섯 곳의 집현서원이 세워졌으며, 문화학술 사업이 크게 성행하게 되었다. 그리고 그 후 당 문종 대화大和 연간(827-835), 개성開成 연간(836-840), 당 선종宣宗 대중大中 연간(847-859)의 백 여 년 동안, 집현서원에서는 계속해서 활발한 활동이 이루어졌는데,[167] 이는 관부서원이 이미 제도적으로 확립되어 있었다는 것을 보여준다.

그 후 오대五代 각 나라 및 송, 금, 원 세 왕조 모두 중추기구에 집현전서원이 설치되었다. 이들 서원은 비록 중서성이나 비서성에 속해 있거나, 다른 서원들과 병합되는 등 지위의 고하와 직책은 시대마다 차이가 있었지만, 당제唐制를 기초로 했다는 것과 그 영향력이 오래도록 지속되었다는 것은 분명하다.

2. 집현서원의 조직 구성 및 업무 분장

관설된 여정, 집현서원의 조직은 매우 치밀하였다. 문헌에 따르면 서원 내부적으로 최소한 원사院使, 검교관檢校官, 학사學士, 직학사直學士, 시독학사侍讀學士, 시강학사侍講學士, 대학사大學士, 문학직文學直, 수찬관修撰官, 교리관校理官, 간정관刊正官, 교감관校勘官, 수서학사修書學士, 지원사知院事, 부지원사副知院事, 판원사判院事, 압원중사押院中使, 대제관待制官, 유원관留院官, 지검관知檢官, 서직書直, 사어서수寫御書手, 화직畵直, 척서수拓書手, 장서직裝書直, 조필직造筆直, 직원直院, 교서校書, 정자正字, 공목관孔目官, 전지어서검토專知御書檢討, 전지어서전專知御書典, 지서관知書官, 편록관編錄官, 전입원典入院, 수서修書, 수서사修書使, 간교刊校, 교서랑校書郞 등 39개의 관직이 설치되어 있었다[168] 각 직책의 역할은 분명하여 자신의 일을 주관하면서도 서로 협조하면서

---

166) 「張說傳」,『新唐書』권125, 北京: 中華書局點校本.

167) 宋·王溥,『唐會要』권64, 陳谷嘉·鄧洪波, 앞의 책, 36-38쪽.

168) 『唐六典』권9, 『舊唐書』권43, 『新唐書』권47, 『唐會要』권64. 위의 책, 31-38쪽.

서원이 정상적으로 운영될 수 있도록 하였다.

학사는 집현서원의 핵심이었다. 직위의 높낮이에 따라 학사, 직학사로 나눌 수 있으며, 직무에 따라 시강학사, 시속학사, 수서학사로 구분되었다. 일정한 정원이 정해진 것은 아니었고, 일반적으로 5품品 이상은 학사, 6품 이하는 직학사였다. 학사 중에서 재상宰相, 상시常侍를 각각 한 명씩 선발하여 지원사, 부지원사로 임명하였고, 이들을 서원의 정부장관正副長官으로 삼았다. 또한 판원사判院事 한 명을 두어 정부장관이 서원의 사무를 관리하는 것을 돕도록 하였다. 유원관, 대제관, 지검관 등의 요직은 모두 학사에서 선발하여 담당하도록 하였다. 당 현종은 장열에게 학사보다 등급이 높은 대학사를 칭하고자 하였지만 장열이 거듭 사양하였기에 그만두었다. 지덕至德 2년(757) 대학사를 설치하여 지위를 학사 위에 둔 적이 있었으나 2년 후에 바로 폐지되어 관례가 되지는 않았다. 학사의 직책은 『당육전唐六典』에 명확하게 기록되어 있다.

> 집현원 학사는 고금의 경적을 간행 및 편집을 관장함으로써 국가의 대전大典과 의례를 분명하게 하고 고문응답(顧問応対)을 담당했다. 그리고 황제의 명을 받들어 천하의 산실된 도서와 숨은 인재들을 찾아냈다. 때에 맞게 실시할 수 있는 대책과 대대로 읽힐 수 있는 저술을 가진 자가 있다면, 그의 재능을 살펴보고 학문의 깊이를 심사하여 조정에 보고했다. 명을 받들어 경적을 정리하고 교감한 사람은 월말이 되면 집현원 내부에서 평가를 받았고, 연말이 되면 집현원 외의 담당 관리에게 평가를 받았다.[169]

이상 경적 편찬, 산실된 도서 물색, 대책 및 저서 심사는 비서성의 고유한 기능이었지만, 대전大典 해석, 인재 발굴, 고문응답은 집현서원의 새로운 기능이었다. 정부에서 신설한 이 기구는 전통적 특징과 당대當代의 시대적 특색을 동시에 갖추고 있어서, 당나라 문화의 과거전통 계승과 창조적인 면모를 엿볼 수 있다.

---

169) 『唐六典』 권9. 위의 책, 33쪽. "集賢殿學士掌刊輯古今之經籍, 以辨明邦國之大典, 而備顧問應對.凡天下圖書之遺逸, 賢才之隱滯, 則承旨而征求焉; 其有籌策之可施于時, 著述之可行于代者, 較其才藝, 考其學術而申表之. 凡承旨撰集文章, 校理經籍, 月終則進課于內, 歲終則考最于外."

집현서원의 학사는 모두 한 시대를 풍미한 인재들로, 당대에 이름을 날렸던 사람들이다. 개원 연간, 서원이 처음 세워졌을 때 학사 중에 중서령中書令 장열, 산기상시散騎常侍 서견徐堅, 예부시랑禮部侍郎 하지장賀知章, 중서사인中書舍人 육견陸堅 4명이 있었는데, 이 중 장열은 지원사, 서견은 부지원사였다. 시강학사로는 국자감박사國子監博士 강자원康子元, 태학박사太學博士 후행과侯行果, 사문학박사四門學博士 경회진敬會眞, 중서성中書省의 우보궐右補闕 풍척馮陟(일명 馮朝隱) 4명이 있었다. 직학사로는 고공원외랑考功員外郎 조동희趙冬曦(東으로 된 기록도 있음), 감찰어사監察御史 함이업咸廙業, 문하성門下省의 좌보궐左補闕 위술韋述, 이검李劍(李子劍이라고 된 기록도 있음), 육거소陸去素, 여향呂向, 습유拾遺 모경母煛, 태학조교太學助敎 여흠余欽, 사문학박사 조원묵趙元黙, 교서랑 손수량孫秀良 10명이 있었다. 이상을 모두 합하면 합계 18명이었기 때문에, 이들을 일러 '개원 18학사'라 불렀다고 한다. 당 현종은 화공畫工에게 이들의 초상화를 그려 동도 낙양 상양궁上陽宮의 함상정含像亭에 새기라 명하고, 각각에 어찬御贊을 내렸다. 장열에게는 "화정和鼎은 덕이 두텁고, 제천濟川은 공이 뛰어나니[170], 이들의 문장은 훌륭하여 한림원을 빛내 주었도다."[171], 강자원에게는 "재식이 뛰어나고 생각이 심오하고 경서에 정통하고 서예에 능통하도다."[172], 조원묵에게는 "재능은 공자에 비견되니, 유가와 묵가의 도를 겸하고 있다. 도와 덕을 강론함에 서술이 정미하면서도 완곡하다,"[173] 손수량에게는 "봉산蓬山의 수재이며, 운각芸閣의 영재로다.[174] 기세등등한 표현력이 탁월하고 바른 생각이 넘쳐난다."[175]라고 표현했다.

이러한 내용들은 칭찬하는 언사일 따름이지만, 덕과 재능을 겸비한 선비가 아니라면 황제인 현종에게 이처럼 높은 평가를 받는다는 건 결코 쉽지 않은 일이다. 이처럼

---

170) 역자주. 和鼎은 군주를 보좌하는 대신, 濟川은 군주를 보좌하는 대신을 말한다.

171) "德重和鼎, 功逾濟川. 詞林秀色, 翰苑光鮮."

172) "才識淸遠, 言談幽密. 四科文學, 六書文藝."

173) "才比丘明, 學兼儒墨. 敍述微婉, 講論道德."

174) 역자주. 蓬山과 芸閣은 모두 비서성의 별칭이다.

175) "蓬山之秀, 芸閣之英. 雄詞卓杰, 雅思縱橫."

책 향기가 가득한 집현서원에는 훌륭한 인재들이 넘쳐났기에, '글의 정원'이자 '예악의 중심지'라 해도 과언은 아니었다.

　학사는 두 가지 부류로 나누어져 있었는데, 하나는 '문장 편찬'을 책임지는 것으로 수찬관修撰官이 우두머리였고, 다른 하나는 '경적 교감 및 정리'를 주관하는 것으로, 교리관校理官이 관장했다. 수찬관, 교리관은 고정된 직책이 아니라, 각 아문衙間에서 선발된 사람이 겸임하였다. 품계品秩는 직학사와 동일했으며 6품 이하였다. "모두 학문의 깊이에 따라 황제의 명령으로 남게 된 것으로(皆以學術別勅留之)", 황제는 각각의 학술적 기준에 따라 임명과 파면, 관직 승계 문제 등을 결정했다. "교감 및 정리가 엄밀하고 꼼꼼하여 오류를 많이 고친다면(校理精勤, 紕繆多正)" 칭찬과 상을 받게 되었고, "꼼꼼하게 교감하지 않고 성과가 없으면(不能詳核, 无所發明)" 강등되었다.[176] 교감 및 정리 직책은 정원貞元 8년(792)에 없어지고 교서校書직 4명, 정자正字직 2명이 새로 설치되었고, 원화元和 2년(807)에 오면 교서, 정자를 없애고 원래대로 교리직을 회복시켰다. 수찬관修撰官 중 유명한 사람으로는 왕중구王仲丘, 시경본施敬本, 조동희趙冬曦, 하지장賀知章, 손수량孫秀良, 함이업咸廙業이 있었고, 교리관으로는 귀숭경歸崇敬, 정흠열鄭欽說, 여향呂向, 동방호東方顥, 소영사蕭穎士, 노매盧邁, 서호徐浩, 풍정馮定, 석홍石洪, 장중방張仲方, 정함鄭涵이 있었고, 교서로는 범전정范傳正, 정공저丁公著, 위처후韋處厚, 정자로는 유종원柳宗元이 있었다. 이들은 모두 문학에 재능이 뛰어난 선비들로, 일부는 후에 학사로 승급되었다.

　'경적 교감 및 정리' 작업은 구체적으로 도서 제작과 보관, 두 가지로 나눌 수 있다. 도서 제작에 관한 주요 직책으로 '서직書直', '사어서수寫御書手'를 들 수 있으며, 모두 100명 혹은 90명으로 상황에 따라 약간의 차이가 있었다. 주로 경적 및 어서御書 필사를 도맡았기 때문에 서예에 뛰어난 이들로 뽑았는데, "모두 황제가 직접 선발했기(皆親經御簡)" 때문에 기준이 엄격한 편이었다. 나중에는 산관散官[177] 5품 이상 자제라야만

---

176) 『唐六典』 권9. 陳谷嘉·鄧洪波, 앞의 책, 33쪽.
177) 역자주. 散官은 품계만 있고 실제 직무는 없는 관리를 말한다.

"자격과 경력에 따라 임용(依資甄叙)"되도록 정해졌다. '화직畫直'의 정원은 8명으로, 삽화 그리는 일을 관장했으며, 그림에 뛰어난 사람을 모집하여 일임하였다. '척서수拓書手'는 6명으로, 비문석경을 탁본하는 일을 관장했다. '장서직裝書直'은 도서 제본 일을 관장했으며, 인원수는 14명이었다. '조필직造筆直'은 붓을 제조하여 서원에서 글 쓰고 그림 그리는 데 사용되도록 제공하였으며, 모두 4명이었다. 도서의 질은 교서校書, 교리校理, 간정刊正, 검토檢讨, 정자正字 등 여러 직책의 엄밀한 검토와 점검을 거쳐 확보되었다.

도서를 보관하는 주요 직책은 '지서관知書官'으로 8명이 배정되었고, 경經, 사史, 자子, 집集 네 서고司庫로 나뉘어져 관리하였다. "서고마다 2명씩 배정하며 필사, 대출, 명칭, 배열 등을 잘 아는 사람으로 선발하였다(每庫二人, 知寫書, 出納, 名目, 次序, 以備檢討)." '편록관編錄官'은 경적의 인용과 편집 및 목록 관련 일을 관장하였다. '공목관孔目官'은 1명을 두었는데, 서원 내 공문서 관련 서류를 관할했으며 도서를 간수하였다. '전典'은 본래 각종 사무를 관장하는 잡직으로, '전지어서전專知御書典'은 서원 내부의 어서御書를 전문적으로 관리하는 사람이었다.

이상의 학사, 수찬, 교리 등 직책 및 그 주관 하의 도서 제작, 도서보관 작업이 문화학술의 색채가 강하고 아문衙門의 영향이 적었다면, 압원중사押院中使 직의 설치는 집현서원의 관부로서의 특색이 반영된 것이다. 이 직책은 개원 연간 건원전에서 경전 편찬 및 교감활동이 진행될 때 생긴 것으로, 여정서원, 집현서원에서도 이에 따라 설치되었다. 보통 환관이 담당하였는데, "출입을 관장하고, 진주進奏를 고했으며, 중궁中宮을 겸하면서 서원을 경비하는(掌出入, 宣進奏, 兼領中宮, 監守院門)" 일을 도맡았다.[178] 이처럼 집현서원은 평소 출입 통제가 삼엄했다. 황제가 행차하고 환관이 경비하고 고관이 드나들었던 곳이기에, 일반인들은 접근조차 어려웠다. 서원이야말로 더할 나위 없는 천자의 '예악의 중심지(禮樂之司)'이자 관아의 위엄이 가득했던 대표적인 곳이었다.

---

178) 「職官一」, 『舊唐書』 권43. 陳谷嘉·鄧洪波, 앞의 책, 34쪽.

3. 여정서원과 집현서원의 문화 학술 활동

여정서원, 집현서원은 비록 관부이지만, 어디까지나 치세목민治世牧民의 아문과는 달랐으며, 고금경적의 간행 및 편집, 고문응답顧問應答 업무의 성격 상, 군인, 농민들에게 세금을 부과하는 실제 행정사무政務와는 거리가 있었기 때문에, 문화학술 사업에 매진할 수 있었다. 구체적인 활동은 대체로 출판出書, 장서藏書, 강학講學, 작시賦試, 고문顧問 다섯 영역으로 나뉘어져 있는데, 아래에서 하나씩 살펴보도록 하겠다.

첫 번째, 전국적으로 유실된 도서를 찾아내고 고금의 경적을 간행 및 편집하는 것은 서원의 가장 중요한 임무이다. 여정서원의 설립은 널리 "민간의 이본 및 전록을 빌렸던(借民間異本傳錄)" 도서 수집 활동에 연원을 두고 있다. 그 후 천하의 일서逸書를 수소문하고 그것을 교정, 간행 및 편집은 서원의 가장 기본적이면서도 중요한 업무로, 이에 종사하는 서직書職, 서어사書御使, 척서수拓書手, 화직畫直, 장서직裝書直, 조필직造筆直 등의 백 명 이 상의 관련 직책이 있었는데, 이들이 서원 내 인원의 대다수를 차지했다. 저무량褚無量이 75세로 세상을 떠나면서 "임종을 앞두고 여정서원의 집필활동을 마무리하지 못한 것이 한으로 남는다는 유언을 남기니, 황제는 그의 죽음을 애도하며 이틀 동안 조회朝會를 폐하였다."[179] 이 감성적인 기록은 경적 간행 및 편집 활동이 군신들의 마음에 중요한 지위를 차지하고 있었다는 것을 잘 보여준다.

서원의 출판량은 공식적인 역사 기록 두 군데에서 찾아볼 수 있다. 하나는 『당육전唐六典』의 기록이다. "집현서원에 남아있는 것은 모두 어본御本이다. 도서는 네 부류가 있는데, 경經이 갑甲이고, 사史가 을乙이고, 자子가 병丙이고, 집集이 정丁으로, 다 합하여 사고四庫라 한다." "사고의 책은 동도와 경사에 각각 2권 씩 보관되어 있는데, 총 25,961권으로, 모두 익주益州 마지麻紙를 사용하였다."[180] 다른 하나는 『당회요唐會要』의 기록이다. "천보 3년 6월에 사고四庫가 재건되었는데, 경고經庫에는 7,706권, 사고史庫에는 14,859권, 자고子庫에는 16,287권, 집고集庫에는 15,722권이 있었다. 천보 3년에

179) 『舊唐書』 권102 「褚無量傳」. "臨終遺言, 以麗正寫書未畢爲恨, 上爲擧哀廢朝二日."
180) 『唐六典』 권9. 陳谷嘉·鄧洪波, 앞의 책, 32쪽.

서 14년까지 사고에서는 16,832권을 더 편집했다."[181] 이를 통해 천보 14년(755)까지, 서원 창설 이래 38년 동안, 총 서적 출판량이 이미 71,405권에 달했다는 것을 산출할 수 있다.

원재료의 소비 상황은 당시의 출판 상황도 보여준다. 『신당서』에 따르면 집현서원에 사용된 종이, 붓, 묵 등은 모두 태부太府에서 제공되었다. "월마다 촉군蜀郡의 마지麻紙 5000번番을, 계절마다 상곡上谷 지역의 묵墨 339환丸을 제공하고, 해마다 하간河間, 경성景城, 청하淸河, 박평博平 4군郡의 토끼가죽 1,500장을 붓 재료로 제공한다."[182] 『당회요』 권35의 기록에는 역대 촉지蜀紙 소비 현황이 기록되어 있는데, 그 중 대화 4년(850) 2월의 기록 첫 번째 줄에는 다음과 같은 내용이 있다. "집현원에서 대중 3년 정월 1일부터 연말까지, 재고 및 보충 용지를 사용하여 모두 365권의 책을 필사하였는데 소마지小麻紙 총 11,707장이 사용되었다고 아뢰었다." 이로부터 집현서원에서 매년 책 출판에 종이 11,700장, 혹은 약 60,000번番, 묵 1344환, 붓 재료로 20,400장의 토끼가죽이 사용되었다는 것을 알 수 있다.

위에서 인용된 내용을 통해 우리는 여정서원, 집현서원에서 매년 완성된 책의 권수를 데이터화 할 수 있다. 개원 6년 서원 건립 때부터 천보 3년 사고 재건 때까지 (718-744)의 통계에 따르면 27년 간, 총 54,573권, 연평균 약 2,021권이 출판되었다. 천보 3년에서 14년까지(744-755) 12년 간, 총 18,832권, 연평균 약 1,403권이 출판되었다. 개원 6년부터 천보 14년까지(718-755) 38년 간, 총 71,405권, 연평균 약 1,879권이 출판되었다. 이 데이터를 통해 집현서원에서 매년 출판되는 수량이 내림세라는 것을 알 수 있다. 대중大中 3년(849)에는 365권으로 줄어들었는데, 건원 초기의 1/5도 못 미치는 수치였다. 이는 일서의 간행 및 편집 작업이 오래 진행되어 더 이상 새로운 성과를 얻기 어려웠다는 합리적인 이유 외에, 기존 작업에 익숙해지다 보니 기계적으로 하는 등 기강이 느슨해졌을 가능성도 배제할 수 없다. 특히 대중 연간에 하루에 한

---

181) 宋·王溥『唐會要』권64. 위의 책, 36-37쪽.
182) 宋·歐陽脩, 「藝文志」, 『新唐書』 권57.

권만 출판했다는 기록에서 당시 상황을 알 수 있다. 무시할 수 없는 또 다른 요소는 바로 천보 14년에 시작된 '안사安史의 난亂'이 가져온 정치적 동요와 경제적 피해가 가져 온 문화 학술 사업에 끼친 영향이다. 비록 치명적인 정도까지는 아니지만 꽤 부정적인 영향을 끼쳤다.

그러나 어떤 방식으로 쇠퇴하게 되었든, 천보 말년 총 71,405권의 도서가 출판되었다는 눈부신 성과까지 덮을 수는 없다. 이전 개원 9년(721)에 완성된 국가 총목록인 『군서사부록郡書四部錄』에는 관부에 모아놓은 장서는 도서 2,655부, 48,169권으로 기록되어 있는데, 이는 천보 말년 때보다 23,236권이 더 적은 수치이다. 그 후 송대 구양수歐陽脩가 편찬한 『신당서·예문지』에는 당대唐代의 책이 총 52,094권으로 기록되어 있는데, 이는 19,311권이 더 적은 수치이다. 기록되지 않은 책 27,127권까지 포함한다면 총 79,221권으로,[183] 천보 말년 때의 71,405권보다 7,816권 정도가 더 많을 뿐이다. 이 수치의 차이는 책을 주요매체로 한 시대에 당대 문화학술사업에 집현서원이 차지하는 대체 불가한 지위와 문화 전파 및 축적에 끼친 거대한 공헌을 보여준다.

게다가 조판인쇄 기술이 아직 널리 보급되지 않았던 당대唐代에, 집현서원에서 종이에 필사한 책은 71,405권에 달했고, 재료 소비 상황은 『신당서』의 기록에 따라 환산하면, 서원 건립부터 천보 14년까지 38년 동안, 총 사용량은 종이 2,280,000번番, 묵 51,072환丸, 토끼가죽 57,000장이었다. 대중 3년의 수치로 환산하면, 사용된 종이량은 2,290,242장이 된다. 이 데이터가 보여주는 생산규모는 당시로써도 엄청난 수치였다. 같은 시기에 출판하고 있었던 비서성, 문하성의 홍문관 및 같은 중서성에 속했던 사관史館 이 세 기구를 훨씬 넘어서는 것으로, 관부 중 가장 중요한 출판 부서였다. 후생가외後生可畏라는 말처럼, 집현서원은 당대 중기 이래 가장 중요한 국가의 '출판기지'라 칭할 만했다.

두 번째, 소장 도서의 정리 및 편집은 집현서원에서 출판만큼이나 중요한 사업이었

---

183) 79,221권이란 수치는 필자가 中華書局點校本 『四部小序』를 근거로 통계한 것이다. 『藝文志序』에 "당대 개원 연간의 저서는 53,915권으로 이 시기 출판량이 가장 많다. 당대 다른 시기의 저서 28,469권"을 합하면, 총 82384권으로, 위 통계와 3163권이 차이 난다.

다. 서원 내 도서는 옛 저본底本과 새 필사본(寫本) 두 가지를 포함하고 있었는데, 수만 권이 넘는 책들을 반드시 질서 있게 정리해야 효과적으로 작업을 진행할 수 있었다. 때문에 서원 내에 지서관知書官 등의 직을 두고, 갑, 을, 병, 정 구분에 따라 경, 사, 자, 집 사고四庫로 구분하였다. 각 서고의 책은 보다 쉽게 찾기 위해 "서적들마다 표지를 붙이고 색깔을 달리하여 구분하였다(軸帶帙簽皆異色以別之)." 구체적인 방법을 살펴보면 "경고經庫의 책은 전백아축鈿白牙軸[184], 황색끈(黃帶), 홍아첨紅牙簽[185]으로 되어 있었고, 사고史庫의 책은 전청아축鈿青牙軸, 옥색끈(縹帶), 녹아첨綠牙簽으로, 자고子庫의 책은 동자담축彤紫檀軸[186], 보라색끈(紫帶), 벽아첨碧牙簽으로, 집고集庫의 책은 녹아축綠牙軸, 붉은끈(朱帶), 백아첨白牙簽으로 되어 있었다." 이렇게 사고四庫의 책을 '색깔별로 구분하는(異色以別)' 방법은 천 여 년 이후 청대 건륭乾隆 연간에 『사고전서四庫全書』 편찬이라는 거대한 문화 사업에도 활용되었으니, 그 영향력 얼마나 컸는지 짐작할 수 있다.

많은 도서를 질서 있게 정리하는 작업은 경, 사, 자, 집 사고를 분류하는 원칙하에 이루어졌고, 그 결과 서명과 순서에 따라 모든 도서가 등재된 엄청난 기록이 생겨났다. 이것이 소위 서원 소장 도서 목록이다. 당시의 서원 소장 도서 목록은 세상에 알려지지는 않았지만, 서원 내 전개된 이러한 작업 및 서원 목록 자체가 존재했다는 사실은 의심할 나위가 없다. 『구당서』, 『신당서』에는 건중建中 연간(780-783) 집현원 학사인 장장명蔣將明이 안사의 난 이후 서원 내 도적圖籍이 뒤섞인 탓에, 그의 아들 장예蔣乂을 데리고 서원에 가서 순서에 따라 정리하도록 요청한 일과, 재상 장일서張鎰署이 집현원 편록編錄 직에 임명되면서 1년을 들여 '부류별로 정리하여 선본善本 20,000권을 얻었다'는 사적事跡이 남아있다.[187] 앞에서 서원 내 출판수량을 확언할 수 있었던 것 역시

---

184) 역자주. 牙軸은 상아나 골각으로 만들어진 족자축, 鈿白牙軸은 금, 은, 옥, 조개껍질로 백아축의 장식을 말한다.

185) 역자주. 牙簽은 고서에서 원하는 내용을 편리하게 찾기 위해, 뼈로 만든 꼬리표를 말한다.

186) 역자주. 彤紫檀軸은 자담 나무로 만들어진 붉은 족자축을 말한다.

187) 『舊唐書』 권149;「蔣乂傳」,『新唐書』 권132.

완벽하게 남아있는 기록 덕분이라고 할 수 있다. 이러한 사실은 집현서원의 장서 업무는 이미 보관이라는 소장의 기초단계를 넘어 분류 및 목록 편찬이라는 고급단계로 들어섰다는 것을 보여준다.

서원의 장서량은 여정서원 시기 개원 9년(721) 겨울 통계에는 81,990권으로 되어있는데, 그 중 경고經庫에는 13,753권, 자고子庫에는 21,548권, 집고集庫에는 19,869권이 있었다. 전술했던 집현서원 시기 천보 3년(744) 6월 사고 재건 시의 54,574권, 및 천보 3년에서 14년까지의 후속 편집본 16,832권까지 합하면 총 153,396권이 된다. 이 15만여 권이라는 수는 수대隋代 가칙전嘉則殿의 37만 권보다는 많다고 할 수 없지만, 당대 초기 무덕武德 연간 부고府庫 장서량 총 8만 권보다 적지 않은 수치이다. 당시 국가에서 소유한 장서 비율에 관해, 『옥해玉海』에서 인용한 『한문韓文』에 따르면 다음과 같다. "비서성은 황실의 서고이다. 천자는 그 위치가 멀어 날마다 볼 수 없기에 집현전에 책을 모아두기 시작했다. …… 집현전서원의 서적 보관량이 매우 많았는데, 비서성 소장 서적들은 집현전 절반에도 못 미쳤다."[188] 비서성은 집현서원 설립 이전에는 국가 도서를 관장하는 관어官御였는데 "서적 보관량이 집현전서원의 절반에도 못 미쳤다(盡其所有而不能處其半)."는 것은 집현서원의 '국가 장서 중심'으로서의 지위가 이 시기에 확립되었다는 것을 보여준다.

세 번째, 유학의 도를 강론하고 학술 활동을 펼치는 것이다. 여정서원과 집현서원의 강학활동은 세 가지 단계로 나눌 수 있다. 첫째, 황제가 "직접 강론하는 것(躬自講論)"이다. 앞에서 인용했던 장열이 육견의 여정서원 폐원 주장에 반박했던 일은 『구당서』에 상세하게 기록되어 있다. "당시 중서사인中書舍人 육견은 자신의 학문을 자부하며, 집현원 학사들이 대부분 못마땅한 사람들이 임명되어 있고 그들에게 드는 비용 또한 많아, 다른 관원들에게 '이 무리들이 국가에 무슨 이익이 있는가? 이처럼 헛된 비용을 들이는 거라면 서원을 짓지 않기를 건의 할 것이다!'라 한 적이 있는데, 이에 장열은 다음과 같이 말했다. '예로부터 제왕이 공을 이루면 사치와 방종의 과오가 있거나,

---

188) 宋·王應麟, 『玉海』 권167. 陳谷嘉·鄧洪波, 앞의 책, 18쪽.

지대를 짓거나, 성색을 즐기기도 하였습니다. 지금 황제는 유도를 추숭하고 직접 강론하며, 도서를 교정하고 학자를 초청하였습니다. 이제 여정서원은 천자의 예악이 행해지는 기관으로, 대대손손 변하지 않을 도가 될 것입니다. 드는 비용은 적고 이익은 크니, 육견의 견해는 얼마나 좁은 것입니까!'"[189] 이 기록을 통해 당 현종이 당시 서원에서 학사들과 유학의 도를 논한 적이 있음을 알 수 있다. 이것이 바로 당 현종이 "서원을 열어 널리 배우도록 하고 유학을 추숭하여 인재를 불러 모았던(廣學開書院, 崇儒引席珍)"[190] 강학활동이다.

두 번째 단계는 학사가 황제에게 문사文史를 강론하고 고문顧問을 준비하는 것으로, 이에 역사상 처음으로 황제에게 강학하는 시독侍讀 시강侍講 등의 전문직을 두었다. 개원 11년(723) 여름, "학사 후행과侯行果 등을 초청하여 『주역周易』, 『도덕경道德經』, 『장자莊子』를 시강하게 하였고, 여러 차례 술과 음식을 하사하였다."[191] 이는 역사서에 가장 분명하게 남아있는 강학에 관한 기록이다. 이들 풍부한 장서를 바탕으로 서원 내 학식 있는 학사를 초청하여 황제에게 강학하고, 황제가 학사에게 예를 표하는 장면을 장열은 한 편의 시로 생생하게 묘사했다.

恩制賜食于丽正書院宴賦得林字
황제가 베풀어준 여정서원 연회에서 '림'자를 받다

東壁圖書府, 西園(垣)翰墨林.
동벽은 도서를 소장하는 곳이요, 서원西園은 한림학사들이 모여 있는 곳이라.
誦詩聞國政, 講易見天心.
시를 읽어 국정을 들려 드리고, 역易을 강해하여 천심天心을 보여드리네.
位竊和羹重, 恩叨醉酒深.

189) 「張說傳」, 『舊唐書』 권97.
190) 唐玄宗, 「集賢書院成, 送張說上集賢學士, 賜宴, 得珍字」, 『全唐詩・明皇帝』.
191) 宋・王應麟, 『玉海』 권167. 陳谷嘉・鄧洪波, 앞의 책, 16쪽.

나는 음식에 오미를 맞추듯 중요한 지위에 있으니, 황제의 은혜를 입고 좋은 술에 취한다.

緩歌春興曲, 情竭爲知音.[192]

춘흥에 맞추어 노래를 황제께 올리고, 황제께서 이를 알아주시니 그 은혜에 보답하리라.

이러한 군신 간의 학문적 토론은 책 읽는 분위기를 더욱 고조시켜 사람들을 매료시켰다. 천 여 년 이후 청말 명신名臣 장지동張之洞은 광주廣州에 광아서원廣雅書院을 설치할 때 이 시의 앞 두 구절을 활용하여 동재와 서재 20칸의 방 이름을 지었다.

세 번째 단계는 학사가 어서수御書手와 서직書直 담당자들에게 펼쳤던 교학활동인 강학이다. 서직 등 100여 명은 "모두 황제에 의해 직접 선발된(皆親經御簡)" 후에야 서원에 들어갈 수 있었는데, 그들은 3위衛[193] 중 5품品 산관散官 이상의 자손으로, 서원에 들어간 후 달마다 심사받고 해마다 평가를 받았으며, "직책마다 연한이 있어 자격과 경력에 따라 임용되었다(各有年限, 依資甄叙)."[194] 이러한 1차 선발(簡選), 심사와 평가(课考), 최종 임용(甄叙)의 과정은 집현서원의 일상적인 도서 정리, 교감 및 간행, 학사들의 저술을 둘러싸고 진행된 일종의 보조적 성격의 교학활동이라는 것을 알 수 있다.[195] 장열의 "자리는 현사賢士에게 마련하고 책은 학도學徒와 같이 다니네(位將賢士設, 書共學徒歸)" 구절에서 현사賢士, 학도學徒의 책과 관련된 교학활동을 묘사하고 있다.

이상 강학활동의 세 단계 중 전자 두 가지는 학술적 색채가 농후하여, 황제가 '직접 하는 강론(親自講論)'이든 학사들이 시 암송과 주역 강론(誦詩講易)이든, 학술 활동의 목적은 '유학의 도를 존숭하는(崇儒向道)' 사회적 풍조를 조성하는 것에 있었다. 세 번째 단계에서 나타난 교학 경향은, 관부로서의 서원이면서도 하층 사인들의 문화적 욕구

---

192) 唐 · 張說, 「恩制賜食于麗正殿書院宴, 賦得林字」, 『全唐詩 · 張說三』.

193) 역자주. '衛'는 당나라 시기의 3종 禁衛軍, 즉 친위親衛, 훈위勛衛, 익위翊衛를 말한다.

194) 『唐六典』 권9. 陳谷嘉 · 鄧洪波, 앞의 책, 32-33쪽.

195) 劉海峰 역시 집현서원에서 학사를 스승으로 모시고, 어서수를 학생으로 하는 교학 활동이 있었다고 생각했다. 상세한 내용은 「唐代集賢書院有敎學活動」(『上海高敎硏究』, 1991년 제2기)을 참고하라.

를 충족시키기 위한 교육 기능을 수행한 곳이었다는 점을 잘 보여준다.

필자는 이상의 강학, 교육활동이 그 동안 충분히 주목받지 못했다는 점을 지적하고 싶다. 일반적으로 청대 시인 원매袁枚(1716-1797)의 "여정서원, 집현서원은 모두 조정에서 설립한 서적 편찬 장소였지, 선비들이 수학하는 장소가 아니었다."[196]는 '수필隨筆'을 자주 인용하면서, 서원이 원래 가진 교육기능을 부정할 뿐만 아니라 여정서원과 집현서원을 성격이 다른 곳으로 간주하였는데, 이는 역사적 사실과 배치된다. 게다가 선비들의 수학 장소 여부를 서원인지 아닌지를 판별하는 유일한 기준으로 삼는 것은, 선인들의 연구 성과를 무시하는 것으로, 이러한 견해를 취할 수는 없다.

네 번째, 연회를 즐기며 학문을 논하는 것이다. 연회를 즐기는 것은 성당盛唐 시기 문인들의 풍류(風雅)였고, 학문을 논하는 것은 학사들 본연의 직책이었다. 집현서원이 천하의 문학에 유능한 인사들을 모은 이상, 연회를 즐기며 학문을 논하는 것 역시 매우 자연스러운 일이다. 개원 11년(723) 명궁大明宮 광순문光順門 밖 여정서원의 낙성을 기념하기 위해 학사들이 "연회 때 시 백수를 지어 황제에게 바치니, 황제는 일일이 상찬했다."[197] 13년에 여정서원을 집현서원으로 개칭할 때 "군신群臣들은 시를 짓고, 황제는 시의 서序를 지었다."[198] "벚꽃이 만발하는 날에 두루 모여 앉아 잘 익은 맑은 술을 마시며, 채전彩箋을 받은 사람은 시를 지었다."[199] 이러한 기록은 군신들이 시와 술로 교류하는 즐거움이 가득한 장면을 잘 보여준다.

이러한 장면은 시부詩賦에 수차례 보이는데, 『집현원벽기시集賢院壁記詩』 2권이라는 시집까지 등장한다. 당 현종의 『봄 밤 두 재상, 예관, 여정전학사들에게 '풍'자를 내리다(春晚宴兩相及禮官麗正殿學士探得風字)』, 『집현서원이 세워지자 장열을 집현학사로 임명하며 열린 연회에서 '진'자를 내리다(集賢書院成送張说上集賢学士上賜宴得振(珍)字)』, 장

---

196) 淸·袁枚, 『隨園隨筆』 권14.

197) "燕飮爲樂, 前後賦詩奏上百首, 上每嘉賞."

198) "群臣賦詩, 上制詩序."

199) 宋·王應麟, 『玉海』 권167. 陳谷嘉·鄧洪波, 앞의 책, 15쪽을 참고하라. "櫻花新熟, 遍賜坐上, 飮以醹釀淸酤之酒, 帘內出彩箋, 令群臣賦詩焉."

열의 『황제가 베풀어준 여정서원 연회에서 '림'자를 받다(恩制賜食于丽正書院宴賦得林字)』, 『집현원학사에게 베풀어준 연회에서 '휘'자를 받다(赴集贤院学士上賜宴应制得辉字)』 등 모두 현재까지 남아있는데, 여기에서는 장열의 두 번째 시를 통해 당시의 분위기를 살펴보고자 한다.

赴集贤院学士上賜宴应制得辉字

집현원학사에게 베풀어준 연회에서 '휘'자를 받다

侍帝金華講，千齡道固稀.

황제의 금화전에서 모셔져 천년의 이치를 말하는 것은 어려운 일이다.

位(一作任)将贤士设，書共学徒归。

현명한 선생을 모시니, 서적과 학도들이 돌아오네.

首命深燕隗，通经浅漢韋.

우선 사려 깊은 연나라 곽외郭隗와 경전에 밝지만 신분이 낮은 한나라 위현韋贤이 선택되었다. (글자체 상이)

列筵荣賜食，送客愧儒衣.

영광스러운 연회에 초대 받았지만 선비 옷을 입고 있는 내가 부끄러울 따름이네.

贺燕窥檐下，迁莺入殿飞.

제비가 처마 밑에서 날아다니고 꾀꼬리가 황궁으로 날아드니

欲知朝野慶，文教日光辉.

조정과 백성들의 경사를 알고 싶다면, 태양처럼 빛나는 문교를 보라.

집현서원은 황제의 명을 받들어 저술, 편집했는데, 역사에 명확하게 기록되어 있는 것으로 두 가지 사례를 들 수 있다. 하나는 『신당서』 권132 「오긍전吳兢傳」에 다음과 같이 기록에 보인다. "오긍은 (무삼사武三思, 장역지張易之 주관 하의 역사 편찬 사업에) 만족하지 못하여 개인적으로 『당서』, 『당춘추』를 편찬하다가 (경비 지원이 부족하여) 끝까지 완성하지 못하였다." 이에 "책을 완성할 수 있도록 붓과 종이를 청하옵니다"라고 상주하였다. 이에 (황제는) 집현전에서 심사하여 결정하라는 조서를 내렸다.[200] 『예

문지 이藝文志二」에 오긍의 『당춘추』 권30과 위술韋述, 류방柳芳, 영고환令孤峘, 우휴열 于休烈이 공동 서명한 『당서唐書』 130권이 수록되어 있다는 점을 통해 오긍의 책이 마침내 서원에서 출판되었다는 것을 알 수 있다. 오긍(670-749)은 당대 유명한 역사학 자로, 집안에 장서가 풍부했는데, 『오씨서재서목吳氏西齋書目』에는 13,468권의 도서가 기록되어 있다. 일생동안 『고종실록高宗實錄』, 『무후실록武后實錄』, 『중종실록中宗實 錄』, 『예종실록睿宗實錄』, 『태종훈사太宗勛史』, 『제사齊史』 등을 편찬했으며, 그 중에서 도 『정관정요貞觀政要』는 후대에 가장 널리 알려진 글이다. 그의 사재史才, 사식史識, 사덕史德은 당시에도 꽤나 유명했다. 그럼에도 그의 『당서』, 『당춘추』가 칙명에 따라 집현서원에서 서원 사람들과 협력하여 완성했다는 점을 고려한다면, 집현서원의 역할 역시 무시할 수 없다.

또 다른 예증은 『신당서·예문지 삼』의 『개원십팔학사도開元十八學士圖』에 기록되어 있는데, 역시나 칙명을 받들어 완성되었던 것이다. 개원 연간 당 현종은 장열 등 집현서 원 18학사의 초상화를 함상정含像亭에 그리고 이를 책으로 출판하라 명했다. 18학사의 초상화는 처음에는 위무첨韋無忝, 은계우殷季友 등이 밑그림을 그렸으나, 작품성이 떨 어져서 사용되지는 않았으며, 후에 화승畫僧 법명法明 한 사람이 완성하게 되었다. 당 현종은 이를 매우 흡족해 하면서 직접 제화題畫를 내려 학사들 한 명씩 극찬했으며, 책이 나오자 "서원에 보관토록 하였다(令藏其本于書院)." 『집현주기集賢注記』에 따르면 이는 "재능에 따라 간략하게 찬사하는(幷据才能, 略爲贊述)" 형식으로 이루어졌다. 장열, 조원묵에 대한 찬사는 앞에서 거론한 것과 같으며, 서견徐堅에 대해서는 "교서校書는 천직이오, 논경論經은 본분이도다. 문조詞漢가 수려하고 말에 기세가 있도다."라고 칭 찬하였다.201) 하지장賀知章에 대해서는 "예악의 화신이오, 문장의 귀재로구나. 학예學 藝가 뛰어나고 재능이 출중하도다."라고 극찬하였다.202) 다른 이에 대한 찬사는 여기서

---

200) "時武三思, 張易之等監領,...兢不得志, 私撰『唐書』『唐春秋』, 未就, 丐官筆劄, 冀得成書. 詔 兢就集賢院論次."

201) "校書天祿, 論經上庠. 英詞婉麗, 雄辯抑揚."

202) "禮樂之司, 文章之苑. 學藝優博, 才高思遠."

상세하게 거론하지 않겠다. 이들에 대한 품격 있는 찬사들은 당시 학사들의 선비로서의 풍모를 느끼게 해 줄 뿐만 아니라, 2,000여 년 전에 이미 논경論經, 교서校書, 부시賦詩, 작문作文 등 서원의 각종 문화적 기능이 있었음을 보여준다.

다섯 번째, 인재를 모집하여 대전大典을 해석하고, 고문응답顧問應答하는 것이다. 집현서원에서 유능하지만 은거했던 인재를 불러 모았던 사례는 『신당서』 권204의 장과張果, 강무姜撫 두 사람에 대한 전기를 통해 고증할 수 있다. 장과는 유명한 방사方士로, 측천무후 시기에 중조산中條山에 은거하면서 산서성山西省의 분양汾陽, 임분臨汾 등지를 오갔다. 수 백 살이 되었다 자칭했으며, 저서로는 『음부경현해陰符經玄解』 한 권이 있었다. 당시 사람들에게 불로장생의 술術로 널리 알려져 있었으며, 측천무후가 사신을 보내 등용하고자 했으나 죽은 체하며 거절하였다. 당 현종 시기에 황제는 그의 비범하고 기이한 재능을 들어 동도 낙양 집현서원으로 불러들여 서원 안에 살도록 하고 은청광록대부銀青光祿大夫에 봉하였으며, 통현通玄 선생으로 불렀다. 그리고 그의 초상화를 그려 서원에 잘 보관해두라는 조서를 내리기도 하였다. 후에 그가 북악항산北岳恒山으로 돌아갈 수 있게 해달라고 간청한 이후에 대해서는 알려지지 않고 있다. 장과는 신비한 능력과 비범한 재능으로 송원宋元 시기의 '팔선八仙'[203]의 첫 번째로 꼽혔으며, 그에 관한 이야기가 지금까지도 전해지고 있다. 강무姜撫 역시 방술에 뛰어난 재능으로 개원 말년에 집현서원으로 초청되었는데, 여기서는 더 이상 설명하지 않겠다.

국가의 대전大典과 의례를 명백하게 하고 고문응답을 담당하는 데 관해서는, 전술했던 집현서원 편록관編錄官 장예蔣乂가 매우 적합한 예이다. 정원貞元 18년(802) 당 덕종德宗이 금위부대 신책군神策軍의 설치 연고를 재상에게 묻자, "본인도 그 연유는 알지 못합니다."[204]라고 답했다. 이에 집현학사로 승진해 있던 장예를 불러 물었는데, 그는 다음과 같이 설명했다. 현종 천보 13년(745)에 신책군을 설치한 이듬해에 안사의 난이 터지자

---

203) 역자주. 팔선은 세속을 초월한 생활과 기이한 행동으로 유명한 중국의 선인 8명으로, 張果老, 漢鍾離, 韓湘子, 李鐵拐, 曹國舅, 呂洞賓, 藍采和, 何仙姑 등을 가리킨다.

204) "相府討求, 不知所出."

신책군은 섬서성陝西省에 주둔하여 이곳을 방어했다. 광덕 원년(763) 대종代宗이 섬서성 일대로 피난 갈 때 환관 어조은魚朝恩은 섬서의 병마와 신책군을 이끌고 황제를 호위했으며, 이를 계기로 신책군은 금위부대에 편입되었다. 대종 영태永泰 원년(765)에는 신책군의 세력이 점차 커져 좌상左廂과 우상右廂으로 나뉘었고, 황제를 호위하는 금위군이 되었다. 대력大歷 연간에는 경조부京兆府, 봉상부鳳翔府 두 부대를 인솔하게 되었고, 덕종 정원貞元 초가 되면 환관이 병권을 손에 움켜지게 되어 다른 금군을 능가할 정도까지 이르게 되었다. 이러한 그의 개략적인 설명은 "(신책군의 설치) 배경부터 구체적인 연혁까지 매우 자세하였다[205])." 재상 정순유鄭珣瑜는 "집현서원에 유능한 이가 있구나(集賢有人矣)!"라며 극찬하였으며, 다음날 장예는 판집현원사判集賢院事로 승진되었다.[206] 이는 바로 서원이 국가 행정, 군대, 대전의 내용을 명백하게 함으로써 황제 자문에 대비했다는 확실한 증거이다. 천자와 문답하면서도 구체적인 대책을 결정하지는 않았다는 점이 바로 행정부서와는 달랐던 학술기관으로서의 독특한 위치를 보여준다.

제3절 오대십국五代十國 시대의 서원

서기 907년, 당나라 권신權臣 주온朱溫은 당 애제哀帝를 폐위시키고 스스로 황제가 되어 양梁나라를 세웠는데, 중국사에서는 이를 후양後梁이라 칭한다. 새로운 정권의 수립으로 지난 수 십 년간의 전란이 끝나기는커녕, 반세기가 넘는 군벌할거의 시대로 접어들게 되었다. 북방에서는 후양(907-923), 후당後唐(923-936), 후진後晉(936-947), 후한後漢(947-950), 후주後周(951-960) 다섯 왕조가 전쟁을 거치며 흥망을 반복했고, 남방에서는 오吳(902-937), 남당南唐(937-975), 오월吳越(907-978), 초楚(927-951), 민閩(909-945), 남한南漢(917-925), 전촉前蜀(907-925), 후촉後蜀(934-965), 형남荊南(924- 963), 북

---

205) "征引根源, 事皆詳悉."
206) 『舊唐書』 권149; 「蔣乂傳」, 『新唐書』 권132.

한北漢(951-979) 등 10개의 나라가 잇달아 등장하였다. 이 같은 전란을 겪으며 중국 사회는 고통과 암흑의 오대십국 시기로 들어서게 된다. 그런 와중에도 사인士人은 좌절하지 않고 학문을 닦으며 심신을 수양하고, 산속에서 장서하며 생도를 모아 가르치고, 벼슬에 나가 전란 속에서도 예의와 풍속을 다하는 등 사문斯文이 사라지지 않도록 사회적 책임을 다하였으며, 특히 당대에 출현한 서원에 특별한 관심을 가졌다. 서원은 암흑 같은 시대에 빛과 같은 존재였다. 전목錢穆의 『오대 시기의 서원五代时之書院』[207]에도 당시 서원은 어둠 속 한 줄기 빛과 같아서, 미미하지만 후대에 찬란하게 빛날 것이라 언급되어 있다.

오대십국 시기의 서원은 당제唐制를 계승하여 관부와 민간 두 가지 노선에 따라 발전해갔다. 각 나라들은 당나라 때와 마찬가지로 집현서원을 설립하고 학사들의 여러 직책을 설치하여, 경적 간행, 국가 대전 변별을 주관하게 하였다. 이처럼 서원의 자문기구로서의 기능 역시 유지되었다. 다만 정권이 빈번하게 교체되고 잔혹한 전쟁이 거듭되면서, 실질적으로 이들 사업을 진행할 여력이 없었을 것이다. 현재로서는 오랜 시간이 지나 사료가 소실되었기 때문에, 전모를 서술하기란 매우 어렵다.

관부서원과는 달리, 당시 민간서원의 발전 상황에 관해서는 비교적 잘 남아 있어서, 이를 통해 이 시기의 역사를 일부라도 제대로 이해할 수 있다는 것이 조금이나마 위로가 된다. 문헌에 따르면, 오대십국 시기 반세기(907-960) 동안 민간서원은 모두 13 곳으로, 이 중 새로 설립된 것은 12곳, 당대 서원을 복구한 것은 1곳이다. 지역분포를 살펴보면, 북쪽으로는 유연幽燕 지역까지, 남쪽으로는 주강珠江 유역까지로, 현재 강서, 복건, 광동, 하남, 북경 일대에 집중되어 있으며, 기본적으로 당대 서원 분포 범위를 벗어나지 않고 있다. 이들 주요 서원의 현황에 대해 다음과 같이 개괄적으로 소개하고자 한다.

두씨서원竇氏書院 현재 북경시 창평현昌平縣에 위치하고 있다. 후주後周(951-960) 간의 대부諫議大夫 두우균竇禹鈞이 세웠다. 범중엄范仲淹의 『두간의록竇諫議錄』에 따르면, 두

---

207) 1941년11월에 『貴善半月刊』 권2 17기에 실린 錢穆 선생의 이 글은 오대의 서원을 전문적으로 다룬 글로 내용은 간략하지만 당시로서는 보기 드문 논문이었다.

우균은 범양范陽(현 북경시 창편현 출신이며, 당 천우天祐(904-907 재위) 연간 말기에 유주幽州 연리掾吏[208])직을 지냈다. 당나라가 멸망한 뒤에도 각 왕조마다 벼슬을 역임했으며, 후주 시기에는 태상태경太常太卿, 간의대부諫議大夫까지 올랐다. 기록에 따르면 그는 사학詞學에 정통하고, 절개와 의리가 있으며, 가법家法을 시대적 기준으로 삼았다고 한다. 그는 "집 남쪽에 방 40칸이 있는 서원을 세웠는데, 장서가 수 천 권에 달하였으며, 예문禮文에 능통한 유자를 초청하여 생도들에게 가르쳤다. 또한 수입이 없는 각지의 가난한 선비들에게 아는 사이든 모르는 사이든 상관없이 학비를 지원해 주었으며, 학문에 뜻이 있는 이라면 누구도 찾아올 수 있었다." 이로 인해 이곳저곳 재능 있는 많은 선비들이 이곳에서 배우고 나서 등용되었으며, 그의 다섯 아들 두의竇儀, 두엄竇儼, 두간竇侃, 두칭竇偁, 두희竇僖 또한 "견문이 나날이 넓어져(見聞益博)" 잇달아 과거에 급제하였다. 세상 사람들은 이들을 "연산燕山 두씨 집안의 다섯 마리 용"(燕山竇氏五龍)이라 불렀다.[209] 이를 통해 두씨서원은 규모가 꽤 크고, 장서가 풍부하고, 경비가 충분하고, 스승을 초빙하여 유가경전을 가르쳤으며, 두씨 가문의 자제들도 모두 서원에서 학문을 연마하는 등 장서와 강학이라는 두 가지 기능이 모두 갖추어졌다는 점을 알 수 있다. 또한 각지의 가난한 선비들에게도 도움이 되었을 뿐만 아니라, 두씨 집안의 다섯 아들도 서원을 토대로 견문을 넓힐 수 있었다. 이처럼 타인과 자신을 모두 이롭게 하는 과정을 통해 서원도 자랑할 만한 성취를 보여주었다. 이것이 바로 '암흑 속 한 줄기 빛'(潛德幽光)과 같은 역할을 했다는 의미로, 사문이 사라지지 않도록 서원이 사회적 책임을 다했다는 좋은 예증이다.

태을서원太乙書院 하남성 등봉현登封縣 태실산太室山 기슭에 위치했으며, 후주 세종世宗 현덕顯德 2년(955)에 설립되었다. 서원은 중악中岳으로 숭상 받던 숭산嵩山 산맥에 자리 잡고 있었다. 음양오행과 풍수지리가 조화로운, 환경이 좋고 경치가 아름다우며, 훌륭한 인재가 많이 배출된 곳이었다. 이곳은 한나라 이래로 천자의 수레바퀴 자국이

---

208) 역자주. 掾吏는 하급관리다.

209) 宋·范仲淹, 『范文正公文集』 권3. 『叢書集成初編』, 商務印書館, 1935년.

길에 지워질 새가 없었으며 노자 신단神壇의 선기仙氣가 그 사이를 가득 채우고 있으며, 인문경관이 매우 풍부했다. 서원의 터는 한나라 때에 만세관萬世觀 위치에 있었다. 수양제煬帝 시기에 이곳이 숭양관嵩陽觀으로 개칭되었다가, 당 고종 시기에 태을관太乙觀으로 이름이 바뀌었으며, 은사隱士 유도합劉道合을 보내 관련 일을 주관하도록 하였다. 후당 청태淸泰 원년(934)부터 진사進士 방사龐士는 여기에서 생도들을 모아 3년 동안 강학했다. 그 후 전란을 피하려는 선비들이 이 산으로 모여들었고, 후주 시기에는 여기에 서원을 세워 심신수양의 장소로 삼았다. 송대에 오면, 도관道觀은 숭복궁崇福宮으로, 서원은 차례로 태실太室, 숭양嵩陽으로 개칭되었다. 이 시기에 서원 활동이 활발하게 이루어지면서, 마침내 "천하 4대 서원(天下四大書院)"에 이름이 오르게 되었고, 서원 발전의 본보기가 되었다. 송대의 빛나는 발전은 후주에서 시작된 것으로, 청대 하남순무河南巡撫 왕일조王日藻는 이를 다음과 같이 평가하였다. "오대에는 하루같이 창과 방패를 찾느라 중원은 어지러웠음에도, 성인의 도는 면면히 이어져 실처럼 끊어지지 않았다. 서원만이 홀로 이러한 시기에 번성하니, 어찌 운이 트이고 사문이 사라지지 않는 것이 이미 기초를 닦은 것이 아니겠는가!"[210]

용문서원龍門書院 낙양 용문에 위치했다. 『송사宋史』권306에 따르면, 장의張誼는 자가 희가希賈로, 부지런히 공부했지만, "농사에 관심이 없었다(不事産業)." 부친이 돌아가신 후에 숙부는 그를 '밭(陇上)'으로 불러 경작을 감찰하게 했으나, 그는 오히려 "본업(正業)"에 힘쓰지 않고, "나무 아래에서 책을 읽으면서(閱書于樹下)" 농민들이 어떻게 농사를 짓는지에 아예 관심조차 두지 않았다. 숙부들은 "농사짓기를 가까이하지 않는 것에 화를 내며, 그를 욕하였다. 장의는 그의 형에게 다음과 같이 말하였다. 집을 나가서 공부하지 않는다면, 염원을 이룰 수 없습니다. 몰래 낙양 용문서원으로 가서 우리 집안의 장항張沆, 장란張鑾, 장식張湜과 우정을 맺게 되었고, 온 성城에 명성이 자자해졌습니다. 장흥長興 연간에 재상 화응和凝이 관장하는 공거貢擧에서 진사進士에 급제하였습니

---

210) 淸·耿介, 『嵩陽書院志』하권. 王日藻, 『嵩陽書院記』, 淸 康熙 간본. "五代日尋干戈, 中原雲扰, 聖人之道綿綿延延几乎不絶如線矣, 而書院獨繁于斯時, 豈非景運將開, 斯文之未隆, 已始基之歟."

다." 장흥은 후당 명종明宗의 연호로 총 4년간(930-933) 사용되었다. 이로부터 낙양 용문서원은 적어도 장흥 연간에 존재했으며, 이전의 동도 황가皇家의 여정서원, 집현서원과 달리 학문에 뜻을 둔 선비들에게 배움의 기회를 제공하여 인재 양성을 주요 목적으로 하는 교육기구라는 것을 알 수 있다.

유장서원留張書院 서당書堂, 도원道院이라고도 불렸으며, 고안현高安縣에서 북쪽으로 60리 떨어진 곳(현 江西省 宜豊縣)에 위치하며, 후량後梁 시기 장옥張玉이 세웠다. 기록에 따르면, 장옥은 자字가 운선雲仙으로, 당 천복天復 2년(902) 진사에 합격하였고, 천우원년(904)에 구강관찰사九江觀察使로 임명되었다. 당나라가 멸망한 뒤 은거하여 벼슬을 하지 않았으며, 산에 머물며 서당을 짓고 남은 일생 동안 강학을 하였다. 이는 오대五代에 최초로 세워진 서원이다.

광산서원匡山書院 길주吉州 태화현太和縣 동광산東匡山 밑에 위치했으며, 후당 장흥 연간(930-933)에 고을 사람 나도羅韜가 강학하던 곳이었다. 나도의 자는 동회洞晦, 회부晦夫였다. 당말 오대 난세에 '몸가짐이 정갈하고 벼슬에 오르지 않았으며', 후당 명종 시기, 학문이 출중하여 단명전학사端明殿學士로 등용되었으나, 얼마 지나지 않아 "병을 핑계로 사임하고 고향으로 돌아갔다. 그를 따르는 생도가 많아지면서 서원을 지었는데, 이를 광산서원으로 명명하였다."211) 광산서원이 설립되자 당시 조정에서 크게 칭송하였으며, 후당 황제 이사원李嗣源은 서원에 편액을 하사하고 칙서를 반포하여 다음과 같이 크게 표창하였다.

짐이 생각건대 삼대三代의 성시盛時에 교화는 학교를 통해 이루어졌다. 육경六經이 흩어진 뒤 사문은 독서인에게 맡겨졌다. 무릇 마을(閭巷)마다 책 읽는 소리는 국가를 진흥시키는 요체이다. 전前 단명전학사端明殿學士 나도羅韜는 학문이 깊고 관직에 있는 동안 청렴하였으며, 기근에 대비하라는 선언善言을 올렸으니 짐의 마음과 일치하였다. 청렴한 관리를 표창하고 부패한 관리들을 파직하라는 간언諫言은 의석扆席212)에 생생

---

211) 『明一統志』 권56, 明 萬壽堂 간본. "以疾辭歸, 從遊益衆, 名其學曰匡山書院."
212) 역자주. 扆席은 도끼 모양의 병풍을 말한다.

하게 새겨졌도다. 병든 몸을 돌보느라 환향하였는데, 후학들이 몰려들어 광산 아래에 서원을 짓게 되었다. 백성들의 풍속은 날로 교화되어 동로東魯[213]와 같이 되었다. 짐은 이를 기쁘게 생각하나 상여하지는 않았으니, 이에 한림학사翰林學士 조봉대趙鳳大에게 '匡山書院' 네 글자를 쓰도록 하여 편액으로 하사하노라. 후학들이 이를 우러러본다(瞻依)면 풍속 교화에 크게 도움이 되지 않겠는가![214]

이는 중국 역사상 최초로 황제가 서원을 표창했던 공문서로 특별한 의미를 지니게 되는데, 적어도 두 가지 점을 유념해야 한다. 하나는 중앙정부가 민간서원을 정식으로 승인했다는 것을 뜻하며, 서원이 이때부터 합법성을 가지게 되었다는 점이다. 다른 하나는 정부가 서원이 사문을 계승하고, 풍속 교화에 도움이 되는, 다시 말해 국가를 진흥시키는 학교로서의 역할을 인정했다는 점이다. 이는 당대 용계龍溪 송주서원淞州書院부터 시작된 교학활동이 200여 년 동안 발전하여 정부의 인정을 받게 되었음을 의미한다. 나도가 "천하에 학교 설립에 관한 논의가 없고 사대부 역시 강학에 관심이 없었던"[215] 터무니없던 시대에 "개연하게 성인 학문의 전승을 자신의 소임으로 여겨"[216] 서원을 설립하였으며, "각지의 생도를 모아 계몽시키고 강학했던"[217] 공은 정부로부터 최고의 표창을 받았다. 이는 "오대에는 보기 드물었던(五季稀有)" 일이었다. 뿐만 아니라 그 영향은 심원하여 송대, 명대까지도 이어질 정도였는데, 명나라 유자儒者 증고曾皐의 말에서 이를 엿볼 수 있다. "송나라 유생 황면재黃勉齋, 요사로饒思魯는 나도 선생과 300여 년의 시대적 거리가 있음에도, 여전히 선생의 기풍을 사모하여 진리(道)와 사물

---

213) 역자주. 東魯는 노나라 혹은 공자를 가리키는 말이다.
214) 李才棟, 『江西古代書院研究』, 江西教育出版社, 1993년, 31-32쪽. "朕惟三代盛時, 教化每由於學校; 六經散後, 斯文尤托於士儒. 故凡閭巷之書聲, 實振國家之治. 前端明殿學士羅韜, 積學淵源, 莅官淸謹, 納誨防幾之鑒, 允協朕心; 賞廉革蠹之箴, 顧存展席. 尋因養病, 遂爾還鄕. 後學雲從, 館起匡山之下; 民風日益, 俗成東魯之區. 朕既喜聞, 可無嘉勵, 玆勅翰林學士趙鳳大書'匡山書院'四字爲扁額. 俾從遊之士樂有瞻依, 而風敎之裨未必無小補焉!"
215) "天下未有興學之議, 士大夫亦無講于學者."
216) "慨然以聖人之學爲己任."
217) "延收四方, 啓愚發覆, 吐詞爲經."

(氣)에 관해 집중적으로 논변하였다. 만일 나도 선생이 함께 모인 자리에서 질정하시고 학자들이 이를 듣고 배운다면 모두들 깨닫는 바가 있을 것이니, 그 영향이 얼마나 크겠는가!"[218) 실제로 광산서원에서 송원宋元 시기에도 지속적으로 교학 활동이 이루어져 왔으며, 명청明清 시기에도 그 흔적을 찾아볼 수 있었다.

오동서원梧桐書院 홍주洪州 봉신현奉新縣(현 江西省 지역)에서 북쪽으로 60리 떨어진 나방진羅坊鎮에 위치했으며, 남당南唐 시기의 나정羅靖, 나간羅簡 형제가 강학하던 곳이었다. 서원은 "험준하면서도 수려한(嵯峨而特秀)" 오동산을 뒤로 하고, 풍수강馮水江으로 "둘러싸여 호수에 산이 비치는(環抱而映帶)" 이른바 "산山과 수水가 서로 만나는(山水相會)" 형세로, 풍경이 매우 아름다워 심신수양에 매우 적합한 곳이다. 당시 "두 형제가 함께 스승이 되어 성현의 성리학性理學으로 생도들을 가르쳤는데(二先生伯仲相師, 以聖賢性理之學教授生徒)", 추종자들이 "산 넘고 물 건너 멀리서 찾아와 앞 다투어 이들을 스승으로 섬길 정도로(從遊者祖篸躡履,爭師事之)" 번성하였으며, 이 두 사람에게 각각 남당의 국상國相과 군수郡守직을 제수하였으나 사양하였다.[219) 200여 년 후 송 가희嘉熙 4년(1240) 그의 후손인 나백호羅伯虎는 "선조를 잘 받들어 가문[族]을 잘 다스리고자(尊祖以善其族)", 옛 터에 서원을 재건하였다. 그리고 이곳에서 "사우士友들과 문장으로 교류하고(與士友會文)", 사당을 지어 봉사奉祀했으며, 서응운徐應雲을 초청하여 "그 과정을 다 기록하였다(載其本末)."

화림서원華林書院 오대 시기 호당胡瑭이 세운 것으로, 홍주洪州 봉신현奉新縣(현 江西省 지역)에서 50리 떨어진 화림산華林山 원수봉元秀峰 아래에 위치했고, 건립 시기는 남당 보대保大 4년(946) 이전이다. 당시 서원은 "방은 백 칸이 있었고, 널리 훌륭한 인재들을 받아들이고, 10000여 권의 장서를 보유하고 있어서, 그 명성이 입에서 입으로 전해졌다. 이곳 출신들 중에 상相이나 경卿이 된 이들이 있어서, 소문을 들은 사람들 사이에서

---

218) 李才棟, 『江西古代書院研究』, 32쪽. "宋儒黃勉齋, 饒思魯去先生且三百年, 猥想慕遺風而來, 反復精粗道器之辨, 若就先生質證于一堂, 學者得聞, 遂各有省, 敦貽之哉!"

219) 康熙 『奉新縣志·人物志』.

칭찬이 자자"[220]할 정도로 꽤나 번성했다. 송대 초 호중요胡仲堯가 화림서원을 관리할 당시, 황제가 하사한 어서御書와 공경대부들이 증정한 글로 인해 그 명성은 나날이 널리 퍼져갔다.

이상의 유명한 서원 외에, 오대 시기의 다른 일부 서원에 대해 간략하게 소개하겠다.

흥현서원興賢書院 길주吉州 길수현吉水縣(현 江西省 지역) 동감호東鑒湖 호숫가에 위치했으며, 남당 보대寶大 연간(943-957), 읍 사람 해고모解皇謨가 설립했다. 길수 지역은 보대 8년(950)에 행정구획의 변화로 현縣이 되었는데, 흥현서원은 이 시기 혹은 그 후 7년 간 설립되었다고 한다.

운양서원雲陽書院 홍주洪州 건창현建昌縣(현 江西省 永修縣)에 위치했다. 남당南唐의 진사進士 오백건吳白健이 은거했던 곳이다.

광록서원光祿書院 길주 여릉현廬陵縣(현 江西省 吉安 지역)에 위치했다. 개보開寶 2년(969), 읍 사람 유옥劉玉이 설립했으며, 당시 송나라 정권이 이미 세워졌지만, 강우江右 지역은 여전히 이욱李煜의 치하에 있었으므로 남당 시대의 서원이 확실하다.[221]

남전서원藍田書院 복주시福州市 길전현吉田縣 삼양북문杉洋北門 밖에 위치했으며, 남당 지현知縣 서인춘徐仁椿이 세웠다.[222]

천구서원天衢書院 연주連州 계양현桂陽縣(현 廣東省 連縣)에 위치했으며, 읍 사람 황손黃損이 수행하던 곳이다.[223]

이상은 오대시기 새로 세워진 서원의 현황이다. 이 외에도 남당에는 당대의 옛 서원을 복원시킨 곳도 있었는데, 문화 전승 기구로서 현재 역사 자료에서 그 자취를 확인할 수 있는 것은 강서 덕안德安의 동가서원東佳書院이 있다.

동가서원東佳書院 동가서당, 의문서원義門書院으로도 불렸으며, 당대 강주江州 진陳씨

---

220) 宋·胡逸駕,「祭華林始祖侍御史城公祖妣耿氏夫人二墓文」, 宣統『甘竹胡氏十修族譜』권1. "築室百區, 廣納英豪, 藏書萬卷, 俾咀其葩.出其門者, 爲相爲卿, 聞其風者, 載褒載嘉."

221) 同治『新昌縣志』.

222) 民國『古田縣志·書院』.

223) 道光『廣東通志』권225.

가 세운 서원이다. 진씨는 오대 오吳나라 시기(902-937)에 다섯 세대가 함께 살았던 권세 있는 가문으로, 책을 모아두고 강학했으며 "강남의 명사名士들 대부분 이 가문에서 수학했다."[224] 남당 시기에 와서도 이러한 활동들은 지속되었으며, 강우江右 사인士人들이 동경했던 저명한 학부學府가 되었다. 개보開寶 2년 11월 9일(969년 12월 20일), 진씨 가문의 서원 설립, 장서 및 강학 활동을 기념하기 위하여, 대학자 서개徐鍇는 진씨 가문의 진공陳恭 및 생도 장곡章谷의 부탁으로 『진씨서당기陳氏書堂記』를 찬술했다. 여기에는 다음과 같은 내용이 있다. 서원은 서루書樓와 당무堂廡[225] 수십 칸, 장서 수천 권, 밭 20 경頃의 규모를 갖추고 있었다. 당나라 소종昭宗 889년 이래 진씨 자손들은 많은 성취를 이루었고, "객지에서 유학遊學하는 자들 중에도 벼슬과 명성이 높은 자가 많았다."[226] "아아, 글은 삼麻과 콩菽을 심는 것과 같아서 간절히 구하면 얻을 수 있으며, 도道가 강과 바다처럼 크고 깊어도 술잔을 따르듯 꾸준히 수양하면 이를 다 채울 것이며, 겸손하게 배우고 또 배우면 인仁이 멀리 있겠는가! 옛날 북해군北海郡에 병원邴原과 정현鄭玄의 기풍이 전해지고, 굴원의 작품 『이소離騷』가 아름다운 강산의 도움을 받은 것도 모두 이와 같이 했던 까닭이다."[227]

오대십국 시기 13개 서원의 현황을 보다 명확하게 살펴보기 위해, 북쪽에서 남쪽 순서로 각 서원의 상황을 정리하면 다음과 같다.

〈표 1.3〉 오대십국 시기 서원 현황 일람표

서원명	위치	창건 및 존재 시기	창건인	특색
두씨서원	북경 창평昌平	후주(951-960)	두우균竇禹鈞	장서, 비용 지원, 교사 초빙, 생도 모집
태을서원	하남성 등봉登封	후주 현덕 2년(955)		사인의 거처, 심신수양

---

224) 宋·釋文瑩, 『湘山野錄·吳國五世同居者』. "江南名士, 皆肄業于其家."
225) 역자주. 堂廡는 정전과 곁채를 말한다.
226) "四方遊學者, 自是宦成名立盖有之."
227) 同治『德安縣志』 권3. "於戲! 文如麻菽, 求焉斯至, 道如江海, 酌焉滿腹, 學如不及, 仁遠乎哉! 昔北海有邴鄭玄之風, 離騷有江山之助者, 皆此之故也."

서원명	위치	창건 및 존재 시기	창건인	특색
용문서원	하남성 낙양洛陽	후당 장흥 연간(960-933) 이전		생도 모집 및 강학
유장서원	강서성 의풍宜豊	후양(907-923)	장옥張玉	강학
광산서원	강서성 태화泰和	후당 장흥 연간(930-933)	나도羅韜	제자 양성 및 강학 황제의 사액(賜額)
오동서원	강서성 봉신奉新	남당(937-975) 전기	나정羅靖, 나간羅簡	제자 양성 및 강학
화림서원	강서성 봉신奉新	남당 보대 4년(946) 이전	호당胡璫	장서 및 강학
흥현서원	강서성 길수吉水	남당 보대 연간(943-957)	해고모解皐謨	
운양서원	강서성 영수永修	남당(937-975)	오백吳白	은거지
광록서원	강서성 길안吉安	남당 개보 2년(969)	유옥劉玉	
동가서원	강서성 덕안德安	당대 창건, 오대까지 지속됨	진씨 문중	생도 모집, 강학
남전서원	복건성 고전古田	남당(937~975)	지현 서인춘徐仁椿	
천구서원	광동성 연현連縣		황연黃捐	수학 장소

이상의 내용을 종합하면 오대십국 시기는 반세기 동안이나 전란을 겪으면서도 사인들은 몰락하지 않고, 산림으로 들어가 심신을 수양하거나, 산속에 집을 짓고 장서하거나 강학하였다. 이 시기에 민간에서는 잇달아 12개의 서원이 생겨났고, 당대 서원을 복원한 곳(1개)도 있었다. 게다가 정권의 중추기구들에는 이전과 다름없이 집현서원을 세워두고, 여러 학사직을 설치하는 등, 당대 이래의 고유한 기능은 여전히 계승되고 있었다. 민간의 13 개 서원 중 교학활동에 관한 기록이 명확하게 남아있는 곳은 8개로, 전체 서원의 61.53%를 차지한다. 이는 매우 높은 수치로, 학교의 성격을 띤 서원이 점차 주류가 되어갔다는 것을 보여준다. 이들 학교 성격을 지닌 서원 중에서 길주, 태화, 광산서원은 후당 황제의 표창을 받아 편액을 하사받은 것으로 사람들의 주목을 끌었다. 역사상 최초로 황제가 공식적으로 표창한 서원이라는 공문서가 남아있다는 점에서 매우 특별하다. 이것의 의미는 다음과 같이 정리할 수 있다. 첫째, 중앙정부에서 민간서원을 정식으로 승인했음을 뜻하며, 서원은 이때부터 합법성을 가지게 되었다는 점이다. 둘째, 정부가 서원의 사문을 계승하고, 풍속을 교화하는, '국가를 진흥시키는(振國家之治體)' 학교로서의 기능을 인정했으며, 당대 용계龍溪 송주서원松洲書院부터 시작된 교학활동이 200여 년 동안 발전하여 정부의 인정을 받게 되었다는 점이다. 이는 최고 통치자가 학교 성격의 서원을 최초로 인정한 사례로, 서원 교육제도사 상징적인

사건이었다. 그러나 오대의 서원 수는 여전히 매우 적은 편이었고, 후당 통치 기간이 워낙 짧아서 영향력 역시 크지 않았기 때문에, 중국의 서원 교육제도가 진정으로 확립되기까지는 송대 독서인의 등장을 기다려야 했다.

제4절 초기 서원의 형태

서원은 중국 사인이 만든 새로운 문화교육 기관으로, 당초부터 오대말까지 340여 년 동안 여러 어려움 속에서도 지속적으로 발전해갔으며, 자연스레 사회에 정착하며 기본적인 틀을 갖추게 되었다. 3세기 넘게 발전해온 서원의 초기 단계는 꽤나 길다고 할 수 있다. 이 절에서는 초기서원의 형태에 대해 소결론을 도출하는 방식으로 논하고자 한다.

1. 서원의 기원

서원은 당나라 때 만들어졌는데, 개인적으로 학문을 하는 서재書齋와 관부에서 전적典籍을 정리하는 아문衙門, 즉 민간과 관부라는 두 가지 기원을 갖고 있다. 민간서원은 독서인의 개인 서재에서 비롯되었다. 사회적으로 개방되어 대중의 활동 공간으로 활용되었기 때문에, 유생, 도사道士, 스님 등이 모두 이곳에 드나들 수 있었다는 점에서 서재와 차이가 있다. 서재가 사적 공간이었다면, 서원은 공적 공간이었다. 개인의 전유물에서 대중을 위한 공간으로의 변화는, 서원이 서재에서 벗어나 독자적으로 발전하게 된 중요한 걸음이었기에, 서재 역시 서원이 민간에 정착할 수 있었던 기원 중 하나라 할 수 있었다. 이는 초기서원의 절대 다수의 주요 기능이 독서였던 배경이기도 하다. 서원의 또 다른 기원은 관부의 여정서원, 집현서원이다. 이 두 곳은 처음에는 조정에서 도서전적圖書典籍을 정리하는 기구였으나, 점차 이를 넘어서 학사, 직학사, 시강학사, 수찬, 교리, 지서, 서직, 사어서, 척서수, 장서직, 조필직 등의 직을 두고, 장서, 교감, 간행, 강학 등의 작업을 모두 처리하게 되었다. 그 주요 직책은 『당육전唐六典』에 기록되어 있다. "집현원 학사는 고금의 경적을 간행 및 편집을 관장함으로써 국가의 대전大典과 의례를 분명하게 하고 고문응대顧問應對를 담당했다. 그리고 황제의 명을 받들어 천하의 산실된 도서와 숨은 인재들을 찾아냈다."[228] 학술문화 사업을 도맡되 구체적 정무는 담당하지 않았다는 것이 바로 관부 서원이 정부의 다른 직능과 갖는 차이점이었다. 관부 서원은 천 년이 넘게 국가적으로 이루어져왔던 장서, 교감, 편찬 및 이를 토대로 한 학술적 경험을 새로 생긴 서원에 전해주는 교량 역할을 하였다. 서원이 관부와 민간, 두 가지 기원을 가진 덕분에, 민영과 관영이라는 두 노선의 전통이 생겨났다. 이후 서원은 민간과 관부라는 두 체계가 서로 영향을 주고받으며 더욱 발전해갔다.

초기 서원의 현황을 살펴보면, 서원의 기원을 이해하는 데 도움이 될 것이다. 당대 및 오대의 70개 중 7개 서원의 설립자가 알려지지 않은 것을 제외하면, 나머지 63개는 창건 정황을 분명하게 알 수 있다. 63개 중 8개는 중앙정부에서, 2개는 지방관원이 세웠으며, 모두 합하면 관에서 세운 서원은 10개로, 전체 서원의 15.87%를 차지한다. 이 중 한 곳은 황제의 편액을 하사받았다. 민간에서 세운 서원은 53개로, 전체 서원의 18.13%를 차지한다. 이 수치는 민간서원이 주요 기원, 관부가 그 다음이라는 것을 보여준다. 그러나 이런 이유로 관부 역시 서원의 기원이었다는 것을 경시해서는 안 된다. 전통 중국사회는 관본위官本位 사회로, 황제, 중앙정부, 지방관원 삼자 중 어느 쪽 하나라도 관여할 경우, 관, 민 역량의 비중을 바꿀 수 있었다. 하물며 관부서원이 차지하는 실제 비율이 16%에 가까웠다는 것은 더 말할 필요도 없다. 따라서 서원의 기원 문제를 다룰 때 관과 민, 이 두 가지 모두 중시되어야 한다.

요컨대 관과 민, 두 기원이 서로 영향을 주고받고, 사회적으로도 서적량이 증가하고 독서인 집단이 출현하면서, 당대에 이르러 많은 서적을 보유한 새로운 형태의 문화교육 조직이 탄생하게 된 것이다. 이 조직의 대중성과 사회성으로 인해 규모는 개인적 서재

---

228) "刊緝古今之經籍, 以辨明邦國之大典, 而備顧問應對, 凡天下圖書之遺逸, 賢才之隱滯, 則承旨而征求焉."

보다 더 커야 했으며, 담으로 건물을 둘러싸야 했다. 이른바 서원의 "원院은 주위를 둘러싼 담(垣)에서 비롯된 것"[229]이 바로 그런 의미이다. 역사적으로 명실상부名實相符를 중요시 했던 중국 사인은 이 같은 완전히 새로운 조직을 서원이라 불렀다. '서書'에는 특징이 담겨있다면, '원院'은 규모를 보여준다.

2. 초기 서원의 발전 단계 및 분포 특징

당나라에서 오대시기까지, 342년(618-960)의 세 세기 반 동안 여러 문헌에 등장하는 서원 중, 중복되는 것을 제외하면 연 평균으로 계산하면 0.2개가 좀 넘는 70개 정도로, 중국 서원 발전사라는 긴 역사를 생각하면 시작단계에 불과하다. 그럼에도 민간 독서인의 서재와 조정의 경사전적을 정리하는 관아에서 변형된 서원은 관과 민의 관심과 영향 속에서 문화교육기구로서의 초기형태를 갖추게 되었다. 후대 서원의 거의 모든 활동이 여기에서 기원을 찾을 수 있다. 독서인은 이곳에서 장서, 독서, 강학, 경전 정리, 회우會友, 학술 연구, 정치 토론 등을 함께 함으로써 중화문명을 변화 및 쇄신하고 전승하는 역할을 담당했다.

약 350년의 초기 서원의 역사는 대체로 세 단계로 나눌 수 있다. 당 현종 연간을 기점으로 두 단계로 나눌 수 있는데, 오대십국 시기는 독특한 풍격을 이루고 있어 별도의 단계로 볼 수 있다. 첫 번째 단계는 당 초기에서 중기까지 약 100년 간(618-712) 서원이 민간에서 자생적으로 생겨났던 시기이며, 모두 5곳으로 수량은 극히 적었다. 이 시기의 서원은 사인이 개인적으로 독서하고 학문을 연마하는 곳에서, 생원을 모집하여 교육하는 교학기구로 발전하면서, 오늘날 많은 연구자들에게 자주 회자되는, 대중을 위한 교학 성격의 서원이 형성되었다는 데 특징이 있다.

두 번째 단계는 당 중기에서 후기까지 약 200년 간(713-907)의 시기로, 중앙 정부는 민간에서 한 세기 가까이 발전시켜 온 서원에 점차 주목하게 되었고, 정부의 기능 및 수요와 결합하여, 동도와 서도에 차례로 여정서원 3곳, 집현서원 5곳을 신설하였다.

---

229) 宋·王應麟, 『玉海』 권167.

이곳에서 황제와 신하는 각종 문화, 정치, 학술 및 교학활동을 전개하였다. 이로써 서원이라는 민간에서 새롭게 만들어진 문화교육 조직이 실질적으로 승인받게 되었을 뿐 아니라, 새로운 기능이 더해지면서, 민간의 전통과는 다른 관설의 전통이 만들어졌다. 이 시기 민간에서 창건한 서원이 44곳에 달했으며, 관부와 민간에서 세워진 서원은 모두 합하면 총 52곳이다.

세 번째 단계는 반세기 넘는 오대십국 시기(907-960)이다. 이 기간 동안 천하가 어지러워지고 사문은 전승되지 못할 위기에 처해졌다. 그러나 이를 원하지 않았던 사람들은 묘당廟堂의 권위와 민간의 역량을 합하여 민에서 주도하고 관이 협력하는 방식으로 남방과 북방 각지에 13개 서원을 설립하였다. 이 13개 서원은 어두운 밤하늘의 빛나는 별과 같아서 전란을 겪는 독서인들에게 희망을 주었고, 덕분에 사문은 사라지지 않을 수 있었다. 역경에도 사라지지 않았던, 암흑 속 한 줄기 빛과 같았던 서원은 북송, 남송 두 시대에 크게 흥성할 수밖에 없었다.

각 단계의 발전 속도를 비교하여 알 수 있듯이, 당대 및 오대 시기 전체 연 평균 서원 수는 0.205개이다. 이 수치를 기준으로 하면 다음과 같은 세 단계를 나눌 수 있다. 첫 번째 단계의 95년 간 5개의 서원 설립은, 연 평균 0.053개로 기준 수치보다 훨씬 낮다. 두 번째 단계의 195년 간 52개 서원 설립은, 연 평균 0.267개로, 기준 수치보다 약간 높다. 세 번째 단계의 54년 간 13개 서원 설립은, 연 평균 0.241개로, 기준 수치는 넘지만, 두 번째 단계의 평균 수치보다는 약간 낮다. 이를 통해 초기서원의 발전 속도는 아주 빠른 편은 아니지만, 전반적으로 증가하는 추세라는 것을 알 수 있다. 당대 중기는 서원이 급속하게 발전하는데, 이는 현종이 서원을 인정하고 장려한 것과 연관되어 있으며, 사회 상층부에서 좋아하면 하층부에서 더욱 좋아하게 되는 관습과도 관련이 있다. 또한 당대 중기와 비교하면, 오대의 발전 속도는 약간 떨어졌지만, 일반적 수치보다는 높았으며, 성당 시기의 태평성대와 오대 시기의 전란이라는 사회적 요소를 고려한다면, 세 번째 단계의 의미는 더욱 크다. 따라서 서원은 시련 가운데서도 사람들의 인정을 받으며 사회적으로 확고하게 자리 잡았다고 할 수 있다.

전술한 바와 같이, 당대 지방지에 기록된 서원은 41개, 당시唐詩에 기록된 서원은

14개이고, 관부의 여정서원은 3개, 집현서원 5개로, 봉래서원蓬萊書院 1개로, 중복된 것을 제외하면 총 59개이며, 그 중 50개는 서원이 있었던 터를 확정할 수 있다. 이 50개 서원은 현재 전국 12개 성省에 분포되어 있는데, 그 중 섬서성에는 8개, 산서성에는 1개, 하북성에는 2개, 하남성에는 2개, 산동성에는 1개, 절강성에는 5개, 강서성에는 8개, 복건성에는 6개, 호남성에는 8곳, 광동성에는 2개, 귀주성에는 2개, 사천성(중경 포함)에는 6개가 있다. 구체적 분포 현황은 「당대서원분포도唐代書院分布圖」를 참고할 수 있다.

오대시기의 관부서원은 통계를 낼 수는 없지만, 민간서원은 총 13개로, 그 중 새롭게 창건된 곳은 12개, 당대 서원을 복원한 곳은 1개이다. 북쪽으로는 유연幽燕 지역까지, 남쪽으로는 주강珠江 유역까지 분포되어 있었는데, 기본적으로는 당대 서원이 있었던 곳에 위치했다. 현 북경에는 1개, 하남성에는 2개, 강서성에는 8개, 복건성에는 1개, 광동성에는 1개가 있다. 구체적인 분포 상황은 「오대서원분포도五代書院分布圖」를 참고할 수 있다.

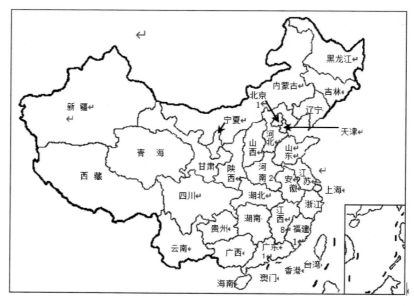

〈그림 1.1〉 오대 서원 분포도

서원초기 분포 현황을 개괄하면, 몇 가지 특징을 발견할 수 있다. 첫째, 서원의 터를 확정할 수 있는 곳은 61개로, 전국 13개 성省에 드문드문 분포되어 있는데, 이는 서원 초기 발전 단계의 가장 큰 특징이다. 둘째, 양자강을 경계로 북방보다 남방에 훨씬 더 많이 분포되어 있는데, 이는 문화의 중심이 남쪽으로 이동했다는 것을 보여준다. 셋째, 강남 지역의 강서, 호남, 복건, 절강 네 개 성에 서원이 비교적 많은 편이며, 초기에는 강서성을 중심으로 서원이 집중적으로 모여 있었는데, 이 지역의 축적된 역량 이 후대 서원 발전의 견인차가 되었음을 추측할 수 있다.

3. 초기 서원의 기능

초기 서원의 기능은 다양하면서도 변화 및 발전했다는 점을 주요 특징으로 꼽을 수 있다.

앞에서 당대 관부 서원의 문화 활동으로 도서수집과 경전 간행 및 편집, 경전 소장과 분류, 유도儒道강론과 학문 토론, 연회와 문장 저술, 인재선발과 고문응대 등 다섯 가지를 들었다. 저술, 장서, 강학, 시작詩作, 고문은 당시 서원 기능이 실제로 얼마나 다양했는지를 잘 보여준다. 이에 관해서는 집현서원 부지원사副知院士를 맡았던 장구령張九齡의 「집현전서원봉칙송학사장열상사연서集賢殿書院奉勅送學士張說上賜燕序」에 기록되어 있다. 이는 매우 구하기 어려운 일차 자료로 현재까지도 연구자들이 인용한 적이 없었는데, 전문을 옮겨보면 다음과 같다.

집현전集賢殿은 원래 집선전集仙殿이라고 하였다. 천자는 성인을 본받았을 뿐만 아니라, 학문 즐겨 배웠다. 천하를 다스리는 재능이 있는 재상과 박식하고 어진 유생들을 선발하여 임명하고, 제왕의 도(帝王之道)를 신하들에게 배웠다. 개원開元 원년부터 천자는 유능한 자들을 대대적으로 임명하여 조정의 기강을 새롭게 다잡았다. 조회를 한 후에 여기서 연회를 베풀어 신하들과 함께 즐기기도 하였다. (집현전이 있었기에) 충신과 가빈들이 온 마음을 다할 수 있었으며, 문사文思에 통달한 자들이 더욱 나은 품행을 갖추게 되었다. 고로 신하들이 도道로써 가까워지고 천자도 이로 기뻐하였다. 천자가 즉위하자 '신선을 기다린다'는 의미가 포함된 '집선전'이라는 이름의 유래가 술사들 간에 떠돌았는데, 근거가 없기 때문에 조서를 내려 화려한 것을 없애고 실용성을 강조하자고 '선仙'자를 '현賢'자로 바꾸었다. 후에 또 명령을 내려 집현전의 등급을 높여 어진 자들을 모아 학문이나 사상을 토론하는 장소로 변모시켰다. 중서령 연국공燕國公 장열은 조정에서 유익한 계책을 내놓아 사무를 보좌하였는데 집현전에서 육경을 강론하고 저술하는 활동도 하였다. 따라서 장열은 궁에 드나들었으며 한림원에서도 사표師表로 모셔졌다. 황제에게 충성을 다하고 신뢰를 받았기에 재임하는 동안 미주를 담는 주기와 어선御膳 등을 하사받는 총애를 입었다. 연주를 들으면서 음식을 들 때마다 임금의 은혜를 가슴에 간직하였다. 그 당시 시중侍中 안양공安陽公도 참여하였고, 학사 우산기상시右散騎常侍 동해공東海公이 관직을 대리하기도 하였다. 황제를 보좌하여 나라를 다스리는 대현자大賢者가 있었고, 왕포王褒와 양웅楊雄처럼 재능과 품행을 겸한 유식 자가 있기도 하였다. 주 문왕文王 시기 사인들 때문에 나라가 평안하였고 한 무제武帝 시기 현명한 자가 많아 나라가 번창하였는데, 현명하고 유능한 인재를 구하는 계책이 오늘보다 더할 때가 있겠는가? 시를 지어 이 위대한 공업功業을 기록하리라.[230]

장구령張九齡의 입장에서는 집현서원이 박식하고도 어진 유생을 모집하고(征集鴻生碩儒, 博聞多識之士) 황제가 대신을 스승으로 모셔(師臣) 학문의 욕망에 충족시키는 곳이자, 한림원 스승이 경전을 강론하고 저술하는 곳이었다(師表翰林, 內講六經, 以成潤色之業). 집현서원 덕분에 충신과 가빈들이 충성을 다 할 수 있었으며, 문사에 통달한 자들

---

230) 唐·張九齡,『曲江集』권16. 文淵閣『四庫全書』권1066, 183-184쪽. "集賢殿者本集仙殿也. 上不以惟睿作聖, 而猶垂意好學. 用相必本於經術, 圖王亦始於師臣, 及乎鴻生碩儒, 博聞多識之士. 自開元肇建以迄於今, 大用徵集, 煥乎廣內, 而聽政餘暇. 式燕在茲. 忠臣嘉賓, 得盡心之所, 聰明文思, 有光被之德. 故下以道親, 上亦懂甚. 即於御座, 爰發德音, 以為候神人. 事雖千載, 傳於方士, 言固不經. 遂改仙為賢, 去華務實, 且有後命, 增其學秩. 是以集賢之廷, 更為論思之室矣. 中書令燕國公, 外弼庶績以奉沃心之謀, 內講六經, 以成潤色之業. 故得出入華殿, 師表翰林. 惟帝用臧, 固天所賴, 拜命之日, 荷寵有加. 降聖酒之醱, 下御廚之膳. 食以樂侑, 人思飽德. 時則有侍中安陽公等承恩預焉, 學士右散騎常侍東海公等攝職在焉, 或崤稷大賢, 或淵云諸彥, 文王多士, 周室以寧, 武帝得人, 漢家為盛, 而高視前古, 獨不在於今乎? 鹹可賦詩, 以光鴻烈."

이 더욱 나은 품행을 갖추게 되었다(忠臣嘉賓, 得居心之所, 聰明文思, 有光被之德). 또한 황제가 조회를 마친 후 신하들과 한자리에 모여 연음燕飮하면서 문학 토론을 하거나 시작을 하던 곳이기도 했다(聽政餘暇, 式燕在玆).

민간서원의 역할에 관해 당시唐詩를 참고해서 정리해보면, 장서와 독서, 연회와 교류, 작시와 작문, 학문적 교류, 강학, 정치 토론, 저술 연구 등 7가지를 들 수 있다. 당시와 지방지에 기록된 당대 및 오대 서원의 3개 정황 통계표에서 '특징' 칸의 내용은 더욱 풍부하다. 중복되는 부분을 제외하면 전체 48개 서원 중 독서 장소로 표기된 곳은(시험 대비, 학문 연구, 독서장서, 은거독서, 수학 장소 등 포함) 22개로(45.83%) 가장 높은 비율을 차지하는 것으로 보아, 개인적인 독서와 학문이 민간서원의 주류였다는 것을 알 수 있다. 교학, 강학 활등이 명확하게 기록된 12개의 서원(개관 및 수업, 강학, 생도 교육, 교사 초빙 및 학생 모집 등을 포함)은 전체 25%를 차지하여, 이는 독서, 학문 다음으로 민간서원의 가장 중요한 기능이었다. 장서라고 명확하게 언급된 곳은 4개로, 전체 8.33%를 차지한다. 기념관 혹은 제사 기능을 담당했던 서원은 3곳으로, 전체 6.25%를 차지한다. 이 둘을 더하면 약 15%로, 장서, 제사 역시 당시 독서인이 관심을 기울였던 활동 중 하나라는 것을 알 수 있다. 그 외에 시작詩作, 교우들과의 시 품평, 저술 연구, 정기적 문사 모임, 정기적 강학, 학술 교류, 정치 토론, 사원 및 도관과 교류, 심신수양, 은거한 채 학문 연마 등 어느 하나로 규정할 수 없을 정도로 서원의 기능은 다양했다. 이는 초기서원이 변화 발전 중에 있으며, 다른 시대, 다른 지역, 다른 품계의 독서인의 여러 문화 교육 수요를 만족시키는 과정에서 서원 스스로 풍부하고 다채로운 문화적 기능을 가지게 되었다는 것을 의미한다.[231]

---

231) 졸고 「中國書院的起源及其初期形態」(『湖南大學學報』, 1995년, 제1기)에서는 초기 서원의 장서, 독서, 강학, 학술 연구, 강회 발단, 정치 토론, 도서 간행 등 7개의 기능을 소개했다.

4. 초기 서원의 교육기능

전술했던 대로 초기 서원은 종류도 형태도 다양했다. 48개 서원 중 교육, 교학의 기능을 지닌 12개는 전체 1/4이나 차지하여 연구자들의 주목을 받기도 했다. 특히 당대 300년 동안 이 같은 서원은 4개뿐이었으나, 오대십국 50여 년 동안 8개로 늘어났다. 이 같은 눈에 띄는 성장세는 교학, 교육이 점점 더 중시되어, 하나의 추세가 되었음을 보여주며, 학교 성격의 서원이 독서 및 학문 위주의 서원을 대체하면서 다음 시기의 주류로 변했음을 보여준다.

만일 당대 복건성 용계현龍溪縣 송주서원의 제생, 사민들의 교육활동이 우연히 생겨 났다면, 강서성 고안현高安縣 계암서원桂岩書院에서 55년 동안 학교를 운영한 것은 행幸씨 가문이 오랫동안 발전하면서 자체적 수요가 생겨났기 때문이었다. 바로 이러한 '자각自覺'이 늘어나면서 오대십국 시기 13개 서원 중 8곳에서 교육 기능이 생겨났으며 이 비율은 최고 61.53%에 달한다. 이는 교학이 이미 서원 발전의 추세가 되었음을 보여준다. 이 같은 추세가 나타난 것은 일반인들이 교육의 필요성을 '스스로 깨달았다는 것(自覺)'것 외에 관부가 앞장서서 주창한 것과도 큰 관련이 있다. 당 현종, 장열 등 1대 군신들이 여정, 집현서원에서 『시경』을 암송하고 『주역』을 강의하는 등의 활동을 한 것이 서원의 교육활동을 "공개적으로 선전한 것"[232]이었다면, 후당後唐의 명종 황제 이사원李嗣源이 장흥 연간 광산서원에 칙령을 내리고 편액을 하사한 것은 서원의 교육 기능을 적극적으로 긍정한 것이었다. 이는 당대唐代 송주서원부터 시작된 서원의 교육 기능이 200여 년의 기나긴 노정을 거쳐, 이 시기에 국가의 인정을 받았다는 것을 보여준다. 이 점이 특별히 중요한 이유는 관본위의 중국 전통 사회에서 새로운 조직이 등장하여 황제의 승인을 거쳐, 합법적이고 공식적인 지위를 점하게 되면서, 송나라 초기의 4대 서원이 천하에 명성을 날리게 되었기 때문이다. 이런 측면에서 보면, 서원 교육발전사에서 당 개원 연간에 세워진 여정서원과 집현서원에서 이루어진 '생도 모집

---

232) 李才棟, 「唐代書院的創建與功能」, 『江西教育學院學報』, 2000년, 제1기.

(廣學)', '경전 강학(講論)'은, 후당 장흥 연간에 광산서원의 편액 하사 및 표창과 함께 기념비적 사건이 되었기에, 관련 연구자들은 주목할 필요가 있다.

더 나아가 서원의 초기 발전 단계에서 학교 성격의 서원이 제도적으로 인정받으려고 노력했다는 점을 지적하고 싶다. 대표적인 예로 현재 강서성 덕안현德安縣의 동가서원 東佳書院을 들 수 있다. 이 서원은 본래 서당으로 불렸으며, 기본적인 상황은 전술한 대로 당시 강주江州 진씨가 세운 가문의 교육기구였다. 당 대순大順 원년(890), 진씨 7대 책임자 진숭陳崇이 작성한 『진씨가법陳氏家法33조』에서 두 조항을 인용해보고자 한다.

동가장東佳莊 한 편에 서당을 세워 가문 내 자제들 중 천성적으로 총명한 이들을 공부시킨다. 학문에 조금이라도 성과가 있는 이들은 과거에 응시케 한다. 현재 있는 서적들 외에도 더 많은 서적들을 들인다. 생도 중 한 명을 선정하여 서적의 출입을 관리케 하여 유실되지 않게 한다.

주택 서쪽에 서옥書屋(글방-역자) 하나를 세워 어린이를 교육 및 계몽한다. 매년 정월 길일을 골라 개관하여 가르치고, 동짓달이 되면 폐관한다. 아이들은 7세에 입학하여 15세가 되면 글방을 졸업한다. 재능이 있는 이는 서당에 들어가게 한다. 매년 서당에서 두 사람을 차례로 뽑아 한 사람은 선생, 한 사람은 조교로 임명한다. 종이, 붓, 묵, 벼루는 집 창고에서 내며, 관사管事(가사와 일반적 사무를 관리하는 사람-역자)가 이를 책임지도록 한다.[233]

서당과 서옥은 병존하면서도 이 둘 사이에는 등급의 차이, 학생 승급, 교사 선발, 도서 구입와 관리, 경비 지원과 분배 등에서 비교적 명확하게 구분되어 있었다. 이를

---

233) 阮志高·孫家驊·凌鳳章,「江州陳氏東佳書堂研究」,『江西教育學院學報』, 1989년, 2-3쪽.
"一. 立書堂一所于東佳莊, 弟侄子姓擧者. 除現置書有賦性聰敏者, 令修學. 稍有學成應籍處, 須令添置. 于書生中立一人掌書籍, 出入令照管, 不得遺失. 一. 立書屋一所于住宅之西, 訓教童蒙. 每年正月擇吉日起館, 至冬月解散. 童子年七歲令入學, 至十五歲出學. 有能者, 令入東佳. 逐年于書堂內次第抽二人歸訓, 一人爲先生, 一人爲副. 其紙筆墨硯幷出宅庫, 管事收買應付."

통해 의문義門 진씨는 조정의 표창을 받았던 대가문으로 교육 조직이 잘 완비되어 있었으며 '서옥'과 '서당'이 등급이 구분되어 있으면서도 서로 관련되어 있었기 때문에 '가법'을 세워 제도적으로 관리했음을 알 수 있다. 이는 초기의 허술한 단계를 이미 벗어났다는 것을 보여준다. 더욱 중요한 점은 전통시기의 '대학', '소학' 간 관계를 어떻게 현실화했는지, 당대唐代 가문에서 어떻게 교육을 확대해갔는지도 엿볼 수 있다는 것이다.

서원의 교육기능과 함께 반드시 언급해야 하는 점은 서원이 중국 사인의 문화교육 조직이라는 것이다. 독서인은 이곳에서 장서, 독서, 교감, 편찬, 저술, 간행 등 각종 활동을 전개하고 문화 축적, 연구, 창조 및 전파 사업을 진행하였기 때문에, 교육, 교학 으로 이 모든 기능을 포함할 수는 없으며 여러 중요한 기능 중 주된 것으로만 간주해야 한다. 종합하면, 서원의 교육은 문화 전파 기능에서 비롯되었으며 문화 축적, 연구 및 창조에 기여했다고 할 수 있다. 그리고 서원의 교학 활동은 문화 축적, 연구 및 창조의 토대 위에 형성된 문화지식의 전파형식 중 하나이자 문화 발전 과정의 한 단계라고도 할 수 있다. 이러한 기능을 지나치게 강조하거나 다른 기능을 배경으로만 취급한다면, 눈에 드러나는 교학활동만 중시하게 되고 다른 기능을 무시하게 되는 오류를 범할 수도 있다. 서원을 교육 기구만으로 취급하면서 역사적으로 학교의 기능은 없었던 서원 들을 연구에서 배제시키거나, 심지어 가짜 서원으로까지 간주하여 서원 목록에서 제외 시켜버리는 오류는 바로 여기에서 비롯된다. 본 책에서는 이 같은 편협한 관점을 거듭 교정하고자 한다.

5. 초기서원의 설립 특징

유자들의 활동무대였던 서원은 종종 사원, 도관과 함께 언급되면서 불교, 도교와의 차이점이 강조되기도 하는데, 서원, 사원寺院, 도관이 서로 영향을 주고받았다는 점은 당대부터 오대시기 서원 발전의 특징 중 하나이다. 유현攸縣 광석서원光石書院은 주양관 朱陽觀, 혜광사惠光寺와 이웃하고 있었으며, 이관중서원李寬中書院, 이비서원李泌書院은 각각 심진관尋眞觀, 옥진관玉眞觀 안에 지어졌다. 『당시唐詩』에 등장하는 13개 서원 중, 3곳은 사원과 관련이 있으며 2곳은 도교와 관련이 있는데, 이를 합하면 전체 38.5%를 차지한다. 이는 유자가 불교, 도교 두 종교와 서로 경쟁하는 형국이었음을 보여준다. 그러나 동시에 유생, 스님, 도사가 평화롭게 공존하며 함께 학문을 갈고 닦았으며, 나아가 국가의 운명과 미래를 "추운 밤에 잠 못 이루고 서로 깊은 시름에 잠겼던(寒宵未臥共思量)" 것은 문화 융합의 현장을 보여주기도 한다. 사실 사인은 "산속 절간에서 책을 읽고(讀書林下寺)", 허단虛壇, 소종疏鐘, 단로丹爐 사이에서 시를 읊고, 글을 읽었으며, 불교의 극락세계와 신선의 도기道氣, 단술丹術에 대해 어느 정도 이해했거나 체득했을 것이다. 유불도 삼교의 상호 교류가 바로 서원이 출현하게 된 사상적, 문화적 배경이었다.

이 시기 서원의 또 다른 특징은 대부분이 풍경이 수려한 곳에 지어졌다는 것인데, 전장군서원田將軍書院에는 "정원에 꽃과 나무가 가득하고(滿庭花木)", 자택에 심었던 죽순이 이웃집에 자라났다는 것, 사천성 남계서원은 "풍경이 무릉도원과 같았다(風景似桃源)." 등을 예로 들 수 있다. 지리적으로 좋지 않을 경우 보완책을 강구하여, 꽃과 나무를 심고 대나무와 호석湖石 등을 옮겨와, 환경을 개선하였다. 이군옥李群玉이 서원에서 소나무 두 그루를 심어 솔바람을 들으면서 독서하는 정취를 추구했던 것을 예로 들 수 있다. 이는 초기 서원의 창건자들이 자연이 인간의 인격 및 학문도야에 끼치는 영향을 이해하고 있어서, 인간과 주위 환경의 조화를 특별히 중시했다는 것을 보여준다. 이는 불교의 정사精舍, 도가의 궁관宮官의 영향에, 유가의 '천인합일天人合一' 사상이 더해진 것이며, 동시에 현실에 대한 절망이 담겨 있기도 하다. 양거원楊巨源의 「제오로봉하비군서원題五老峰下費君書院」의 "마음은 이미 몸을 따라 은거했으니, 계곡 구름이 몇 겹인지 내 어찌 알랴(已將心事隨身隱, 認得溪雲第幾重)?"라는 구절에 바로 이러한 마음이 담겨 있다. 당대 후기 이래 정치에 대한 실망으로, '정치적 참여(外王)'를 원하지만 할 수 없었던 지식인들은 '내적 수양(內聖)'의 길을 걷게 되었다. 유가 사인으로서 그들은 서천西天의 극락세계에 떨어지고 싶지도 신선의 세계에 들어가고 싶지도 않았기에, 환경이 좋은 땅을 골라 그곳에 살면서 독서에 몰두하고, 산수에 마음을 의탁하고, 심신을 수련했다. 이것이 바로 당대 중후기 서원이 대대적으로 등장했던 중요한 원인이었다.

제2장

서원, 천하에 명성을 떨치다

남북송 시대, 독서인들은 문벌귀족 제도에서 벗어나게 된다. 이들은 만고에 길이 남을 포부를 품고 경제 발전으로 인한 사회 번영과 인쇄 기술이 가져다 준 풍부한 장서에 힘입어, 고금을 꿰뚫고 백가를 넘나들며 중국 전통시기의 학술 문화 사업을 전대미문의 황금시대로 발전시켰다. 이 시기 많은 사람들이 서원을 중시하게 되면서 그 수는 720개까지 늘어났는데,1) 이는 오대 시기의 전체 서원수의 10배 이상에 맞먹을 정도로 많은 수치였다. 남북송 시대의 서원 발전 상황에는 각각의 특징이 있다. 북송은 '천하 4대 서원'을 필두로 교육 교학 기능을 강화했으며, 서원은 학교의 한 형태로 사회적 인정을 받았다. 장식張栻, 주희朱熹, 여조겸呂祖謙, 육구연陸九淵이 '남송 4대 서원'에서 강학하면서 학술적 번영을 이끌면서, 학술과 서원은 떼려야 뗄 수 없게 되었다. 주희의 『백록동서원게시白鹿洞書院揭示』는 전국적으로 통용되면서 전 서원의 모범

---

1) 이 수치는 陳谷嘉·鄧洪波의 『中國書院制度研究』(杭州: 浙江教育出版社, 1997년, 355쪽)의 통계를 바탕으로 보완한 것이다. 『宋元明淸書院槪況』(曹松葉, 20세기 30년대 초)에는 397개로, 『中國古代書院發展史』(白新良, 1995년)에는 515개로, 『宋代書院制度之硏究』(宋彦民, 1963년, 15-16쪽)에는 379개로, 『宋代書院 및 宋代學術의 관계』(吳萬居)에는 467개로 집계되어 있다. 이 책에서는 가장 많은 통계수인 720개를 채택하여 서술했다. 필자는 당시 실제 숫자는 이들 통계보다 더 많았을 것으로 추측한다. 앞으로 자료가 새롭게 발견되면 통계수는 더욱 늘어날 것이다.

적 학규로 자리 잡았다. 이때부터 서원과 교육, 학술이 결합되어 무궁한 매력을 가진 문화 조직으로 성장하면서 중국 각 시대의 독서인들에게 영향을 끼쳤다. 남북송 서원의 특징 및 기여도를 감안하여, 본 장에서는 남송, 북송을 나누어 다루면서 각각 서원 발전사에 끼친 특수한 역할을 살펴보고자 한다.

제1절 북송 서원의 발전 개황

북송 시기는 태조, 태종, 진종, 인종, 영종, 신종, 철종, 휘종, 흠종 이상 9명의 황제가 통치하였고, 167년(960-1126) 간 지속되었다. 통계에 따르면, 이 시기 서원은 총 73개 이상으로, 당나라부터 오대십국까지 약 350년간의 서원의 총합보다 다소 많은 수치지만, 실제 존재하는 서원은 100곳 정도 되었다고 한다.[2] 증가 속도가 빨라진 것은 중국 서원의 역사가 초기단계를 지나 발전기로 들어섰다는 것을 보여준다. 이 절에서는 통계 수치를 토대로 북송 서원의 발전 과정, 건축 상황, 분포 특징 등을 논의하고자 한다.

선인이나 당대當代 명사들은 지방지地方志, 문인의 별집別集 등 관련 자료를 토대로 시대별, 지역별 등 기준에 따라 역대 서원 통계에 관한 의미 있는 성과를 많이 남겨두었다. 그 중에서 가장 중요한 세 가지 자료는 이 책의 전체 구성에도 영향을 주었으므로, 먼저 간단하게 언급하고자 한다.

첫 번째는 차오송예曹松葉의 『송원명청서원개황宋元明淸書院槪況』이다. 이 책은 1929년 12월에서 1930년 1월까지 「중산대학어언역사연구소주간中山大學語言歷史硏究所週刊」제10집 111~114기에 발표된 글을 모아 출판한 것이다. 각 성의 통지通志를 수집하여, 창건(신축), 복원(재건 혹은 수리), 개조(용도 변경) 등으로 분류 및 편집하여, "당시 각 지역의 현황을 보여준다."는 점이 가장 큰 특징이다. 통계표는 연호, 성, 시대를 기준으로, 창건, 복원, 개조 현황 및 이에 관여한 인물들의 신분 등을 구분하여 정리한

---

2) 白新良, 『中國古代書院發展史』, 天津: 天津大學出版社, 1995년, 5-6쪽.

것이다. 이에 따라 시대마다 약 20개의 표가 만들어졌으며, 역사적 변화, 관민 역량 비교, 지역 분포 등 여러 상황이 반영되어 있다. 이는 서원 연구에 최초로 과학적 데이터 분석 방법을 차용한 성과로, 신뢰도가 높아서 70여 년이 지난 지금까지도 사용되고 있다. 그러나 각 성의 통지通志는 사용했지만, 부지府志, 주지州志, 현지縣志까지는 방대한 수량 탓에 포함시키지 못했기 때문에, 통계의 정확성 및 종합성은 떨어진다는 단점이 있다.

두 번째는, 1995년 5월 천진대학출판사에서 출판된 바이신량白新良의 『중국고대서원발전사中國古代書院發展史』이다. 이 책은 지방의 성지, 부지, 주지, 현지를 토대로 각종 고적 3천여 종을 두루 섭렵하여 고증하였고, 시대와 성省을 단위로 연도별로 작성되어 있다. 이 책은 계량사학計量史學 연구 방법의 새로운 성과로, "풍부한 자료와 상세한 통계가 가장 큰 특징"이라는 평을 받기도 했다.[3] 차오송예의 자료 부족을 보완했다는 것이 장점이라면, 서원 창건자에 관한 정보가 언급되어 있지 않아서 관과 민의 역량이 서원 발전에 각각 어떤 영향을 미쳤는지 알기 어렵다는 것을 단점으로 꼽을 수 있다.

세 번째는 필자가 동료와 공동 집필한 『중국서원제도연구中國書院制度研究』로, 1997년 8월 절강교육출판사에서 출판되었다. 이 책은 중국의 최초 서원 관련 사전인 『중국서원사전中國書院詞典』(3683조목, 『중국서원명록中國書院名錄』 첨부, 총140여만 자)와 최초 서원 자료 전집인 『중국서원사자료中國書院史資料』(전3권, 200여만 자)를 종합한 성과로, 그 중 제6장은 관부 설립과 민간 설립으로 나누어 역대 서원 현황을 총 11개의 표로 나열하고 있다. 차오송예의 통계를 바탕으로 바이신량의 통계를 보완했으나, 그 외의 다른 내용은 언급하고 있지 않다는 점은 아쉽다.

차오송예와 바이신량의 통계는 청대 행정구역을 기준으로, 필자의 통계는 현재 행정구역을 기준으로 하고 있어서 각각 장단점이 있다. 물론 자료 선택에서 차이가 있기 때문에, 세 통계는 서로 다를 수 있다. 이 책에서는 세 통계를 취사선택하여 활용하였다. 바이신량의 통계를 뼈대로 하되 차오송예와 필자의 연구 성과를 종합하여 부족한

---

3) 彭術, 「古代書院研究的新成果--『中國古代書院發展史』評介」, 『史學集刊』, 1996년 제1기.

점을 보완하였고, 표마다 '차오송예 통계', '최신 통계'라고 표기해두었다. 차오송예와 바이신량이 기준으로 삼은 청대 행정구역은 오늘날과는 맞지 않으므로, 이 책에서는 역대 서원 분포도를 활용하여 '최신 통계수치'로 표기하고 다른 두 통계와 굳이 일치시키려고 하지 않았다. 이는 당시 통계의 한계 때문이니 오해하지 않도록 독자들의 주의를 요한다. 다시 새로 통계를 작성한다는 것은 안타깝지만 쉽지 않은 일이므로, 독자들의 양해를 구할 따름이다.

1. 북송 서원의 기본 현황 통계

바이신량 선생의 통계에 따르면 송대에는 모두 515개의 서원이 있었는데, 그 중 북송 서원으로 확정할 수 있는 곳은 73개, 남송 서원 317개이며, 나머지 125개는 남송인지 북송인지 시대를 확정할 수 없어서 송대서원이라 통칭할 수밖에 없다. 북송 서원 73개 중에서 신축한 곳은 71개, 전 왕조대의 서원을 복원한 곳은 2개이다. 각 서원의 데이터는 연호와 성에 따라 〈표 2.1〉에 정리해두었다.

〈표 2.1〉은 연호를 세로로, 성을 가로로 한, 입체적 도표로, 북송 서원의 시기별 지역 분포 현황을 볼 수 있다.

〈표 2.1〉 복송 서원의 통계표[4]

연대	연호	직례 直隷	하남 河南	섬서 陝西	산서 山西	산동 山東	안휘 安徽	강소 江蘇	절강 浙江	강서 江西	복건 福建	호북 湖北	호남 湖南	광동 廣東	사천 四川	계
태조 太祖	건륭 建隆												1/			4
	건덕 乾德															
	개보 開寶									2/			1/			

<hr/>

4) 白新良의 『中國古代書院發展史』 제1장 제2절의 내용에 따라 정리한 것이다. 빗금 '/' 앞에는 신축된 서원수이고, 빗금 '/' 뒤에는 복원된 서원수로, 이하 표에 나오는 '/' 역시 이를 의미한다.

연대	연호	직례 直隷	하남 河南	섬서 陝西	산서 山西	산동 山東	안휘 安徽	강소 江蘇	절강 浙江	강서 江西	복건 福建	호북 湖北	호남 湖南	광동 廣東	사천 四川	계
태종 太宗	흥국 興國															
	옹희 雍熙									1/						
	단공 端拱															4/2
	순화 淳化															
	지도 至道		/1										/1			
										3/						
진종 眞宗	함평 鹹平												1/			
	경덕 景德													1/		
	상부 祥符		1/										1/			8
	천희 天禧												1/			
	건흥 乾興															
								1/							2/	
인종 仁宗	천성 天聖															
	명도 明道															
	경우 景祐						1/									
	보원 寶元															
	강정 康定			1/												11
	경력 慶歷											1/				
	황우 皇祐															
	치화 致和															
	가우 嘉祐															

연대	연호	직례直隸	하남河南	섬서陝西	산서山西	산동山東	안휘安徽	강소江蘇	절강浙江	강서江西	복건福建	호북湖北	호남湖南	광동廣東	사천四川	계
									3/	5/						
영종英宗	치평治平															
신종神宗	희녕熙寧						1/							1/		
	원풍元豐															11
								1/		5/	1/		1/		1/	
철종哲宗	원우元祐												1/			
	소성紹聖						1/									7
	원부元符															
										4/						
휘종徽宗	정국靖國															
	숭녕崇寧		1/		1/											
	대관大觀															
	정화政和															8
	중화重和											2/	1/			
	선화宣和															
								1/		1/					1/	
흠종欽宗				1/						1/						2
미상		3/	3/			4/		2/		1/		2/	1/			16
계		3/	5/1	1/	1/	4/	4/	4/	4/	23/	3/	3/	8/1	4/	4/	71/2
합계		3	6	1	1	4	4	4	4	23	3	3	9	4	4	73

위의 통계는 초기 연구인 차오송예의 45개보다 역사적 사실에 더욱 가깝지만, 역대 모든 정보가 다 담겨있는 것은 아니다. 호남성에는 북송시기에 창건한 서원 8개, 당대의 서원을 복원한 곳 1개, 모두 9개가 있다고 되어 있는데, 『호남교육사湖南敎育史』에 따르면, 북송 서원은 모두 12개이다.5) 사천성의 서원은 위의 표에 따르면 4개로 되어

있지만, 후샤오시胡昭曦의 『사천서원사四川書院史』에는 7개로 되어 있다.6) 참고한 자료가 많을수록 수치도 커지며, 역사적 사실에 더욱 가까워진다. 이러한 요인과 남송인지 북송인지 확정할 수 없는 서원 100여 개를 고려하면, 북송 서원의 숫자는 실제 100개 이상이 되었을 것이다.

흥미로운 사실은 북송과 동시대에 있었던 요나라는 소수민족 정권임에도 서원 창건 기록이 남아있다는 점이다. 옹정 시기의 『산서통지山西通志』에는 요나라의 한림학사 형포박邢抱朴이 자신의 고향 응주應州(현 山西省 應縣) 용수산龍首山에 용수서원을 창건 했다고 되어 있다. 형포박(?-1004)은 경종景宗 보녕保寧 원년(969), 정사사인政事舍人, 지제고知制誥를 지냈고, 몇 차례 관직을 옮겨 한림학사翰林學士 겸 예부시랑禮部侍郎도 지냈으며, 통화 4년(986) 호부상서, 한림학사 승지承旨로 승격되었다. 같은 해 안북雁北7) 요송전쟁遼宋戰爭이 끝나고 송나라 군대가 남쪽으로 철수할 때, 그는 응주應州로 가서 뒷수습을 했다. 통화 12년(994)에 참지정사參知政事에 임명되었다. 후에 남경南京(현 北京)으로 가서 남원추밀사南院樞密使를 지냈다가 임지에서 사망하였다. 이에 따르면 용수서원은 969-994년 연간, 요나라 경종景宗-성종聖宗 시기, 송나라 태조-태종 시기에 창건되었을 것이다. 요나라의 경우 북송 초기에 해당하는 꽤 이른 시기에 서원이 세워졌다. 안타깝지만 역사 기록에 남아있는 곳은 용수서원 하나 밖에 없다는 점이다. 그럼에도 그 문화적 의의만큼은 긍정적으로 평가해야 한다. 요나라의 서원은 비록 한족漢族 대신大臣이 세운 것이긴 하지만, 소수민족 정권의 서원 설립의 시초가 되었고 훗날 금나라, 원나라, 청나라 등의 서원 정책에 분명 영향을 끼쳤을 것이다. 더군다나 용수서원은 산서성山西省 최초의 서원으로, 지역문화 개발에 끼친 공 역시 적지 않다고 후대에 평가되었다.8)

---

5) 馮象欽·劉欣森, 『湖南教育史』 권1, 長沙: 岳麓書社, 2002년, 171쪽.

6) 胡昭曦, 『四川書院史』, 成都: 四川大學出版社, 2006년, 27쪽.

7) 역자주. 雁北은 현 陝西省 雁門關 북쪽을 가리킨다.

8) 王志超,「山西書院文化的歷史流變」, 『山西師範大學學報』, 2000년 제3기; 王欣欣, 『山西書院』, 太原: 三晉出版社, 2009년, 2쪽.

2. 북송서원의 지역분포와 특징

73개의 북송서원은 직예, 하남성, 섬서성, 산서성, 산동성, 안휘성, 강소성, 절강성, 강서성, 복건성, 호북성, 호남성, 광동송, 사천성 등 14개 성에 분포되어 있었는데,[9] 이는 각 성마다 평균 5.2개의 서원이 창건되었던 셈이다. 각 성의 자세한 통계 현황은 아래와 같다.

〈표 2.2〉 북송 서원 성별 통계표[10]

성별省別	창건 서원 수	재건 서원 수	합계		차오송예 통계
			총수	순위	
직례直隷	3		3	5	1
하남河南	5	1	6	3	4
섬서陝西	1		1	6	2
산서山西	1		1	6	1
산동山東	4		4	4	2
안휘安徽	4		4	4	3
강소江蘇	4		4	4	2
절강浙江	4		4	4	6
강서江西	23		23	1	9
복건福建	3		3	5	3
호북湖北	3		3	5	1
호남湖南	8	1	9	2	7
광동廣東	4		4	4	2
귀주貴州					1
사천四川	4		4	4	1

9) 白新良과 曹松葉의 통계는 주로 청나라의 지방지를 이용했기 때문에 행정구역은 모두 청나라의 行省을 기준으로 했다. 송, 원, 명, 청대 행정구역의 구획이 거의 일치하나, 현대 행정구역과는 일부 차이가 있다 하더라도, 이 책에 나온 통계 수치는 일관적으로 위의 두 연구자의 통계를 기준으로 한 것이다. 때문에 전체적인 흐름을 이해하고 결론을 내리는 것에는 영향을 미치지는 않을 것이다. 이하 역대 서원에 대한 통계는 모두 청대의 행정구역을 기준으로 하였으며, 이 점을 다시 부연하지는 않을 것이다.

10) 표는 白新良의 『中國古代書院發展史』 제1장 제2절의 내용을 참고해서 작성했다. 송대 서원수는 모두 125개로 기록되어 있지만 남송인지 북송인지 확정할 수 없어, 각각의 수치는 기입하지 않았다.

| 성별省別 | 창건 서원 수 | 재건 서원 수 | 합계 | | 차오송예 통계 |
			총수	순위	
합계	71	2	73		45
성 평균	5.071	0.143	5.214		3.000

평균 개수인 5.214를 기준으로 각 성의 서원수를 살펴보면, 북송의 서원 분포를 세 등급으로 나눌 수 있다.

1급 5개 이하. 전체 평균보다 낮다. 직예, 섬서성, 산서성, 산동성, 안휘성, 강소성, 절강성, 복건성, 호북성, 광동성, 사천성 등은 서원 활동이 활발하지 않은 지역으로 절대 다수를 차지한다.

2급 5-10개로, 전체 평균보다 약간 높다. 하남성, 호남성은 서원 활동이 활발한 지역이다.

3급 10개 이상, 강서성 한 곳만 해당하며, 23개의 서원이 있다. 다른 성보다 훨씬 높은 수치로, 북송시기 서원 활동이 가장 활발한 지역이었다. 몇십 년 전, 차오송예 선생은 "강서성은 송대 서원 발전의 원동력이 되었던 곳"이라며 강서성이 송대 전체에 끼친 기여도를 평가한 적이 있다. 이 같은 평가는 매우 타당하다.

이 시기의 서원 지역 분포 상황을 살펴보면, 다음과 같은 몇 가지 특징이 있다. 먼저 당대唐代와 비교하면 서원의 분포 지역은 확대되었다. 강소성, 안휘성의 경우 새로 서원이 들어서면서 화동華東 지역은 더 이상 빈 지역 없이 곳곳마다 서원이 있게 되었다.

두 번째, 남방과 북방을 비교하면, 정치의 중심인 북방지역의 서원수가 남방지역에 비해 확실히 적었다. 이는 정치와 문화교육이 분리되어 각각 발전했다는 것을 의미한다. 물론 이러한 추세는 서원의 발전 초기 단계를 넘어 역대 왕조마다 강화되었고, 보편적 현상으로 자리 잡았다는 것에 유념해야 한다. 또 하나 유의해야 할 것은 서원 발전은 정치와는 분리할 수 있지만, 경제 상황과는 밀접한 관계가 있다는 점이다. 강남 지역은 당나라 이래로 지속적으로 발전하여 전국의 경제 중심지가 되면서, 서원에도 충분한 물질적 지원이 가능했다.

세 번째, 서원이 가장 많이 분포한 강서성, 절강성, 하남성을 세 중심지로 볼 수 있다. 하남성의 서원은 동서로 동경 개봉부開封府, 서경 낙양부洛陽府, 남경 응천부應天府 등 세 지역을 중심으로 정치, 경제 등 여러 사회적 조건의 영향을 받으면서 발전하였다. 강서성, 호남성의 서원은 경제적으로 비교적 발달한 감강贛江, 상강湘江 연안에 집중적으로 분포되어 있다. 이 시기 서원은 선線 형태로 분포하는 경향을 보이는데, 이는 당, 오대의 점點 형태의 분포보다 진전된 것으로 서원 발전의 지표이다.

3. 시간 분포의 특징과 두 가지 발전 단계

북송대 73개의 서원 중에서 창건 및 복원 연대를 확정할 수 있는 곳은 57개로, 전체 78%를 차지한다. 16개는 북송 시기에 창건되었다는 것만 알 수 있을 뿐, 구체적인 연대는 확정할 수 없다. 시기 별 분포 현황은 아래의 표를 참고할 수 있다.

〈표 2.3〉 황제 연간별 북송 서원 통계표

황제 연간	신축 서원	재건 서원	합계		연 평균	순위	차오송예 통계
			총수	순위			
태조太祖 (960-975)	4		4	5	0.250	8	1
태종太宗 (976-997)	4	2	6	4	0.272	6	3
진종眞宗 (998-1022)	8		8	2	0.320	4	5
인종仁宗 (1023-1063)	11		11	1	0.268	7	13
영종英宗 (1064-1067)							2
신종神宗 (1068-1085)	11		11	1	0.611	2	2
철종哲宗 (1086-1100)	7		7	3	0.500	3	5
휘종徽宗 (1101-1125)	2		8	2	0.307	5	5
흠종欽宗 (1126)	2		2	6	2.000	1	1

황제 연간	신축 서원	재건 서원	합계		연 평균	순위	차오송예 통계
			총수	순위			
미상	16		16				8
합계	71	2	73		0.437		45
평균	7.889	0.222	8.111				5

황제 연간 별 서원 수는 인종, 신종대가 각 11개로 가장 많았으며, 나란히 1위를 차지한다. 진종, 휘종 연간은 8개로 나란히 2위를 차지한다. 이하 순서대로 말하면 철종 연간에는 7개, 태종 연간에는 6개, 태조 연간에는 5개, 흠종 연간에는 2개이다. 영종 연간의 수치에서 특이한 점은 재위 4년간의 수치를 바이신량은 0으로 계산했지만, 차오송예는 2개로 계산했다는 것이다. 이러한 통계상의 차이는 기본적인 흐름을 파악하는 데는 영향을 주지 않으며, 이 시기가 기간별 서원수를 파악하는 구분점이 된다는 것은 변함이 없다. 영종 연간 이전(960~1063)에는 29개의 서원이 세워졌고, 이는 전체 57개의 50.87%를 차지한다. 영종 연간 이후(1068-1126)에 서원 수는 28개로, 전체의 49.12%를 차지한다. 황제 연간 별 분포 현황을 보면, 이 두 시기의 서원 수 차이는 겨우 1개로 두 시기의 서원 발전 추세가 동일선상에 있었다고까지 추정해도 될 듯하다.

그러나 이는 매우 단편적인 평가이다. 만일 전기 태조-인종 연간이 104년, 후기 신종-흠종 연간이 58년에 그친다는 점을 고려하면, 두 시기의 서원 발전의 의미가 대등하다고 쉽게 평가해서는 안 될 것이다. 다시 말해, 다른 요소를 고려하는 것과 무관하게 데이터만으로 완전히 다른 결론을 낼 수도 있다. 데이터를 활용한 통계 및 계량분석 방법은 반드시 적절하게 사용해야 객관적인 분석 결과를 이끌어 낼 수가 있다. 이는 어떻게 통계데이터를 오독하지 않고 객관적이고 총체적으로 서원의 고유한 발전궤적을 분석할 수 있을까라는 매우 중대한 문제를 제기한다. 과학적이고 엄밀한 방법은 반드시 문제의식이 도출된 지점에 활용되어야 하며, 균형 잡힌 산출 방식 설계는 어떤 데이터도 항상 일정한 기준에 적용할 수 있어야 한다. 때문에 이 책은 기존의 연구들과는 다르게, 황제 연간 및 연도별로 서원 수를 계산하여 이의 평균치를 기준으로 논의할 것이다. 이는 황제 통치 기간의 차이로 인해 야기될 수 있는 오차를 줄이기 위함이다.

원칙적으로 단위가 작을수록 표준오차가 적은, 보다 완벽한 통계에 도달할 수 있으며, 이러한 자료를 토대로 비교 및 분석하여 도출한 결론은 더욱 객관적이고, 정확성이 높을 것이다. 물론 예외가 발생했다면, 해당 문제를 구체적으로 분석해야 한다.

각 황제 연간별 서원 수에 따른 그래프는 다음과 같으며, '황제 연간별 평균수'를 점선으로 표기해 놓았다. 〈그림 2.1〉를 참고할 수 있다.

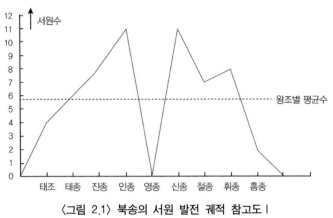

〈그림 2.1〉 북송의 서원 발전 궤적 참고도 I

〈그림 2.1〉은 두 봉우리가 나란히 우뚝 솟은 형태로 되어 있는데, 위의 그림을 통해 다음과 같은 내용을 알 수 있다.

첫째, 황제별 평균 수치를 기준으로 보면, 북송의 서원은 세 발전 단계를 거친다. 수치가 가장 높은 시기는 인종, 신종 연간으로, 서원 수도 가장 많고 서원 발전의 절정기이다. 〈표 2.1〉을 살펴보면, 서원은 인종 연간 관학 설립 이후에야 발전했다는 결론을 도출하게 될 것이다. 북송 후기에 서원 발전이 정체기로 들어섰다는 관점[11]은 합리적

---

11) 대표적인 인물은 劉伯驥를 들 수 있는데, 그는 『廣東書院制度沿革』이란 저서에서 "북송 말기에는 서원이 없었다"고 지적하였다. 1980년대 陳元輝 등이 저자로 참여한 저서 『중국 고대의 서원제도』에는 "설령 북송 시기에 서원이 잠깐 흥성했다 하더라도 그 후의 백 년 동안 침체기에 빠졌다"고 되어 있다. 시대적 한계로 인한 데이터 부족과 王禕의 『白鹿洞記』에서의 "崇寧 말년

이지 않다. 점선보다 수치가 좀 적은 진종, 휘종, 철종, 태종 연간은 그래프 상 두 봉우리 옆에 위치하며 장기적으로 서원이 상당한 수준으로 발전하고 있었음을 보여준다. 수치가 가장 낮은 연간은 왕조 초기와 후기, 그래프 상 양 끝으로, 하나는 오름세를, 다른 하나는 내림세를 보여준다.

둘째, 북송서원의 발전은 두 번의 단계를 거친다. 두 봉우리 사이의 영종대는 자연스럽게 분기점이 된다. 영종대 이전의 서원 수는 안정적으로 상승하여 인종대에 절정에 달하고, 그 후 신종대를 정점으로 서원 수는 다시 내림세로 돌아서게 된다. 이처럼 '상승—절정—급하강-급상승 후 절정-굴곡 하강'으로 북송 시기 서원의 개략적인 발전 궤적을 설명할 수 있다.

황제 연간별 서원의 연평균 수를 토대로, 〈그림 2.2〉와 같이 또 다른 북송서원의 발전 궤적도를 그릴 수 있다.

〈그림 2.2〉 북송의 서원 발전 궤적 참고도Ⅱ〉

까지 서원이 모두 폐지되었다"는 사실에 부합하지 않은 내용 때문에, 잘못된 두 결론이 나올 수밖에 없었다.

〈그림 2.2〉를 보면 오르내림은 있지만, 전체적으로 상승세를 그리고 있다. 이러한 급격한 상승세는 북송서원의 발전 상황을 보여준다. 이를 근거로 한다면 기존 연구의 북송후기 서원이 침체에 빠졌다는 관점은 성립되지 않는다.

그림에서 볼 수 있듯이 북송 서원의 연평균 수치인 0.437을 기준으로 낮은 수치에서 높은 수치까지 세 가지로 나누어 설명할 수 있다.

1급 기준점 이하. 태조, 태종, 진종, 인종, 휘종대가 이에 속한다. 이상의 시대에 서원의 발전 속도는 그다지 빠르지 않은데, 특히 북송 초기 100년간은 모두 점선 이하이다.

2급 기준점보다 약간 높다. 신종, 철종대가 이에 속한다. 북송 후기인 이 시기에는 서원 발전 속도가 점차 가속화되었다.

3급 기준점보다 배로 높다. 흠종대에만 해당되며, 북송 말이 절정기였음을 보여준다. 주목해야 할 점은 이 시기에 대한 〈그림 2.2〉와 〈그림 2.1〉의 결론이 일치하지 않는 정도를 넘어 완전히 상반된다는 것이다.

이러한 차이점이 드러난 이유는 전술했던 바와 같이 황제마다 통치 기간이 다르기 때문이다. 흠종대의 경우 고작 1년밖에 존속하지 않았기 때문에 이 수치 자체가 평균일 수밖에 없다. 흠종 연간 외의 다른 황제 통치 기간은 수년에서 수십 년이므로, 평균치 역시 낮을 수밖에 없다. 이를 소위 '평균 속의 불균형'이라 할 수 있다. 때문에 위 도표를 토대로 도출한 결론은 맹목적으로 참고하기에는 신뢰성이 떨어지며, 북송 후기 서원은 전기에 비해 급격히 발전했으며 그 추세가 말기까지 꺾이지 않았다는 정도의 결론을 내리는 것이 보다 합리적일 것이다.

서원 발전의 내적 논리에 따라 이상의 데이터 분석을 종합하면, 인종대 경력신정慶歷新政을 기준으로 북송 서원의 역사를 두 단계로 나눌 수 있다. 첫 번째 단계는 송 태조 융경隆慶 원년부터 송 인종 경력慶歷 3년(960-1043), 총 84년간, 복원 및 창건된 서원은 21개로, 연대를 확정할 수 있는 57개의 36.84%를 차지한다. 두 번째 단계와 비교하면 수치가 더 높은 것은 아니지만 조정과 지방 관부의 노력으로, 이 시기 서원은 '4대 서원', '3대 서원' 등의 명칭에서 볼 수 있듯이 천하에 명성을 떨치고 사회적으로 인정받기 시작한다. 그 외 이 시기 서원의 가장 큰 특징은 바로 교육교학기능이 강화되어 관학을 대체할 수 있는 국가 인재 배양 기관이 되었다는 것이다.

두 번째 단계는 경력 4년부터 북송 말(1044-1126)까지로, 창건 및 복원된 서원은 각각 36개로, 연대를 확정할 수 있는 57개의 63.15%를 차지하며, 실질적인 발전기에 접어들었다. 세 번에 걸친 관학官學운동의 영향으로 관부에서 더 이상 적극적으로 지지하지 않은 탓에, 서원은 이전의 눈부신 명성은 잃게 되었지만, 민간에는 더 깊이 뿌리내려 보다 폭넓은 발전 기반을 마련하게 된다. 그 외에 관부의 교육 강화를 목적으로 한 지원을 벗어나, 민간의 문화적 수요를 충족시키는 과정에서 서원의 다른 기능도 발전하게 되었다. 이상 두 단계와 관련된 내용은 이후 논의에서 상세하게 다룰 것이다.

제2절 관학 대체 역할 및 교육 기능의 강화

송대 초기, 오랜 전란이 평정되자 전화戰火에 눌려있었던 교육에 대한 수요가 분출되기 시작했으나, 이 시기 정부는 기존의 당대唐代 관학 시스템을 복원할 수 있는 여력이 없었다. 때문에 역사는 서원에 관학을 대체할 역할을 요청했고, 관부 서원과 민간 서원 모두 다시 오기 힘든 역사적 기회를 잡게 된다. 교육에 대한 수요를 충족시키는 과정에서 서원은 교학기능이 강화됨과 동시에 학교로서 전국적인 명성도 얻게 되었다.

1. 관학 대체 기관으로서의 서원의 역할

서기 960년, 조광윤趙匡胤은 후주 마지막 황제인 공제恭帝를 퇴위시키고 송나라를 건국했다. 새로운 정권을 수립한 뒤 역대 통치자들이 정치의 근본으로 삼았던 문화교육 사업에 큰 관심을 가졌어야 했지만, 당시 정치적, 경제적 상황 때문에 송초宋初의 통치자는 이것까지 신경 쓸 수 있는 여력이 없었다. 송 정권이 형남荊南, 후촉後蜀, 남한南漢, 남당南唐, 오월吳越, 북한北漢 등 할거정권을 정복하고 전국을 통일하는 대업을 달성하는 데에는 20년이 걸렸다. 하지만 당나라와 비교하면, 송나라의 건국은 중원 땅 전체를 아우르는 진정한 통일은 아니었다. 북쪽에서는 요나라가 국경을 위협하고 있었고, 연운燕雲 16주州는 아직 수복하지 못했으며, 서남쪽에서는 대리大理, 토번吐蕃 역시 정권을 유지하면서 신하국의 예절을 거절했고, 1032년 서하西夏는 드넓은 사막에서 다시 들고 일어나 서북쪽을 압박하였다. 시시각각 위협받는 정권을 안정시키기 위해, 송 황제는 문교文敎에 전념하지 못하고 한정된 재원을 수 년 동안 병력에 사용할 수밖에 없었다. 때문에 송나라 초기 80여 년 동안 관학은 침체된 상태에 머무른 채 전혀 발전하지 못했다. 중앙에서는 이관육학二館六學[12]이 더 이상 진전되지 못한 채 국자감과 태학이 겨우 명목만 유지하고, 당대唐代에 세워진 주학, 현학, 향학과 같은 지방의 학교제도도 회복되지 못하는 등 일종의 마비상태나 다름없었다.

　　중앙 관학의 부진과 지방문화교육의 마비로 인해 안정된 시대 상황 및 문화를 숭상하는 사회 풍조에 적응하지 못했으며, 조정에서는 인재 양성 기관 부족으로 정권 유지와 사회 발전에 어려움을 겪었다. 이런 상황에서 책임감 있는 중국 사인들은 인재를 양성하고 교육을 발전시키는 역할을 자처했다. 그들은 전대前代의 방법을 계승하여, 산림에 책을 모아놓고 서원을 세워 강학하였다. 이에 관해서는 주희의 『형주석고서원기衡州石鼓書院記』에 잘 묘사되어 있다. "전대의 학교 제도가 정돈되지 않아 사인들이 배울 곳이 없으니, 환경이 좋은 곳을 택하여 정사精舍를 세우고 생도를 모아 강학하는 곳으로 삼았다."[13] 이는 당시 민간에서 서원에 나름의 공을 들였던 정황을 보여준다.

　　연계서원蓮溪書院은 강서성 풍성현豐城縣 소당향筱塘鄉에 위치했으며, 순화淳化 원년 향민鄉民 이종李琮이 세운 것이다. "서원은 일가一家의 글방인 가숙家塾으로, 옛날에는 따로 이름이 없었으나 송대에 이르러 흥성하기 시작했다. …… 당시 주돈이周敦頤 선생을 초청하여 악鄂 지역(현 陝西省 鄜縣-역자)에서 강학하였는데, 성철聖哲들의 초상을 모셔놓고 예를 올리고 각 지에서 온 학자들을 지원하니, 사람들 모두 이곳을 의관義館

---

12) 역자주. 당나라의 관학을 지칭하는 표현으로 二館은 弘文館, 崇文館을, 六學은 國子學, 太學, 四門學, 律學, 書學, 算學을 일컫는다.

13) "予惟前代庠序(之敎)不能(修), 士病無所於學, 往往相與擇勝地, 立精舍, 以爲群居講習之所."

이라 불렀다. 문풍이 크게 일어나고 우리 이씨 가문에서 장원 급제자가 대대로 이어졌으며 고관대작 역시 이들 중에서 나왔으니, 모두 서옥書屋 교육의 효과이다."[14] 이는 일가의 교육에 대한 수요를 충족시키는 가문형 서원으로, 강학을 하고 의례를 행했으며, 과거를 준비하고 각 지역에서 찾아온 학자들을 지원했다.

화림서원華林書院은 남창南昌 봉신현奉新縣에 위치했으며, 호씨 가문에서 5대째 이어온 서원이었다. 송초 호중요胡仲堯에 이르러 "열심히 농사지어 해마다 풍년이었으며 배우기를 좋아하여 집안에 만 권의 책을 소장하였으며[15]," 각 지역의 유사遊士들을 널리 초청하였다. 이에 서원의 명성이 높아지면서 양억楊億은 이 서원을 뇌호서원雷湖書院, 동가서원東佳書院과 더불어 강동江東 지역 '3대 서원'으로 꼽았다. 송 태종은 옹희雍熙 2년(985)에 칙령을 내려 이 가문에 정표旌表를 하사하도록 하였다. 화림서원은 호씨 가문의 명성에 힘입어 "세상에 알려지고 천하를 교화하였다(聲聞于天, 风化于下)." 순화 5년(994)에 태종 황제는 또 "어서御書를 내려 사제私第를 영예롭게 했다(頒御書以光私第)" 이 같은 영예에 대해 조정 내 옛 재상과 사공司空을 비롯한 30여 명의 왕공대신들이 모두 시제詩題를 지어 "이 일을 칭송했다(夸大其事)." 이들 시는 "한 수 한 수 차례로 잘 정리되어 화려한 작품으로 완성되었다(詮次縮紀, 烂然成编)." 왕우칭王禹偁은 『제조현기제홍주의문호씨화림서재서諸朝贤寄題洪州义门胡氏华林書斋序』를 지어 이에 관해 다음과 같은 구절을 남겼다. "화림산의 산재山齋에 만 권의 장서가 있고 생도를 모집하여 그들을 지원했다. 나무, 돌, 숲, 샘이 어우러져 예장豫章 지역(현 강서성 지역)에서 으뜸가는 곳이다."[16] 『송사·호중요전宋史·胡仲堯傳』에도 이 일이 기록되어 있다.

---

14) 明·李南素, 『重修蓮溪書院記』. 鄒友興, 『豊城書院研究』, 1998년, 162쪽. 연계서원의 창건 시간에 대해서 鄒友興의 「豊城書院創置一覧表」(『豊城書院研究』, 115쪽)에서는 순화 원년으로, 李材棟의 『江西古代書院研究』(56쪽)에서는 태평흥국 연간(976-983)으로 기록되었다. 이 책에서는 鄒友興의 견해에 따른 것이다. "書院卽家塾也, 古無是名, 至宋始盛。……當是時, 延周子謂以講學, 肖聖哲像以展禮, 且資給四方來學者, 人鹹以義館稱之。文風大振, 我李踵甲第者奕世, 而他名公巨卿亦往往出其中, 是皆書屋教養之效也."

15) "力田蔵取千箱稻, 好事家藏萬劵書."

16) 王禹偁, 『小畜集』 권19. 陳谷嘉·鄧洪波, 『中國書院史資料』, 64-65쪽. "華林山齋, 聚書萬卷,

호씨 가문의 화림서원은 널리 학자들을 초청하고 지원하여 황제의 칭찬을 받았으며, 조정의 대신들도 매우 영예롭고 청사에 길이 남을 일이라 찬사했다.

호남성 상음현湘陰縣 성성城 남쪽에 위치했던 생죽서원笙竹書院은 천희天禧 연간 (1017-1021)에 현인縣人 등함鄧鹹이 가문의 자제들과 각지 유사들의 교육을 위해 창건한 곳으로, 멀리 호북성 강하江夏와 안주安州의 풍경馮京, 정해鄭獬에서도 학업을 위해 이곳을 찾을 정도로 이름난 곳이었다. 황우皇祐 원년(1049)과 5년에 풍경馮京과 정해鄭獬 두 사람은 차례로 장원 급제했으며, 서원의 명성도 이들 이름과 함께 천하에 멀리 퍼졌다. 당시는 상음현학이 아직 설립되기 전이라 현 내의 '수학하는 사인이라면 모두 서원으로 향했으며(肄業之士惟歸書院)', 원우 6년(1091)이 되어서야 왕정민王定民이 상음현을 주관하게 되면서 생죽서원을 상음현학으로 개조하였다. 이처럼 70년간 사적 가문서원이 사실상 관부현학의 지위를 대신하여 사민士民을 위한 교육의 사명을 수행했다.[17]

이들 외에도 몇 가지 서원을 더 들 수 있다. 송 태종 태평흥국 연간 남창 사람 등안鄧晏은 수계서원秀溪書院을 세워 강학했으며, 서원 안에 숭례당崇禮堂을 만들어 공자 및 안연, 증자, 자사, 맹자 사철에 제사를 지내니, 뭇사람들이 몰려들었다. 등안의 동생 등무鄧武 역시 향계서원香溪書院을 지었다. 무주시撫州市 의황현宜黃縣(현 강서성 樂安) 사람 낙사樂史는 자죽서원慈竹書院을 지어, "후손들을 교학하였고", 그의 아들 황중黃中, 황목黃目, 황당黃棠, 황정黃庭은 태종 순화淳化, 진종 함평咸平 연간에 차례로 진사에 급제하여, 고향에 이름이 알려졌다.[18] 이러한 상황에 대해서는 여조겸呂祖謙의 『백록동서원기白鹿洞書院記』에 언급되어 있다. "왕조 초기는 백성들이 오대五代의 전란에서 막 벗어났으나 학자들 수는 도리어 넉넉지 않았다. 사회가 점차 안정화되고 문풍文風이 일자 유자들은 산림으로 들어가 한적한 곳에서 교학하니 대학자들이 수백 명이나 모여

大設廚廩以延生徒, 樹石林泉, 豫章之甲也."
17) 光緒 『湖南通志』 권 62, 권68, 권94, 권162.
18) 秀溪, 香溪, 慈竹 세 서원에 대한 기록은 李才棟의 『江西古代書院研究』(南昌, 江西教育出版社, 1993년, 84-85쪽)에서 보인다.

들었다."[19] 바로 이러한 배경 하에 서원은 점차 민간으로까지 퍼져나갔던 것이다. 바이 신량의 통계에 따르면, 송나라 초기 84년 동안 전국적으로 창건되거나 복원된 서원은 21곳으로, 실제 수는 이보다 더 많았을 것이다. 강서성의 경우 인종 경력慶歷 연간 전까지 여산廬山의 백록동, 남창의 수계, 향계, 의황의 자죽, 녹강鹿岡, 건창의 뇌당雷塘, 풍성의 연계蓮溪, 분녕의 앵도동櫻桃洞, 난대, 경렴景濂, 용천龍泉의 신흥新興, 남성의 우강盱江 등 13곳 서원 및 남풍의 증씨서사曾氏書舍, 화림서옥, 옥산玉山의 회옥정사懷玉精舍 등[20] 총 15곳 교학기관을 창건 및 복원했다.

민간에서 교학활동이 활발해지면서 북송 정부 역시 그러한 사회적 분위기에 맞춰서 문교文教 정책을 취하였다. 한편으로는 과거제도를 대대적으로 추진하여 과거 모집 정원을 두 배로 늘리면서, 전국적으로 숨은 인재를 발굴하려고 하였다. 다른 한편으로는 서원 보급을 적극적으로 지원했다. 태종 태평흥국 2년(977)에서 인종 보원 원년(1038)까지 60여 년 동안 지속적으로 사전賜田, 사액賜額, 사서賜書, 산장山長 소견, 관직 임명 및 포상 등을 시행하면서 서원을 지원했다. 왕응린王應麟의 『옥해』 권176, 마단림馬端臨의 『문헌통고文獻通考』, 가정嘉靖 연간의 『형주부지衡州府志』 권5, 광서光緒 연간의 『호남통지湖南通志』 권69, 지정至正 연간의 『금릉신지金陵新志』 권9, 건륭乾隆 연간의 『등봉현지登封県志』 권17, 『속자치통감续資治通鉴』권 4, 권11에 따라 시기별 정황을 정리하면 다음과 같다.

송 태종 태평흥국 2년(977): 강주江州 지주知州 주술周述의 초청을 받아 백록동서원에 「인본구경印本九經」을 하사하였다.

태평흥국 5년(980): 백록동 동주洞主 명기明起를 포신현褒信縣 주부主簿로 임명하였다.
옹희雍熙 2년(985): 남창南昌 봉신현奉新縣 호씨胡氏 가문을 의문義門으로 봉하고 정표旌表하면서, 호씨 가문의 화림서원華林書院은 천하에 이름을 떨쳤다.
순화淳化 5년(994): 봉신현奉新縣 호씨 사제私第는 '어서를 하사받는' 영예를 얻었으며,

---

19) 陳谷嘉·鄧洪波,『中國書院史資料』, 72쪽.
20) 李才棟, 『江西古代書院研究』, 56쪽.

조정 내 옛 재상과 사공司空을 비롯한 30여 명의 대신들은 시를 지어 화림서원을 칭송하였다.

지도至道 원년(995): 내시를 파견하여 강주江州 의문義門 진씨陳氏에 어서를 하사하였으며, 동가서원東佳書院은 이로 인해 영예를 얻었다.

지도至道 2년(996): 등봉登封의 태을서원太乙書院은 태실서원太室書院이라는 사명賜名 받았으며, 구경九經과 역사 경전 등 서적을 하사받았다.

지도至道 3년(997): 태종이 비백서飛白書로 친히 쓴 "의거인義居人"을 남강南康 달창현達昌縣의 뇌호서원雷湖書院을 하사하였다.

함평咸平 4년(1001): 담주潭州 지주知州는 악록서원을 증축하였다. 국자감 제경諸經의 석문釋文과 의소義疏, 『사기』, 『옥편』, 『당운唐韻』 등의 서적을 조정에 청하여 허락받았다.

송 진종眞宗 함평 5년(1002): 유사有司에게 백록동 서원을 수리하라는 칙서를 내렸다.

대중상부大中祥符 원년(1008): 직사관直史館 손면孫冕이 귀향하여 백록동 서원을 사직 후 귀향하는 장소로 조정에 청하였고, 이를 허락하였다,

대중상부 2년(1009): 응천부應天府에 서원을 신축하라는 조서를 내리면서 조성曹誠이 조교를 맡고 척순빈戚舜賓이 이를 주관하게 하였으며, 편액을 하사하였다.

대중상부 3년(1010): 태실서원太室書院에 구경을 하사하였다.

대중상부 8년(1015): 악록서원 산장 주식周式을 소견하여 국자감 주부主簿로 임명하였다. 편액과 중서성과 비서성의 도서를 하사하였다.

송 인종仁宗 천성天聖 2년(1024): 강녕江寧의 무산서원茂山書院에 학전 3경頃을 하사하였다.

천성天聖 3년(1025): 응천부서원의 진사를 3명으로 증원했다.

천성天聖 6년(1028): 군수 안수晏殊는 응천부서원에서 왕주王洙를 초청하여 강학할 것을 조정에 청하였고, 이를 허락하였다.

명도明道 2년(1033): 응천부서원에 강수관講授官 1명을 두었다.

경우景祐 2년(1035): 서경西京[21])의 태실서원을 중수하고 숭양서원嵩陽書院으로 개칭하였으며, 편액과 학전 1경을 하사하였다. 형주의 석고서원에 편액과 학전 5경을 하사하였다. 응천부서원을 응천부학應天府學으로 개칭하여 학전 10경을

---

21) 역자주. 송대에는 汴梁을 東京, 洛陽을 西京이라고 했다.

하사하였다.

보원宝元 원년(1038): 등봉서원登封書院에 학전 10경을 하사하였다.[22]

　이상 62년 간, 19개 황제 연간, 20여 차례에 걸쳐 조정과 지방관이 칙령과 상주를 주고받으면서, 서원에 인력과 재정을 지원했다. 이들 하사품 하사 후 서원은 서적, 땅, 편액을 받게 되었을 뿐만 아니라 학교 운영 역시 실질적으로 개선되었는데, 명성과 같은 눈에 보이지 않는 자산까지 합하면 서원이 누린 혜택은 이루 말할 수 없을 정도이다. "서원이라는 이름이 세상 곳곳에 퍼졌다(書院之稱聞於天下)."는 말이 바로 그 뜻이다. 당대唐代에 새롭게 탄생한 서원은 이 시기에 이르러 황제와 신하, 관료와 백성 모두의 마음을 사로잡으면서, 전사회적으로 인정받게 되었다.

　아울러 송대 초기에는 조정의 황제와 대신만 서원을 중시한 것이 아니라, 지방관리 역시도 그 행렬에 동참했다는 점을 언급하고 싶다. 악록서원은 지주 주동朱洞이 창건하고 지주 이윤李允이 황제에게 장서와 논밭을 하사해주시길 청했던 일 등은 전형적인 예이다. 사천성의 경우 북송대에 5곳의 서원이 있었는데, 과산서원果山書院과 악양서원岳陽書院 두 곳은 지주 왕단王旦, 팽승彭乘이 각각 창건한 곳으로, 이곳들 모두 지방관부가 서원에 관심을 가졌던 사례이다.

　요컨대 송초에는 서원 수가 그리 많지 않았지만, 송 태종, 진종, 인종 및 신종의 포상과 혜택을 비롯하여 대신들과 지방관의 추승 하에 송초의 서원은 "세상에 알려지고 천하를 교화하는(聲聞于天, 風化于下)" 눈부신 발전을 이루었다.

　그러나 서원에 대한 이 같은 지원은 정부가 단기간 내에 통치에 동참할 인재를 양성할 수 있는 관학시스템을 회복하지 못한 상황에서 채택한 임기응변식 조치였다고 할 수 있다. 당 현종의 '널리 서원을 세운다(廣學開書院)'는 방침과는 엄청나게 큰 차이가

---

22) 이상의 내용은 白信良의 『중국고대서원발전사』(6-7쪽)를 참고했다. 또한 明 成化 연간 『寧波郡志』 권6에 따르면, 宋神宗 熙寧 9년(1076) 寧波 桃源書院에 어서와 편액을 하사했다고 한다. 관학이 크게 성행했던 시기에 어서와 편액 하사를 통해 당시 황제의 서원에 대한 특별한 관심을 엿볼 수 있다.

있다. 당대唐代의 서원 보급이 금상첨화였다면, 송초는 선택의 여지가 없는 부득이한 조치였을 뿐이었다. 때문에 일단 정부가 학교를 설립할 능력이 생기면, 전통적인 인재 양성의 '정도正道'인 관학 시스템으로 되돌아가지, 더 이상 서원을 지원하지는 않았던 것이다. 이는 송초에 서원이 일시적으로 관학을 대체하는 역할을 했음을 의미한다. 때문에 북송 중후기에 많은 서원이 세 차례의 관학운동 과정 중에 백록동서원처럼 폐원되거나 응천부서원應天府書院, 석고서원石鼓書院, 생죽서원笙竹書院 처럼 부, 주, 현 의 각급 관학으로 바뀌기도 했다. 이러한 상황이 강을 건너자 다리를 끊어버리는 토사구 팽 격이라 해도, 서원이 관학을 대체하는 역할을 충분히 수행하였다는 사실은 분명하다.

2. 서원의 교육 기능 강화

서원은 관학을 대체함으로써 송초에 전국적으로 명성을 얻게 되었을 뿐만 아니라, 교육교학기능도 강화되었다. 이는 서원의 발전 방향에도 큰 영향을 미쳤다.

전술한 바와 같이, 송초 사인들은 학문할 곳이 부재한 현실에 대한 고민이 깊어지면 서 서원을 찾아갔으며, 인재 양성을 할 수 있는 곳이 없어 고민하던 관리들 역시 서원을 찾아갔다. 양자의 목적은 서로 달랐지만, 이들이 함께 노력하면서 서원은 비약적으로 발전했다. 이처럼 특수한 역사적 조건 속에서 서원은 필연적으로 교학 중심으로 운영되 었고 교육 기능은 더욱 강화되었다.

이를 가장 잘 볼 수 있는 것이 서원과 과거제도의 결합이다. 서원은 아래로는 백성과 연결되어 있고 위로는 관료들과 맞닿아 있었다는 점에서 민중의 배움터이자 관료 양성 소였다 할 수 있다. 민간의 서원에서 적지 않은 과거 급제자를 배출하였는데 상음현湘 陰縣 사람 등함鄧咸이 세운 생죽서원이 바로 대표적인 예이다. 이곳은 가문의 자제 훈육을 위주로 하면서도 각지의 유사游士들을 받아들였다. 호북성 강하江夏의 풍경冯 京, 안주安州의 정해鄭獬 두 사람은 이곳까지 공부하러 와서 모두 장원 급제하였다. 이는 과거시험장에서 화제가 되었고, 사인들의 '미담' 속에서 생죽서원은 과거科擧의 성지가 되었다. 그래서 교육 및 교학을 강화하여 '장원'을 더욱 많이 배출하는 것이 자연스레 생죽서원의 기본 목표가 되었다. 사회의 기대에 부응하기 위해 서원은 필연적으로 교학을 강화시킬 수밖에 없었던 것이다.

상음현의 등씨서원鄧氏書院이 대외적으로 널리 알려져도 대내적으로 번성하지 못했던 것과 달리, 분녕현分寧縣(현 강서성 수수修水)의 황씨黃氏는 안팎으로 모두 흥성했다. 사료에 따르면, 송 태종 태평흥국 연간, 황중리黃中理는 강남 지역 유력 가문의 관리자로 각지에서 모은 도서가 수만 권에 달했으며, 앵도동서원과 지대서원芝臺書院(芝蘭書院이라고도 함)을 세웠다. 이들 서원은 그의 장자 황무종黃茂宗(자 昌裔)이 관리하고 가문의 자제들이 이곳에서 공부하게 하였다. 아울러 각 지역에서 찾아온 사인들의 학업을 지원하기도 하였다. 황무종은 대중상부大中祥符 8년(1015) 진사가 되었고, 같은 시기 송 진종은 '의로움으로 행실이 빛난다(以義行著)'는 악록서원 산장 주식周式을 소견하여 관직, 서적, 편액을 하사했다. 그 영향 때문인지 그는 숭신군절도판관崇信軍节度判官으로 부임한 뒤 벼슬을 그만두고 고향으로 돌아가, 두 서원에서 교편을 잡고 "뛰어난 재능과 독실한 품행(才高篤行)"으로 서원의 황씨 자제 및 다른 생도의 깊은 존경을 받았다. 그가 가르치고 이끄는 데 일가견이 있었던 덕분에 같은 세대의 형제 중 무의茂懿(滋), 무순茂洵(湜), 무륜茂伦(淳), 무석茂锡(浹). 무선茂先(灝), 무일茂逸(淶), 몽승梦升(注), 자원子元(渭), 무실茂實(浚) 모두 갑과에 오를 수 있었다. 한 동안 일대에 명성이 자자해서 "황씨 10용龍"으로 불릴 정도로 이들의 영향은 매우 컸는데, 약 200년 후 남송 사람 원섭袁燮은 분녕 황씨 후예인 황락黃莘을 위해 행장을 쓰면서 다음과 같이 칭찬했다. "분녕 황씨의 가문 자제들은 모두 수수修水 옆 지대서원芝臺書院에서 학업을 했는데, 절차탁마하며 서로의 뛰어난 재능을 겨루었으니 당시 사람들이 이들 형제들을 10용이라 칭했다."[23] 과거에 급제했던 명성으로 서원과 황씨 형제들은 두 세기 반 동안이나 천하에 널리 알려질 수 있었다.

뿐만 아니라 황씨 서원은 장원 급제한 송씨 형제를 배출한 일로도 역사에 남았다. 앵도동서원과 지대서원은 당시에 매우 유명하여 각지에서 찾아온 유사들이 항상 수백

---

23) 송·袁燮, 「秘閣修撰黃公行狀」, 『絜齋集』 권14.

명에 이르렀는데, 그 중 송양宋庠 (郊), 송기宋祁 형제가 가장 유명하다. 송 씨는 안륙安陸(현 호북성) 사람으로 후에 개봉 옹구雍丘(현 하남성 杞縣)으로 이사했는데, 젊었을 때 "책을 끼고 천하를 유람하였다(挾策來遊)."고 한다. 천성天聖 2년(1024)에 형제가 함께 진사에 합격했다. 원래 동생인 송기가 진사 1위를 차지했지만, 태후가 형제를 나란히 방에 올리자, 아우는 형 앞에 이름이 적힌 것이 도리에 맞지 않다고 생각하여 송상을 1등 이름에 올리고 장원 급제의 영예를 양보했다. 송상은 후에 재상에 올랐고, 송기는 경력신정慶歷新政에 참여하여 앞서 흥학興學을 주청하였으며, 국자감직강國子監直講, 통판通判을 역임하고 공부상서工部尙書에 올랐다. 형제 모두 문장력으로 유명해서 당시 '2송二宋'이라 불렸다. 장원 급제한 이들 형제는 서원의 영예가 되어 몇 백 년 후에도 변함없이 전해졌다. 예를 들어 청대 광서 연간의 강서성통지의 경우, 격식 제한으로 32자만으로 앵도동서원과 지대서원의 역사를 서술하고 있는데, 그 중 '2송'을 묘사하는 부분은 12자로 1/3이상을 차지한다. "각지에서 찾아온 유자들을 지원하였는데, 송교, 송기도 그 중에 있었다(延四方學者, 宋郊, 宋祁幷至焉)."는 구절이 바로 그것이다.[24] 서원은 과거의 공명과 하나로 연결되어 그 이름이 오래도록 전해졌다.

관부는 서원을 관리 양성소로 간주했는데, 응천부서원이 가장 대표적인 사례이다. 서원 가옥은 사인들의 기부로 세워졌지만 조칙에 따라 설립되었고 교학 관리는 모두 조정에서 보낸 관리가 주관했으며, 학생들은 해액解額[25]에 드는 특권을 누렸다. 천성 3년(1025)에 응천부에서는 해액 3명을 늘렸다. 지방 향공鄕貢을 뽑는 해가 되면 과거시험에 직접 응시하는 서원 학생들이 훨씬 많았다. 응천부서원은 과거시험을 준비하는 곳이 되어, 어떻게 과거시험을 준비할 것인가가 평소 교학의 중요한 내용이 되었다. 게다가 이 서원이 몇 십 년 동안 운영되면서 많은 학생들이 과거 급제하였고 입신양명한 사람이 당대當代에 끊이지 않았으며 큰 성취를 이루었다.

송 초 서원은 관부서원이든 사립서원이든 대다수가 관학의 역할을 대신하여 과거시

---

24) 光緖 『江西通志』 권81.

25) 역자주. 解額은 과거 시험 중 鄕試와 같은 지방시험에서 합격한 사람들의 숫자나 그 명단이다.

험을 준비하기 위한 강학, 장서, 제사, 학전의 4대 기본제도와 같은 자체적인 교육지원 시스템을 갖추었는데, 이는 당대부터 지속되었던 교육기능이 송대에 와서 더욱 강화되었음을 의미한다. 송초 서원은 당대 및 오대 초기 서원과는 달리 여러 방면에서 변화해가면서 천하에 알려지는 '4대 서원'으로 발전했다. 이에 관해서는 다음 절에서 상세하게 다루도록 하겠다.

서원의 교학기능 강화는 통계수치에도 나타난다. 바이신량에 따르면, 북송 71개 신축서원 가운데 교학기능을 갖춘 서원은 21곳으로, 초기 서원처럼 개인적으로 장서 및 독서를 목적으로 하는 서원은 10곳에 불과했다.[26] 이 둘을 비교해보면 서원의 교학기능은 이미 창건자들의 주요 목적이 되었음을 명확하게 알 수 있다.

동시에 이러한 추세는 후대 학생모집 위주로 서원의 방향이 결정되었다는 점에서, 영향이 매우 컸다는 점을 지적하고 싶다. 그러나 바로 이 때문에 서원을 교학기구로만 간주하는 오해가 생겨났고, 심지어 非교학서원을 다른 연구 영역으로 편입시켜버려 서원문화 연구에 악영향을 끼쳤다. 중국 사인들의 문화조직으로서 서원의 함의는 매우 풍부하고 다채로우며, 중요한 문화적 의의를 가지고 있기에, 일부 시기의 특수 기능으로 단순히 일반화해서는 안 될 것이다. 실제 북송 후기 서원은 교학과는 다른 국면으로 발전하게 된다.

제3절 천하 4대 서원

'천하 4대 서원'은 남송 서원 창건자들이 만든 개념으로, 학자마다 지칭하는 서원도, '4대 서원', '3대 서원' 등 명칭에도 차이가 있었다. 그러나 이는 표현의 차이일 뿐, 송초 서원의 영향력과 명성이 대단했음을 가리키는 동시에, 관학 대체 역할 및 교육교학 기능 강화를 잘 보여주는 용어라는 데 의의가 있다.

---

26) 白新良, 『中國古代書院發展史』, 7-8쪽.

1. '4대 서원'에 관한 다양한 주장들

천하 4대 서원이라는 말은 남송 시기에 시작되었지만, 학자마다 지칭하는 서원이 달랐고, 표현 역시 4대 서원四書院, 대표서원 4곳書院四, 천하 서원 4곳(天下四書院), 천하 4대 서원天下四大書院, 혹은 서원 이름만 나열할 뿐 명칭화 하지는 않는 등의 차이가 있다. 필자가 참고한 자료를 토대로 학자와 주장들을 다음과 같이 정리하고자 한다. 당시 역사적 상황으로 들어가, 각 용어에 담겨 있는 선인들의 고심을 느껴볼 수 있기를 바란다.

가장 먼저 이러한 표현을 쓴 사람은 범성대範成大이다. 건도乾道 9년(1173) 2월, 그가 유람했던 석고서원石鼓書院은 경치가 뛰어나고 자신의 '형(家兄)'이 세운 무후묘武侯廟가 있었기 때문에, 이 대시인은 자신의 견문을 여행기 성격의 『참란록驂鸞錄』에 기록해 두었다. 이 글이 너무 아름다워 후대 학자들은 이 중 일부분만 발췌하여 「석고산기石鼓山記」라 이름 짓고 지방지에 남겨두었다[27].

두 번째로 '4대 서원'을 언급했던 이는 여조겸呂祖謙으로, 당시는 순희 6년(1179)이었다. 여조겸은 이학理學의 대가로 여택서원麗澤書院을 세워 강학했으며, 주희, 장식張栻과 더불어 '동남삼현東南三賢'으로 불렸다. 건도 초년 주희는 악록서원을 방문하여 장식張栻과의 회강會講 후 반드시 서원을 세워야 한다는 생각에 사로잡혔다. 남강군南康軍에서 재직할 당시 송초 황제에게 서적을 하사받았던 백록동서원이 폐원되는 것을 목도하게 되고, 이곳을 복원하여 생도를 모아 강학하였다. 이 일을 기록하기 위해 여조겸에게 『백록동서원기白鹿洞書院記』를 지러달라고 청하였다. 동료의 부탁을 받았을 뿐만 아니라 강학하는 사람으로서, 여조겸은 시인 범성대와는 다른 4대 서원설을 제기했다. 이에 관해서는 다음과 같은 학문적 이유를 들 수 있다.

저는 일찍이 여러 선학들에게 들었다. 왕조 초기는 백성들이 오대五代의 전란에서 막 벗어나서 학자들 수가 넉넉지 않았다. 사회가 점차 안정화되고 문풍文風이 일자

---

27) 역자주. 「石鼓山記」에는 '천하 4대 서원'을 徂徠, 金山, 岳麓, 石鼓 서원으로 기록하고 있다.

유자들은 산림으로 들어가 한적한 곳에서 교학하니 많을 때는 유생들이 수백 명이나 모여들었다. 그 중에서 숭양嵩陽, 악록, 휴양睢陽, 석동石洞 서원이 가장 유명하니, 세상 사람들은 이를 4대 서원이라 불렀다. 조상들에서 유가 학술을 존숭하여 서적과 편액을 하사하고, 봉록과 작위를 명하였으니, 황제의 은혜가 미치지 않은 곳이 없었다. 당시 선비들은 모두 윗사람은 질박하여 꾸밈이 없고, 아랫사람은 참신하고 호기심이 많았으며, 행실이 돈후하고 교활하지 않고, 옛것을 잘 지키고 가르치며 검소했다. 비록 학문의 연원과 내력[統紀]은 깊이 탐구되지는 못했으나, 단맛이 모든 양념을 받아들이고, 흰색이 모든 색을 받아들이듯이 학문을 받아들이는 바탕이 갖추어졌다.[28]

위의 학문적 연유를 통해 역사적 사실에 비추어 보면, 여조겸의 글은 백록동 서원을 4대 서원에 포함시키고 강력하게 강학을 주장하는 주자의 뜻에 바탕을 두고 있다. 그가 이토록 주희의 노력을 강조한 것은[29] 당시 건설 중인 백록동 서원의 영향을 확대시키고자 함이었다.

범성대, 여조겸은 모두 남송 전기 사람으로, 당시는 이학가의 세력이 점차 확대되어 본격적으로 서원에 뜻을 두고 강학을 제창하던 시기였다. 견문의 한계나 학문적 차이에도 불구하고 저명한 학자였던 두 사람 모두 6-7년 차이로 송초 4대 서원을 언급했으나, 공감대에 이른 곳은 악록서원 하나뿐이었다. 이는 4대 서원이 아직 확정되지 못하고 논의 중이었음을 의미한다.

남송 중후기 '경원당금慶元黨禁'[30]의 화가 지나가고 이학이 서원과 함께 중흥하여 천하의 으뜸가는 학문이 되면서, 시인 범대승의 견해는 주목받지 못하고 이학대사 여조

---

28) 宋·呂祖謙:『東萊集』권6. 陳谷嘉·鄧洪波, 앞의 책, 72쪽. "某窃嘗聞之諸公長者: 國初, 斯民新脫五季鋒鏑之厄, 學者尚寡, 海內向平, 文風日起, 儒老往往依山林卽閑曠以講授, 大率多至數十百人, 嵩陽, 岳麓,睢陽及白鹿洞爲尤著, 天下所謂四書院者也.祖宗尊右儒術, 分之官書, 命之祿秩, 錫之扁榜, 所以寵綏之者甚備. 黨是時, 士皆上質實, 下新奇, 敦行義而不偸, 守訓故而不鑿,雖學問之淵源統紀或未深究, 然甘受和, 白受采, 旣有進德之地矣."

29) 李在棟, 『江西古代書院硏究』, 79-80쪽.

30) 역자주. 慶元黨禁은 남송 경원 이후 북송의 정호·정이 형제의 학설을 근간으로 하는 程學을 僞學으로 배척하며, 정학으로 판단되는 학자의 저서 유포를 금지하는 등 탄압한 사건이다.

138

겸의 설이 더욱 성행하게 된다. 남송 후기 대표적 이학자 위료옹魏了翁의 말에서 이에 관해 살펴볼 수 있다. 동료 전주지주全州知州 임절林岊은 가정嘉定 8년(1215)에 '인재를 양성하고 책을 보관하기 위한(館士儲書)' 청상서원淸湘書院을 세웠는데, "이제 봉호를 받았으니 그 영예는 휴양, 악록, 숭양, 여산과 함께 동등해졌다."[31] 이는 여조겸의 설과 순서에 차이가 있을 뿐이다. 호상학파湖湘學派 학자 양윤공楊允恭은 경정景定 4년(1263)에 「염계서원어서각기濂溪書院御書閣記」를 지어 같은 견해를 표명했다.

> 삼가 국사를 읽어보니 다음과 같은 내용이 있었다. 건륭建隆 3년(임술년)에 천자가 국자감에 다시 행차하셔서 사당을 증축하고, 유가 선사들의 상을 새기고 공자와 안연을 기리도록 명하셨으며, 16개의 창을 문선왕 사당 문 앞에 세우기를 또 명하셨으니, 웅장하기 그지없었도다. 이는 천세 만세 동안 국가의 근원이 될 것이다. 개보 연간 이후 숭양서원, 악록서원, 휴양서원, 여산서원이 잇달아 창간되어 황제의 은총을 입어, 문풍이 나날이 성행하였다.[32]

남송 말, 왕응린은 다량의 사료를 바탕으로 천하 4대 서원을 논의했는데, 그 전문을 별도로 싣지는 않고 결론만 말하자면 다음과 같다.

> 왕조 초기는 백성들이 오대五代의 전란에서 막 벗어났기에 학자들 수가 넉넉지 않았다. 사회가 점차 안정화되고 문풍文風이 일자 유자들은 산림으로 들어가 한적한 곳에서 교학하니 많을 때는 수백 명이나 모여들었다. 그 중에서도 숭양, 악록, 휴양, 백록동서원이 가장 유명하니, 천하의 이른바 4대 서원이다.[33]

---

31) 송·魏了翁: 『전주청상서원솔성당기全州淸湘書院率性堂記』. 陳谷嘉·鄧洪波, 앞의 책, 174쪽. "今錫之號, 榮殆與雎, 岳, 嵩, 廬四書院相爲儕等."

32) 宋·楊允恭, 「濂溪書院御書閣記」. 위의 책, 112쪽. "伏讀國史, 建隆三年壬戌, 車駕再幸國子監, 詔增葺祠宇, 塑繪先聖儒像, 上自贊孔顔, 又詔立十六軒于文宣王廟門, 猗與休哉, 此千萬世立國之本原也.開宝以後, 嵩,岳,雎,廬四書院相繼創立, 蒙被寵綏, 而文風日盛矣."

33) 송·王應麟, 「天下四書院」, 『옥해玉海』 권167. 위의 책, 45쪽. "國初, 斯民新脫五季鋒鏑之厄, 學者尙寡, 海内向平, 文風日起, 儒老往往依山林卽閑曠以講授, 大率多至數十百人, 嵩陽, 岳

이는 왕응린이 발췌한 여조겸의 설에 일부 내용을 추가한 것이 분명하다. 그러나 그는 저명한 역사가로서 고증에 정통하였으며, 각종 자료, 상주문, 칙령 등을 두루 근거로 참고하여 4대 서원 설을 주장했을 것이다. 게다가 그의 설은 백록동서원 외에 뇌호雷湖, 악록서원 외에 상서湘西, 남악南岳 등 서원까지 논하고 있어서, 역사가로서의 견해를 엿볼 수 있다. 이는 여조겸의 설이 당시 이미 '공론'화 되어 있었다는 의미이다.

마단림馬端臨은 일생의 대부분을 원나라에서 살았으나 벼슬에 응하지는 않았다. 송 유민으로 『문헌통고』 편찬에 종사했으며, 시간과 조건이 될 때마다 선인의 글들을 수집했다. 자료가 너무 많아 선택하기 어려웠던 탓에 같은 사안에 대해 다른 주장을 하는 모순이 생긴 듯하다. 권46 「학교고學校考」에는 '천하 4대 서원'이라는 제목으로 백록동서원, 석고서원, 응천부서원, 악록서원이 기록되어 있다.

> 송 건국 초, 천하 4대 서원이 세워진 배경은 이와 같다. 이들 외에 서경西京의 숭양서원이 있었으니, 지도至道 2년에 사액을 받았으며, 강녕부의 모산서원茅山書院은 천성天聖 2년에 사전賜田을 받았다. 숭양서원과 모산서원의 이름은 후대에 전해지지 않고 오직 4대 서원의 이름만이 널리 알려졌다.[34]

숭양서원과 모산서원 모두 '후대에 전해지지 않았기' 때문에, 4대 서원에 들지 못했다는 것은 분명하다. 그러나 권36 「직관고職官考」의 '송초 4대 서원' 명단에는 백록동, 숭양, 악록, 응천부로 바뀌어 있는데, 관련된 내용은 다음과 같다.

> 송 초에는 4대 서원이 있었다. 첫째, 여산의 백록동서원. 태평흥국 2년 강주江州의 지주 주술周述에 따르면, 여산 백록동 서원에는 학도들이 항상 수백 명에 이르렀으며, 구경 하사를 청하였는데, 이에 조정에서 허락하였다. 둘째, 숭양서원. 지도至道 2년 편액 및 구경 인쇄본을 하사받았다. 셋째, 악록서원. 함평咸平 4년, 담주수신潭州守臣 이윤칙李

麓, 睢陽及白鹿洞爲尤著, 天下所謂四書院者也."

34) 위의 책, 41쪽. "宋興之初, 天下四大書院建置之始末如此. 此外, 卽又有西京嵩陽書院,賜額于至道二年, 江寧府茅山書院,賜田于天聖二年. 嵩陽, 茅山後來無聞,獨四大書院之名著."

允則이 주상을 올렸다. 악록서원은 건물이 크고 60여 명의 서생이 상학하였기 때문에, 국자감에 『석문釋文』 등의 책을 청하여 받았다. 조서로 이를 따랐다. 넷째, 응천부서원. 상부祥符 2년에 창건된 서원으로 조성曹誠을 조교助教로 삼아 서원을 지으라는 조서를 내렸다. 송초에 척동문戚同文이라는 자가 있었는데, 오경에 통달하고 인품이 고상했으나, 벼슬을 하지 않고 생도를 모아 가르치니, 항상 백 여 명이 그를 따랐다. 허양許讓, 곽승범郭承範, 동순董循, 진흥陳興, 왕려王礪, 등섭滕涉 모두 그의 문하생이었다. 척동문이 세상을 떠난 후 그 업을 이을 자가 없자 조정에서는 서원 창건을 명하고 편액을 하사하였다. 이에 서원에 편액을 하사하라는 명이 있었다. 이 네 서원 외에 모산서원이 있다.[35]

위의 내용에서 천하 4대 서원은 석고서원 대신 숭양서원이 기록되어 있고, 모산서원의 평가에도 변화가 있었다. 마단림이 최초 논한 천하 4대 서원과 차이가 있는 이유에 대해서는 아직까지 밝혀지지 않았으며 규명하기도 어렵다.

상식적으로 생각해보면, 마단림의 문헌 고증 능력과 말년에 자호서원, 가산서원柯山書院의 산장을 맡았던 경력으로, 절대로 이 같은 초보적인 과오를 범했을 리가 없다. 석고서원과 숭양서원 중 선택하기 어려워 문헌가로서 두 가지를 다 남겨두는 방식으로 처리했을 수도 있다. 혹은 이 당시 '4대 서원'이 송초 유명 서원을 일컫는 범칭 정도였기 때문에, 본래 그다지 진지하게 생각할 필요가 없었을 수도 있다. 이렇게 말하는 것이 다소 엄밀하지 못할 수는 있으나, 아주 일리가 없는 것도 아니다. 순우 연간 (124-1252) 왕수재王邃在는 『중수무이서원기重修武夷書院記』에서 "국초에는 학교가 세워지지 않은 대신 4대 서원이 흥성하여 명경名卿과 현상賢相들이 이곳에서 많이 배출되었으니, 배움이 하루라도 끊어질 수 없는 것이 이와 같았다."라 했다.[36] 유재劉宰가

---

35) 위의 책, 42쪽. "宋初有四書院. 盧山白鹿洞: 太平興國二年, 知江州周述言, 盧山白鹿洞學徒常數十百人, 望賜九經. 詔乃從其請. 嵩陽書院: 至道二年, 賜額及印本九經. 岳麓書院: 咸平四年, 潭州守臣李允則奏: 岳麓山書院修廣舍宇, 有書生六十餘人聽誦, 乞下國子監降釋文等書. 詔從之. 應天府書院: 祥符二年, 新建書院, 詔以曹誠爲助教. 國初有戚同文者, 通五經業, 高尚不仕, 聚徒敎授, 常百餘人. 許讓, 郭承范, 董循, 陳興, 王礪, 滕涉皆其門人. 同文卒後, 無能繼其業者. 至是, 始有是命, 并賜院額. 此四書院之外, 又有茅山書院."

단평 2년(1235) 「평강부호구산서원기平江府虎丘山書院記」를 지을 때도 "선대의 4대 서원을 따라 지었다(略仿先朝四書院之制)"라고만 하고 특별히 다른 설명은 없었다.[37]

이를 통해 '4대 서원'설이 역사적으로 변화해 왔다는 것을 알 수 있다. 최초에는 시인 범성대가 배로 유람하여 석고서원에 닿았던 내용의 시詩에는 네 서원 모두 산 이름이 붙여져 자연에 동화된 듯한 시적 특징이 뚜렷하였고, 「석고산기」 역시 아름다운 산문으로 역사에 남게 되었다. 그 후 이학가들의 분명한 목적 아래 강학이 서원의 사업으로 자리매김 하면서, '4대 서원'도 학문적 상징이 되기도 했다. 이 학가들이 각종 어려움을 딛고 마침내 세력을 형성하게 되면서, 처음에는 전력을 다해야 했던 일이 나중에는 자연스레 그들만의 독점적 담론이 되었다.

이렇게 여조겸의 설은 강력한 권위를 가짐으로써, 오래도록 사람들이 신봉하게 되었다. 그 이후로는 주로 이학자들의 견해가 유행했으나, 후대 사학자들은 이에 의문을 갖고 '완곡한 표현[微言]'으로 이의를 제기했다.

그리고 '4대 서원'설은 학자마다 달랐지만, 남송 시기에는 주로 세 가지 조합이 있었다. 조래, 금산金山(茅山이라고도 함), 악록, 석고서원, 숭양, 악록, 휴양(응천부), 백록동서원, 백록동, 석고, 응천부, 악록서원이 그것이다. 이 세 가지 조합의 총 12곳 서원은 중복되는 것을 제외하면, 실제 '4대 서원'에 드는 곳은 악록, 석고, 백록동, 모산, 조래, 휴양, 숭양 7곳이다.

마지막으로, '4대 서원'에 포함된 곳은 각각 다르지만, 그 중에서도 악록서원은 모든 학자들이 공통적으로 지목한 곳으로 천하 4대 서원 중 으뜸이라 할 만하다.

---

36) 宋·王遂在, 『重修武夷書院記』. 위의 책, 85쪽. "國初, 學校未立而四書院已興, 名卿賢相多出其中, 學之不可一日廢如此."

37) 宋·劉宰, 『漫塘集』 권23. 위의 책, 135-136쪽.

2. '4대 서원'설과 '3대 서원'설

'4대 서원'설이 널리 성행할 당시 남송 학계에는 '3대 서원', '5대 서원'설도 있었지만, 이 둘은 '4대 서원'설의 영향으로 점차 사라지고 후대에 전해지지 않았다. 역사의 본모습을 복원하기 위해 본 절에서는 따로 지면을 할애하여 최초로 이들 두 설에 관해 논의하고자 한다.

'3대 서원'을 주창한 사람은 오영吳泳으로, 순우淳祐 6년(1246) 그가 지은 「어서종렴 정사발기御書宗濂精舍跋記」에는 다음과 같은 내용이 있다.

> 나는 건국 후 세워진 호남 장사長沙의 악록서원, 호남 형양衡陽의 석고서원, 강서 남강南康의 백록동서원을 조사한 적이 있었는데, 이 서원들 모두 황제가 하사한 편액이 걸려 있었다. 이는 성현들을 추앙하고 도덕규범을 숭상하기 위해서였다. (그런데 시간 이 흘러) 갖가지 학설이 등장하면서 도통을 잃게 되어 사인들은 개인의 기호에 따라 사문師門을 세우고 학문을 명명하였다. 그들이 도처에 서원이나 정사를 짓고 서로를 치켜세우면서, 서원과 정사가 전국 여기저기 세워졌지만, 옛 천자들이 가르쳤던 학문의 의미와는 점점 멀어졌다.[38]

오영이 남창군수南昌郡守일 때 앞장서서 정사精舍를 세우고 이학조사理學祖師 주돈 이를 배향했으며, 이종理宗 황제에게 편액을 청했다. 위의 글은 그 일을 기록한 것으로, 군신의 의에 걸맞게 매우 엄숙한 공식 석상의 논조를 띤다. 악록, 석고, 백록동 세 곳 모두 남방지역의 서원으로, 북방지역의 어느 서원도 여기에 들지 못했다.

사실 오영 이전에 비슷한 주장이 있었다. 누월樓鑰은 복건성 건녕부 자지서원紫芝書

---

38) 宋·吳泳, 『鶴林集』 권38, 위의 책, 129쪽. "臣嘗考國朝建立書院隷于今職方者三, 潭曰岳麓, 衡曰石鼓, 南康曰白鹿洞, 皆緣上方表賜敕額, 盖所以揭聖範崇道規也. 道術既裂, 聖眞無統, 士各阿其所好而立之師門, 各尊其所授而名其學, 刊山結盧, 互相標榜, 書院精舍之名畿遍郡 國, 殆失古者天子命之敎然後爲學之義."

院에 대해 기록하면서 세 서원을 언급했다.

　　혹자는 군郡에 학교(學)가 이미 있는데 다시 서원이 생기니, (필요 이상으로) 많지 않은가라고 물었다. 그렇지 않다. 담주의 악록서원, 형주의 석고서원, 남강의 백록서원 모두 있어야 할 곳에 있다. 옛날에는 閭마다 서당(塾)이 있고, 당黨마다 상庠이라는 학교가 있고, 술術마다 서序라는 학교가 있고[39], 나라에는 태학(學)이 있었다. 지금으로 따지면 백리를 기준으로 읍이라 하고 천리를 기준으로 군이라 하는데, 여기에 학교가 몇 곳 있는 것이니 이것이 많다고 할 수 있는가![40]

이 내용은 오영보다 230년 이른 가정 연간(1208-1224)에 기록되었는데, 세 서원의 이름은 언급되어 있지 않지만, 세 서원의 존재했다는 사실이 남아있으며, 악록, 석고, 백록동 세 서원의 순서 역시 '3대 서원'설과 일치했다.

누월의 가정嘉定 연간의 기록부터 가태嘉泰 2년(1202)까지 거슬러 올라가면, 저명한 이학자 주필대周必大 역시 동일하게 기록하고 있다.

　　두 달간의 공사를 끝내고 아뢰니, 담주의 악록, 형주의 석고, 남강의 백록을 본떠서 '용주서원龍州書院'이라 명패를 붙이고. 봄, 가을 보시補試의 앞 순위 10명을 선발하고 그 중 한 명을 상장庠長으로 임명했다.[41]

---

39) 역자주. 여기서 '家'는 '閭'을 의미한다. 25戶가 모여사는 곳을 '閭'라 하며, 이곳에는 '塾'이라는 학교가 설립되어 있었다. 500호가 모여사는 곳을 '黨'이라 하며, 이곳에는 '庠'이라는 학교가 설립되어 있었다. 12500호가 모여사는 곳을 '術'이라 하며 이곳에는 '序'라는 학교가 설립되어 있었다.

40) 宋·樓鑰, 「건녕부紫芝書院기」,『공괴집』권54. 陳谷嘉·鄧洪波, 앞의 책, 150쪽. "或曰郡旣有學, 而復有書院, 不卽多乎? 是又不然. 潭之岳麓, 衡之石鼓, 南康之白鹿,皆比比也. 古者家有塾, 黨有庠, 術有序, 國有學. 以今准之, 百里之邑, 千里之郡, 其爲學當有畿所, 而謂此爲多乎!"

41) 宋·周必大, 「太和縣龍洲書院記」,『文忠集』권59. 위의 책, 155쪽. "閱兩月工已訖告,遂仿潭之岳麓, 衡之石鼓, 南康之白鹿, 榜曰'龍州書院', 擇春秋補試前列者十人居之, 而主以庠長."

144

용주서원은 강서성江西省 길안吉安 감강贛江 가에 있었는데, 현학과 강을 사이에 두고 마주보고 있었기 때문에, 혹자는 '현에 이미 학교가 있으니 불필요하지 않은가(縣有學者, 此非贅乎?)? '라며 의문을 제기하기도 했다. 용주서원과 자지서원紫芝書院은 천리 정도 떨어져 있었다. 주필대, 누월은 10년의 시간차를 두고 같은 문제에 봉착했을 때, 두 사람 모두 '3대 서원'설을 제기했다. 이런 우연의 일치를 훌륭한 사람은 생각도 비슷하다는 식으로 간주해버리면 안 되고, 당시 사람들이 대체로 그렇게 불렀던 걸로 봐야 한다. '3대 서원'은 '4대 서원'과 마찬가지로, 남송의 서원 창건자들이 확립한 본보기이자, 자신들의 행동을 합법화, 나아가 신격화하기 위한 기호이며 상징이다.

'3대 서원'론의 유래는 서원 운동을 주창한 이학대사理學大師 주희와 관련이 있다. 순희 14년(1187) 주희는 석고서원에 대해 다음과 같이 기록했다.

> 내가 생각건대 전대의 학교 제도가 정돈되지 않아 사인들이 배울 곳이 없어 고민이 깊었다. 이에 사인들은 환경이 좋은 곳을 택하여 정사精舍를 세우고 생도를 모아 강학하는 곳으로 삼았다. 통치자도 더러 그 일에 대하여 표창하였다. 이곳 석고서원과 악록서원, 백록동서원이 대표적인 예이다.[42]

이때는 주희가 여조겸과 함께 천하 '4대 서원'설을 제기한 지 8년 만이었다. '4대 서원'설이 이미 널리 보편화되어 여러 기록으로도 남겨졌는데, 주희는 왜 '4대 서원'을 버리고 '3대 서원'을 주장하려고 했을까. 그 이유는 명시되지 않았으나, 당시 서원을 모델로 서원운동을 추진하는 것과 관련이 있을 것으로 추정된다.

'4대 서원'의 지칭대상이 각 주장마다 차이가 나는 것과 달리, '3대 서원'은 별 이견 없이 악록, 석고, 백록동 이 세 서원을 가리키는 표현으로 줄곧 사용되었다. 게다가 주희에게서 시작되어 상식으로 자리 잡으면서 더욱 널리 유행하게 되었다. 그러나 후대

---

42) 宋·朱熹,「衡州石鼓書院記」. 위의 책, 111쪽. "予惟前代庠序之敎不修, 士病無所于學, 往往相與擇勝地, 立精舍, 以爲群居講習之所, 而爲政者乃或就而褒之, 若此山, 若岳麓, 若白鹿洞之類是也."

문헌사학가인 왕응린, 마단림 등은 '3대 서원'론 채택하지 않고 의견이 분분한 '4대 서원'론 선택했다. 때문에 '3대 서원' 설의 유실에 관해서는 이 책을 제외하면 별도로 논하고 있는 자료가 없으며, '4대 서원'은 송초 유명 서원을 일컫는 대명사가 되어 널리 통용되었다.

3. 전국 대표적 서원들

'3대 서원'이든 '4대 서원'이든, 아니면 '5대 서원'이든, 학파마다 견해 차이가 있긴 하지만 결국 송초에 이들 3개, 4개, 혹은 5개 서원이 전국적으로 알려졌다는 것을 의미하는 호칭에 지나지 않는다. 이 서원들을 통계내보면, 중복되는 것을 제외하고 악록, 석고, 백록동, 숭양, 응천부, 조래, 모산 7개는 남송 서원 창건자들이 인정한 송초 전국적으로 이름 난 서원들이다. 이제 독자들과 함께 역사적 장면으로 들어가 이들 서원의 모습을 살펴보고자 한다.

악록서원岳麓書院, 천하제일의 서원

천하 4대 서원, 3대 서원, 5대 서원 모두 유명 서원에 대한 찬사로, 이들 설에서 공통적으로 언급하는 서원은 악록서원 하나이다. 때문에 악록서원은 당당하게 천하제일 서원이라는 명성을 누렸다고 말할 수 있다.

악록서원은 담주(현 호남성 장사시) 악록산 포황동抱黃洞 아래 위치했다. 본래 이름은 악록산서원으로, 전신은 불교 승려가 유가 사인을 위해 만든 독서 공간이었으며, 대중상부 8년(1015) 진종에게 편액을 하사받은 후 악록서원으로 개칭했다. 남송 악록서원 부산장副山長 구양수도歐陽守道의 「증료경서贈了敬序」에 따르면, 승려 지선智璇 등은 "당말 오대 호남성은 외진 곳에 위치하고 있었는데, 그곳은 풍속이 낙후하고 습속이 난폭하였다. 유가의 도로 현지 백성들을 교화하고자 별도로 땅을 마련하고 가옥을 지어 선비들을 거하게 했는데 …… 당시는 경적이 부족하여 제자를 경사로 보내 책을 사오기도 하였다."[43], 그리하여 "사인들이 이곳에 거하며 책을 읽을 수 있었다(土人得屋以居, 得書以讀)." 이로써 어느 정도의 규모를 갖춘 교육 공간이 마련되었다. 악록서원은 이러한 토대 위에서 "확장(因襲增拓)"되었다.[44] 승려가 유자의 도를 숭상하여 학교를 세운 것은 유학의 영향이 매우 컸다는 것을 의미한다. 서원 역시 승려가 세운 학교를 토대로 창건되었고 사원의 경험을 받아들였다. 이러한 역사는 당말 이래의 중국 문화의 유불도 삼교융합 경향을 보여주지만, 후대의 사대부들은 유불 논쟁이라는 색안경을 버리지 못한 채 "승려들의 것이었을 뿐(独以其僧也)"이라 치부하고, 언급하지 않는 경향이 있었다. 역대 「악록서원지岳麓書院志」에도 이에 관해 기록되지 않아 오래도록 알려지지 못한 것은 매우 아쉬운 일이다.

개보 9년(976) 지주 주동朱洞과 통리군사通理郡事 손달길孫逢吉은 유오劉鰲의 건의를 받아들여, 지선智璇이 설립한 학교 시설을 인수하여, 규모를 확충하고 도서를 더욱 확보하여 서원을 설립하였다. "강당 5칸, 재서 52칸(講堂五間, 齋序五十二間)"[45]을 마련하고 생도를 널리 모집하여, 이곳에서 강학을 진행했다. "5-6년 동안 교육이 잘 이루어져 생도들이 많아지고 수행도 잘 이루어져 옛날에 비할 정도였다."[46] 그러나 주동, 손달길 두 사람이 퇴임한 후 "누적된 경험이 계승되지 못하자(累政不嗣)", 서원에는 "제생들이 떠나고 육경이 산실되고 음악이 끊기고 제사가 홀시되는(諸生逃解, 六籍散亡, 弦歌絶音, 俎豆無睹)" 냉랭한 분위기가 감돌기도 했다. 함평 2년(999) 담지지주로 부임한 이윤칙李允則은 "원로들에게 자문하여 고서故書를 모으고 학생들을 계도하고 옛 터를 회복시켰다. 밖으로 서원을 열고, 안으로 강당을 열었다. 서루를 개방하고 제도는 질서 잡혔다. 선사先師 10철의 상을 새기고, 72현을 그려 넣고...... 농사를 지어 춘추 석전을 지냈다.

---

43) "念唐末五季湖南偏僻, 風化陵夷, 習俗暴惡,思見儒者之道, 乃割地建屋, 以居士類......時經籍缺少, 又遣其徒市之京師, 而負以歸."

44) 宋·歐陽守道,『巽齋文集』 권7. 陳谷嘉·鄧洪波, 앞의 책, 53쪽.

45) 宋·王應麟,『玉海』 권167. 위의 책, 43-44쪽.

46) 宋·陳傳良,「重修岳麓書院記」. 위의 책, 109쪽. "五六載之間, 敎化大洽,學者皆振振難馴, 行宜修好, 庶幾于古."

문소文疏를 연주하고, 생도(生土)의 강학을 회복시켜"[47] 서원이 다시 발전할 수 있는 계기를 마련했다. 기록에 따르면 조정의 서적 하사를 주청한 시기는 구체적으로 함평 4년 3월 22일로, 당시 다음과 같이 주청하였다. "악록산서원을 대대적으로 수리하니 서생 60여명이 글을 읽게 되었다. 국자감의 석음문소釋音文疏, 『사기史記』, 『옥편玉篇』, 『당운唐韵』 하사를 청하였고, 민풍을 교화시키기 위해 서원을 회복시킬 것을 청합니다. 조정에서는 이 청을 허락하였다."[48] 이윤칙의 노력으로, 악록서원은 강학, 장서, 제사, 학전 4가지 토대를 마련하였고, 교육, 교학 기능을 강화한 서원의 규제를 만듦과 동시에 "백성들이 공부할 마음이 생겨나고 생도들이 학문을 멈출 생각이 없게 하였다(使里人有必茸之志, 學者無將落之心)." 이로써 호상湖湘 지역은 학교 활성화 및 문화 사업 발전의 사회 분위기가 유지되고 예악의 나라인 공자와 맹자의 고향(洙泗鄒魯)에 비견할 자부심을 갖게 되었다. 이런 풍조와 심리적 메커니즘은 악록서원이 세 차례의 관학운동 과정에서도 천 년 동안 지속될 수 있었던 중요한 이유였다.

대중상부 5년(1012) 주식周式은 악록서원 산장으로 임명되었다. 그는 악록서원 역사상 초대 산장이자, 중국 서원 최초의 산장 중 한 명이다. 주식은 상음湘陰 사람으로, 훈고를 중시했고, 『모시전주변오毛詩箋注辨誤』 8권, 『논어집해변혹論語集解辨惑』 10권, 『습유拾遺』 1권을 저술했다. 사가들은 그가 학문이 깊고 품행이 방정하여 "행동으로 의를 드러낸다(以行義著)"고 평가하였다. 때문에 그가 서원을 관리하는 동안 사인들은 이곳을 동경하며 학문의 길을 떠나온 사람이 수 백 명에 달하였다.[49] 송나라가 건국된 지 50년이나 지났을 때지만, 전술한 대로 조정은 아직 문화 교육 사업에 힘쓸 여력이 없었기 때문에, 민간에 의지할 수밖에 없었다. 주식은 악록서원에서 수 백 명의 생도를

47) 宋·王禹偁, 「潭州岳麓山書院記」, 『小畜集』 권17. "詢問黃髮, 盡穫故書; 誘導青衿, 肯構舊地; 外敞門屋, 中開講堂; 揭以書樓, 序以客次; 塑先師十哲之象, 畵七十二賢……請辟水田, 供春秋之釋典; 奏頒文疏, 備生徒之肄業."

48) 「宋會要·崇儒二」, 『續修四庫全書』 권777, 670쪽. "岳麓山書院修廣舍宇, 有書生六十餘人聽誦, 乞下國子監降釋音文疏, 『史記』, 『玉篇』, 『唐韵』, 庶興學校以厚民風. 從之."

49) 宋·朱熹, 「南嶽處士吳君行狀」, 『朱子文集』 권97.

가르치면서 귀감이 되었고, 자연스럽게 당국의 주목을 받게 되었다. 진종 황제는 대중상부 8년(1015) 주식을 편전便殿으로 불러 국자감주부로 임명하고 보통의 서원 산장에게 최고의 예우를 갖추었다. 그러나 주식의 마음은 늘 악록서원에 있어 산으로 돌아가기를 고집하였고, 진종은 이에 옷 두 벌, 말 한 마리와 내부內府 비적秘籍 및 황제가 친히 쓴 '악록서원' 편액(명대 석각, 현재 서원에 보존)을 하사하여, 원래의 자리로 돌아가기를 허락했다. 덕분에 악록서원의 이름은 천하에 알려졌고, 생도들이 끊이지 않았으며, 전국적으로 특별한 지위를 갖게 된다. 천성 8년(1030)에 조신朝臣 황총黃總이 산장진사山長進士 손주孫冑에게 벼슬을 내려 그의 학교 운영에 기여한 공헌을 표창하였다. 이때부터 북송 말기까지 악록서원은 활발하게 운영되었으며, '담주 3학潭州三學'으로 알려진 적도 있었다.

석고서원石鼓書院

석고서원은 '3대 서원'설, '5대 서원'설뿐만 아니라, 세 '4대 서원'설 중 두 가지에서도 이름이 들어있는 것으로 보아, 송초에 상당히 알려져 있었다는 것을 알 수 있다. 아쉽게도 지방지에는 산발적으로 실려 있어 고증이 필요하다.

석고서원은 형주(현 호남성 衡州市) 상강湘江와 증수烝水 두 강물이 만나는 석고산에 위치했다. 당대 원화 연간 이관李寬(李寬中이라고도 함)이 이곳에 서원을 세우고 독서를 했다. 송 지도至道 3년(997), 군 사람 이사진李士眞은 당대 고사를 인용하여, 이관이 집을 짓고 독서하던 곳에 서원을 짓기를 군수에게 청하였고, 형양 사인들이 이곳에서 수학했으며 자신도 이곳에서 강학했다. 경우 2년(1035) 집현교리集賢校理 유항劉沆은 형주를 관할하면서 '석고서원' 편액 하사를 상주했다.[50]

석고서원이 사액을 받은 시기에 대해서는 지방지마다 차이가 있다. 일반적으로 마단림의 『문헌통고』권46, 주희의 「석고서원기」[51]와 같은 송대 사람의 기록에는, '국초'

---

50) 乾隆 『衡州府志』 권16.

즉 송나라 초기라 되어 있다. 원대 사람 황청로黃清老의 「석고학전기石鼓學田記」에는 "송 경우景祐 병자 3년(1036)에 사액을 하사받음으로써 정식으로 서원이 되었다(宋景祐丙子三年(1036)始賜額稱書院)."고 기록되어 있다. 지방지에는 경우 연간, 건륭「형주부지」16권에는 지도至道 연간이라 되어 있다. 동치 연간의 「형양현지衡陽縣志」권7에는 "이사진은 이관 가문 사람이다. 송 지도 연간에 유사儒士들을 모아 석고서원에서 강학하고, 학사를 세웠는데, 조정에서는 그 뜻을 귀하게 여겨 사액을 내려 서원이라 칭하였다."[52] 이상 세 가지 설은 송대 사람의 기록에 따른 추정 수치로, 이를 토대로 유추해보면 지도 연간이 '국초'라는 의미에 부합하기는 하지만, 경우 연간 역시 타당한 면이 있기 때문에, 무엇이 옳고 그른지 아직은 결정하기 어렵다. 조정 사액 외에, 건륭『남악지南岳志』권2에는 사전賜田에 관한 기록이 있는데, 사실 여부를 판단하기 어렵기 때문에, 여기에서는 참고용으로 기록해두고자 한다. "경우 연간 집현교리 유항은 서원에 관해 주청하여, 사액과 학전을 하사받았고, 휴양, 악록, 백록동과 함께 4대 서원으로 불리기 시작했다."[53]

석고서원은 창건 후 오래지 않아 형주주학으로 바뀌었는데, 구체적인 시기에 대해서는 사료에 명확하게 남아있지 않다. 주희는 「석고서원기」에서 관련해서 다음과 같이 말했다. 석고서원은 "국초에 편액을 하사받았는데, 그 후 동쪽으로 약간 이동하여 주학州學으로 만들면서, 서원의 흔적은 사라지고 다시 복구되지 않았다(至國初時嘗賜勅額, 其後乃復稍徙而東, 以爲州學, 則書院之迹于此遂廢而不復修矣)." 동치 연간의 『형양현지衡陽縣志』권5와 『관사전官師傳』에 따르면 원우 6년(1091), 생죽서원笙竹書院을 상음현학湘陰縣學으로 바꾼 왕정민이 철종 초기 좌봉의랑左奉議郞이자 형양현衡陽縣 지현으로 형주 부학 교수를 겸하였고 "주와 현에 조령을 내려 대규모의 학교를 세웠는데, 형양은 비교적 멀리 떨어져 있어서 관우館宇가 완비되지 않아, 왕정민은 석고재사石鼓齋舍를

---

51) 『朱文公文集』권79.

52) "李士眞者, 蓋寬(指李寬)族人也. 當宋至道中, 會儒士講學石鼓, 開建學舍, 朝廷嘉其意, 賜額稱書院."

53) "景祐間, 集賢校理劉沆以書院上請, 始賜額幷學田, 與睢陽, 岳麓, 白鹿洞稱四大書院."

수리하여 공자에 제사를 지내고, 생도들을 격려하기 위해 「권학송勸學頌」을 지었다고 되어 있다. 현縣 사람들은 이 노래 가사를 외워서 전파하였다. 원우 3년(1088), 학도 진지원陳知元이 과거 급제하여 석고서원의 제생은 나날이 늘어났다. 형주(炁湘)의 강학은 이렇게 왕정민으로부터 시작하였다."[54] 당시 왕정민의 활동과 흥성했던 관학을 고려하면, 석고서원은 원우 초년에 주학으로 바뀌었을 가능성이 크다. 그러나 주학과 서원의 호칭 구분이 엄격하지 않거나 혼용되기까지 했기 때문에, 남송 건도 연간 범성대가 유람했을 때 "석고서원으로 되어 있지만, 실제는 주학이었다(謁石鼓書院, 實州學也)."는 기록이 남아 있다. 이 역시 당시 서원이 관학을 대체했던 정황을 다른 각도에서 보여준다.

송인 요행지廖行之가 순희 13년(1186)에 썼던 「석고서원전기石鼓書院田記」에는, "누군가 퇴임하고 전말을 조사하니, 석고서원은 예전에 서당이었으며, 상부 원년 공자사당이 이곳으로 옮겨가면서 서원이라는 이름도 이때부터 사용되었다. 경우 3년(1036), 조서를 내려 형주에 학교 설립을 허가하자 이때부터 서원이 주학으로 개칭되었고, 별도로 서원이 세워지지는 않았다"는 기록이 있다.[55] 대중상부 원년(1008)에 이곳이 전국적으로 알려졌고, 경우 3년(1036)에 서원이 주학으로 바뀌었다고 추정된다. 50 여년 후 왕정민은 석고재사石鼓齋舍를 수리하여 학교 건물을 확장해야 한다는 조령을 받들었는데, 이는 서원에서 주학으로 가는 과도기로 간주하거나, "서원이 실제로는 주학이어서 (書院實州學也)" 두 가지가 당시만 해도 아직 엄격하게 구분되지 않았다는 것으로 해석할 수 있다.

---

54) "是時, 方詔州縣廣建學宇, 衡陽偏遠, 館宇不備, 定民修葺石鼓齋舍, 以祀孔子, 作「勸學頌」以勉生徒. 縣人傳誦其文. 元祐三年(1088), 學徒陳知元登高科, 石鼓諸生益盛.炁湘講學自定民始也."

55) 宋・廖行之,「石鼓書院田記」,『省齋集』 권4, 文淵閣四庫全書本 권1167, 323쪽. "某退而稽尋顚末, 盖石鼓舊有書堂, 祥符初元奉夫子廟遷焉, 書院之名始著. 景祐三年(1036), 詔許衡州立學, 自是爲學官, 書院因廢不別建."

백록동서원白鹿洞書院

백록동서원은 강주江州(후에 南康으로 개칭, 현 강서성 지역) 여산廬山 백록동에 위치했다. 악록서원, 석고서원과 함께 '3대 서원', '5대 서원'으로 꼽혔으며, 시인들에게 '4대 서원'으로까지 인정되지는 못했으나, 이학자들의 주목을 받았다. 왕응린은 이곳의 연혁을 다음과 같이 매우 상세하게 기록해 두었다.

당나라 이발李渤은 형 이섭李涉과 함께 백록동에서 은거했는데, 후에 강주자사江州刺史가 되어 이곳에 누각과 정자를 만들었다. 남당 승원 연간, 백록동에 학관學館을 세우고 학전을 나누어주니, 유생들이 크게 모여들었다. 이에 국자감 구경박사九經博士 이선도李善道가 동주洞主가 되어 교수를 관장했다. 당시 이곳을 백록국상白鹿國庠이라 불렀다.

송 태평흥국 2년 3월 경인일, 강주 지부 주술周述은 "여산 백록동의 학도 약 천 명(千은 十의 誤記로 보임)에 이르렀으며, 구경九經을 하사하여 공부할 수 있기를 청하였다." 조정에서 그 청을 따랐으며, 역마로 이를 보냈다. 5년 6월 기해일, 백록동 동주 명기明起를 포신현襃信縣 주부主簿로 모시고, 진유陳裕를 삼전三傳에 능숙한 사람으로 봉했다(명기와 진유는 강학을 주업으로 했기에 황제가 이러한 명을 내린 것이다). 함평咸平 5년, 중수를 명하고 공자와 십철十哲의 상도 만들어 세웠다. 곽상정郭祥正의 「서원기書院記」에 따르면, "상부祥符 초년, 직사관直史館 손면孫冕이 (질병을 이유로 사직하고 백록동 동주로) 여생을 보내게 해달라고 청하니 그대로 따랐다. 황우皇祐 5년, 그의 아들 비부낭중比部郎中 침琛이 학관 터에 집을 짓고 '백록동 서당'이라 이름을 붙이고 자제들이 살면서 공부하게 하였다." 순희淳熙 6년, 남강南康 태수 주희가 서당을 중건하고 "덕행과 학문은 병행하고 공경과 의리가 모두 서니 실로 신지(莘摯, 伊尹)가 생각한 바를 생각하고 안회顔回가 견지한 뜻을 본받으라"는 내용의 백록동부白鹿洞賦를 지었다.[56]

---

56) 宋·王應麟.『玉海』권167. 陳谷嘉·鄧洪波, 앞의 책, 43쪽.
唐李渤與兄涉俱隱白鹿洞, 後爲江州刺史,卽洞創臺榭.南唐升元中, 因洞建學館, 置田以給諸生, 學者大集, 以李善道爲洞主, 掌敎授.當時謂之白鹿國庠.
宋太平興國二年三月庚寅, 知江州周述言:"廬山白鹿洞學徒數千(按: 千, 當爲十之誤)百人, 請賜九經書肄習." 詔從其請, 仍驛送之. 五年六月己亥, 以白鹿洞洞主明起爲襃信主簿, 賜陳

그러나 서원사 연구자 리차이동李才棟(이재동>리차이동으로 전체 바꾸기 부탁드립니다)의 고증에 따르면[57], 북송 시기의 백록동서원은 세 차례 짓고 허물고를 반복했으며, 학교 설립 9년이라는 짧은 기간 동안, 생도 수는 백 명이 채 안 될 정도로 규모도크지 않았다. 사장師長의 명성도 높지 않고 사회적 영향도 크지 않아, 강남 지역의동서로 위치한 동가東佳, 화림華林, 뇌당雷塘 등 이름난 세 서원에는 견줄 수 없었다.따라서 이른 시기에 건립되었고 기초가 튼튼하여 조정에서 서적을 하사받았다는 것을제외하면, 유명 서원이라고 하기는 어려웠기 때문에 범성대는 이곳을 송초 3대 서원에넣지 않았던 것이다. 백록동서원이 진정으로 중국의 유명 서원이 된 것은 남송 순희淳熙 연간 주희가 강학을 재건하고 학칙을 제정한 뒤, 친구 여조겸呂祖謙에게 글을 부탁한이후의 일이다. 따라서 백록동서원은 송초 4대 서원 중 하나로 꼽기는 어려우며, 남송및 그 이후 가장 유명했던 서원으로 보는 것이 타당할 것이다. 이재동의 견해는 이책에서 전술했던 내용과도 맥락이 맞닿아 있다. 송초 백록동서원은 황제의 서적 하사로유명해졌던 것 외에 그다지 주목할 만한 점이 없었다. 주희의 중건으로 서원 발전에새로운 계기가 마련되지 않았다면, 동시대 대다수 서원들과 마찬가지로 알려지지 않았을 것이다. 백록동의 명성이 높아진 것은 남송 이학자들의 공이 크다.

응천부서원應天府書院

응천부서원은 '3대 서원' 명단에는 없지만, '5대 서원'설에는 들어있으며, 세 '4대

裕三傳出身(起, 裕以講學爲業, 故有是命). 咸平五年, 敕有司重修繕, 又塑宣聖十哲之像. 祥符初, 直史館孫冕請以爲歸老之地.皇祐五年, 其子琛卽故址爲學館十間, 牌曰白鹿洞之書堂, 俾子弟居而學焉. 郭祥正爲記. 淳熙六年, 南康守朱熹重建, 爲賦示學者, 曰 : "明誠其兩進, 抑敬義其偕立, 允莘摰之所懷, 謹巷顔之攸執." 呂祖謙爲記. 八年十一月二十九日, 賜國子監經書.

[57] 李才棟, 『白鹿洞書院史略』, 北京: 敎育科學出版社, 1989년, 28-41쪽. 李才棟, 「北宋時期白鹿洞書院能 稱是北宋四大書院之一嗎」, 『江西敎育學院學刊』 제1기, 1984년. 李才棟, 「北宋時期白鹿洞書院歷史問題芻議」, 『江西敎育學院學報』 제1호, 1998년.

서원'설 중 두 개에 포함되어 있다. 송초 북방지역의 제도가 완비되고 인재가 늘어나면서, 중요한 서원이 되었다.

이 서원은 응천부(현 하남성 商丘) 성 서북쪽 변두리에 위치했다. 그 전신은 '휴양학사睢陽學舍'로, 오대 후진(936-946) 시기 척동문戚同文이 강학하던 곳으로, 건립하고 수십 년 동안 많은 인재를 배출했으며, 송 태평흥국 원년(976) 척동문 서거 후에 폐원되었다. 대중상부 2년(1009) 군 사람 조성曹誠이 옛 학사 터에서 새로 건물을 올리고 책을 수집한 뒤 이를 정부에 기증하면서, 응천부서원 건립을 명받았다. 척동문은 휴양선생이라 불렸고 응천부가 후대 남경으로 개명되면서, 응천부서원은 휴양서원, 남경서원으로도 불렸던 것이다.

응천부서원을 범중엄 역시 주학으로 칭했다.[58] 경우 2년(1035)에 응천부 부학으로 개칭되고 경력 3년(1043)에 남경국자감으로 바뀌면서, 지방의 일반 관학보다 지위가 더 높아졌으며, 동경(開封)의 국자감과, 서경(洛陽)의 국자감과 함께, 후에 일어난 관학운동의 주역이 되었다.

응천부서원의 27년(1009-1035) 간의 역사를 살펴보면 몇 가지 유의할 만한 내용이 있다.

첫째, 응천부서원은 전형적인 관설 서원이다. 원사院舍, 장서는 마을 사람 조성이 출자하여 완비하였으나, 기부 후에는 관 소속이 되어 서원의 교학 및 관리 업무를 모두 관부에서 관할하게 되었다. 황제가 직접 학사, 시랑侍郞 등 고관들에게 "비문을 짓게 하고(文其記)", "편액을 쓰도록(題其榜)" 명하면서, 비석과 편액을 하사받는 영광을 누렸다. 천성 6년(1028) 12월에는 "응천부 서원에 세금 면제 조서(詔免應天府書院地基稅錢)"를 내렸다.[59] 그 후에 학전이 넘겨진 뒤 부학으로 바뀌었어도 관부에서 일괄적으로 관리했다. 이는 응천부서원의 운명이 전적으로 정부 손에 달려있게 되어 서원

---

58) 李弘祺, 「范仲淹與北宋的書院傳統」, 『范仲淹1000年誕辰國際學術硏討會論文集』, 臺北: 臺灣大學文學院, 1990년, 1399-1426쪽.

59) 「宋會要・崇儒二」, 『續修四庫全書』 권777, 651쪽.

창건자마저도 서원 내 조교로서 정부의 명을 받게 된 상황을 보여준다.

둘째, 서원 조직은 잘 갖추어져 있었다. 주강, 조교, 설서說書, 강수관講授官 모두 조정에서 임명하였고, 각자 관련된 일을 담당했다. 범중엄의 「남경서원제명기南京書院題名記」에는 봉상박사奉常博士 왕독王瀆이 "당시 현량으로 추천되어 교육을 담당했으며(時學賢良, 始掌其敎)", 직방원외랑職方員外郞 장길보張吉甫가 "관기管記를 담당하여 서원의 규장이나 제도를 관리하였다(時以管記領事綱)."고 기록되어 있다. 물론 '4대 서원', '3대 서원', '5대 서원'에는 이러한 경우가 거의 없었으며, 조직 관리 체계만큼은 주목할 만하다.

셋째, 응천부서원은 과거제와 밀접한 관련이 있다. 지부知府 이급李及은 천성 3년 (1025)에 "본 부府의 서원에는 학도들이 매우 많다(本府書院甚有學徒)."는 이유로 본래 진사 합격 정원수 외에 3명을 더 늘리자는 주청이 기록되어 있다. 그 후 주강 범중엄은 "진사가 되어 안탑에 이름을 써 넣는다(雁塔題名)."60)는 고사를 모방하여 「남경서원제명기南京書院題名記」를 지었다. "잇따라 등과登科를 한 괴갑魁甲"을 표창하기 위하기도 하였고, "나라의 은혜를 저버리지 않고 사문의 예교를 어기지 않고, 친구의 선도를 잊어버리지 않고, 몸으로 익힌 인의를 실천하기에 부지런한 사람들의 업적을 비석에 새겨 부끄러움이 없게 하여"61) "후일의 문인(他日文人)"들을 격려했다.62) 서원은 과거제에 예속되었다고는 할 수 없고 밀접한 관련이 있었던 것은 분명하다. 관학을 대신하여 인재 양성의 역할을 담당했으며, 머지 안아 부학府學으로 바뀌면서 더 이상 서원이라는 이름도 사용하지 않게 되었다.

넷째, 교학이 잘 정비되어 있어서 많은 인재를 배출했다. 응천부는 수도 개봉과 가까웠으며, 후대 남경으로 이름이 바뀌면서 지위가 매우 중요해졌고 서원 내 강의한 사람

---

60) 역자주. 당대 진사에 급제한 사람들은 慈恩寺의 大雁塔에 이름을 적는 것이 당시 관습이었다. 때문에 진사에 급제한다는 의미를 지닌다.

61) "不負國家之樂育, 不孤師門之禮敎, 不忘朋簪之善導, 孜孜仁義, 惟日不足, 庶幾乎刊, 金石而無愧也."

62) 宋·范中淹, 『范文正集』 권7. 陳谷嘉·鄧洪波, 앞의 책, 57쪽.

대부분이 학문이 깊은 사인들이었다. 설서說書 왕수王洙는 "평소에 학문이 깊고 품행이 고상했으며, 경학에 정통했다(素有文行, 其明經術)." 범중엄은 천성 5년(1027)부터 남경유수南京留守의 안수晏殊의 초빙에 응하여 주원으로 2년을 지냈다. 그는 "학자들을 관리함에 법도가 있었고, 성실하고 예의가 발라 스스로 모범이 되었다. 덕분에 사방에서 학자들이 모여들었으며 학문으로 과거장에서 명성을 날렸는데, 이들 대부분이 그가 가르친 사람들이었다."[63] 리우웨이동劉衛東(유위동>리우웨이동으로 전체 바꾸기 부탁드립니다)의 기록에 따르면, 이들 중 유명하여 확인 가능한 이는 향민중向敏中, 척륜戚倫, 손하孫何, 유사도劉師道, 양대아楊大雅, 진월陳越, 장사덕張師德, 윤수尹洙, 부필富弼, 이성李誠, 강휴복江休復, 한강韓絳, 채정蔡挺, 한유韓維 14명으로, 모두 중주中州(河南省의 옛 명칭)의 인재이자 북송의 명신들이었다.[64] 이렇게 많은 인재들이 나온 것은 송초 서원 중에서도 매우 드문 경우로, 이것이 가능했던 것은 지도자들의 세심한 교육과 무관하지 않다.

숭양서원嵩陽書院

숭양서원은 '5대 서원'에는 들어 있지만, '3대 서원'에는 포함되지 않았으며 세 가지 '4대 서원'설에서도 석고서원 대신 등장한다. 이를 고려하면, 송초 다른 서원들에 대한 영향은 매우 작았을 것으로 보인다. 그러나 서원이 있던 낙양 등봉숭산登封嵩山은 진한 이래로 불교 명승지였으며, 역대 천자의 어가 및 명공대신이 드나들었다. 게다가 송대에는 서경 중진에 속하게 되면서, 지리적, 정치적, 문화적 여러 면에서 유리했으며, 이학가가 이름을 지었기 때문에 지속적으로 존중받았다.

숭양서원의 본래 명칭은 태을서원太乙書院으로, 오대 주나라 세종世宗 연간에 세워졌

---

63) 「范文正公年譜」. 李國鈞, 『中國書院史』, 長沙: 湖南教育出版社, 1994년, 63쪽. "督學者皆有法度, 勤勞恭謹以身先之, 由是四方從學者輻湊, 其後以文學有聲名于場屋者, 多其所教也."

64) 劉衛東·高尙剛, 『河南書院教育史』, 鄭州: 中州古籍出版社, 1991년, 10-13쪽.

다. 송 지도 2년(990) 7월, 태실서원 편액과 구경 및 다른 서소書疏 인쇄본을 하사받았
다. 대중상부 3년(1010) 4월, 구경을 추가 하사받았다. 경우 2년(1035) 서경에 서원을
재건하라는 칙서를 받았고, '숭양서원'으로 편액으로 바꾸었다. 왕증王曾은 학관을 두
고 한 경의 학전을 하사해달라는 주청을 올렸다. 보원 원년(1038), 밭 10경을 하사했다.
경력慶歷 흥학興學 이후, 점차 폐원되기에 이르렀다. 왕안석 개혁 당시, 사마광, 정호,
정이 등은 정치적 견해의 차이로, 차례로 숭산 숭복궁崇福宮을 관장하게 되었으며 이곳
에서 강학하였고, 범중엄 역시 서원에서 강학하였다. 한때 명사들이 모여 강학과 학술
이 서로 결합된 전통을 만들어내면서, 서원의 학도들이 항상 "몇 백 명(數十百人)"에
달했으며 낙학의 토대를 닦았다.[65]

모산서원茅山書院과 조래서원徂徠書院

모산서원은 금산서원으로도 불렸으며, 강녕부江寧府 금단현金壇縣 삼모산三茅山에
위치했다. 조래서원과 마찬가지로 범성대范成大만이 '4대 서원'에 포함시켰다. 모산서
원은 송초 처사 후유侯遺(字 仲逸)가 창건해 10년 동안 서원에 양식을 공급하면서 생도
를 가르쳤다. 인종 때 왕수王隨가 강녕 지부로 재임할 때 모산 승려들의 장전莊田에서
밭 3경을 내어 서원에 학전으로 제공해주기를 주청했고, 이를 따랐다. 후유 사망 후,
서원이 텅 비고 생도가 흩어지면서 서원은 폐원되자, 이곳은 숭희관崇禧觀에서 사용했
으며, 남송 단평端平 연간에 지역을 옮겨 재건하였다. 이상이 북송 모산서원에 대한
간략한 소개이다. 리우이정柳詒徵(유이정>리우이정으로 전체바꾸기 부탁드립니다)은
「강소서원지초고江蘇書院志初稿」에서 가장 먼저 언급했으나, "강소는 북송 시기에 모산
에서 후유가 직접 창건한 서원으로, 관전을 하사받았으나 대체로 가숙과 유사했다(江蘇
當北宋時, 惟茅山有侯遺自創之書院, 雖撥官田, 殆猶家塾)."고 한 것으로 보아 평가는 그다

---

65) 許夢瀛·孫順霖,「崇陽書院理學敎育窺探」,『河南師范大學學報』제4기, 1997년. 安國樓,「崇
     陽書院 與二程理學」,『鄭州大學學報』제5기, 2000년.

지 높지 않았다.[66]

후씨서원侯氏書院은 10여 년 간 민간에서 성장하면서 생도를 가르쳤으나, 영향은 그리 크지 않았으며, 왕수가 조정에 관전을 하사해 달라는 일로부터 유명해졌다. 그러나 언제 관전을 하사했는지에 대해서는 기록이 엇갈리는데, 앞에서 언급했던 마단림의 『문헌통고』의 경우, "천성 2년에 관전을 하사했다(賜田于天聖二年)."고 되어 있다. 그러나 송나라 사람 주응합周應合은 경정 연간의 『건강지建康志』 권29에서는 천성 2년(1204)에 처사 후유가 모산서원을 세우고, 10여 년 동안 양식을 직접 서원에 조달했다가 그 후 왕수가 관전 3경頃을 주청하였다고 언급하고 있다. 유사한 내용은 원 지순 연간의 「진강지鎮江志」에도 보인다. 천성 2년이 후유가 서원을 세운 연도인지, 아니면 왕수가 밭을 주청한 연도인지 확정하기 어렵지만, 모산서원에 매우 중요한 해인 것만큼은 틀림없다. 이를 통해 10여년 전후, 즉 송 진종 후기 혹은 인종 전기를 모산서원의 설립 시기로 대략적으로 추산할 수 있다.

조래서원은 연주연주兗州 봉부奉符(현 山東省 泰安) 조래산 장춘령長春岭에 위치했으며, 석개石介가 강학하기 위해 세운 곳이다. 때문에 사람들은 석개를 조래 선생이라 불렀다. 사실 석개가 가장 많은 공을 들였던 곳은 조래서원이 아니라 스승인 손복孫復이 세운 태산서원이었다. 이곳에서 그들은 많은 학자들을 모아 독서하고 강학하면서 서원과 학문 도통을 결합하는 전통을 세웠다.

경우 4년(1037), 석개는 손복을 도와 대묘岱廟 동남쪽에 통도당通道堂을 세우고 이곳에서 강학을 하며 도를 전했다. 보원 연간(1038-1039) 통도당이 대묘로 병합되어 서진관栖眞觀으로 옮겨지면서 태산서원太山書院으로 개칭되었다. 강정康定 원년(1040)에 석개는 『태산서원기太山書院記』를 지어 이를 기록해 두었다. 손복과 석개 두 사람은 송초의 저명한 학자로 학술사에서는 호원胡瑗과 더불어 '송초 세 선생'으로 불렸다. 이들은 "제자에게 도를 가르쳐 다음 제자에게 전해지고, 그 내용이 다시 책으로 전해지면, 책의 내용이 널리 행해져 도가 크게 빛나도록 한다."[67]는 취지로 서원을 열고 강학하였

---

66) 『江蘇國學圖書館年刊』 제4기, 1931년8월.

158

다. "선성先聖들의 책을 서원 내에 모아놓은 것(聚先聖之書滿屋)"외에 주요 활동으로 다음 두 가지가 있다. 하나는 "위로는 주례를 받들고 아래로는 한유韓愈와 맹교孟郊를 배운다(上宗周禮, 下擬韓孟)"는 기조로 저술활동을 했다. 손복의 저서로『춘추존왕발미春秋尊王發微』,『춘추총론』,『휴양자집睢陽子集』등이 있고, 석개의 저서로『역해易解』,『역구의易口義』,『당감唐鑒』,『정범政范』,『삼조성정록三朝聖政錄』,『조래선생집祖徕先生集』등이 전해오고 있다. 다른 하나는 위로는 고도皐陶, 부열傳說, 이윤伊尹, 여망呂望, 소공召公, 주공周公, 공자孔子부터, 아래로는 맹자, 양자揚子, 문중자文中子, 한유에 이르는 유가 도통을 정리하였으며, 이러한 도통이 여러 현인들의 강학과 저술로 실현되었으며, 교육과 저술이 도를 전함에 중요한 역할을 하고 있음을 강조했다. 실제 이러한 방침으로 서원에 학문 연구와 선대를 존중하는 전통이 수립되었다. 학교 교육을 넘어선 또 다른 모델, 즉 서원 모델을 창조한 것이다.

"이곳에 유학遊學 온 유명한 인물들 중 고인이 된 선배로는 왕기공王沂公, 채이경蔡二卿, 이태주李泰州, 공중승孔中丞이 있고, 현재 인물로는 이승상李丞相, 범경략范經略, 명자경明子京, 장안張安, 도사 희도熙道, 조택지祖擇之가 있고, 문인의 우수 제자로 석개, 유목劉牧, 강잠姜潛, 장동張洞, 이온李蘊이 있어서, 천 년이 넘게 전해질 수 있었다."[68] 기록에 따르면, 송초 세 선생의 수장 격이었던 호원 역시 젊었을 때 이곳에서 손복, 석개와 10년 동안 함께 공부했다. 태산서원과 조래서원은 관학을 대신할 수 있는 교학 기능을 강조했던 다른 유명 서원과 달리, 학문적 특색을 지닌 학파의 본거지라 할 수 있다. 송명리학은 송초 세 선생으로부터 시작되었으며, 이들은 태산서원에서 학술활동을 하며 서원과 이학을 일체화한 선구자로 평가받고 있다.

이상의 내용을 토대로 다음과 같이 소결을 내릴 수 있다. 첫째, 송초 80여 년 동안 남경, 서경西京, 담주潭州, 형주衡州, 강녕江寧, 연주兗州에 분포했던 '천하 4대 서원',

---

67) "以其道授弟子, 旣授之弟子, 亦將傳之于書, 將使其書大行, 其道大耀."
68) 宋·石介,『祖徕集』권19. 陳谷嘉·鄧洪波, 앞의 책, 57-58쪽. "遊從之貴者, 故王沂公, 蔡二卿, 李泰州, 孔中丞, 今李丞相, 范經略, 明子京, 張安, 道士熙道, 祖擇之. 文人之高弟者石介, 劉牧, 姜潛, 張洞, 李蘊, 足以相繼于千百年之間矣."

또는 '3대 서원', '5대 서원'은 중앙과 지방 관부라는 막강한 권력자원을 바탕으로 관학을 대신하는 역할을 맡았다. 이들은 경사개봉부에 위치한 국자학과 함께 지방에서 중앙 관학에 이르는 실질적인 관리 체계를 갖추면서 국가의 가장 중요한 교육 임무를 담당했다. 이런 상황은 인종仁宗 경우景祐 연간 서원을 주학, 부학으로 바꾸면서 변화되기 시작해서 경력 연간 본격적인 학교 설립이 이루어지면서 마무리 되었다. 둘째, '4대 서원'이 수십 년 동안 관학을 대신하고 그 영향이 전국적으로 확대되면서 서원의 교육 기능 역시 강화되었다. 그 이후로 학교 성격을 띤 서원이 주류가 되어, 사인들을 모집하여 서원에서 교육시키는 것이 서원의 가장 중요한 기능이 되었고, 학교 운영 여부가 서원이 정통인지 아닌지를 판단하는 기준이 되면서 일반 사람들이 교육교학을 서원의 가장 중요한 기능으로 간주하게 되었다. 셋째, 관학을 대체한 송초 4대 서원으로부터 중국 서원의 교육제도가 기본적으로 확립되었다는 것이다. 서원은 완비된 교육제도의 요건인 강학, 장서, 제사, 학전 이상 네 가지 기능을 잘 갖추고 있었다. 이 점에 있어서 천하 4대 서원의 으뜸으로 꼽히는 악록서원이 가장 대표적인데 약 10세기 말, 함평 연간 이윤칙李允則 시대에 이런 교육제도가 이미 확립되었다.

이상의 내용을 통해 서원이 학교의 역할을 하게 되고, 교육제도가 완비되는 과정을 이해할 수 있었다. 특히 서원 교육제도는 남송 이학가들을 통해 완성되었는데, 이들 중에서 장식, 여조겸, 주희, 육구연 등 대사들의 활동은 이런 제도가 더욱 합리적이면서도 이상적일 수 있도록 활력을 주었다. 이에 관해서는 아래에서 보다 자세하게 논하도록 하겠다.

제4절 세 차례의 관학운동과 서원의 변천

백여 년 동안의 회복기와 백성들의 노고 덕분에 북송은 농업, 수공업, 상업 모두 눈부시게 발전할 수 있었다. 사회 경제는 태평스러운 성당시기를 이어 다시 한 번 번영의 시기를 맞이했고, 정부 역시 더 이상 개국 당시와는 달리 관학 시스템을 회복 및 발전시킬 실력을 갖추게 된다. 덕분에 경력 4년부터 송나라 남하까지(1044-1126), 80여 년 간 세 차례 관학 운동을 전개할 수 있었다. 이러한 상황에서 서원은 새롭게 발전하게 된다.

1. 관학 부흥 운동에서의 서원과 관학의 상호작용

관학진흥운동의 더 직접적인 원인은 "농사에 힘쓰지 않으면서 수확하려는(不務耕而求穫)" 과거제도와 이로 인해 날로 커지는 폐단에 대한 문제의식이었다. 수당 이래 학교와 과거제는 봉건사회 인재 양성과 임용의 공식적인 경로였는데, 송초에는 학교를 설립할 여력이 없었으나 과거를 적극적으로 제창하면서 과거 정원을 몇 배 몇 십 배로 늘린 비정상적인 상황이었다. 관학을 대체할 수 있는 서원 양성에 힘을 쏟기는 했으나, 서원이 인재 양성하는 데 한계가 있었다는 것은 사실이다. 북송 전기에만 해도 서원은 전국적으로 겨우 20곳 정도였으며, 가장 규모가 컸던 악록서원의 경우도 처음에는 생도 60명뿐이었고 가장 많을 때도 재학생이 고작 수백 명 정도여서, 미비한 국가의 인재 양성 및 임용 시스템을 보완하기에는 역부족이었다. 더욱이 사인은 명예와 이익만을 탐하며 실학實學에 힘쓰지 않아서, 이러한 폐단은 지속되어 "유습에 익숙해져 기강이 흐트러지고 안일해졌으며, 이러한 풍조가 만연했다(遂墮素業, 頹弛苟簡, 浸以成風)."[69] 때문에 과거제도는 점차 폐단을 보이기 시작했다. 일부 지식인들은 잇달아 이러한 상황을 비판하면서 정부의 관학 설립 및 과거제 정비를 요구했다. 이에 송 인종은 20년 간 서원을 지지하던 입장을 바꿔 관학 부흥을 제창하면서 전국적으로 세 차례 관학운동이 일어났다.

1차 관학 운동은 범중엄이 경력 신정의 일부로 발의한 것이다. 제대로 교육하지 않으면서 선발하는 과거제도에 불만이 많았던 범중엄은, 천성 연간에 여러 차례 "농사에 힘쓰지 않으면서 수확하려는(不務耕而求穫)"의 폐단을 바로 잡아야 한다고 요구했

---

69) 『文獻通考』 권31.

다. 경력 3년(1043년) 8월, 그는 참지정사參知政事로 임명되었는데, 첫 「답수조진십사소 答手條陳十事疏」의 세 번째 사안이 바로 "과거 개혁(正功擧)"으로, 이듬해 3월, 인종 황제는 그의 제안에 따라 학교 설립에 관한 조령을 내렸다. 경력 흥학의 골자는 국자감 정비, 주학, 현학 설립, 전국적 학교 교육 시스템 완비되었다. 또한 사인들이 반드시 300일은 공부해야 과거 시험에 참가할 수 있는 규정을 두어서 학교 교육의 권위를 확보하도록 했다.

2차 관학 운동은 왕안석王安石이 변법의 일부로 발의한 것이다. 가우嘉祐 3년(1058) 왕안석은 만 자에 달하는 「상인종황제언사서上仁宗皇帝言事書」에서 인재 구국救國 사상 및 교육, 양성, 선발, 임용에 관한 총체적 교육 개혁 구상을 제시했다. 희녕 2년(1069)에 참지정사가 되어 변법을 시행하면서 과거 개혁, 학교 설립을 주장했다. 그리고 태학에 삼사법三舍法을 시행하고 무학武學, 법률학, 의학, 번학蕃學을 증설하였으며, 전국 각 로路, 주州, 부府에 학관 53명을 두고 『삼경신의三經新義』를 각 학교 필독교재로 지정했다. 이 중 가장 중요한 것은 삼사법 시행으로, 태학을 외사外舍, 내사內舍, 상사上舍로 나눈 것이다. 외사생外舍生 700명은 연말에 시험을 통해 성적이 우수한 사람은 내사로 승격시켰다. 내사생內舍生 200명은 2년마다 한 차례 상사로 승급될 수 있었다. 상사생上 舍生 200명은 학문과 품행이 모두 우수한 자로, 직접 관직에 오를 수 있었다. 이 삼사는 과거 시험 대신 실시된 것으로, 학교 교육을 더욱 강화시킨다는 것을 의미했다.

3차 관학 운동은 채경蔡京이 발의한 것으로, 숭녕 원년(1102)에 시작되었다. 주요 내용은 피옹(辟雍: 고대의 대학-역자)을 세우고, 주학과 현학의 학생 정원을 늘리고, 각 로에 주, 현의 학정을 관리하기 위한 제거학사提擧學司를 설치하는 것 등이다. 이로 써 국가의 관학 교육에 대한 행정 지도력을 강화했다.

세 차례 관학운동의 취지는 중앙에서 지방까지 일체화된 학교 교육 시스템을 회복 및 발전시켜 그 권위를 확립하고, 과거시험 대신 삼사법으로 과거시험을 대체하여 인재 양성 및 임용을 관학 교육 하나로 집중시키는 것이었다. 각종 원인으로 인해 발의한 이들의 예상 목표에는 못 미치기도 했으나, 전반적으로 성공적이었다. 기록에 따르면, 경력 4년 "천하 곳곳에 학교를 세우고 학관을 두니, 구석구석 사방 만 리 밖으로 학교가 없는 곳이 없었다. 송이 건국되고 84년이 지나서야 천하의 학교는 전반적인 틀을 갖추게 되었다"[70) 진부량陳傅良은 순희 15년(1188)에 지은 「담주중수악록서원기潭州重修岳麓書院記」에서 다음과 같이 말했다. "희녕熙寧 초기, 삼사법이 시행되면서 진사進士는 최대한 학교 출신으로 선발하고자 했으며, 향거鄉舉는 교관의 선발이 더욱 중시되어, 과거 응시생의 조건은 반드시 직접 특정 주州의 교수에게 수학한 적이 있음을 밝혀야 하고, 그 외의 다른 경로는 인정하지 않는다. 숭녕 이후 삼사법은 더욱 엄격해져, 마을에서 아이들에게 글을 가르치는 선생이라도 주학에 통지하지 않으면 모두 금지하였다."[71)

각지의 관학운동이 전개되는 상황에서 서원과 관학의 관계 등에도 차이가 생겼는데, 호남성湖南省을 예로 설명해보고자 한다. 북송 후기 호남성 일대는 주, 현마다 학교가 설립된 것은 아니었지만, 관학 교육의 전반적인 토대는 이 시기에 마련되었다. 『호남교육사湖南教育史』 통계에 따르면, 송대 13개 부, 주 군軍, 감監 등 동급 관학 중 11개가 북송 시기에 세워졌고, 31개 현학 중 11개가 북송 시기에 재건되었다고 명시되어 있다.[72) 호남성 서부에 에 위치한 원주주학沅州州學은 대관大觀 연간(1107-1110)에, 검양현학黔陽縣學은 원풍元豊 연간(1078-1085)에 세워졌다. 보경부寶慶府에 속한 소양邵陽과 신화新化 두 현의 경우, 부학은 치평治平 4년(1067)에, 신화현학은 희녕熙寧 연간(1068-1077)에 세워졌고, 소양현邵陽縣은 부성府城 내에 위치해서 원대에야 현학이 설립되었다. 이 때 관학 설립을 적극 추진했던 인물도 있는데, 전술했던 왕정민王定民의 경우, 원우 연간에 차례로 형양현령, 상음현령을 거치면서 재임 중에 석고서원, 생죽서원 두 곳을 주학, 현학으로 바꾸었다. 뢰양현령耒陽縣令 강자江滋는 관학운동의 공으로 승진했다. 『호남통지』 권94에는 "강자는 건안建安 출신으로, 원부元符 연간 뢰양현령이

---

70) 宋·歐陽脩, 『歐陽文忠公全集』 권39, 「吉州學記」. "詔天下皆立學, 置學官之員, 然後海隅徼塞, 四方萬里之外, 莫不皆有學. 宋興盖八十有四年, 而天下之學始克大立."

71) "熙寧初, 行三舍之法, 頗欲進士盡由學校, 而鄉舉益重教官之選, 擧子家狀必自言嘗受業某州教授, 使不得人自爲說. 崇寧以後, 舍法加密, 雖里閭句讀童子之師, 不關白州學者皆有禁."

72) 馮象欽, 劉欣森, 『湖南教育史』 제1권 (長沙: 岳麓書社, 2002), 168-169쪽.

되었고, 학교를 창건함으로써 다른 읍의 모범이 되었다. 이 일이 알려지자 품계가 한 등급 올랐다(江滋, 建安人, 元符中知未陽縣, 作新學敎, 工成獨先他邑. 事聞, 進秩一等)."고 되어 있다.

관학의 보편화 및 위상의 확립은 서원의 관학 대체 역할이 완성되었음을 의미한다. 송나라 사람 홍매洪邁는 "경력 연간에 로, 주, 군郡에 학교 건립을 명하는 조서를 내렸고, 교수 관직을 설치하여 서원과 합하고자 했다."[73]는 기록은 이러한 상황을 잘 보여준다. 호남성 일대는 관학이 활성화되기 전에 관학 역할을 가장 효과적으로 수행할 수 있는 서원 몇 개를 창건했는데, 관학운동 과정에서 모두 관학으로 편입되었다. 형양衡陽 석고서원과 상음湘陰 생죽서원도 각각 주학, 현학으로 바뀌었고, 악록, 상서 두 서원은 담주주학과 함께 소위 '담주 3학'이 되기도 했다.

악록서원은 송초 천하 4대 서원 중 으뜸으로 이름을 날렸지만, 관학운동의 충격을 피하지는 못했다. 소성紹聖 4년(1097), 조정은 제련업을 개발하라는 명을 내렸다. 이 시기 담주주학은 일찍부터 재건하고 생도를 모아 강학했음에도 불구하고 제련령을 집행하는 사자使者는 서원을 무용지물로 간주했거나 서원 부지를 마음에 들어 한 바람에 그곳을 제련소로 바꾸자고 제안했다. 이 제안은 담주에 속한 상음현의 현위縣尉인 주로朱輅의 반대에 부딪혔다. 광서 『호남통지』 권164에는 당시의 상황이 기록되어 있다. "주로는 향교鄕校를 허물어서는 안 된다고 반대했다. 사자는 이에 매우 난처해했으나, 주로는 이를 개의치 않았다(輅抗言鄕校不可毁, 使者困之, 輅不爲懼)." 날카로운 대치 후에 서원은 폐기되지 않을 수 있었고, 주학과 같은 지위를 유지하였다. 그러나 얼마 지나지 않아, 각 주, 현에서 '삼사법三舍法'을 시행할 때, 관부는 특수한 방식으로 악록서원과 주학을 "합병(合二爲一)"하였다.

원부元符 2년(1099), "처음으로 각 주에 삼사법을 시행하라는 명을 내렸는데, 인재 양성, 선발 방식은 태학과 유사했다(初令諸州行三舍法, 考選升補悉如太學)."[74], 숭녕 4년

---

73) 『容齋隨筆』三筆, 陳谷嘉·鄧洪波, 앞의 책, 48쪽. "及慶歷中, 詔諸路, 州, 郡皆立學, 設官敎授, 則所謂書院者嘗合而爲一."

164

(1105)에는 전국의 각 주, 현에 이미 "삼사법이 시행되고 있었다(悉行三舍法)." 당시에는 주학 및 현학에 삼사(외사, 내사, 상사)를 설치하고 태학의 시험 승사升舍 방법에 따라 교학 및 관리했는데, 담주의 지방관들은 조령을 어기지 않기 위해 독창적으로 '담주 3학'의 방식을 채택했다. '3학'에 관한 최초 기록은 『송사 · 윤곡전宋史 · 尹谷傳』에 보인다. 명대에 편찬된 『악록서원지岳麓書院志』에는 비교적 상세하게 이에 관해 기록하고 있다. "송 담주 선비들은 학교에 머무르며 독서하는 것을 중시하여 악록서원 외에 상강湘江 서쪽에 상서서원을 설립하였는데, 주 학생들은 월마다 시험 점수 순위에 따라 상서서원생으로 승급되었다. 또 점수가 높은 학생들은 악록서원생으로 승급되기도 하였다. 담주 사람들은 삼학생으로 불렸다."75) 이를 통해 '3학'은 담주주학, 상서서원, 악록서원을 하나로 일컫는 표현이며, 세 등급으로 나뉘어 있었다는 것을 알 수 있다. 학생들은 시험을 통과한 뒤 태학의 승사법에 따라 점수를 매겨 한 단계씩 올라갔다. '3학' 중 악록서원이 상사로, 담주 일대의 가장 높은 학부였다.

"담주주학"은 서원과 관학이 '합병' 현상을 보여주며, 혹자는 서원의 관부화경향이라고도 한다. 그러나 이는 여전히 서원이 관학을 대체하는 특수한 현상일 뿐이다. 상서서원은 지방관의 주청으로 지어졌으며, 악록서원의 창건, 재건, 확장 역시 주로 지방관이 주도적으로 진행하면서 당국으로부터 서적, 편액을 하사받았다. 산장 주식周式은 진종 황제를 접견한 후 국자감주부國子監主簿로 임명되어 서원에서 주강을 했다. 천성 8년(1030) 다른 악록산장 손주孫胄 역시 조신(漕臣 : 河道관리를 하는 관원-역자)의 특별 주청으로 관직에 임명되었다.76) 이들 모두 소리 소문 없이 주학의 직책을 서원에게 수여한 것이다. 이 때문에 지방에서 삼사법을 추진할 때 서원과 관학이 합병되어 '담주 3학'이라는 특수한 구조가 생겨난 것은 우연이 아니었다. 그러나 악록, 상서 두 서원은 지위가 높은 주학으로, 특히 악록서원은 '3학' 중에서도 가장 높은 학부가 되었는데,

---

74) 『宋史』 권155.

75) 淸 · 趙寧, 『岳麓書院志』 권3. "宋潭士目居學讀書爲重, 岳麓書院外, 于湘江西岸復建湘西書院, 州學生月試積分高等, 升湘西書院生. 又分高等, 升岳麓書院生. 潭人號爲三學生."

76) 宋 · 胡宏, 『與秦檜之書』, 陳谷嘉 · 鄧洪波, 앞의 책, 107쪽.

이는 서원 내 교학 수준, 교학의 질이 주학을 넘어섰다는 것을 의미하며, 서원이 관학을 대체하는 과정에서 관학이 대체할 수 없는 서원만의 새로운 생명력을 창조해냈다는 것에 주목해야 한다.

악록서원이 고등 학부로서 위상을 확립하면서 악록산은 호남성 고등교육기지로서 자리 잡았는데, 이는 서원의 중국 고대 지방문화사업 발전에 기여한 공헌을 잘 보여준다. '담주 3학'의 역사적 의의는 바로 이것에 있다.

2. 북송 후기 서원의 변천

전술했듯이, 경력 관학령 아래, 각 부, 주, 현에 모두 학관이 설치되어, 천하에 학교가 없는 곳이 없었다. 지방의 각급 관학의 건립 및 위상의 확립은 서원의 관학 대체 역할이 완성되었음을 의미한다. 천하 4대 서원 혹은 3대 서원에 든 송초 유명 서원 몇 곳은 관학운동 과정에서 폐원, 운영 정지되거나 용도 변경되거나, 불교, 도교에 부지를 빼앗기거나, 주학, 부학으로 변경되면서 거의 사라졌고, 악록서원만이 천하제일 서원으로서의 명성을 이어갔다. 악록서원은 담주주학보다는 지위가 높았지만, '담주 3학' 체제에 편입되어 운영되기 시작했고 제련소로 바뀔 운명에 놓일 뻔도 했었다. 이러한 과정을 거치면서 서원은 송초의 명성을 모두 잃어버렸다.

그러나 기세가 꺾였다고 해서 서원의 발전이 중단된 것은 아니었다. 오히려 그 반대였다. 서원은 북송 후기가 되면 이전보다 더 빠르게 발전하게 된다. 차오송예曹松葉의 통계에 따르면, 인종 경력부터 북송 말기까지 시간적으로는 북송 전기보다 1년이 적지만, 창건 및 재건된 서원은 총 25곳으로, 전기의 2배가 넘는다. 그중에서도 인종경력 이후 20년(1044-1063) 동안에는 10곳의 서원이 세워지면서 역대 이래 가장 높은 순위를 차지했다. 1960년대 쑨옌민孫彦民(손언민>쑨옌민으로 전체 바꾸기 부탁드립니다)이 대만에서 펴낸 『송대 서원제도 연구』에 따르면, 인종 이후 여섯 황제를 거쳐 세워진 서원은 21개로, 송초 서원의 1.6배였으며, 인종 연간에는 8곳으로 가장 많았다. 1990년대 바이신량白新良의 통계에 따르면, 경력 이후 창건 및 재건된 서원은 36곳으로, 송초의 1.7배에 이르며, 신종 연간에는 가장 많은 11곳을 기록했다. 차오송예, 손언민, 바이신량 세 학자의 통계수치는 서로 차이가 있지만, 결론은 동일하다. 경력 관학운동 이후 서원은 송초보다도 더 빠르게 지속적으로 발전하고 있었다는 것이다. 서원의 절대 수치는 후기가 전기보다 1.5배 이상 많았다. 필자가 이 점에 대해서 강조하는 이유는, 기존 연구에서 경력 관학운동 이후 서원이 정체되었다고 판단하고 계속 발전하고 있었던 사실에 주목하지 않았기 때문이다.

북송 전기에 서원은 정부의 지지 정책으로 적은 수였지만 명성이 널리 퍼지고 전국적으로 영향을 끼치면서, 교학 기능이 강화되면서 역할이 두드러졌다. 후기로 오면, 정부의 지원을 받지 못하여 표면적으로는 정체되었지만, 실제 수량은 더욱 늘어나고 발전하고 있었으며, 문화적 기능도 다양해졌다.

북송 후기에 서원이 지속적으로 발전할 수 있었던 것은 사인들을 주체로 한 민간 역량에 힘입은 것이다. 서원이 가장 발전했던 강서성의 경우, 경력부터 정강靖康까지(1041-1126) 총 24개의 서원이 건립되었으며, 창건인을 확정할 수 있는 곳은 21개이다. 그 중 공주贛州 청계서원淸溪書院만이 지주 조변趙抃이 세웠을 뿐이고, 민간 역량이 서원 발전에 중요한 역할을 담당했던 것을 잘 보여준다. 북송 시기 호남성에는 12개의 서원이 있었는데, 그중 경력 이후 건립된 6개 모두 사인이 세운 것이다. 이는 송초의 관부 세력이 컸지만, 북송 후기로 오면서 민간 역량이 서원 발전을 실질적으로 추진했음을 보여준다.

북송 후기 서원의 발전은 사인들의 지지에 힘입었을 뿐만 아니라, 사인의 층위별, 유형별 문화적 수요를 만족시켜주기도 했다. 동정호洞庭湖 지역 청초호(靑草湖, 현 호남성 嶽陽縣 鹿角區)의 석고서원은 원래 주릉선부(朱陵仙府, 朱陵洞이라고도 함)로, 당나라 사람이 큰 바위에 글자를 새겨놓으면서 인문경관으로 알려졌으나, 세월이 흐르면서 황폐해졌다. 장순민張舜民이 원풍元豊 연간(1078-1085)에 지은 『침행록郴行錄』에는 "경력 연간에 이르러 이곳에 석고서원을 세웠다(至慶歷中, 因其地建爲石鼓書院)."는 기록이 나온다. 그가 이러한 규모가 갖추어진지 약 40여 년이 된 서원을 유람할 때, 엄동설한이었을 뿐만 아니라 서원이 외진 강변에 위치했기 때문에, "선비들은 이곳에서 공부했던 경우가 드물었으며, 관심 있는 선비들만 새해에 유람 왔을 뿐이었다".77) 따라서 청초호 석고서원은 대부분 문인과 묵객들이 술에 대해 글을 쓰고 시를 지었던 곳으로, 형양 석고서원의 교학 기능과는 많이 달랐다는 것을 알 수 있다. 이러한 다양한 형태의 서원은 문화조직으로서 각종 문화적 수요에 부응했다는 것을 보여주며, 경력 관학운동 과정에서 창건되었다는 사실은 관부의 지원 없이도 서원의 생명력이 강하게 유지될 수 있음을 보여준다.

북송 중후기에는 사상 문화가 더욱 성숙해지면서 고문운동도 한층 발전하였으며, 도학(道學, 후대 理學이라고 칭함)이 일어나면서, 사인의 문화적 욕구는 이하 두 가지 방면으로 나타난다. 고문운동의 영수, 구양수는『길주학기吉州學記』등을 지어 관학의 흥기를 열렬히 반겼으며, 황우皇祐 원년(1049), 영주(潁州, 현 안휘성 阜陽) 지주로 재임할 때 서호서원西湖書院을 세웠다. 범중엄은 강정康定 2년(1041)에 연주(延州, 현 섬서성 延安)지주로서 가령서원嘉嶺書院을 창건했다. 증공曾鞏은 가우嘉祐 연간(1056-1063) 고향인 임천臨川에 흥노서원興魯書院을 세웠다. 왕안석은 청년 시절 의황현宜黃縣 녹강서원鹿岡書院에서 두자예杜子野에게서 수학한 적이 있었다.78) 이는 고문운동의 창도자들이 서원을 토대로 자신의 학설을 전파했으며, 서원 역시 고문운동자들의 문화적, 교육적 요구를 만족시켰다는 것을 의미한다. 이와는 다른 경우도 있다. 사천성의 소순蘇洵과 소식蘇軾, 소철蘇轍 부자는 대문장가로, 서원에는 별 관심을 기울이지 않았다. 그들이 머물렀던 곳은 후대에 동파서원東坡書院 등이 세워졌지만, 모두 기념관 정도의 의미를 지닌 것이었다. 소씨 부자의 촉학蜀學은 서원과 무관했기 때문에 낙학洛學과 함께 후세에 전해질 수밖에 없었으며, 결국에는 역사 속으로 사라졌다.79)

북송 이학가는 서원을 세우거나 서원과 밀접한 관계를 맺고 있었다는 기록도 있다. 이학의 창시자로 평가되는 주돈이의 경우, 세상을 떠날 때까지 강서성 일대에서 오랫동

---

77) 宋·張舜民,『畵墁錄』권8. 위의 책, 68쪽. "學者未嘗遊焉, 唯守將之, 好事者歲時一爲登覽, 燕遊之地也."

78) 李才棟,『江西古代書院研究』100-101쪽, 白新良,『中國古代書院發展史』7쪽을 참조했다.

79) 胡昭曦,「宋代書院與宋代蜀學」,『四川大學學報』2001년 제1기에 게재됐다.

안 벼슬하면서 강학을 했다. 이재동李才棟은 『강서성 고대서원연구江西古代書院硏究』에서 그의 강학과 관련 있는 염계서원은 모두 수수(修水, 景濂), 평향萍鄕의 호계(芦溪, 宗濂), 강주(江州, 濂溪), 건주(虔 州, 淸濂) 네 곳이 있었다고 밝혔다. 주돈이의 학생인 정호程顥, 정이程頤 형제는 낙학을 창립하여 이학의 기초를 다졌는데, 당시 이정二程으로 불리면서 숭양서원嵩陽書院에서 강학한 적이 있었다. 정호는 희녕熙寧 원풍 연간 6년 동안(1075-1080) 부구현扶溝縣 지현으로 있는 동안 서원을 세우고 강학했는데, 후대 사람들은 이를 명도서원明道書院 혹은 대정서원大程書院이라 불렀다. 송, 명, 청 세 왕조에 걸쳐 학교를 운영했고 현재까지도 잘 보존되고 있으며, 현급 문화재 보존기관으로 지정되었다.[80] 정이는 원풍 5년(1082)에 당나라 사람인 왕귀王龜의 송재서당松齋書堂 고사를 이어받아 문언박文彥博의 헌지 10경을 청하여, 낙양에서 이고서원伊皐書院을 창건했으며, "저술로 도를 강설하는 곳은 후학들에게 좋은 유산을 남겨주는 것일 뿐 아니라 당대 사문斯文이 전승되는 아름다운 일이기도 하다."[81]고 했다. 이때부터 서거하기까지 20여 년 동안 낙양에 있기만 하면, 이천伊川에서 저술하고 강학을 했고 인재들이 많이 양성되어, 사람들은 정이를 이천선생으로 불렀다.[82]

이정의 학생 양시楊時는 이학 남전南傳의 중요한 인물이다. 정화鄭和 4년에서 건염建炎 3년까지(1114-1129), 그는 무석無錫에서 18년 동안 강학을 하면서 동림서원東林書院을 세웠으며, 그의 호를 따서 구산서원龜山書院이라고도 불렀다. 그의 학문은 나종언羅從彥, 이동李侗을 거쳐 주희에게까지 전해져, 이학의 전성시대를 열게 된다. 그 이후로도 오랜 시간 학술적으로 성숙되면서 명대 양명학의 폐단을 바로잡고 국가 대사를 해결하는 학문으로 계속해서 발전해갔다.

이러한 사례들은 모두 서원이 문화교육 조직으로서 사람들의 각기 다른 문화적 요구를 충족시키고, 가치관과 관심사가 다른 사람들도 저마다 서원 통하여 자신의 이상을

---

80) 郝萬章, 『程顥與大程書院』. 鄭州: 中州古籍出版社, 1993, 63-68쪽.

81) "以爲著書講道之所, 不惟啓後學之勝迹, 亦當代斯文之美事."

82) 苗春德 주필 『宋代敎育』 참조. 開封: 河南大學出版社, 1992. 92-94쪽. 安國樓, 「嵩陽書院與二程理學」. 『鄭州大學學報』 2000년 제5기에 게재됐다.

실현시키는 등 매우 특별한 문화 적응력을 가지고 있었음을 보여준다. 이런 적응력으로 북송 후기의 서원들은 풍부하고 다채로운 문화적 기능을 수행할 수 있었으며, 교학 기능을 위주로 한 서원 외에도 묵객들의 유람, 시인들의 시작 및 낭송, 학자들의 저술 활동, 대사들의 전도傳道 등 특색을 가진 여러 종류의 서원이 생겨났다. 이는 서원이 북송 후기에 새롭게 발전하고 있었음을 보여준다.

이런 추세 속에서도 학술적 성취를 추구했던 서원은 특히 주목할 만하다. 이들은 학교 밖에서 서원이 새롭게 발전할 수 있는 토대를 마련했고, 덕분에 남송 서원과 이학은 연동될 수 있었다. 이것의 시작은 바로 송초 3선생의 태산서원, 조래서원에서의 강학활동이다.

제**3**장

서원제도의 확립

 남송대는 서원 발전사에서 가장 중요한 시기로, 대학자의 지도 아래 문화교육제도로서의 서원으로 자리 잡았다는 점을 가장 큰 특징으로 꼽을 수 있다. 이는 다음 두 가지 면을 통해 알 수 있다. 하나는 서원과 이학이 일체화 되었다는 것이다. 남송의 대학자들은 학문에 대한 시대적 사명감으로, 당나라 서원을 계승하여 전적을 정리하고 학술적 토대를 마련하였으며, 서원을 근거지로 각자 일군의 학자들을 모아 자신의 학파를 일구었다. 그리고 고금의 학설들을 종합하고 학문적 성과들을 집성하여 민족정신을 재건하였으며, 학술과 서원을 전례 없는 번영기로 이끌면서 이 둘을 일체화시키는 전통을 세웠다. 그 후로 서원은 하나의 문화조직으로서 중국의 학문을 발전시키는 원동력이 되었으며, 학술의 계승 및 발전이 서원 본연의 업무로 자리 잡게 된다. 다른 하나는 서원의 교육제도가 제대로 확립되었다는 것이다. 서원 제도는 하나의 문화교육 제도로, 유, 불, 도 삼교의 문화가 융합된 결과였으며, 새로운 문화 발전을 위해 복무했다. 교학, 교육기능은 이러한 '복무' 과정에서 파생된 것으로 문화를 전파하는 역할 중 하나였다. 서원은 관학과 사학의 경험을 모두 수용하였을 뿐 아니라, 불교, 특히나 선종의 산사나 정사精舍를 비롯해 도가 궁관宮觀의 전법강학傳法講學의 경험 역시 받아들였다. 덕분에 서원의 강학 목적, 역할, 강학 방식 면에서 각 종교나 학파의 장점을 널리 취하면서도 이들과 다른 특색이 만들어질 수 있었다. 서원제도의 확립은 중국의 교육 사업이 관학,

서원, 사학의 세 축을 이루면서 서로 병립하는 시대가 도래했음을 의미한다.

제1절 남송 서원의 발전 개황

남송은 고종, 효종, 광종, 영종, 이종, 도종, 공종, 단종 총 8명의 황제가 153년 (1127-1279) 동안 지배했다. 이 시기 서원은 총 442개로 북송의 6배이며, 당, 오대, 북송의 500여 년 간의 총 서원 수(143개) 역시 남송대의 1/3밖에 되지 않는다는 통계도 있다. 성省 평균은 40.181개, 연 평균 2.071개, 황제별 평균은 55.25개로, 북송의 같은 데이터(5.214, 0.437, 8.111)의 7.7, 4.7, 6.8배였다. 이는 서원이 남송 시기에 와서 번영기로 접어들었음을 의미한다.

1. 남송 서원의 기본 상황

남송 442개 서원 중 317개는 남송 시기에 창건 및 복원된 것이 확실하며, 나머지 125개는 남송인지 북송인지 구분할 수는 없지만 모두 남송 때 활동했다. 서원별 데이터를 연호와 성을 기준으로 집계하여 〈표 3.1〉로 작성했다.

〈표 3.1〉 남송 서원의 통계표[1]

황제	연호	안휘 安徽	강소 江蘇	절강 浙江	강서 江西	복건 福建	호북 湖北	호남 湖南	광동 廣東	광서 廣西	귀주 貴州	사천 四川	소계
고종 高宗	건염 建炎												31
	소흥 紹興		1/	8/	5/	2/		4/	4/	3/	1/	3/	
효종 孝宗	융흥 隆興												63

---

1) 이 표는 白新良의 『中國古代書院發展史』 제1장 제3절을 토대로 작성했다.

황제	연호	안휘安徽	강소江蘇	절강浙江	강서江西	복건福建	호북湖北	호남湖南	광동廣東	광서廣西	귀주貴州	사천四川	소계
	건도乾道			1/		5/			1/			2/	
	순희淳熙		4/	2/	2/	10/		5/	1/				
		3/		2/	25/								
광종光宗	소희紹熙												
영종寧宗	경원慶元				1/			1/				1/	
	가태嘉泰				2/								
	개희開禧							1/				3/	47
	가정嘉定	1/		3/	3/	6/		4/	1/	3/		2/	
					12/			3/					
이종理宗	보경寶慶		1/	1/				2/					
	소정紹定		1/	1/	3/	2/		1/					
	단평端平		2/		2/								
	가희嘉熙			4/		1/		1/	1/			2/	
	순우淳祐	3/	1/	9/	7/	5/	3/	1/	2/				83
	보우寶祐		1/			2/	1/						
	개경開慶								1/				
	경정景定	1/		3/		2/		1/	1/	1/			
		3/		3/	2/	3/						2/	
도종度宗	함순咸淳		5/	14/	18/	1/			2/				40
공종恭宗	덕우德祐												
단종端宗	경염景炎								1/				1
	상흥詳興												
미 상		1/2	/2	9/	12/7	8/1		2/3	2/3				52
소 계		12/2	16/2	60/	94/7	47/1	4/	26/3	17/3	7/	1/	15/	317
미 상 남북송대		2/	5/	22/	46/	9/	5/	14/	15/	4/		3/	125
합 계		16	23	82	147	57	9	43	35	11	1	18	442

위 표는 성 이름을 가로로, 연호를 세로로 교차하게 만든 것으로, 남송서원의 시대별,

지역별 분포 현황을 보여주고 있다. 이 같은 통계는 총체적인 상황을 반영하고 있지는 못하다는 것에 주의해야 한다. 강서성의 경우, 위의 표에는 남송 시기에 147개 서원이 있었다고 되어 있는데, 『강서고대서원연구江西古代書院研究』에는 175개라고 기록되어 있다.2) 사천성의 경우, 표에는 18개로 되어 있지만, 『사천서원사四川書院史』에는 22개로 기록되어 있다.3) 또 호남성의 경우, 표에는 43개로 되어 있고, 『호남교육사湖南敎育史』에는 44개로 되어 있다.4)

남송과 대체적으로 같은 시기에 존재했던 금나라는, 소수민족 정권으로서 중원 및 이북지역을 지배했는데, 남송의 영향으로 10개의 서원을 복원 및 창건하였다. 이 때 복원된 하남성 응천부서원과 하북성 원씨봉룡서원元氏封龍書院은 북송 초기에 창건된 곳으로, 이 중 응천부서원은 송초 천하 4대 서원에 들면서 전국적으로 영향을 끼쳤다. 이곳의 복원은 문화적으로 많은 상징적 의미가 있었다.

금대에는 서원 8개가 새로 건립되었고, 그 중 2개가 산동성에 있었다. 하나는 현가서원弦歌書院으로, 무성현武城縣에 위치했으며, 금 대정大定 연간(1161-1189)에 창건되었는데, 이 시기는 남송 이학가들의 서원 창건으로 이룩된 건순지치乾淳之治라 불리는 송 효종 연간과 일치한다. 다른 하나인 장원서원狀元書院은 일조현日照縣에 위치했으며, 금 대정 19년(1179, 송 순희 6년) 장원 장행간張行簡이 창건했다.

산서성 4곳

취병서원翠屏書院은 혼원주渾源州 취병산翠屏山에 위치했으며, 금나라 장원 유휘劉撝와 우승右丞 소보형蘇保衡 등이 설립하여 강학을 하던 곳이다. 용천서원龍泉書院은 영향현寧鄕縣 유림진柳林鎭에 위치했으며, 금 대정 원년(1161) 금 세종 황제의 '용천강원龍泉

---

2) 李才栋, 『江西古代書院研究』, 106쪽.

3) 胡昭曦, 『四川書院史』, 27쪽.

4) 馮象欽·劉欣森, 『湖南敎育史』 권1, 177-179쪽.

講院' 편액을 하사받았다. 속양서원涑陽書院은 강현絳縣 서쪽 횡수진橫水鎭에서 금 대정 연간(1161~1180) 읍 사람 여사준呂士俊이 창건하였고, 책을 소장하고 학전을 두자 마을에서 모여드는 학자들이 매우 많았다. 금 말기에 폐원되었다. 소여서원昭餘書院은 기현祁縣 현성縣城에 위치했으며, 금 대정 연간(1161-1180)에 창건되었다.

하남성 1곳

황화서원黃華書院은 임현林縣 황화 산사에 위치했으며, 금나라 학사 왕정균王庭筠 (1156-1202)이 독서하고 생도를 가르치던 곳이다. 왕위금王爲金은 진주辰州 웅악熊嶽 (현 요녕성 개현蓋縣 서남쪽) 출신으로, 대정 연간에 진사가 되고 한림수찬翰林修撰까지 올랐으며, 시문에 뛰어나고 서화에 능했다. 황화산의 절경에 매료되어 스스로 황화산주인, 황화노인이라 칭했으며, 저술로『황화집黃華集』이 있다.

호북성 1곳

문룡서원文龍書院은 곡성현縠城縣 서쪽 온평하溫坪河 이남에 위치했으며, 금나라 사람 유문룡劉文龍이 독서하던 곳이다.5)

금대에 10곳의 서원이 있었던 것은 요나라 때에 1개에 그쳤던 것에 비하면 나아졌다고 할 수 있지만, 같은 시기 남송과의 격차는 너무 커서 비교조차 되지 않는다. 그럼에도 사문이 사라지지 않도록 유지했다는 문화적 의의 및 원대 이후 북방 지역에서 서원이 지속적으로 발전해가는 데 긍정적 역할을 했다는 점을 과소평가해서는 안 된다.

---

5) 季嘯風,『中國書院辭典 · 中國書院名錄』, 杭州: 浙江敎育出版社, 1996년, 840쪽, 843쪽, 850쪽, 859쪽; 李國鈞,『中國書院史 · 歷代書院名錄』, 1008쪽, 1021쪽, 1022쪽; 王欣欣,『山西書院』, 3쪽; 白新良,『中國古代書院發展史』, 16쪽.

2. 남송 서원의 지역별 분포

남송 442개 서원은 강소성, 안휘성, 절강성, 강서성, 복건성, 호북성, 호남성, 광동성, 광서성, 귀주성, 사천성 이상 11개 성에 분포되어 있었으며, 성 평균은 40.181개이다. 이는 북송 성 평균 5.21의 7.7배로,[6] 활발한 발전 추세를 보여주며 이를 통해 전반적인 상황을 이해할 수 있다. 각 성의 서원을 통계로 정리하면 〈표 3.2〉와 같다.

〈표 3.2〉 성별省別 남송 서원 분포 통계표

성	창건 서원	재건 서원	연도 미상(남송대 존재했으나, 북송과 남송 중 확정 불가)	합계		차오송예 통계
				총수	순위	
하남						1
산동						2
강소	16	2	5	23	6	14
안휘	12	2	2	16	8	7
절강	60		27	82	2	70
강서	94	7	46	147	1	116
복건	47	1	9	57	3	43
호북	4		5	9	10	5
호남	26	3	14	43	4	46
광동	17	3	15	35	5	29
광서	7		4	11	9	9
귀주	1			1	11	0
사천	15		3	18	7	10
합계	299	18	125	442		352
평균	27.181	1,636	11,364	40,182		29,333

표 3.2에서 볼 수 있듯이, 강서성은 147개로 가장 많았고 귀주성은 1개로 가장 적었으며, 이 둘의 차이는 146배로 불균형한 발전 현황을 알 수 있다. 성 평균인 40.181개를

---

6) 이는 남방 지역 서원에 대한 통계이다. 당시 금나라가 지배하던 북방 지역에는 10개 서원이 있었는데 산동성, 산서성, 하북성, 하남성, 호북성 등 5개 성에 평균 2개씩 분포되어 있었다. 남방과 북방의 수를 합하고 중복된 것을 제외한 후, 15개의 성을 기준으로 계산한다면 省별 평균이 북송대 서원 수의 5.78배나 되는 30.13개이다. 따라서 이 시기의 서원은 유례없는 발전을 이루었다는 점은 자명하다.

토대로 남송 지역별 서원 분포는 아래 세 종류로 구분할 수 있다.

1급 40개 이하로 평균보다 낮다. 강소성, 안휘성, 호북성, 광동성, 광서성, 귀주성, 사천성 총 7개 성으로 절대다수를 차지하며, 서원이 발달하지 않은 지역에 속한다. 지리적으로도 남송 영토 내 주변부에 해당한다.

2급 40-80개로, 평균보다 약간 높다. 복건성, 호남성 총 2개 성으로 비교적 발달한 지역에 속한다.

3급 80개 이상으로, 평균의 2배에 가깝다. 절강성, 강서성은 서원이 가장 발달한 지역에 속한다.

남송 서원의 지역별 분포 현황을 토대로 다음 몇 가지 내용을 정리할 수 있다.

첫째, 전체적으로 서원의 세력범위가 북송 시기보다 더 확대되었다. 한편으로 광서성은 더 이상 불모지가 아니라 11개의 서원이 세워지면서, 화남華南 지역을 연결하는 일부가 되었다. 다른 한편으로 북방 영토를 잃었지만, 요나라 국경 내 산서성, 산동성, 하남성, 호북성 4개 성의 서원을 합하면, 남방, 북방 모두 14개 성에 서원이 분포하게 되는데, 이는 11개 성에 분포했던 북송 시기에 비하면 서원이 지속적으로 확장되고 있음을 보여준다.

둘째, 서원의 분포 및 발전 상황이 불균형하다. 서원이 가장 많은 강서성과 가장 적은 귀주성의 차이는 146배나 된다. 두 번째로 많은 절강성은 82개, 두 번째로 적은 호북성은 9개로, 이들 격차 역시 8.1배이다. 급속하게 발전하고 전반적으로 확장되는 가운데 지역 격차 역시 빠른 속도로 심화되고 있었다.

셋째, 강서성은 평균치보다 2.6배 높은 절대 우세를 보이는데, 오대시기, 북송 이후에도 계속해서 서원 수가 세 번째로 많았으며, 서원 발전의 추진기 역할을 도맡으며 급속한 확장을 이끌었다.

넷째, 강서성을 중심으로 주변의 절강성, 복건성, 호남성 모두 성 평균보다 높았으며, 총 서원 수의 74.43%를 차지하는 막강한 서원 밀집지역을 형성하면서 기존의 점, 선분포 형태를 바꿔 넓은 면의 분포 형태로 변화시켰다. 이는 서원이 500여년 만에 남송대에 와서 번영기를 맞이했음을 의미했다.

다섯째, 서원의 발전은 정치, 학술, 경제 등 여러 가지 원인과 직접적으로 관련이 있었다. 절강성은 수도 임안臨安이 있는 곳으로 고위 관리들이 밀집해 있었으며, 여러 정치적 자원들을 사용할 수 있는 동시에 절동학파浙東學派의 기지이기도 했다. 강서성, 복건성, 호남성은 학술적으로 발달하여, 대학자들이 서원에 머물며 강학하고 사방에 모여든 유사들이 매우 많았다. 이러한 뜨거운 분위기 속에서 독서인들이 모인 서원은 나날이 발전할 수밖에 없었다.

3. 남송 서원의 시대별 분포

남송 442개 서원 중 창건 및 복원 연대를 알 수 있는 곳은, 고종대부터 단종대까지 8명의 황제 연간 중 265개이다. 이는 전체 59.95%를 차지하는 수치로, 다른 52곳은 남송대라는 것만 알 수 있을 뿐 구체적인 시기를 확정할 수는 없다. 시기별 분포 현황에 대해서는 아래 시대별 통계표를 참고할 수 있다.

〈표 3.3〉 남송서원 분포 통계표

황제 연간	창건 서원	재건 서원	합계		연평균		차오송예 통계표
			총 숫자	순위	평균	순위	
고종(1127-1162)	31		31	5	0.861	5	8
효종(1163-1189)	63		63	2	2.333	2	28
광종(1190-1194)							0
영종(1195-1224)	47		47	3	1.566	4	18
이종(1225-1264)	83		83	1	2.075	3	64
도종(1265-1274)	40		40	4	4.000	1	16
공종(1275)							2
단종(1276-1279)	1		1	6	0.250	6	0
미상	34	18	52		0.339		216
소계	299	18	317		2.071		352

황제 연간	창건 서원	재건 서원	합계		연평균		차오송예 통계표
			총 숫자	순위	평균	순위	
북송과 남송 중 확정 불가	125		125		0.816		
합계	424	18	442		2.888		
황제 연간 평균	53	2.25	55.25				44

남송대 서원수가 가장 많았던 시기는 이종대로 83곳이 있었고, 효종대가 두 번째로 63곳이 있었다. 이하 순서대로 영종, 도종, 고종, 단종대代로 각각 47, 40, 31, 1곳이다. 광종, 공종대는 없었다. 이 서원 수에 의거하여, 황제 연간을 단위로 남송 서원의 시간적 분포를 아래 〈그림 3.1〉처럼 그래프로 나타낼 수 있다.

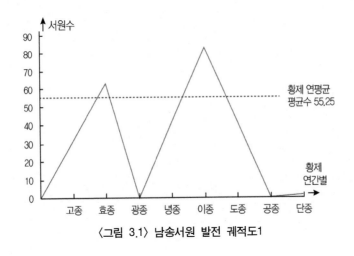

〈그림 3.1〉 남송서원 발전 궤적도1

위 그림은 두 봉우리가 나란히 있는 모양으로, 효종, 이종 두 시기에 정점을 이루고 있다. 이 그림을 통해 다음과 같은 내용을 알 수 있다.

첫째, 남송 서원은 크게 두 단계를 거치며 발전했다. 두 봉우리 사이의 광종대는 분계선으로, 그 전에는 서원 수치가 상승하다가 효종대에 평균을 넘게 된다. 그 후 최저치까지 급속도로 떨어진다. 다시 상승하여 이종대에 정점을 찍는다. 다시 하락하여 효종대에 다시 최저점에 이른다. 단종대에 다시 상승하지만 더 이상 뻗어가지 못하고 남송의 저무는 운명과 함께 1곳에 그치고 말았다. 상승-정점-하강-상승-정점-하강하는 과정이 대체적인 남송 서원 발전의 궤적이라 할 수 있다.

둘째, 서원 수는 평균치를 기준으로 크게 두 층위를 보인다. 남송 8명의 황제 연간 평균은 55.25개였다. 그 중 광종, 공종 연간의 서원 수는 0을 기록했고, 단종대에도 1곳뿐으로 그다지 신경 쓰지 않아도 되는 수치이다. 첫 번째 층위는 평균치 이하인 30-50곳으로, 고종, 영종, 도종 연간이다. 두 번째 층위는 60개가 넘는 평균치 이상을 기록했던 효종, 이종 두 시기로, 서원 수가 밀집했던 이 기간을 남송 서원의 번영기로 볼 수 있다.

남송 153년 동안 연평균 2.071개의 서원이 세워졌다. 이러한 평균수에 따라, 또 다른 남송서원의 궤적을 〈그림 3.2〉와 같이 그려볼 수 있다.

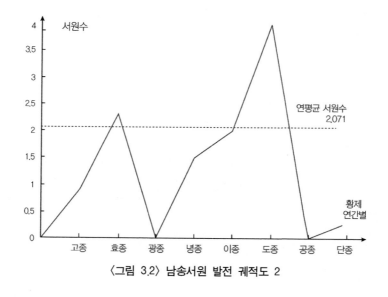

〈그림 3.2〉 남송서원 발전 궤적도 2

위 그림 역시 두 개의 봉우리가 있으나, 절정기는 이종 연간이 아닌 효종대와 도종대 이다. 따라서 이 두 정점은 앞의 그림과는 달라서 단순히 비교하기는 어렵다. 통치 시기의 차이로 인해 이종 연간에 서원 수가 가장 많기는 하지만, 발전 속도가 가장 빠르지도 않고 순위 역시 효종대 다음으로 세 번째이다. 도종 연간의 서원 수는 4번째로 많지만 속도는 가장 빠르다. 효종대는 안정적인 편으로, 합계 면에서나 평균 수치 면에서나 모두 두 번째를 차지한다. 이는 이 시기가 서원이 번영했음과 동시에 안정적으로 발전했던 황금기임을 보여준다.

그리고 큰 흐름으로 볼 때 연평균을 기점으로 남송서원 분포를 낮은 것부터 높은 것까지 두 가지 등급으로 나눌 수 있다.

1급 기준 이하. 고종, 영종, 단종 연간이 모두 여기에 속하며, 발전 속도가 그다지 빠르지 않은 편이다. 물론 북송대와 비교하면, 단종대를 제외하고 고종, 영종대의 연평균은 북송 연평균을 웃돌고 있는데, 이는 남송 서원의 전체적인 발전 수준이 북송보다 훨씬 높았음을 보여준다.

2급 기준점 초과. 효종, 이종, 도종 연간이 여기에 속한다. 효종은 남송의 첫 고속발전 단계이다. 이종 연간은 기준보다 약간 높으며 도종 연간 발전의 예비기로 볼 수 있다. 도종 연간은 서원 발전 속도가 가장 빨랐던 시기이다. 이는 도종 연간이 이종 연간을 뒤이어 남송 후기 서원을 찬란하게 발전시켰던 기간이었음을 의미한다. 따라서 서원은 급속히 발전하다가 남송 말기에 전화戰火로 인해 갑자기 종식되었다고 할 수 있다.

〈그림 3.1〉과 〈그림 3.2〉를 비교하면, 두 가지가 기본적으로 일치하는 것을 알 수 있다. 남송서원의 발전 양상은 전후 두 시기로 나눌 수 있고 두 번의 절정기를 이루고 있다. 중간에 약간의 굴곡이 있지만, 후기가 전기보다 더욱 발전하는, 전체적으로 상승의 형세를 보이고 있다.

종합하면, 남송 서원의 150여 년의 역사는 두 단계로 나누어 볼 수 있다. 첫 번째 단계는 고종부터 광종까지(1127-1194)로 총 68년간이다. 이 기간은 이학가가 서원운동을 일으키면서 서원이 학술문화와 결합하는 길을 걷게 된 것이 특징인데, 이러한 결합의 영향으로 첫 번째 절정기를 이루게 된다. 2단계에서는 영종부터 송말까지(1195-

1279)로 총 5대 85년간이다. 서원은 이학과 함께 경원당금慶元黨禁의 고난과 시련을 겪은 후, 이종, 도종 시기의 왕성한 발전을 이루면서 제도가 점차 완비되었다.

제2절 이학자와 남송 서원의 흥기

원대의 저명한 이학자 오징吳澄은 '강도講道'와 '독서'를 남북송시대 악록서원의 특징으로 요약하면서 다음과 같이 말했다. "개보開寶 초기, 오대의 전란이 끝난 뒤에 학교 제도가 회복되지 못하여 호남성 외진 군郡까지 유풍儒风이 아직 일어나지 못했기 때문에, 학자들을 이곳에서 독서케 하였다. 건도 연간에 다시 (학교 제도가) 복원되었으나 주, 현의 학교(庠序) 가르침이 속학에 빠지고 사리사욕으로 과거에 임하는 풍습은 사인들의 마음을 미혹시켰기 때문에, 학자들을 이곳에서 강학케 하였다."[7] 요컨대 이는 속학과 사리사욕으로 과거에 임하는 풍습에 맞서기 위한 '강도'이지, 남송 전 시기 서원의 특징이라고 할 수는 없었다. 남송 이학자들은 특유의 사회적 책임감으로 '도를 강설하고', '도를 전한다傳道'는 역사적 사명감을 가지고 서원부흥운동을 일으켰고, 서원 건립이라는 목표와 이상으로 서원의 발전을 주도하면서 당대當代가 이학자의 시대임을 각인시켜 주었다.

1. 이학자들이 촉발시킨 서원운동

남북송 시기에 금나라 군사들이 남하하여 약탈을 일삼고 패잔병들이 난을 일으킨 것도 모자라, 농민봉기까지 일어났다. 사천성 동쪽 강변을 따라 여러 해 전쟁이 이어지면서, 북송대 창건된 많은 서원들이 전쟁으로 인해 사라지거나 폐허로 변해버렸다.

---

7) 元·吳澄,『岳麓書院重修記』. 陳谷嘉·鄧洪波,『中國書院史資料』, 321쪽. "開宝之肇創也, 盖惟五代亂離之餘, 學政不修, 而湖南瑕遠之郡, 儒風未振, 故俾學者于是焉而讀書.乾道之重興也, 盖惟州縣庠序之教沉迷俗學, 而科學利誘之習蠱惑士心, 故俾學者于是焉而講道."

당시 문화와 교육(文敎)을 염려하던 일부 사대부들은 서원을 지키고자 했다. 호굉胡宏은 진회秦檜의 부름을 거절하고 악록서원을 복원하고 산장으로서 교학할 수 있기를 요청하였으나, 극심한 사회적 혼란 등으로 인해 이루어지지 못했다. 이 때문에 남송 초기 10-20년 간 서원 건설은 전국적으로 거의 정체된 상태였다.

전쟁이 남긴 후유증으로 우선 각지의 주학과 현학이 서원과 마찬가지로 대부분 전란으로 파괴되었다는 것을 들 수 있다. 더욱 심각한 것은 국가의 미래와 민족의 운명이 위기에 처했을 때, 진조로陳朝老, 등숙鄧肅, 진동陳東 등 대의명분을 아는 일부 지사志士들을 제외하면, '사민四民의 우두머리'라 불리는 사인들, 특히 관학에서 배출된 대부분의 사인들이 공명에만 급급하고 사리사욕만 추구했다는 점이다. 『삼조북맹회편三朝北盟會編』에는 "금나라 사람이 태학생 중 경학에 능통한 사람을 찾으니, 태학생들 모두 목숨을 부지하기 위해 그들에게 빌붙어 금나라에 가겠다는 이가 100여 명이나 되었다. … 군인을 앞에 두고 금나라 사람들은 협박하듯 회유하듯 말하였다. "금나라는 당신들이 책론하는 것을 원치 않고, 지방 책략의 이해득실을 진술해주기를 원한다." 제생들은 앞 다투어 붓과 종이를 들고 산천의 험준한 곳과 평탄한 곳을 적어나가며, 고금古今의 전쟁 이유를 설명했다. 또 창녀를 마구 처와 첩으로 지목하고 군대에까지 데려 왔다. 후에 금나라 사람들은 그들이 무능하고 천박하다고 여겨 60여 명을 되돌려 보냈다."[8] 이 내용은 태학생들이 사회에 대한 일말의 책임감이나 정의감도 없었고, 민족의식도 부재하며, 최소한의 염치도 없었음을 보여준다. 이처럼 사풍士風이 파괴된 엄혹한 현실은 북송 관학교육의 실태를 있는 그대로 보여주며, 인심의 타락에 대응해 새로운 가치관을 정립해야 한다는 임무를 부여하였다. 이는 당시 사인들이 내부적으로 직면한 도전이다.

동시에 농민봉기군이 외부적으로 제기한 이론적 도전도 있었다. 종상鐘相과 양마楊

---

8) 『宋人軼事匯編』 권20. "金人索太學生博通經術者, 太學生皆求生附勢, 投狀願歸金者百餘人…… 比至軍前, 金人脅而誘之曰: '金國不要汝等作義策論, 只要汝等陳鄉土方略利害.' 諸生爭持紙筆, 陳山川險易, 古今攻戰据取之由以獻. 又妄指娼女爲妻妾, 取諸軍前. 後金人覺其無能苟賤, 復退六十餘人."

麼 등의 농민군은 반기를 드는 과정에서 '귀천을 없애고 빈부를 균등하게 하자(等貴賤, 均貧富)'는 구호를 내걸면서, 이것이 인심이 향하는 바이자 당연한 천리라고 생각했다. 이 '천리天理', '인심人心'이라는 개념은 농민군이 북송 이학자들의 일부 개념을 다소 차용한 것으로, 상대의 논거로 상대를 반박했다는 함의가 있었다. 이러한 상황 역시 간단한 설교로 하층민을 통제하기 어려운 현실을 보여주며, 시대착오적 이론은 혁신되어야만 했다.

사풍이 문란하고 백성들이 저항하는 가혹한 현실은 남송의 새로운 세대인 이학자들에게 인심을 수습하고 윤리와 강상을 재건하여 새로운 가치관으로 전통을 보존하고 민심을 수습하라는 임무를 부여했다. 건도 순희 연간 주희朱熹, 장식張栻, 여조겸呂祖謙, 육구연陸九淵 등의 대사들은 현실에서 출발하여 유가경전을 바탕으로 하면서도 불교와 도교 이론을 수용하는 등 다방면으로 고심하여 이학을 집대성하였다. 이들 이론의 구체적인 내용은 본 책의 논의 범위에 속하지 않으므로 다루지 않으며, 새로운 유가이론이 어떻게 전파되고 사민 및 일반 백성들에게 널리 받아 들여졌는가에 초점을 맞추어 논하고자 한다.

한당 이래로 관학은 유가가 전파되는 데 가장 중요한 기관이었다. 이때의 관학 시스템은 예전과 다름없이 과거 준비와 관직 임명의 핵심 루트로, 지방의 주학, 현학은 여전히 "문장이 우수하다는 것은 벼슬에 유리하다는 뜻이니, 선생이나 학자들이 모두 이를 지향했다."[9] 중앙 관학은 "태학이란 명성과 이익을 위한 장소로, 교학을 담당한 사람은 과거에 급제한 사람으로 과거 시험 내용만 가르쳤으며"[10] 강학은 별도로 이루어지지 않았다. 극소수로 이루어진 강학 역시 "덕행 도의를 중심으로 한 것이 아니었으며 달별 혹은 계절별로 진행되는 시험은 사인들의 사리사욕만 촉발시킬 뿐, 학교를

---

9) 宋·陳傅良, 『潭州重修岳麓書院記』. 陳谷嘉·鄧洪波, 앞의 책, 109쪽. "文具勝而利祿之意多, 老師宿儒盡向之."

10) 宋·朱熹, 『學校貢擧私議』. 孟憲承 외, 『中國古代敎育史資料』, 北京: 人民敎育出版社, 1980 년, 217-218쪽. "所謂太學者, 但爲聲利之場, 而掌其敎事者, 不過取其善爲科擧之文, 而嘗得雋于場屋者耳."

세우고 사람을 교화하는 본의에는 어긋났다."[11]

이러한 현실을 개혁하기 위해, 이학자들은 많은 노력을 기울였다. 그들은 각급 관학에 직접 가서 강학하기도 하고, 서원을 새로 짓거나 복원하기도 하면서, 권고하는 글로 생각을 일깨우고자 했다. 주희의 문연각文淵閣 사고전서본『회암집晦庵集』권78, 79, 80에서만 「건강부학명도선생사기建康府學明道先生祠記」, 「휘주무원현학장서각기徽州婺源縣學藏書閣記」, 「구주강산현학기衢州江山縣學記」, 「정강부학기靜江府學記」, 「원주주학삼선생사기袁州州學三先生祠記」, 「건녕부건양현학장서기建寧府建陽縣學藏書記」, 「건녕부건양현학사현당기建寧府建陽縣學四賢堂記」, 「융흥부학렴계선생사기隆興府學濂溪先生祠記」, 「신주연산현학기信州鉛山縣學記」, 「휘주무원현학삼선생사기徽州婺源縣學三先生祠記」, 「경주학기瓊州學記」, 「소주주학렴계선생사기韶州州學濂溪先生祠記」, 「건저부숭안현학전기建寧府崇安縣學田記」, 「장주주학동계선생고공사기漳州州學東溪先生高公祠記」, 「황주주학이정선생사기黃州州學二程先生祠記」, 「악주주학계고각기鄂州州學稽古閣記」, 「소주주학렴계선생사기邵州州學濂溪先生祠記」, 「신주주학대성전기信州州學大成殿記」 등을 찾아볼 수 있는데, 여기에는 남송 전역에 고루 분포되어 있는 지방 부학, 주학, 현학의 건학, 학전, 장서, 제사 등 다양한 내용에 관해 언급되어 있다. 특히 관학에서 다루어졌던 주돈이, 이정二程의 학문에 대해 반복적으로 설명하고 있는데, 적어도 주자 마음속에서는 관학이 바로 원래 이학이 전파되는 장소로, 주돈이, 이정의 도통 이론을 널리 알리기 위해 활동하는 곳이었음을 알 수 있다.

그러나 현실은 실망스럽기 그지없었다. "학교 제도에는 폐단이 오래 누적되어, 사인들은 보고 듣는 것에만 익숙해졌으며, 여전히 천박하고 비루하여 과거에만 신경 쓸 뿐 진정한 학문은 알지 못한다."[12] 적폐가 너무도 심각하여 되돌리기 어려운 지경에 이른 것이다. "오늘날 학교에서는 과거 시험만을 위해서 가르치니 그 폐해가 이루 말로

---

11) 위의 책. 217-218쪽. "間相與言, 亦未嘗開之德行道義之實, 而月書季考者, 又只以促其嗜利苟得, 冒昧無恥之心, 殊非國家之所以立學敎人之本意也."

12) 宋·朱熹, 「信州州學大成殿記」, 『晦庵集』권80, 文淵閣四庫全書本, 제1145권, 663쪽. "此邦學政其弊久矣, 士子習熟見聞, 因仍淺陋, 知有科擧而不知有學問."

다할 수 없는 정도로, … 구제할 길이 없을 것이다."13) 따라서 새로운 이론을 보다 완벽하고 빠른 속도로 전파하려면, 다른 길을 개척해야 했다. 이는 주희의 「형주석고서 원기衡州石鼓書院記」에 소개되어 있다.

> 군현의 학교에서는 박사를 두고 교학하였는데 학생의 덕행과 도예道艺를 고찰하지 않고 세속적인 내용과 출세를 목적으로 한 과거시험을 위한 내용만 가르쳤으니 생도들이 사리사욕만 중시하고 도의를 잃어버렸다. 자기 이익만 추구하는 사인들을 입에 담기조차 부끄럽다. 따라서 조용한 곳을 찾아 강학하고자 하였다.14)

당나라 이후의 서원은 모두 명승지에 세워져 있어서, 산천이 아름답고 세속에 물들지 않았으며 자체적으로도 학전과 풍부한 장서를 보유하고 있었다. 덕분에 생도들이 명예와 이익을 멀리하고 학업에 열중하며, 마음을 가다듬고 수양할 수 있어서, 자연스레 이학자들이 애정을 갖고 도를 전하는 장소가 되었다. 그 해 장식은 "언덕을 등지고 골짜기를 바라보며, 숲이 우거지고 샘물이 깨끗한(背陵而面壑, 木茂而泉潔)" 악록서원을 보자마자 "이곳 산천의 아름다움과 아늑한 가옥(棟宇)에 반하여, 망설이며 차마 돌아가지 못했다. 동학과 교제하고 강습하기에 진실로 이만한 곳이 없다"고 생각했다.15) 이때부터 이학자들은 수십 년 동안 서원건설운동을 이어갔다.

남송에서 최초로 이학과 서원을 결합한 이들은 호상학파湖湘學派로, 호안국胡安國 부자에서 시작되었다.

건염建炎 4년(1130) 호안국은 형문荊門에서 호남성으로 피난하였는데, 형산의 산기슭(현 湘潭 지역에 속한다)에 산을 사서 초막을 짓고 이곳을 벽천서당碧泉書堂이라 불렀으며, 강학을 하고 생도를 모았다. 그 후 그는 남악南岳에 문정서당文定書堂을 건립하

---

13) 위의 책. "今日學校科擧之敎, 其害將有不可勝言者……而莫之救也."
14) 陳谷嘉·鄧洪波, 앞의 책, 111쪽. "郡縣之學, 官置博士弟子員, 皆未嘗考其德行道藝之素, 其所授受, 又皆世俗之書, 進取之業, 使人見利而不見義, 士之有志於爲己者, 盖羞言之. 是以常欲別求燕閑淸曠之地, 以共講其所聞."
15) 위의 책, 111쪽. "愛其山川之勝, 棟宇之安, 徘徊不忍去. 以爲會友講習, 誠莫此地之宜也."

고 '분주한(奔走)' 와중에도 대표작인 「호씨춘추전胡氏春秋傳」을 완성했다. 소흥紹興 8년(1138) 이곳 벽천서당에서 서거했다. 그의 아들 호굉胡宏은 '선인의 뜻을 이어받아(有繼述其先人之志)' 재상 진회에게 옛정을 생각하여 담주태수가 악록서원을 복원케 하고 (본인을) "산장으로 특명하고(特命爲山長)", "녹미祿米를 지급하고(給以廩祿)", "유도를 존숭하고 그 가르침을 실천했던 미덕을 표창하여(于以表朝廷崇儒廣敎之美)", 본인이 "옛사람의 발자취를 좇고 후대의 선각자가 되고자 하는(可以繼古人之後塵, 而爲方來之先覺)" 이상을 실현할 수 있기를 청했다.[16] 그러나 진회는 이에 응하지 않았다.

"이치를 궁구하는 것은 강습에 바탕하며, 인덕을 배양하는 것은 벗에 의지한다. 문인과 교류하는 방법을 기록하고 청천담淸泉潭에 서원을 세웠다(窮理旣資于講習, 輔仁式藉于友朋. 載卜會文之方, 乃堂碧玉之上)." 이 같은 역경을 겪으면서도, 호굉은 벽천서당을 벽천서원으로 확장하여, 벗들과 함께 "오전五典의 정미를 깊이 연구하고, 불법의 소실을 저지하고자(尋繹五典之精微, 決絶三乘之流通)" 문인들과 함께 강습하는 장소로 삼았다. 벽천서원은 "남쪽으로 항악恒岳과 연결되어 있고 북쪽으로 동정洞庭을 바라보고 있었으며, 상강湘江과 초강楚江 사이에서 계산溪山의 절경을 독차지했다(南連恒岳, 北望洞庭. 居當湘,楚之中, 獨占溪山之勝)." 이때 장식, 표거정彪居正, 호대원胡大原 등 일군의 학자들이 문하로 모여 학술을 연마하면서 "호상학이라는 학통을 세웠다(卒開湖湘之學統)."[17]

직접 서원을 세우고 강학을 했던 호굉은 「벽천서원상량문碧泉書院上梁文」이라는 글을 발표하게 된다. "사문은 땅에 떨어지고 사설邪說은 하늘까지 차고 넘치는(斯文掃地, 邪說滔天)" 학술 형세를 분석하며, "관직을 구하려는 선비들이 조정에 넘쳐나고, 사장詞章을 파는 이들이 길에 가득 차는(干祿仕以盈庭, 鬻詞章而塞路)" 현상을 비판하며 "서원을 짓게 되면 사인들이 멀리서 찾아와 현지 풍습이 교화되어, 꽃잎이 흩날리는 서원은 옛 행단杏坛을 계승하여 사인들의 기풍이 달라지게 된다. 비루한 풍습이 사라지고 기강

16) 宋·胡宏, 「與秦檜之書」, 위의 책, 107쪽.
17) 「五峰學案」, 『宋元學案』 권42,

이 바로 잡히면 선유들에게 부끄럽지 않고 사풍을 대대로 계승할 것이다."18) 따라서 "학관을 보수하고 명유名儒를 방문하여 학교를 진흥시키고자 호남 지역 사인들에게 서원을 지어 달라고 청하였다".19) 호남성의 학자들은 이러한 청에 서원 창건으로 응답했다. 기록에 따르면, 소흥, 융흥隆興 10여년 간, 선화현善化縣의 성남서원城南書院, 상서서원湘西書院, 영향현寧鄕縣의 도산서원道山書院(靈峰 혹은 雲峰이라고도 함), 형산현衡山縣의 남헌서원南軒書院, 형양현衡陽縣의 호충간서원胡忠簡書院, 안인현安仁縣의 옥봉서원玉峰書院, 정주靖州의 시랑서원侍郞書院, 진주辰州의 장씨서원張氏書院, 노계현瀘溪縣의 동주서원東洲書院 등 호남성 전역에 9곳의 서원이 창건 및 복원되었다. 건도 원년(1165) 호남성 안무사按撫使 유공劉珙은 소흥 원년(1131)에 전화戰火로 소실된 악록서원을 재건하고 호굉의 제자 장식을 주강으로 초빙하였다.20) 당시는 호굉이 세상을 떠났을 때로, 악록서원은 벽천서원을 대신하여 호상학파의 활동 무대가 되었던 것이다. "학업을 청하고 난제難題를 묻는 유사들이 천 여 명에 이르렀으며, 거문고를 타고 책을 읽는 소리가 형산 봉우리와 상강湘江 사이에 넘쳐났다."21) 서원을 기지로 삼은 호상학파는 마침내 대세를 형성하였다.

서원 건립과 강학 및 전도 활동은 호남성에서 가장 활발하게 이루어지면서 주변 지역으로까지 퍼져 나갔다. 장식은 벼슬에 오르기 위해 원주袁州, 계림桂林을 다니며 남헌서원南軒書院, 선성서원宣成書院을 세웠다. 그의 학생들 역시 이곳저곳을 다니며 도를 전했다. 오렵吳猎(악록서원 堂長 역임)은 광서로廣西路의 전운판관轉運判官으로 재임할 때 계림정사桂林精舍를 세우고, 스승들이 만들어 놓은 규율들을 찾아서 "동문들

---

18) 陳谷嘉·鄧洪波, 앞의 책, 106-107쪽. "伏願上梁以後, 遠邦朋至, 近地風從, 襲稷下以紛芳, 繼杏壇而蹡跡. … 驅除陋習, 綱紀聖傳, 斯不忝于儒流, 因永垂于士式."

19) 宋·張栻, 「岳麓書院記」. 淸·趙寧『岳麓書院志』권8. "葺學校, 訪儒雅, 思有以振起, 湘人士合辭以書院請."

20) 일본 데라다쓰요시寺田剛는 악록서원의 복원과 張栻의 주강 임명을 신유학서원운동의 시작으로 간주한다. 寺田剛의 『宋代教育史概說』(도쿄: 博文社, 1965년, 265-271쪽)을 참고하기 바란다.

21) 淸·楊錫紱, 「城南書院志·改建書院敍」. "從遊之士, 請業問難者至千餘人, 弦誦之聲洋溢于衡峰湘水之間."

과 함께 공부했다(與同志共學焉)." 이식李埴은 기주夔州에서 강학하고, 파촉巴蜀에서 전도했으며, 오렵이 사천 안무사安撫使가 되면서, 호상학은 마침내 "상강과 초강 유자들(二江諸儒)"을 양성했다. 이는 호남성의 서원흥학운동이 실질적으로 더 널리 전해질 수 있는 힘이 있음을 의미한다. 건도 3년(1167)에 이학자 주희는 장식이 악록에서 호상학을 전파한다는 소식을 듣고 천리를 마다하지 않고 찾아왔는데, 이는 호상학 및 호상학의 실질적 토대인 서원이 당시 사회적으로 매우 큰 영향을 끼쳤음을 보여준다.

주희와 장식의 회강은 악록서원을 중심으로 선화현善化縣(현 長沙)의 성남서원城南書院과 형산의 남헌서원南軒書院을 오가며 이루어졌는데, '중화(中和)'를 주제로 태극太極, 건곤乾坤, 심성心性, 찰식지선察識持善(주석 삭제)등 이학의 가장 핵심 문제를 다루었다. 강론한지 2달 정도가 지났을 때, "학도는 천여 명에 이르고 수레와 말들이 넘쳐나고 음지飲池 물이 마를 정도로 학문이 흥성하니 마치 수사洙泗의 광경을 보는 듯 했다."[22] 아호鵝湖 모임보다 8년이나 일찍 서원 회강을 열고 자유로운 강학 분위기를 조성했던 이 활동은, 호남성 전역에서 뿐만 아니라 중국 학술, 서원발전사에서 기념비적인 사건이었다. 훗날 주희는 시문에서 장식이 이학 집대성에 기여한 공헌을 여러 차례 언급했고, 그 후 12년 즉 순희 6년(1179) 백록동서원이 복원되었을 때도 수차례 악록서원의 예를 인용하며 정부의 도움을 요청했을 정도로 주희에게도 인상 깊은 일이었다. 때문에 호남성에서의 서원 창건 및 복원 운동이 주희에게 큰 영향을 끼쳤거나, 주희의 백록동서원 복원이 당시 호남성의 서원들을 방문한 결과라고 평가된다. 후에 그는 담주를 관할할 때 석고서원과 악록서원 설립 등에 관해 기록하여 호남성 서원 발전에 이바지했다.

호남성 이학자들의 서원창건운동을 뒤이어 각 지역의 학자들도 서원 설립, 강학 활동을 시작했다. 절강성에서는 여조겸呂祖謙이 건도 2년(1166)에 여택서원麗澤書院에서 강학했고, 복건성에서는 주희가 건도 6년에 한천정사寒泉精舍를 창건했으며, 강서성에서는 주희가 순희 6년(1179)에 백록동서원을 복원했고, 육구연이 순희 14년에 상산정

---

22) 淸·趙寧, 『岳麓書院志』 권3. "學徒千餘, 與馬之衆, 至飮池水立竭, 一時有瀟湘洙泗之目焉."

사象山精舍에서 강학했다. 뿐만 아니라 이들은 학문적 지도자로서 이곳저곳에서 강학하기도 하고, 서원에 관해 기록하기도 하고, 학전을 두고 서적을 모으기도 하고, 서원의 규장規章을 세우기도 하면서, 적극적으로 현지 서원 설립을 추진했다. 덕분에 효종 재위 시, 특히 건도, 순희 연간(1165-1189)에 서원설립운동은 전국적으로 전개되었다. 이학자들은 서원을 근거지로 자신의 사상을 펼치고 학파를 확대해갔으며, 이론적으로 완비된 이학과 서원을 연동시켜 이 둘 모두 크게 발전시켰다. 덕분에 이학발전사에서 '건희, 순희 연간의 흥성(乾淳之盛)'이라는 남송대 첫 번째 서원 발전 절정기를 이루었다. 바이신량白新良의 통계에 따르면 이 시기 창건 및 복원된 서원 수는 연평균 2.52곳, 총 63곳, 연대를 확정할 수 있는 서원수의 23.77%를 차지해, 남송 후기 이종대, 도종대에 이어 두 번째 빠른 것으로 나타났다.

2. 성리학자들이 추구한 서원의 목표와 이상

장식, 여조겸, 주희, 육구연은 가장 유명한 남송 이학대사이다. 이 중 전자 세 사람의 관점과 주장은 상통하여 '동남 3현(東南三賢)'이라 불렸다. 장식은 벽천서원에서 공부하고 직접 성남서원을 세워 강학했으며, 후에 천하제일 서원인 악록서원에서 주강으로 초청받아 누구보다 일찍, 풍부하게 서원을 "경험(閱歷)"했다. 여조겸은 직접 서원을 설립하고 강학한 것 외에 주희를 도와 백록동서원을 운영했으며, 역사책에서도 잘 알려진 아호鵝湖의 모임을 마련하여, 영강학파永康學派, 영가학파永嘉學派 학자들과의 강학을 조정하는 등 서원 설립에 많은 공헌을 한 것으로 알려져 있다. 육구연은 일생 동안 정사精舍에 관심을 쏟았으며, 백록동서원에 강학으로 초청된 것을 제외하면, 서원에 큰 관심을 두지 않았다.

그러나 정사에는 유, 불, 도 삼교가 수 천 년 동안 쌓아온 강학에 대한 경험이 축적되어 있었다. 주지하듯이 육구연은 이 '정사'라는 개념을 정의하고 정리하여 서원이 수 천 년 동안 지속될 수 있었던 토대를 구축하는 공을 세웠다. 주희는 이들 네 명 중 가장 장수했으며, 이학의 집대성자이기도 하다. 젊었을 때 현학縣學을 관리했던 경험이 있었고, 후에 주학을 개혁하고자 했으나, 악록서원, 성남서원에서 장식과 회강한 이후 서원에 대한 애정은 더욱 깊어져, 직접 한천寒泉, 무이武夷, 죽림竹林 등에 정사를 세우고 이곳에 머물면서 강학하였다. 백록동서원 운영에도 최선을 다했으며, 악록서원을 세우고 석고서원에 관한 기록을 남기는 등 평생 서원의 부흥과 발전을 열망하였다. 서원운동의 전 과정의 중심에 있었으면서도 이해받지 못한 채 공격만 받다가 세상을 떠났지만, 서원이 그의 강학과 함께 흥성하는 영광은 누릴 수 있었다. 이들은 오랜 기간 서원을 세우고 복원하는 동안, 서원의 목표를 확립하고 이상적 서원 모델을 제시했다.

남송 초 이학자들이 전개한 서원운동은 북송의 옛 유명 서원을 복원시키면서 시작됐다. 최초로 시작한 이는 '동남 3현' 전 세대였던 호굉으로, 당시는 소흥 8년(1138), 아버지 호안국이 서거한 직후였다. 재상 진회는 호안국과 '오랜 친구(故舊)'로 지냈는데, 그가 세상을 떠나자 아들 호굉에게 편지를 보내 호 씨 형제를 자기 문하로 들이려 했으나, 호굉은 "인재가 아닌 이를 등용한다면, 부족함이 천하에 드러나 좋지 않을 것입니다(若用不以其才, 則醜拙陳露, 非所以成其美矣)"며 완곡하게 거절했다. 그는 답장에서 진회에게 악록서원을 복원하여 선인들의 강학에 대한 뜻을 따를 수 있도록 해달라 청하였고, 정부에서 선조들에 사액을 내리고 산장으로 임명하며 서적을 하사하는 등의 일을 통해 악록서원을 합법적으로 승인해줄 것을 거듭 강조했으며, 서원의 뜰과 가옥(院宇)을 새로 짓고 산장을 임명하여 의주현에서 관리하기를 요청했다. 이는 진회에게 서원 산장 역시 정부 관원이라는 것을 알려주고자 했던 것이지만, 여기에는 이학자들이 서원을 관학으로, 스스로를 송초 서원 전통의 계승자로 간주하면서, 정부가 이에 적극적으로 지지해주기를 바라는 마음도 담겨 있었다.

도가 다르면 함께 도모할 수 없는 법이다. 호굉은 정부의 힘으로 악록서원을 복원하고 산장에 임명되기를 청했지만, 진회의 방해로 결국 이루어지지는 못했다. 그러나 직접 서원을 세우고 강학하였다. 이는 실제 장식 등 학생 벌의 이학자들에게 정부와 민간 모두의 힘으로 서원건설 사업 추진이라는 서원 건설의 첫 번째 목표를 잘 보여주는 사례이다.

서원은 본래 민간에서 시작되었는데, 경력慶歷 흥학 이후 정부에서는 더 이상 적극적으로 서원 창건을 추진하지 않았기 때문에, 민간의 독자적인 힘으로 세워진 서원이 대부분이었다. 민간에서 서원에 자발적으로 힘을 보태는 것은 어려운 일이 아니었으며, 이학자들은 정부의 서원에 대한 지지와 지원을 회복시키고자 했다. 이를 실현시키기 위해 송초의 '천하 3대 서원(天下三書院)' 회복부터 시작해서, 지속적으로 선대의 서원에 대한 장려와 표창을 강조하였으며, 선대의 장서, 편액 및 학전 하사, 관리 파견 등의 의미를 알리고 이를 요청하였다. 이는 정부가 서원운동을 합법적으로 승인하여 서원 건설에 실질적으로 지원토록 하는 데 목적이 있었다.

악록서원과 석고서원의 경우, 지방정부와만 소통했기 때문에 성공할 수 있었던 듯하다. 건도 원년(1165년) 담주지주 겸 호남안무사 유공劉珙은 정부 자금으로 담주주학 교수에게 '관련 사무를 담당(經紀其事)'하게 하여 반년 만에 '옛 규장을 익히고(大抵悉還舊規)', 재건 작업을 마무리 하였고, '사인 정원을 20명으로 정하고(定養士額二十人)', 장식을 주강으로 초빙했다. 이것이 기본적인 공식 학교 운영 모델이었다. 석고서원의 복원은 순희 12년(1185)부터 반주潘疇(潘時라고 된 기록도 있음), 송약수宋若水 두 장관의 임기에 걸쳐, 원사院舍를 재건하였고 이듬해 완공했다. 제사, 장서, 학전 배분, 제생 선발 등은 모두 관에서 담당하였고, 서원의 학전은 2,240여 무畝였다. 순희 14년에는 주희에게 관련 기록을 부탁하였다.

백록동서원의 복원은 악록서원과 석고서원 사이에 이루어져서 순희 6년(1179) 주희가 지방 최고 행정장관인 남강군지군南康軍知軍으로 있을 때 완성되었다. 당시는 큰 가뭄이 들었던 해였지만, 원사 복원은 장관의 의지로 군학의 교수와 읍 지현이 조속히 처리하였다. 도서 수집, 학전 관리, 교사 초빙, 생도 모집, 학교 제정, 교과 과정 개설, 육구연 강학 초청, 그리고 휴가 기간 거인擧人들 합숙 훈련 등 구체적 업무들도 순조롭게 추진되었다. 그러나 주희의 목적은 황제에게 편액을 하사받고 조정의 인정을 받는 것이었다. 그래서 그는 순희 8년(1181) 3월 이임하기 전에 조정에 "감히 죽음을 무릅쓰고(昧萬死具奏以聞)" '걸사백록동서원칙액(乞賜白鹿洞書院敕額)'을 올렸다.

명찰하시옵소서. 태종, 진종 황제의 유명遺命에 따라 백록동서원에 편액을 하사하라는 칙명을 내리시고, 국자감에서 조구趙構 황제의 어필 석경石經, 각인刻印 구경九經 주소注疏, 『논어』, 『맹자』 등을 필사하여 백록동서원에 하사하시기를 원하옵니다. 선유들을 널리 알리고 풍유를 빛나게 하면 신하와 같은 문인에게 뿐만 아니라 천하 후세만대의 행운이겠나이다.[23)

조정에서 오랫동안 서원에 관여하지 않자 주희는 태종, 진종 두 황제의 유명遺命으로 서원에 대한 조정의 관심을 청하였지만 오히려 "조정 안팎으로 기이한 일이라고 전해져(朝野喧傳以爲怪事)" 비웃음과 조롱을 사게 된다. 이 같은 어려움 속에서도 주희는 결코 포기하지 않았다. 그 해 11월, 마침내 기회가 찾아왔다. 효종 황제가 다른 일로 연화전延和殿에서 그를 접견한 것이다. "'통치자'에게 직접 관련된 일을 꺼내지 말라(執政,切宜勿言)"는 경고에도 불구하고 주희는 황제 면전에서 백록동서원에 서적과 편액 하사하시기를 요청하였고, 마침내 받아들여졌다. 뜻이 있는 곳에 길이 있다는 말이 있듯이, 주희는 이로써 100여 년 동안 얼어있던 얼음을 깨뜨리고 자신의 목표를 실현했으며, 조정이 다시 서적, 편액을 하사하는 등 실질적으로 서원 건립을 지지하도록 되돌려 놓았다.

이때부터 서원은 중앙과 지방, 민간까지 모두의 지지를 확보하게 되었다. 이학자들은 서원 건립의 첫 번째 목표를 이룸과 동시에, 관과 민이 함께 서원 발전을 추진하는 새로운 시대를 연 것이다. 이로써 남송 서원은 첫 번째 절정기를 맞이하게 된다.

'학교의 과거 교육(學校科擧之敎)'에 대한 문제의식을 토대로 주, 현의 관학과 병존하는 관부 서원을 설립하여, 과거제에 미혹되는 폐단을 시정할 수 있는 공교육의 또 다른 모델로 삼는 것이, 이학자들의 두 번째 목표였다. 인재를 선발하는 과거제와 인재

---

23) 陳谷嘉·鄧洪波, 앞의 책, 70쪽. "慈望聖明俯賜鑑察, 追述太宗皇帝, 眞宗皇帝聖神遺意, 特降勅命, 仍舊以白鹿洞書院爲額, 仍詔國子監, 仰摹光堯壽聖憲天體道性仁誠德經武緯文太上皇帝御書石經及印版九經注疏, 〈論語〉, 〈孟子〉等書,給賜本洞奉守看讀, 于以襃廣前列, 光闡儒風, 非獨愚臣學子之幸, 實天下萬世之幸."

를 양성하는 학교가 연동되면서 학교는 과거제의 부속품으로 전락해버리고 만 것이다.

이학자들 역시 관학을 개혁하고자 했으나 번번이 실패하자 방향을 바꾸어 관부서원 설립에 주력하게 된다. 이는 구체적으로 과거제를 비판하는 것에서 시작하였다. 장식은 「중수악록서원기重修嶽麓書院記」에서 유공의 서원 설립 목적이 "생도들을 모아 관록과 벼슬을 위해 강학하는 것인가? 문장을 쓰는 기교를 배우는 곳인가? 소위 인재 양성이란 도를 전하고 백성들을 구제하는 데 목적을 두어야 한다"고 지적했다.[24] 악록서원은 과거제 자체에는 반대하지 않았지만, 과거제만을 위한 학교 설립은 반대했다. 과거제와는 별도로 새로운 길을 개척하여 도를 전하고 백성을 구한다는 서원 교육 목표를 달성하기 위해 이 같은 현실적 태도를 취한 것이다.

백록동서원의 방법은 더욱 기발하고 특출했다. 주희는 임안臨安으로 떠나 성시省試에 참가하는 거인들을 위해 양성반을 꾸리고 「초거인입서원장招擧人入書院狀」을 발표했다.

그는 합숙의 기회를 통해 이학자들의 강학과 수신을 하나로 연동시켜 세속의 과거제에 대한 관념을 수정하고, 국가의 인재 선택과 사인으로서 학문함의 진정한 의미를 되새겨주고자 했다. 이는 여전히 서원을 통해 방향을 잃어버린 관학 교육을 바로 잡고자 한 생각에서 비롯된 것으로, 대상에 대한 이해에서 출발하여 그것의 단점을 수정 및 보완하는, 평화적 방법이었다.

주희가 순희 14년(1187) 석고서원에 대해 기록할 즈음, 상황은 많이 변해 있었다. 황제를 위시한 조정에서 서원을 지지한 지 몇 년이 지났기 때문에 첫 번째 목표는 이미 이루어진 셈이었으나, 어떻게 관부서원을 제대로 설계할 것인지, 관부서원을 어떻게 자리매김할 것인지 등은 우선적으로 고려해야 하는 문제가 되었다. 때문에 그는 역사를 돌아보고 현실을 참고하여 더욱 총체적이고 성숙한 견해를 제안했고, 서원을 "과거 시험만을 위한 곳인 학문을 뜻에 둔 사방의 선비들을 위한(以俟四方之士有志于學,

---

24) 위의 책, 108쪽. "豈特使子群居佚談, 但爲決科利祿計乎? 抑豈使子習爲言語文詞之工而已乎? 蓋欲成就人才, 以傳斯道而濟斯民也."

而不屑于課試之業者居之)" 곳으로 정초시켰다.

학교에서 과거제의 폐해는 이루 말할 수 없는 정도였으나, "당연하다 생각하고 구제하지 않는 것은 옳지 않았다(不可以是爲適然, 而莫之救也)." 구제하지 않을 수 없는 상황이라면, 구체적으로 어떻게 해야 할지를 고민해야 했다. 그것은 바로 '폐해(害)'가 수없이 많은 과거제를 위한 교육을 벗어나, "별도로 평온하고 조용한 곳을 구하여(別求燕閑淸曠之地)" 뜻을 같이 할 사람들을 모으고 서원을 세워 뜻있는 사인들의 요구를 충족시키는 것이었다. 그렇게 관부서원의 정체성은 정해졌다. 관부서원은 주현 관학과 마찬가지로 국가 교육 시스템에 속했지만, 서원은 주, 현 관학의 부족한 점을 보완하고 수정하는 역할로 자리매김 된 것이다. 이는 관학을 대체했던 북송 초기와도 완전히 달랐다. 이학자들의 당시 목표는 관부서원으로 하여금 관학이 과거제에 미혹된 폐단을 수정하는 역할을 담당케 하는 것이었다.

관부학교의 또 다른 형식으로서의 서원은 어떻게 존재의 의미를 찾을 수 있었을까. 이학자들이 설정한 이상적 목표는 과거제를 목적으로 하지 않고 강학을 지향하는 서원을 만드는 것이었다. 이 점에 대해 주희는 "선인들이 서원을 세운 것은 사방의 사우(土友)를 모집하여 강학하기 위함이었지, 과거 시험을 보기 위함이 아니었다(前人建書院, 本以待四方士友, 相與講學, 非止爲科舉計)."고 지적했다. 과거제 시대에, 이에 반대하는 특정 교육 기관이 제도로 자리 잡는다는 것은 거의 불가능했다. 따라서 이학자들은 어쩔 수 없이 이 같은 현실을 받아들여 과거제라면 무조건 반대한 것이 아니라, 이것만을 목적으로 삼는 행위에 초점을 맞추면서, 강학에 온 힘을 다 쏟았다. 자신들 이학의 교육 이상으로 서원 생도들의 이익과 관록에 대한 욕망을 융화시킴으로써, 도를 전하고 인민을 구제하는 인재를 양성하고자 했다.

지금까지 이학자들이 제기한 서원건립 목표 및 이상에 대해 간략하게 논의하였다. 그들과 후학들은 이 목표와 이상에 따라, 강학 과정에서 서원제도를 확립하였는데, 이에 관해서는 다음 장에서 구체적으로 논하고자 한다. 이학자들은 비판하는 와중에도 관학제도의 장단점을 배우고 불교와 도교의 교학의 경험을 수용하여, 이학교육의 정신과 이념을 바탕으로 특색 있는 서원 제도를 창출해 냈다.

제3절 서원과 이학의 일체화

서원과 이학의 일체화는 남송 시기의 가장 큰 특징이었다. 이학자가 주도한 서원운동은 형식과 내용 모든 면에서 이학과 서원이 서로 영향을 주고받으며 분리할 수 없는 하나의 구조를 만들어냈다. 당시 서원은 이학의 기지로, 이학은 서원의 정신으로 역할했으며, 성쇠와 영욕을 동고동락하는 운명공동체였다.

1. 서원과 이학, 함께 번영을 누리다

이학자의 서원운동은 영종 전기 '경원당금慶元黨禁'으로 어려움을 겪게 된다. '경원당금'은 한탁주韓侂胄와 재상 유정留正, 조여우趙汝愚의 권력 다툼으로 시작되었는데 이때 많은 이학자들이 연루되었다. 경원 2년(1196) 한탁주가 권력을 장악한 후, 이학을 위학僞學으로 매도하고 금지령을 내걸었으며, "위학의 무리가 아니다(非僞學之人)"라고 선언해야 관직에 오르고 승진할 수 있었고 '위학을 하지 않는다(不爲僞學)'고 맹세해야 과거시험에 응시할 수 있도록 정해버렸다. 뿐만 아니라 59명의 위학역당당적僞學逆黨黨籍에는 주희, 팽구년彭龜年, 진부량陳傅良, 누월樓鑰. 여조겸, 여조검呂祖儉, 여조태呂祖泰, 섭적葉適, 양간楊簡, 원섭袁燮, 채원정蔡元定 등 각 학파의 이학자들도 포함되어 있었다. 이들의 저작은 금지 및 소각되었고, 일부는 유배되거나 추방되었으며, 심지어 주희는 참수당해야 마땅하다고 주장하는 이도 있었다. 한순간에 "스승 세대는 몰락해버렸으나, 이들을 뒤이을 만한 뛰어난 제자는 나타나지 않은 상황이었다."[25] "굴종적이고 비겁한 제자들 일부는 스승의 이름을 바꿔버리고 원래의 문하로 다시 돌아가지 않았으며, 심지어 의관을 갈아입고 시진市肆에서 방탕하게 놀면서 스스로 이학자들과 구분 짓기까지 했다."[26]

---

25) 宋・魏了翁,「論士大夫風俗」,『鶴山大全文集』권16. "老師宿儒, 零替殆盡. 後生晚輩, 不見典型."

엄혹한 시대 상황 속에서 이학과 이학자들의 본거지였던 서원은 외면당했다. 당시 지방지를 살펴보면, 경원 연간에는 호남성 안향安鄉의 심류서원深柳書院, 강서성 부량浮梁(현 景德鎭)의 장향서원長芎書院, 사천성 노주瀘州의 오봉서원五峰書院 이상 3개의 서원만이 창건되었다. 경원 6년(1200)에는 주희가 세상을 떠나자, 각 지역의 문인들은 예를 갖춰 장례를 치르고자 했으나, 조정에서는 이를 금지하는 령을 내리기까지 했다. "사방의 위도僞徒들이 때를 정하여 위사僞師의 장례를 치르는데, 그 자리를 빌어 세상 사람들에게 옳고 그름을 멋대로 가르치거나 시정時政의 좋고 나쁨을 함부로 논하니, 지방관을 보내어 이들을 단속케 하였다."27) 1대 이학종사理學宗師의 마지막 가는 길은 이처럼 쓸쓸했다. 하물며 대사도 이러한데, 그가 종사했던 서원과 이학이 더 깊은 수렁으로 빠지는 것은 너무나도 '당연한(當然)' 일이었다. 서원과 이학은 나란히 '경원당금'의 난이라는 불행을 겪게 된 것이다. 이는 정치적 억압과 학술에 대한 독단적 권위로 인해, 서원과 이학이 일정 기간 발전되지 못했던 상황을 잘 보여준다.

그러나 바로 이런 외부의 탄압과 위협은 이학과 서원의 결속력을 높이는 동시에 각각의 정체성 역시 확립시키는 등, 더 나은 발전을 위한 역량이 되기도 했다. 앞서 언급했던, 굴종적이고 비겁하게 옷을 갈아입은 이들도 있었지만, 그 외 중견급의 이학자들 및 추종자들도 여전히 많이 있었다. 이들은 힘에 굴복하지 않고 여전히 이학과 서원 발전을 위해 힘쓰고 있었다. 위에서 인용했던 황간黃幹의 「주선생행장朱先生行狀」에 따르면, 경원 2년(1196) 주희는 "제생과 함께 죽림정사竹林精舍에서 강학했는데, 생도들에게 돌아가기를 권하는 이에게 웃으며 대답하지 않았다(自與諸生講學竹林精舍, 有勸以謝遣生徒者, 笑而不答)." 외압에도 굴하지 않고 강학은 계속해서 이루어지고 있었던 것이다. 탄압에도 불구하고 내보인 웃음에서 대가의 침착함을 엿볼 수 있다. 다음해 봄, 채원정蔡元定은 지방정부(州縣)의 체포를 피해 멀리 도망갔는데, 도주道州에 추방

---

26) 宋·黃幹, 「朝奉大夫文華閣待制贈全謹閣直學士通義大夫謚文朱先生行狀」, 『勉齋集』 권36. "依阿巽儒者, 更名他師, 過門不入, 甚至變易衣冠, 狎遊市肆, 以自別其非黨."

27) 『宋史·朱熹傳』. "四方僞徒期會, 送僞師之葬, 會聚之間, 非妄訓時人短長, 則繆議時政得失, 望令守令臣約束."

되기 하루 전날 한천정사寒泉精舍에 도착해 스승인 주희 및 동학 100여 명과 작별 인사를 나눈 뒤 밤을 꼬박 새며 스승과 함께 「참동계參同契」를 수정했던 일화는 매우 감동적이다.

경원 4년(1198) 겨울, 문화 풍토가 좋은 절강성 동양東陽, 즉 한탁주의 코앞에서 '역당逆党'의 수뇌 및 그 추종자들과 함께 석문서원을 기리는 글을 짓고 상징적인 일을 했는데, 이는 엄혹한 와중에도 '성명性命의 학'을 제창하기 위해서였다.

가태 2년(1202) 주희가 서거한 지 2년이 지났을 무렵, 정세에도 변화가 생겼다. 경원 당금령이 해제되고 통치자의 이학에 대한 태도가 긍정적인 방향으로 돌아선 것이다. 가정 2년(1209) 주희를 문공文公으로 추증하고 누명을 벗겨주었다. 가정 8년에는 장식에게 선공宣公이라는 시호를, 9년에는 여조겸에게 성공成公이라는 시호를, 13년에는 주돈이에게 원공元公, 정호에게 순공純公, 정이에게 정공正公, 장재에게 명공明公이라는 시호를 내렸다. 이로써 건순 연간의 이학자들이 지속적으로 역설했던 '학통學統'이 마침내 정부의 정식 승인을 받게 되었으며, 자신들 스스로도 이 학통에 편입시킬 수 있게 되었다. '가정경화嘉定更化' 불리는 이 사건을 거치면서 이학자는 어둠의 세월과 결별하고 빛의 시대를 맞이하게 된다.

당금黨禁이 해제되고 이학자의 본거지였던 서원은 통치자의 주목을 받게 된다. 사지史志에는 영종寧宗, 가정 연간 복건성 건양建陽 운장서원雲莊書院, 강서성 남창南昌 동호서원東湖書院에 편액을 하사했다고 되어 있다.[28] 이는 주희의 간청으로 백록동서원이 편액을 하사받은 후의 첫 사액이자, 남송대의 서원의 고난이 끝났다는 상징이기도 했다. 이때부터 이학과 서원 모두 빠른 속도로 회복, 발전하게 된다. 통계에 따르면 가정 연간에 창건된 서원만 해도 23곳이나 되었는데, 이는 경원 연간의 3곳과 비교하면 엄청난 차이였다.

다시 말해, 영종대의 서원과 이학은 우여곡절을 겪으면서도 스스로 정책을 조정해냈으며, 이에 조정 역시 지지하고 장려하는 입장으로 선회했다. 경원 연간의 재난으로

---

28) 白新良, 『中國古代書院發展史』, 19쪽.

198

이학자들이 주도한 서원운동의 급속한 발전 추세는 한풀 꺾였지만, 오히려 전화위복이된 것이다. 이 둘의 관계는 더욱 긴밀해져 일체화 되었으며, 이후 다시 발전할 수 있는역량을 축적했다.

이종理宗, 도종道宗 연간(1225-1274), 정부와 민간이 긴밀하게 협조하면서 위, 아래모두 한 마음으로 이학과 서원을 함께 번영시켰다. 이종 황제는 이학에 유독 애정이깊었는데, 즉위 초기 주희의〈사서집주〉를 칭송하며 "손에 잡으면 놓을 수가 없으니그가 이미 세상을 떠난 것이 아쉬울 따름(讀之不釋手, 恨不與之同時)"이라며, 특별히 주희를 태사太師라 칭하고 신국공信國公으로 추서하였고, 다시 휘국공徽國公으로 재추서하였다. 얼마 지나지 않아 주돈이, 장재張載, 정호, 정이, 주희 모두 학궁學宮에 종사하도록 명하였다. 역사에는 이들 5명이 '송 5자子', 즉 이학 도통道統으로 기록되었다. 이때부터 정주리학程朱理學은 정통 학문이 되었고, 정부가 승인하는 공식적인 지위도 얻게되었다. 이종 황제는 서원을 매우 아꼈기 때문에, '사전賜田, 사액賜額, 사어서賜御書및 관직 설치(或賜田,或賜額,或賜御書,間有設官者)' 등 지속적으로 적극 지원하였다. 황제가 직접 관심을 쏟았던 서원만 해도「속문헌통고续文献通考」에는 20곳이 기록되어 있고, 지방지에는 이보다 더 많았다. 차오송예曹松葉은 16곳으로 기록했는데, 이 중 편액을 받은 서원은 6곳, 어서를 받은 서원은 8곳, 현판을 받은 서원은 1곳, 서적을 받은서원은 1곳이었으며, 바이신량白新良은 사액만을 받은 27곳만 기록하고 있다. 이 두기록을 종합 및 고증하여 연호 순서로 나열하면 다음과 같다.

보경寶慶 원년(1225), 광서성 전주현의 청상서원清湘書院

소정紹定 5년(1232), 강서성 귀계현贵溪縣의 상산서원象山書院

단평端平 3년(1236), 강소성 오현吳县(현 蘇州)의 학산서원鶴山書院, 단평 연간(1236-1236), 복건성 연평부延平府의 연평서원延平書院

가희嘉熙 3년(1239), 호남성 도주의 염계서원濂溪書院

순우淳祐 원년(1241), 복건성 우계현의 남계서원南溪書院; 순우 3년, 복건성 건양현建陽縣 여봉서원廬峰書院; 순우 4년, 복건성 건양현의 고정서원考亭書院, 건양현의 환봉서원环峰書院, 5년, 안휘성 휘주徽州의 자양서원紫陽書院; 순우 6년, 호북성 공안현公安縣의 공안서원公安書院, 호남성 선화善化縣의 악록서원岳麓書院, 선화현의 상서서원湘西書院; 순우 9년, 안휘성 당도當涂縣의 천문서원天門書院, 강녕현江寧縣의 명도서원明道書院; 순우 10년, 강서성의 연산문종서원鉛山文宗書院, 아호서원鵝湖書院; 순우 연간(연대 미상), 진강현鎭江縣의 회해서원淮海書院

　　보우寶祐 3년(1255), 강서성 대유현大庾縣의 도원서원道源書院

　　경정 3년(1262), 호남성 도주의 염계서원, 광서성 계림桂林의 선성서원宣成書院, 절강성 임해臨海의 상채서원上蔡書院; 경정 4년, 복건성 포전蒲田의 함강서원涵江書院, 강서성 대유의 도원서원道源書院(사액과 사서 받음); 경정 5년, 안휘성 당도현當涂縣의 단양서원丹陽書院

　　이종理宗 연간(연대 미상), 사천성 포강蒲江의 학산서원鶴山書院, 공주邛州의 학산서원鶴山書院, 강서성 여릉廬陵의 백로주서원白鷺州書院, 남창南昌의 송렴서원宗濂書院, 절강성 금화金華의 여택서원麗澤書院, 영파寧波의 용동서원甬東書院, 정해定海의 옹주서원翁洲書院, 구주衢州의 가산서원柯山書院, 소흥紹興의 계산서원稽山書院, 강산江山의 극재서원克齋書院, 광동성 소주韶州의 상강서원相江書院, 호북성 황주黃州의 하동서원河東書院, 복건성 숭안崇安의 무이서원武夷書院

　주희의 서원 건립 목표 중 하나는 조정의 지지를 상징하는 황제의 사액과 사서賜書를 받는 것이었다. 당시 11개 성역省域에 분포된 40여 개의 사액賜額서원은 멋진 방진형方陣形을 이루면서 정부의 서원에 대한 확고부동한 지지를 이미지로 보여주었다. 이는 이종 황제가 보경 원년(1225) 등극했을 때부터 경정 5년(1264) 사망할 때까지 40년 동안 지속되었는데, 이 기간 동안 그가 서원 발전에 중추적인 역할을 했다는 점은 재론할 필요가 없을 것이다. 뿐만 아니라 순우 원년(1241) 이종 황제가 태학을 시찰할 때 주희의「백록동서원게시白鹿洞書院揭示」를 친필로 써서 태학생에게 하사하고 전국 학교로 반포하였으며, 이는 전국의 모든 관학이 준수해야 하는 준칙이 되었다. 이상의 일들은 최고 권력자인 황제가 더 이상 전대前代처럼 흔들리지 않고, 확고하게 서원 발전을 지지하는 입장으로 돌아섰음을 보여준다. 이후 도종 황제는 재위 10년 동안 이 정책을 그대로 유지하면서 순안淳安의 석협서원石峽書院, 절강성 강산江山의 포산서원包山書院, 강서성 감주贛州의 선현서원先賢書院에 편액을, 복건성 장락將樂의 구산서원龜山書院에는 편액과 함께 학전을 하사하였고, 절강성 서안에는 청헌서원淸献書院을 세우라는 칙령을 내렸다. 이러한 황제의 적극적은 지원으로 서원은 더욱 발전하게 된다. 당시 사람들은 "성스러운 천자는 도통을 존숭하고, 정전正传을 표창하고 학교 외에도 서원을 천하에 두루 지으셨으니, 이 얼마나 성대한 일인가!"라며 탄복했다.[29]

이러한 정부 입장에 호응하여 민간 역시 적극적으로 서원을 지원하기 시작했다. 당시는 이학을 집대성했던 1대 대사들은 이미 세상을 떠난 지 여러 해가 지났지만, 그들의 학생들 및 학생의 학생들은 모두 선현을 계승하고 학문을 탐구하고 대사의 학설을 제창하였다. 특히 위료옹魏了翁, 진덕수眞德秀로 대표되는 송대 걸출한 이학자들은 사력을 다하여 경원당금을 당한 이학자들이 누명을 벗도록 해주었으며, 국가의 공식 사상이 된 이학이 서원 건립을 통해 전수되는 것을 당시의 유행으로까지 만들어냈다.

남송 후기에 서원 창건 및 이학 전파는 거스를 수 없는 사회문화의 주류가 되었고, 서원과 이학의 일체화는 서원 설립, 사당 건설, 『사서』 주해, 어록 편집 등과 같은 형식으로 진행되었다. 이런 주류 문화를 토대로, 서원과 이학은 일체화 되어 발전하게 된다. 민간에서 기원하여 주류가 된 문화와 유형화 된 형식이 국가의 공식적인 승인을 받게 되었을 때, 그것의 발전은 예정된 것이나 다름없었다. 통계에 따르면, 이종과 도종 총 50년간, 서원은 평균적으로 매년 2.46개가 세워지는 등 빠른 속도로 발전했으며, 총 123개 서원이 창건 및 복원되어 남송 시기 구체적인 연대를 확정할 수 있는 총 서원 수의 49.79%를 차지했다.

2. 서원과 이학의 일체화

서원과 이학은 재난과 번영, 융성과 쇠퇴를 함께 겪으면서 암묵적, 공개적으로 공동 운명체로 자리매김하였다. 그리고 실제 존재방식에서도 관련 흔적들이 남아 있다. 이

---

29) 宋·王柏, 『上蔡書院講義』. 陳谷嘉·鄧洪波, 앞의 책, 230쪽. "聖天子尊崇道統, 表章正傳, 學校之外, 書院几遍天下, 何其盛哉!"

절에서는 서원에 대한 이학자들의 집념, 학인, 학파와 서원의 결합, 서원 강학에서 주창되는 이학정신 이상 세 가지 문제에 관해 논의하고자 한다.

서원에 대한 이학자들의 집념

서원에 큰 관심을 갖지 않았던 북송 이학자들과 달리, 남송 이학자 대부분은 서원에 강한 집념을 지니고 있었다. 남송 전기 호굉胡宏의 경우, 비난을 무릅쓰고 진회에게 악록서원을 복원하고 자신을 산장으로 임명해줄 것을 요청했으나 이루어지지 않자, 벽천서당을 벽천서원으로 바꾸고 생도를 모아 강학했다. 장식은 이곳 벽천서원에서 학문하고, 성남서원을 창건하며 악록서원에서 강학했는데, 그의 부지런한 활동에 대해서는 이미 앞에서 서술한 바 있다. 후기에는 위료옹이 전국을 다니며 이학의 정통 지위를 확보하고자 노력한 동시에 각지의 유자들에게 서원에 사당을 세워야 한다고 강학하였다. 그리고 고향인 사천성 정주靖州에 학산서원 2곳을 창건하였고, 성도成都의 창강서원滄江書院, 전주全州의 청상서원淸湘書院, 도주道州의 염계서원濂溪書院에 관해 시 등을 지어 기록해 두었으며, 서원 강학활동에 열심이었다.

주희, 장식, 여조겸의 후학들뿐만 아니라 육구연의 후학들 역시 스승의 노선을 수정하여 서원 건립에 힘썼다. 용상甬上(현 절강성 寧波-역자) 네 선생 중에서 양간楊簡은 벽지서원碧沚書院에서 강학했고, 그의 제자는 자호서원慈湖書院을 짓고 심학을 제창했다. 원섭袁燮은 성남서원을 짓고 강학했고, 동문 풍유준豊有俊과 함께 동호서원을 짓고 글을 남겼으며, '내 마음이 도(吾心是道)'라는 가르침으로 제생을 훈육하였다. 서린舒璘은 광평서원廣平書院에서 머물면서 강학했다. 심환沈煥은 초정군焦征君의 정사精舍에서 수업을 받고 사씨史氏 가문의 죽주서원竹洲書院에서 강학했으며, 남산서원南山書院에서 기거하면서 강학했다. 용상 네 선생 및 그의 문인들이 서원에 애정을 가졌던 장면들은, 송나라 사람 문급옹文及翁의 「자호서원기慈湖書院記」, 왕응린의 「광평서원기廣平書院記」, 「자호서원기慈湖書院記」 등 문헌에서 자취를 찾을 수 있다. 수 백 년 후의 청나라 사람인 전조망全祖望은 이를 매우 흠모하여 「대함초선생서원기大函焦先生書院記」, 「죽주삼선생서원기竹洲三先生書院記」,「성남서원기城南書院記」,「벽지양문공서원기碧沚楊文公書院記」,「동곡삼선생서원기同谷三先生書院記」,「석파서원기石坡書院記」,「두주육선생서원기杜洲六先生書院記」 등을 잇달아 추서하기도 했다.

각 파 이학자 중에서 이학을 집대성한 주희의 서원에 대한 집념이 가장 강했다. 기록에 따르면, 주희는 백 여 개의 서원과 관련이 있었는데, 최근 방언수方彦壽의「주희서원고朱熹書院考」에서는 관련 내용을 엄밀하게 고증하고 중복되는 곳을 제외하여 총 67개 서원으로 결론 내렸다. 이 중 주희가 창건한 곳은 4개, 복원한 곳은 3개, 독서 장소로 활용한 곳은 6개, 강학 장소로 활용한 곳은 6개, 강학에 참여했던 후대인이 창건한 곳은 21개, 제시題詩를 지은 곳은 7개, 서문과 편액을 쓴 곳은 6개이다.30) 중국 서원 천여 년의 역사를 통틀어, 서원에 깊은 애정을 갖고 이렇게 많은 서원과 관련된 첫 번째 인물이 바로 주희였다.

주희의 중요한 이학 저작은 모두 자신이 창건한 서원에서 완성하였다. 한천정사에서 건도 6년(1170)에는『태극도설해太極圖說解』초고와『서명해西銘解』를 저술했고, 8년에는『논어정의論語精義』10권,『맹자정의孟子精義』14권,『자치통감강목資治通鑑綱目』59권,『팔조명신언행록八朝名臣言行錄』24권을, 9년에는『정씨외서程氏外書』12편,『이락연원록伊洛淵源錄』14권을 편찬했다. 순희 원년(1174)에는『고금가제례古今家祭禮』16편을 편찬했으며, 2년에는『음부경고이陰符經考異』1권을 쓰고, 여조겸과 함께『근사록』을 편집했는데,『근사록』은 이학자들이 가장 중요하게 생각하는 철학적 사변이 들어 있는 저작이다. 무이정사武夷精舍에서 주희는「역학계몽易學啓蒙」4편,「효경간오孝經刊誤」1권,「소학小學」6권,「대학장구」1권,「중용장구」1권을 완성했다. 고정서원考亭書院에서는『맹자요략孟子要略』,『한문고이韓文考異』10권,『서집전書集傳』6권,『초사집주楚辭集注』8권,『초사변증楚辭辨證』2권,『의례경전통해儀禮經傳通解』37권,『주역참동계고이周易參同契考異』1권을 완성했다.

특히『주역참동계고이』는 주희와 제자 채원정蔡元定이 경원당금이 가장 심각할 때

---

30) 方彦壽,『朱熹書院與門人考, 上海: 華東師範大學出版社, 2000년, 1-35쪽.

밤을 꼬박 새워가며 개정한 것이다. 이후 채원정이 관부에 체포되어 서원에서 도주道州로 압송되었는데, 그 뒤로 다시 돌아오지 못하고 도중에 객사하였다. 그의 포부가 보통 사람과 같았다면, 이러한 참혹한 현실에 맞설 수 없었을 것이다. 경원당금 6년, 가장 위험했던 이 시기에 주희는 학생 및 우인의 초청으로 복건성 고전현古田縣 남전서원藍田書院, 계산서원溪山書院, 나봉서원螺峰書院과 복정현福鼎縣 석호서원石湖書院으로 피신하여 강학한 것 외에, 대부분의 시간을 고정서원에서 기거하면서, 채침蔡沈을 비롯한 일부 제자들이 지켜보는 가운데 세상을 떠날 때까지 이곳에서 저술하고 강학하였다. 주희는 서원을 정신적 지주이자 이학자의 활동지, 그리고 본인 인생의 종착지로 생각했던 것이다.

주희는 백록동서원에 온 정신을 쏟느라 때로는 실수를 하기도 했다. 그는 예전禮殿 건설과 전산田産 마련을 위해, 직권을 남용하여 절동 구제금 30만 냥의 은돈을 유용한 적도 있었다.[31] 주희는 백록동서원을 복원하면서 서원 설립, 강학, 학칙 제정, 도서 수집을 동시에 추진하여 이곳을 이학을 알리는 전범으로 만들고자 했으며, 여조겸과 함께 백록동서원을 송초 천하 4대 서원에 포함시키기도 하였다. 그러나 경비 부족과 조정의 몰이해로 본격적으로 추진하기가 쉽지 않았다. 강학, 장서, 제사, 학전이라는 서원의 필수 조건 중에서 제사와 학전 두 가지가 부족했으며, 게다가 전체 서원 건물도 20여 칸으로 본인의 이상과는 매우 거리가 멀었다. "백록동 서원이 막 복원되었을 무렵(重營舊館喜初成)" 절동浙東으로 직을 옮기게 되었는데, 이는 그 자체로 고민거리였다. 그는 위험을 무릅쓰고 황제 접견 당시 서원에 사액을 내려달라 요청하여 마침내 허락을 받으면서, 늦게나마 정부의 승인을 얻게 되었다. 동시에 절동 상평차염제거사常平茶鹽提擧使의 직분으로 30만 냥의 구제금도 받게 되었다. 이 돈은 재난구호금이었으나, 주희는 "모두 서원과 제자들에게 사용해버렸고, 결국 백성들에게는 한 푼도 돌아가지 못했다(盡與其徒, 而不及百姓)." 이는 명백한 규율 위반이자 큰 실수로, 이 일이 있은 후 얼마 지나지 않아 감찰어사 심계조沈繼祖에게 발각되었다. 주희의 절개와 꾸준히

---

31) 李才棟, 『白鹿洞書院史略』, 北京: 敎育科學出版社, 1989, 52-53쪽.

주창했던 치국평천하론을 생각하면, 그가 이런 종류의 잘못을 저질렀다는 것이 잘 납득되지 않는다. 어쨌든 역사적 사실이 이러하였으니, 서원에 푹 빠져서 규칙 위반도 마다하지 않았다는 것 외에는 설명할 방법이 없다. 이는 역설적으로 주희의 서원과 뗄 수 없는 인연을 보여주기도 한다.

학인, 학파와 서원의 결합

서원은 서재書齋와는 달리 사인의 공적 활동 장소였다. 서원과 사인은 서로가 서로를 선택할 수 있었다. 사인과 학자는 어떤 서원에 들어가야 할지 나름의 잣대를 가지고 있어서, 마음에 들면 들어가고 맞지 않으면 다시 나오기도 했다. 서원도 자체적으로 기준이 마련되어 있어서, 이곳에 맞지 않는 사람이 서원에 계속 남아 있으면 다른 사람에게 피해를 줄 염려가 있어서 서원을 나가도록 했다. 이렇게 모두가 받아들일 수 있는 목표 하에, 학자와 사인들은 동일한 서원에서 결집하였는데, 이를 학인과 서원의 결합이라고 부른다.

학자들의 수요는 학파나 직급, 문화 기호의 차이에 따라, 이에 걸맞는 여러 유형의 서원들이 생겨나면서 학자들의 문화적 수요를 충족시킬 수 있었고, 각각의 목적 하에 다양한 학자들이 모여들었다. 남송대에는 "과거 급제를 목표로 삼아(認科第爲的則者)" '거인擧人'이나 진사가 되거나, 장원에 올라 천하에 명성을 떨치는 것을 중시했다. 과거 시대에 이것은 대다수의 사람들이 추구하는 목표였다. 장원이었던 요면姚勉은 벼슬에 오른 후, 정의서원正誼書院, 서간서원西澗書院에서 괴성魁星(문장을 주관하는 중국의 전통 神-역자)에 제사지내며, 서원 제생들이 '모두 최고가 되고(人皆第一)' '오래도록 모든 일이 순조롭도록(萬里榮途)' '복을 기원하였다' 제문祭文에는 "과거에서 장원 급제하고, 벼슬에 올라 재상이 되고, 학술로 성인에 이르러, 모두 으뜸이 되어야 한다. 사인들은 포부를 크게 가지고 뜻을 세우고 이를 이루고자 노력해야 하니, 이것이 내가 정의서원 사우師友들에게 평소 강학하면서 강조한 내용이다."[32]라고 되어 있다. 요면은 장원, 재상, 성인 이 세 가지 모두를 으뜸으로 내세우며, 서원의 제생이 추구해야 할 목표로 제시했다. 그러나 사실 많은 경우 장원이나 재상이 되고 싶어 할 뿐, 성인은 되고 싶어 하지 않았으며, 과거를 준비할 때도 의義는 안중에도 없고 이익만을 추구했다. 따라서 이학자들 중심으로 '과거 준비는 세속적인 공부(科擧俗學)'라는 비판이 일면서 강학으로 바로잡고자 했으며, 의식 있는 사인들의 적극적인 호응을 받았다. 이러한 '강학'의 목표 아래, 일군의 학자들이 모여들었다. 그들은 의기투합하여 취향을 공유하고, 함께 절차탁마하고, 선을 권하며 잘못을 고치고, 서원에 모이는 등 오랜 세월에 걸쳐 같은 목표를 지닌 학파를 형성하였다.

서원마다 목표는 달랐지만, 같은 서원에 속한 이들은 대부분 동일한 목표를 공유했다. 여택서원麗澤書院은 다음과 같이 규정해 놓았다. "이곳에 모인 이들은 효제와 충신을 근본으로 삼는다. 부모에게 효성을 다하지 못하고, 형제와 우애 있게 지내지 못하고, 가족과 화목하게 지내지 못하고, 벗에게 신실하지 못하고, 말과 행동이 일치되지 못하고, 허물을 숨기고 그릇된 행동을 하는 이는 이곳에 있을 수 없다. 만일 여기 있는 이들이 혹 잘못을 범한다면, 동지들이 이를 일깨워준다. 일깨워도 고쳐지지 않을 경우, 질책한다. 질책해도 고쳐지지 않을 경우, 모두가 있는 앞에서 다 같이 충고하고 격려해준다. 그래도 고쳐지지 않을 경우, 제명시킨다."[33] 이러한 규정의 목적은 '이곳에 있지 못하게 하는 것(不在此位)'이 아니라, 같은 목표를 공유하면서도 함께 노력하지 않는 이들을 규제하고 질책하고 격려하며, 결국 안 될 경우 제명시키는 데 있었다. 이러한 과정을 거치면서 서원의 학인들은 더욱 한 마음이 되어갔다.

이를 통해 여조겸의 여택서원은 일원이 되는 과정이 매우 엄격했으며 이러한 방법을 통해 서원에서 학자들을 모으고 학파를 형성했음을 알 수 있다. 주희, 육구연 등 역시

---

32) 宋·姚勉,「正誼書院祭魁星」,「西澗書院祭魁星說文」. 陳谷嘉·鄧洪波, 앞의 책, 194-195쪽. "科第當作狀元, 仕官當作宰相, 學術當至聖人, 言皆當第一也. 士之遠大自期, 立志要當若是, 此吾正誼師友平日之所以講明也."

33) 宋·呂祖謙,『麗澤書院乾道五年規約』. 鄧洪波,『中國書院學規集成』, 上海: 中西書局, 2011년, 409쪽. "凡預此集者, 以孝悌忠信爲本. 其不順于父母, 不友于兄弟, 不睦于宗族, 不誠于朋友, 言行相反, 文過逿非者, 不在此位.旣預集而或犯, 同志者, 規之;規之不可, 責之; 責之不可, 告于衆而共勉之; 終不悛者, 除其籍."

학파를 형성한다는 면에서는 유사했지만, 이들은 상대적으로 유연한 편이었다. 육구연은 「시상산학자示象山學者」에서 '진리를 지키고 도를 추구하기(宿道向方)'를 "자신의 문하에게 정중히 요구하였으며(白象山諸同志足下)", 모든 사람이 '힘써 깨우치고(奉警)' '스스로 성찰하기(自省)'를 바랐다.34) 주희는 성현의 가르침을 학문의 근본으로 삼아, 오륜(五教之目), 학문(爲學之序), 수신(修身之要), 일처리(處事之要), 대인관계(接物之要) 등을 나열하여 「백록동서원게시」를 완성했고, "제생들은 함께 일깨우고 준수하며, 모든 책임은 스스로 진다(諸君其相與講明遵守而責之于身焉)"35)고 공표했다. 주희의 제자 진문울陳文蔚는 「쌍계서원게시雙溪書院揭示」를 지어 "의리를 밝히는 것(講明義理)"을 "학문의 근본으로 삼아(爲學之道)", "제생들과 함께 의를 열심히 궁구하기를 원하노라(願與諸君共篤此意)"36)며 거듭 표명했다. 이들은 "규제하고 금지하는 것(規矩禁防之具)"으로 학자들을 "함부로 대하지(淺待)" 않기 위해, '스스로 자신을 지키며(自尊)'으로 각 성원들이 '자각(自覺)'하는 방법을 채택했다. 이것이 하나의 학파로 완성되어 가는 방식이었다.

서원에서 학인을 단결시키고 학파를 형성하는 데, 가장 성공하는 이는 서원에 대한 애정이 가장 깊었던 주희였다. 그는 일생의 대부분을 자신이 지은 정사, 서원에서 강학하는 데 보내면서 일군의 고정학파考亭學派를 형성했다. 방언수의 고증에 따르면, 한천정사寒泉精舍의 주희 문인은 채원정, 임용중林用中 등 22명, 무이정사武夷精舍의 문인은 황간黃榦, 정단몽程端蒙, 진문울陳文蔚 등 91명, 고정서원의 문인은 이번李燔, 하손賀孫, 채침蔡沈 등 163명으로, 합하면 총 276명이었다.37) 이러한 엄청난 수치에는 그가 백록동서원, 악록서원 등 각지 서원에서 강학할 때의 학생은 포함되어 있지 않다.

34) 宋·陸九淵, 「示象山學者」. 위의 책, 694.
35) 宋·朱熹, 「白鹿洞書院揭示」. 위의 책, 637.
36) 宋·陳文蔚, 「雙溪書院揭示」. 위의 책, 630쪽.
37) 方彥壽, 앞의 책, 36-224쪽.

3. 서원 강학에서 주창되는 이학 정신

자신의 이익만을 위한 과거시험을 거부하고 과거제가 세속화되는 것을 반대하는 것은 남송 이학자들의 오랜 의무였으며, 서원을 관학과 구분 짓기 위해서도 지속적으로 노력했다. 서원운동 초기인 건도 2년(1166), 장식은 장사 악록서원에서 "인재를 양성하여 사도斯道를 전하고 사민斯民을 구제한다(造就人才, 以傳斯道而濟斯民)"는 이학자의 교육 이념으로 과거시험으로 이익과 명예를 얻기 위해 문사文詞만 그럴듯하게 공부하는 세태를 바로잡고자 했다. 그리고 경정 4년(1263), 장사 사람 양윤공楊允恭은 이학의 창시자 주돈이의 염계서원에 어서각御書閣을 세울 때, 도주지주道州知州의 신분으로 다음과 같이 강조했다. "나라에서 서원을 세우고 황제께서 친필로 도주를 써주셨으니, 어찌 아름답다고만 하겠는가? 어찌 생도들이 명예와 이익만을 위해 문사를 배우겠는가? 인재가 되고자 한다면, 이 도를 전하고 이 백성을 구제해야 할 것이다."[38] 98년이 지난 후의 양윤공의 문장과 뜻이 마치 그 해의 장식과 같다. 이러한 호상학자의 집념과 뚝심은 도리어 과거제의 문제가 얼마나 심각하고 오래되었는지를 반증한다. 바로 이 때문에, 과거 준비가 세속적인 공부로 전락하는 폐해를 막는 것은 역대 이학자들의 강학 전도의 계기와 돌파구가 되었다.

장식은 과거제의 폐단을 해결하기 위해 악록서원에서 도를 강학하고 전파하였는데, 그의 시도는 이학자 중에서도 비교적 빠른 시기에, 성공적으로 이루어진 것이었다. 그의 방법은 본성을 따르고 천명을 좇는 것(率性立命)으로, 스스로 반성하고 인을 추구하며(體察求仁), 의와 리를 변별하는 것(義利入手)에서 시작하여, "천리와 인욕은 (별도로 존재하는 것이 아니라) 함께 행해지나 실정은 다르다. 털끝만한 차이가 하늘과 땅 차이가 되니, 이것이 인을 추구하는 것의 어려움이다. 반드시 제대로 된 학學을 통하여 이를 분별해야 한다."[39]

---

38) 宋·楊允恭,「濂溪書院御書閣記」. 陳谷嘉·鄧洪波, 앞의 책, 112쪽. "國家之建書院, 宸筆之表道州, 豈徒爲觀美乎? 豈使之專習文詞爲決科利祿計乎? 蓋欲成就人才, 將以傳斯道而濟斯民也."

208

그렇다면 학이란 무엇인가? 그것은 바로 부모를 공경하고 형제와 우애 있게 지내는 것, 그리고 대인 관계와 일처리를 근본으로 삼아 이를 잘 익혀 몸으로 익숙해지고, 점차 더욱 확충하고 넓혀감으로써, 인仁의 근본(大體)을 체화하고 '천지와 합덕하며 누구나 신복하는(與天地合德, 鬼神同用)" 것이다. 이에 대해 사공학파事功學派의 진부량陳傅良은 「담주중수악록서원기潭州重修嶽麓書院記」에서 '심신을 다스리는 요체(治心修身之要)'로 정리하고 이를 거듭 강조했다. 주희는 「형주석고서원기衡州石鼓書院記」를 지을 때, 그의 견해에 동의를 표하는 동시에 다음의 내용을 보충했다. "제생들이 학을 배우고자 한다면, 옛날 나의 벗인 장식이 악록서원에 상세하게 기록해 두었다(若諸生之所以學, 則昔者吾友張子敬夫所以記岳麓者語之祥矣)." '마음을 다스리고 몸을 닦는(治身修心)' 방법이라고만 하면 학인들이 구체적으로 어떻게 해야 할지 분명하지 않아서 실행하기 어렵다. 때문에 그는 "미발未發 전에 함양涵養하고 그 기미가 발하려고 할 때에 잘 살펴서, 선이면 널리 확장시키고 악이면 이겨 없앤다(養其全于未發之前, 察其幾于將發之際, 善則擴而充之, 惡則克而去之)."를 '구체적인 공부 방법(下學之功)'으로 보충하였다.[40] 이렇게 이학자들은 '이익과 명예를 위한 과거 공부(但爲決科利祿)'를 반대하는 것에서 시작하여, 서원에서 도를 강학하고 학문을 전파하며, 자신의 공과 명예를 위한 과거시험 공부를 천리와 인욕, 의리 변별, 심신 수양, 미발 수양, 이발 찰식 등 이학 개념과 이론으로 대체하고, 사인들을 해치는 이익욕과 명예욕을 이학 정신으로 해소하고자 하였다.

주희는 백록동서원을 복원하면서 더욱 각별하게 마음을 썼다. 그가 여조겸과 함께 상의하여 기록한 『백록동서원기白鹿洞書院記』에는 "말 한 마디로 과거응시자(秀才)가 세상물정 모르는 서생이 될까 염려되니, 관계에 맞게 강설하고 병에 맞게 약을 주어야 한다." (따라서) "선유先儒의 의연하고 진실한 유풍을 받들고, 『대학』의 장구를 나누어

---

39) 宋·張栻, 「潭州重修岳麓書院記」. 위의 책, 108쪽. "天理人慾, 同行異情, 毫釐之差, 天壤之繆, 此所以求仁之難, 必貴于學以明之."

40) 宋·朱熹, 「衡州石鼓書院記」. 위의 책, 111쪽.

읽고 뜻을 변별할 줄 알아야 한다는 가르침을 따라, 장재와 이정二程 학문의 실마리를 찾아야 한다"는 처방전을 제시했다.[41] 이는 유학 도통의 의미를 밝힌 것이다. 한편으로 논적 육구연을 초청하여 "군자는 의로움(義)에 밝고, 소인은 이로움(利)에 밝다(君子喻 于義, 小人喻于利)"를 강학하여, 학자들의 "깊은 고질병(隱微深痼之病)"을 완전히 치료하였다. 육구연은 의와 리를 기준으로 군자와 소인을 구분하여 제생이 의義에 뜻을 두고 익숙해지도록 가르쳤으며, 과거시험의 장단점에 대해 다음과 같이 더욱 심도 깊은 논의를 했다.

> 진실로 자신을 깊이 반성해보아, 자신의 지향하는 바가 소인배들의 귀착하는 바가 되지 않도록 해야 한다. 그렇지 않고 사리사욕에 탐닉하는 것을 보면 가슴이 메이고 머리가 깨어지는 듯하다. 오로지 의로움에 뜻을 두고서 널리 배우고 자세히 묻고 신중히 생각하고 분명하게 판단하여 그렇게 터득한 바를 착실하게 실천해야 한다. 이런 자세로 공부하여 시험장에 나아가면, 그가 쓰는 답안은 모두 자신이 평소에 배운 것과 그 결과 가슴 속에 쌓였던 것을 말하되 위대한 성인들을 속이지 않게 될 것이다. 이로써 벼슬길에 오르게 되면, 모두 반드시 직무에 이바지하고, 자신의 맡은 바에 충실하고, 마음속에는 나라와 백성의 안녕만을 생각하게 되고, 자신의 영달을 위해 사사로이 계산하지 않게 되니, 이런 사람을 어찌 군자라 하지 않겠는가?[42]

"세세히 밝히다(發明敷暢)", "이해할 때까지 자세히 설명하다(懇到明白)", "놀라서 감동받지 않은 이가 없었다(聽者莫不悚然動心)"는 서원사에서 가장 고전적인 강의가 되었다. 주희는 강의를 듣고 매우 감동받은 나머지, 이를 학문을 하고 덕을 쌓는 방법으로 생각하여 발어를 썼으며, "나의 동지는 이를 기준 삼아 반성하고 성찰(凡我同志, 于此反

---

41) 宋・馬廷鸞,「盧山白鹿洞書院興復記」. 위의 책, 79쪽. "惟恐一語之差, 將變秀才爲學究, 而隨緣說法, 應病與藥." "把先儒淳固質實之餘風, 服『大學』離經辨志之始教, 于以尋關洛之緒言."
42) 宋・陸九淵,「白鹿洞書堂講義」. 鄧洪波, 앞의 책, 638쪽. "誠能深思是身, 不可使之爲小人之歸,其於利慾之習, 怛焉爲之痛心疾首, 專志乎義而日勉焉. 博學、審問、愼思、明辨而篤行之. 由是而進於場屋, 其文必皆道其平日之學, 胸中之蘊, 而不詭於聖人. 由是而仕, 必皆共其職, 勤其事, 心乎國, 心乎民, 而不爲身計. 其得不謂之君子乎?"

身而深察之)"할 것을 요구했다.[43] 그리고 이 내용을 비석으로 새겨 후세에 대대로 전해지도록 했다. 오늘날에도 여전히 백록동서원에서 「이현동교비二賢洞教碑」라는 이름으로 된 강의와 발어를 볼 수 있다.

이처럼 남송 전기 학자들은 학파에 상관없이 과거제의 문제점에 대해서는 기본적으로 입장이 일치했다. "오늘날의 사인들이라면 누구라도 과거 시험에서 결코 자유롭지 않다(今爲士固不能免此)."고 생각했으며, 과거제의 이루 말할 수 없는 폐해를 극도로 혐오하면서 '강학'으로 이를 바로잡고자 했다. 그 '핵심(大要)'은 '공자의 올바른 전통을 계승하여(續洙泗之正傳)', "모든 사람들을 교화(淑諸人者)"시키는 것으로. "임금에게 충성하고, 부모에게 효도하고, 자신을 바로하고, 벗에게 신뢰를 준다는 것을 체화하면 천하에 은택이 미치고, 체화하지 못하더라도 한 점 부끄러움이 없게 될 뿐이었다(忠君, 孝親, 誠身, 信友, 用則澤及天下, 不用則無愧俯仰, 如是而已)." 구체적으로 구제하는 방법 및 강학의 내용을 둘러싸고는, 학자와 학파마다 서로 다른 특징을 나타냈다. "천리와 인욕의 구분(天理人慾之分)"이 분명한 것이 장식과 주희의 장점이었다면, "군자는 의로움에, 소인은 이로움에 밝다는 이론(喩義喩利之論)"을 상세히 설명한 것이 육구연의 강점이었다.

장식, 여조겸, 육구연, 주희 이후 각 파는 점차 더 분화되어 갔으나, 서원 설립과 강학을 선택했다는 점에서는 모두 동일했다. '동남 3현東南三賢'의 후학들에게 서원 설립과 강학을 통해 사문師門을 빛내고 전통을 계승하는 것을 마땅히 해야 하는 일이었다면, 육구연의 후학들은 이에 가담하여 적극적으로 활동함으로써 새로운 학문적 흐름을 만들어냈다. 학문을 서원과 결합시키는 것에서 육학이 후발주자이긴 했지만, 열정과 완성도 면에서는 주희, 장식, 여조겸 3현에 뒤지지 않았다. 강서성에서 육구연학파는 산을 지키는 정사의 이미지를 바꿔, 중점 도시에 서원을 세웠으며, 가정경화 초기(1211), 융흥부隆興府(현 강서성 南昌) 성 동쪽에 육구연의 제자 풍유준豊有俊, 원섭袁燮 두 사람이 협력하여 동호서원을 세웠다. 융흥은 강서성의 성 정부 소재지인데다가 동호

---

43) 宋·朱熹, 「跋象山先生書堂講義後」, 위의 책, 639쪽.

서원은 강서성 11개 군郡에서도 최고 학부學府로 계획되었기 때문에, 경비가 충분하고 장서도 풍부했다. 육구연의 장남인 육지陸持를 이곳의 초대 산장으로 초빙하여 육구연의 『문집』 32권을 새기고, 영종寧宗 황제의 편액도 하사받음으로써 서원의 명성은 더욱 높아졌다. 서원에서 강학한 '군자의 학(君子之學)'은 "지엽적으로 암송만 하는(徒屑屑于記誦之末)" 과거 공부와 반대되는 육구연 문하의 심학이었다.

동호서원은 육구연 제자들이 관리하였는데 "자기 밖의 무언가에 의지하지 않는다(不假他求)"는 심학을 강의하면서 육학의 중심지가 되었으며, 특히 가정 10년(1217), 조정에서 육구연을 '문안文安'으로 추증한 후에 영향력이 더욱 커졌다. 순우 연간, 왕수는 「중수무이서원기重修武以書院記」를 쓰면서 동호서원을 백록동서원, 악록서원, 고정서원과 병기하였다. 위료옹 역시 동호서원, 염계서원 "모두 조정의 초청을 받으면서 명성이 쌓이고 더욱 유명해졌다(皆嘗有請于朝, 風聲所形, 聞者興起)."[44]고 했다. 멀리 사천성과 복건성의 학자들에게까지 이름이 널리 알려졌는데, 이는 육학과 서원의 결합이 그만큼 성공적이었음을 말해준다.

그 밖에도 육문 후학은 상산정사象山精舍를 상산서원으로 바꾸고 산에서 내려와 귀계현貴溪縣의 삼봉산三峰山 아래 새로 짓고 육학의 본거지로 삼았으며, 황제의 사액을 하사받고 「육상산문집陸象山文集」을 중간했으며, 절동육학浙東陸學의 명가인 전시錢時를 초대 산장으로 초빙하였다. 이 일은 원보袁甫가 주관한 일로, 때는 소정紹定 5년(1232)이었다. 원보는 원섭의 아들로, 전시와 함께 육구연 제자인 양간의 문인이 되었으며, 당시 강동제거겸제형江東提擧兼提刑으로 재임하면서 실권을 장악하고 있었다. 이듬해 원부가 저술한 「상산서원기象山書院記」에는 "서원의 건립은 도를 밝히기 위함이다(書院之建, 爲明道也)"라는 구절이 적혀 있다. 그리고 '장구에 얽매이고(梏章句)', '공허함에 빠지는(溺空虛)' 폐해를 지적하면서, 서원에서는 "리理와 심心이 통섭하고 일심으로 관통하니, 몸소 행하고 실천하면서 묵묵히 익힌다(理融心悟, 一心貫也; 躬行實踐, 默而識也)"라고 설명되어 있다. 이는 육구연의 '본심을 밝히는 학(發明本心之學)'을 빛나게

---

44) 宋·魏了翁, 「跋御書鶴山書院四大字」, 陳谷嘉·鄧洪波, 앞의 책, 130쪽.

하는 것에 목적이 있었다.[45]

서원의 이학 정신 제창에 있어서 원보는 특히 주목할 만한 인물이다. 원보의 아버지와 스승 모두 육구연의 제자로, 본인 역시 육구연의 '심학' 제창을 자임하면서 육학의 제일선이 되었다. 자신이 창건한 서원을 상산서원이라 불렀는데, 이는 "스승 육구연의 정신이 깃들게 하고(宅先生之精神)", "본심의 의미를 사람들에게 알리며(揭本心以示人)", "스승의 풍격을 계승하여 세상의 무지를 일깨우기(嗣先生之遺響, 警一世之聾瞶)"[46] 위해서였다. 서원이 완공된 후 다음 내용의 「제육상산선생문祭陸象山先生文」을 지었다. "스승의 학은 맹자에서 깨달음을 얻으셨으니, 나의 본심은 이처럼 광명하다. 본심을 깨닫지 못하면 검은 구름이 해를 가리는 것과 같고, 본심을 깨닫기만 하면 원래부터 아무것도 없었다."[47] 그의 이러한 행동은 육구연의 심학 정신을 서원에 정착시키는 데 목적이 있었다.

육학을 제창하고 관련 서원을 운영한 것 외에, 원보의 특별한 점은 다른 학파의 서원에도 동일하게 관심을 기울였다는 것이다. 가희 2년(1238), 그는 「동래서원죽헌기東萊書院竹軒記」를 지어 여조겸의 "여택서원의 법(麗澤書院之法)"에 대한 존경을 표했고, "대나무는 가운데가 텅 비어 있으니, 허가 곧 실이다(竹虛中, 虛乃實)."라는 신념으로 그의 후학들과 힘을 합하였다.[48] 소정 6년(1233)에는 백록동서원을 중수하여 주자의 학문에 종사하며 오래도록 공을 세운 장흡張洽, 탕건汤巾을 동장洞長으로 임명하여 전력을 다하여 백록동서원의 가르침을 실천했다. 그리고 「중수백록서원기重修白鹿洞書院記」, 「백록서원군자당기白鹿書院君子堂記」를 찬술하여 "명도明道 본래의 의미를 밝히고 공리功利를 따지지 않는다(正誼明道, 不計功利)"는 내용을 사인들에게 가르쳤다. 특히 장식, 주희, 육구연 등 전대前代의 대학자들이 논변했던 천리와 인욕, 의리義利의 구분

---

45) 宋·袁甫, 「象山書院記」. 위의 책, 117-118쪽.

46) 宋·袁甫, 「初建書院告陸象山先生文」. 위의 책, 193쪽.

47) 宋·袁甫, 「祭陸象山先生文」. 위의 책, 194쪽. "先生之學, 得諸孟子. 我之本心, 光明如此. 未識本心, 如雲翳日; 既識本心, 元無一物."

48) 宋·袁甫, 「東萊書院竹軒記」. 위의 책, 125-126쪽.

을 들어 "알팍한 학문으로 서로 견주고 경쟁하는 것(以口耳之學爭夸競勝)"을 적극 경계하였으며, 주륙 후학들에게 "논쟁과 변론에만 집착하여 스승의 학술을 함부로 평가하며, 덕과 행을 실천하고 몸과 마음을 닦고 백성과 나라에 이로운 일을 하는 데에는 본받을 바가 없으니, 이는 진정으로 좋은 학자라 할 수 없다."[49]고 비판하였다. 이는 어디에도 치우치지 않았던 대가의 넓은 도량을 잘 보여준다.

주륙 두 학파의 문호 사이에 분쟁이 일어났을 때에도, 원보는 불필요한 편견에 빠지지 않았다. 상산서원을 세우고 백록동서원을 서원을 수리하였으며, 각 '사우들의 종사宗師(士友之所宗)'를 존중하여 모두를 만족시켰다. 그리고 번강서당番江書堂을 세우고 생도를 교육하며, 각자가 따르고자 하는 학파와 관련된 서원으로 보내 공부할 수 있도록 했다. 원보의 평화적인 생각과 행동 덕분에 안정적으로 학술과 자유를 존중하는 빛이 빛날 수 있었으니, "신이 이를 좋게 여긴다(神之德之)." 할 만 했다. 이렇게 서원 강학의 진정한 뜻이 펼쳐지고 이학의 참된 정신도 구현할 수 있었다. 바로 이러한 과정을 통해 서원과 이학은 밀접한 관계를 맺게 되었으며, 서원과 학술이 일체화되는 전통도 생겨났다. 그리고 번강, 백록동, 상산 이 세 서원은 거리는 멀었지만 연합하여 학교를 설립하였는데, 흥미와 성품에 따라 전공을 나누면서 실질적으로 서원 제도를 혁신하였다. 이러한 혁신은 '담주 3학(潭州三學)'이 점수의 높낮이에 따라 진학하는 승사법昇舍法과 마찬가지로 세인들의 이목을 끌었다.

제4절 서원제도의 확립

서원은 당대와 오대에 기본적 틀을 갖추게 된다. 북송대에 전국적으로 알려지고 세 차례 관학운동을 거친 뒤 남송대로 들어서면서 제도적으로 확립되는 단계까지 발전한

---

49) 執言辯論說, 以妄窺諸先生之門墻, 而于其實德實行,植立修身, 有益于人之家國者, 乃不能取爲師法, 則不足爲善學矣."

다. 서원 제도의 확립을 알 수 있는 몇 가지 지표가 있다. 첫째, 서원과 이학이 긴밀한 관계를 맺으며 일체형 구조를 형성했다는 것이다. 이러한 구조 덕분에 서원은 특히 남송대 중국의 사상문화가 크게 발전하는 데 큰 역할을 했다. 둘째, 서원의 규제가 점차 완비되었다는 것이다. 학문 연구, 교학 전도, 장서, 간행, 각 학파의 창시자 제사, 전산田産 관리가 서원의 6대 사업이 되었다. 이는 서원이 기능을 제대로 갖춘 독립적으로 운영되는 문화조직으로 정착되었음을 보여준다. 셋째, 서원의 직책이 안정화 되었다는 것이다. 크게 보면 교육 및 연구, 행정관리, 재무지원, 학생자치 등과 관련된 일련의 업무들이 생겨났는데, 이는 서원의 조직 구분이 거의 완비되었음을 보여준다. 넷째, 서원마다 학규, 규정, 게시, 학방學榜 등 다양한 규범을 제정 및 시행하여 자체적으로 관리함으로써, 각 서원만의 목표 및 학술문화를 추구하였다는 것이다. 남송 후기 주희의 「백록동서원게시」가 전국적으로 반포 및 시행된 후, 서원은 보다 명확하고 보편적인 준칙을 보유하게 되었다. 이런 자발적 시행은 서원제도가 성숙되어 가고 있음을 잘 보여주는 징표이기도 하다.

1. 서원의 4대 기본 규제와 6대 사업

전술한 바와 같이 관학을 대체했던 북송 전기의 서원에서는 강학, 장서, 제사, 학전이라는 4대 기본 규제를 확립하였다. 그러나 자세히 들여다보면, 이 규제는 관학의 성격이 매우 짙다. 제사 대상은 선사와 선현으로, 악록서원처럼 "선사 10철상을 새겨놓고 72현을 그려놓았고(塑先師十哲之像, 畵七十二賢)", 백록동서원처럼 공자와 그의 제자상을 새겨놓았으며, 당송대의 묘학廟學 제도를 답습한 것으로, 관학을 모방한 것일 뿐, 서원만의 특색은 거의 없었다. 서원 강학이라는 것도 기본적으로 유가문화의 기초지식을 가르치는 '독서讀書' 단계에 머물러 있었기 때문에, 이론을 종합하고 전파하거나, 새로운 이론을 생산하는 '강도講道'의 단계까지는 이르지 못했다. 보다 완비된 서원 규제는 남송 이학자들의 등장을 기다려야 했다.

학술연구

학문 연구와 이학 집성은 남송대 서원의 최우선 과제였다. 강학에서 출발한 연구는 논리 상 강학보다 더 중요한 위치를 차지했는데, '학學'을 강설하는 과정을 통해 보다 치밀하고 완벽한 이론적 체계를 구축해간다는 의의가 있었다. 이러한 역할을 도맡았던 이들은 주로 장식, 여조겸, 육구연, 주희 등 당대當代 학술 대사 및 이들의 주요 제자들이었다. 따라서 강학을 위주로 학교 운영을 했던 서원은 소수에 불과했다. 전술했던 주희와 장식은 악록 회강에서 중화, 태극, 건곤 등의 문제에 관해 토론했고, 주희와 여조겸은 한천정사寒泉精舍에서 철학적 사유가 풍부한 「근사록近思錄」에 관해 상의했으며, 주희는 자신이 세운 복건성 고정서원考亭書院 등에서 『사서집주四書集注』, 『이락연원록伊洛淵源錄』, 『논어정의論語精義』, 『맹자정의孟子精義』, 『서집전書集傳』, 『의례경전통해儀禮經傳通解』, 『태극도설해太極圖說解』, 『서명해西銘解』 등 이학 저작을 완성하였다. 그리고 주희, 육구연, 여조겸은 아호 모임에서 학문 방법에 관해 토론했고, 육구연은 백록동서원에서 의리義利에 관해 강의하였다. 이는 모두 학술 연구와 관련된 것으로, 기념비적인 학문적 성과를 거두었으며, 이들 성과가 바로 '강'의 토대이자 '학'의 근원이기도 했다. 서원의 학술연구와 이론체계를 통해, 강학의 높은 수준과 지속성을 보증할 수 있었던 것이다. 실질적으로는 이러한 중책을 감당할 수 있었던 일부 서원들만이 강학이 성행하는 데 선도적인 역할을 하면서, 대다수 서원은 이를 경외, 동경하였다. 이런 과정을 통해 학술연구는 시대적 조류이자 서원의 목표가 되면서 서원의 기본 규제 완비로 발전되었다.

앞 절에서 서원과 이학의 일체화 되는 시기에 반대파가 서원 및 사당 설립, 사서 주해, 어록 편집 이 4가지 요소를 지적했음을 언급했었는데, 이 중 『사서』 주해 및 간행, 어록 편집 이 두 가지가 바로 대다수 서원이 학문 연구에 기울였던 노력을 잘 보여준다. 형양 석고서원은 순희 13-14년(1186-1187), 대계戴溪를 산장으로 임명하여 "호남성 지역의 제생과 함께 모여(與湘中諸生集所聞)" 「석고논어문답石鼓論語問答」 3권을 완성했다. 이 책은 청대까지 전해져서 『사고전서』에 수록되었으며, 다음과 같은 내용이 언급되어 있다. "주자를 한 번 뵐 기회가 있었는데, (그의 언행이) 도에 가깝다고 생각했다. … 그의 책은 의리義理를 해석하며 주장이 강직하나, 고증이 엄밀하지 못한 부분이 있다. … 그렇지만 훈고와 의리는 경을 연구하는 두 가지 방식으로 각각의 장점이 있기 때문에, 어느 한 쪽을 소홀히 할 수 없다. 주대계는 경의經意를 연구하고 미언微言을 밝히는 데 능하여, 학자들이 다시 보충하지 않아도 되었으며 유명한 전고와 비교해도 수정할 필요가 없었다.[50] 이 책은 송대 이학대사 주희와 이학보다 고증을 중시한 청대 학자들 모두 극찬했는데, 이는 송대에서 청대까지 긴 시간 동안 인정받았던 것은 이 책의 학술 수준이 매우 높았음을 의미한다. 이 역시 남송서원의 높은 학술연구 수준을 잘 보여준다.

종합하면, 학술연구가 서원의 기본규제가 되면서, 서원의 학문 역시 발전하였으며 문화 연구 및 창조에도 더욱 적극적으로 참여할 수 있게 되었다. 이것이 남송 이학자들의 중요한 공헌이다. 문화 창조 기능을 갖춘 서원을 토대로, 중국의 학술은 더욱 발전할 수 있었다.

강학

서원의 교육은 주로 강학을 통해 이루어졌다. 문화전파 행위인 강학은 학술 연구에 토대를 제공하기도 했다. 각 학파의 사상과 이론, 문화지식을 사인과 일반 백성들에게 보급하는 것이 서원의 기본적인 역할이었던 것이다. 강학이라는 규제는 일반 문화지식을 전파하는 일반 교학과 학술전파와 관련된 전도 강학, 두 가지로 나눌 수 있다. 일반 교학은 당, 오대 이래로 존재해왔던 기능이었으며, 전도 강학은 남송 이학자들이 서원에 새롭게 부과한 의무였다. '전도傳道'는 학술의 깊이에 따라 아래 세 단계의 강학으로

---

50) 盧光明 · 鄧洪波 · 彭明哲 · 龔抗云 외, 『四書類一』, 『欽定四庫全書總目』 권35, 北京: 中華書局, 1997년, 463쪽. "朱子嘗一見之, 以爲近道. ……其書詮釋義理, 持論醇正, 而考據間有疏舛……然訓詁, 義理, 說經者向別兩家, 各有所長, 未可偏廢.溪能研究經意, 闡發微言, 于學者不爲無補, 正不必以名物典故相繩矣."

나눌 수 있다.

첫 번째 단계는 학문 원형 보존형 강학이다. 각 학파의 대사가 직접 강의하거나, 동료들과 회강하거나, 논적들과 강회, 변론, 질의하기도 했다. 이를 통해 유가 경의를 상세하게 설명하였으며, 학파 역시 이론체계를 갖출 수 있었다. 두 번째 단계는 학문 전파형 강학이다. 대사의 제자, 재전再傳 제자들이 주관하였는데, 대사의 학설 및 학파의 사상을 전하여 학파가 널리, 오래도록 발전하도록 하는데 목적이 있었다. 이 단계는 스승의 학설 보존과 재해석한다는 두 종류가 있었는데, 전자는 대사의 학문을 원형 그대로 전승할 수 있지만 사라져버릴 위험이 있다면, 후자는 시간이 지남에 따라 본의와 멀어질 위험이 있었다. 이 둘 모두 장단점이 있었기 때문에 이상적인 것은 서로 다른 학파의 장점을 취하여 새로운 학문을 창조하는 것이었다. 원보가 상산서원象山書院, 백록동서원, 번강서당番江書堂에서 했던 강학은 이러한 분위기를 갖추고 있었다. 세 번째 단계는 학문 보급형 강학이다. 유가 이론을 배운 학자들이 주관하였으며, 청중들은 초학자나 일반 백성들이었다. 강학의 내용은 평이하고 이해하기 쉬웠으며, 이론 설명이 아닌, 실천에 주안점을 두었다. 게다가 선현의 이념과 대사의 관점을 일반인이 이해할 수 있는 일상적인 행동준칙으로 구체화 되어서 생활 규칙으로 자리 잡을 수 있었다. 이러한 선전 및 교화 활동의 목적은 대중에게 학술을 보급하는 것이었다.

장서

서원은 독서인들이 서적을 토대로 문화교육 활동을 하는 공공장소로, 장서는 서원의 필수조건이었다. 북송 황제가 악록, 백록동, 숭양서원에 경사經史를 하사한 데 이어, 남송 이학인인 주희, 원섭袁燮, 위료옹 등 일군의 서원 창건자들의 꾸준한 노력이 더해져, 서원과 학파는 결합하게 된다. 이로 인한 학문적 수요로 서원에 장서 누각이 즐비하면서 수만, 수십만 권의 책들이 들어섰다. 그 후 서원의 장서는 관부 장서, 개인 장서, 불교와 도교 사원(寺觀)의 장서와 함께 중국 전통시기 4대 장서로 불릴 수 있을 정도로 독립적인 위상을 갖게 되었다. 서원 장서는 정부의 진귀한 서적과도 사원 및 개인 등의 사적 수집품과도 달랐다. 원생들의 교육과 학술 연구에 전적으로 활용되었으며, 이에 따라 공공성, 개방성, 활용성이라는 세 가지 특징을 갖추고 있었다. 서원 내부에서는 장서에 또 다른 기능을 부과했다. 가능한 한 많은 책을 소장하는 것이 문화 축적이라면, 교사와 학생들이 이 책을 접하도록 하는 것이 문화 전파이다. 서원 서생과 학생들이 도서를 잘 활용하여 새로운 이론을 정립한다면, 서원 학술 연구에 안정적 토대가 마련되는 것이기도 했다.

간행

당대唐代 여정서원, 집현서원集賢書院에서 도서를 생산하기도 했지만, 당시에는 필사로 이루어졌으며 일정량을 생산할 수 있는 규모를 갖추지는 못했다. 남송대에 조판雕版 인쇄술이 발달하고, 여건이 갖추어진 서원 대부분이 도서 간행에 뛰어들어 제법 그럴듯한 '서원본書院本'을 생산해내면서, 도서 간행 역시 서원의 기본 규제 중 하나가 되었다. 선생과 학생들의 교학 및 학술 활동을 위해, 서원을 발전시키는 것이 도서 간행의 가장 중요한 역할이었다. 제사와도 결부되어, 해당 학파 대사들의 저작을 판각하여 소속 서원의 제생들을 교육시키기도 했다. 악록서원, 백록동서원 모두 주희의 「대학장구大學章句」 1권, 「대학혹문大學或問」 2권, 「중용집략中庸輯略」 2권을 판각하였는데, 이들 서원에서는 반드시 읽어야 하는 책으로, 도를 밝히고 학을 전한다는 의미가 있었다. 전술했던 원섭, 원보袁甫 부자가 동호서원, 상산서원에서 「상산문집 象山文集」을 판각했던 것이 이를 잘 보여준다. 건강建康(南京의 옛 이름-역자)의 명도서원明道書院에서는 정호의 제사를 지냈다. 개경 원년(1259), 부사자部使者 마광조馬光祖가 동료들과 함께 이곳에서 회강했는데, "참여한 사인들만 해도 수백 명이었다(聽講之士數百)". 당시 산장이었던 주응합周應合은 "이정 두 선생의 언행을 모아, 책으로 편집하여 「대학」 8조목을 편목으로 정하고(粹二程先生之言之行, 輯爲一書, 以『大學』八條定篇目)", "출판하여 학생들에게 나눠주었다(刻梓以授諸生)." 마광조馬光祖는 「정자서程子序」에서 "정자의 제자가 되었으면 반드시 정자의 책을 읽어야 한다. 그의 책을 읽은 후, 도를 밝히고 마음에 간직하고 몸소 행하여 국가와 천하에 적용하면, 천지만물의 본성이 모두 나에게 있게 된다."[51]고 했다. 이처럼 도道의 담지자로서 책이 계승되고 학문이 깊어지면서 서원이 흥성하자, 서원은 학파와 결합하여 함께 발전해간다. 서원에서 교사와 제생들의 학문적 성과도 판각하였다. 송 순희 연간, 형주 석고서원 산장 대계戴溪는 "호남 지역의 제생들과 강연 내용들을 수집하여(與湘中諸生集所聞)" 「석고논어문답石鼓論語問答」 세 권을 편찬하였다. 서원의 내부규제 중 도서 간행은 학술 연구와 강학 전도에 도움을 주는 동시에 연구 성과를 보존 및 공유케 하여 교육 수준을 높임으로써, 서원 내 교사와 학생 및 이들과 외부 인사 사이에 전해지면서 사회적 영향이 확산되었다. 아울러 제사와 함께 학술 및 학파의 정체성을 강화시키는 다중적 문화 기능으로 서원 규제 건설의 중요한 한 역할을 담당했다.

제사

제사는 예로부터 중시되어 왔던, 서원 규제에서 매우 구성 요소이다. 전술했듯이, 북송 서원은 묘학 제도를 차용하여 제사를 거행했는데, 관학과 별다른 차이가 없었기 때문에 큰 특색은 없었다. 남송 서원이 학술 사업, 지방문화과 결합되면서, 서원에는 학문 대사나 유명 산장 같은 인물들이 배치되어 있었고, 서원 설립에 관심 있는 향현鄕賢과 지방관이 사당을 들이기 시작하면서 제사 역시 자체적으로 발전하게 된다.

서원 제사는 "도맥道脈을 바로 세우고 종파를 정립한다(正道脈而定所宗也)"는 차원에서, 학문적 열정을 고양시키고, 추앙하는 인물을 중심으로 학통을 확립하는 것을 주 목적으로 했다. 이는 두 가지 의미가 있었다. 첫째, 유학자들의 활동 공간인 서원은 공자를 비롯해 그의 문하 중 뛰어난 인물 등 널리 알려진 유가의 선성, 선사에 드리는 제사를 지냄으로써, 불교의 보살, 도교의 신선과 구분 지었다. 둘째, 유가 내에서도

---

51) 宋·馬光祖, 「程子序」. 陳谷嘉·鄧洪波, 앞의 책, 190-191쪽. "登程子之堂, 則必讀程子之書. 讀其書, 然後能明其道, 而存于心, 履于身, 推之國家天下, 則天地萬物, 皆于我乎賴."

여러 학파가 존재했는데, 서원은 각 학파의 근거지이기도 했다. 사당을 세워 제사를 지내고 "반드시 학파를 창시한 인물을 본보기로 삼아 제사지내야 한다(必本其學之所自出而各自祭之)"는 원칙을 준수했으며, "소속 학파의 스승이 아니면 배우지도 않고, 제사 지내지도 않음(非其師弗學, 非其學弗祭也)"[52]으로써, 학파의 정체성을 강화할 수 있었다. 사당 위쪽에 모셔진 개산조사 및 시대별 대표 인물은 서원의 정신적 혈맥을 상징했으며, 서원의 학술 연원, 기풍, 특색을 전시함으로써 가시적으로 전통을 이해할 수 있었다. 따라서 제사 인물을 통해 서원이 속해 있는 학파, 학문의 시대적 특징을 엿볼 수 있다.

서원 제사의 또 다른 중요한 목적은 "전대의 현인을 존중하고 후학을 양성하는(尊前賢勵後學也)" 원생 교육이었다. 제사 대상에는 기준이 있었다. "선현 중 제사를 지냈던 분(先賢之得祀者)"이거나, 마을에 좋은 영향을 끼쳐서 "덕행이 많거나(有德)", 출신을 불문하고 벼슬에 올라서 '공을 세웠거나(有功)', 학문에 전념하여 '몸소 도를 이루거나(道成于己)', 가르침을 설파하여 '타인을 교화했던(化及于人)' 현지 사람들이었다.[53] 보통 출신 지역과 밀접하게 관련이 있으면서도, 덕행과 도의가 후학의 모범이 되기에 충분하다는 두 가지 최소한의 조건을 갖추어야 했다. 이들의 활동은 지역 사람들을 긍정적으로 변화시켰으며, 서원 제생들을 포함한 전 마을 사람들의 본보기가 되었다. 이들은 관원이기도 일반 백성이기도 했고, 교사이기도 학생이기도 했다. 사회적 지위, 직업도 다르고 공을 세우거나, 덕을 쌓거나, 어록을 남기는(立功、立德、立言)등의 업적도 달랐지만, 각자 나름의 배울 점이 있었던 것이다. 산장은 학생들이 기질과 성향에 따라 천리, 성인, 현인 등 각자의 목표에 걸맞는 본보기를 좇을 수 있도록 독려하였다. 그리고 제생들은 선현들을 존경하고 그들과 동행하는 마음으로 책을 읽으며, "그들의 도덕, 언론을 기준으로 삼아(一惟其道德言論是式是循)"부지런히 정진하였다.

서원 제사는 학술과 교육을 중시하는 이념에 뿌리를 두었으며, 소박하면서도 성대했다. 유가 예악제도와 절차에 따라 진행되었으며, 스승을 존경하고, 도를 존중하며, 현인

---

52) 宋·黃榦,「送東川書院陳山長序」,『黃文獻公文集』권6.

53) 元·唐肅:「黃岡書院無垢先生祠堂記」,『丹崖集』권5.

을 숭상하고 높이고, 예를 숭상한다(尊師, 重道, 崇贤, 尚礼)는 의미가 담겨 있었다. 이 모든 과정은 제생들에게 유학적 예식이 어떻게 진행되는지 구체적으로 보여줄 수 있는 살아있는 교육 현장이었다. 뿐만 아니라 엄숙하고 신성한 제사 의례를 통해 선현, 선유의 인간적 매력을 느낄 수도 있었으며, 성현이 되려는 뜻을 품을 수도 있었다. 이처럼 제사는 인격 교육과 전통 교육의 기능을 갖추게 되었다.

학전

학전은 서원이 생존하고 발전하기 위한 토대로, 남송대 이학자들 역시 중시했다. 역사상 중국의 대다수 사인들은 역사적으로 가난했다. '사농공상(四民)의 으뜸'으로 꼽히긴 했지만, 농부, 공장工匠, 상인이 직업을 가지고 있는 것과 달리, 사인만이 항산恒产, 즉 생업이 없었다. 맹자는 사인만이 항산이 없어도 항심을 가질 수 있다 했으나 "선비 역시 굶주림과 목마름에 마음을 해치는 일이 없어야(土無飢渴以害其心)" "자신을 갈고 닦아 목표한 바를 이룰 수 있었다(咸自砥礪,以成其業)". 다시 말해, 선비의 항심도 "보호(養)"가 필요한 것이다. "추위와 더위를 피할 수 있는 집이 없고, 바람과 한기寒氣를 막을 수 있는 거친 옷 한 벌이 없고, 연명할 수 있는 쌀 한 줌이 없다면", "항심을 길러서 군자로 인정받는다"라고 말할 수 없다.[54] 때문에 "머무를 집과 수양을 위한 밭을 보유하는 것"[55]은 서원 설립자들의 목표가 되었다. 동양 곽씨東陽郭氏 가문의 석동서원石洞書院에서는 원사院舍를 설립하고 예禮에 정통한 명사名士를 주강主講으로 초청한 것 외에, "가문의 장서를 이곳에 채워놓고, 석동石洞의 밭으로 서원의 식량을 생산하며, 석동의 산을 서원의 산으로 삼았다."[56] 평강부平江府의 호구산서원虎丘山書

---

54) 宋·高斯得,「公安南陽二書院記」, 陳谷嘉·鄧洪波, 앞의 책, 206쪽. "無闔廬以辟燥濕, 無短褐以御風寒, 無糲粱之食以活軀命." "养其恒心而納諸君子."
55) 宋·廖行之,「石鼓書院田記」. 위의 책, 186쪽. "有屋以居, 有田以養."
56) 宋·葉適,「石洞書院記」. 위의 책, 144쪽. "徙家之藏書以實之, 儲洞之田爲書之食, 而斥洞之山爲書院之山."

院의 경우 "사당과 가옥을 지어 제생들에게 원사를 제공하고, 밭과 양식을 사서 그들을 먹이며 화정和靖(북송 시인 林逋-역자)과 그의 선생 및 학우들의 장서를 서원에 채워놓았다."[57] 강서성 11개 군의 사인들이 모여 있었던 동호서원은 원사를 세우고 터를 잡은 후, "공전公田 임대 이익으로", "학인들을 양성하였다."[58] 이는 학전 경영, 장서 관리, 제사 운영 등이 서원의 기본규제라는 것에 대해, 관부와 민관에서도 공감대가 형성되었다는 것을 의미한다. 학전의 기원에 대해 살펴보면, 북송시기에는 조정에서 하사한 사전賜田은 없었으나, 지방관부의 발전拨田, 발전拨錢, 치전置田, 정부관원이 개인적으로 기부한 시전市田, 민간의 가족이나 개인이 기부한 사전私田으로 곳곳의 학자들을 후원하였다. 학전으로 가문의 자제들을 교육하고 서원에서 직접 조달하기도 했으며, 심지어 관부에서 국고로 기증하여 "저당 잡히고", "달마다 이자를 받아서 사인 양성에 보태기까지 했다."[59] 이는 서원의 전산 경영 방식이 이미 다양화 되어, 돈과 식량 두 가지 재원으로 서원의 지속적인 발전을 위한 경제적 태도를 충당했음을 보여준다.

　서원의 내부 규제 중 학전 경영은 매우 중요한 위치를 차지했다. "학인을 양성할 재원이 부족하면(養士無貲)" 서원이 "흥성하다가도 폐원되기에 이르기 쉬워(甫興旋廢)"[60] 오래 유지되기 어려웠다."서원에 학전이 있어 사인들이 모여들어도, 도를 한 번 강설하기가 이토록 어려운데, 서원에 학전이 없으면 사인이 모이기도 어려워 곧 문을 닫아야 하니, 도를 강설하는 것을 꿈이나 꿀 수 있겠는가?" 이 구절에서 알 수 있듯이, 학전은 서원의 다른 사업들이 진행되기 위한 필수 조건으로, "서원은 학전이 없을 수 없었으며, 학전이 없으면 서원도 없었다."[61] 바로 이 점 때문에 이 글에서도 학전의

---

57) 宋·劉宰,「平江府虎丘山書院記」, 위의 책, 136쪽. "并祠筑室以舍學者, 買田收谷以食之, 而 儲和靖與其師友者之書于中."

58) 宋·袁燮,「東湖書院記」, 陳谷嘉. 위의 책, 120쪽. "益以公田之租", "以致養也."

59) 景定「釣臺書院」,『嚴州志』권3, "抵质库," 月收其息, 以助養士.

60) 淸·蔣勵宣,「重建淸湘書院幷置學田記」, 嘉慶『全州志』권12.

61) 明·婁性,「白鹿洞學田記」,『白鹿洞書院新志』(明·李東陽) 권6. "院有田則士集, 而講道者千

중요성을 지속적으로 강조했으며, 선현이 언급했던 강학, 장서, 제사의 3대 사업과 함께 서원의 4대 기본 규제라 칭하는 것이다.

이처럼 북송의 서원은 강학, 장서, 제사, 학전이라는 4대 기본규제를 토대로 형성되었고, 남송 이학자들의 노력으로 연구, 강학, 장서, 간행, 제사, 학전, 이상 6대 사업으로 확장되었다. '4대'에서 '6대'로 발전하면서, 규제도 더욱 완비되었으나, 서원의 기본규제 자체가 변한 것은 아니었다. 연구는 강학에서 파생되었으며, 장서와 간행은 도서 생산 과정의 두 가지 단계일 뿐이었다. 따라서 서원의 6대 사업은 4대 기본 규제가 더욱 완비된 것이라 이해할 수 있다.

그리고 서원의 기본규제는 건축을 통해 형식화되었다. 대체로 강당 재사齋舍, 서루서고, 사당묘우, 창름주방 등 몇 가지 기능의 서로 다른 공간으로 대응되고 있고, 인문 특색을 강하게 갖춘 건축물들이 세워졌다.

2. 규정과 제도의 성립

학규를 제정하고, 서원의 선생과 학생들의 언행을 제약하고, 선善을 권하고 잘못을 고치도록 타이르며, 인품과 덕성을 고양시키는 것은 서원의 제도가 확립되었다는 중요한 표지이자, 남송 이학자들의 공헌이기도 하다.

남송의 서원학규는 규약, 학칙, 규식, 게시라고도 하는데, 최초는 여조겸의 「여택서원학규麗澤書院學規」였다. 학규 내용은 때와 장소, 서원에 따라 달랐으며 광범위했는데, 이는 다음의 세 가지로 요약할 수 있다. 첫째, 건학 이념을 확립하고 교육 방침을 공시했다. 이는 제생과 동학이 목표의식과 원대한 꿈을 갖고 올바른 방향으로 나아가게 하기 위함이었다. 둘째, 인품과 덕성을 기르고 심신수양하는 절차와 방법을 규정하여 이성적으로 분별하고 규제하며 생활 속 윤리규범을 확립했다. 이러한 진지한 규율은 학자들에게 더 많이 선행과 덕행을 할 수 있는 가이드 역할을 하였다. 셋째, 독서,

載一時, 院無田則士難久集, 院随以废, 如講道何哉?" "書院不可無田, 無田是无書院也."

치학의 경로와 방법을 제시했다. 이는 산장들의 평생 동안의 독서와 학문의 경험을 종합한 결과로, 긍정적인 지도든, 부정적인 훈계든, 모두 실천과 경험이 담긴 핵심적 교육 방침이었다.

남송의 서원 장정은 규정規程, 학방學榜이라고도 불렸다. 장원 서원걸徐元傑의 「연평 군학급서원제학방延平郡學及書院諸學榜」은 관학과 공유했던 현존하는 가장 이른 장정 이지만, 그보다 조금 후의 「명도서원규정」은 더욱 정식적이다. 학규의 원대한 추구와 달리, 장정은 세밀하고 실현가능한 방법을 강조하고, 내용은 학생 모집, 시험, 상벌, 수업, 교재, 문서기록, 제사의식, 강학방법, 휴가 신청, 경비 등, 모두 구체적이면서도 엄격하게 규정되어 있었는데 이는 여러 측면에서 서원의 정상적 운영을 유지하려는 것이었다. 그것은 서원제도가 구체적이고 생동감 있게 적용되어서 서원 관리 수준을 나타내는 것이기도 하다.

다음 「백록동서원게시」, 「여택서원학규」, 「연평서원일습예정延平書院日習例程」을 통해, 남송서원의 규장제도 현황을 몇 가지 측면에서 간략하게 소개하고자 한다.

「백록동서원게시白鹿洞書院揭示」: 성리학자들이 고양시킨 서원정신

「백록동서원학규」, 「백록동서원교조」, 「주자교조」라고도 불리는 「백록동서원게시」 는 주희가 제정한 것이었다. 순희 7년(1180), 백록동서원을 재건한 뒤 주희는 남강군장 관南康軍長官 신분으로 원내 교사 및 제생들을 데리고 건학 기념 예식을 올렸으며, 강당에서 『중용』 1장을 강설하였다. 그리고 성현의 가르침을 핵심적으로 정리하여 문 미門楣에 게시하여 서원의 모든 이들이 함께 준수하는 학규로 삼았다. 이것이 유명한 「백록동서원게시」이다.

> [원문] 父子有親. 君臣有義. 夫婦有別. 長幼有序. 朋友有信.
>   右五敎之目. 堯舜使契爲司徒. 敬敷五敎. 卽此是也. 學者學此而已.而其所以學之
>   之序.亦有五焉.其別如左.

[역문] 부자 사이에는 친함이 있고, 군신 사이에는 의리가 있고, 부부 사이에는 분별이 있고, 친구 사이에는 믿음이 있다.

위는 다섯 가지 가르침의 조목이다. 요순堯舜이 설契를 사도司徒로 삼아 다섯 가지 가르침을 경건히 베풀게 하였으니, 바로 이것이다. 배운다는 것은 이를 배우는 것일 뿐이며, 배우는 순서 또한 다섯 가지가 있으니 그 구별은 다음과 같다.

[원문] 博學之. 審問之. 愼思之. 明辨之. 篤行之.
　　　 右爲學之序. 學問思辨四者. 所以窮理也. 若夫篤行之事. 則自修身以至于處事接物. 亦各有要. 其別如左.
[역문] 널리 배우고 자세히 묻고 신중히 생각하고 밝게 분변하고 독실하게 행한다.

위는 배우는 순서이다. 배우고 묻고 생각하고 분변하는 것은 이치를 궁구하는 것이고, 독실하게 행하는 것은 수신(修身)에서부터 처사접물(處事接物)에 이르는 것이다. 또한 요목이 있으니 그 구별은 다음과 같다.

[원문] 言忠信. 行篤敬. 懲忿窒慾. 遷善改過. 右. 修身之要.
[역문] 말은 충직하고 신실하며 행실은 독실하고 경건해야 한다. 분노를 참고 욕심을 막고, 선한 데로 옮겨가고 허물을 고쳐야 한다. 위는 수신의 요체이다.

[원문] 正其義. 不謀其利. 明其道. 不計其功. 右.處事之要.
[역문] 의를 바로잡고 사욕을 꾀하지 말아야 하고, 도를 밝히고 공로는 헤아리지 말아야 한다. 위는 처사의 요체이다.

[원문] 己所不欲. 勿施於人. 行有不得. 反求諸己. 右. 接物之要.
[역문] 자기가 원치 않는 것을 남에게 미루지 말고, 행하여 뜻대로 되지 않으면 돌이켜 자신에게서 구하라. 위는 남을 접할 때의 요체이다.

226

[원문] 熹, 竊觀古昔聖賢所以敎人爲學之意, 莫非使之講明義理以修其身, 然後推以及人. 非徒欲其務記覽爲詞章, 以釣聲名取利祿而已也. 今之爲學者, 則旣反是矣.

[역문] 희熹가 내 나름대로 살펴보건대 옛 성현이 사람을 가르쳐 학문을 하게 하는 뜻은 다 의리義理를 강명講明하여 그 몸을 닦은 뒤에 미루어 사람에게까지 미치게 하려 함이요. 한갓 박람博覽·강기强記에 힘써 사장辭章으로 이름이나 날리고 녹리祿利나 취하게 하려고 하는 것은 아니었다. 지금 학문하는 사람은 이미 이와는 반대로 되었다.

[원문] 然聖賢所以敎人之法具存於經, 有志之士固當熟讀深思而問辨之, 苟知其理之當然, 而責其身以必然, 則夫規矩禁防之具, 豈待他人設之而後有所持循哉!

[역문] 그러나 성현들이 사람을 가르치던 법은 경전에 다 갖추어져 있다. 뜻있는 선비는 마땅히 숙독熟讀·심사深思하여 문변問辨해야 할 것이다. 진실로 이理의 당연함을 알아서 자기 자신에게 반드시 이에 따르도록 요구한다면 규구規矩·금방禁防을 갖추는 것이야 어찌 남이 만들어 주기를 기다릴 것이 있겠는가?

[원문] 近世於學有規, 其待學者爲已淺矣; 而其爲法, 又未必古人之意也. 故今不復以施於此堂, 而特取凡聖賢所以敎人爲學之大端, 條列如右, 而揭之楣間.

[역문] 근세에 학교에 규약規約이 잇는데 학문을 대우함이 이미 천박하고 또 그 법이 반드시 다 옛사람의 뜻이 아니므로, 이제 이 학당學堂에는 그것을 실시하지 않고, 특히 성현이 사람을 가르쳐 학문을 하게 한 큰 근본을 취하여 위와 같이 조목조목 열거하여 문門위의 현관에 게시揭示한다.

[원문] 諸君其相與講明遵守而責之於身焉. 則夫思慮云爲之際, 其所以戒謹而恐懼者, 必有嚴於彼者矣. 其有不然, 而或出於此言之所棄, 則彼所謂規者必將取之, 固不得而略也. 諸君其亦念之哉.

[역문] 제군이 서로 더불어 강명하고 주수하여 몸에 실천을 하면, 사려思慮·언행言行에 있어서 계근戒謹·공구恐懼할 바가 반드시 저 규規보다도 더 엄함이 있게 될 것이다. 만약 그렇지 못하고 혹시 저 말대로도 못한다면 저 학규라는 것이 제군들을 단속하는 도구로서 없어서는 안 될 물건이 될 것이다. 제군들이 그 점을 깊이

생각할지어다.

　「게시」는 무엇보다도 유가의 '오륜'을 '다섯 가지 조목(五敎之目)'으로 정리하고, '학자는 이것을 배울 따름(學者學此而已)'이라는 점을 강조했다. 전통적 인륜의 가르침을 학문의 목표로 삼은 것은 "문장의 격식에 얽매이고 사리사욕과 벼슬을 위해 공부하는 (務記覽爲詞章, 以釣聲名, 取利祿)" 현실을 깨달은 것으로, 요순시대의 '맡은 바 일에 정성을 다하여 오륜의 가르침을 편 것(敬敷五敎)' 역시 이를 행한 것임을 지적했다. 이는 서원의 교육 목표가 사인 개인의 도덕수양에 그치는 것이 아니라 도를 전하고 백성을 구제한다는 더 높은 이상에 있음을 선언한 것이다. 즉 서원은 도덕, 윤리, 구제 세 가지 결합된 공동체로, 과거제를 중심으로 가르쳤던 학교와 비교하면 이학의 교육이념을 보다 전문적으로 서원 정신에 반영했다고 할 수 있다.

　학문의 방향을 제시한 것 외에, 주희는 다시 박학(博學: 널리 배움), 심문(審問: 자세히 물음), 신사(愼思: 신중히 사고함), 명변(明辨: 명확히 분별함), 독행(篤行: 독실히 행동함)의 '학문의 순서(學之之序)'를 제시했다. 앞의 네 개는 모두 '궁리窮理'의 방법으로, 학습 방법에 속하며, 마지막은 실천을 의미한다. 이는 이학자들이 실천을 학문의 일부로 간주했음을 보여준다. 더구나 〈게시〉는 박학, 심문, 신사, 명변, 독행 외에, 수신(修身: 몸과 마음을 닦음), 처사(處事: 일을 처리함), 접물(接物: 사물을 접함) 이상 세 가지 측면으로 '독실하게 행동한다(篤行之事)'는 것이 무엇을 의미하는지 해설함으로써, 강한 도덕실천의 경향을 보여주고 있다.

　요컨대, 「게시」는 당시 암송에만 힘쓰고 이익과 관록만 중시하는 학풍과 달리, 전통으로 돌아가 오교와 오륜으로 '배움(學)'을 재정의 하면서 학문의 목표와 절차를 학의 목적과 절차를 제시한 것이다. 이를 토대로 '배움'은 현실의 인륜세계에서 실현되었으며, 인륜세계의 질서유지가 '배움'의 궁극적 목표가 되었다. 이 목표를 달성하기 위해서는 반드시 궁리, 독행해야 했으며, 이 두 가지는 '학문 함(爲學)'의 두 축을 이루었다. 주의해야 할 것은 「게시」에서 박학, 심문, 신사, 명변은 언급한 정도인 것과 달리, '독행'

에 관해서는 상세하게 설명했다는 점이다. 아울러 이학자들이 경세의 뜻이 담긴 도덕 실천을 높이 평가했다는 의미이기도 하다. 전형적인 이학자의 교육 이념인 이 같은 내용은 장식과 악록서원에서 "생도들을 모아 관록과 벼슬을 위해 강학하는 것인가? 문장을 쓰는 기교를 위해 공부하는 것인가? 소위 인재 양성이란 도를 전하고 백성을 구제하는 데 목적을 두어야 한다."[62]라고 표방한 교육 이념 및 체찰구인體察求仁의 방법, 천리와 인욕을 분별 등과 매우 비슷하다. 여기에는 이학자들이 표방하는 경세제민, 전도제세, 전도제민의 이학정신이 담겨 있다.

「백록동서원게시」는 훗날 서원 정신의 상징이 되었다. 소희紹熙 5년(1194년) 주희는 담주지주潭州知州를 맡아 악록서원을 중건하면서 이곳에 「게시」를 옮겨 썼는데, 역사에서는 이를 『주자교조朱子敎條』라고 칭해졌으며 호남성 일대에 전해졌다. 순우 원년(1241) 이종 황제는 태학을 시찰하고 직접 「백록동서원게시」를 필사하여 제생들에게 하사했다. 이후 이를 모사, 각석刻石, 모방하면서 전국 서원과 지방 관학에 두루 퍼졌다. 한 서원의 '게시'가 전국적으로 준수되는 학규가 된 것이다. 중국 서원제도가 확대되면서, 조선, 일본에까지도 전해지며, 현재까지도 학교 교훈으로 서원 내에 걸려있는 것으로 보아,[63] 그 영향이 얼마나 컸는지 알 수 있다.

「여택서원 학규」: 서원이 주창한 행위 규범

남송 서원운동의 주요 주창자였던 여조겸의 문집 중 「학규」에는 여택서원의 다섯 가지 '규약'이 수록되어 있는데, 여기에는 그가 6년 간 서원 제도화에 기여한 공로가 기록되어 있다. 최초 기록인 「건도 4년 9월 규약」에는 "효제충신을 근본으로 한다(以孝弟忠信爲本)"고 되어 있다. 그 다음 기록인 「건도 5년 규약」에는 "경의 종지를 잘 파악

---

62) "豈將使子群居佚譚,但爲決科利錄計乎?抑豈使子習爲言語文詞之工而已乎? 蓋慾成就人才, 以傳斯道而濟斯民也."

63) 일본·平阪謙二,「被称作書院的日本學校」,『中國書院』, 長沙: 湖南敎育出版社, 1997년, 260쪽; 李才棟,「日本的興讓館--'白麓洞書院揭示'還活在日本」,『江西敎育學報』, 1997년, 제1기.

하여 이치를 밝히고 몸소 행하는 것을 근본으로 한다(以講求經旨, 明理躬行爲本)"고 되어 있다. 세 번째는 「건도 5년 10월 관제주재적인關諸州在籍人」으로, 각 주에 흩어져 있는 서원 재적 인사들을 위해 제정한 서신 학문 교류 및 상호 학행學行의 학규이다. 건도 5년 10월 그는 여택서원을 떠나 엄주주학 교수로 부임했다. 이듬해에는 태학박사로 승진한 뒤 고향으로 돌아가 제생들과 함께 여택에서 회강하였으며, 네 번째 규약을 제정하였다. 그것이 바로 「건도 6년 규약」이다. 총 7조로 되어 있는 이 규약은 기존의 규약을 보충하는 성격을 띠고 있으며, 모두 가정 윤리, 사인의 행동거지에 관한 것이었다. 다섯째는 「건도 9년 직일수지直日須知〉로 조문, 상례, 제전祭錢, 부의금 등의 문제를 주로 논의한 장례에 관한 내용으로, 세 번째 규약과 일부 내용이 중복되지만 더욱 구체적이다.

「여택서원학규」의 특징은 '요체를 본받는 것(範其體)'으로, 「백록동서원게시」 다섯 가지 가르침의 '마음을 섬긴다(事其心)'는 구절과 일맥상통한다. 따라서 얼마 지나지 않아 일각에서는 두 가지를 합하여 병행했으며, 이를 '주려학규(朱呂學規: 주자와 여조겸의 학규)'라 불렀다. 『육상산전집』권35 「어록語錄」에는 육구연은 허창집許昌集이 금계현金溪縣 제생들에게 한 달에 한 번 주려학규를 외우게 하는 교학 방법을 비판하였다고 기록되어 있다. 또한 위료옹의 「발주려학규跋朱呂學規」에서는 위의 두 학규가 다르면서도 같은 것을 지향하고 있음에 대해 격찬했다. 이는 "다른 가르침이지만 하나를 지향하고, 다른 논조임에도 같은 효과를 얻는다(異訓以同指, 異調以同功)"는 두 학규의 영향력을 잘 보여준다.

「연평서원일습예정延平書院日習例程」: 서원 수업 시간표

주려학규의 한 축은 정신적 가르침, 다른 한 축은 행위 규범이었던 것과는 달리, 서원걸徐元傑의 '일습예정日習例程'은 교재, 시험 등을 매일의 커리큘럼으로 정착시켰다. 소정 5년(1232) 서원걸은 장원 급제한 뒤 연평주延平州 지주로 부임하여, "군정郡政은 학문 교화를 우선으로 한다(郡政以學化爲先)"는 이념을 계승하여 한 달에 한 번 군학 혹은 서원에 모여, "제생들에게 매일 공부한 내용, 읽은 책, 지은 문장에 대해 직접 물어보았다(親扣每日所習何事, 所讀何書, 所作何文)." "또한 선생이 강의한 내용을 자기 본심에서 체득하고 반성하여(凡所講習, 當先就本心本身上理會)" 부족한 점을 자각하고 고치고 스스로를 잘 알아 삼가 품행을 바르게 해야 한다고 했다. 또한 효제를 근본으로 삼아 과거를 위해서만 배우지 말라고(蓋不但逐逐乎科擧俗學而已) 권면하기도 했다. 그는 주희, 여조겸과 비슷한 이학 교육이념을 가지고 있었다. 다른 점이라면, 그는 더욱 일상의 교학 과정에 관심을 쏟았고, 사우士友들이 '배워야 하는 내용(所當習之業)'을 통해 구체화했다. 이처럼 군학, 서원의 제생 모두가 준수해야 하는 '일일 교학과정'을 제정했던 것이다. 그 전문은 아래와 같다.

[원문] 一. 早上文公四書. 輪日自為常程. 先《大學》, 次《論語》, 次《孟子》, 次《中庸》. 六經之書. 隨其所已. 取訓釋與經解參看.

[역문] 아침 문공사서文公四書, 매일 돌아가며 『대학』, 『논어』, 『맹자』, 『중용』 순으로 읽는다. 육경 습독 후 해당 고전의 훈석과 경해를 읽는다.

[원문] 一. 早飯後類編文字, 或聚會講貫.

[역문] 아침식사 후 분류된 글을 읽거나 모여서 강습한다.

[원문] 一. 午後本經論策, 輪日自為常程.

[역문] 점심식사 후 본경, 론論, 책策을 공부하고 매일 돌아가며 일상으로 삼는다.

[원문] 一. 晚讀《通鑑綱目》, 須每日為課程, 記其所讀起止, 前書皆然.

[역문] 저녁에는 『통감강목通鑑綱目』을 읽고 매일 과정에 따라 행하며, 읽은 것 시작과 끝을 기록하고 책을 읽을 때마다 모두 그렇게 한다.

[원문] 一. 每月三課, 上旬本經, 中旬論, 下旬策. 課冊待索上看, 佳者供賞.

[역문] 달마다 세 차례의 시험을 실시하여 상순에는 본경, 중순에는 '논論', 하순에는 '책策'에 대해 시험을 본다. 시험지를 채점 후 우수한 자의 것은 전시된다.

[원문] 一. 學職與堂職升黜, 必關守倅.

하나, 학직學職과 당직堂職의 승진이나 파면은 군현의 장관과 관련된다.[64]

---

64) 宋·徐元傑, 「延平郡學及書院諸學榜」. 鄧洪波, 『中國書院章程』, 長沙: 湖南大學出版社, 2000

이상 6조항 중 학생 및 교직원에 대한 시험 제외하면, 나머지 네 조 항은 '학습 일정(常程)'대로 진행되며, 현재 초등, 중등, 고등학교 시간표처럼 교재, 교수법, 커리큘럼이 안내되어 있어서, 당시 서원이 제도화 된 후 교육이 어떤 방식으로 이루어지고 있는지 잘 보여주고 있다. 이를 통해 서원의 독학 위주의 교육 방식 및 '회강과 강학(聚會講貫)'의 수업 방식을 이해할 수 있다.

3. 서원의 관리제도

남송은 서원 관리체제가 정착되었던 중요한 시기였다. 당시 이학자와 서원이 일체화되면서 서원의 학술 교육 이념이 강화되었고, 서원에 학술, 교육, 교화의 중임이 부여되었으며, 관부학교, 선림정사, 도가청규를 토대로 수립된 제도에 근거하여 관리되었다. 주희의 "오늘날 학에는 모두 학규가 있다(近世于學有規)"는 발언처럼 제도화 관리는 당시 보편적 현상으로, 여조겸이 건도 연간 여택서원에서 제정한 「규약」을 비롯해, 주희의 「백록동서원게시」, 진문울陳文蔚의 「쌍계서원게시雙溪書院揭示」, 서원걸의 「연평군학급서원제학방延平郡學及書院諸學榜」, 「명도서원규정」 등은 서원의 자체적인 관리 체계가 확립되었다는 것을 잘 보여준다. 이 체계는 분명하면서도 체계적인 분업, 효율적 운영을 특징으로 하며, 그 내용은 대체적으로 다음의 다섯 가지를 포함하고 있었다. 첫째, 산장 담당제, 당장堂長 책임제로 대표되는 관리체제 및 이에 걸맞는 조직 시스템으로, 이는 서원의 관리가 체계적이고 효율적으로 이루어지도록 보장했다. 둘째, 교직원 관리이다. 산장을 선발할 때 학행 혹은 과거 출신 등의 제도적인 자격 요건을 마련하여, 서원 학술 연구 및 교학 수준을 일정 수준까지 확보했다. 셋째, 생도 관리이다. 서원 입학을 위해서는 해당 정원에 들기 위해 시험을 통과해야 했으며, 학업, 인품, 언행 등에 기준을 마련하였고, 출석, 상벌제도도 있었다. 넷째, 수업 관리이다. 산장 수업은 교과과정에 따라 정기적으로 수강, 감강(鑒講, 체크하면서 수강-역자), 복강(覆

년, 91쪽.

232

講, 반복 수강-역자) 등의 방식으로 진행되었으며, 생도는 아침, 아침식사 후, 점심식사 후, 저녁 총 4차례 각 과목을 정하여 '일습예정日習例程'를 설정하고, 매월 정기적으로 시험을 치렀다. 다섯째, 경비 관리이다. 한 해 지출 할당마다 규정을 정해두고 서원이 정상적으로 운영되도록 경제적으로 관리했다. 산장 담당제, 당장 책임제, 교직원 관리, 학생 관리, 수업 관리에 대해서 구체적으로 살펴보고자 한다.

산장山長 및 당장堂長 책임제

산장담당제는 서원의 지도자로서의 산장 지위를 확보하는 관리 제도이다. 가족이나 마을 단위에서 세운 소형 서원의 경우 조직 구성이 단순한 편이다. 송대 우산서원盱山書院은 산장 외에도 당장堂長, 학장學長, 재장齋長 등의 직이 있어서 "서로 역할을 보완하였으며(相與勵翼之)"[65] 이 중 조직 구성이 가장 단순한 서원에서는 산장만 두었다. 관부에서 관리하는 중형, 대형 서원은 직책이 많은 편이었다. 천하 4대 서원의 으뜸이라고 불렸던 악록서원의 경우, 산장, 부산장, 당장, 강서, 강서집사, 사록, 재장 등이 있었으며, 건강부(建康府, 현 강소성 남경) 명도서원은 관리 조직이 가장 많고 잘 완비된 서원이었다. 이곳에는 산장, 당장, 제거관提擧官, 당록堂錄, 강서講書, 당빈堂賓, 직학直學, 강빈講賓, 전냥관錢糧官, 사계司計, 장서掌書, 장의掌儀, 장사掌祠, 재장齋長, 의유醫諭 이상 15개 직책이 있는 방대한 조직관리 체계를 자랑했다. 그 중 앞의 네 가지는 별도의 전문 사무실도 있을 정도로 서원에서 중요한 직책이었으며, 각각 '산장위山長位', '당장위', '당록위', '강서위'로 되어 있고, 다른 직책을 맡은 11종의 직사를 위해 두 곳의 직사위職事位를 설치해 두었다. 산장위는 교무를 주관하고 제생을 선발 및 퇴거시키는 서원의 핵심 직책으로, 매월 세 차례 시험을 치르고 1, 3, 6, 8일에 강의했기 때문에, 당장이 조수 역할로 일상적인 원무를 관리했다. 다른 직책들은 분업이 명확하여 맡은 바 최선을 다하면서 산장과 당장의 교학, 연구, 제사, 도서, 경비 등의 관리를

---

65) 宋·包恢, 「盱山書院記」. 陳谷嘉·鄧洪波, 앞의 책, 182쪽.

도왔다. 원내 선생 및 학생의 건강상태는 '의유'가 관리하였다.

산장책임제는 시기와 서원에 따라 형식이 달랐다. 조주潮州 한산서원韓山書院의 경우, 백록동서원을 본떠 "동주洞主는 군수郡守가, 산장은 군의 박사가 담당했다. 직사위에는 당장, 사계가 각 1명, 재장이 4명이 있었다."66) 이것이 동주 지도하의 산장책임제이다. 동주는 1급 지방행정관인 군수였는데, 이는 한산서원의 산장이 지방정부를 책임진다는 것을 의미했다. 이를 모방하여 후대 많은 관부서원들이 위의 관리모델을 차용하였다.

당장책임제는 남송에만 있었던 독특한 제도이다. 당시 서원과 서당은 혼용되었는데, 일부 서원은 당장에게 산장의 역할을 수행하도록 하였다. 구강九江 염계서원濂溪書院의 경우, "유명한 유자를 초청하여 당장으로 임명하고, 여러 현縣의 인재들을 생원으로 모집하였으며, 전조田租로 비용을 충당하였다."67) 금계현 괴당서원槐堂書院은 예몽득葉夢得이 『괴당서원기槐堂書院記』에서 "이자원李子愿을 당장으로 임명하여 원내 사무를 관장하도록 하며, 직사나 정원 수를 정하고 그 해의 수입에 따라 봉록이나 식량을 주었다."68) 그러나 이는 보편적인 현상은 아니었고, 일반적으로 말하면, 당장은 산장 다음으로 높았다. 전술했던 건강 명도서원의 경우, 그 책임은 "기강을 바로잡고 사무를 관장하며 생도들에게 모범 이미지를 보여 주는 데(紀綱庶事,表率生徒)"에 있었다. 원, 명대 이후 당장의 위상이 학생 대표 정도로 추락하여, 출석, 수업 기록, 난제 수집 등을 맡았다.

그밖에 서원의 특수한 관리 방식 역시 주목해야 한다. 연합한 여러 서원들이 등급을 달리하면서도 하나의 체계로 운영되는 형식도 있었다. 대표적인 경우가 송대 '담주 삼학'이다. 여기서 '삼학'은 담주주학, 상서서원, 악록서원을 가리키며, 원생은 매월

---

66) 『永樂大典』권5343, 中華書局影印殘本. "洞主,郡守爲之.山長,郡博士爲之.職事則堂長,司計各一員,齋長四員."

67) 「九江府 · 濂溪書院」, 『永樂大典』권6701, 中華書局影印殘本. "招致名儒以爲堂長, 諸縣擧秀民以爲生員, 仍至田租以贍之."

68) 光緖『江西通志』권81. "李子愿爲为堂長以主教事, 職事生員各立定數, 因其歲之所收而差次其廩給."

시험 성적에 따라 상서서원으로 승급되었으며, 다시 매월 시험 성적에 따라 악록서원으로 승급되었는데, 이에 관해서는 『송사』와 『악록서원지』에 잘 기록되어 있다. 그리고 송대 강서성의 상산서원象山書院, 백록동서원, 번강서당番江書院의 연합 형식에 관해서는 원보袁甫의 「번강서당기」에서 찾아볼 수 있다. 번강서당의 생도 중 학업에 우수한 자는, 두 서원에 보내져 수업을 받았는데, 이는 번강서원이 실질적으로 백록동, 상산서원의 기초 교육 역할을 담당한 것으로, 삼원일체三院一體의 분급형 관리 체계를 구축했음을 보여준다.

교원 관리제도

서원의 교직원 전체적 구성을 보면 명칭은 다양해도, 구체적으로 하나의 서원만 살펴봐도, 모두 산장, 당장, 장교 등이 핵심 직책으로 인원수는 많지 않았으며 역할이 잘 정해져 있었다. 산장 등 핵심 구성원의 학문과 품격이 서원의 흥망성쇠를 결정지었다. 때문에, 서원의 교직원 관리 역시 산장 등 핵심 인물들을 어떻게 제대로 선발하여 도를 전하고 어떻게 학문을 가르치는지 등의 책임을 부과 하는가에 달려있었다.

서원 제도가 정착될 무렵, 산장직은 특히 중시되었다. 악록서원의 초대 산장 주식周式은 "학문과 덕행을 겸비했는데, 특히 의행義行으로 알려져(學行兼善, 尤以行義著稱)" 송 진종 황제의 부름을 받고 대의(對衣: 품계에 걸맞는 관복-역자)와 안마鞍馬를 하사받았으며, 국자감주부로 임명되는 등 전대미문의 명예를 누렸다. 소흥 연간, 대학자 호굉은 "황제의 부름을 사양하고 악록서원의 산장을 자청한(力辭召命, 自請爲岳麓書院山長)" 후 "사람들은 반드시 품행이 바르고 학문이 박식한 자가 맡아야 한다고 여겼다."[69] 건도 연간, 장식은 악록에서 주강했으며, 주희, 여조겸과 함께 '동남 3현'으로 불렸지만, 호굉의 학생으로서 같은 산장으로 불리기를 주저했다. 이를 통해 산장의 지위는 다른 직책과

---

69) 宋·歐陽守道, 「白鷺洲書院山長廳記」, 陳谷嘉·鄧洪波, 앞의 책, 133쪽. "山長之稱称, 人以爲非實行粹學者莫宜居."

는 달리 매우 높았다는 것을 알 수 있다. 대략 이 시기부터 악록서원은 일정 기간 동안 '당장'으로 교육을 담당했다.

실제 남송 중후기에 서원 산장은 점차 이부吏部에서 파견하게 되었는데, "산장은 정식 직원이 아니기 때문에 교수가 산장을 겸직하는 경우가 많았다."[70] 이종 경정景定 4년(1263) "이부에 서원 산장을 담당한 자들에게 주학 교수의 지위를 내리라고 명하였다."[71] 산장이 정식 학관이 되면서 관서로 산장청山長廳을 짓고 근무했으며, 수도의 새로운 진사들에게 이 직분에 대한 자격이 주어졌다. 서원 교직원을 관리하는 매우 중차대한 이 직책에 대해서는 악록서원 부산장, 백로주서원 산장을 지낸 구양수도가 『백로주서원 산장청기白鷺洲書院山長廳記』로 기록해 두었다.

학생 관리제도

서원에는 학생을 관리하는 제도가 있다. 송대 문헌에는 이와 관련된 기록들이 비일 비재한데, 날로 규정화 되면서 전문적인 규장 조문이 되었다. 경정 연간에 제정된 『건 강지建康志』에 수록된 「명도서원규정」이 그 대표적인 예이다. 전체 11개 조항 중 8개 조항(제2조, 제5-11조)은 제생관리에 관해서만 언급하고 있는데, 다루는 내용이 광범위 하다. 학생 관리하는 조항에는 장려와 징계가 분명한 완비된 상태였다. 구체적으로 입학, 출석, 행위 규범 등 몇 가지로 나눌 수 있다.

학생모집 제도는 입학시험과 정원 제한 이상 두 가지로 이루어져 있다. 건강부建康府 명도서원의 경우 "시험 문제를 출제하여 문리文理가 통명通明한 이는 서원 입학을 허가 하였고, 지식이 부족한 이는 입학하지 못하게 하였다."[72] 입학 정원은 정해져 있었다. 천하 4대 서원의 으뜸인 악록서원은 남송 건도 원년(1165)에 재건되었는데, 사재四齋가

---

70) "山長之未爲正員也, 所在多以敎授兼之."
71) "詔吏部諸授書院山長者, 幷視州學敎授."
72) "引疑義一篇, 文理通明者, 请入書院, 以杜其泛."

236

있어서 "정원을 20명으로 했다(定養士額二十人)." 순희 15년(1188) 두 재를 더 확장하면서, "정원 10명을 늘렸다(益額十人)." 소희 5년(1194) 주희는 담주지주로 원사를 세우고 "별도로 정원 외 학생 10명을 따로 두어, 각 지에서 온 유사들을 머무를 수 있게 했으며(別置額外學生十員, 以處四方遊學之士)," 그 경비는 주부州府의 교육지원비 및 서원 학량學糧 내에서 융통성 있게 충당하였다.[73] 남송대에 정원을 제한하는 것은 일반적이었지만, 재사와 경비 상황의 영향을 받았음을 알 수 있다.

서원의 출석 제도는 당나라 궁중 집현서원集賢書院의 "월말에는 서원 내부적으로 시험을 실시하고, 연말이면 외부 평가를 도입하여 시험을 실시한다(月終則進課于內, 歲終則考最于外)"는 것을 필두로 송대부터 이러한 규정이 더욱 완벽해졌다. 건강 명도서원의 경우 "휴가를 낼 때는 기록하는 부簿가 있어서 서원을 나가면서 기록하지 않는 이에게 벌을 준다(請假有簿,出不書簿者罰)"는 규정은 이를 잘 보여준다. 당시 '청가부請假簿' 외에도, 산장의 강학 현황을 기록한 '강부講簿', 생도들의 학문과 인품을 기록하는 '덕업부德業簿', 생도가 지참한 전미錢米를 기록한 '식부食簿', 등유燈油와 숯 수령 상황을 기록한 '숙재부宿齋簿' 등이 있었으며,[74] 서원 부서 등기 제도를 만들어 모든 상황을 기록으로 남겨서 찾을 수 있도록 하였는데, 바로 이것이 명도서원의 관리 핵심이었다. 청가부와 식부, 숙재부를 마련하고 휴가는 3개월 이상 낼 수 없다고 규정했다. 또한 서원 제사, 수업 및 회강, 시험 등을 행할 때 3번 빠질 경우 서원에서 제명될 수 있었다. 이는 매우 체계적으로 출석을 관리하는 제도였다고 할 수 있다.

학생 행동의 규범화는 서원 관리의 주요 내용이었다. 예로부터 "사士는 사민(四民, 士農工商)의 으뜸"이라 했는데, 서원은 사인을 양성하는 곳으로, 사인 의식 함양을 매우 중시했다. 명도서원의 경우 직사나 생원이 서원을 출입할 때 모두 심의(深衣: 신분이 있는 선비들이 입던 웃옷-역자)를 입게 하여 일반 백성들과 구분함으로써, 사인들이 책임감과 우월감을 느끼게 하였다. 전국적으로 통행되던 주희의 「백록동서원학규」에

---

73) 陳谷嘉·鄧洪波, 앞의 책, 44쪽, 184쪽.

74) 宋·저자미상, 「明道書院規程」. 鄧洪波, 앞의 책, 58쪽.

서는 오교五教의 조목, 학의 순서, 수신의 요강, 처사의 요강, 접물의 요강을 토대로 제생들을 교육시켰다. 이들 조목은 심신 수련과 인격 도야를 위한 것이었다. 동시에 서원에 엄격한 계율을 정하여 어기지 못하도록 하였다. 만일 어길 시에 이를 질책하고 권고하고 타이르고 심지어 쫓아냈는데, 여조겸의 「여택서원학규」가 대표적이다.

교학 관리제도

서원의 교학관리에 관한 내용은 많아서 일일이 다 소개하기 어려우므로, 여기에서는 교학 '일과' 및 일일 교학 기록, 시험에 관해 간략하게 소개하고자 한다.

교학 일과는 일정, 교과과정이라고도 하며, 현재 학교 커리큘럼과 마찬가지로, 일정 기간 동안의 강의 내용, 강의 시간, 시험 과목 등이 정해져 있었다. 건강부 「명도서원규정」에 기록된 "순旬마다 산장이 직사와 생도들을 모아 규정대로 강학, 감강鑒講, 복강覆講한다. 3일과 8일에는 경서를 수강하고, 1일과 6일에는 사서를 강의하며, 강학한 내용은 모두 강부講簿에 기록한다. 달마다 시험을 3번 실시하고 상순에는 경서에 관해, 중순에는 사서에 관해 시험 보고, 하순에는 과거 시험 응시를 위해 시험을 본다. 성적이 우수한 자는 그가 속한 서재에 알리고 덕업부德業簿에 이를 기록한다."[75]는 단적인 예이다. 전술했던 소정 연간 장원인 지주 서원걸의 연평군학 및 서원에서 제정한 "일일 학습 일과" 역시 대표적인 사례이다.

일일 교학 기록법은 남송대에 등장했는데, 구체적인 방법은 다음과 같다. 일기책日記冊, 일기부日記簿, 일과부日課簿, 일정부日程簿 등의 부책을 생도에게 지급하여, 제생들의 하루 학업 일과를 기록하고 점검하는 데 사용했는데, 이는 서원에서 가장 많이 차용했던 교학 방식이었다. 장원 재상 문천상文天祥은 함순 연간에 쓴 「감주흥국현안호서원기贛州興國縣安湖書院記」에는 "학습 일기를 작성케 하여 자신의 학문 진전 상황을

---

75) "每旬山長入堂會集職事生員講授, 籤講, 覆講如規, 三八講經, 一六講史, 幷書于講簿. 每月三課, 上旬經疑, 中 旬史疑, 下旬學業, 文理優者, 傳齋書德業簿."

직접 감독하여 태만해지지 않도록 했다"[76]는 기록이 있다. 안호서원은 흥국현 성 동쪽 200리 떨어진 의금향衣錦鄉에 위치했으며, 성진城鎭과 상당히 멀리 떨어진 시골서원에 속했다. 향촌의 작은 서원까지도 일기로 제생들을 감독한 것을 보면 이러한 관리 방식이 전국적으로 통용되었다는 것을 알 수 있다. 연평군학이 서원과 공유한 '일일 학습 일과'의 앞 4조항은 이를 모방하여 아침, 아침 식사 후, 점심, 저녁 하루를 네 시간대로 나누어 생도의 하루 수업을 관리했다.

시험은 생도들의 덕행과 학업 성취도를 토대로 우열을 평가하고 승급과 강등을 결정하며 상벌을 주는 제도이다. 이는 당대 집현서원의 "월말에 서원 내부적으로 시험을 실시하고, 연말이면 외부 평가를 도입하여 시험을 실시했던(月終則進課于內, 歲終則考最于外)" 것에서 시작해서 송대에 제도로 확립되었다. 입학과 평소 시험 역시 덕행과 학업 이 두 가지를 주축으로 이루어졌다.

덕행은 학생들의 성품의 일관성, 일상의 행동거지를 주어진 기준에 부합하는 지에 따라 심사한다. 근거를 마련하기 위해 일부 서원에서는 부서簿書 등기제도를 시행하고, 덕업부, 권선규과부勸善規過簿 등을 만들기도 했다. 심사 기준은 때와 장소, 서원과 산장에 따라 각각 달랐다. 일반적으로 학술대사가 서원 업무를 관리할 때에는 선현, 선성을 추구하는 원대한 목표를 제시했으나, 일상생활에서의 행동준칙은 언급이 많지 않고 융통성이 있어서 자발적으로 지키도록 했는데, 주희의 「백록동서원게시」가 대표적이다. 그러나 대부분의 일반서원은 실생활과 연관되는 것에 중점을 두었기 때문에, 유가 윤리를 구체적인 규정으로 정하여 어떻게 해야 하는가와 무엇을 하면 안 되는가를 강제적으로 정해두었다. 덕행 평가의 조항이 광범위할수록 탄력적으로 적용되고 구속력이 강하지 않았으며, 구체적이고 분명할수록 포상과 징계의 기능을 잘 발휘할 수 있었다. 추상적이고 느슨한 규정은 제생들이 자발적으로 차분하게 심신수양에 집중할 수 있도록 해주었지만 과도할 경우 단속이 어려웠고, 구체적이고 세밀한 규정은 학생들의 천성을 억압하여 덕행을 기른다는 목표에 도달할 수 없게 했다. 바로 이 때문에

---

76) 陳谷嘉·鄧洪波, 앞의 책, 162쪽. "置進學日記, 令躬課其業, 督以無怠."

구속력의 정도를 적정하게 설정하는 것이 역대 서원 교육자들이 덕행 심사 제도를 마련할 때 가장 먼저 고려했던 점이었다. 이는 오늘날 인성교육에도 시사점을 줄 수 있다.

학업 평가는 '지식 교육'에 대한 결과인 학업 수준을 측정하는 과정이다. 남송 서원에서의 시험 내용, 명칭, 범주 등은 명청대만큼 복잡하지는 않았으며, 기본적으로 경서, 사서를 기본으로 하였고 그 외에 과거 응시를 위한 것이었다. 건강부 명도서원의 경우, "달마다 시험을 3번 실시하고 상순에는 경서에 관해, 중순에는 사서에 관해 시험 보고, 하순에는 과거 시험 응시를 위해 시험을 본다. 성적이 우수한 자는 그가 속한 서재에 알리고 덕업부에 이를 기록했다."[77] 덕행과 학업을 기록하는 부서簿書는 모두 "직학에서 관리했으며, 강급과 승급에 참고되었다(掌于直學,參考黜陟)".[78] 서부(書簿)의 기록에 따라 성적이 좋으면 수상하거나 승급해주었고, 나쁘면 강등하거나 징계를 내렸다. 상벌 제도가 시험제도와 연동시켜 학생들의 학업 의욕을 고취시키고 성실한 이는 포상하고 게으른 이는 징계하기 위한 운영방침이었다.

포상과 징계는 모두 수단일 뿐, 결국 학업 면에서 생도의 발전을 도모하는 데에 목적이 있었다. 그 외 덕행 평가에서 불합격한 생도, 특히 전체 구성원에게 악영향을 끼치거나, 학풍을 훼손하거나, 서원의 규정을 어기거나, 인륜을 어지럽히는 행위에 대해 훈계, 제적, 퇴원, 제명 및 관에 신고하여 평생 서원 교육을 받지 못하게 하는 등의 엄벌을 내렸는데, 여조겸학규 중 권고, 질책, 격려, 제적 등이 이에 해당했다. 이는 최소한의 징계로, 서원이 도덕과 윤리를 중시하는 경향을 보여주며, 중국 입시제도 전통에도 반영되었다. 이러한 역사적 경험은 오늘날에 참고할 만하다.

---

77) 每月三課, 上旬經疑, 中旬史疑, 下旬學業, 文理優者, 傳齋書德業簿.
78) 「明道書院規程」. 鄧洪波, 앞의 책, 『中國書院章程』, 57-58쪽.

4. 명도서원明道書院: 남송 시기 규정 및 제도가 가장 완비되었던 서원

명도서원은 건강부성(建康府城, 현 강소성 남경)에 위치했으며, 순우 원년(1241)에 정식으로 창건되어, 북송의 이학자 명도선생인 정호를 봉사하며 모셨기 때문에 붙여진 이름이다. 순희 2년(1175)에 건강지부建康知府 유공劉珙은 정호가 상원현주부上元縣主簿 직책으로 현의 정사를 맡았었다는 이유로, 학궁에 사당을 지어 제사지내기 시작했다. 가정 8년(1215) 새 사당을 개축하고 당장, 직사, 생원을 두어 학자를 초빙하여 명도선생서당이라고 칭했는데, 이것이 서원의 전신이었다. 순우 9년(1249) 지부 오연吳淵은 원사를 재건하고 주강으로 유명 유학자를 초빙했고, 지사志士를 초청하여 함께 공부하였다. 그리고 백록동서원의 학규를 모방하여 일정에 따라 수업을 진행했으며, 이곳에서 학문하는 이가 매우 많았다. 보우 원년(1253) 이종 황제는 '명도서원'이라는 편액을 하사하였고, 개경 원년(1259) 지부 마광조馬光祖는 동료들을 데리고 이곳에서 회강했는데, 몰려와 듣는 사인이 수백 명에 달했으며, 규모도 매우 컸다. 경정 4년(1263) 지부 요희득姚希得이 총 비용이 11120 여 민緡, 쌀 30석碩을 들여 중수하자, 문루와 원사는 "눈부시게 새로워졌다(粲然一新)." 산장 주응합은 부지府志를 편찬하라는 명을 받들었는데, 경정「건강부지建康府志」라고 불리는 이 기록은 현재까지 전해져온다. 그 중 권29는 서원에 관해 집중적으로 다루고 있으며, 건축 연혁, 역사 문헌, 규정조례, 원사전산, 산장 명부, 강의 시리즈 등도 모두 기록되어 있어서 송대 서원에 관한 보기 드문 완비된 1차 자료이다.

서원은 전산田産 4908무畝 3각角 30보步로, 매년 수입은 쌀 1269석 남짓, 벼 3662근斤, 콩과 보리 110 여 석, 임대 수익 110 관貫 700문文, 그리고 공터, 건물, 약간의 돈이 있을 정도로 재정은 충분했다. 건강부에서는 매월 서원에 5천관 17계회(界會: 송대 지폐의 일종-역자)와 땔감(芦柴) 40속을 지급했다. 밭에서 생산되는 식량은 모두 관원이 출납을 담당했으며, 급여에 차이에 따라 공급제를 시행했다. 서원의 지출은 월급, 일급, 겨울 숯 세 종류로 나누어져 있었으며, 그 수치는 다음과 같다.

〈표 3.4〉 남송 명도서원 경비 지출 통계표

지출 / 직책	월급		일급			비고
	돈 (단위: 貫)	쌀 (단위: 石)	貼(단위:造) 食錢(文)	등유전燈油錢 (단위:文) 등유(단위: 兩)	숯 (단위: 斤)	
산장 山長	100	—	700	—	5	
전량관 錢糧官	20	—	—	—	—	
당장 堂長	100	2	700	등유 2兩	5	
당록 堂錄	60	1.5	500	등유 2兩	3	
강서 講書	50	1.5	500	등유 2兩	3	
당빈 堂賓	26	1.2	200	등유전 200	2	1. 숯은 음력 10월 1일부터 이듬해 정월까지 지급한다.
직학 直學	24	1.2	200	200	2	2. 산장에서 齋長까지의 일급은 貼食錢이라고 하고, 직사 생원의 일급은 造食錢이라 불렸다.
강빈 講賓	17	1.2	200	200	2	3. 堂長에서 講書까지는 등유를 공급하고 나머지 인원에게는 돈으로 환산하여 지급한다.
사계 司計	15	1.2	200	200	2	4. 일급은 해당 인원의 食簿, 宿齋簿 친필 서명으로 지급 받는다.
장서 掌書	15	1.2	200	200	2	5. 구체적인 생원 수에 대한 기재가 모호하다.
장사 掌祠	14	1.2	200	—	—	6. 비용은 모두 17界會로, 쌀은 모두 문사곡두(文思斛斗: 量器 중 하나·역자)로 측량하여 지급한다.
재장 齋長	10	1	200	200	2	
정공생원 正供生員	5	—	—	—	—	
의유 醫諭	—	0.7	—	—	—	
직사생원 職事生員	—	—	300/米2升5合	200	2	
합계	456	13.9		錢 1400 油 6	30	

월봉과 일급 수치를 통해, 산장과 당장이 고위직이었다는 것, 산장은 다른 관직을 겸임하면서 서원에 거주하지 않았기 때문에 쌀과 등유전이 지급되지 않았다는 것, 그리

242

고 서원의 실제 업무는 당장이 서원에 거주하면서 관장했다는 것을 알 수 있다. 당록掌錄, 강서는 중위직이었으며, 직학에서 재장까지는 하위직었으며, 전량관과 의유는 두 가지 직책을 겸직하면서 서원에만 소속된 것은 아니어서 겸직비용을 지급받았으나 액수는 그리 많지 않았다. 생원 수는 알려진 바가 없으며, 월급은 기본적으로 5관, 30명으로 계산하면 월 150관이었는데, 이는 당장, 강서 두 사람의 월급의 합에 해당했다. 생원과 산장, 강서와의 월급 차이로 교원을 존중하고 교육을 중시하는 분위기를 엿볼 수 있다.

서원의 편제는 다음과 같다. 생도 수는 알려진 바가 없으나, 6재 80칸의 건물이 있었던 것으로 보아 정원은 36명을 넘지 않았던 것으로 추산되며, 명사가 회강할 때 일회적으로 찾아온 이가 수백에 달했다. 산장, 당장, 제거관, 강록, 강서, 당빈, 직학, 강빈, 전량관, 사계, 장서, 장사, 장의, 재장, 의유 총 15개의 직사 설치는 남송 전체 서원 중 숫자도 가장 많고 역할 분담이 잘 되어 있는 대표적 예라 할 수 있다. 산장은 당堂을 열고 강의하는 날이 되어서야 서원으로 가서 강학을 했으며, 평소에는 서원에 거주하지 않았다. 당장은 산장을 보좌했으나, 지위는 산장과 대등했다. 평소에는 산장을 대행하여 교육 관련 업무를 주관했기 때문에 집무 장소와 경제적 지위는 모두 산장과 동일했다. 산장과 당장 외에 개경 원년(1259) 제거관을 설치하여 책임을 맡겼다. 당시 산장의 청에 응해 남창 동호서원의 사례를 참고하여 설치되었으며, 서원의 행정사무를 주관하고 '제간(制干: 송대 관직명-역자)' 문급옹文及翁이 겸직하였다. 이처럼 문급옹은 명도서원의 처음이자 마지막 제거관이 되었다. 장의掌儀는 명도선생의 후계자를 양성하는 일을 주관했으며 "열흘간 교과 과정을 진행하고 강학은 꾸준히 지속되었다". 서원은 명도선생을 봉사하기 위해 세워졌기 때문에, 장의掌儀 직은 관례상 정씨 가문 사람이 맡았으며 서원에서는 특별한 예우를 갖추었다. 당시 유명했던 정필귀程必貴는 몇 차례 당을 열고 강학하면서 그의 강의는 세상에 전해졌다.

이상은 산장의 주축이었던 명도서원 고위층이다. 기타 직책은 역할 분담이 잘 되어 있었는데, 당록, 강서, 당빈, 강빈의 주 업무는 강학이나 수업을 기록하는 것이었다. 직학은 생원 및 덕업부를 관리했으며, 이 덕업 내용은 "승급과 강등에 참고 되었으며

(參考黜陟)" 학생 관리의 책임도 있었다. 전량관은 전량의 출납을 관리했다. 사계는 그의 조수로서 월급, 일급 지출을 지출하는 등 서원 내 모든 재정을 관리하였다. 장서는 사서라고도 불렸는데, 책을 보관하거나 대출을 주관하면서 서원의 간행 서적을 관리하였다. 장사, 장의는 제사와 관련된 직책이었다. 의유는 서원의 의료를 담당하여 교사와 학생들의 건강을 책임졌는데, 천 여 년의 서원사에서 찾아보기 힘든, 명도서원만의 특색이었다. 그러나 일급도, 월급도 지급되지 않았으며, 쌀 7두斗 정도만 지급된 것으로 추측되는데, 당시 서원 일 외에도 겸하고 있는 일이 있었고 명도서원에만 소속된 것이 아니었기 때문이다. 재장은 생원이 자발적으로 관리하는 직책으로, 사계, 장서와 함께 생원이 겸임하였기 때문에 직사생원이라는 호칭도 있었다. 이는 생도들이 자발적, 자체적으로 서원 관리에 참여했다는 표지이기도 하다.

명도서원은 「명도서원규정」에 따라 교육했다. 「명도서원규정」에는 생원모집, 교학 과정, 제사, 시험, 출석, 징계, 몸가짐 등이 포함되어 있는데, 구체적인 내용은 다음과 같다.

[원문] 一. 春秋釋菜, 朔望謁祠, 禮儀皆倣白鹿書院.
[역문] 봄과 가을에 釋菜를 행하고, 매월 초하루와 보름에는 祠堂에 參拜하는데, 예절과 의식은 모두 白鹿洞書院의 규정에 의거한다.

[원문] 一. 士之有志於學者, 不拘遠近, 詣山長入狀, 簾引疑義一篇, 文理通明者, 請入書院, 以杜其泛.
[역문] 士人 가운데 배움에 뜻을 둔 자는 멀고 가까움에 구애될 것 없이 山長을 찾아뵙고 입학 관련 문서를 접수하면 '簾'앞에서 義 1篇을 시험 하는데, 문장과 논리가 뛰어난 경우 書院에 입학할 것을 請함으로써 그 무분별한 입학을 방지한다.

[원문] 一. 每旬山長入堂, 會集職事生員, 授講, 籤講, 覆講如規. 三八講經, 一六講史, 並書於講簿.
[역문] 열흘마다 山長은 春風堂에 들어 職事員과 生員을 모아 授講 · 籤講 · 覆講하기를 규정과 같이 한다. 셋째 날과 여덟째 날에는 經書를 講習하고, 첫째 날과 여섯째 날에는 史書를 講習하며, 모두 講簿에 기록한다.

[원문] 一. 每月三課, 上旬經疑, 中旬史疑, 下旬擧業. 〈以孟、仲、季月分本經、論、策三場.〉

244

文理優者, 傳齋書德業簿.

[역문] 달마다 세 차례의 시험을 부과하는데, 上旬에는 經書를 시험하고, 中旬에는 史書를 시험하며, 下旬에는 科擧 과목을 시험한다. 孟月(1·4·7·10月)과 仲月(2·5·8·11月), 季月(3·6·9·12月)로 나누어 각각 本經, 論, 策의 三場을 시험한다. 문장과 논리가 우수한 자는 齋舍를 옮기고, 德業簿에 기록한다.

[원문] 一. 諸生德業修否, 置簿書之, 掌於直學, 三考黜陟.

[역문] 모든 학생들의 德業 修行 여부는 장부를 두어 기록하는데, 直學이 이를 관장하여 학생들의 退出과 進陟에 참고한다.

[원문] 一. 職事生員出入, 並用深衣.

[역문] 職事員과 生員은 書院에 출입할 때 모두 深衣를 착용한다.

[원문] 一. 請假有簿, 出不書簿者罰.

[역문] 휴가를 請할 때는 장부에 적어 두는데, 장부에 작성하지 않고 外出할 경우에는 罰한다.

[원문] 一. 應書院士友, 不許出外請謁投獻, 違者議罰. 有訟在官者給假, 事畢日參.

[역문] 응당 書院의 士友로서 外出하여 科擧나 仕宦을 위해 청탁하는 것을 허락하지 않는다. 이를 어길 경우 그 罪에 따른 罰을 論한다. 官司에 訟事가 있을 경우에는 휴가를 지급하며, 訟事가 끝나는 날 書院의 직무 및 교육 활동에 참여한다.

[원문] 一. 請假逾三月者, 職事差替, 生員不復再參.

[역문] 請한 휴가 기간이 3개월을 초과할 경우 職事[員]은 교체[差替]하며, 生員은 해당 시기 書院의 교육 활동에 참여하지 않는다.

[원문] 一. 凡謁祠, 聽講, 供課, 若無故而不至者, 書於簿, 及三, 罷職住供.

[역문] 무릇 사당에 참배하거나 강의를 듣거나 시험을 치를 때, 만약 아무런 연고가 없는데도 참석하지 않을 경우에는 장부에 기록하며, 장부에 기록된 것이 세 차례에 달하면 직책과 임무를 박탈한다.

[원문] 一. 凡職事生員犯規矩而出者, 不許再參.

[역문] 무릇 職事員과 生員이 규율을 犯하여 퇴출된 경우에는 다시 書院의 직무 및 교육 활동에 참여하는 것을 허락하지 않는다.

여기에서 몇 가지를 강조하고 싶다. 첫째, 입학시험에 관한 독자적인 기준이 있다.

둘째, 수강授講, 감강鑒講, 복강覆講이 연동된 교학 방법이다. 셋째, 경서經書 강의와 사서史書 강의는 분리해서 진행되는데, 매월 1, 3, 6, 8일에는 과목 교대로 강의하며 이는 엄밀한 교과 과정 계획에 따라 진행되었다. 넷째, 경, 사, 과거의 주요 시험 과목은 서원의 실용적 학풍을 말해준다. 다섯째, 덕업부, 청가부, 강부 등 핵심 부서簿書 기록은 수업과 평가에 관해 믿을 만한 근거를 제공한다. 전술했던 숙재부, 식부와 함께 부서 등기들이 제대로 완비되어 있고 이를 관리하는 전문 직책이 있어서, 서원의 제도가 탁상공론에 머무르지 않고 실질적으로 구현될 수 있었다.

　바로 이들 전문 인력 및 부서등기 제도 덕분에, 매우 귀중한 9명의 서원 산장과 장의의 강학, 강의 기록들을 볼 수 있게 되었다. 이는 700여년 전 서원이 독자들에게 생생하게 전해질 수 있도록 역사적 장면을 복원시켜준 것이나 다름없다. 요점을 정리하면 다음과 같다.

[원문] 胡崇, 淳祐十一年(1251)六月, 以江東撫幹兼充山長, 開堂講《大學》之道一節.

[역문] 호숭, 순우 11년(1251)6월, 강동무간江東撫干으로서 산장을 겸임하였고, 『대학』 첫 장을 강의하였다.

[원문] 吳堅, 淳祐十二年(1252)二月, 以江東撫幹兼充山長, 開堂講《論語》吾十有五一章.

[역문] 오견, 순우 12년(1252) 2월, 강동무간이 산장을 겸임하였고, 『논어 · 爲政4』 중의 '吾十有五而志于學' 편을 강의하였다.

[원문] 宋貔孫, 寶祐二年(1254)某月, 以江東撫充任山長, 開堂講《周禮》大司徒以鄉三物 敎萬民一節.

[역문] 송비손, 보우 2년(1254) 모월, 강동무江東撫로서 산장을 맡았으며, 『주례』 중의 '大司徒以鄉三物敎萬民'이라는 절을 강의하였다.

[원문] 趙汝酬, 寶祐三年(1255)某月, 以建康節推充任山長, 開堂講《大學》經一章.

[역문] 조여주가 보우 3년(1255) 모월, 건강절추建康節推로 산장을 맡았으며, 『대학』 1장을 강의하였다.

[원문] 潘驥, 寶祐四年(1256)某月, 以江東帥參充山長, 開堂講《周易》復卦象詞.

[역문] 반기가 보우 4년(1256) 모월, 강동수참江東帥參으로서 산장을 맡았으며, 『주역』 「復卦 · 象传」를 강의하였다.

246

[원문] 周應合, 開慶元年(1259)四月, 以江東撫幹充任山長, 開堂講《論語》學而時習之一章, 有子曰至鮮矣仁一章.

[역문] 주응합은 개경 원년(1259) 4월, 강동무간으로 산장을 맡았으며, 『논어』 "학이시습지(學而時習之)"장, "유자왈지선의인(有子曰至鮮義仁)"장을 강의하였다.

[원문] 張顯, 開慶元年(1259)閏十一月, 以添差江州教授權充山長, 開堂講《中庸》第二十章博學之五句.[역문] 장현은 개경 원년(1259) 윤달 11월, 강주교수江州教授로 임시로 산장을 맡았으며, 『중용』 20장 "博學之, 審問之, 愼思之, 明辨之, 篤行之" 다섯 글귀를 강의하였다.

[원문] 胡立本, 景定元年(1260)四月, 吏部差正任迪功郎充山長, 開堂講《大學》之道一章.

[역문] 호립본은 경정 원년(1260) 4월, 이부에서 임명 받아 적공랑迪功郎으로 산장을 맡았으며, 『대학』 첫 장을 강의하였다.

[원문] 翁泳, 以上元縣尉暫權山長, 時間約在景定年間, 開堂講《大學》之道一章.

[역문] 옹영은 상원현위上元縣尉로서 임시로 산장을 맡았으며, 대략 시기는 경정 연간으로, 『대학』 첫 장을 강의하엿다.

[원문] 程必貴, 景定三年(1262)任掌儀, 開堂講《大學》之道一章, 《中庸》天命之謂性三句.[79]

[역문] 정필귀는 경정 3년(1262) 장의掌儀를 담당했으며, 『대학』 첫 장을 강의했으며, 『중용』의 '天命之謂性, 率性之謂道, 修道之謂教' 세 구절을 강의했다.

명도서원은 강학 외 다른 사업들 역시 주목할 만하다. 어서각의 '빙 둘러 늘어선 경적들(環列經籍)'과 대출을 관리하는 장서掌書직 설치는 장서藏書 관리의 성과였다. 개경 원년[1259] 정호, 정이의 언행을 모아 『대학』 8조의 편목을 정하여, 『정자程子』라는 서적을 간행하였다. 이 책은 산장 주응합이 월급 5000관을 받지 않고 경비로 사용하여 출판되었는데, 책은 총 167편片으로 이루어져 있으며, 어서각御書閣에 보관하고 사서司書가 관리하였다. 이 또한 서적 간행 사업이 어떻게 이루어졌는지 잘 보여주는 사례이다. 제사는 현철賢哲의 계승자들을 양성하는 사회적 기능이 있다는 점에서 특별했다.

---

79) 陳谷嘉·鄧洪波, 앞의 책, 231-258쪽.

제사는 정호를 위주로 봉사하고 제사가 제대로 진행되도록 하기 위해 장사掌祠, 장의掌儀직도 설치되었다. 명도선생은 후손이 없었기 때문에 그의 동생 정이의 5대손인 정언손程偃孫을 후손으로 세우고 "교육"했으며, 그의 모친 증曾씨 부인은 함께 "관사에 함께 모셔졌으며 봉급도 주고 차비差備도 파견해주었다(館之官宇,月給有差)". 안타깝게도 2년도 채 되지 않아 정언손이 사망했다. 경정 3년[1262], 10세 어린이었던 정자재程子材를 언손의 아들로 세우고 유학幼學이라 칭하였으며, "직을 두어 제사를 관장하게 했으며(俾職掌祠)" 숙부인 장의掌儀 정필귀程必貴에 가르침을 받았는데 "열흘 간 교과과정을 진행하며 강학은 지속되었다(旬有課程, 講學不廢)". 그의 조모 증씨 역시 함께 봉양되었다. 이러한 "선현이 자손이 없어도 제사가 끊이지 않게 하는(先賢無或廢祀)" 사업은 예폐禮幣 비용 이외에 명도서원은 매월 장사 정유학에게 45관 17계회界會, 쌀 70두斗 5승을 지급했고, 장의 정필귀에게 50관 17계회, 쌀 5두를 지급했다. 건강부는 매월 조모 증씨 전 300관, 쌀 2석을 지급했다. 이를 합하면 일 년 비용이 산장의 4배에 해당할 정도로 성현의 후예 교육에 큰 공을 들였다는 것을 알 수 있다.

서원의 확산과 관학화官學化

13세기 초, 금, 남송, 서하西夏, 대리大理가 대치와 전쟁을 반복하며 점차 쇠퇴해가는 사이에, 중국 북방 지역 대초원에서는 몽골족이 전역을 휩쓸며 급부상하였다. 서하를 멸망시키고(1227), 금나라를 평정시키고(1234), 대리를 수복하면서(1254), 지원 8년 (1271) 쿠빌라이 칸은 정식으로 원나라를 세웠다. 8년 후 지원16년(1279)에 이르러, 원나라가 남해南海에서 송을 멸망시키면서 전국을 통일하는 대업을 이루었다. 원나라 는 전쟁을 이끌던 몽골 귀족이 다스리던 나라였지만, 통치자들은 활로 독수리만 쏘는 영웅에 머무른 것만은 아니었다. 유가 문화를 존중하여 24,400 개의 각급 관학을 설립 하면서, 전국 평균 2,600명당 학교 1개가 배정되는 업적을 세웠다. 중국 사인의 문화교 육 조직인 서원 역시 중시하여 몽골인, 색목인이 한인漢人, 남인南人과 더불어 서원 창건자 대열에 합류하면서 "서원 사업이 원대에 가장 흥성했다(書院之設, 莫盛于元)."는 기록을 남기기도 했다. 중국 서원발전사에서 원대의 가장 큰 공헌으로, 요나라, 금나라 때의 부진을 보완하고 서원과 이학, 이 둘을 함께 북방지역으로 확산시킴으로써, 남방 과 북방의 문화적 격차를 줄였다는 점을 꼽을 수 있다. 뿐만 아니라 이학과 일체화 되면서 서원이 관학으로 인정받은, 서원의 관학화 역시 원대 서원의 주요 특징이다. 이 장에서는 이와 관련된 문제들을 논의해보고자 한다.

제1절 원대 서원의 발전 개황

원대는 세조世祖, 성종成宗, 무종武宗, 인종仁宗, 영종英宗, 태정제泰定帝, 문종文宗, 혜종(惠宗, 順帝)의 8명의 황제가 총 98년(1271-1368) 동안 통치했다. 통계에 따르면 이 시기 서원은 총 406곳으로[1], 수치로만 보면 442곳의 남송보다 다소 적었다고 할 수 있다. 그러나 원나라 통치기간이 남송보다 50여년 짧았다는 점을 감안하면, 연평균 건립 서원 수는 4.142곳으로 남송의 2.888곳보다 훨씬 많았다. 따라서 중국 서원사라는 관점에서 보면 원나라는 남송의 발전 추세를 계승했다고 평가할 수 있다.

1. 원대 서원의 기본 상황

원대 406개 서원 중, 신축된 곳은 282개, 옛 서원을 복원한 곳은 124개로, 이상의 내용을 황제 연간과 성을 기준으로 분류하면 〈표 4.1〉과 같다.

〈표 4.1〉 원대 서원의 통계표

성	태종太宗	세조世祖	성종成宗	무종武宗	인종仁宗	영종英宗	태정泰定	문종文宗	혜종惠宗	미상	소계	합계
직예 直隷	1/		1/				1/	1/	5/	11/2	20/2	22
하남 河南		1/		1/	1/	1/			/1	12/1	16/2	18
산서 山西		1/			1/	1/	2/1		2/	7/	14/1	15
섬서 陝西					3/		1/	1/		3/	8/	8
산동 山東		1/	1/		2/			1/	5/	12/1	22/1	23
강소 江蘇		2/1	1/1	1/		1/		2/	4/1	7/4	18/7	25
안휘 安徽		4/2		1/1				2/	7/	13/2	27/5	32

---

1) 원대 서원수는 최고 408개로 보기도 한다. 王頲, 「元代書院考略」, 『中國史研究』, 1984년 제1기.

성	태종 太宗	세조 世祖	성종 成宗	무종 武宗	인종 仁宗	영종 英宗	태정 泰定	문종 文宗	혜종 惠宗	미상	소계	합계
절강 浙江		8/5	5/	1/	1/1			1/	6/3	14/13	36/22	58
강서 江西		10/2	4/3		4/			2/	11/5	22/28	53/38	91
복건 福建		1/	/1			1/		1/	7/2	5/13	15/16	31
호북 湖北		3/	1/			1/		1/		14/3	20/3	23
호남 湖南		3/1	4/1		2/	2/		1/	3/4	7/3	22/9	31
광동 廣東		/2	/2				/2		1/1	2/8	3/15	18
광서 廣西			/2						1/	1/	2/2	4
사천 四川		/1			1/			1/	1/	2/	6/1	7
소계	1/	34/14	18/10	4/1	15/1	5/	7/1	13/2	54/17	119/78	282/ 124	406
합계	1	48	28	5	16	5	8	15	71	197	406	

　　황제 연호와 성을 기준으로 작성된 〈표 4.1〉에는 원대 시기별, 지역별 서원 분포 현황이 잘 정리되어 있다. 바이신량白新良의 이 통계는 1984년 왕정王頲의 통계보다 2곳이 결락되어 있으며 원대 서원 수는 실제 500여곳 이상이었다는 점을 감안해야 한다. 위의 표에서는 강서의 경우 총 91개 중, 신축 53곳, 복원 38곳이라고 되어 있으나, 『강서고대서원연구江西古代書院研究』에는 총 162곳 중 신축 94곳, 복원 58곳으로 기록 되어 있다. 사천은 7곳으로 되어 있으나 『사천서원사四川書院史』에는 11곳으로, 호남은 31곳으로 되어 있으나 『호남교육사湖南教育史』에는 41곳으로, 산서는 신축 41곳으로 되어 있으나 『산서서원山西書院』에는 18곳으로 기록되어 있다2).

---

2) 江西, 四川, 湖南 이상 세 지역의 서원 상황에 대해서는 다음의 저서를 참고할 수 있다. 李才棟, 『江西古代書院研究』 216-227쪽. 胡昭曦, 『四川書院史』, 58-59쪽. 馮象欽·劉欣森, 『湖南教育史』 권1, 305-306쪽. 王欣欣, 『山西書院』 5쪽.

2. 원대 서원의 지역별 분포

원대 406개의 서원은 직예直隸, 하남, 산서, 섬서, 산동, 강소, 안휘, 절강, 강서, 복건, 호북, 호남, 광동, 광서, 사천 등 15개 성에 분포되어 있으며, 성 평균은 27,066이다. 각 성의 서원 통계는 〈표 4.2〉와 같다.[3]

〈표 4.2〉 원대 서원 성별 통계표

성	신축 서원수	중건 서원수	합계		차오송예曹松葉 통계	1997년 통계
			총 수	등수		
직예	20	2	22	7	11	
북경						3
하북						12
하남	16	2	18	8	9	12
산서	14	1	15	9	7	10
섬서	8		8	10	6	7
산동	22	1	23	6	10	23
강소	18	7	25	5	16	6
상해						4
안휘	27	5	32	3	11	15
절강	36	22	58	2	33	49
강서	53	38	91	1	59	94
복건	15	16	31	4	19	11
호북	20	3	23	6	7	10
호남	22	9	31	4	23	21
광동	3	15	18	8	10	9
광서	2	2	4	12	3	1
운남						1
귀주						3
사천	6	1	7	11	3	5
합계	282	124	406		227	296
성 평균	18.8	8.266	27,066		15.133	15,578

성 평균 수치인 27,066를 기준으로 원대 지역별 서원 분포 현황을 세 가지로 나눌

---

3) 이 표는 白新良의 『中國古代書院發展史』 제1장 제4절을 토대로 작성되었다.

수 있다.

1급: 평균 이하. 직예, 하남, 산서, 섬서, 산동, 강소, 호북, 광동, 광서, 사천 10개 성으로,
　　 대다수를 차지하며, 서원이 발달하지 않은 지역.
2급: 평균보다 약간 높음. 안휘, 복건, 호남 3개 성으로. 서원이 발달한 지역.
3급: 평균보다 2배 많음. 절강, 강서 2개 성으로, 서원이 가장 발달한 지역.

　원대 지역별 서원 분포 현황을 살펴보면 몇 가지 특징을 도출할 수 있다. 첫째, 서원
은 북방으로 확장되었다. 남송 때 빼앗긴 직예, 하남, 섬서, 산서, 산동 일대의 북방
지중앙정부 판도로 귀속되면서, 다시 이곳에 서원이 세워졌다. 그 간의 공백을 메우듯
86개로 급증하여 북송대의 수치도 넘어서면서 전국 서원 수의 21.18%까지 차지하게
된다.
　둘째, 불균형한 지역 분포를 나타낸다. 강서성의 경우 91개로, 최고 수치를 자랑했으
나, 광서는 이보다 22.75배나 적은 4개에 그쳤다. 남송과 비교하면 절대적 숫자는 대폭
줄어들었으나, 불균형한 분포는 여전히 지속되고 있다.
　셋째, 강서는 평균보다 3.36배나 많을 정도로 압도적 수치를 자랑했으며, 오대, 북송,
남송을 거쳐 원대까지 네 왕조 모두 전국 서원 건설을 이끌어 가는 역할을 담당했다.
　넷째, 서원 밀집 지역은 강서를 중심으로 지속적으로 확장되었다. 주변의 절강, 복건,
호남, 안휘 모두 평균 수치보다 높았으며, 이들 지역을 다 합하면 전국 서원 총수의
59.85%를 차지했다.
　위의 둘째, 넷째는 남송대와 비슷하다는 점에서, 발전 추세는 지속되고 있었다는
것을 알 수 있다. 따라서 북방으로의 확산 역시 원대 서원 분포의 가장 중요한 특징이기
도 하다. 관련해서 1997년 최신 성별 통계를 참고할 수도 있다. 원대 창건 서원은 296곳
으로, 현재 기준으로 전국 19개 성, 구체적으로 북경 3곳, 하북 12곳, 하남 12곳, 산동
23곳, 산서 10곳, 안휘 15곳, 강소 6곳, 상해 4곳, 절강 49곳, 복건 11곳, 강서 94곳,
호북 10곳, 호남21곳, 광동 9곳, 광서 1곳, 사천(중경 포함) 5곳, 귀주 3곳, 운남 1곳,

섬서 7곳이며, 이 중 강서, 절강, 산동, 호남은 1위부터 4위까지를 차지한다. 전반적으로는 여전히 남방이 많고 북방이 적지만, 북방 지역으로 늘어나고 있는 양상을 알 수 있다. 이를 종합해보면 첫째, 북방은 송대보다 2개 성이 더 많은 북경, 하북, 산동, 하남, 산서, 섬서 6개 지역에 창건되었으며, 이 중 산동은 남방의 다른 지역을 제치고 3위에 오르기도 했다. 둘째, 북방에서 창건된 서원 역시 67곳으로 늘어났는데, 이는 송대보다 2.48배가 넘는 수치였다. 셋째, 전국 총 서원 수와 비교하면, 북방 서원은 송대 3.75%에서 22.63%로 급증했다.

독자들의 원대 서원 분포 현황과 특징에 대한 이해를 돕기 위해, 1997년 통계를 토대로 한 〈그림 4.1〉을 작성했다.

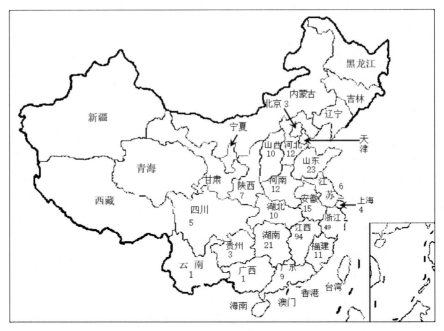

〈그림 4.1〉 원대 서원 분포도

제2절 남송 유민들의 학교 설립과 원대의 서원 정책

원나라는 중국 역사상 최초로 소수 민족이 중앙 정권을 차지한 왕조로, 몽골 귀족의 막강한 무력을 기반으로 세워졌다. 유례없는 광활한 영토를 보유했으나, 그들의 치하에 있었던 많은 한족 지식인들은 '춘추대의春秋大義'라 추앙하면서 전통적 '화이지변華夷之辨' 논리로 새로운 정권에 오랫동안 저항했다. 원나라의 봉록을 받는 송 유민의 출현은 원 초기 일반적 현상이었다. 통치자는 이 같은 불리한 국면에서도 적극적이면서도 효과적인 정책을 채택하고 상황을 유리하게 주도해갔다. 몽골족과 한족의 갈등을 완화시키면서, 몽골족, 색목인도 한족 지식인들의 전유물이었던 서원을 보호하는 데 동참케 했으며, 여기에 그치지 않고 문화교육 조직 건설 역시 적극적으로 추진했다. 민족융합이라는 기치 하에 서원 사업은 지속적으로 발전해갔다.

1. 남송 유민들의 서원 강학

원 초기까지는 무수히 많은 송 유민들이 남아 있었다. 그들은 몸은 원나라에 속해 있었지만 마음만은 고국 송나라(君父之國)를 그리워하면서 새로운 정권과 협력하길 꺼려했다. 이러한 계층의 출현은 남송 이학자들이 오랫동안 충효와 절의節義 관념을 제창해 온 것과 직접적으로 관련이 있었다. 전술한 바와 같이 이학자들이 주도한 서원 운동의 주요 목적 중 하나는 윤리강상 및 의리지변義利之辨의 가치관을 재정립하는 것이었다. 송은 요, 금, 서하, 원과 장기적으로 교전을 치렀던 탓에, 서원 강당에서는 충효와 절의, 국가에 대한 충(精忠報國), 화이지변과 같은 사유가 끊임없이 강조되었다. 그 과정에서 이들 내용은 지식인들 마음속에 깊이 자리 잡았을 뿐만 아니라, 여성들과 아이들까지도 인지하게 되면서 "굶어 죽는 것은 사소한 일이고, 절개를 잃는 것은 큰 일이다(餓死事小, 失節事大)"라는 사회적 공감대가 형성되었다. 송말, 국가가 존망의 위기에 처했을 때, 그들은 애국 충정을 보여주었다. 가장 대표적인 예로 악록서원 사제들의 반원反元 운동을 들 수 있다. 산장 윤곡尹谷은 원나라 군사들이 성을 에워싸기 전까지도 학생들이 학업에 매진하도록 했다. 하지만 전쟁이 발발하자 모두들 의연히 책을 내려 놓고 무기를 들고, 군인, 백성들이 성을 지키는 데 합류하였다. 성이 함락되자 악록서원의 제생들은 "나라를 위해 목숨을 바친 것에 감격해 했으나(多感激死義)," 이 과정에서 "열에 아홉은 사망했으며(死者十九)", 윤곡의 집안 사람들은 분신으로 희생하면서까지 무한한 애국심을 보여주었다.4) 백로주서원白鷺洲書院의 학생과 장원으로 재상이 된 문천상文天祥의 "의를 위한 희생(成仁取義)"은 널리 알려진 영웅적인 사례이다. 원초, 송나라 멸망이라는 바꿀 수 없는 현실 앞에서 충절을 지키고자 했던 선비들은, 원 정권과 협력하지 않는 비폭력 항원抗元 투쟁의 길을 선택하면서 송 유민이 되었다.

이들 송 유민에도 여러 부류가 있었다. 국가가 멸망하자 따라서 목숨을 끊은 사람, 상실감에 평생 눈물로 지냈던 사람, 산림에 은거하며 새 왕조를 절대 인정하지 않았던 사람, 상복을 입고 생활하는 사람, 머리 깎고 중이 된 사람, 은거하며 수도한 사람도 있었다. 이러한 극단적인 방식으로 원나라의 신민臣民이 되지 않겠다는 확고한 결심을 드러낸 것이다. 정사초鄭思肖, 사고謝翱, 방봉方鳳, 오사재吳思齊, 왕원汪元 5명이 대표적인 인물로, 이들의 격렬하고 비장한 행동에는 적극적 저항의 의미가 담겨 있었다. 지원 23년(1286) 10월, 포강浦江 출신인 송대 의오현령義烏縣令 오위吳渭가 주도했던 시사詩社 월천음사月泉吟社에서는 『춘일전원잡흥春日田園雜興』이라는 제목으로 오언, 칠언사운 율시에 한하여, 공개적으로 시를 모집하여 이듬해 정월 총 2735권으로 묶어서 발표했다. 방봉, 사고, 오자재를 심사위원으로 초빙하였으며, 입선자는 모두 280명으로, 3월 3일 합격자를 발표하고 시상하였다. 멸망한 송나라 현령들이 수천 명의 송대 유로遺老들을 적극적으로 동참시키고, 『서시단문誓詩壇文』을 발표하고 직접 등수를 매기고 '상금'까지 걸었던 행위는 은연중에 새 왕조에 대한 저항의 의미가 담겨 있었다. 선정된 시는 『월천음사시月泉吟社詩』에 수록되었는데, 청대 건륭 연간 사고관신四庫館臣의 "두견의 소리를 듣는다거나 미궐 등의 나물을 먹는다거나 하는 표현들은 모두 은둔의 의미를 담고 있다."5) 라는 평에서 짙은 유민의 색채를 읽을 수 있다.6) 송 유민 중

---

4) 楊愼初·朱漢民·鄧洪波, 『岳麓書院史略』, 長沙: 岳麓書社, 1986년, 64-65쪽.

대부분은 산림에 귀의하는 것을 선택했으며, 새 왕조에서 벼슬하지 않으면서 원의 봉록을 받았으나 마음만은 남송에 있었다. "이 몸은 비록 오랑캐의 치하에 살게 됐지만, 단지 세 분의 황제 천자의 신하일 뿐이다(此身雖墜胡塵里, 只是三朝天子臣)"라는 구절에는 이러한 심리가 잘 담겨 있는데, 주체할 수 없는 슬픔에 잠겨 있음에도 나라를 잃어버렸다는 비굴함은 찾아보기 어렵다. "문왕文王께서 이미 돌아가셨지만, 문화(文)는 여기 전해져 남아 있지 않은가?(文王旣沒, 文不在玆乎)"라는 『논어』구절처럼 성인의 제자들에게는 열등감이 없었으며, "오랑캐가 중화문명의 주인이 되어버린(以夷變夏)" 절박한 상황에서도, 지식인으로서의 문화적, 역사적 사명 역시 잊지 않았다. 슬픔을 억누르며 천지를 위해 마음을 정하고, 백성을 위해 명을 세우고, 지난 성인들을 위해 끊어진 학문을 잇고, 후세를 위해 태평시대를 연다는 이상과 자신감으로, 생도를 교육하고 이학을 창도하여 '오랑캐의 치하(胡塵)'에서도 '성현의 맥(聖賢一脈)'을 이어간 것이다. 이처럼 많은 송 유민들이 벼슬길을 마다하고 서원 강학으로 도피하는 삶을 선택했다.

호남의 경우 호상학파의 영향으로, 송대에는 "사인들은 훌륭한 글을 배우고(世習好文)" "향촌에서도 의를 숭상했으며(鄕俗尙義)", "사인들은 순박하고 옛 것을 존중하고(世風純古)" "세속적 이익을 좇지 않고 선을 행하며(往往恬于世利而好修)" "절의를 숭상하고 불의를 부끄러워했다(尙節義而恥爲不義)".[7] 송이 멸망한 후 많은 이들이 산림에서 은둔하며 벼슬에 나가지 않았다. 유주攸州 사람 담원譚淵은 가문 대대로 의를 숭상했는데, 그의 선조 담개譚介의 충절은 정강靖康 연간에 널리 알려졌으며, 이러한 연유로 악록서원에서 장식의 배향을 받았다. 그는 젊은 시절 오자량吳子良, 섭몽정葉夢鼎, 강만리江萬里 등 강학으로 널리 알려진 유자 밑에서 수학하면서, "리理의 요체에 대한 이해로 많은 과거 응시자들의 초청을 받게 되면서 당대 명성을 떨쳤다(習文理要, 公車交辟,

---

5) 역자주. 두견은 歸蜀道, 子規라고도 불리며, 우는 소리가 슬퍼서 항상 애원하고 처량한 분위기나 조국에 대한 그리움에 비유한다. 薇나 蕨은 모두 가난한 사람들의 일상 반찬이다. "多寓遁世之意, 及聽杜鵑, 餐薇蕨語."

6) 「月泉吟社詩」, 文淵閣 『四庫全書』본, 제1359권, 617-645쪽.

7) 元·歐陽玄, 「譚氏峱山記」, 『圭齋文集』 권6, 光緖 『湖南通志』 권68, 권164.

有聲于時)." 송이 멸망하자 "은둔하여(戢影田園)", 20년 동안 "죽은 임금과 선현을 받들어(周旋群公先正間)" 현인으로 불리면서, "송 건순乾淳 연간 이래로 올바른 사회 기풍에 이바지한 사람으로 평가받았다(猶能衣被乾淳以來之風裁者也)." 정원 2년(1296), 주성州城에서 약 200리 떨어진 곳에 살면서, "묘학에서 참배하고 강학했다(廟學瞻儀, 講肄之弗及)"는 기록처럼 부지를 선택하여 봉산서원鳳山書院을 창건하고 강학하였는데 "한때는 꽤나 흥성하여, 학자들에게는 고산선생이라 불렸다(一時彬彬稱盛, 學者稱古山先生)".[8] 상녕常寧 출신인 유회劉恢는 "원의 건국 이후 정강靜江으로 도피하여, 선성서원宣成書院 산장이 되어 학문으로 널리 알려졌으며, 이곳에서 생을 마감하였다."[9] 임무臨武 출신의 형양 석고서원 생 이여뢰李如雷는 "송이 망하고 은거하여 학교를 설립하였는데, 시문詩文이 풍부하고 패계貝溪 산수의 절경을 사랑하여 스스로를 패계거사라 칭했다."[10] 자리慈利 사람 전희려田希呂는 "송말에 절개를 지키기 위해 벼슬에 나가지 않았고 천문산에 기거하면서 서원을 세워 강학하였으며, 후진을 양성하면서 서원 산장을 역임했다."[11] 용양龍陽 사람은 정이동丁易東(호 石壇)은 송 함순咸順 연간에 진사進士를 지냈으며, 추밀원樞密院의 (군사 문서 등의) 편수로 벼슬을 지냈다. "원나라가 들어선 뒤 수차례 벼슬이 내려졌으나 응하지 않았다. 석단정사石坛精舍를 짓고 생도들을 교육했으며, 학전 1000묘를 기부하고, 『주역전소周易傳疏』를 저술하였다. 그후 산장에 임명되어, 원양서원沅陽書院 사액을 하사받았다"고도 한다.[12] 유양劉陽 사람 구양용생歐陽龍生은 예릉전씨醴陵田氏로부터 『춘추』삼전春秋三傳을 전수받는데 "국학 시험에서 『춘추』 과목에서 2등으로 합격하였다(試國學, 以『春秋』中第二)." 원나라가 들어서자 부모

---

8) 위의 책.

9) "入元, 避地靜江, 爲宣成書院山長, 有學行, 竟以老終."

10) "宋亡, 隱居辦學, 所爲詩文甚富, 愛貝溪山水之奇, 自號貝溪居士."

11) 光緒『湖南通志』권164. "宋末守節, 不仕, 居天門山, 創書院以講學, 誘掖後進, 當路以爲書院山長."

12) 『大淸一統志』권280. "入元, 屢征不仕, 築石壇精舍敎授生徒, 捐田千畝以贍之, 著『周易傳疏』. 事聞, 授山長, 賜額沅陽書院."

봉양을 이유로 좌승 최빈崔斌의 부름을 거절했으며, "하양산霞陽山의 백운장白雲莊에서 17여년을 지냈다. 유양은 문정서원文靖書院을 세우고 구산龜山 양시楊時를 봉사했는데, 서원이 폐허된 지 오랜 후, 어사御使가 파견되어 옛터를 복구하면서 구양용생은 산장이 되었다. 강당에서 『맹자』 「등문공滕文公」 장의 대우大禹, 주공, 공자 계승에 관한 내용을 강의하면서, 양시, 주돈이, 정이, 정호를 비롯하여 나종언, 이연평, 주자를 이어받아 도통을 계승하였기에 맹자에 빗댈 수 있다고 했다. 산림의 노유들은 강학의 터가 복원되었다는 소식을 듣고 찾아와 눈물을 흘렸다. 임기가 끝나자, 고향 주학의 교수가 되었다가 도주로道州府 노학路學의 교수로 이전했으며, 음력 초하루와 보름에 제생들과 함께 주렴계를 배향했다. 사당 동쪽의 서산정사西山精舍에서는 (이학을 표창하고 후대에게 모범을 보인다는 취지로) 채원정을 배향했는데, 용생이 이를 주관했다."13) 그의 아들 구양호歐陽浩는 용주서원의 산장을 지냈으며, 손정孫貞은 석림서원의 산장을 지냈다.14) 다릉茶陵 사람 진인자陳仁子는 함순 10년(1274)에 공거貢擧에서 장원을 했다. "나라가 망하자 관직을 마다하고 동산서원東山書院을 운영하며 평생 이곳을 떠나지 않았다. 박학하고 고풍을 따랐으며, 풍부한 저술을 남겼다."15) 원이 건국되자 벼슬을 거부하고 송 유민으로 자처하며, 서원을 세우고 정사에서 강학하고 후학을 양성하면서 지역 학문을 진작시키는 것은 강남 일대의 보편적인 사회 현상으로 자리잡았다.

송 유민들의 학교 설립은 원대 서원 발전으로 직결되었는데, 건국 초에는 특히 절정에 이른다. 전체 서원발전사의 관점에서 보면, 이는 전대인 송대에도, 후대인 명, 청대에도 없었던 매우 특별한 현상이었다. 일반적으로 왕조 교체시기에 전란을 겪는 동안

---

13) "居霞陽山之白雲莊十有七年. 瀏有文靖書院, 祠龜山楊時, 淪廢已久, 部使者至, 謀復其舊, 以龍山爲山長. 昇堂講『孟子』承三聖章, 言龜山傳周程學, 而及豫章, 延平, 紫陽朱子, 實承道統, 其功可配孟子. 山林老儒聞講筵之復, 至爲出涕. 秩滿, 改本州敎授, 遷道州路敎授, 朔望率諸生謁濂溪祠. 祠東爲西山精舍, 祠祭元定, 龍生爲修其祠."

14) 光緒 『湖南通志』 권164.

15) 乾隆 『長沙府志』 권28. "屬國亡, 絶意仕進, 營東山書院居之, 終身不出. 博學好古, 著述甚富."

관원과 백성 모두 큰 타격을 입게 되면서, 서원이 발전하기란 쉽지 않았다. 상식적으로는 송말원초 시기 끊임없는 전란으로 서원이 심각하게 훼손되었을 거라 생각하는 것이 당연하다. 때문에 원초 서원은 전적으로 송 유민의 애국심에 힘입어 발전했다고 할 수밖에 없다. 또한, 송 유민의 학교 설립은 원대 서원 정책에 영향을 미쳤고, 이 정책이 다시 서원 발전을 촉진시키는 긍정적인 상호작용을 일으켰는데, 이와 관련하여서는 별도의 논의가 필요하다. 그리고 유민들의 학교 설립으로 원초 서원은 독립적 성격을 띠게 되었다. 새로운 정권과 협력하지 않으려는 심리 탓에, 송 유민의 서원은 의식적, 무의식적으로 정부와 일정한 거리를 두게 되었다. 다시 말해 서원은 현실에서의 강학, 전도의 공간이자, 유민의 정신적 애국 성지였던 것이다. 원 정부는 이러한 상황에서 어쩔 수 없이 현실을 인정하고 산장직을 수여했지만, 이는 형식에 불과했으며, 결과적으로는 원의 봉록만 받는 송 유민을 양산하게 된다. 유민의 한과 이상, 이로 형성된 특유의 기질 덕분에 원초 서원은 다른 시대와는 다른 특별한 정신과 풍격을 지닐 수 있었다. 게다가 원초 30-40년 동안에는 과거시험을 통한 인재 선발이 이루어지지 않았기 때문에, 이로 인한 부작용도 생길 수가 없었다. 서원의 교사와 학생들은 강학에만 전념하면서, '성현의 맥'을 전승할 수 있었으며, "송유가 개척한 서원정신은 원나라 유자들에 은거의 이상으로 계승되면서 지속적으로 발전해 나갔다. 이들은 이학자의 학술과 이상을 더욱 발전시켰을 뿐만 아니라, 이민족 통치 하에 있던 한인들을 대신하여 귀중한 유산을 보존하였다."[16] 이것이 송 유민 강학의 가장 큰 의의이다.

2. 원대의 서원 정책

원 정권은 몽골 귀족들의 강력한 무력을 바탕으로 세워졌는데, 초기 통치자들은

---

16) 李弘祺,「絳帳遺風--私人講學的傳統」,『中國文化新論·學術篇·浩瀚的學海』(劉岱, 臺北: 聯經出版社, 1981년, 386쪽). "宋儒開創的書院精神, 在注入元儒的退隱理想之後, 繼續充滿活力, 發展下去, 不僅把理學家的學術和理想加以發揚光大, 也替異族統治下的漢人保存了一份珍貴的遺産."

전 왕조를 위해 목숨을 걸고 투쟁하며 신 정권에 비협조적인 방대한 집단과 마주해야 했다. 이들은 송 정권 부활이 불가능한 상황에서 무력항쟁은 포기했으나, 고국에 대한 그리움을 간직한 채 강상윤리를 골자로 하는 이학교육, 전통적인 화이관념을 바탕으로, 정치, 경제, 문화면에서 한족에 비해 현저하게 뒤떨어진 이민족 몽골 귀족의 통치를 심적으로 받아들일 수 없었다. 때문에 신 정권에서 관직에 오르는 것을 크나큰 치욕과 불충으로 간주하고, 전원으로 도피하여 산림으로 귀의하거나, 생도들을 가르치면서 교육으로 나라를 구하기를 도모하거나, 논밭을 경작하며 그럭저럭 여생을 보내면서, 또 다른 저항의 길을 걸었다.

이러한 상황에서 정권을 탈취하는 것만으로는 권력을 유지하고 공고히 하기 어려웠던 몽골 귀족은, 항복한 '남인'을 본보기로 삼아, 유목 생활방식을 버리고 새로운 경제 체제로 변화시키고, 이에 걸맞는 상부구조, 즉 이학을 추숭하는, '한화漢化'의 방식으로 문명을 건설해야 했다. 따라서 이학을 연구하고 전파하는 서원을 보호하는 정책을 채택하였던 것이다.

원 건국 이전 몽골국 시기부터 몽골 지도층은 남방 서원을 주목하고 있었다. 송 이종이 대대적으로 정주이학을 제창하며 정통철학의 지위를 부여하고, 서적을 반포하고 사액을 하사했으며, 학술 연구와 이학 전파의 주축인 서원이 크게 발전했던 시기에, 서원이 인심을 유지시키고 사상을 통일하는 데 정치적 효용성이 뛰어났다고 판단했던 것이다. 때문에 적극적으로 서원 활동을 펼치면서 사민을 두고 남송 정권과 경쟁하였다. 오고타이(窩闊臺) 7년(1235)에 남하하여 '송을 정벌할' 때 양유중楊惟中, 요추姚樞 등 유신들은 군대를 따라 남방 학자들을 대거 유입시키면서 이학 저서를 수집하였다. 1240년에서 1241년 사이에 연두(延都, 후에 원 수도가 된 大都, 현 북경)에 태극서원太極書院을 창건하여 이학의 창시자인 주돈이를 공봉하고, 정호, 정이, 장재, 양시, 유초游酢, 주희 이상 이학자 6명을 배사했다. 그리고 강소성과 안휘성 일대에서 수집한 이학 전적들을 이곳에 보관하고, 『태극도太極圖』, 『통서通書』, 『서명西銘』등 이학 명저를 사방 벽에 새겼으며, 양자강과 한수지역의 저명한 유학자 조복趙復 등을 주강으로 초빙하여 강학하면서 "천하의 모범이 되었다(以爲天下標準)." 당시 이곳에서 학문을 배우려는

"수 백 명이 되었는데 이들 중 인재가 많았다(將百人, 多達才其間)."[17]

원의 통일 전쟁 과정에서 서원의 훼손을 막기 위해, 중통 2년(1261) 6월 쿠빌라이 칸은 "선성묘와 관내서원에 관직을 두어 계절마다 제사를 지내고 음력 초하루에 석전을 지내며, 관원과 사신과, 군마를 금하여 경내가 소란스럽지 않게 할지니, 이를 어길 시에는 죄를 묻겠다."는 조령을 내렸다.[18] "서원이 있는 곳에서는 아무나 소란을 일으키지 못하게 하면서"[19] 서원과 같은 문화교육 시설들을 적극적으로 보호했다. 원나라 군대는 전쟁 중에도 착실하게 서원을 보호했다. 지원 12년(1275) 2월 27일, 원나라 군대가 집경(集慶, 현 강소성 남경)에 들어섰는데, "원나라 군대가 입성하자 평장행성平章行省의 아주阿珠는 명도서원을 점거하고, 군사들은 성상을 들판에 갖다 버렸다. 서원의 유자 고지학古之學 등이 승상 회안왕淮安王을 알현하여 방문榜文을 내려 서원 건물과 전산田産을 돌려주게 하였으며 수재들을 위로하였다. 황명을 받들어 서원은 전례대로 복원된 것이다. 그 후로 학인들의 글 읽는 소리가 끊이지 않았다."[20] 참혹한 전쟁 중에서도 원 통치자는 주둔을 구실로 군대가 서원에 머무르지 못하도록 했으며, "황명을 받들어(當奉鈞旨)", "수재를 위로하고(招安秀才)" "서원을 복원시키면서(令書院依例復舊)" 강학은 지속될 수 있었다.

그러나 전쟁의 결과는 처참했다. 특히 이학에 깊은 영향을 받았던 남방 지역 지식인들은 민족적 기개를 잃지 않고 완고한 항전을 이어갔지만, 원나라 병사들의 "성 점령 후 학살하는(屠城)" 유풍 탓에 쿠빌라이 칸의 보호 정책이 공문空文에 지나지 않게 되면서, 많은 서원들이 통일 전쟁 과정에서 파괴되었다. 호남의 경우 지원 연간에 원나

---

17) 元·姚燧,「序江漢先生事實」,『牧庵集』권4,

18) 「世祖本紀一」,『元史』권4. "宣聖廟及管內書院, 有司歲時致祭, 月朔釋奠, 禁諸官員使臣軍馬, 毋得侵扰褻讀,違者加罪."

19) 「禮部·禁治騷扰文廟」,『元典章』권31. "凡有書院, 亦不得令諸人騷扰."

20) 至正『金陵新志』권9. "大軍入城, 平章阿珠占居明道書院, 軍士昇棄聖像野中. 書院儒人古之學等詣丞相淮安王前, 告給榜文, 還復書院房屋租産, 招安秀才. 當奉鈞旨, 令書院依例復舊. 由是, 諸學弦誦不輟."

라 군대가 호남 지역에 들어섰을 때, 서원 교사와 학생들을 비롯한 송나라의 군인과 백성들의 필사적 저항에 부딪혔으며, 담주, 형주, 소주, 영주 등지에서의 방어전은 장렬하기까지 했다. 이 과정에서 남송의 44개 서원 중 절반 이상이 원대에 들어 역사 속으로 사라졌다. 천림로天臨路 선화현善化縣의 상서서원湘西書院, 악록서원은 지원 13년(1276)에 원나라 장수 아리해아阿里海牙에 의해 초토화 되었고, 침주로郴州路 흥녕현興寧縣의 관란서원觀瀾書院 역시 "병자(1276)년에 화를 당하면서 우물은 묻히고 건물이 무너지는(厄于丙子之變(1276), 并湮室圮)" 등 심각하게 훼손되었다.

전국 통일 이후 원 통치자는 서원 보존 정책을 거듭 천명하였고, 몇 대가 지나도이는 지속되었다. 지원 23년(1286) 쿠빌라이 칸은 강남 봉사奉使 철리徹里의 건의를받아들여, 강남 관부가 점유한 학전을 학교에 되돌려주고 "재정을 마련한다는(理財)"명목으로 학교와 서원의 전답을 팔지 말 것을 명령했다. 26년 어사대는 각 안찰사按察司에 정식으로 공문을 보내 "산장을 심의했다(體覆山長),"[21] 31년 7월, 원 정부는 중앙과 지방의 모든 관원, 관리 등에게 다음의 내용을 고지하였다. "공자의 도는 만세에드리워진 큰 법이니, 나라를 다스리는 자는 반드시 숭상해야 한다. 곡부의 공림, 공묘,상도上都, 대도大都 및 기타 노, 부, 주, 현, 읍의 묘학서원에서는 세조 황제의 성지에따라 관리와 사신들의 군마를 금지하며, 경내에서 소송 자문, 연회, 건축노동, 관물官物보관 등도 금지한다. 학업을 위한 토지 산업 및 공사 장전을 외부 사람에게 유출되지않도록 한다. 생산한 자금과 식량은 봄, 가을 음력 2월, 8월 초하루와 보름날에 제사를지내고 교사와 학생들의 녹미로 제공된다. 가난하고 늙고 병든 사인들과 사람들에게존경받는 이에게는 매월 식량이 지급되어 구휼과 부양에 사용된다. 사당 건물이 훼손되면 즉시 수리한다."[22]

---

21) 「吏部·體覆山長」, 『元典章』 권9.
22) 저자 미상, 「崇奉孔祀敎養儒生」, 『廟學典禮』 권4, 杭州: 浙江古籍出版社, 1992년, 85-86쪽. "孔子之道, 垂憲萬世, 有國家者, 所當崇奉. 曲阜林廟, 上都, 大都, 諸路府州縣邑廟學書院, 照依世祖皇帝聖旨, 禁約諸官員使臣軍馬, 毋得于內安下, 或聚集理問詞訟, 褻瀆飮宴, 工役造作, 收貯官物等. 其贍學地土産業及貢士莊田, 外人毋得侵奪. 所出錢糧, 以供春秋二丁朔望祭祀

성종은 즉위하자(1295) "곡부의 공림, 공묘, 상도, 대도 및 기타 노, 부, 주, 현, 읍의 묘학, 서원에 하사한 학전 및 공사장전貢士莊田으로 봄, 가을 음력 2월, 8월 초하루, 보름날 제사에 사용하고 묘우를 수리하도록 했다. 이로부터 천하 군읍의 묘학은 수리되지 않은 곳이 없었고, 석전 제사도 예전처럼 복원되었다."23)

원 무종武宗 지대至大 3년(1310)에는 다시 다음과 같은 조령을 내렸다. "각지의 묘학, 서원의 방사房舍에는 관인, 사인, 군인, 휴퇴직한 자의 출입을 자제시키고, 소송 자문, 연회, 건축 노동, 관물 보관 등도 금지하였다. 학전, 공사장전 등의 점령도 금하였다."24) 이러한 조치는 전쟁 이후에도 원나라의 서원 보호정책이 지속되었음을 보여준다. 동시에 전후戰後 안정기에도 서원이 여전히 피해를 입었으며, 정부의 직접적인 보호와 지원이 필요했음을 보여주는 것이기도 하다.

원 통치자는 송 유민의 학교 설립을 지원하기도 했다. 정부는 이들이 창건 및 강학했던 서원들을 승인하고 각급 지방관학으로 간주하여 산장 직을 수여하였다. 지원 28년(1291) 쿠빌라이는 "강남 지역의 노학路學과 현학縣學 내 소학을 설립하여 경력이 오래된 사인들을 선발하여 가르치니, 자발적으로 교사에 지원하거나, 직접 부형에게 가학을 전수받은 이들 모두 이 방침을 따라야 한다. 선유와 관련된 지역이나 현인이 경전을 연구하고 덕행을 닦았던 곳에 돈과 곡식을 출자하는 가문과 함께 서원을 설립한다."25)고 공포했다. 서원 산장은 학정, 학록, 교유, 교수와 마찬가지로, 공식적으로 학관에 포함되어 임명되거나 "예부의 부신(付身, 전통시기 신분 증명-역자)을 받거나(受禮部付身)", "행성 및 선위사宣慰司의 찰부를 받았으며(受行省及宣慰司札付)" 이들은 자유롭게

及師生廩膳. 貧寒老病之士, 爲衆所尊敬者, 月支米糧, 優恤養贍. 廟宇損壞, 隨卽修完."

23) 「祭祀·郡縣宣聖廟」, 『元史』 권76. "詔曲阜林廟, 上都, 大都諸路府州縣邑廟學, 書院, 贍學土地及貢士莊田, 以供春秋二丁朔望祭祀, 修完. 自是天下郡邑廟學, 無不完葺, 釋奠悉如舊儀."

24) 『元典章』 권31. "各處的廟學, 書院房舍里, 不揀那个官人每, 使臣每, 軍人每, 休安下者, 休斷公事, 休做筵會者, 休造作者, 系官錢物, 不揀甚休頓放者. 屬學校的田地, 水土. 貢士莊, 不揀是休爭占侵犯者."

25) "江南諸路學及各縣學內, 設立小學, 選老成之士敎之, 或自願招師, 或自受家學于父兄者, 亦從其便. 其它先儒過化之地, 名賢經行之所, 與好事之家出錢粟贍學者, 立立爲書院."

승진할 수 있었다. 서원 생도 역시 각급 관학의 학생들과 동등한 대우를 받았는데, "경학京學 및 주학과 현학, 서원에서 학업을 마친 이들은 수령守令의 추천과 대헌臺憲의 심사를 거쳐, 교관으로 등용되거나 이속吏屬으로 채용되었다."26) 과거가 재개되지 않은 시점에서, 이러한 정책은 서원의 학생 수를 보장하고 서원의 정상적인 교학 활동을 유지하는 데 중요한 의미를 갖는다. 인종 황경 연간 과거가 재개되자, 서원 생도들은 주학, 현학 학생들과 마찬가지로 시험에 참가하여 공식적으로 관직에 진출할 수 있게 되었다. 연우 2년(1315), "회시에 낙방한 거인 70명 이상에게는 종7품 60명 이상에게는 상부上府, 주교수州敎授를, 나머지는 산장, 학정 직을 하사했다."27) 비록 당시에 "이후에는 관직을 하사하지 말라(後勿授例)"는 말이 있었지만, 실제 낙방한 거인이 산장 등의 학관 직을 충당했다는 기록은 여러 문헌에서 보이며, 60세 이상의 고령 유민은 이로 인해 "만년에 유관으로 여생을 지냈던(隱于儒官)" 했던 경우도 적지 않다.

그 외, 원초 각급 유학은 사실상 "망국 송나라 과거시험에 합격하거나 관직 임명 대기를 했던 자들(亡宋登科貢舍之人)"의 집합소였는데, "매일 강당에 올라 『통감通鑑』 한 장을 강론한 뒤 회식하는(每日登堂講『通鑑』一章,然後會食)" 방식으로 생계 문제를 해결할 수 있었다. "명부에 등록되지 않은 사람은 유인儒人으로 입학할 수 없었고, 송대 과거 급제를 통해 재능과 학문 면에서 인정받았다면28)", 현임 품관品官의 추천을 통해 등록하고 추가로 입학할 수 있었다. "(관)학과 (서)원에는 빈서賓序가 설치되어, 지역의 관리나 명망가들을 접대했는데, 이들은 관직이 높고 학문도 깊으며 연배와 덕행을 모두 갖추고 있어서, 유림을 대표하고 학교를 유지할 수 있었다. 고로 제생이 아닌 빈객의 예로 대우했다."29) "송대 유민의 과거 합격자나 명사는 연령도 높고 덕행도 뛰어났기

---

26) 「選擧志一」,『元史』권81. "自京學及州縣學以及書院, 凡生徒之肄業于是者, 守令擧薦之, 臺憲考核之, 或用爲敎官, 或取爲吏屬."

27) 「仁宗本紀二」,『元史』권25. "賜會試下第擧人七十以上從七品流官致仕, 六十以上府, 州敎授, 餘幷授山長,學正."

28) "在先漏籍不能入學儒人, 如亡宋曾經登科, 果有眞才實學者."

29) 佚名(저자 미상), 「行臺坐下憲司講究學校便宜」,『廟學典禮』권5, 97-106쪽. "(官)學, (書)院之

때문에, 예전 관례대로 빈서賓序에 충원하였다."30) 이는 원 정부가 관학, 서원을 학교 시스템으로 포함시켜 유민의 반발을 무마하기 위한 수단으로 이용하였다는 것을 보여준다.

이처럼 원대 중앙정부는 서원을 보호 및 지원하면서 송 유민들 문제를 처리했는데, 지방정부의 집행상황에 대해서는 지방 사료에 곳곳에 기록되어 있다.

지원 28년(1291) 4월 강회행성江會行省은 강남 불교 사무를 '총괄하는' 서하 승려 양련楊璉이 "권세를 등에 업고 제멋대로 횡포를 부리며, 각 처의 궁관, 묘우, 학사, 서원, 일반 가옥, 전토, 산림, 못을 비롯한 관부 관련 자산들을 10여 년에 걸쳐 모두 승려들을 위해 독점해버렸다."31)는 것을 알게 되었다. 이는 백성의 생활 질서를 어지럽히고 조정의 서원 보호 정책 정착에도 악영향을 끼쳤다. 특히 성 내 호주湖州 안정서당安定書堂, 진강鎭江 회해서원淮海書院 등은 "모두 송대 선현들 관련 유적지거나 명승지였는데, 100년이 채 되지 않아 불교 사원의 옛터 혹은 승려들의 쉼터 등의 이유로 관부의 승인도 없이 서원 주인은 내쫓기고 재산과 곡식들도 빼앗겼다. 일이 이렇게 되었음에도 수리는 커녕, 성상을 철거하고, 소와 말을 양육하고, 돼지와 양을 도살하는 등 제멋대로 행동했다. 게다가 남녀가 어울려 소란하고, 경건함과 속됨이 구분되지 않고, 성 정부를 무시하고, 선량한 관리와 백성들을 괴롭히면서도, 건물 주인이 외부에 알리지 못하도록 하였다."32) 조총섭趙總攝의 소행으로 관원들의 분노와 백성들의 원망이 들끓자 조정에서는 관원을 파견하여, "조총섭 및 이 일을 주도했던 관원들의 공적,

---

設賓序, 所以待一郷之達尊, 謂其仕學兩優, 齒德俱備, 可以儀表儒林, 綱維學校, 故待以賓客之禮, 而不敢列于諸生也."

30) "亡宋高科顯士, 年高德劭者, 依舊令充賓序."

31) "倚恃權勢, 肆行豪橫, 將各處宮觀, 廟宇, 學舍, 書院, 民戶房屋, 田土, 山林, 池蕩及系官業産, 十餘年間, 盡爲僧人等爭奪占據."

32) "皆亡宋以前先賢名迹, 江山形勝之地, 遠者百有餘年, 一旦皆被僧人强行抵賴, 或稱先系寺基, 或雲僧人置到, 不經官府陳理, 一旦使力逐出業主, 將應有財富錢糧等物据爲己有. 旣得之後, 不爲修理愛護, 撤毀聖像, 喂養頭疋, 宰殺猪羊, 恣行蹂踐, 加之男女嘈雜, 緇素不分, 蔑視行省, 欺虐官民良善, 致使業主無所告訴."

266

사적 자산"33)을 몰수했다. 학사, 서원 등 모든 기반을 "원래 소유하고 있었던 주인에게 돌려주면서, 실제 강회 백성들의 바람에 부합하였다."34) 그리고 성 정부 차원에서 "공문을 게시하고(出榜曉諭)" 이들을 일벌백계 하였다.35)

이처럼 원 정부의 서원정책은 정세에 따라 발전해왔다. 남송 정권과 대치하는 시기에는 대체로 서원을 보호하는 입장이었다. 기존의 서원을 모방하거나 신축하여 강학하면서 북방 지역에 이학을 널리 알렸으며, 성인을 숭상하고 유학을 존중하는 태도로 남방 정부와 사민의 마음을 되돌려 놓았다. 전국을 통일한 후에는 선생을 초빙하여 강학하고, 선유, 명현의 학문과 덕행이 남아있는 터에 서원을 세우는 방식으로 옛 시절을 그리워하는 "유민의 심리(遺民心態)"를 충족시키면서, 학문의 자유를 표방하며 정치적 반발을 완화시켰다. 동시에 산장을 관료체제에 포함시켜 행정 운영과 인사 이동 등을 통해 자유로운 학술 분위기가 정치 불만세력이나 반대세력으로 발전하지 못하도록 했다. 30여 년 후, 인송대仁宋代에 들어 과거제가 회복되면서 서원에서도 공명을 추구할 수 있다는 것으로 사인들을 모을 수 있었고, 이를 통해 반대자를 지지자로, 정부의 편으로까지 변화시켰다. 60-70세의 일생 중 몇 십 년을 '유민'으로 살았던 낙방한 거인들에게 서원 산장으로 임명하는 '은혜를 베풀어' 관원으로 녹을 받을 수 있게 하면서, '유민'을 '신민'으로 만드는 작업을 완수하였고, 이를 토대로 통치 기반을 더욱 넓힐 수 있었다.

제3절 서원의 확산과 관학화

송 이종이 주희의 명예를 회복시키기 위해, 천하에 「백록동서원학규白鹿洞書院學規」

---

33) "趙總攝并首領官一切黨與人等公私對象."

34) "照依歸附時爲主, 盡行給還元主, 實副江淮民望."

35) 저자 미상, 「郭簽省杳復李總攝元占學院産業」, 『廟學典禮』 권3.

를 반포하고 관방철학으로서의 정주이학을 지원할 무렵, 원나라에서도 오고타이窩闊臺 12-13년(1240-1241) 연경(현 북경)에 태극서원을 창건했다. 이곳에서 주돈이 사당을 세워 정호, 정이, 장재, 양시, 유작, 주희 6명을 배사하고, 주돈이의 저술을 선별 간행했으며, 강남 지역 대유大儒 조복을 초청하여 이곳에서 강학케 하였다. "북방 학술에는 정주리학이 있는데, 이는 조복의 태극서원 강학에서 비롯되었다(北方知有程朱理學, 自趙氏講學太極書院始)."는 기록도 있다. 원나라가 전국을 통일할 즈음, 쿠빌라이忽必烈는 서원과 묘학을 보호하는 법령을 수차례 공포하였고, 서원을 관학으로, 서원 산장을 학관으로 지정하기도 하였다. 이로 인해 원대 서원은 남방 지역에서 지속적으로 발전했을 뿐만 아니라, 그 추세가 북방 지역까지 확장된다. 『일하구문日下舊聞』에 따르면 "서원 설립은 원대만큼 흥성한 적이 없었으며, 산장을 임명하여 서원을 관리하고 늠희(廩餼: 관에서 지원하는 쌀과 음식-역자)를 지원하여 제생들을 교육하면서, 천하에 널리 퍼져갔다."36)고 한다. 민족문화가 창과 군마를 앞세운 원대에도 끊어지지 않고 북방으로까지 이학이 전해질 수 있었던 공헌은 서원에 돌려야 한다. 이는 모두 원대 서원이 확장되었다는 것을 잘 보여주는데, 그 과정에서 등장한 관학화 문제 역시 주목할 필요가 있다.

1. 남방지역 서원의 지속적인 발전

송 유민의 항원 운동, 비협조적 태도 및 학교 설립, 그리고 원 정부의 서원 보호, 제창, 이용은 각각 동기와 목적은 달랐지만, 남방 서원의 지속적인 발전이라는 동일한 결과를 가져왔다. 이른바 "강남 지역까지 원나라에 귀속되면서 서원이 이전보다 몇 십 배 늘어났다."37)는 학자들의 과장된 표현에서 당시 상황을 유추할 수 있다.

---

36) "書院之設, 莫盛于元, 設山長以主之, 給廩餼以養之, 几遍天下."

37) 元·鄭元祐,『潁昌書院記』. 陳谷嘉·鄧洪波,『中國書院史資料』, 445쪽. "江南歸職方, 書院之建几十倍于昔."

남방 서원의 발전 상황은 기존의 서원에서 교학 및 학문 연구 활동이 지속적으로 유지되었음을 보여준다. 『속문헌통고續文獻通考』 권50에는 남송대 조정에서 학전, 편액, 서적을 하사 받았거나 관직을 설치한 서원 명단이 기록되어 있다. 이는 엄주嚴州(목주睦州)의 조태서원釣臺書院, 순안淳安의 석협서원石峽書院, 금화金華의 여택서원麗澤書院, 영파寧波의 용동서원甬東書院, 구주衢州의 가산서원柯山書院, 청헌서원淸獻書院, 소흥紹興의 계산서원稽山書院(이상 현 절강성), 건양建陽의 고정서원考亭書院, 여봉서원廬峰書院, 흥화興化의 함강서원涵江書院, 숭안崇安의 무이서원武夷書院(이상 현 복건성), 응천應天(건강建康)의 명도서원明道書院, 소주蘇州의 학산서원鶴山書院, 단주丹徒의 회해서원淮海書院(이상 현 강소성), 휘주徽州의 자양서원紫陽書院, 단양丹陽(당도當塗)의 단양서원丹陽書院, 태평太平의 천문서원天門書院(이상 현 안휘성), 여산廬山의 백록동서원白鹿洞書院(현 강서성), 황주黃州 하동서원河東書院(현 호북성), 담주潭州의 악록서원岳麓書院, 상서서원湘西書院, 형주衡州의 석고서원石鼓書院, 형산衡山의 남악서원南嶽書院, 도주道州의 염계서원濂溪書院(이상 현 호남성), 계주桂州의 선성서원宣成書院, 전주全州의 청상서원淸湘書院(이상 현 광서성), 부주涪州의 북암서원北巖書院(현 중경) 이상 총 27곳이다. 이곳들을 비교해보면, 가산, 청헌, 계산, 여봉, 하동, 상서, 북암 등 7개 서원을 제외한 20개 서원은 모두 원대 중수된 곳으로 전체의 74% 이상을 차지한다. 전쟁을 겪으면서도 이렇게 높은 비율을 유지하기란 정말 쉽지 않다. 강서 지역의 경우, 바이신량白新良의 통계에 따르면, 원대 91곳 중 전대의 서원을 중건 및 복원한 곳이 전체 41.75%를 차지하는 38곳이다[38]. 이재동의 통계에서는 원대 162곳 중 전대 서원을 복구한 곳이 전체 41.7%를 차지하는 68곳으로, 이 중 40곳은 관에서 수리한 것이다[39]. 이러한 통계는 관부의 전대 서원 복원 작업이 원대 남방 지역의 서원 발전에 한 축을 담당했음을 보여준다.

남송의 유명 서원 복원 및 학문 활동은 남방 서원이 지속적으로 발전하고 있었음을

---

38) 白新良, 『中國古代書院發展史』, 32-35쪽.
39) 李才棟, 『江西古代書院硏究』, 224-227쪽.

잘 보여준다. 호남의 악록서원과 석고서원의 경우, 강서 백록동서원과 함께 주희가 꼽은 송대 '천하 3대 서원'이었다. 석고서원은 다행히도 송말원초에도 전화를 입지 않고 "두 왕조 교체의 영향 없이 그 자리를 지키면서(聖朝混一, 仍置學于其地)"[40] 역대 산장들의 주관 하에 강학 및 학문 활동이 지속적으로 이어져 왔다. 지원 19년(1282)부터 다릉茶陵, 형양衡陽, 기양祁陽 등의 학전은 불법을 일삼는 승려, 호족, 부호들의 재정 착복으로 인해, 서원 교학 및 전반적인 운영에 어려움을 겪었지만, 등대임鄧大任, 왕복王復, 강장康莊, 정경직程敬直 등의 역대 산장들과 서원 제생 왕진王鎭, 주성朱誠, 엄식嚴植 등의 노력으로 62년 간의 소송을 통해 서원은 학전을 되돌려 받을 수 있었다. '항심恒心'으로 '항산恒産'을 되돌려 받았던 이 사례는 석고서원 교사와 학생들의 끈기와 노력으로 만들어진 새로운 전범이었다.

석고서원과는 달리 악록서원은 전화를 면하지 못했다. '덕우德祐 연간 다시 전쟁 중에 파괴되었고(德祐, 再毀于兵)"[41], 악록서원 교사와 제생들의 용기 있는 항원 투쟁 속에서도 비장하게 폐허로 되어버리고 말았다. 지원 13년(1276)에 원군이 장사長沙로 침입하자 안무사安撫司를 세워 담주를 접수했지만, 잦은 전투로 인해 한 시대를 풍미했던 악록서원은 무관심과 함께 가시덤불로 뒤덮혀 버렸다. 10년 후인 지원 23년, 국내 정세가 안정되자, 사회 생산도 회복되고 발전하였다. 이에 담주 학정 유필대劉必大가 악록서원 중건을 주관하면서, 송대의 옛 모습을 회복하였고, 현 호남 일대 사인들도 다시 이곳으로 몰려들었다. 당시 봉훈대부奉訓大夫 주발朱渤이 관련해서 기록으로 남겼으나 안타깝게도 산일되었으며 현재는 남아있지 않다.

28년 후인 원대 연우延祐 원년(1314), 다시 악록서원이 중수된다. 복원한 지 약 30년이 지나고 서원의 가옥들이 무너지고 담이 허물어지면서, 정상적인 교학활동이 이루어지지 못했다. 당시 군부의 별가別駕였던 유안인劉安仁은 "교육 관련 일들을 관장하고

---

40) 元·黃淸老, 「石鼓書院復田記」. 明·李安仁, 『重修石鼓書院志』 권下, 萬歷 7년 본.
41) '德祐'는 宋恭宗의 연호로 1년 5개월 동안 사용되었는데, 이는 元世祖 12~13년째 되는 시기이다(1275-1276).

있었는데(董理學事)" 강을 건너 시찰하면서 "무너진 서원을 개탄하며 보수하기로 했다(睹其敝圮, 慨然整治)." 선화현善化縣 주부主簿 반필대潘必大는 공사 과정을 감독하면서 서원을 새롭게 보수했다. 이 규모가 매우 커서 "문, 축사, 주방, 강당, 벽장 등 수리하지 않은 곳이 없었으며(門廐疱館, 宮墻四周, 靡不修完)" "썩은 나무는 새로운 것으로 대체되었고 무너진 벽장은 새로 쌓았으며 기와 및 벽돌은 모두 새 것으로 바뀌었다."[42] 복원된 서원 규제는 웅장하고 정연했으며, "앞쪽에는 예전禮殿, 옆쪽에는 사재四齋, 왼쪽에는 제현사諸賢祠, 오른쪽에는 백천헌百泉軒, 뒤쪽에는 강당講堂, 강당 뒤쪽의 누각은 존경각尊經閣, 누각 뒤쪽의 정자는 극고명極高明"이라 명했다.[43] 강학하는 당堂, 장서가 있는 각閣, 제사를 지내는 사전祠殿, 휴식을 취하는 정헌亭軒이 있어서 송대 옛 규제가 계승되고 있었다. 이에 초청받은 주모朱某, 장후張厚는 차례로 서원의 일들을 주관하면서 이곳에서 강학하였다.

유안인은 서원을 복원하면서 오랜 친구인 오징吳澄에게 「악록서원중수기岳麓書院重修記」[44]와 「백천헌기百泉軒記」를 부탁했다. 오징吳澄(1249-1333)은 자는 유청幼淸, 호는 초려草廬로, 무주撫州 숭인崇仁(강서 崇仁) 출신으로, 원대 영향력 있었던 이학자이자 유명한 교육가이다. 학문적으로 송대 여러 학파를 깊이 연구하였고, 주희와 육구연 두 학자의 학문을 절충하였다. 평생 많은 저술을 남겼으며, 『오문정공집吳文正公集』, 『초려정어草廬精語』 등이 전해온다. 『송원학안宋元學案』에서는 그의 학술적 업적을 특별히 『초려학안草廬學案』으로 기록하고 있다. 남송이 멸망할 당시는 그가 막 30살이 되던 해였는데 송 유민으로서 벼슬에 나가지 않았다. 수차례 관직에 천거되었으나 부임과 사직을 반복하면서 다 합하면 3년 정도만 관직에 있었으며, 그나마도 모두 유학부제거儒學副提擧, 국자감승國子監丞 및 사업司業과 같은 교육 관련 직책이었다. 그는 저술

---

42) "木之朽者易, 壁之墁者圬, 上瓦下甓, 更徹而新."

43) 元·吳澄, 『岳麓書院重修記』, 陳谷嘉·鄧洪波, 앞의 책, 321쪽. "前禮殿, 旁四齋, 左諸賢祠, 右百泉軒, 後講堂, 堂之後閣曰尊經, 閣之後亭曰極高明."

44) 이 글은 또 『草廬吳文公集』권20, 光緖 『湖南通志』권68에 「重建岳麓書院記」라는 제목으로 수록되어 있다.

과 강학에 많은 정력을 쏟았으며, 가는 곳마다 최소 몇 십 명의 학생들이 몰렸다. 60여 년 동안 교육에 종사하면서, 유명한 제자들만 해도 수백 명에 달한다.

「악록서원중수기」라는 글에서 오징은 체계적으로 악록서원의 역사를 되짚어보고 학교 운영의 우수한 전통을 정리하면서, 교학에 관한 주장을 펼쳤다. 그는 악록서원 창건 이래의 역사를 다음과 같은 세 시기로 구분한다.

개보 연간에는 오대 시기의 혼란이 남아있어서, 학정이 정비되지 않았으며, 호남과 같은 먼 지역은 유풍儒風이 일어나지 못하였기 때문에, 학자들은 이로 인해 이곳에서 글을 읽었다. 건도 연간에 중흥하여 주, 현에 학교(庠序)의 교육이 시작되어 속학에 미혹되고, 과거 시험의 이익을 위한 공부로 인심을 현혹하니, 학자들은 이로 인해 도를 이곳에서 강설하였다.……지원 연간에 복원되자, 어찌 선현이 제창한 공이 사라질 수 있겠는가? 어찌 유자들의 흔적이 끊어질 수 있겠는가?[45]

'독서', '강도', 복구 및 계승의 세 시기로 구분했는데, 이는 일리 있는 견해이다. 당대와 오대 시기에는 호남은 유배지로 취급될 만큼 문화 교육 사업이 낙후되어 있었다. 송초 악록서원의 창건 목적은 제생들을 모아 '독서'함으로써 문화적으로 낙후된 면모를 일신하기 위함이었다. 오랜 노력 끝에 악록서원은 '천하 4대 서원'으로 이름을 떨치게 되었고, '호남 지역의 수사(瀟湘洙泗)'라는 명성을 얻었지만, 관학과 서원은 과거 제도와 연동되면서 사인들은 "속학에 빠져들었고(沈迷俗學)", 사리사욕과 헛된 욕심으로 명예와 이익을 위한 교육의 장이 되어버렸다. 학자들의 이를 바로 잡기 위한 노력으로 '도를 강설하는(講道)' 시기가 등장한다. 장식, 주희 등 이학대사가 바로 이 때 강학하면서 "천고의 비밀을 밝혔으며(闡明千古之秘)", 의와 리를 변별하고 밝혀서 악록서원의 전성기를 이루었는데, "이 시기부터 악록 서원은 예전의 악록이 아니었다! 이곳은

---

45) 元·吳澄,「岳麓書院重修記」. 陳谷嘉·鄧洪波, 앞의 책, 321-322쪽. "開寶之肇創也, 盖惟五代亂離之余, 學政不修, 而湖南遐遠之郡, 儒風未振, 故俾學者于是焉而讀書. 乾道之重興也, 盖惟州縣庠序之敎, 沈迷俗學, 而科擧利誘之習, 蠹惑人心, 故俾學者于是焉而講道……至元之復建也, 豈不以先正經始之功不可以廢而莫之擧也乎? 豈不可以眞儒過之鄕不可以絶而莫之續也乎?"

272

유명 학자의 존재로 천하에 명성을 떨쳤다."46) 원대에는 악록서원이 복원되었지만 큰 학문적 성과가 없었기에 '강도' 시기와 비교하면 '복구 및 계승'의 시기로 간주할 수밖에 없다.

오징의 「악록서원중수기」에서 더욱 중요한 것은 송대 교육 경험을 종합하여, 악록서원의 학교 운영을 위한 교육 방침과 교학 방법을 제시했다는 점이다. "장식의 기록에는 당시 군후郡侯의 소망이 인재를 육성하여 도를 전하고 백성을 구제하는 것이었는데, 이것을 '인'이라 한다."47)는 내용이 있다. 오징의 이러한 논의는 대상이 있다. 원대 서원의 관학화로 인해 교육가로서의 오징은 깊은 고민 속에서 강하게 변혁을 주장했다. 그는 황경 원년(1312)에 국자감사업을 역임할 때, 전대의 경험을 종합하여 "정순공程純公(정호)의 『학교주소學校奏書』, 호문정공胡文定公(호안국)의 『육학교법六學教法』을 토대로 경학經學, 행실行實, 문예文藝, 치사治事라는 네 가지 교법으로 요약하였다."48) 이러한 개혁 조치는 안타깝게도 시행되지는 못했다. 따라서 이 기록에서 그는 특별히 장식이 악록을 위해 정한 "인재를 양성하여 도를 전하고 백성을 구제하자(造就人才以傳道濟民)"는 방침을 중시했으며, "인은, 인심이니, 이것을 잃으면 사람됨도 없다(仁, 人心也. 失此則無以爲人)"는 입장도 일관적으로 주장했다. "사람의 본체는 하늘과 같이 무한하며, 그것이 사물에 쓰이지 않는 곳이 없고, 없는 곳이 없으며, 가까이는 부모를 섬기고 연장자를 존중하며, 작게는 말 한 마디 행동 하나에 모두 다 적용된다."49) 따라서 '인'을 구하는 것은 먹고 사는 것, 걸음걸이, 손님접대, 부모 봉양 등 "일상적이고 사소한(至近至小)" 것에서 시작된다는 것을 소홀히 할 수 없다. 그는 단순히 과거, 사장辭章을 추구하는 폐단을 날카롭게 지적하며, '사람됨'의 뜻을 세우는 도로서 '글 외우는 데만 능하고, 문장에만 통달하며, 과거를 위해서만 공부하면 사람으로서의 도리를 다

---

46) "自此之後, 岳麓之爲書院, 非前之岳麓矣! 地以人而重也."

47) "張子(張栻)之記, 嘗言當時郡侯所願望矣, 慾成就人才, 以傳道濟民也, 而其要曰仁."

48) 『元史』 권171, 『吳澄傳』. "用程純公『學校奏書』, 胡文定公『六學教法』, 朱文公『學校貢擧私議』 約之, 爲敎法四條: 一曰經學, 二曰行實, 三曰文藝, 四曰治事."

49) "仁體之大, 如天之無窮, 而其用之于事物無處不在, 邇之事親事長, 微而一言一行皆是也."

했다고 할 수 있는가?"[50]라며 날카롭게 지적했다. 학문을 하는 과정에서 그는 주희의 주장을 참고하여, "서원에서 배우는 자는 타인에게 자세히 묻고, 스스로 신중하게 사유하며, 분별 있게 행동할"[51] 것을 요구했는데, 이는 모두 교학 규율에 부합하는 것이었다.

오징의 교육 사상과 주장에는 유안인 등의 서원 재건 염원이 반영되어 있다. 바로 그들의 지속적인 노력 덕분에, 남송 이래 "인재를 육성하여 도를 전하고 백성을 구제한다(造就人才以傳道濟民)."는 학교 설립 방침이 계승될 수 있었고, 악록서원 역시 전국적으로 명성을 떨칠 수 있었다.

악록서원과 석고서원의 복원은 남방, 북방 서원의 창건과 발전에도 긍정적인 영향을 끼쳤다. 남방의 저명 학자인 우집虞集은 장악손張嶽孫의 장암서원張巖書院 중수에 관해 강서 의춘宜春 만재현萬載縣에 위치한 장암서원은 동쪽의 백록동서원을, 서쪽의 악록서원을 본받아 "천하에 이름을 날리(顯著于天下)"[52]기를 바란다는 내용을 기록으로 남겨두었다.

북방에서는 악록, 석고서원이 백록동 서원과 함께 서원 건설의 '기준'으로 활용되는 경우가 많았다. 예를 들어 학경郝經은 원나라 최초 서원인 태극서원에 관한 글에서 다음과 같이 언급했다. "도학을 전승하는 것은 인재를 구하여 스승으로 모시고 서적을 모아 강학하는 것으로부터 시작되니, 악록서원과 백록동서원과 같았다. 이에 천하의 모범이 되어 학자들이 모여들고 서로 가르치고 배우니, 도에 가까워졌다."[53]는 기록에서 그 영향력을 확인할 수 있다.

---

50) "曾是熟于記誦, 公于辭章, 優爲進取而足以爲人乎?"

51) "學于書院者, 其尙審問于人, 愼思于己, 明辯而篤行之."

52) 元·虞集, 『重修張巖書院記』. 陳谷嘉·鄧洪波, 앞의 책, 462-463쪽.

53) 元·郝經, 「太極書院記」. 위의 책, 371쪽. "所以傳繼道學之緒, 必求人而爲之師,聚書以求其學, 如岳麓, 白鹿建爲書院, 以爲天下標準, 使學者歸往, 相與講明,庶乎其可."

2. 북방지역으로의 서원의 확산

원대 서원의 발전사에서 가장 중요한 특징은 금대의 공백을 메우고 북쪽으로 뻗어나가는 양상을 보였다는 점이다.

원나라 학자 왕욱王旭의 「중화서원기中和書院記」에서는 "서원은 남방 지역에서는 흥성했으나, 북방에서는 그렇지 못했다(書院盛于南國, 而北方未之有)."고 했는데, 이는 완전히 맞다고는 할 수 없으나 일리가 있는 표현이었다. 북송대 북방에는 수양睢陽, 숭양嵩陽, 저래徂徕, 태산泰山 등으로 대표되는 서원들이 있었지만 전체적으로 보면 적은 수치였다. 송 정부가 남쪽으로 쫓겨간 후 북방을 대신 통치하던 금나라는 서원을 중시하지 않아서, 100여 년 간 현재 산서성에 속하는 휘원渾元의 취병서원翠屏書院, 영향寧鄕의 용천서원龍泉書院, 강현絳縣의 속양서원涑陽書院, 기현祁縣의 소여서원昭餘書院, 하북성 원씨元氏의 봉룡서원封龍書院, 산동성 무성武城의 현가서원弦歌書院, 일조日照의 장원서원狀元書院, 하남성의 응천부서원, 임현林縣의 황화서원黃華書院, 호북성 곡성谷城의 문룡서원文龍書院 등 10개 서원의 기록을 찾을 수 있었다. 같은 시기의 남송과 비교하든, 후대 원나라와 비교하든, 그저 명맥만 유지하는 정도로, 전체적으로 보면 큰 비중을 차지하지는 못한다. 원대에 이르러 이러한 낙후된 상황에 변화가 생긴다.

우선 황하 강, 양자강, 주강珠江 강 3대 강을 중심으로 분포 현황을 살펴볼 수 있다. 차오송예曹松葉 통계에 따르면 송원대 현황은 아래 통계와 같다.

〈표 4.3〉 송원대 황하 강, 양자강, 주강 유역 서원 통계

왕조 유역	송 대		원 대	
	서원 수	백분율	서원 수	백분율
황하黃河	13	3.25	43	18.94
장강長江	297	74.43	152	66.96
주강珠江	89	22.30	32	14.09
합계合計	399		227	

〈표 4.3〉을 통해 송대 황하 유역의 서원이 가장 적으며, 양자강 유역과 비교하면 총 서원 수의 차이가 약 22배에 달할 정도로 미미한 수치라는 것을 알 수 있다. 원대에

이르러 황하 유역은 주강 유역을 넘어서서 2위로 올라섰고, 양자강 유역과 비교해도 총 서원 수가 약 3배 차이로 더 이상 놀라울 정도의 현격한 차이는 없었다. 이런 비교를 통해서 전반적인 서원 북방 확산세를 볼 수 있다.

둘째, 구체적인 성 현황을 보자. 직예(현 하북, 북경, 천진 일대)는 송대에 3개, 원대에 22개로 6.33배 증가했으며, 하남성은 송대에 6개, 원대에 18개로 2배, 산동성은 송대에 4개, 원대에 23개로 4.75배, 산서성은 송대에 1개, 원대에 15개로 14배, 섬서성은 송대에 1개, 원대에 8개로 7배 증가했다. 현재 북경, 하북성, 하남성, 산동성, 산서성, 섬서성 등 북방 6개 지역의 송원대 서원 수는 아래 〈표 4.4〉과 같다.

〈표 4.4〉 북방 6개 지역의 송원대 서원 수 대조표

지역 왕조	북경	하북	하남	산동	산서	섬서
송	0	3	11	9	4	1
원	3	12	12	23	10	7

원대는 송대보다도 성장세가 돋보이는데, 북경시는 서원 0개 기록을 돌파했다. 장홍생張洪生이 1987년 발표한 「산동서원일람표山東書院一覽表」[54]에 수록된 당, 송, 금, 원의 역대 서원수는 각각 1, 4, 1, 21개로, 원대 15개 현縣에 분포된 총수는 이전 세 왕조를 합한 것의 3.5배에 달한다. 왕정王頲의 통계에 따르면, 산서성에는 유차楡次의 원지서원源地書院, 서하西河(현 汾陽)의 복산서원卜山書院, 낙평樂平(현 昔陽)의 송봉서원松峰書院, 관산서원冠山書院, 임분臨汾의 진산서원晉山書院, 하동河東(현 永濟)의 수양서원首陽書院, 강현降縣의 속양서원涑陽書院, 상당上黨의 웅산서원雄山書院, 둔류屯留의 우지서원藕池書院, 능천陵川의 문충서원文忠書院, 문희聞喜의 동택서원董澤書院, 하현夏縣의 온공서원溫公書院 등 12개의 서원이 11개 현에 분포되어 있었으며, 실제는 이보다 더 많았을 것으로 추정된다. 결론적으로 이러한 수치들은 북방 지역에 상당한 수의 서원이

---

54) 『山東教育史志資料』, 1987년 제4기.

넓게 분포되어 있었음을 보여준다. 이들 중 수도인 대도大都(현 북경) 부근의 태극서원, 간의서원諫議書院, 문정서원文靖書院, 익진서원益津書院, 노천서원老泉書院, 난천서원暖泉書院 등의 서원이 가장 북쪽에 자리했으며, 그 중 약 북위 41도에 위치한 창평현昌平縣의 간의서원諫議書院은 원대 가장 북방에 위치한 서원이었다.

북방 지역으로의 확산은 원대 서원 발전의 특징으로, 당시에도 학자들의 주목을 받았다. 전술했던 왕욱의 「중화서원기中和書院記」에는 "서원은 남방 지역에서는 흥성했으나, 북방에서는 그렇지 못했다. 지금 고백천(高伯川: 中和書院 창립자-역자)이 이 서원을 설립하고 운영할 것이니, 북방 지역도 점차 창성해질 것입니다."[55]라는 기록이 있다. 또 학경郝經의 「태극서원기太極書院記」에도 "서원을 지어 도를 밝히니, 이락(伊洛, 二程의 학문인 理學-역자)의 학문이 북방에 전해지기 시작했습니다."[56] 소구蕭𣂷는 섬서성 삼원三元의 학고서원學古書院을 기록하면서, 이에 관해 더 상세하게 설명하였다. 송대에는 "천하에 4대 서원이 있었다. 그 후 강남 소속 군郡에 선정先正이 교화했던 지역은 모두 서원이 세워져, 선유를 존경하며 계승하여, 도를 밝혀서, 전궤前軌를 따르도록 하였다. 북방의 금대에는 백 년 동안 서원이 없었다. 원나라가 관할하는 지역에서는 유학을 숭상하여 관련 부서의 학교 장려 칙명을 여러 차례 받았다. 세조는 노재魯齋 허형에게 조서를 내려 군왕을 보조하는 인재를 구하고 경성京城에서 강학하도록 하였습니다. 그 중에서 학문과 덕행이 출중한 사람을 조정에서 등용했다는 것으로 알고 있습니다. 섬서행대陝西行臺에는 노재서원魯齋書院을 설립하여 선현의 도를 계승하여 후학들을 교육시키니 그 곳 유생들의 지지를 받았습니다. 이와 함께 단양湍陽, 평수平水, 위상渭上에도 서원이 세워졌으니 명성이 자자했습니다. 이에 삼원현 백성 이자경李子敬이 제생들을 동원하여 돈 5만 관貫을 모아 서원을 설립하고, 이를 '학고學古'라 불립니다.[57] 소조는 섬서성을 예로 들었지만, 행대行臺에서 비롯하여 단양湍陽, 평수平

---

55) "書院一事盛于南國, 而北方未之有, 今高君營此, 盖將以爲北方倡."

56) "今建書院以明道, 又伊洛之學傳諸北方之始也."

57) 元·蕭𣂷, 「學古書院記」. 陳谷嘉·鄧洪波, 앞의 책, 397쪽. "天下有四書院之稱. 是後, 江南諸郡凡先正過化之地, 皆置書院, 敬延儒先, 昭明斯道, 以遵前軌. 北方金氏, 百年所無也. 皇元

水, 위상渭上, 삼원三原 각지로 퍼져나간 북방 확산 양상을 생생하게 엿볼 수 있다.

원대 서원의 북방 확산은 남북방 과거 합격 인원 할당 및 북방 편향 정책의 영향을 받았다고 볼 수 있다. 『원사元史·선거지選擧志』에 따르면 서원 제생들은 과거시험에 응시할 수 있었는데, 황경皇慶 초년 과거가 재개될 때 북방의 중서성 및 하남, 섬서 등 행성行省의 선발 인원이 남방 지역의 행성들보다 더 많이 배정되었으며, 이는 북방 서원의 발전을 촉진시켰다. 연우 연간 전국에 13개 서원이 신설되었는데, 북방 지역에는 현재 섬서성, 하남성, 산동성 세 성 일대의 성선性善, 역산歷山, 낙서洛西, 이천伊川. 노재魯齋, 위상渭上, 학고學古 등 7개의 서원이 있었으며, 전체 53.8%를 차지했다. 태정 연간에는 8개가 신설되었으며, 이 중 북방은 현재 산서성, 북경, 섬서성 일대의 간의諫 議, 진산晉山, 속양涑陽, 웅산雄山, 횡거橫渠 등 5개로, 전체 62.5%를 차지했다.

이 외에도 원 정부는 통치를 공고히 하기 위해 서원을 활용하여 이학의 북상 및 발전을 추동하였으며, 그리고 '한화漢化'를 수용한 몽골, 색목인 등의 소수민족 사인들은 분발하여, 서원 건설을 참여하였는데, 이것 역시 서원의 북방 지역 확산의 중요한 원인이었다.

3. 북방지역으로의 이학과 서원의 동시적 전파

원대 서원의 북상에는 정주리학이 서원과 함께 북방 지역에 널리 보급되었다는 의미도 담겨 있다. 남방과 북방은 "언어가 통하지 않아(聲數不通)"남송에서 흥성했던 이학은 금나라가 통치하는 북방에 전해지지 못했으며, 북방 사대부들의 화제가 된 유학은 경학 장구학章句學에 불과했다. 이런 상황은 원대 후기의 저명한 학자 허유임許有壬의 기록을 통해 살펴볼 수 있다.

奄有九圍, 敎尙儒術, 屢敕有司勉勵學校. 世祖淵龍, 書召魯齋許公疇咨啓沃之餘, 命敎人于京兆, 成德者多爲時用, 今悉物故. 陝西行臺立魯齋書院, 以紹前人淑後學, 邦人興起焉. 是時湍陽, 平水, 渭上亦有書院, 籍籍有成. 于是三原民李子敬聚弟子, 懋以民錢五萬緡, 築室儲書, 號曰'學古'."

금나라가 중원 지역을 차지한 뒤, 과거제로 사인들을 선발하면서 명목상 유학으로 다스리게는 되었으나, 과거 시험장에서 글자 암기하는 것에 불과했으니 도가 외면당한 것이나 다름없었다. 하늘이 사문을 보우하사 신안에서 주자가 탄생하여 성리학을 집대성하였다. 우주가 갈라지고 남북이 불통되는 상황에서도, 중원의 학자들은 사서를 알지 못했다. 상자를 지고 연경燕京에 가는 송행宋行 사람은 관반사館伴使에게서 받은 사서를 세상에 노출되지 않도록 자신만 간직하였다. 사서에 관한 내용을 가끔 이야기 하자 듣는 이가 모두 놀라워했다. 원나라가 건국되고 전대의 도를 전승하여 학문을 진작시키기로 했는데, 이를 적극 실천한 이 중에 설재 요추가 있었다.[58]

'설재雪齋'는 원초 유신儒臣 요추姚樞(1202-1280)의 호이다. 그는 영주營州 유성柳城 (현 요녕성 朝陽)에서 살다가, 후에 낙양으로 이주한 대표적인 북방 사람이다. 몽골 태종太宗, 정종定宗, 헌종憲宗 및 원 세조世祖 연간에 중서좌승상中書左丞相, 소문관대학사昭文館大學士, 한림학사승지翰林學士承旨를 역임했으며, 지원 17년(1280)에 사망하였다. 사후 태사太師, 노국공魯國公이라는 관직이 내려졌으며, 문헌文獻이라는 시호가 내려졌다. 그의 가장 큰 공헌은 원대 개국 시, 양유중楊維中과 함께 대도大都에 태극서원을 창건하고 대유大儒 조복에게 이학 강학을 요청하여, "도학을 밝히고(闡明道學)", "요, 순, 우, 탕, 문왕의 도를 계승하여 만세 동안 변하지 않을 기초를 세운 것(首陳二帝三王之道, 佐立萬世無疆之基)"이다. 이에 허유임은 "도를 대대로 전한 개국의 공이 남다른 이 (開國大功源于道學而其流發見之尤較著者也)"라 칭해졌다.[59]

태극서원은 원대 최초의 서원으로, 원나라가 건국되지 않았던 태종 12-13년(1240-1241)에 창건되었는데,[60] 이는 태종 7년 둘째 태자 쿠춘庫春이 남송을 정벌한 것에

---

58) 元·許有壬,「雪齋書院記」. 위의 책, 375쪽. "金源氏之有中土, 雖以科學取士, 名尙儒治, 不過 場屋文字, 而道之大者盖漠如也. 天相斯文, 新安朱夫子出, 性理之學遂集大成. 宇宙破裂, 南 北不通. 中原學者不知有所謂四書也. 宋行人有篋至燕者, 時有館伴使得之, 乃不以公于世, 時 出一論, 聞者辣異, 訝其有得也. 皇元啓運, 道復隆古, 倡而鳴者則有雪齋姚公焉."

59) 元·許有壬,「雪齋書院記」. 위의 책, 378쪽.

60) 태극서원의 창건 시기에 대해서는, 蒙古 太宗 8년 (1236), 宋 理宗 嘉熙 2년 (1238) 겨울 10월, 宋 太宗 12-13년 (1240-1241) 이상 세 가지 설이 있다. '태종 8년 설'은 후대인이 편찬한 政書

기인한다. 기록에 따르면, "행중서성사(行中書省事: 원 정부의 1급 행정기구의 최고 장관-역자) 양유중楊維中이 황자 쿠춘의 명에 따라 송나라를 정벌할 당시, 요추는 명을 받고 군대로 가서 유儒, 불(釋), 도道, 의醫, 복卜에 능통한 사람을 구하였다. 그 중에 포로로 잡힌 유생이 있으면 그들을 포로 적籍을 벗게 하고 고향으로 보내 주었다."[61] 덕안德安의 성이 파괴되고 강한江漢 선생 조복이 포로로 잡히자, 요추는 "조복과 이야기를 나눈 후 그가 재주와 지혜가 뛰어난 사람이라 여겨 자신의 글 수 십 편을 보여주면서(與之言, 信奇士, 出所爲文獻數十篇)" 가르침을 구하였고, 결국 전쟁 포로에서 '교사'로 만들어 주었다. 조복은 "친족들이 모두 사망했다는 이유로 북상하지 않고자 하여 요추(의 건의)를 거절하였다. 요추는 조복이 자살할까봐 군막에서 한 밤을 재웠는데, 밤중에 자다가 일어나 보니 조복의 잠옷만 거기에 있었다. 밖에 나가서 강가까지 찾아보니 조복이 강에 뛰어들려 하고 있었다. 요추는 이렇게 죽는 것이 아무 소용이 없다며 조복의 마음을 되돌이켰다. 그 후 조복은 정주이학의 서적을 찾아 요추에게 보냈다. 요추는 이 서적을 읽고 몸소 실천하며 생도를 모아 강학했는데, 북방의 경학은 이로부터 시작되었다."[62]

이는 당시 요추가 조복이 증여한 정주이학의 서적을 따라 북쪽으로 가져간 것이지 조복을 강제로 연경으로 데려간 것이 아니었으며, 두 사람이 진심으로 우정을 교류했다는 것을 보여준다는 점에서 중요한 사료이다. 그리고 이를 통해 『원사元史·조복전趙復傳』의 조복이 요추를 따라 연경을 갔다는 설을 수정할 수 있는 대목이기도 하다. 5년 후, 태종 12년(1240) 요추는 양유중의 태극서원 창건을 도와, 조복을 초빙하여 교학하

「續文獻通考」 권50, 「元朝典故編年考」 권1에 보인다. '嘉熙 2년 설'은 후대인이 편찬한 「宋史紀事本末」 권26에 기록되어 있다. '태종 12-13년 설'은 元나라 명유 郝經의 「太極書院記」에 보인다. 본서에서는 '태종 12-13년 설'을 채택했다.

61) 『元史』 권189, 「趙復傳」. "楊維中行中書省軍前, 姚樞奉詔卽軍中求儒, 道, 釋, 醫, 卜士, 凡儒生挂浮籍者, 輒脫之以歸."

62) 元·許有壬, 「雪齋書院記」. 陳谷嘉·鄧洪波, 앞의 책, 376쪽. "以九族殲殘, 不慾北, 留帳中一夕, 惟寢衣求存, 至水裔, 慾投溺而未入也.公曉以徒死無益, 遂還. 盡出程朱性理之書付公. 公得之, 躬行實踐, 發明授徒, 北方經學盖自玆始."

였다.

태극서원은 설립 목적과 의의, 경위에 관해서는, 학경의 『태극서원기』에 다음과 같이 기록되어 있다. "경자, 신축 연간(1240-1241), 중서령中書令 양유중이 도를 전승하기 위해서는, 인재를 구하여 스승으로 모시고 책을 수집하여 학문 연구를 발전시켜야 하니, 악록서원, 백록동서원을 서원의 표준으로 삼아 선비들을 모아 강학해야 될 것이라 주장했다. 그리고 대도大都에 서원을 설립하여 정주이학 관련 서적을 수집하고, 주자사周子祠를 세워 주돈이를 주사했으며 태극도 및 「통서通書」, 「서명西銘」을 벽에 새겨두었다. 조복을 스승으로 모시고 우북평군右北平郡 왕수王粹가 보좌하도록 하였으며 우수하고 식견이 있는 자를 선발하여 강학하였다." "서원 이름은 소재지로 명명하지 않고 '태극'이라는 명칭을 붙인 것은 근원을 탐구하고 무슨 일이든 신중하게 시작하게 하기 위함이었다. 서원은 도를 배우는 곳으로, 도의 절정은 태극에서 드러난다." "이제 서원을 세운 것은 도를 밝히기 위함이고, 이로부터 이락지학伊洛之學이 북방으로 전파되기 시작하였다." "전해지지 못할 뻔 했으나 남방에서 그치지 않고 북방으로까지 전해질 수 있었던 것이 바로 이 때문이 아니겠는가!"[63]

조복이 태극서원을 주강했던 상황은 『원사元史 · 조복전趙復傳』에 상세하게 기록되어 있다.

양유중은 조복과 쿠빌라이 간의 토론을 듣고 조복에게 탄복하여 그의 학문에 끌리게 되었다. 이에 요추와 상의해서 태극서원을 설립하였다. 주자사周子祠를 세워 주돈이를 주사하고 정호程顥, 정이程頤, 장재張載, 양시楊時, 유초遊酢, 주희朱熹를 배사하였으며, 8000여 권의 서적을 수집하고 조복을 주강으로 초청하였다. 조복은 정주程朱 이후 학문

---

63) 元 · 郝經, 『太極書院記』. 위의 책, 371-372쪽. "庚子, 辛丑間(太宗 12-13年, 1240- 1241), 中令楊公當國, 議所以傳繼道學之緒, 必求人而爲之師, 聚書以求其學, 如岳麓, 白鹿建爲書院, 以爲天下標準, 使學者歸往, 相與講明, 庶乎其可. 乃于燕都築院, 貯江淮書, 立周子祠, 刻太極圖及「通書」, 「西銘」等于壁. 請云夢趙復爲師儒, 右北平王粹佐之, 選俊秀之有識度者爲道學生." "書院之名不以地, 以太極云者, 推本而謹始也. 書院所以學道, 道之端則著于太極." "今建書院以明道, 又伊洛之學傳諸北方之始也." "使不傳之緒, 不獨續于江淮, 又繼于河朔者, 豈不在于是乎!"

연구 관련 서적이 많아졌지만 배우는 자들은 학문의 계통을 잘 이해하지 못하기 때문에 복희씨伏羲氏, 신농씨神農氏, 요堯, 순舜으로부터 공자, 안회, 맹자를 거쳐 주돈이, 이정二程, 장재, 주희까지 이어 내려온 유도의 학통을 정리하기 위해「전도도傳道圖」를 그리고, 배우자들이 그 원류를 찾을 수 있도록 송대 이학 관련 서적 목록도 첨부함으로써「이락발휘伊洛發揮」를 저술하였다. 또한 주희에게 직접 배우지 못하지만 그의 학문을 존숭하기 그지없다는 뜻을 표하기 위해 저술이나 소문으로 이름난 53명 주희 문하생의 행적을 알아내어「사우도師友圖」를 만들었다. 그리고 배우는 자들에게 행동 지침을 세워주고 분발하도록 하기 위해 이윤伊尹, 안회顔回의 행동과 언행을 내용으로「희현록希賢錄」을 작성하였다. 그 이후 요추가 소문산蘇門山으로 은퇴하고 조복은 학문 전승을 하기 위해 태극서원에서 계속 이학을 전수하였다. 저명 이학자인 허형許衡, 학경郝經, 유인劉因은 모두 그의 학문을 존숭하고 이어받았다. 조복 때문에 북방에서 정주이학이 전파되기 시작하였다.[64]

『원사元史』의 기록에서 알 수 있듯이, 태극서원 외에, 요추와 조복의 소문蘇門 강학은 정주리학의 북전北傳에 마찬가지로 중요한 공헌을 했다. 청초 소문강학을 계승하여 이곳에서 25년 동안 강학해왔던 이학대가 손기봉孫奇逢이 이곳을 태극서원이라 칭하면서「태극서원고」를 지었는데, 이는 도광「휘현지輝縣志·예문고藝文考」에 실려 있다.

종합하면, 태극, 설재(태극) 서원은 이학 북방 전파의 본거지었으며, 두 서원의 학생들이 이학 전수의 불꽃이 되어 북방 지역에서 타오르면서, 마침내 이학의 북전을 실현할 수 있었다. 이들 학생 중 가장 유명했던 허형, 유인은 "북방의 두 대유자(北方兩大儒)"로 남방의 오징과 함께, 황종희黃宗羲에게 원대 '세 선생'으로 추앙 받았다. 유인은 부친이 금나라에서 관직을 지냈다는 이유로 원나라에서 벼슬하지 않았는데, 원초에는 이처럼 '송 유민'과 '금 유민'이 병존했다. 정수서원에서 20여 년 간 강학했던 경험 때문에 사람들은 정수선생이라 불렀다. 문인이 무수히 많을 정도로 그의 학문은 "당시 매우 흥성했고", 『사서정요四書精要』30권 등을 지어 정주리학의 요의要義를 밝혔으며,

---

64)「趙復傳」, 『元史』 권189.

『송원학안宋元學案』에는 따로 장을 할애하여 「정수학안靜修學案」으로 기록되었다. 허형은 원대 이학 중신으로, 원대 학자들은 그를 '유사儒師', '유종儒宗'으로 추앙하였으며, 명청대 학자들은 그를 '주자 이후의 유일한 학자'라 부르며 오랫동안 원대 유가 도통의 계승자로 평가했다. 그는 경조제학京兆提學, 국학좨주國學祭酒, 좌승左丞 등을 역임했으며, 태부臺輔로 있으면서 원대 '한화漢化'를 주도한 인물이기도 했다. 그는 자신의 영향력으로 스승에게 전수받은 주희의 『사서집주四書集注』를 과거시험 교재로 정하였는데, 이를 계기로 주자학은 전사회적으로 독서와 강학에 영향을 끼친 관학이 되었다. 관련해서 우집은 다음과 같이 언급했다. "전대와 비교할 수 없을 만큼 국토가 넓어졌는데, 도성都城처럼 발달한 지역부터 외진 시골 마을까지 모두 학교를 세우고 성현의 책으로 사람들을 교육시켰다. 경서와 사서의 내용은 주자의 해석으로 정해지자, 학자들이 이를 전수하고 나라에서 이를 존숭하여, 천하의 학교에서 주자의 서적을 강학하며 이를 기준으로 삼았다. 주자의 서적이 널리 퍼지고, 그의 가르침이 성행하면서, 주자의 도도 천하에 행해졌다."[65] 바로 이 때문에 북방에서는 공자, 안자, 맹자, 동중서, 모장毛萇, 복생伏生 등 선진양한의 선유, 명현들이 영향을 끼쳤던 곳에 서원을 세워 기념하였으나, 서원의 강학 주제는 여전히 정주리학의 사상, 특히 주희의 학설을 밝히는 것이었다. 이로써 "서원이 천하에 널리 퍼지고(書院遍天下)", "대개 휘국주문공徽國朱文公을 주사主祀 지냈다(大率祠徽國朱文公師弟子居多)"[66]는 설이 있을 정도였다. 원대 후기에 이르면 이학을 전파했던 요추, 유인, 허형, 우집虞集 등이 서원의 사당에 배사되었는데, 그 중 허형은 회경로 하내현回慶路 河內縣(현 하남성 沁陽縣)의 노재서원魯齋書院, 경원로 인현慶元路 鄞縣(현 절강성 寧波)의 노재서원, 봉천로 함녕현奉天路 咸寧縣(현 섬서성 서안)의 노재서원에 별도로 사당이 마련되어 봉사되었다. 남방에 한 곳, 북방에

---

65) 元·虞集, 「考亭敢重修文公祠記」. 陳谷嘉·鄧洪波, 앞의 책, 429쪽. "國家提封之廣, 前代所無, 而自京師通都大府至于海表窮鄕下邑, 莫不建學立師, 授聖賢之書以敎乎其人. 群經四書之說, 自朱子折衷論定, 學者傳之, 我國家尊信其學, 而講誦授受必以是爲則, 而天下之學皆朱子之書. 書之所行, 敎之所行, 道之所行也."

66) 元·貢師泰, 「勉齋書院記」, 『玩齋集』, 文淵閣四庫全書本, 권1215, 625쪽.

두 곳, 총 세 곳의 노재서원은 모두 이학자 허형을 제사지냈는데, 이는 이학이 서원과 함께 북방에서 크게 번성했음을 보여준다.

4. 서원의 관학화 추세

원나라 서원의 발전사에서 서원의 북방 진출만큼 중요한 문제가 관학화이다. 서원은 관부와 민간에서 유래하여 역사적으로도 관과 민 양쪽 모두 서원을 운영하였으나, 관에서 운영하는 서원을 관학, 민에서 운영하는 서원을 사학으로 단순하게 일치시킬 수는 없다. 관학은 전통시기 중앙 및 지방정부에서 설립하고 관할하던 학교로, 정부에서 관리자를 위임하고 경비를 지원했으며 교학 내용 역시 결정하였기 때문에, 국가의 필요에 따라 국가 학제 시스템으로 편입되었다. 서원은 중국 사인들이 주축이 되어 날로 높아지는 문화교육에 대한 수요를 만족시키기 위해 관학, 사학 및 불가, 도가의 종교교육 제도의 장점을 종합하여, 창조, 발전시킨 새로운 학교 제도로, 관학, 사학과 관련이 있으면서도 이들과는 독립적으로 운영되었다. 서원의 관학화란 이러한 서원이 특유의 독립성을 잃어버리고 관학으로 변해버린 것을 일컫는다.

서원의 관학화 현상은 원대에 뚜렷하게 나타나지만 시초는 남송에서 찾을 수 있다. 첫째, 부, 주의 교관(敎官, 교육을 담당한 관원-역자)이 산장을 겸직한 경우가 있다. 순희 연간 악록서원의 산장은 담주주학 교수인 구기顧杞가 겸임하였는데, 대부분 지방행정장관이 임명하였고, 후에는 점차 중앙정부 이부吏部에서 파견하였다. "산장은 비공식적인 직책으로, 대부분 교수가 겸직하였다(山長之未爲正員也, 所在多以敎授兼之)"라는 표현처럼, 이는 정식 절차는 아니었다. 이종理宗 경정景定 4년(1263), "이부에서 산장 임명을 받은 자들은 관학의 교수로 간주한다는(詔吏部諸授書院山長者幷視爲官學敎授)." "명이 내리자, 낮은 직책에 있던 자가 바로 막중한 임무를 띠게 되었고(命下, 而輕者頓重)", 정식 학관이 된 산장은 근무용 공해(公廨: 관공서-역자)를 짓고 "주학교수와 동등한 예를 갖추었다(實與州學敎授禮貌均一)."[67] 『송사宋史·이종본기理宗本紀』경정 4년 5월 조항에는 평민 하기何基와 서기徐几 두 사람 모두 "이학을 전수 받았던(得理學之傳)"

덕분에, 적공랑迪功郞으로 명 받은 동시에, 하기는 무주교수婺州敎授 겸 여택서원 산장으로, 서기는 건녕부 교수 겸 건안서원 산장으로 임명되었다고 기록되어 있다. 둘째, 지방행정관이 서원의 지도 직을 겸임했다. 송 순우 3년(1243) 조주潮州 한산서원韓山書院을 중건했는데, "군수가 동주 직을 겸임하고, 군郡 박사가 산장 직을 겸직했다. 직사職事 직에는 당장堂長 1명, 사계司計 1명을 두고, 재장齋長은 4명, 재생齋生은 20명으로 하였다."[68] 군수는 행정장관으로 동주를 겸하면서 산장직을 맡아 서원 전체를 관리하였다. 건강 명도서원은 순우11년(1251)부터 경정3년(1262)까지, 강동무간江東撫干, 건강절추建康節推, 상원현위上元縣衛, 강동수江東帥, 적공랑迪公郞 등이 산장 직을 겸임하거나, 리부에서 적공랑을 산장으로 정식 임명하거나, 강주江州 교수 직을 증설하여 산장으로 임명하기도 했다. 이는 중앙과 지방정부가 산장을 하나의 직책으로 임명했으며, 관부가 서원 임명권을 통해 서원 발전 동향을 파악할 수 있게 되었음을 보여준다. 때문에 반서각班書閣 선생은 송대 서원을 '반관제半官制'라 불렀다.[69] 송대의 일시적이거나 조령은 있었지만 제도화 되지 않았던 조치들이 원대에 들어 정부 조례와 율령 등으로 정착되면서 서원의 관학화는 보편적 추세로 자리 잡았다. 반서각 선생은 이를 '순관제純官制'라 칭했다.

원대 서원의 관학화는 정부 방침들을 토대로 진행되었다. 엄격한 절차 심사를 통해 서원 창건과 운영을 통제, 승인한 것은 관학화의 중요한 조치 중 하나였다. 원초, 송 유민들을 흡수하기 위해, 정부는 서원 창건을 제창 및 장려하였고, 유력 가문 및 서원 건설에 관심 있는 사람들 모두 서원을 지을 수 있었다. 사민의 서원 건립 후, 정부는 관리를 두고 사액을 하사하면서 이들을 끌어들이려고 했다. 그러나 원말, 이러한 상황에 변화가 생기면서 그들이 직접 서원을 짓지 못하도록 했다. 무창武昌은 지원 30년 (1293) 부에서 현으로 개편되면서, 학생이 30-40명 정도였던 원래 부학이 있던 "옛

---

67) 宋·歐陽守道,「白鷺州書院山長廳記」. 陳谷嘉·鄧洪波, 앞의 책, 132쪽.
68) 『永樂大典』권5343. "洞主郡守爲之, 山長郡博士爲之. 職事則堂長, 司計各一員, 齋長四員, 齋生各以二十名爲額."
69) 班書閣,「書院掌敎考」. 『女師學院期刊』권1, 1933년, 제2기.

터에 예전 같은 정사를 지으려 했는데(因舊基築精舍如初)" 관부에까지 소식이 전해져 "관련 논의를 통해 유사가 중서성에 보고했다. 행성에서 관을 파견하여 주교하고, 그 자리에 서원을 짓기를 명하였으며", '용천龍川'으로 명했다.[70] 이는 서원 건립을 위해 관부 보고, 유사 회의, 중서성 승인, 행성 관직 설치 등의 절차가 필요했으며, 개인의 의지에 따라 결정할 수 없었다는 것을 보여준다. 서원 창건 신청 문서는 현재 오사도吳師道의 「대청립북산서원문代請立北山書院文」『예부집禮部集』 권20에 남아있다.[71]

서원 창설을 보고하는 공문서는 현, 주, 부, 염방사廉訪司, 도사자都使者, 로, 행성, 선위사, 중서성, 이부, 예부, 집현원, 국자감 등 각급 부서의 심사를 거쳐, 단계별로 상부에 보고하고 허가된 이후, 다시 하급기관으로 하달되는 꽤나 긴 절차를 거쳐야 했고, 심지어 암암리에 뒷거래를 사용하는 방법까지 동원해야 했다. 때문에 답신을 받기란 결코 쉽지 않았다. 공자의 탄생을 기념하기 위해 세워진 니산서원尼山書院을 예로 들어보자. 지순 3년(1332), 54대 연성공衍聖公 공사회孔思晦를 봉하고, 공림과 공묘의 관구(管勾, 송대 관직명-역자) 간실리間實理의 건의에 따라 니산사묘를 복원하고 관직을 설치하여 봉사하였으며, 니산서원으로 확장하려고 했다. 그리고 강서 임천 사람 팽번彭璠을 초대 산장으로 임명하여 서원의 업무를 주관하도록 추천할 계획이었다. 이를 위해 문서로 작성하여 중서성에 보고한 다음에 "중서성은 다시 예부에 보고했다. 규장 대학사 카라공고喀喇公庫는 이 일을 추진해야 한다고 황제에게 역설했다. 지원2년, 중서성 좌승左丞 왕무덕王懋德이 동료와 함께 니산서원을 세우고 팽번을 산장으로 임명했다."[72] 연성공부의 공자를 기념하는 니산서원 창건은 지순 3년(1332) 발의부터 예부상서禮部尚書, 중서좌승中書左承의 전폭적인 지지 하에 지원 2년(1336)까지 5년을

---

70) 元·저자 미상, 「龍川書院記」. 光緒『武昌縣志』권8. "會議其事, 有司以聞中書. 命下, 行省遺官來主教, 始以其地建書院."

71) 陳谷嘉·鄧洪波, 앞의 책, 298-299쪽.

72) 元·虞集, 「尼山書院記」. 위의 책, 393쪽. "中書送禮部議.奎章大學士喀喇公庫時爲尙書, 力言其事當行, 議上.至元二年丙子, 中書左丞王公懋德率同列執政者白丞相, 置尼山書院, 以璠爲山長."

들여 인가를 받았으며, 소주蘇州 학산서원鶴山書院도 이와 비슷한 상황이었다. 당시 송말 명유 위료옹의 증손자 위기魏起는 "(조상으로부터 전해 받은 건물들을) 강학하는 곳으로 개축하여 선유를 봉사하고 그의 학문을 전수하려 했으나, 직접 결정하지는 못했다."[73] 태정 원년(1324) 가을, "경사京師에 와서 주청하려 했지만(乃來京師, 將有請焉)", "오래 머물러도 자신의 주장을 펼치지는 못했다. 지순至順 원년 8월, 황제가 무위無爲의 통치 이념을 깨닫기 위해 규장각으로 오자, 규장각박사 가구사柯九思는 황제에게 위료옹의 학문과 그 손자의 뜻을 황제에게 아뢰었다. 황제가 이를 칭찬하며 기념으로 우집虞集에게 '학산서원鶴山書院'으로 쓰라 명하고 편액을 하사한 다음 관련 일을 기록케 하였다."[74] 태정 원년 가을부터 지순 원년(1330) 8월까지 6년 동안, 위기는 서원 설립을 신청하고 싶었으나 방법을 찾지 못하다가 결국 박사 가구사의 인연으로 황제가 이 일에 개입하면서 그토록 원하던 학산서원을 창건할 수 있었다.

이상의 예는 원 세조 쿠빌라이 말기부터 관부, 민간을 막론하고 서원 창건이 어려워져 갔으며, 5-6년이 지나도록 허가조차 받지 못했다는 것을 보여준다. 이는 각 부서에서 단계별로 심사하여 신청 절차가 복잡해졌기 때문이다. 이러한 복잡한 절차, 까다로운 단계, 단계별 심사를 통해 원 정부는 강력하게 서원을 통제하였고, 서원의 정부 이탈 가능성을 원천적으로 차단하였다. 이렇게 서원은 탄생부터 정부에 의해 철저히 통제되었다.

산장을 파견하여 학관체제에 포함시키고, 일괄적으로 자격을 심사하여 승진시키는 것은, 원 정부가 서원을 통제하고 관학화 하기 위한 가장 중요한 방침이었다. 이는 서원 창건 심사제보다 더 이른 지원 28년(1291)부터 시작되었다. 당시 규정 상 지방학교는 노路, 부府, 주州, 현縣의 각급 관학官學 및 서원書院, 소학교小學校 등으로 구성되어 있었다. "조정에서 사유師儒로 명을 받은 이는 교수라 하고, 노, 부, 상주上州 및

---

73) "願規爲講誦之舍, 奉祠先君子而推明其學, 雖然, 不敢專也."

74) 元·虞集,「鶴山書院記」. 陳谷嘉·鄧洪波, 앞의 책, 333쪽. "徘徊久之, 莫伸其說. 至順元年八月, 皇帝在奎章之閣, 思道無爲, 博士柯九思得侍左右, 因及魏氏所傳之學與其孫起之志, 上嘉念焉, 命臣集題'鶴山書院', 著記以賜之."

중주中州의 교육 기관에 배치되었다. 예부, 행성行省, 선위사宣衛司에 명을 받은 이는 학정, 산장, 학록學錄, 교유敎諭로, 노, 주, 현 관학 및 서원에 배치되었다. 노학에는 교수, 학정, 학록 각 1명씩을, 산부散府 상주, 중주에는 교수 1명, 하주下州에는 학정 1명, 현에는 교유 1 명, 서원에는 산장 1명을 두었다. 중원 지역 주현의 학정, 산장, 학록, 교유는 모두 예부에 속해 있었다. 각 성에 속한 주, 현의 학정, 산장, 학록, 교유는 모두 행성 및 선위사의 명을 받았다. 노, 부, 주의 서원에는 직학直學을 설치하여 전곡錢穀을 관리하였고, 군수 및 헌부관憲府官 중에서 시험을 통해 선발되었다. 직학에서 업무 평가가 끝나면 10편의 시험을 통해 학록, 교유로 승격하였다. 학정, 산장, 학록, 교유는 집현원 및 대헌 관원의 추천으로 충당했다. 교유, 학록은 두 차례의 시험을 통해 학정, 산장으로 승격되었다. 학정, 산장은 한 번 시험을 치면 산부, 상주, 중주의 교수로 승격되었다. 상주와 중주의 교수는 다시 시험을 통해 로의 교수로 승격되었다. 교수 위에는 각 행성의 제거提擧 2 명을 설치하였는데, 정正 제거는 종5품, 부副 제거는 종7품으로 모두 학교의 일을 관리하였다. 후에 직학 임기가 끝날 때 시험에 합격하면 주관州官이 되었다. 낙방한 거인은 학정, 산장으로 충당하고, 부방副榜 합격자는 교유, 학록으로 충당하였으며, 천거 받은 이가 임용되기도 하였다."[75] 이를 통해 산장의 임명권은 예부, 행성, 선위사에 있었으며, 정부가 산장을 통해 서원을 통제했음을 알 수 있다. 산장은 교수, 학정, 학록, 교유와 마찬가지로, 지방 교관에 속하여 시험을 통해 승진을 했으며, 산장은 학관 시스템에 포함되어 관학 체제 안에서 관리되었다. 산장은 지위가 낮아서

---

75) 「選擧志一·學校」, 『元史』 권81. "凡師儒之命于朝廷者, 曰敎授, 路府上中州置之. 命于禮部及行省及宣慰司者, 曰學正, 山長, 學錄, 敎諭, 路州縣及書院置之. 路設敎授, 學正, 學錄各一員, 散府上中州設敎授一員, 下州設學正一員, 縣設敎諭一員,書院設山長一員.中原州縣學正, 山長, 學錄, 敎諭幷受禮部付身. 各省所屬州縣學正, 山長, 學錄, 敎諭, 幷受行省及宣慰司札付. 凡路府州書院, 設直學以掌錢穀, 從郡守及憲府官試補. 直學考滿, 又試所業十篇, 昇爲學錄, 敎諭. 凡正, 長, 諭(學)錄, 敎諭, 或由集賢院及臺憲等官擧充之. 諭,錄歷兩考, 昇正, 長. 正, 長一考, 昇散府上中州敎授. 上中州敎授又歷一考, 昇路敎授. 敎授之上,各省設提擧二員, 正提擧從五品, 副提擧從七品, 提擧凡學校之事.後改直學考滿爲州吏, 例以下第擧人充正, 長, 備榜擧人充諭,錄, 有薦擧者, 亦參用之."

288

'한직(冷官)'이라 불리기도 했지만, 정식 직책으로 국가 관제 시스템에 포함되었으며, 이 시스템의 승진 및 이직 메커니즘을 통해 정정당당하게 내부로 편입되면서 '벼슬길의 꿈(做官之夢)'을 이룰 수 있었다.

학전을 두고 관직을 설치하여 전량을 관리하며 서원의 경제적 토대를 통제하는 것은 원 정부의 관학화를 위한 세 번째 조치였다. 전술한 바와 같이, 원 세조는 지원23년 (1286) 2월, 강남 각 노路에 "교육을 진작시키기 위해 (관원이 차지하였던) 학전은 모두 노학路學에 돌려주라(復給本學, 以便敎養)"는 명을 내렸다. 28년, 각 서원은 산장 직 밑에 "직학을 설치하여 전곡을 관리하였다(設直學以掌錢穀)." 31년 7월, 성종成宗이 즉위하자 각지의 묘학과 서원의 "학전 및 공사장전貢土莊田76)의 수입은 춘추 정일丁日의 공자 제사, 매월 삭망제朔望祭, 묘우 수리에 사용하도록 하였다."77) 이런 정책들이 남북 각지에 시행되었는데, 송희「고절서원증지기高節書院增地記」에는 다음과 같은 내용이 있다. "나라에서는 천하 각지에 사학祠學을 세웠고, 서원에는 주학과 같이 관직을 두고 선생과 제생들을 모집하였다. 일찍이 유사有司에게 조령을 내려, 관에 속했던 묵혀진 농경지나 쓸모없는 토지를 관학과 서원에 나누어주고 서원 건설 경비에 보태도록 하였다."78)

그리고 서안西安의 노재서원魯齋書院을 세울 당시, 조정에서 "섬서행성에 명을 내렸는데 다른 서원과 마찬가지로 학전을 배치해 주고 관원을 설치해 주도록 하였다."79) 대덕大德 연간 지주知州 상민尙敏은 등현滕縣의 성선서원性善書院에 "관부 농경지 3경頃을 떼어 주고(禮敎鄕官地三頃給之)", 천력天歷연간 지주 조탁曹鐸은 "5경頃을 다시 떼어주었다(增給禮敎鄕官地五頃)."80) 도현塗縣 단양서원丹陽書院은 성省과 군郡의 지원 하

---

76) 역자주. 송대 과거 시험생의 교육 경비를 마련하기 위해 설치한 교육조직으로, 장전을 임대하는 방식으로 운영되었다. 장전 임대 비용은 현지 사인들의 과거 시험 경비로 지원되었다.

77) "贍學土地及貢土莊田, 以供春秋二丁朔望祭祀, 修完廟宇."

78) 元·宋禧, 『庸庵集』 권14. "國朝于天下祠學, 所謂書院者, 例設官置師弟子員, 與州學等. 嘗詔有司, 以閑田隙地系于官者歸之學, 院, 以贍廩稍之不足."

79) 元·程巨夫, 「魯齋書院記」. 陳谷嘉·鄧洪波, 앞의 책, 396쪽. "諭陝西省給田, 命官, 設禁, 如他學院故事."

80) 元·虞集, 「滕州性善書院學田記」. 위의 책, 436-437쪽.

에 "천문서원天門書院의 400 묘의 잉여 농경지를 학전으로 받았다."[81] 이들은 모두 관부에서 전산으로 서원을 지원한 사례이다. 물론 서원의 산업은 관부에서 지급된 것들 외에도, 사민士民, 관신官紳에서 기부하거나 서원이 자체적으로 마련한 것 등도 있었다. 학전의 출처를 불문하고, 서원이 소지하게 되면 '학산學産'이 되어 '직학直學'의 관리를 받았다. '직학'직은 "학고學庫, 전산, 가옥, 서적, 제기, 모든 문부文簿 및 전량을 관리하였는데, 수입이 있을 경우 출처를 명확하게 등록하는 등 교관敎官, 교정敎正, 교록敎錄과 공동으로 관리하였기 때문에 함부로 사용할 수 없었다."[82] 당시 문헌에는 '직학'은 '전량관錢糧官', '제점전량提點錢糧'으로도 칭했으며, 원 정부는 이들 관직을 통해 서원의 모든 재산을 직접적으로 관리하였다.

직학, 전량관, 제점전량 등의 전문 관료들이 운영하면서, 서원의 학전 규모는 원대에 최고치를 경신했다. 강남지역의 서원은 "전산 및 전량이 부학과 주학 못지 않게 충분했다."[83] 단도현丹徒縣 회해서원淮海書院의 경우 학전 13570묘, 토지 5549묘, 산 92묘, 못 1묘로 가장 많은 규모를 보유했다.[84] 학전의 규모가 확실히 알려진 원대 서원은 65곳, 1000묘 이상 보유한 서원은 10곳, 500묘 이상 1000묘 이하 보유한 서원은 14곳, 400 묘 이상 500묘 이하 보유한 서원은 8곳이었으며, 그 외에는 모두 400묘 이하였으며, 가장 적은 학전을 보유했던 익양현弋陽縣 남산서원藍山書院은 겨우 10묘에 불과했다. 이를 토대로 원대 서원의 학전은 평균 400묘였던 것으로 추정할 수 있다.

원 정부는 "경학京學, 주현학州縣學, 서원에서 학습한 생도들은 수령의 추천을 받고 대헌의 심사를 거쳐야 한다."고[85] 규정했다. 학업을 마친 뒤에는 상황에 맞춰 진로를 마련해주었는데, "교관으로 등용되거나 이속으로 채용되었다(或用爲敎官, 或取爲吏屬)

---

81) 元 · 吳澄,「丹陽書院養士田記」. 위의 책, 439쪽. "天文書院之有餘以補不足","以畝計凡四百."

82) 元 · 佚名(저자 미상),「學官職俸」. 위의 책, 279쪽. "掌管學庫, 田産, 屋宇, 書籍, 祭器, 一切文簿, 幷見在錢糧, 凡有收支, 幷取敎官, 正, 錄公同區處, 明立案驗, 不得擅自動之."

83)「山長改敎授及正錄敎諭格例」. 위의 책, 289쪽. "地産錢糧, 不在府州學校之下."

84) 徐梓,『元代書院硏究』, 北京: 社會科學文獻出版社, 2000년, 100-103쪽.

85) "自京學及州縣學以及書院, 凡生徒之肄業于是者, 守令擧薦之, 臺憲考核之."

."86) 과거가 재개된 후, 서원 생도는 각급 관학의 생도들과 마찬가지로, 시험 자격을 부여 받고 벼슬길에 오를 수 있었다. 실제 이러한 예는 꽤 많았다. 건강로建康路에는 건강로학建康路學, 상원현학上元縣學, 강녕현학江寧縣學, 명도서원明道書院, 남헌서원南軒書院 이상 5개 학교가 있었는데, 대덕大德 원년(1279) "학교 규식을 공표하면서(申明學校規式)" 각 기관의 재적在籍 유생들이 경經를 공부하는지 부賦를 공부하는지 확정한 다음, "매일 선생이 강학하고 제생들이 훈계를 들었으며", "오후 3-5시 후에 함께 모여 식사하였다."87) 달마다 부론賦論, 경의經義, 사평史評 등의 제목으로 시험을 보았다. "이들 기관에서 성적이 우수한 자 및 그들의 문장은 매월 로학路學에 제출된 다음 다시 총관부總管府로 제출되어 심사를 받았다. 선정된 문장들은 책으로 엮어 계절마다 상사上司에 보고되었는데, 이는 더 높은 기관으로 승학하는 유생 선발을 준비하기 위해서였다."88) 이는 서원이 국가의 통일된 학제 시스템에 편입되어 각급 관학과 동일하게 취급되었으며, 서원 생도들도 각급 관학생과 동일한 대우를 받았을 뿐만 아니라 동일한 진로를 선택할 수 있었음을 의미한다.

각급 관부가 직접 서원을 설립했다는 것은 원대 서원의 관학화를 보여주는 상징이다. 원 중앙정부는 대도에 태극서원을 창건한 것 외에도 유지에 따라 서안 노재서원, 남양南陽 제갈서원諸葛書院 등을 설립했다. 지방정부는 심사 제도를 통해 서원 건설에 참여한 것 외에, 각급 관부가 서원을 창건하면서 학교 설립을 자임하는 지방관원이 생겨나기도 했다. 진우룡陳友龍은 강절유학제거江浙儒學提擧를 역임할 때 "서원 9개를 설립하고, 승윤昇潤, 의흥宜興의 학전 8만 묘를 복원했다."89) 무봉진毋逢辰은 원초 "벼슬을 지냈던 복건성 지역에서는 백성을 교화시키기 위해 도남서원道南書院을 비롯한

---

86) 「選擧志一·學校」, 『元史』 권81.

87) "坐齋讀書, 延請講書訓誨", "晡後書名會食."

88) 元·佚名(저자 미상), 「行省坐下監察御使申明學校規式」. 陳谷嘉, 鄧洪波, 앞의 책, 424-425쪽. "路學, 明道, 南軒書院, 上元, 江寧兩縣學, 考中儒人花名, 試中經賦, 每月開申本路儒學, 轉申總管府照驗, 仍將試中經賦裝褙成冊, 每季申解合干上司, 以備歲貢相應."

89) 元·任士林, 「重建文公書院記」. 『元松鄕先生文集』 권1. "創置書院凡九所, 復昇潤, 宜興來學之田萬八千畝."

7개 서원을 복원하였다."[90] 이와 같은 관립 서원이 전국적으로 50개 이상 있었으며, 이에 관련된 내용은 1장에서 서술한 바 있다. 관립 서원과 관학官學은 모두 관부에 의해 세워졌다는 면에서 동질성이 있었다. 서원은 관학과 마찬가지로 관부와 강력한 힘을 빌려 공식적인 사회적 신분을 확보하였으며, 관본위 사회에서의 환경적 어려움을 극복하고 크게 발전하였다. 아울러 관학의 영향으로 관학과 유사하거나 동일한 조직 구조로 개편되면서 정규화, 제도화 되었다.

전술한 것들은 모두 원대 서원 관학화의 구체적 실례이다. 서원의 관학화는 서원의 발전을 방해하는 여러 세력들과 투쟁할 수 있는 정치적 역량을 확보하고, 안정적 학전과 경비를 토대로 서원이 지속적으로 발전할 수 있는 경제적 토대를 마련할 수 있게 해주었다. 이와 관련해서 「일하구문日下舊聞」의 "서원이 설립되고 원대만큼 흥성한 적은 없었다. 산장 직을 설치하여 서원을 관리하고, 늠희(廩餼: 경비 및 식량-역자)를 지급하였기 때문에 천하에 서원이 두루 퍼졌다."[91]라는 내용은 바로 이러한 상황을 기록한 것이다. 나아가 원대 서원의 확산은 정부의 지원없이 불가능했다고까지 할 수 있다.

서원의 관학화는 원대의 서원 발전에 다음과 같은 긍정적 영향을 끼쳤다. 첫째, 관부의 개입으로 숫자가 증가하면서 서원이 정상적으로 운영될 수 있었다. 민간의 힘으로 서원이 창건되었다면, 서원 운영 경비 및 보수 비용은 관부에서 주로 부담했다. 각급 관원들은 자신의 임기 동안 '관비官費'를 들여 낡고 허름한 서원을 개조, 중수, 증축하였고, 서원의 학전 마련을 위한 방안을 고안하여 서원의 항산恒産을 확보했다. 그들은 자신의 권력을 이용하여, 황무지, 관지, 등록되지 않은 땅을 서원에 증여하거나, 앞장서서 기부하며 관신官紳을 거느리고 토지를 사들였는데, 이러한 꼼꼼하고 뜻 깊은 계획은 높이 평가할 만하다. 둘째, 관학화로 인해 서원과 서원의 토지는 관부 재산의 일부가 되었으며, 법적으로 보호받을 수 있었기 때문에, 산장, 학관, 지방관부가 서원 재산을 가로채려는 세력들과 분쟁 시 유리한 위치를 점할 수 있었다. 서원의 관학화는 서원

---

90) 宋·熊禾,「考亭書院記」. 民國『建陽縣志』권6. "其仕閩以化爲政, 道南七書院皆其再造也."
91) "書院之設, 莫盛于元, 設山長以主之, 給廩餼以養之, 几遍天下."

재산을 보호하고 정상적 교육 질서를 유지하기 위한 보호벽이었다고 할 수 있다. 셋째, 서원의 관학화는 국가의 통일된 학제 체계에 서원을 편입시킴으로써, 법적으로 로, 부, 주, 현의 각급 관학들과 동일한 대우를 받을 수 있었다. 서원 산장이 바로 학관이었으며, 서원 생도와 학관 생도는 동일한 진로로 진출할 수 있었다. 이러한 조치를 통해 서원 생도는 권익을 보호받고, 서원 사업은 강력하게 추진될 수 있었다.[92]

그러나 서원의 관학화에도 폐해가 많았으며 서원 발전에 부정적 영향을 끼쳤다는 것도 부정할 수는 없다. 산장을 학관으로 두고, 직학으로 전량을 관리하는 '관사 설치(置官師)'와 '관의 전체 비용 관리(官總其費)'는 서원 관학화의 중요한 상징이지만, 그 폐단 역시 여기에서 비롯된다. 오징은 "오늘날 서원은 천하에 두루 퍼져 있다. 그러나 학관은 시험 통해 선발된 것이 아니라 관부에서 파견한 것으로 임기가 끝나면 이임하였다. 서원의 경비는 관부에서 지급하지만 다 썼을 경우 다시 지원받기는 어려웠다. 때문에 서원에서 공부하는 유생들 중에 뛰어난 재능을 가진 실속 있는 사람을 찾아보기는 힘들고 그들에게 기대를 걸지 않아도 된다."[93]고 했다. 정문해程文海(巨夫)는 "학교는 나라에서 교육을 세우고 인재를 양성하는 근본이다. 그러나 늠희가 부족하면 학교를 제대로 운영할 수 없고, 늠희가 넉넉하면 학교 자산을 전용하거나 횡령하기도 한다. 교육 담당자들은 아부에 능하고 계산적이기만 할 뿐, 가르치는 일에는 관심이 없었다. 그들이 어질지 못한 것이 아니라 여건이 그렇게 만든 것이다. 다만 서원만은 그렇지 않은 듯하다. 서원이 성읍城邑에 위치하고 관학 소속이면 전술한 바와 같이 폐단을 보였다. 그러나 오늘날 세상의 어질고 덕망이 높은 자들은 옛 현인들의 행적을 본떠 강과 산이 있는 환경이 좋은 곳을 골라 전산을 마련하고 서원을 세웠다. 이렇게 세워진 서원은 관부 소속이 아니어서 인재 양성을 제대로 진행할 수 있었다."[94] 이는 모두

---

92) 徐梓, 앞의 책, 133-134쪽.

93) 元·吳澄, 「儒林義塾記」. 陳谷嘉·鄧洪波, 앞의 책, 301쪽. "今日所在, 書院鱗比櫛密, 然敎之之師, 官實置之, 而未嘗甚精于選擇, 任滿則去矣;養之之費, 官雖總之, 而不能盡塞其罅漏, 用置則止矣. 是以學于其間者, 往往有名無實, 其成功之尠也固宜."

94) 元·程文海(巨夫), 「代白雲山人送李耀州歸白兆山建長廕書院序」. 『雪齋集』 권15, 文淵閣四

제4장 서원의 확산과 관학화官學化 293

제도적 측면에서 관학화를 비판한 것이다.

때문에 "탈관학화脫官學化"라는 목소리가 끊이지 않았다. 저명한 학자 오징, 우집, 정문해 등을 중심으로 관학화의 폐단을 없애는 데 적극적인 역할을 하면서 어느 정도 원대 서원의 관학화 추세를 저지하였기 때문에 전체가 완전히 관학으로 변한 것은 아니었다. 다른 한 편으로 민간에 '유사에 예속되지 않는(不隸于有司)' 서원이 꾸준히 있었으며 사회 여론에서도 좋은 평가를 받았다. 길수吉水 문창文昌 백사서원白沙書院의 경우 밭을 기부하면서 "서원을 다스리겠다는 뜻(長院之意)" 없이 "명유를 모셔 강학하여(延名師與族里講求聖賢之學)" "관부에 소속되었던 탓에 교육 환경이 나빠질 수 있는 상황(坏于有司)"을 피했다. 이에 유악신의 "지향이 원대하며 이익과 명예를 좇지 않고 올바른 자세로 교육을 추진했다(用意公平久遠而不近利要名)."는 평가를 받았다.[95] 이러한 유사에 예속되지 않은 민간 운영 서원은 개인이 창건한 사학과 유사했다. 이는 서원이 민간에서 사신들의 사문을 남기고자 하는 열정과 대대손손 지지를 받을 수 있게 하였다. 세력은 관부보다 약해 보였지만, 오래도록 깊이 뿌리 내렸으며, 참여하는 이들의 뜻도 강고하여 관의 힘이 약해졌을 때에도 어려움을 겪지 않고 지속적으로 발전해갈 수 있었다. 동시에 사학의 전통과 영향으로 사학과 유사하거나 심지어 동일한 면모를 갖추면서, 자유로운 강학, (타인이 아닌) 자신을 위한 학문, 사승관계 중시 등의 분위기가 형성되었다. 이러한 것들은 서원 관학화에 보이지 않는 영향을 끼쳤다.

따라서 관학화가 강한 추세였다 해도, 서원을 관학과 완전히 동일시 할 수는 없다. 실제 원대 학자들은 관학과 서원을 분명히 나누어서 인식했다. 혜후嵆厚는 "관학에는 전문 관리직을 설치하여 우수한 이를 박사 제자로 추천하였는데, 해당 주 출신만이

庫全書本, 권1202, 201쪽. "國家樹教育材之本, 莫先于學校, 而天下之學廩稍不足者, 士既無所于養, 廩稍之有餘者, 祇益郡縣勾稽覬望之資, 教官率以將迎爲勤, 會計爲能, 而怠于教事. 非其人皆不賢, 其勢然也. 惟書院若庶幾焉, 而居城邑隷有司者, 其弊政與前等. 近世士君子之賢者, 往往因前修之迹, 据江山之會, 割田析壤, 建爲書院, 既不隷于有司, 而教育之功乃得專焉."

95) 元·劉岳申,「白沙書院記」. 陳谷嘉·鄧洪波, 앞의 책, 464쪽.

그곳에서 수학할 수 있고 길례, 흉례, 향사례, 빈연례 등 의례를 거행할 수 있었다. 그러나 서원은 그렇지 않았다. 시골 사학이나 먼 주읍州邑에서 왔더라도 우수한 이라면 모두 서원에 모여 학문을 닦을 수 있었다."[96]고 했다.

제4절 서호서원西湖書院: 국가의 핵심 출판부서

도서 생산은 서원이 처음 생겼을 때부터 보유했던 기능으로, 당대 여정, 집현서원의 '고금 경전 편수(刊緝古今之經籍)'부터, 오대, 북송대 서적 편찬과 간행을 거쳐, 남송대 '서원본書院本'이 마침내 탄생하기까지, 수 백년 동안 서원의 이러한 기능은 지속적으로 확장되었다. 원대에는 전문적으로 출판업에 종사하는 서원까지 별도로 생기면서, 서적 간행은 더욱 전문화되었다. 당시 이러한 서원 수는 적지 않았는데, 가장 대표적으로 항주 서호서원을 들 수 있다.

1. 서호서원의 역사와 연혁

항주 서호 호숫가에 위치한 서호서원은 송대 명장 악비岳飛 고택의 터였으며, 후에 남송 국자감으로 사용하면서 규모가 방대해졌다. 국자감에서 간행된 경사 서적들 모두 이곳에서 소장하였으며, 서고관書庫官을 두고 관리하게 했다. 송나라가 멸망하자 폐교되어 숙정렴방사치소肅政廉訪司治所로 바뀌었다. 지원 28년(1291) 절강 행성 장관 서염모徐琰謀이 다시 서원으로 개조하면서, 31년(1294)에 완성되었다. 당시 서원의 예전禮殿에는 공자를, 삼현사三賢寺에는 당 자사刺史 백거이白居易, 송 처사處士 임포林逋, 송 항주지사杭州知州 소식蘇軾을 제사지냈다. "사당 뒤에는 강당이 있었는데, 동서로 양재

---

96) 元·嵇厚,「長薌書院記」, 乾隆『浮梁縣志』 권3. "學有專官, 論其秀者爲博士弟子, 惟本州之人士肄業于斯, 吉凶鄉射賓燕之時, 惟本學之人士禮于斯. 若書院則不然, 卽鄉塾之髦士, 皆得進而問業焉, 鄰州遠邑之士, 皆得聚而考道焉."

兩齋를 설치하여 선생과 제생들의 숙소로 사용했다. 그 뒤에는 존경각이 있고, 존경각 북쪽으로 서고가 있었다. 서고에는 남송 국자감 및 태학의 장서를 보관하였으며, 사서司書를 두고 관리했다. 송대 어서석경御書石經, 공자 제자 72인의 화상 석각이 모두 잘 보존되어 있었다. 서원에는 의전義田이 있었는데, 이곳의 임대비용은 춘추 이정二丁 제사와 각판 인쇄에 사용되었다. 중서성이 직접 관할하였던 서호서원에는 산장, 사존司存 직을 두었는데, 다른 학관과 직급이 동등했다. 때문에 서호에 서원이 있고, 서원에 서고가 있는 것은 서염모徐琰謀에서부터 시작되었다."97) 이를 통해 서원 창건 당시, 각 역할이 분명하게 정해졌으며, 교육 외에도 "송대 옛 전적을 정리하여(收拾宋學舊籍)" "간행(書刻)"했다는 것을 알 수 있다. 이는 서원에 남송 국자감의 막대한 양의 서판들이 남아있기 때문이었다. 남송 국자감에서 간행한 "경사자집은 무려 20여 만권(經史子集無 慮二十餘萬)"에 달했는데, 서원 창건 때 "모두 존경각, 서고 등에 보존되어 있었다(皆存 焉)."고 기록되어 있다. 산장, 사서(司書, 혹은 司存)의 지도 아래, 서호서원 사생師生들은 교육 활동 외에도, 전적을 정리하고 편목을 간행했는데, 이는 이전에는 없었던 작업이었 다.98) 이러한 획기적인 일로, 서호서원은 창건 당시부터 이미 유명했다. 원정元貞 원년 (1295) 서호서원 창건 이듬해, 송강부(松江府, 현 상해 송강현) 장지한張之翰은 송강에서 세운 서호서원을 기념하기 위해 "항주에는 서호서원이 있고, 송강에도 서호서원이 있 다"는 구절을 남겨 두 서원의 "교육이 날로 흥하여 인재가 많이 배출되기"를 희망했 다.99)

　　지원 연간 이래로, 서호서원의 교육과 서적 간행은 지속적으로 이루어졌다. 이 기간

---

97) 元·陳基,「西湖書院書目序」. 陳谷嘉·鄧洪波, 앞의 책, 457쪽. "後爲講堂, 設東西序爲齋以處 師弟子員. 又後爲尊經閣, 閣之北爲書庫, 收拾宋學舊籍, 設司書者掌之. 宋御書石經, 孔門七 十二子畵像石刻咸在焉. 書院有義田, 歲入其租, 以供二丁祭享及書刻之用. 事達中書, 扁以今 額, 且署山長, 司存, 與他學官埒. 于是, 西湖之有書院, 書院之有書庫, 實昉自徐公, 此其大較 也."

98) 元·陳炎,「西湖書院重整書目記」. 위의 책, 450쪽. "其成也, 豈易易哉!"

99) 元·張之翰,「西湖書院記」,『西巖集』권16, 文淵閣四庫全書本(권1204), 492쪽. "杭有西湖書 院, 松江亦有西湖書院", "敎養日興, 人才輩出."

동안 두 차례 증축하면서 절강 지역 최대 서원이 되었다. 연우 3년(1316), "주덕원周德元이 존경각을 옮기고 이훈당彝訓堂을 짓고 서고를 설립하면서 다시 개축되었다."[100] 후지원後至元 원년(1335), 두 번째로 증축된다. 당시 "특묵격特默格과 호조광胡祖廣이 대성전을 보수하고, 제생들의 숙소로 지인志仁, 집의集義, 달도達道, 명덕明德 네 곳의 재齋를 세웠으며, '상덕尙德'이라는 편액을 걸어 '상공尙功'이라는 별실別室에서 서염徐琰을 봉사했다. 이로써 서호서원이 절강행성에서 최고의 서원이 되었다.[101]

지정 15년(1355), 서수휘徐壽輝, 장사성張士誠, 한림아韓林兒 등이 반란을 일으켰을 때, 항주가 '전화를 입으면서(燹于兵)' 서원 역시 파괴되어 강학이 정지되었으며, "화상畫像과 진열품들이 파괴되고 부식되었으며, 정원은 어지럽혀졌다. 사람과 말馬이 뒤섞여 생활하며 서적, 제사용품 등으로 엉망진창이 되었다."[102] 16년에는 삼현당이, 17년에는 존경각이 파괴되고 서고가 무너져 "학관 늠회가 오래도록 끊겨 어찌 할 수가 없었다(學官廩稍久絶, 彷徨莫知所措)." 절서浙西 숙정염방사肅政廉防使 추적丑的은 "서원이 전쟁을 거치면서 파괴되었다 해서 교화가 끊기면 어찌되겠는가? 풍기風紀를 바로잡는 책임은 서원이 헌치(憲治: 지방 최고의 사법 기관-역자)와 비슷하지 않겠는가?"[103]라 하였다. 그래서 절성浙省 승상 김자달金紫闥, 군감郡監 악륵철특목이(谔勒哲特穆尔, 丑的의 몽골 이름-역자) 등과 함께 자신들의 월급으로 "부서지고 낡은 곳을 걷어내고 서원을 새로 복원하였다."[104] 그러나 전쟁이 길어지면서 이런 상황도 오래 가지는 못했다. "병사가 만항지면서 서원 가옥이 점차 부족해졌다. 서원에 군대도 주둔시키고 이곳에서 군사훈련도 강행하면서 새로 복원된 서원은 얼마 지나지 않아 훼손되었다."[105]

---

100) "周公德元徙尊經閣, 建彝訓堂, 創藏書庫, 益增治之."

101) 元·貢師泰,「重修西湖書院記」. 陳谷嘉·鄧洪波, 앞의 책, 455쪽. "特默格公,胡公祖廣重葺大成殿, 開志仁, 集義, 達道, 明德四齋以居來學, 扁三賢祠曰'尙德', 別室以祀徐公(琰), 曰'尙功'. 于是, 書院之盛遂爲浙東西之冠矣."

102) "像設陊剝, 庭庑汚穢, 居人馬迹交集其中, 書籍俎豆狼藉弗禁."

103) "兵革之餘, 雖瘡痍未復, 敎化其可一日而廢乎? 況勉勵風紀之任, 而書院又密邇憲治也哉?"

104) "撤朽易腐, 輪奐再新." 陳谷嘉·鄧洪波, 앞의 책, 455쪽.

105) 元·楊維楨,「重修西湖書院記」. 위의 책, 456쪽.

비록 전쟁은 계속되었으나 서원 복원의 노력은 멈추지 않았다. 강절행성江浙行省 중서평장정사中書平章政事 겸 동지추밀원사同知樞密院事 장사신張士信이 추적, 김자달 두 사람의 뒤를 이었다. 그는 서호서원 산장을 역임했는데, 원나라 군대가 서원을 병영으로 사용하며 훈련하는 것을 목도하고 이를 매우 애석하게 생각하여 그는 서호서원 산장을 역임했을 때 원나라 군대가 서원을 병영으로 사용하며 훈련하는 것을 목도하고 이를 매우 애석하게 생각하여 "군대를 좇고 군영을 다른 곳으로 옮겼다. 서원에 결여된 부분을 보충하고, 낡고 부서진 것들을 새것으로 바꾸며, 파손된 것들을 보수하였다. 삼현三賢의 화상을 새로 분칠하고, 경사經史 서적들을 새로 수선하고 정리하였다. 증축하거나 수선하여 서원을 일신시켰다."106) 이로써, 전쟁으로 파괴되었던 서원은 완전히 복원되었던 셈이다.

전쟁 중 서호서원을 중수하고 판각 서판을 정리하는 것은 그리 쉽지 않았기 때문에 당시 학자들의 주목을 받았다. 공사태貢師泰의 「중수서호서원기重修西湖書院記」에서 추적의 서원 복원 공로를 기록하면서 "추적은 전쟁 중에도 시서예악의 일을 소홀히 하지 않을 정도로 식견이 뛰어나고 국정 운영의 근본을 잘 알고 있다."며107) 높이 평가했다. 그는 또한 "낡은 풍습을 개량하고 존군尊君, 친상親上의 도리를 알려 분쟁이 끊이지 않고 어지러운 사회 풍기를 차단한다는"108) 이유로 서호서원 복원에 더 큰 사회적 기대를 걸었다. 양유정楊維楨의 「중수서호서원기」는 장사신의 공이 주로 기록되어 있다. 전문은 강상 확립과 풍속 교화라는 취지에서 서호서원을 "교화가 시작되는 곳(庠序風化之所出)"이라 칭했는데, 서호서원은 옛 악비의 "고신孤臣의 충정(孤臣之精忠)"이, 처사 임포, 군수 백거이, 소식 "삼현의 절개(三賢之淸節)"가 있어, 사회 교화에 이바지해 왔다고 했다. 그는 장사신이 "서원의 이러한 사회적 기능을 잘 이해하면서 전쟁 와중에도 사문을 진작시키고 밝은 사회 풍기를 후대에 잘 이어갔으며, 악비, 임포, 백거

---

106) "驅部伍, 徙營翼, 院之缺者補之, 弊者易之, 弱不支者壯之. 三賢諸像彰施粉繪, 六經版籍重加修補. 白堊黑黝, 煥焉燁焉, 視舊觀爲有加."

107) "雖當峙嶇戎馬之間, 不忘詩書禮樂之事, 可謂識見超卓, 深知治本者矣."

108) "由是而風移俗易, 使人皆知尊君親上之道, 而銷其乖爭陵犯之風."

298

이, 소식 네 학자의 학문과 육경六經의 도를 전승할 수 있게 했으니, 그 공이 깊지 않겠는가!"[109]라고 했다. 진기陳基의 「서호서원서목서西湖書院書目序」에서는 서목을 정리하면서 "전쟁으로 온 사회가 어지러운 때에도 하늘은 사문을 잃지 않게 하였다(兵戈抢攘之際, 天之未喪斯文也)."라 논하였는데, 위에서 기록한 내용과 일맥상통한다.

서호서원은 이 전쟁을 끝으로 다시 이러한 재난을 겪지는 않았으며, 교학과 서적 간행을 통해 사문을 계승해갔다. 명 홍무 초년, 서원 소장 도서와 서판은 남경국자감에 이전하여 보관되었고, 서원도 인화현학仁和縣學으로 개칭되었다. 이로써 원대 국가 주요 출판 센터이자 저명한 교육 기지였던 서호서원의 역사는 마침표를 찍게 되었다.

2. 서호서원의 규정, 제도 및 조직

서호서원은 남송국자감을 개조한 것으로 규제가 완비되어 있었다. 강당과 지인志仁, 집의集義, 달도达道, 명덕明德의 사재四齋는 "배움을 찾아오는 이들이 묵고(以居來學)", "교사와 학생들이 기거하며(以處師弟子員)" 강학이 이루어지는 곳이었다. 대성전(禮殿), 삼현사(三賢祠, 일명 尙德祠), 상공사尙功祠는 제사를 지내는 곳이었다. 존경각, 서고는 전문적으로 도서와 서판을 소장하는 곳이었는데, 대성전, 이훈당彝訓堂에서도 도서와 서판을 보관했다. 학전은 "춘추 이정二丁 제사를 지내고 서적을 간행하는 용도(供二丁祭享及書刻之用)"로 사용되었는데, 통계에 따르면 원대 서호서원은 총 밭 1923묘, 산 21묘 이상, 가옥 12칸의 자체 전산과 기부 전산을 보유하고 있었다.[110] 지정 연간 군 사람 주경종朱慶宗이 "아들 두 명이 모두 서원에서 수학한 것에 대해 은혜를 보답하는 차원에서(以二子嘗肄業其中, 念無以報稱)" 의흥주宜興州 박양촌泊陽村의 275묘를 서원에 기부하면서 "다른 데 전용하지 말고 서고에만 사용하도록 요구했다(以待書庫之用, 而勿

---

109) "惕焉神會, 而于戎馬之隙, 振斯文于旣往, 起淸風于後來, 使岳, 林, 白, 蘇四君子之澤與六經之道同于不朽, 其有功于名敎豈曰淺哉?"

110) 金達勝·方建新, 「元代杭州西湖書院藏書刻書述略」, 『杭州大學學報』, 1995년, 제3기.

移他費)." 지정된 비용을 지정된 곳에 사용해야 한다는 뜻으로, "이 비용으로 부서진 서판을 수리하고 잘못된 내용을 교정하여 미비한 부분을 보완했다(凡板之刓缺者補治之, 舛誤者刊正之, 有所未備者增益之)." 주경종의 의로운 행위에 대해 저명한 학자 황진黃潛은 다음과 같이 높이 평가했다. "책들은 낡고 닳은 부분이 없어 읽기가 참으로 좋았다. 각판 인쇄 종사자들의 수입이 장기적으로 보장되면 서적이 어찌 끊기겠는가? 백록동, 악록서원의 경우, 조정에서 책을 하사받는 것이 서적을 확보하는 유일한 경로였다. 오늘날 주씨가 포의지사布衣之士로서 학교 일에 뜻을 두고, 거주지의 좋고 나쁨, 식량의 많고 적음이 아닌 서적의 부족함을 걱정하는 것이 바로 인仁의 마음이며, 다함이 없는 은혜이다."[111]

강학, 간행, 장서를 병행하면서, 특히 전대 남겨진 서판 보수 및 도서 판각인쇄 작업을 위해, 서호서원 조직 구성도 원대와 달리 되어 있었다. 산장 1명을 두어 교육을 주관하는 것 외에도, "서고관이 관장했던 업무들도 산장이 맡았다(異時書庫官之所掌悉隸焉)." 다시 말해, 서호 산장은 다른 산장들이 하는 역할 외에, 송대 태학 서고관장이 담당했던 "경사서적들을 간행하는(所刻經史群書)" 업무 하나가 더 있었던 것이다. "성인의 도는 서책에 있기(文武之道, 布在方冊)" 때문에 도서 생산과 보관은 예로부터 중시되었으며, 나아가 서적의 보관과 소실이 치도治道의 성공과 실패와 연동되어 있다는, 즉 도서 관리가 국가 운명과 관련 있다는 표현까지 있었다. 이렇게 책임이 늘어나면, 서호서원 산장의 재직 요건도 그만큼 높아지게 된다. 초기 산장인 황상黃裳, 진무陳㮤는 태정 연간에 교사 및 학생들과 함께 『서호서원중정서목西湖書院重整書目』을 완성하였고, 이후 지정 연간에 지방장관 겸 산장 장사신張士信이 다시 서원을 중수하면서 서목을 재정리하였으며, 후기에는 방원方員이 지원 연간에 「원문류元文類」를 판각하였고, 응자상應子尙, 심유沈裕가 지정 연간에 원사를 복원하고 서판을 중수하였던 것 등에서

111) 元·黃潛, 「西湖書院田記」, 陳谷嘉·鄧洪波, 앞의 책, 433-434쪽. "書誠可悅而適用, 不敝不竭矣. 使傳刻者歲滋久而常無弊, 則摹造者日益廣, 而豈有竭哉? 向之書院若白鹿洞, 若岳麓, 非朝廷所賜無以有書. 今也(朱氏)以布衣之士而垂意學校之事, 不患其居之不崇, 食之不豐, 而患其書之不完, 此仁者之心, 無窮之惠也."

서호서원 산장의 능력을 엿볼 수 있다. 산장 외에도 호사안胡師安 이 맡았던 '교도教導', 장경손張慶孫이 맡았던 '교유教諭', 주균朱鈞이 맡았던 '직학直學' 등의 직책이 있었는데, 이는 모두 관례에 따라 설치된, 일반 서원에도 있는 직책들로 부연하지 않겠다.

둘째, 전문적으로 책을 판각하고 소장하는 직책이 있었다. '사존司存'이라고도 불렸던 '사서司書'의 경우, 존경각, 서고의 서적과 서판을 관리하고 송대 남겨진 전적 정리가 주요 책무였으며, 이로 유명했던 인물은 태정 연간의 왕통王通, 지정 후기의 추덕계秋德桂가 있다. '필사 간행 작업(書手刊工)'의 경우, 지정 연간 서목 정리 당시 92명을 채용하였다. '도서 교정 작업(對讀校正)'의 담당자로 여요주餘姚州 판관判官 우문계宇文桂, 광덕로학廣德路 학정 마성馬盛, 소흥로紹興路 난정서원蘭亭書院 산장 능원한凌雲翰, 포의布衣 장용張庸, 재장齋長 송량宋良, 진경현陳景賢 등이 있었으며, 이들 대부분은 지정 연간 서목 정리를 위해 채용된 임시직이었다. 그 외, 감독監督, 동사董事 등의 임시직도 두었는데, 지원 연간에 시작된 「국조문류國朝文類」 간행 당시, 성부 서원 관련 업무 담당자 부제거副提舉 진등사陳登仕가 "본업 외에 교감, 필사, 판각, 감독 관련 일을 다 한 덕분에 인쇄 간행이 빨리 끝날 수 있었다."[112] 지정 후기 주경종朱慶宗이 좌우사左右司 원외랑員外郎 진기陳基, 전용錢用을 보좌하여 서목 정리를 감독하였다. 진등사, 진기, 전용 모두 본업 외에 오늘날 프로젝트 총책임자와 같은 역할을 겸하여, 서원의 도서 간행을 감독하였음을 알 수 있다. 다른 서원에서는 보기 드문 이들 직책은, 국가 출판 센터가 될 수 있었던 서호서원만의 조직적 특징이라고 할 수 있다.

3. 서호서원의 간행사업

남송 국자감의 옛 장서들을 활용하여, 경사전적을 교감하고 도서를 정리하고 목록을 편제한 것을 토대로 대량의 도서들을 간행하는 것은 서호서원의 가장 중요한 임무였다. '서각書刻' 작업에 매진했던 이른바 '송학 옛 전적 정리(收拾宋學舊籍)'가 바로 이것이다.

---

112) "不妨本職, 校勘繕寫, 監督刊雕, 疾早印造完備, 更爲催取各各工物價鈔, 就便從實銷用."

전해오는 서목과 도서의 실물로 보면, 서호서원의 '서각'은 양도 많고 질도 좋아 당대를 넘어 후대까지 유명했기 때문에, 원대 국가 출판 중심지로 불리기에 손색이 없다.

서호서원의 각인 서적은 매우 많다. 지정 23년(1363) 판각한 송대 악가岳珂의 「금타수편金陀粹編」 28권, 「續篇」 30권, 지정 연간 판각한 원대 정문程文의 「문뇌소고蚊雷小稿」 1권, 「사음집師音集」, 「이남생집黟南生集」 등은 뛰어난 작품으로 꼽는다. 서호서원의 대표적인 두 가지 사업은 송학 옛 전적을 정리, 수정, 인쇄한 것과 당대 중요 전적을 출판한 것이다.

서원 소장 송 서판 정리는 현재 남아있는 문헌을 통해 연우延祐 6년(1319) 절강염방사浙江廉防使 주덕원周德元에서 시작되었다는 것을 알 수 있다. 탕병룡湯炳龍의 「서호서원증치전기西湖書院增治田記」에 따르면, 주덕원은 "경제적 여유가 있는 사람들에게 선행을 격려하여 출자 받은 자금은 모두 서적 보완 및 서판 정리에 사용하였다(特爲勸率有高貲樂助者, 幷取補刊書板)."[113] 이에 관한 조직적인 작업은 태정, 지정 연간에 대규모로 이루어졌다.

태정 연간 서적 정리 작업은 영종 연간 원사를 보수하면서 시작되었다. 당시 "건물을 쇄신할 때 공사가 서둘러 물품들이 이리저리 옮겨졌기 때문에, 서판들이 일실되거나 햇볕에 그을리고 비에 젖는 등 훼손된 경우가 많았다."[114] 이에 헌부막료장憲府幕僚長 장흔張昕 등은 "존경각 뒤 서판을 보관하는 장소로 가옥 5칸을 세웠다. 산장 황상黃裳, 교도敎導 호사안胡師安, 사서司書 왕통王通, 감독 고문귀顧文貴 등은 지치至治 계해년 여름에서 태정泰定 갑자년 봄까지 서목에 따라 분류하고 서판을 보수하였다."[115] 태정 원년(1324) 9월 산장 진무陳袤는 "서목을 정리하고 비각에 새기면 후대에 전해질 수 있다는 그들의 실적을 기념하기 위해 「서호서원중정서목기西湖書院重整書目記」를 지었다."[116] 지치至治 3년(癸亥) 여름에서 태정 원년(甲子) 봄까지 서판을 정리하였고, 3분기

---

113) 『兩浙金石誌』 권15.
114) "近者鼎新棟宇, 公役悤遽, 東遷西移, 書板散失. 甚則置諸雨淋日炙之中, 駁駁漫滅."
115) "乃度地于尊經閣後, 創屋五楹, 爲庋藏之所. 俾權山長黃裳, 敎導胡師安, 司書王通, 督飭生作頭顧文貴等, 始自至治癸亥夏迄于泰定甲子春, 以書目編類捄議補其闕."

(1323여름-1324봄)에 걸쳐 122종 도서를 정리하여 「서호서원중정서목西湖書院重整書目」을 만들었다. 이는 서원 역사상 최초의 각서 서목이자, 중국 인쇄출판사상 최초 각서 서목이기도 하다. 이는 정서(正書, 해서체-역자) 각석刻石으로 세상에 전해져, 민국 6년(1917) 인화仁和 사람 오창수吳昌綬가 「원서호서원중정서목元西湖書院重整書目」이라는 제목으로 『송림재총서松隣齋叢書』 갑편甲編에 수록했다.

지정 17년(1357) 9월에 이르자, "존경각이 무너지고 서고가 기울었으며", "서판이 기와와 벽돌 조각에 묻혀 산실되었는데, 그나마 깨져나가거나 벌레 먹은 것이 대다수여서"[117] 이에 좌우사左右司 원외랑員外郎 진기陳基, 전용錢用은 명을 받고 약 10개월 동안 경각, 서고, 서판을 복원하였다.

서호서원은 송대 서각 구판舊版 20여만 개를 보수하고, 경사자집經史子集을 인쇄한 것 외에도, 새로운 서적들을 판각하여 많은 당대인들의 저작을 출판하였는데, 그 중에서도 마단림馬端林의 『문헌통고文獻通考』와 소천작蘇天爵의 『국조문류國朝文類』가 유명하다.

서호서원은 남송 국자감의 20여만 서판을 인수하고 중앙, 지방 각급 행정부의 지원을 바탕으로, 원대 주요 국가 출판 기구로 자리 잡았으며, 도서 간행은 그 중에서 중요 업무였다. 서원 내 산장의 주 업무 역시 '교정하고(對讀校正)', '대조하며 교감하고(比對校勘)', 서판과 서목 '분류(編類)'하는 일 등이었다. 학생 신분의 재장齋長 역시 교감 작업에 참여했다. 교학 기능만 있는 일반 서원들과는 달리 '필사 간행 작업(書手刊工)'도 진행했다. 중요한 도서를 각인하거나 부서진 서판을 보수하기 위해, 강절(江浙, 江蘇와 浙江-역자) 등지의 유학제거사부제거儒學提擧司副提擧 진등사陳登仕, 여요주판관餘姚州判官 우문계宇文桂 등의 지방행정관은 본 직책과 겸직하였으며, 다른 학관들도 서원에서 임시로 근무할 수 있었다. 간행 서적은 100여종 이상, 조판은 수천에 이르렀으며,

---

116) 元·陳袤, 「西湖書院重整書目記」. 陳谷嘉·鄧洪波, 앞의 책, 450쪽. "用紀其實績, 幷見存書目, 勒諸堅珉, 以傳不朽."

117) 元·陳基, 「西湖書院書目序」. 위의 책, 457쪽. "尊經閣坏圮, 書庫亦傾", "書板散失埋沒, 所得瓦礫中者往往刓毁蟲朽."

자수는 수백만에 달했다. 이는 서적 간행 위주의 서호서원에서 도서 생산이 대규모로 이루어졌으며, 서호서원이 전문적 수준을 갖춘 대형 국가 출판 센터로 자리 잡았다는 것을 증명한다.

서호서원에 보관, 정리된 송 국자감 서판과, 서원에서 새로 판각하고 보수한 서판은 홍무 초년에 전부 남경 국자감으로 이전하여 그 곳에서 재간행되면서 세상에 알려졌다. 후대 알려진 명대 서각書刻 '감본監本'은 서호서원의 관리와 보수를 거친 남송 '감본'으로 『남제서南齊書』, 『북제서北齊書』, 『송서宋書』, 『진서陳書』, 『양서梁書』, 『주서周書』, 『후위서後魏書』 이상 남북조 7사史가 대표적인 것들이다. 왕국유王國維의 고증에 따르면, 이상 도서들은 모두 남송 감본으로 원대 서호서원 소장판이었다가 명대 간행되었던 것들이다. 소흥 연간 회남전운사淮南轉運司에서 각인한 대자본大字本 『사기史記』 역시 "송대에는 국자감에, 원대에는 서호서원에, 명대에는 남경국자감에 보관되었으며(宋時取入監中, 自是而元西湖書院, 而明南雍)", 명 중기까지 인쇄되어 『남옹지南雍志』에도 수록되었다.118) 서호서원 자체로 판각한 '서원본'도 훌륭했을 뿐만 아니라, 오늘날에도 잘 알려진 남송 감본 보호에도 공헌이 있었던 만큼, 경사전적 보존과 전파라는 역사적 공헌은 인정할 만하다. 이를 통해 서호서원은 원대 주요 국가 출판 중심지였을 뿐만 아니라, 전체 출판사에서도 중요한 역사적 위치를 차지하고 있다는 것을 알 수 있다.

4. 『서호서원중정서목西湖書院重整書目』: 서원 출판 사업 번창의 상징

서원이 자체적인 각서 활동을 기록하여 목록을 작성한 것은 원대에 등장한 현상으로, 이는 각서 사업의 발전과 제도화의 상징으로 해석해야 한다. 현존하는 최초의 서원 각서 서목은 앞에서 언급했던 『서호서원중정서목』으로, 지금으로부터 670여 년 전인 태정 원년(1324) 9월에 만들어졌는데, 이는 중국 서원사상 최초의 각서 서목이자, 중국 인쇄출판사상 최초의 서목이기도 하다. 『서호서원중정서목』보다 조금 늦은 620여 년

---

118) 王國維, 「元西湖書院重整書目」, 『兩浙古刊本考』 상권.

전의 「두주서원서판목록杜洲書院書板目錄」은 『사명속지四明續志』에 수록되어 있다. 이 목록은 서목, 서판 두 항목으로 이루어져 있는데, 『원씨몽재효경元氏蒙齋孝經』, 『경직도耕職圖』 두 권과 서판 34편이 수록되어 있다. 여기에는 당시 서원과 독서인들의 친서민적인 시각과 삶을 반영하고 있어 매우 귀중한 자료이나, 아쉽게도 수량이 너무 적어 한 시대를 풍미했다고 말하기는 어렵다. 원대 서원 출판의 기세를 가장 잘 보여주는 것은 바로 『서호서원중정서목』으로, 수록된 목록은 다음과 같다.

『서호서원중정서목』[119]

경經

역고주易古注	역주소易注疏	역정씨전易程氏傳
서고주書古注	역복재설易復齊說	서주소書注疏
시고주詩古注	시주소詩注疏	곡량고주谷糧古注
곡량주소谷糧注疏	비아坤雅	논어고주論語古注
논어주소論語注疏	논어강의論語講義	의례고주儀禮古注
의례경전儀禮經傳	춘추좌전주春秋左傳注	춘추좌전소春秋左傳疏
공양고주公羊古注	공양주소公羊注疏	효경주소孝經注疏
효경고주孝經古注	고문효경주古文孝經注	어맹집주語孟集注
맹자고주孟子古注	맹자주소孟子注疏	문공사서文公四書
대학연의大學衍義	국어주부음國語注補音	춘추고씨해春秋高氏解
예기고주禮記古注	예기주소禮記注疏	주례고주周禮古注
주례주소周禮注疏	의례주소儀禮注疏	의례집설儀禮集說
육씨예상陸氏禮象	장제회요葬祭會要	정화오례政和五禮
문공가례文公家禮	경전석문經典釋文	궁경음변群經音辨
이아고주尔雅古注	이아주소尔雅注疏	설문해자說文解字
옥편광운玉篇廣韻	예부음략禮部韻略	모씨증운毛氏增韻
박고도博古圖	공씨증운孔氏增韻	문공소학서文公小學書

---

119) 吳昌綬, 『松隣齊叢書甲編』, 1917년 간본.

사史

문자사기文字史記	중자사기中字史記	사기정의史記正義
동한서東漢書	서한서西漢書	삼국지三國志
남제서南齊書	북제서北齊書	송서宋書
진서陳書	양서梁書	주서周書
후위서後魏書	원보표元輔表	형통주소刑統注疏
형통신명刑統申明	형률문刑律文	성헌강요成憲綱要
신당서新唐書	오대사五代史	순씨전한기구荀氏前漢紀
원씨후한기袁氏后漢紀	통감외기通鑑外記	통력通歷
자치통감資治通鑑	무후전武侯傳	통감강목通鑑綱目
인황훈전仁皇訓典	당서직필唐書直筆	자유고사子由古史
당육전唐六典	구황활민서救荒活民書	임안지臨安志
숭문총목崇文總目	사고궐서四庫闕書	당서음훈唐書音訓

자子

안자顔子	증자曾子	순자荀子
열자列子	양자楊子	문중자文中子
태원온공주太元溫公注	태원집주太元集注	무경칠서武經七書
백장전百將傳	신서新序	

집集

통전通典	양한몽구兩漢蒙求	운류제선韻類題選
회문류취回文類聚	성률관건聲律關鍵	서호기일西湖紀逸
농상집요農桑輯要	한창려문집韓昌黎文集	소동파집蘇東坡集
당시고취唐詩鼓吹	장남헌문집張男軒文集	조문정공집曹文貞公集
무공록武功錄	금타수편金陀粹編	격양시집擊攘詩集
임화정시林和靖詩	여충목공집呂忠穆公集	왕위공집王魏公集
벌단집伐檀集	왕교리집王校理集	장서암집張西岩集
회암대전집晦庵大全集	송문감宋文鑑	문선육신주文選六臣注

306

이상 서호서원에 소장된 서판 서목은 태정 원년(1324) 봄, 대리 산장 황상, 교도教導 호사안胡師安, 사서司書 왕통王通 세 사람이 제생 고문귀顧文貴 등을 감독, 인솔하여 완성한 작업으로, 같은 해 9월, 산장 진무陳袤가 이 일을 글로 기록하여 전 교유 장경손張慶孫은 해서체로 필사하고 편액을 썼으며, 직학 주균朱鈞이 석각비를 세워 기록으로 남겼다. 비석은 지금까지도 완벽하게 보존되어 있으며, 민국 3년(1914) 6월, 인화仁和 사람 오창수吳昌綬가 이를 토대로 「원서호서원중정서목元西湖書院重整書目」을 정리한 것이, 민국 6년(1917) 7월 『송린총서갑편松隣叢書甲編』에 수록, 간행되면서 세상에 알려졌다. 이 서목은 경, 사, 자, 집 네 부분으로 나뉘어 있고, 각각 51, 36, 11, 24종, 총 120종의 책이 기록되어 있는데, 책의 서명만 남아 있고, 저자, 권수 등의 내용은 모두 생략되었다. 오늘날의 관점에서 보면, 수록된 내용이 너무 간단하고, 「박고도博古圖」를 경經부에, 「농상집요農桑輯要」를 집集부에 수록한 것 등은 재고할 필요가 있다는 점에서 아쉬움이 있는 것도 사실이다. 그럼에도 서원 발전사상 최초로 완성된 판각 서목으로, 출판 산업의 눈부신 발전의 산물이자 서문을 열었다는 점에서 매우 중요하다. 때문에 서목의 출현은 그 자체로 크나큰 성과로, 서원 창설자, 운영자들이 직접 간행 성과를 기록으로 남기고 교육 경험을 종합하고 간각 과정을 규범화함으로써 판각 사업이 한층 더 성숙했음을 보여준다.

또 한 가지 지적해야 할 것은 600여 년 전 선조들이 서목을 정리하면서 서목 자체에만 관심을 기울이지 않고 서목을 판각, 보존하여 "후손 대대로 전해지고 그들을 면력하여 사문을 전승한" 것이다.[120] 이는 그들의 시야가 서목에서 '사문'으로 미치는 운명을 가지고 있었으며, 이른바 "경사에는 옛 성현들의 입극立極, 수기, 치인의 도가 기록되어 있어서, 후에 천하와 나라를 다스리는 자들은 반드시 여기에서 방법을 배웠다. 이른바 '문무의 도道는 모두 고전에 있다'는 것이었다. 제자백가의 서적들은 세상 교화에 도움이 되어 성인의 경전과 현인의 해설(聖經賢傳)과 함께 전해 내려왔다. 진한秦漢 이래,

---

120) 元·陳袤, 「西湖書院重整書目記」. 陳谷嘉·鄧洪波, 앞의 책, 450쪽. "以傳不朽, 非獨爲來者勸, 抑亦斯文之幸也歟!"

당, 오대까지 수천 년 간 치국의 성패, 국운의 존속은 이들 서적들의 전승에 달려 있다고 여긴 군자들이 많았으니, 이 어찌 거짓된 것이겠는가? 송대 300여 년 간 대유가 많이 나온 것은 선왕의 법도가 실행되고 밝혀진 덕분이었다. 정강의 변(靖康之變)이 일어난 후, 시서예악에서 계승된 사상들이 남동쪽으로 유출되어, 건국 초, 산재된 서적들을 수집하여 정리해 보면 십분의 일 정만 남았다. (그럼에도) 사문이 끊이지 않고 후대에 전승될 수 있었던 것은 서호서원의 판고板庫가 큰 공을 세웠다."[121] 또한 서호서원의 '판고'와 '사문의 사업(斯文之緒)'이 '치국의 성패(治道得失)', 국운의 존속과 연동시켰던 것이다. 서목에서 사문 전승으로, 사문 전승에서 치국, 국운으로의 확대는 바로 중국 고대 지식인들의 사회 책임감과 역사적 사명감을 보여준다는 점에서 매우 의미있다.

제5절 원대 서원의 공간적 확장

몽골족은 준마가 날뛰는 듯한 열정과 강한 활쏘기 정신으로 중원에 입성하여 원나라를 건국했다. 원이 통치하던 100 년도 채 안 되는 기간은 서원 발전사에서 간이역에 불과하다고 할 수 있다. 그러나 짧은 기간 동안이었음에도, 과감한 시도와 부단한 개혁으로 서원은 더욱 크고 넓게 발전 공간을 확보해갔다. 이 장에서는 서원 건설 주체의 확대, 교육 내용의 확장, 서원제도의 혁신과 변혁이라는 세 가지 문제에 관해 논의해보고자 한다.

---

121) 元·陳基,「西湖書院書目序」. 위의 책, 457-458쪽. "經史所載, 皆歷古聖賢建中立極修己治人之道, 後之爲天下國家者, 必于是取法焉. 傳曰'文武之道, 布在方冊', 不可誣也. 下至百家諸子之書, 必有裨于世敎者, 然後與聖經賢傳竝存不朽. 秦漢而降, 迄唐至五季, 上下千數百年, 治道有得失, 享國有久促, 君子皆以爲書籍之存亡, 豈欺也哉? 宋三百年來, 大儒彬彬輩出, 務因先王舊章推而明之, 其道大焉. 中更靖康之變, 凡百王詩書禮樂相沿以爲軌則者, 隨宋播越東南. 國初, 收拾散佚, 儘存十一, 于千百斯文之緒不絶如線, 西湖書院板庫乃其一也."

1. 소수민족의 참여: 서원 창건 주체의 확대

중국은 예로부터 넓은 영토와 다민족으로 이루어진 통일 국가였다. 역사적으로 한족 외에도 기타 민족들도 서원 창건에 동참하면서 서원 발전에 기여했다. 당송대는 사료를 규명하기 어려우므로, 별도로 논하지 않겠다. 원대로 오면 최소 몽골족, 여진족, 묘족이 서원 건설에 참여한다. 서원 건설 주체의 확장을 의미하는 소수민족의 참여가 바로 원대 서원의 특징이다.

몽골족은 원나라의 '건국 주체(國族)'로서, 많은 관료들 및 사대부들이 서원 건설에 참여하면서, 서원의 큰 지원 세력이 되었다. 지정至正 연간, 현윤縣尹 첩목아불화帖木兒不花는 하현夏縣에 온공서원溫公書院을 세웠다. 지정 18년(1358), 절서도浙西道 숙정렴방사肅政廉防使 추적醜的은 항주 서호서원을 중수했다. 이후 지원 6년(1340) 절동도浙東道 도원사都元帥 쇄남반鎖南班은 영파寧波에 노재서원魯齋書院을, 천력 2년(1329) 지현 섭리부화燮理溥化는 서성현舒城縣에 용면서원龍眠書院을, 이후 지원 연간, 당올숭희唐兀崇禧(일명 양숭희楊崇喜, 역자)는 견성현鄄城縣에 숭의서원崇義書院을, 천노千奴는 견성현 역산에 역산서원歷山書院을, 현윤 관아사남해아貫阿思南海 牙는 천문天門에 천문서원을, 태정 연간, 감찰어사監察御史 홀로대도흥아忽魯大都興亞中는 검각劍閣에 문정서원文貞書院을, 달가達可는 묵지서원墨池書院, 초당서원草堂書院, 석실서원石室書院을 창건하는 등 일일이 다 언급하기 어렵다. 여기에서는 달가가 설립한 세 서원을 중심으로 살펴보고자 한다.

달가는 촉蜀 지역에서 나고 자란 몽골족으로, 태정제泰定帝부터 혜종조惠宗朝까지 관리로 재임했던 것으로 추정되는데, 종3품 비서태감(秘書太監, 국자감 副長官)까지 벼슬을 지냈다. 퇴임한 뒤 고향으로 돌아가 성도成都에 살면서, 석실, 초당, 묵지 세 서원을 설립하여 여러 민족들이 이곳에서 공부하도록 하였다. 편액 하사 주청, 학전 마련, 서적 구입, 제기 구비 등을 위해 최선을 다하였다. 달가는 나이가 들어서도 일을 놓지 않고, 고향의 서원 설립과 장서 사업에 힘썼다. 이에 사람들은 그를 한대 문옹흥학文翁興學[1]에 빗대기도 했다. "한대 문옹文翁이 선생을 모시고 학교를 설립하여 촉 지역의 교육을 진작시켰다. 현재 달가의 공은 문옹과 같으니 그 은혜가 촉 지역을 덮었다. 사인들이 노력으로 기대를 저버리지 않으니 오래도록 유지될 것이다.[2]

원나라는 무력으로 천하를 얻었지만, 식견 있는 지식인은 "무武는 흥하였으나, 문文은 부족한(武功疊興, 文治多缺)" 현실을 목도하고, "나라를 다스리는 방법은 무력과 교화에 모두 포함되어 있으니, 학궁 설립과 인재 양성을 최우선으로 해야 한다고 제창했다(知夫文武之道, 寓于幹戈羽鑰, 而以築宮育士爲急, 其賢乎人遠矣)." 여러 계층의 몽골족 사인들의 노력으로 병기를 내려놓고 문명의 세계로 나아갈 수 있었다. 이것이 원대 서원, 장서 사업의 특징이다.

몽골족과 동등한 지위를 가진 '색목인色目人'에는 북방 소수민족이 포함되어 있었다. 자료의 한계로 민족별로 일일이 분석할 수는 없는 관계로, 여진족의 예를 통해 살펴보고자 한다. 성도成都의 운남雲南 원수 서로다이제舒嚕多爾濟(자 존도存道, 일명 迪律傑)[3]는 자신의 집을 서원으로 개조하고, "봉급의 일부로 서적을 구매하였는데(割俸購書)" 관련 행적은 왕기王沂의 「석실서원기石室書院記」에 실려 있다. "(서로다이제는) 승교리承教裏에 자택이 있었는데, 그곳은 지세가 높고 훤하여 강학하기에 적합하고, 깊숙하고 조용한 곳에 위치해서 신을 모시기에 적당하기에 서원 건립을 기획하였다. 이에 중서성에 주청하였는데, 파견 온 사자와 관련해서 계획하다보니 물자가 부족했다. 하지만 주변 백성들의 도움으로 물자를 분담시키지 않아도 충분하고 인력을 모집하지 않아도 일손이 충분했다. 전殿을 세워 선성을 봉사하고, 사당을 지어 문옹을 제사지냈다. 강학하는 강당, 휴식을 취하는 숙소가 있었고, 규제에 따라 대문을 개조하고 행랑을 중수하였으며, 부엌, 욕실, 창고, 마구간 등을 모두 갖추게 되었다. 또한 자신의 봉급으로 서적을 구입하고 오吳 지역에 가서 조俎, 두豆, 변籩, 비篚, 존樽, 작爵, 보簠, 궤簋 등의

1) 역자주. 文翁興學은 서한시기 문옹이 최초로 지방관학을 설립했던 일을 가리키는 표현이다.

2) 元·李祁, 「草堂書院藏書銘」. 陳谷嘉·鄧洪波, 『中國書院史資料』, 445쪽. "昔在文翁, 肇玆戎功. 建學立師, 惠于蜀邦. 維玆達可, 宜世作配. 惠作蜀邦, 罔有內外. 嗟嗟士子, 尙其勉旃. 毋負于君, 惟千萬年."

3) 胡昭曦, 『四川書院史』, 65-66쪽.

제기 등을 마련하였다. 경사 서적들은 외부에 구하지 않을 정도로 충분했고, 서원 운영에 사용하는 학전이 150무에 달하였으며, 서원에서 일하는 원수 집의 하인들이 200여명에 이르렀다. 서원 완공 후 우수한 젊은이들이 학문을 위해 찾아왔다."[4] 이처럼 그는 현직 군정장관軍政長官 신분으로 서원에 관심을 갖고 사택을 허물어 "젊은 준재들이(岩才裏秀)" 학문을 위한 서원 건립을 위해, 봉록을 들여 천리를 마다 않고 오지吳地에서 서적을 구매하고 제기를 제작했다. 이는 서로씨舒嚕氏가 "나라를 다스리는 방법에는 무력과 교화가 모두 포함되어 있어 학궁을 설립하고 인재를 양성하는 것이 우선이라는 것을 잘 알고 있었기 때문이다."[5] 그 외 여진족 부주리충富珠哩狪(자 자휘子翬)는 그 고향 순양順陽(현 하남 내향현內鄕縣)에 박산서원博山書院을 짓고, 육재六齋로 나누어 교학했는데,[6] 역시 이를 잘 보여주는 사례이다.

묘족인들의 서원 창건도 원대에 시작되었다. 최초의 묘족서원인 유림서원儒林書院은 무강로武岡路 유림향(儒林鄕, 현 호남 城步)에 있다. 지방지에는 로路의 총관總管 연승직延承直이 창건했다고 기록되어 있으나, 실제로는 양재성楊再成 등이 세운 것이다. 기록에 따르면 양재성은 묘족으로, 그가 황경皇慶 2년(1313)에 창건한 유림서원은 중국 최초의 묘족 서원이다.[7] 유림서원은 명대 천계天啓 연간에 훼손되기 전까지 300여 년간 운영되면서 묘족의 본고장에서 많은 인재를 배출하였으며, 풍속 교화와 민족 화합에 크게 기여했다.[8]

---

4) 元·王沂, 「石室書院記」, 陳谷嘉·鄧洪波, 앞의 책, 399쪽. "侯有宅承教裏, 其地尤爽宜講藝, 其位深靖宜妥神, 謀斥新之爲書院. 乃請于省, 部使者相與圖之如不及, 材不賦而羨, 工不發而集. 爲殿以祀先聖, 爲室以祀公(按, 公指漢代文翁), 講(學)有堂, 棲士有舍, 重門修庑以制, 庖福庫殿以序. 又割俸購書, 作祭器于吳, 而俎豆邊筐樽爵簠簋皆具, 而經史百氏無外求者, 祀敓其新都膏腴之田畝一百五十所入, 廟幹其家童二百指. 既成, 而岩才裏秀接踵來學. "

5) "知夫文武之道, 寓于幹戈羽鑰, 而以築宮育士爲急, 其賢乎人遠矣！"

6) 元·蘇天爵, 「元故中奉大夫富珠哩公神道碑銘」. 陳谷嘉·鄧洪波, 앞의 책, 465쪽.

7) 국가민족사무위원회 편, 『城步苗族自治縣概況』.

8) 楊進廉 외, 「從儒林書院的創建談古代城步教育的發達」, 『岳麓書院通訊』 1986년 제2기.

2. 서원의 의학 교육: 서원 교학 내용의 확장

정주리학 연구 및 전파, 첩괄帖括9)과 팔고문 학습을 통한 과거 급제는 잘 알려진 서원의 교육 기능이었는데, 원대에 오면 이러한 형식은 새로운 국면을 맞이하게 된다.

원대 서원이 교육 내용을 확장하기 위해 어떤 노력을 했는지 잘 보여주는 사례가 바로 문文, 무武, 의醫를 모두 가르쳤던 역산서원歷山書院이다. 역산서원은 산동성 견성鄄城 역산歷山 아래 원나라 사람 천노千奴가 창건했다. 천노의 성은 옥이별리백아오대玉耳別裏伯牙吾臺(백악오伯岳吾라고도 함)로, 몽골인이었으며, 그의 조상 홀도사忽都思은 원초 역산에 정착하였다. 부친은 승려로, 남송 정벌 군대에 소속되어 송을 공격하였으나, 살인을 꺼려 성을 점령한 후에도 학살만은 하지 않았으며, 원나라 통일왕조 건설에 큰 공을 세웠다. 천노는 "학문에 독실하고, 고금에 통달하며, 경세제민의 능력을 갖추고 있었으며(篤于學問, 博通古今, 有經濟之具)" 학자들은 그를 '역산공歷山公'이라 불렀다. 무덕武德 및 명위明威 장군, 강남 절서浙西, 강북 회동淮東 등지의 도제형안찰사道提刑按察使, 숙정염방사 등을 역임하고 대도노총관大都路總管까지 지냈으며, 가의대부嘉議大夫에 임명되어 중앙 정치에 참여하기도 했다. 문무를 겸비하고 박학다재한 관리로, 국가의 근본인 교육에 관심이 많았다. 지방에 있을 때는 "권학에 힘쓰며, 배운 것은 반드시 행하며(勤于勸學, 所至必先之)", 대도 총관으로 있을 때에는 "최선을 다해(尤盡其力)" 국학을 "진흥시키는(興工)" 동시에 향리의 자제들에게도 깊은 인상을 남겼으며, "중앙 관리로서의 활동 이외의 여력은 고향에 쏟으면서(位官之余, 且淑于其鄉)" 역산서원을 창건했다.10)

역산서원의 창건시기에 대해 지방지에 상세하게 나와 있지는 않지만, 천노가 가의대부 신분으로 중서성 사무에 관여했던 대덕 7년(1303) 혹은 그 후로 추정된다.

---

9) 역자주. 唐代에 과거 응시자가 많아지면서 시험관은 시험 난이도를 높이기 위해 難語句를 출제하기 시작했다. 수험생들은 이에 대응하기 위해 경서의 難語句를 모아 쉽게 기억하기 위해 노래와 같이 만들었는데, 이를 첩괄이라 한다. 경서의 단어나 구절을 인용하여 출제된 문제에 대해, 해당 글을 개괄하여 답안을 작성하는 시험 방법을 가리키기도 한다.

10) 元·程文海, 「歷山書院記」. 陳谷嘉·鄧洪波, 앞의 책, 465-466쪽.

서원의 규제, 사제 관계, 수업 내용 등에 대해서는 정문해程文海의 『역산서원기歷山書院記』와 『원사元史』에 기록되어 있는데, 이를 토대로 다음의 세 가지 내용을 알 수 있다. 첫째, 역산은 도시에서 멀리 떨어진 산골 마을에 위치했지만, 규제가 완비되어 있고 경비가 충분하며 장서가 풍부했다. 교학이 이루어졌던 강당, 재사 외에도 공자를 제사 지내는 곳이 별도로 마련되어 있었다. 당시에는 제도가 완비되지 못한 서원들이 대부분이었는데, 역산서원은 제도적으로 주, 현학을 모방하여 비교적 완비된 시스템이 갖추어져 있었다. 그리고 다른 서원과는 달리 활쏘기와 말타기를 훈련 장소 및 제약制藥 장소가 구비되어 있었다. 전산 100묘에, 해마다 지원 받은 곡식으로 서원을 운영하기에 충분했다. 당시 보기 드물게도 서루에 장서 만 권을 보유하고 있었고, 이를 토대로 사제들이 마음껏 학문을 연구하고 수업도 원활하게 진행될 수 있었다. 위의 내용은 역산서원이 완비된 조건을 갖춘 교육기관이었다는 점을 보여준다. 둘째, 다양한 학문과 전공을 갖춘 종합 서원이었다. 문학 교사, 의학 교사를 두고, 문학, 의학 수업을 진행하였으며, 학생들은 이 둘 외에 군사 훈련도 해야 했다. 셋째, 의과 수업을 주관하는 의사는 강학 외에 "약을 구하러 온 백성을 위해(鄕之求匕劑者)" 이들을 보살폈으며, 문진을 설치하여 실질적인 의료 활동을 전개했다.

역산서원 초창기 천노는 조정에서 관직을 지내는 동안, 서원의 계획과 발전 방향에 대해서는 그의 형제 및 두 명의 문학, 의학 초빙 교사에게 서신을 보내는 방식으로 관리했기 때문에, 자신의 의도를 십분 반영하기는 어려웠다. 연우延祐 5년(1318), 퇴직하고 귀향한 후, 직접 서원의 일을 주관하였으며, 태정泰定 2년(1325) 71세로 사망할 때까지 7년이란 시간을 이곳에서 보냈다. 이 기간 동안 최선을 다해 역산서원을 운영하면서, 이 전 15년 학교 운영 경험을 기반으로 더욱 크게 발전시켰다.

역산서원의 성과는 일반적인 차원에서 뿐만 아니라, 중국의 서원제도와 의학교육에 기여했다는 점을 지적하고 싶다. 첫째, 역산서원은 현재까지 알려진 최초이자 유일하게 의과 수업과 외래진료 업무를 수행한 중국 전통 서원으로, 이 두 가지가 '처음'이라는 자체만으로도 연구 가치를 지닌다. 둘째, 의학연구와 교학, 의료를 서원으로 도입하여, 서원에서 유가 사상의 이론, 실천과 함께 중의학 이론, 실천이 병행된 것은 서원의 문화적 역할이 우리가 생각했던 것보다 훨씬 크고 다양했음을 보여준다. 셋째, 의학 교육과 외래 진료를 병행하여 의학 이론과 임상 치료를 연계시킨 모범 사례로, 전통 의학 교육의 이론과 실천이 발전하는 데 기여했다. 이러한 이론과 실천의 결합은, 교육 이론과 사상문화 발전을 위한 영원한 주제이기도 하다.

3. 교수敎授와 훈도訓導: 서원제도의 혁신

원대 서원은 수업 내용, 건설 주체 측면에서 적극적으로 확장되어 갔으며, 제도적으로도 의미 있는 개혁들이 이루어졌다. 이에 관해서는 특히 산장직 설치와 직책에 관한 글을 통해 살펴볼 수 있다. 산장이원제山長二員制 실시, 산장의 교수직으로의 변경, 산장 아래 훈도 설치 및 교육 주관 등, 체제와 관련된 개혁을 시도했다. 이러한 개혁은 성공적인 면도 실패한 면도 있기 때문에 종합적으로 평가해야 한다.

원대의 산장은 서원의 수장으로서, 정식 학관에 속하기 때문에 그의 임명과 해임은 중앙 예부 및 지방 행성, 선위사宣慰司에서 결정되었다. 국가 임관제도 운영 방침에 따라 산장은 학정과 동급으로 분류되었으며, 위에는 교수가, 아래에는 교유, 학록, 직학이 있었고 심사를 거쳐 승진 가능하도록 체계적으로 관리되었다. 원초에는 정치적 갈등 해소를 위해 송 강학을 하면서 새 왕조에서 관직에 오르지 않는 유민을 위주로 구성되었으며, 서원 창건에 참여한 강학자 대부분이 산장으로 임명되었는데, 그 중에는 유명한 대학자나 옛 현인의 후손들도 적지 않았다. 황경 연간 과거제가 재개된 후 낙방한 거인들이 산장으로 임명된 것은 일회성의 특수한 사례였고, 일반적으로는 30세 이상의 몽골, 색목인은 교수로 부임했고, 산장 아래 학정, 산장의 경우 만 50세 이상의 한인과 남인은 교수로, 이하는 학정, 산장으로 부임했다. 몽골인과 색목인을 대상으로 연령 제한을 설정한 것은 원대 시대적 특징이었다. 관련 내용은 많은 연구자들이 언급했기 때문에 더 이상 부연하지 않겠다. 여기서는 원대 산장이원제 시행과 산장직의 교수직으로 변경에 관해 논의하고자 한다.

1) 산장이원제山長二員制

하나의 서원에 두 명의 산장을 두는 것은 원 세조 지원 19년 (1282) 중서성 절서, 절동 두 도선위사道宣慰司가 규정한 '군현학, 서원 관직원 수(郡縣學院官職員數)'라는 기록에서 그 근거를 찾을 수 있다. 당시 절서도 제형안찰사의 건의에 따라, 유학 기관의 인원을 줄이고, 각처의 훈도관 및 각 현의 학정, 학록學錄직을 "모두 해제한(並行革去)" 후, 각급 유학 기관 및 서원의 "관직원 수(官職員數)"를 다시 확정하였다. 규정에 따라 "총관부總管府는 교수 2명, 전량관錢糧官 1명, 학록, 학정 각 1명, 재장, 학유學諭 각 1명, 산부散府는 교수 2명, 전량관 1명, 학록, 학정 각 1명, 재장, 학유 각 1명, 서원은 산장 2명, 전량관 1명, 학록, 학정 각 1명, 재장, 학유 각 1명, 현학은 교유 2명, 전량관, 재장, 학유 각 1명 두었다."[11] 이를 통해 편제를 새롭게 구축한 서원에서는 6가지 직종의 7명을 관리자를 두었으며, 학장보다 지위가 높은 두 명의 산장이 관리하는 체제로 운영되었음을 알 수 있다.

지원 24년(1287) 정월, 강절 등 행성에서는 곧이어 "학관 봉록(學官職俸)"을 규정하였다. 규정에 따르면, "서원 산장 2명은 행성의 임명을 받고, 매월 쌀 3석, 초鈔 3냥을 받는다(書院山長二員, 只受行省劄付, 月請糧米三石, 鈔三兩)." 이러한 대우는 학정과 동일하며, 노, 주, 부 교수의 쌀 5석, 초 5냥보다는 적고, 학록의 2석, 2냥, 직학의 1석, 1냥, 교유의 1석5두, 1냥 5전보다는 많은 것이었다.[12] 26년 8월, 절동도浙東道 선위사는 행중서성의 "학관 격례學官格例"에 따라 학관의 임명과 해임에 대해 조정하였으며, "서원에 산장이 두 명 있을 수 있지만 행성이 직접 임명하여야 했으므로(書院山長許二員, 只受行省劄付)"[13] 권한에는 변함없는 산장이원제가 운영되고 있었다.

성종 대덕 연간, 산장이원제에 변화가 생겼다. 먼저 행대감찰어사는 대덕 원년(1279) 3월 불필요한 관리를 감축하라는 조령에 따라, 다음과 같이 감원을 건의했다. "얼마

---

11) 元·저자 미상, 「郡縣學院官職員數」. 위의 책, 278쪽.

12) 元·저자 미상, 「學官職俸」. 위의 책, 279쪽.

13) 元·저자 미상, 「差設學官學職」. 위의 책, 280쪽.

전 제가 호광성에 갔는데, 그곳의 서원에는 학정, 학록, 산장 각 1명을 두었고, 강절, 강서 등지에는 관직을 함부로 설치하는 경우가 빈번했습니다."[14] 건강로建康路의 경우, "부학은 교수 외에 학정 3명, 학록 2명을, 명도서원은 산장 2명을 설치하였고, 남헌서원은 생도에게 최소한의 전량을 지급하되, 산장 2명을 설치했으며, 소문서원은 유호儒戶에 주는 전산이 따로 없지만, 형식적으로 산장 2명을 두었다."[15] 학정과 산장이 너무 많은 탓에 "인사이동이 매우 어려웠다(遷調之間, 欲無窒礙, 誠爲難矣)." 이로 인해 "교관에 적합한 사람을 구하지 못했으며(敎官不得其人)", "진정한 인재는 나오지 못하는(眞才不顯于世)" 결과를 초래했다. 결국 "중서성에서는 정원수를 정하고, 각급 학교의 학정, 학록, 서원 산장직은 1명만 두며, 학전이 없는 서원은 산장을 겸직하는 것이 좋겠습니다. 불필요한 인원을 감축하면 인사이동이 쉬워질 것입니다."[16]고 건의했다. 이에 따라 대덕 2년 2월, 강절행성江浙行省에서는 각지 유학의 '감원'을 결정하게 된다. '각지 서원 산장들은 유호儒戶, 전량수가 적은 곳은 1명씩 감원했으며", "항주로에서는 학정 2명, 학록 2명을, 그 외에 각 주, 산부의 학정과 학록은 1명만 두었다. 전량이 있는 서원에는 산장 2명을, 전량이 없는 서원에는 1명만 두며, 나머지는 임용 기한이 끝나면 이직하도록 했다."[17] 이후 산장이원제는 문헌에서 점차 등장하지 않게 되었다. 대덕 5년(1301), 이부에서는 "강남 지역 서원은 산장 1명만 두고 나머지는 모두 면직한다."[18]라는 선언과 함께, 산장이원제는 마침내 막을 내렸다.

---

14) "間者卑職到湖廣省, 聞知本省管下儒學正錄, 書院山長各設一員, 訪聞江浙, 江西等處多有濫設員數."

15) "府學除敎授外, 見設學正三員, 學錄二員, 明道書院設山長二員, 南軒書院生徒錢糧最爲鮮少, 亦設山長二員, 昭文書院別無田産儒戶, 虛設山長二員. "

16) "宜從都省定額, 各處儒學學正, 錄, 書院山長每處存設一員, 多者革去, 額外不許濫設. 其無儒戶學田書院, 山長亦合減並. 不惟裁抑冗員, 庶少窒礙遷調."

17) 元·저자 미상,「行臺監察擧呈正錄山長減員」. 陳谷嘉·鄧洪波, 앞의 책, 286-287쪽. "各處書院山長, 于儒戶, 錢糧數少去處, 量減壹員", "除杭州路擬設學正二員, 學錄二員, 諸州, 散府正, 錄各一員, 書院有錢糧去處設山長二員, 無錢糧處止設一員, 其余人數截日革去".

18) 元·저자 미상,「山長改敎授及正錄敎諭格例」. 위의 책, 290쪽. "江南書院額設去處, 每處准設山長一員, 余悉罷去."

산장이원제는 지원19년부터 대덕5년(1282-1301)까지 약 20여 년 간, 강절행성을 주축으로 강서 지역까지 전파되었을 뿐, 호광 및 북방 지역에는 거의 시행되지 않았기 때문에, 지역적으로 큰 영향을 미치지는 못했다. 이를 토대로 다음 두 가지를 정리할 수 있다. 첫째, 영향이 크지 않았기 때문에, 정사正史에도 남아있지 않아 거의 알려지지 못했다. 둘째, 산장이원제의 시행과 중단은 모두 "남용 인원(濫用員數)" 감축이라는 명목으로 이루어졌는데, 이러한 '감원'과 기구 축소는 서원의 일관된 목표로, 한결같이 개혁 정신을 지켜왔다는 것을 보여준다.

2) 산장의 폐지와 교수의 등용

산장직의 교수직으로의 변경은 강회 지역에서 지원 21년(1284) 2월에 처음 제안되었다. 그 과정은 다음과 같다. "강회江淮 지역에서는 학교를 관리하는 관원을 설치했는데, 각 로에서도 마찬가지입니다. 이 직위는 교수 등의 직책과 품계에서 차이가 나는데다가 법도에도 맞지 않습니다. 마찬가지로 남쪽 지역의 부, 주, 군軍, 현의 학교, 서원 등에서는 모두 이러한 현상이 있습니다. 품계에 맞게 행하고 순조로운 승진을 위해 학관 정원수와 품계를 정하는 것이 마땅할 듯합니다."[19] 이에 따라 강절 학관學官의 조직 체계와 품급 승진에 관한 격례를 제시했다. 이 규정에 따르면, "강절 학관에는 로路마다 유학제거 1명, 교수 1명, 학정 1명, 학록 1명, 직학 2명을 설치하고, 산부, 주, 각급 서원, 교수 1명, 학정 1명, 학록 1명, 직학 1명을 설치한다."[20] 로학 교수의 품급은 종8품으로, "3년에 한 번 부임하며, 기간을 다 채우면 다시 다른 로에 가서 재임해야(三年一爲任, 滿日再歷別路一任)" 유학제거로 승급할 수 있었다. "산부 및 각 주의 서원 교수는 정9品(散府, 諸州並各處書院教授, 正九品)"으로, "3년에 한 번 바뀌며, 각 로 교수

---

19) "江淮見設提舉學校官, 各路亦有設者. 此職與教授等學官, 其品級相懸, 于義未當. 兼南方府, 州, 軍, 縣學校, 書院所在皆有, 若不定立學官員數及各分品級, 使高下合宜, 以備將來升轉, 南方選到文儒之士, 可爲後進師範者, 何以處?"

20) "江浙學官, 各路擬設儒學提舉一員, 教授一員, 學正一員, 學錄一員, 直學二員 ; 散府, 諸州並各級書院, 擬設教授一員, 學正一員, 學錄一員, 直學一員."

로 전근하였다(以三年爲一任,遷充各路教授)."

　이부에서는 "강남 지역 각 도의 서원 산장은 행성에서 한 번 위임하면 다른 곳으로 전임 가는 일 없이 줄곧 그 서원에서만 일하였다. 각 서원의 정원수가 정해지지 않아서 시험에 합격하면 부, 주의 교수로 승진할 수 있었다. 현재 200여 명의 인원이 승진하거나 전임할 수가 없다."21)고 판단했다. 그리고 중서성과 한림, 집현원에 "부, 주를 기준으로 교수직을 설치하고, 행성에서 위임한 산장은 모두 면직시키는 것이 실로 이로울 것이다"22)고 제안했다. 이에 산장직 변경에 관한 공식 문서가 하달되었다.23) 산장의 교수직으로의 변경에는 정체된 인사이동을 용이하게 하고, "인원 남용의 근원을 해결한다(塞行省冗濫之源)."는 두 가지 이유가 있었다. 이는 지원 19년(1282)에 산장이원제 시행 목적과 일치하며, 인원 감축이라는 면은 주목할 만하다.

　문서 하달 후 대덕 5년(1301) 6월 강절 등 행성에서 중서성에 보고하는 정문呈文에서는 "근래 강남 지역의 유학교관원이 넘쳐나 빈자리 부족하여 조절하기 어려우니, 각 서원의 산장을 면직하고 옛 관례대로 교수직으로 변경하고, 품급은 부, 주와 같게 하여 인원 남용을 없앨 예정이다." 그리고 "이미 교수가 설치된 서원 외에, 행성에서 할당한 학교 교관 정원 및 승급 등에 관해 이부의 요청에 상응하게 조치할 예정이다."등의 기록이 남아 있다.24) 이를 통해 강절 행성에서는 산장직의 교수직으로의 변경이 매우 절실하게 이루어졌음을 알 수 있다.

　물론 교수의 산장직 대체로 실질적으로 서원의 지위를 향상시킨 것은 불필요한 인원을 감축한다는 개혁의 차원에서 의미 있는 일이기는 하다. 그러나 이러한 시도가 얼마나 효과있었는 지에는 의문이 든다. 학정과 같은 품급의 산장의 수를 줄이면서 인사이

---

21) "江南各道書院山長, 俱各不曾換授敕牒, 止令行省就委, 每處別無額員勾當, 一考轉充府, 州敎授, 今見到部者已積二百余員, 不能遷調. "

22) "比依府, 州, 設立敎授, 其行省所委山長並行革去, 實爲便益."

23) 陳谷嘉·鄧洪波, 「山長改敎授及正錄敎諭格例」, 앞의 책, 287-290쪽.

24) 元·저자 미상, 「山長改敎授及正錄敎諭格例」. 위의 책, 291쪽."近爲江南儒學敎官員多闕少, 不能調用, 擬將各處書院山長罷去, 照依舊例改設敎授, 品同府, 州升轉, 庶革泛濫", "除書院已設敎授外, 行省所轄學校敎官額員, 並升轉等事, 合依吏部已擬相應."

동은 편리해졌지만, 강남 지역의 서원은 모두 포함되어 있어서, 위의 기록에서 언급된 이부의 정원 조정 예정 서원은 46곳, 신설 서원 37곳이나 되었다. 이처럼 품급이 한 단계 낮은 서원의 산장이 많아졌으나 한 단계 높은 서원 교수직도 많아졌으니, 이를 함께 감안한다면 감원의 실효성이 어느 정도인지 짐작할 수 있다.

3) 훈도 주도하의 교학

훈도는 본래 관학의 직책으로 전문적으로 교육과 시험을 담당했다. 원대 서원의 직책은 관학 시스템에 포함되어 있었기 때문에, 서원에는 다수의 훈도직이 설치되었다. 호주부湖州府 안정서원安定書院의 훈도 2명은 산장 다음으로 높은 직책으로, 행성에서 임명되었다. 그러나 세조 지원 연간, 불필요한 직책으로 간주되면서 감원되었다. 전술했던 지원 19년(1282) 정월, 산장이원제가 처음 시행될 때 "서원의 훈도관과 현학의 학정, 학록 직위는 모두 면직되었다(各處見設訓導官, 並各縣學正, 學錄職名, 並行革去)"는 기록이 있다. 산장의 교수직 변경 때 교수 아래의 훈도, 전량관 등의 관직 등은 불필요한 인원으로 분류되어 일괄적으로 "면직革罷"되었다. 이는 원초에 훈도의 역할이 없어지면서 정리 대상으로 분류되었음을 의미한다.

관학화가 보편화되고 '정식(正員)' 학관이 된 산장은 '법적으로 보장된 신분(法人)'으로 사회활동에 참여하였으나, 교육 주관, 학술 지도, 제사 관장 등의 역할은 약화되었다. 이에 훈도직이 다시 주목받으면서 서원의 주요 교육 사무를 담당하게 되었다. 영파寧波 은성鄞城의 동호서원東湖書院의 경우, "훈도 진군모陳君某가 전문적으로 교육을 담당했다(訓導陳君某專其教)."[25] 원대 후기 훈도가 교학했던 사례는 더 많아진다. 이러한 상황에서 산장이 훈도를 조수로 선임하여 교육 책무를 대행했던 것이 바로 원대 서원 교원 관리 체제의 중요한 특징이다. 원대 정원우鄭元祐는 「영창서원기潁昌書院記」에서 "관에서 설치한 산장은 물론, 교사로서의 훈도는 경학에 통달하고 행실이 단정한 이를 엄격하게 선발하였으며, 인재 양성을 할 수 있는 자"만이 담당할 수 있었다.[26] 이러한 명확

---

25) 元·程端學, 「東湖書院記」. 위의 책, 345쪽.

한 재직 조건을 통해 훈도직의 중요성을 유추할 수 있다.

산장은 훈도를 서원의 사유師儒로 초빙하면서 격식을 갖추기 위해 초청서를 보내는 경우가 많았다. 이러한 절차화는 원대 교원 관리에 나름의 준칙이 있었음을 보여준다.

산장의 학관화되는 등 각종 직책이 점차 관료화되는 시기에, 훈도가 서원 교육을 일임하였다는 점은 매우 중요하다. 이는 원대 서원의 관학화 구도 하에서 제도의 변화를 보여준다. 아울러 산장에게 초빙된 훈도가 교학을 담당하는 전통은 원대에 시작되어 명청대에도 계승되었다. 명대 백록동서원에 해당 직책이 설치되었고, 청대 낙안현樂安縣 오계서원鰲溪書院 역시 산장 밑에 『대학』 훈도 1명을 두고 생도들을 가르쳤다. 이처럼 훈도직 설치 및 교육 담당은 원대 서원제도의 공헌이었던 것이다.

---

26) 元·鄭元右, 「潁昌書院記」. 위의 책, 446쪽. "官設山長固不問, 若訓導之師, 則愼嚴其選, 必經明行修, 可以成就人才者"

제5장

서원의 번창과 전성기

14세기 중엽 천하가 혼란에 휩싸이자, 유복통劉福通, 서수휘徐壽輝, 장사성張士誠, 한림아韓林兒, 진우량陳友諒 등이 잇달아 반원 항쟁을 일으켰다. 중국 전역이 전란에 휩싸였던 그 무렵, 동자승 출신의 주원장朱元璋이 이끄는 새로운 세력의 출현으로, 마침내 원나라를 무너뜨리고 전국을 통일하여 주씨 정권의 명나라를 건국하였다. 이때부터 중국서원은 명대 270여 년 동안 발전해 왔다.

서원발전사에서 명대는 매우 중요한 위치를 차지한다. 명초 관학과 과거제도의 결합으로 정주리학이 주창되면서, 서원은 100년 가까이 침체기를 맞이했지만, 왕양명, 담약수의 학문이 새롭게 결합한 후, 장기간 지속된 억압을 물리치며 조정과 민간을 아우르는 사상해방 운동을 일으켰다. 이에 거리를 막론하고 사람들이 몰려들었으며 강회가 잇달아 열리면서, 서원은 다시 도약하여 비약적인 발전을 거듭하면서, 당송 이래 역대 서원을 모두 합한 것보다 더 많은 수의 서원이 생겨나는 등 성황을 이루었다. 전반적으로 발전 지역에서 외진 지역으로 확장되는 분포 양상을 띠었으며, 이에 따라 독서의 씨앗이 서원이 발달한 성 내에서도 궁벽한 지방 및 변경 일대로 뿌려졌다. 이는 서원이 이미 번영의 단계로 들어섰음을 보여준다. 게다가 학문 발전의 분위기를 탄 독서인들이 여러 학파를 형성하며 지방문화 건설에 앞장섰을 뿐 아니라 백성들을 규율하고 풍속을 변화시킴으로써, 서원은 보다 서민적 특색을 갖추게 되었으며, 동지애로 서로를 존중하며 인물을 비평하고 조정을 비판하는 등 서원의 조직적, 정치적 성향도 생겨났다.

제1절 명대 서원의 발전 개황

명대에는 태조, 혜제, 성조, 인종, 선종, 영종, 대종, 헌종, 효종, 무종, 세종, 목종, 신종, 광종, 희종, 사종 이상16명의 황제, 총 277년(1368-1644) 동안 1962개 서원을 설립했는데, 당나라, 오대, 송나라, 요나라, 금나라, 원나라의 모든 서원 수를 합하여도 명대의 절반에도 미치지 못했다. 750년이라는 서원 발전사에서 명대는 가장 번영했던 시기였다.

1. 명대 서원의 기본 상황

명대 1962개 서원 중 1707개는 관리와 지방 유지들이 창건했으며, 255개는 복원 및 재건한 것이다. 성 별, 황제 연간 별 서원을 정리하면 다음 〈표 5.1〉과 같다.

〈표 5.1〉 명대 서원 통계[1]

성	홍무洪武	건문建文	영락永樂	선덕宣德	정통正統	경태景泰	천순天順	성화成化	홍치弘治	정덕正德	가정嘉靖	융경隆慶	만력萬曆	천계天啓	숭정崇禎	미상	합계
직예直隷								/1	1/1	6/2	36/	5/	18/1	1/	3/	18/4	88/9
하남河南			/1				1/	9/1	2/1	2/1	19/5	2/	18/		6/	30/1	89/10
산서山西	/1			1/			/1		6/2	4/1	13/1		11/1	5/	1/	18	59/7
섬서陝西						1/			/2	11/3	2/1	8/	11/		2/	7/	42/6
감숙甘肅								1/			11/		1/		1/	3/	17/

---

1) 이 표는 白新良의 『중국고대사원발전사』 제2장을 토대로 작성한 것이다.

성	홍무 洪武	건문 建文	영락 永樂	선덕 宣德	정통 正統	경태 景泰	천순 天順	성화 成化	홍치 弘治	정덕 正德	가정 嘉靖	융경 隆慶	만력 萬曆	천계 天啓	숭정 崇禎	미상	합계
요동 遼東									3/		3/						6/
산동 山東	1/		/1		3/1	1/		7/2	1/2	6/1	30/	4/1	12/1	2/		20/	87/9
강소 江蘇	/1			/3	2/	2/	2/	/1	5/	8/2	34/6	9/	19/2	1/	3/	17/1	103/16
안휘 安徽	4/			/1				4/2	2/2	7/1	53/2	3/	19/2	1/	8/	30/3	131/13
절강 浙江				/2	/2	/1	/2	4/5	2/1	4/2	45/10	4/	25/2		7/	48/3	139/31
강서 江西	7/4		2/5	1/1	4/3	3/6	/4	2/4	9/5	21/6	53/8	12/	34/4	3/	8/1	51/9	210/60
복건 福建	7/10	/1	/1	/2	1/7	/2	/1	2/5	4/	22/4	50/3		13/2		7/	25/5	136/44
호북 湖北	1/		1/			1/	1/	2/1	8/1	13/2	26/		16/1	2/	6/	27/3	104/8
호남 湖南			/1		/1		/1	3/4	4/2	3/3	31/6	1/1	9/2	1/	3/	23/1	78/22
광동 廣東	4/1		4/1	1/	2/1		4/2	4/	9/	4/1	64/4	2/	36/1	1/	19/	41/1	195/12
광서 廣西	1/1		2/1		/1	1/		2/	2/	1/1	22/	1/	5/1	2/	4/	7/	50/5
운남 雲南									4/	7/	23/	12/	14/	1/	2/	16/	79/
귀주 貴州									2/	3/	11/	2/	7/			3/	28/
사천 四川					2/			7/2		9/	18/1	3/	7/	1/	4/	15/	66/3
소계	25/18	/1	9/10	3/10	15/16	8/9	8/11	48/30	75/20	122/28	550/46	65/2	275/20	21/	84/2	399/31	1707/255
합계	43	1	19	13	31	17	19	78	95	150	596	67	295	21	86	431	1962

〈표 5.1〉은 황제 연호를 세로로, 성을 가로로 하여, 명대 서원의 지역별 분포 현황을 보여주고 있는데, 표와 관련해서 다음 세 가지 내용을 주의해야 한다. 첫째, 명대 16대 황제 중 인종은 홍희 원년(1425), 광종은 태창 원년(1620) 8-9개월 정도의 단기간 재위했던 데다가, 바이신량白新良의 통계에 따르면, 두 시기 모두 서원 창건이나 복원에 관한 기록이 없기 때문에, 이는 표에 반영하지 않았다. 둘째, 명대 황제는 전대와 달리,

재위 당시 하나의 연호만을 사용했기 때문에 관습적으로 연호를 호칭으로 사용할 수 있다. 태조 주원장의 재위 기간의 경우 일반적으로 홍무 기년紀年 혹은 홍무제라고 불린다. 유일하게 영종 주기진周祈鎭은 예외인데, '토목보土木堡의 변' 사건으로 오이라트의 포로가 되었다가 홍제로 복위하였는데, 이 사건을 기점으로 정통正統과 천순天順이라는 두 가지 연호를 갖게 되었다. 셋째, 명대 서원은 최소 2150개 이상으로 추정되기 때문에, 이 통계는 완벽하다고는 할 수 없다. 강서江西의 경우 표에는 270곳으로 되어 있지만, 이재동李才棟의『강서고대서원연구江西古代書院研究』에는 337곳으로 기록되어 있다. 사천은 표에는 69곳으로, 후자오시胡昭曦(호소희>후자오시로 전체바꾸기)의『사천서원사四川書院史』에는 95곳으로 기록되어 있다. 호남은 표에는 100곳으로,『호남교육사湖南教育史』에는 124곳으로 기록되어 있다. 하남은 표에는 99곳으로, 왕홍루이王洪瑞(왕홍서>왕홍루이로 전체 바꾸기)와 우홍치吳宏岐(오굉기>우홍치로 전체 바꾸기)의 최근 연구에서는 126곳으로 집계했다.[2] 광서는 표에는 55곳으로, 가오민구이高敏貴(고민귀>가오민구이로 전체 바꾸기)는 77곳으로 집계했다.[3] 산서는 표에는 66곳으로, 왕신신王欣欣(왕흔흔>왕신신으로 전체 바꾸기)의『산서서원山西書院』에는 93곳으로 집계했다.[4]

2. 명대 서원의 지역별 분포

명대 1962개 서원은 직예, 하남, 산서, 섬서, 감숙, 요동, 산동, 강소, 안휘, 절강, 강서, 복건, 호북, 호남, 광동, 광서, 운남, 귀주, 사천 등 19개 성에 분포했으며, 성 평균 103.263개로 원대 27.066개보다 훨씬 높은 수치를 보여주는데, 이는 당시 서원이 매우 활성화되어 있었음을 보여준다. 성별 서원 수를 정리하면 〈표 5.2〉와 같다.

---

[2] 王洪瑞·吳宏岐,「明代河南書院的地域分布」,『中國歷史地理論叢』권17, 2002년 제4기.

[3] 高敏貴,「廣西的書院」,『廣西教育學院學報』제5기, 2000년.

[4] 王欣欣,『山西書院』, 太原: 三晉出版社, 2009년, 12쪽.

〈표 5.2〉 명대 서원 성별 통계

성	신축		재건		합계		차오송예 통계	1997년 통계
	수량	등수	수량	등수	총합	등수		
직예	88	9	9	9	97	10	37	
북경								6
하북								70
하남	89	8	10	8	99	9	81	112
산서	59	14	7	11	66	14	26	61
섬서	42	16	6	12	48	16	24	28
감숙	17	18			17	18	18	8
청해								1
영하								2
요동	6	19			6	19	3	
요녕								7
산동	87	10	9	9	96	11	43	69
강소	103	7	16	5	119	6	46	66
상해								5
안휘	131	5	13	6	144	5	73	99
절강	139	3	31	3	170	4	120	199
강서	210	1	60	1	270	1	251	287
복건	136	4	44	2	180	3	138	107
호북	104	6	8	10	112	7	43	69
호남	78	12	22	4	100	8	102	102
광동	195	2	12	7	207	2	94	156
해남								17
홍콩								1
광서	50	15	5	13	55	15	61	71
운남	79	11			79	12	50	66
귀주	28	17			28	17	18	27
사천	66	13	3	14	69	13	11	63
합계	1707		255		1962		1239	1699
평균	89.842		13.421		103.263		65.210	67.960

명대 지역별 서원 분포 현황은 평균 103.263 를 기준으로 세 등급으로 분류할 수 있다.

1급 평균 이하. 직예, 하남, 산서, 섬서, 감숙, 요동, 산동, 호남, 광서, 운남, 귀주,

사천 등 12개 성. 서원 미개척 지역으로, 이 중 섬서, 감숙, 요동, 귀주 4개 성은 평균 절반에도 못 미치는 가장 낙후된 지역이다.

2급 평균 이상, 200개 이하. 서원 발달 지역으로, 강소, 안휘, 절강, 복건, 호북 등 5개 성에 해당한다.

3급 200개 이상. 강서, 광동 두 성은 명대 서원이 가장 발달한 지역이었다.

이상 명대 서원 지역분포를 살펴보면 몇 가지 특징이 눈에 띈다. 첫째, 서원이 변방으로 널리 보급되어, 남서쪽의 운남, 북서쪽의 감숙, 동북쪽의 요동 지역 모두 서원이 처음 생겨났다는 기록도 있다. 많은 수는 아니지만, 새로운 지역을 개척하고 공백을 메웠다는 차원에서 남다른 의미가 있다.

둘째, 지역적 불균형을 보여준다. 서원이 가장 많은 강서성은 270곳, 가장 적은 요동 지역은 6곳에 불과해 격차가 매우 크다. 다음으로 동북, 북서, 남서 지역의 서원은 강남, 중원지역과 비교할 수 없을 정도로 적다. 마지막으로 북방 서원은 남방보다 적고, 동부 서원은 서부보다 많다.

셋째, 강서성은 서원 수가 압도적으로 많았다. 오대, 북송, 남송, 원대에 이어 다섯 왕조째 연속 1위를 차지할 정도로 전국 서원 건설을 추동하며 명대 서원 발전을 이끌었다.

넷째, 강서성을 중심으로 한 서원 밀집지역은 지속되었지만, 원대와는 조금 다른 양상을 보이고 있다. 우선 절강, 복건, 호남, 안휘 4성에서 강소, 절강, 안휘, 복건, 광동, 호북 6개 성으로 확대되었고, 호남은 평균 3개보다도 적어 포함되지 못했다. 그리고 광동은 207곳으로 급증하여 서원 발달 지역에 들면서 유서 깊은 강서성과 힘겨루기를 시작했다.

그 외 차오송예曹松葉이 1930년대에 황하 강, 양자강, 주강珠江 강 이상 3대 강 유역별로 집계한 원명대의 서원 수는, 완벽하게 정확하다고 말할 수는 없으나 지역 분포 현황은 대략 파악할 수 있다. 이를 토대로 〈표 5.3〉을 작성하였다.

326

〈표 5.3〉 원대, 명대 황하강, 양자강, 주강 유역의 서원 통계

왕조	원 대		명 대	
유역	서원 수	백분율	서원 수	백분율
황하강	43	18.94	229	18.48
양자강	152	66.96	646	52.14
주강	32	14.1	364	29.38
합계	227		1239	

원대와 달리 명대의 가장 큰 변화는 황하강 유역의 위상이 떨어지고 주장 유역이 다시 2위로 올라섰다는 점이다. 황하강 유역의 서원 분포율은 원대와 명대 각각 18.94% 와 18.48%로 0.5% 차이가 있을 뿐 거의 그대로 유지되고 있다는 점을 감안하면, 주장 유역 분포율이 상승한 것이 양자강 유역 분포율의 하락과 연동되어 있다는 것을 알 수 있다. 이는 전술했던 절강이 아닌 광동 지역이, 강서와 함께 서원 최고 발달 지역이 되었던 것과 같은 맥락이라고 할 수 있다. 이러한 주장 유역의 부상은 주목할 만하다.

청대 행정구역을 단위로 작성된 위와 같은 통계는 현대인들에게는 불편할 수밖에 없다. 1997년 현재의 성을 행정단위로 집계한 결과, 명대 창건 서원은 전국 1699곳으로, 북경 6개, 하북 70개, 산서 61개, 요녕 7개, 하남 112개, 산동 69개, 안휘 99개, 강소 66개, 상해 5개, 절강 199개, 복건 107개, 강서 287개, 호북 69개, 호남 102개, 광동 156개, 광서 71개, 해남 17개, 사천(중경 포함) 63개, 귀주 27개, 운남 66개, 섬서 28개, 감숙 8개, 청해 1개, 영하 2개, 홍콩 1개, 이상 25개 성에 분포되어 있었으며, 강서, 절강, 광동, 하남은 상위 1-4위를 차지한다. 이들 지역의 분포 특징으로 다음과 같은 두 가지를 들 수 있다. 첫째, 북서쪽과 동북쪽 지역으로 점차 확대되면서, 감숙, 청해, 영하, 요녕 등 변두리 지역에도 최초로 서원이 등장했다. 둘째, 각지 서원의 밀도가 높아졌는데, 특히 서남 지방의 운남, 귀주, 사천 세 성은 이러한 현상이 뚜렷하게 나타 났다. 독자들이 현재 행정구역을 기준으로 한 명대 서원 분포 현황과 특징에 관한 이해를 돕기 위해, 1997년 통계를 토대로 〈그림 5.1〉을 작성하였다. 이를 원대 서원 분포도인 〈그림 5.1〉과 비교하면 원명대 서원의 지리적 변화를 한눈에 살펴볼 수 있다.

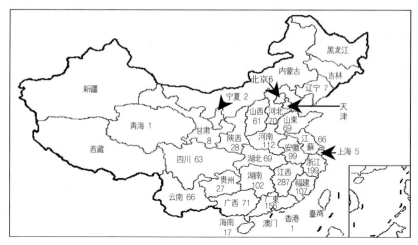

〈그림 5.1〉 명대 서원 분포도

제2절 사문斯文의 유지: 명 전기 서원의 존재 양상

원말, 전쟁이 빈번하게 발생하고 전국이 잿더미로 변하면서, 송원 이래 흥성했던 서원도 대부분이 전란으로 파괴되었다. 20여 년 동안의 참혹한 전쟁으로 문화교육 조직 발전이 크게 둔화되면서, 명초에는 결국 '바닥세'를 맴돌게 된다. 이 절에서는 위기에 빠진 명초 서원의 실태와 이를 벗어나는 과정을 살펴보고자 한다.

1. 100년간의 침묵

명 전기 서원의 발전 과정은 두 단계로 나누어 볼 수 있는데, 첫 번째 단계는 홍무洪武부터 천순天順까지 (1368-1464) 총 97년간이다. 태조 홍무, 혜제 건문, 성조 영락, 인종 홍희, 선종 선덕, 영종 정통, 대종 경태, 영종 천순, 이상 7명의 황제 연간 동안 창건 및 복원된 서원은 총 143곳, 연평균 1.474곳에 불과하여 매우 아쉬운 수치를 보여준다. 원대 존속기간 보다 겨우 1년 적은 이 기간 동안, 서원 수는 원대의 35%, 연평균은 원대 2.888개의 절반 남짓에 불과했다. 이처럼 턱없이 부족한 수치는 전체 명대와 비교하면 더욱 극명하게 드러난다. 시간적으로는 3분의 1정도를 차지하지만, 서원은 전체 7.3%을 차지할 정도로 미미하다. 황제 7명이 재위했던 기간의 서원의 합이, 정덕한 황제의 재위 기간보다 7개 적고, 가정 연간보다 453개 적고, 만력 연간보다 145개가 적어, 비교 자체가 불가능하다. 연평균 서원 복원 수치 역시 천계 연간 위충현魏忠賢이 서원을 금지했을 때 절반에도 못 미치며, 전체 명대 연평균인 7.083개에도 현저히 못 미치는 수치이다. 때문에 명초 100 년간은 서원의 침체기라 할 수 있다.

이러한 상황은 단순히 통계 수치를 넘어, 송원 이래 전국적으로 유명했던 악록서원, 백록동서원의 운명에서도 엿볼 수 있다. 백록동서원은 원 지정 11년(1351)에 전화로 소실된 후, 87년 간 인기척이 끊어져, "옛날의 규제는 사라지고 새소리만이 산 여기저기 울려 퍼지며 여음만이 은은히 남아 예교禮教의 자취만이 맴도는 듯 했다.[5]

영종 정통 3년(1483), 남강지부南康知府 적부복翟溥福이 대성전, 명륜당, 선현사 등을 복원하자, "백록동서원의 명성이 다시 천하에 알려지기 시작했지만(白鹿書院之名復聞于天下)" 아쉽게도 "강사 초청과 제자 모집(未嘗延師聚徒)" 등 교학 활동은 이루어지지 않고 있었다. 성화 3년(1467), 강서제학江西提學 이령李齡이 저명한 학자 호거인胡居仁을 초빙하여 강학하면서, 백록동은 비로소 부흥의 길로 들어서게 된다. 소실에서 부활까지 110여 년이라는 긴 시간이 걸린 것이다.[6]악록서원은 원 지정 28년(1368)에 전화로 소실된 이후 명초까지만 해도 황폐한 상태에 머물러 있었다. "가옥들이 허물어진 채 황폐한 가운데 덩그러니 남아있을 뿐, 그 터와 밭은 모두 승려와 세가의 손에 들어갔다(列屋頹垣, 隱然荒榛野莽之間, 其址與食田皆爲僧卒勢家所據)."[7]

이런 상황은 선덕 7년(1432) 주신보周辛甫가 재원을 모금하여 강당을 수리하면서

---

5) 明 · 王祎, 「遊白鹿洞記」, 『王忠文集』 권8, 文淵閣 四庫全書 본. "昔日規制不見, 惟聞山鳥相呼, 山鳴谷應, 余音悠揚, 恍類弦歌聲."

6) 李才棟, 『白鹿洞書院史略』, 100-102쪽.

7) 明 · 楊茂元, 「重修嶽麓書院記」. 陳谷嘉 · 鄧洪波, 『中國書院史資料』, 488쪽.

변화되기 시작했다. 이는 원말 서원이 훼손된 지 60여 년만이며, 본격적인 강학은 홍치 7년(1494) 장사부통판長沙府通判 진강陳鋼이 원사院舍를 재건하면서부터 시작되었다. 전대에 전국적으로 유명했던 악록서원과 백록동서원이 명초에 이 정도로 황폐했다면, 다른 서원들은 어떠했을 지 가히 짐작할 수 있다.

정체되었던 서원과는 대조적으로 이 시기 관학은 크게 발전했다. 『명사·선거지삼選擧志三』에는 다음과 같은 내용이 기록되어 있다. "천하의 부, 주, 현, 위, 소 곳곳에 유학이 세워졌다. (이곳에는) 교관 4200여명, 제자는 셀 수 없이 많았으며, 교육 법제가 완비되어 있었다. 터가 있는 곳에 학교가 세워지지 않는 곳이 없었으며, 사람이 있는 곳에 교육이 이루어지지 않는 곳이 없었다. 학교(庠序)에서 글 읽는 소리가 끊이지 않았고, 규제가 완비되어 있었으며, 하읍下邑 외진 곳, 산간벽지에 걸쳐 있었다. 이러한 명대 학교의 흥성은 당송대 이래 한 번도 이루지 못한 것이었다."8) 당시 학교의 발전과 서원의 정체는 다음과 같은 역사적 원인이 있다.

첫째, 명초 서원 정책의 필연적 결과이다. 홍무 원년(1368), 명 태조는 "원나라의 관습을 계승하여(因元之舊)" 산동성 곡부 주사洙泗, 니산尼山 두 서원에 산장을 한 명씩 두고 관장케 하였다. 그러나 이러한 상황은 곧 바뀌어 같은 해 태조는 "천하의 산장을 훈도 직으로 바꾸고 학전을 모두 관에 소속시켰다(改天下山長爲訓導, 書院田皆令入官)."9) 원대 관제에 따르면 훈도는 산장이 초빙하는 산장 조수직이라는 것은 앞에서 지적한 바 있다. 산장의 훈도로의 개편은 서원의 지위가 실질적으로 강등되었음을 의미한다. 아울러 서원의 생존을 결정짓는 학전을 관 소속으로 바꾼 것은 원 세조 쿠빌라이조차도 강하게 비판했던 서원 말살 조치였음에도, 주원장이 이를 버젓이 진행했다는 것은 경제적으로 서원을 압박하겠다는 의도가 분명하다. 홍무 5년(1372) 주원장은 "훈도직을 없애고 제자원弟子員을 읍학에 부속시켜 서원이 운영되지 못하게 하고 제사 역시

---

8) "天下府, 州, 縣, 衛, 所, 皆建儒學, 教官四千二百余員, 弟子無算, 教養之法備矣. ……蓋無地 而不設之學, 無人而不納之教. 庠聲序音, 重規叠矩, 無間于下邑荒徼, 山陬海涯. 此明代學校 之盛, 唐宋以來所不及也."

9) 雍正 『寧波府志』 권9.

폐지시키라(罷訓導, 弟子員歸于邑學, 書院因以不治, 而祀亦廢)."고 명하며, 한 단계 더 나아가 폐원을 단행했다.[10] 사인들이 글을 읽고 강학하던 서원에 대해, 주원장은 어떻게 복원에서 폐원까지 이르게 할 수 있었을까? 그 이유를 정확히는 알 수 없지만, 명대 학자의 "조상 대대로 전해 내려온 전통에 따라 학교를 세워 인재를 기르는 모습을 곳곳에서 볼 수 있으니, 서원에 의지하지 않는 듯하다(肆惟祖宗創業垂統, 建學育才, 在在有之, 若無俟于書院也)."라는 발언에서[11] 단초를 찾을 수 있을 것 같다. 주원장은 기왕 학교가 있으니 인재를 교육하고 "서원에 의지하지 않으니(無俟于書院)", "훈도를 혁파하고(革罷訓導)" 천하 서원을 폐원한다는 단순한 논리를 펼쳤던 것이다. 명 태조의 무모함을 굳이 논하지 않더라도 그가 세운 조종의 법은 "옛 서원을 관에 속하지 않게 하여(諸舊書院以不隸于官)" "모두 사라지게 함으로써(皆蕩然靡存)"[12] 명초 서원 침체기라는 결과를 자초했다.

둘째, 서원 '혁파革罷'와 동시에 각급 관학교육을 대대적으로 장려하고 발전시켰다. 명초 "치국은 교화를 앞세우고, 교화는 학교를 근본으로 한다(治國以敎化爲先, 敎化以學校爲本)"는 사상[13]에 입각하여, "수도에는 국학을 설치하고 지방에는 군학 및 사학社學을 설치했으며, 별도로 전담자를 두어 관리하도록 하는 것(內設國學, 外設郡學及社學, 且專憲臣以董之)"[14]을 문교 정책의 근간으로 삼았다. 일찍이 원 지정 25년(1365)에 주원장은 응천부학應天府學을 국자학國子學으로 재편하였고, 제위에 오른 뒤에는 남경 계명산鷄鳴山 아래 재건하고 국자감이라 칭하였다. 영락 연간 수도를 북쪽으로 이전한 뒤 북경에 국자감 하나를 더 설립하면서 남북으로 각각 국자감이 병립하게 되었다. 홍무 2년(1369)에는 군현에 학교를 세우면서 지방 관학이 부활하였다. 명대 호남에 7부府8주州56현縣을 두었는데, 홍무 연간에 창건 및 복구한 곳이 부학 6개, 주학 6개, 현학 47개

---

10) 위의 책.
11) 明·秦民悅,「建龍眠書院記」. 陳谷嘉·鄧洪波, 앞의 책, 478쪽.
12) 明·胡謐,「伊洛書院記」. 위의 책, 474쪽.
13) 「選擧志一」, 『明史』 권69,
14) 明·胡謐,「伊洛書院記」, 陳谷嘉·鄧洪波, 앞의 책, 474쪽.

였다.15) 이 중 악록서원이 있던 장사長沙와 선화善化 두 현의 현학 및 장사부학長沙府學
은 모두 홍무 초년에 중건된 곳으로, 이후 수시로 정비 및 확장되었다. 당시 전국 각
부, 주, 현의 학생 정원은 각각 40, 30, 20명으로 동일하지 않았으며, "얼마 지나지
않아 증축하기를 명하였으며, 정원도 제한을 두지 않았다(未幾即命增廣, 不拘額數)." 생
활면에서 지방학교의 사제들에게는 "달마다 쌀 6두를 주고, 유사有司에게는 생선과
고기를 지급했다(月廩食米, 人六鬥, 有司給以魚肉)." 국자감 학생들에게는 "늠희(廩餼, 국
자감의 학생들에게 주는 식료-역자)를 더욱 후하게 제공하였으며, 새해에는 직물, 의상
衣裳, 장화 등을, 정월 초하루와 대보름에는 상금을 하사했다."16) 그리고 제생의 가족을
부양하고 혼인을 할 수 있도록 도와주며 친척들을 방문할 때 사용할 "선물 비용(道里
費)"을 지급하기도 했다. 정치적 대우는 더욱 좋아져서 홍무 21, 24년부터 국자감생
임형태任亨泰, 허관許觀이 정대(廷對: 궁에서 황제의 자문에 답하는 것-역자)에서 수석
을 차지하자, 태조는 비석에 그들의 이름, 본적, 석차 등 관련 정보를 새겨 세우도록
했다. 이때부터 "진사가제명비進士題名碑는 세우는 전통이 시작되었다." "홍무 26년
국자생 유정劉政, 용심龍鐔 등 64명을 행성의 포정사布政使, 안찰사安察使 및 참정參政,
참의參議, 부사副使, 첨사僉事 등의 관직으로 선발하였다. 한번 선발되면 매우 중요한
자리에 등용되었다. 태간(臺諫: 감찰 임무를 맡은 간관-역자) 직도 태학에서 선발되었
다. 선발된 자는 부, 주, 현 6품 이하의 관급으로 임명된 경우가 많았다." 17)전국적으로
분포되어 있었던 학교는 생활 지원과 정치적 대우가 좋아, 천하 사인들이 근심 없이
공부에 매질할 수 있도록 하였다. 이로 인해 학교는 일정 기간 흥성하면서, "학교가
세워지지 않은 지역이 없고, 교육을 받지 못한 사람이 없다(無地而不設之學, 無人而不納
之教)"는 기록까지 나오게 된 것이다.

---

15) 馮象欽·劉欣森, 『湖南教育史』 권1, 363쪽.

16) "厚給廩饩, 歲時賜布帛文绮, 襲衣布靴. 正旦元宵諸令節, 俱賞節錢."

17) 이상의 내용은 『明史·選擧志』를 참고했다. "進士題名碑由此相繼不絕", "洪武二十六年盡擢
監生劉政, 龍鐔等六十四人爲行省布政, 按察兩使及參政, 參議, 副使, 僉事等官. 其一旦而重
用, 至于如此.……蓋臺諫之選, 亦出于太學. 其常調者乃爲府, 州, 縣六品以下官."

도농 지역에 광범위하게 설립된 사학社學을 관학 체계에 편입시켜 어린이와 자제들을 교육하는 것은 명대 문교정책의 핵심 내용이었다. 건국 초, 주원장은 "조정의 대관들은 인재 선발에 각별히 신경을 써서 도농 지역에 교육을 보급시키고 30-50명 정도의 어린이가 모이면 수재秀才를 초청하여 교육하게 하며 군인과 백성들의 자녀가 입학할 경우 그들의 본업에 방해가 되지 않도록 효과적으로 교육하게 명했다."[18] 이것이 후대 여러 문헌에 기록된 부, 주, 현 50가(家, 가정, 역자)를 기준으로 사학을 세운다는 조령으로, 때는 홍무 8년(1375)의 일이었다. 명나라의 "국조지제國朝之制"인 이 조령은 전국적으로 추진되었다. 통계에 따르면,[19] 명대에는 사학 1438개, 이 중 지현知縣이 세운 곳 1060개, 지주知州가 세운 곳 69개, 지부知府가 세운 곳 177개, 동지同知, 참정參政, 추관推官, 통판通判 등 기타 관직에서 세운 곳이 24개, 총 1330곳으로 전체의 92.49%를 차지한데 반해, 민간의 지식인(義民)이 세운 곳은 6개에 불과했다. 이들 사학은 도농 지역에 널리 퍼져 있었으며, 주원장의 『어제대고御制大誥』, 명대 율령, 주자의 『소학』, 『효경』, 『효순사실』, 『백가성』, 『천자문』 등을 주요 교재로 하고, 경사經史, 역산曆算 등을 기초 지식으로 추가였는데, 교화를 보편화하는 데 목적이 있었다. 사학의 광범위한 설립으로 본래 향촌가족서원에 속해 있던 생도들을 대다수 빼앗기면서, 명초 서원은 발전하지 못했던 것이다.

셋째, 명초 정치적 상황이 원대와 크게 달랐다. 원나라는 변경의 소수민족이 세운 정권이었는데, 송 유민 중의 지식인들은 "새로운 왕조에서 벼슬하지 않겠다(不仕新朝)"는 절의로 관직에 오르는 것을 수치로 여기며, 산림에 은거하며 제자들을 교육하고 강학하면서 서원은 발전해갔다. 반면에 명나라는 이러한 몽골귀족을 무너뜨리고 세운 한족 정권으로, "오랑캐를 몰아내고 중화를 회복하자(驅逐胡虜, 恢復中華)."라는 구호는 평소 이민족에 억눌려 있었던 한족 사대부를 크게 감화시켰다. 이에 이들은 잇달아

---

18) 嘉靖 『東鄕縣志』 상권. "憑臺省大官人用心提調, 敎各州縣在城並鄕村, 但有三五十家, 便請個秀才開學, 敎軍民之家子弟入學讀書, 不妨他本業, 務要成效."

19) 王蘭蔭, 「明代之社學」, 『師大月刊』 제25기, 1936년9월간.

"산에서 나와(出山)" 정치에 참여하였다. 대표적으로 "도의와 절개로 면려하며(以道義名節自勵)" 원대 삼구서원三衢書院 산장직을 맡지 않으며 "명나라에 귀화했던(始來歸明)" 사응방謝應芳[20], 원말 용계서원의 산장이었다가 명나라가 들어서자 덕현德縣의 현승縣丞이 되었던 웅정熊鼎[21], 주원장에 귀의하여 반원 운동에 동참한 원말 대유 유기劉基, 송렴宋濂, 이선장李善長 등을 들 수 있다. 『호남통지湖南通志·인물지人物志』에는 다수의 '송宋 유민遺民'들을 찾을 수 있는 데 반해 '원 유민元遺民'은 거의 보이지 않으며, 명 정권에서는 '탐문(推訪)', '등용(采擧)' 등의 정책을 펼쳐 재야에 인재를 적극적으로 선발하고자 애썼다. 물론 대량戴良, 왕봉王逢[22] 등과 같이 '두 왕조를 섬기지 않으려는(忠一不二)' 사람들은 끝까지 귀화하지 않고 서원에서 강학을 했으나, 서원의 침체기를 변화시키는 데는 역부족이었다.

넷째, 명 정부는 과거 시험을 적극적으로 권장했다. 팔고문을 통해 지식인을 선발하는 등 과거제와 학교를 연동시켰다. 홍무 3년(1370)에 "중앙과 지방의 문신들 모두 과거제를 통해 급제한 것이니 과거를 치르지 않은 자는 벼슬에 오를 수 없다."[23]는 조서를 내리면서 과거제는 더욱 중요해졌다. 선덕宣德 이후(1426-1435) 당시 사람들은 모두 "과거 시험이 흥성하여, 관원들이 모두 이를 통해 선발된다(科目爲盛, 卿相皆由此出)"고 생각했다. 또한 "과거제는 반드시 학교에서 이루어지며(科擧必由學校)", "학교는 인재를 모아 과거시험을 준비케 한다(學校則儲才以應科目者也)."는 규정은 학교 교육과 과거제의 연계성을 더욱 높였다. 이처럼 사인들의 호응을 토대로 학교가 날로 확장되면서, 서원 교육은 날로 정체되었다. 정부는 학교와 과거시험을 모두 확보했기 때문에 서원을 발전시킬 필요가 없었다. 이에 따라 명초 100년 간 서원은 발전하지 못하고 침체되었다.

물론 이 침체기 동안 서원이 완전히 멈춘 것은 아니었다. "천하의 산장을 훈도로

---

20) 『明史』 권282.
21) 『明史』 권289.
22) 『明史』 권285. "元亡後, 惟(戴)良與王逢不忘故主, 每形于歌詩, 故卒不獲其死雲."
23) 『明史·選擧志』. "使中外文臣皆由科擧而進, 非科擧者毋得與官."

바꾸고, 학전은 모두 관부에 귀속시켰다(改天下山長爲訓導, 書院田皆令入官)."는 홍무 원년(1368)의 예에서 볼 수 있듯이, 같은 해 2월, 소주부지부韶州府知府 서병문徐炳文 및 동지지휘사사사同知指揮使司事 장병이張秉彝는 "원 정부가 정통성이 없어서 호상湖湘 지역에 도적떼가 들끓었던(元政不綱, 湖湘盜起)" 탓에 하급 문무관리들을 동원하여 지정 12년(1352)에 훼손되었던 상강서원相江書院을 중수하였다. 이곳에서 소주韶州 관리였던 북송 이학대사 주돈이를 기념하면서, 허존인을 초청하여 송원 이래 "서원의 흥망성쇠(書院之興廢)"가 "세도世道의 승강昇降 간의 관계(與世道升降)"를 논의하도록 했다. 허존인의 기록에는 다음과 같은 요구사항이 있었다. "지금부터 소주부에서 폐하께 나아가고자 하는 이는, 스스로 분발하며 치우치고 황폐한 미혹을 갈고 닦고 중정中正, 인의仁義를 체득하여 성세盛世에 뛰어난 백성이 되어야 한다!"[24] 유함劉鹹의 경우 영락 14년(1416) 가을 서천西川에서 하남河南으로 전근하면서, '새와 들짐승이 드나드는 곳(獸蹄鳥迹)'으로 황폐하게 변해 버린 이천서원을 찾았는데, "시 한 수를 지어 하남의 학관에게 보여주면서 서원 복원에 힘쓰는 자가 나왔으면 좋겠다고 했다(發爲壹詩, 以示河南諸學官, 冀或有以相興新之者)." 그의 이 같은 주장에 7-8년간 아무도 호응하지 않았으나, "서원 복원을 희망하는 자가 한 명도 없다(以向之冀者竟無一人義擧)."고 포기하지 않았고 마침내 지부 이준의李遵義, 교수 양단楊旦 등과 함께 영락 22년에 "각자 봉급의 일부분을 내어(盡出廩資)" 서원을 중수하였고, "관련 부서에 신중하고 돈후한 가구를 골라 서원을 관리하도록 명하였다(欣然割俸以相厥役)."[25]

이상은 서원 침체기에 지방관들이 서원 복원을 주도했던 사례들이다. 그 외, 영락 20년(1422) 낙창樂昌 사람 백사겸白思謙과 같은 "후대를 위해 서원을 세우려는(思建一書院以爲造就後人計)" 민간인도 있었다. 그들은 "대대로 전해져 내려온 것은 다름이 아니라 서원을 크게 짓고 좋은 스승과 유익한 벗을 초청하여 자제들을 이곳에서 매일

---

24) 明·許存仁,「相江書院記略」. 陳谷嘉·鄧洪波, 앞의 책, 491-492쪽. "自今伊始, 凡詔之人士相與進趨堂陛之下者, 可不益思跋勉矜奮, 刮磨其偏陂荒陋之惑, 而涵儒乎中正仁義之歸, 出爲盛時之秀民乎！"

25) 明·劉鹹,「伊川書院碑記」, 위의 책, 473쪽.

교육시켜, 경사에 통달하고 학문에 출중한 인재를 양성하기를 바랄 뿐이었다."[26] 민간에서는 송원 이래의 관례를 참고로 서원을 창건하여 "선인의 뜻을 기리고 조정의 길러준 은혜에 보답"함으로써, 가문의 자제들이 "자처할 때는 이치에 통달한 사람으로, 벼슬에 나가서는 나라의 동량지재가 되게 하기" 위함이었다.[27]

이러한 사례들을 통해, 정부의 서원에 대한 억압이 민간으로까지 확장되었으나, 정치권력에서 한 발 떨어져 있는 향촌사회에서는 관신사민의 교육에 대한 갈증으로 그 억압이 점차 자체적으로 해소되었다. 실제 정통 이후 지방 관신들이 서원 건설에 힘을 쏟으면서 조정까지 감동시켰고, 중앙정부는 서원을 더 이상 억압하지 않고 지원하기 시작했다. 가정『건녕부지建寧府志』권17 '건양建陽 환봉서원環峰書院' 조목에는 "정통, 성화 연간, 예부, 병부가 협력하고 출자하여 명현서원名賢書院을 수리했다(正統, 成化間, 歷奉禮, 兵二部勘合, 官爲修理名賢書院)."는 내용이 기록되어 있다. 민국『명산신지名山新志』권11에도 "정통 9년 생도들이 공부하는 장소를 서원으로 옮기라는 조령을 내렸다(正統九年, 诏改生徒肄業之所爲書院)."라고 기록되어 있다. 이 같은 상황은 정사正史나 정서正書에는 등장하지 않으나, 그렇다고 해서 결코 없었던 일이라고 할 수 없으며 100년이라는 침체기의 종말을 고하고 서원의 부활을 알리는 신호나 다름없었다.

2. 50여 년간의 회복

41년 간의 헌종憲宗 성화 및 효종 홍치弘治 연간(1465-1505)은 명대 전기의 두 번째 서원 발전 단계이다. 첫 번째 단계보다 시간적으로는 46년이 적지만, 창건 및 복원된 서원 수는 173개로 30곳이 더 많기 때문에, 전반적으로 회복세에 들어섰다고 할 수 있다.

---

26) "歷代相傳, 他無所期, 惟以大建書齋, 延名師益友, 令予子弟日遊習其中, 得以沈酣經術, 學業大成爲望."

27) 明·白思謙,「鳳山書院記」. 陳谷嘉·鄧洪波, 앞의 책, 492쪽. "以慰先人造就之志, 並以答朝廷樂育之恩", "處有通人之目, 出爲王國之楨."

명대 서원은 성화成化 및 홍치弘治 연간에 들어 이전의 정체기를 벗어나 다시금 발전 궤도에 오르게 되는데, 이는 두 가지 측면에서 나타난다. 첫째, 조정의 서원 설립에 대한 금지가 해제되어, 황제가 서원에 편액을 하사하고 지방관들의 서원 재건을 독려하였다. 『(명)헌종실록』권198에 따르면, 이민李敏은 절강성 안찰사로 재임 시, 직계 존속의 상을 당하여 고향 하남성 양성현에서 거상하는 기간 동안 자운산紫雲山 산기슭에 서원을 세웠는데, "가옥 여러 칸, 서적 수 천 권을 가지고, 매일 생도들과 강독하였으며 (屋若幹楹, 積書數千卷, 日與學者講讀其中)" 학전 30여 묘를 구입하여 "사생들에게 제공했다(以供教學者之用)." 성화 15년(1479), 그는 병부우시랑兵部右侍郎에 임명되어 서원을 "관 소속의 사학社學으로 개편하여 편액을 하사하고 관련 부서에 해마다 수리(籍之官以爲社學, 因請敕額, 並令有司歲時修葺)"하도록 주청하였다. 그의 청은 승인되면서 명 헌종은 '자운서원紫雲書院' 편액을 하사하였다. 「속문헌통고續文獻通考」에는 성화 20년 명 헌종이 지방관에 강서江西 귀계현貴溪縣 상산서원象山書院 중건을 명하고, 홍치 2년(1489) 명 효종이 강남 상숙현常熟縣 학도서원學道書院을 복원하라는 기록이 있다. 이는 약 100여 년 간의 서원 경시 정책이 서원 지원 정책으로 전환됨으로써, 서원 부흥의 길이 열렸음을 보여준다.

둘째, 송원대의 일부 유명 서원이 복원되면서 교육이 활발하게 이루어졌다. 호남 장사 악록서원의 경우, 선덕宣德 7년(1432), 성화 5년(1469) 두 차례 건물 일부를 수리했음에도 교학 활동은 재개되지 못하고 다시 폐원되었다. 그러나 "두 차례의 수리로 백여 년 간 황폐되었던 서원이 크게 변화하였으니 그 공이 매우 컸다."[28] 그 후 악록서원이 부활할 수 있는 토대를 마련해 주었기 때문이다. 홍치 초년 진강陳鋼, 양무원楊茂元, 이석李錫, 팽탁彭琢, 왕도王瑫 등 역대 장사부長沙府 행정장관들이 경영하면서 악록서원은 옛 경관을 회복하고 제자들이 몰려들었으며, 원장 엽성葉性의 주관으로 "호남 지역에서 교육을 진작시키면서 천하에 명성을 떨치면서(振文教于湖南, 流聲光于天下)"[29] 빛

---

28) 淸·趙寧, 『岳麓書院志』 권3. "百數十年丘墟之地, 頓覩大觀, 厥功偉矣."
29) 淸·趙寧, 『岳麓書院志』 권8.

나는 역사가 다시 시작되었다. 강서 여산廬山 백록동서원은 정통 3년(1438)에 재건되면서, 87년 동안의 황폐했던 역사를 마감함으로써 천순 연간 교학 활동이 시작되었다. 성화 연간, 강서 순무, 포정사, 제학사 및 남강부南康府, 성자현星子縣 등 각급 지방장관들의 노력으로 서원의 창건, 학전, 장서 등 송원대 절정기의 규모를 대부분 회복하였으며, 오신吳愼, 사항查杭, 호거인胡居仁, 방문창方文昌 등이 차례로 교학을 주관하였다. 송원대 유명 서원들이 복원되고 강학활동이 본격적으로 이루어지면서, 서원은 전반적으로 크게 회복세를 보이게 된다.

성화, 홍치 연간의 서원 부흥에는 여러 역사적 이유가 있지만, 가장 직접적이면서도 중요한 원인으로 학교와 과거제의 연동 및 이로 인해 생겨난 폐해를 들 수 있다. 학교는 과거제와 연동되면서 발전하기도 했지만, 쇠퇴의 씨앗 역시 그 안에 배태되어 있었다. 『명사·선거제』에 따르면 명 중기 이래 과거 시험장은 "권세 높은 사람에게 뇌물을 주거나, 미리 적어 놓은 답안지를 가지고 가거나, 시험장에서 시험지를 서로 주고받거나, 대리 시험을 보는 행위 등이 헤아릴 수 없이 많았다. 그리고 청탁이 심해지면 사안을 판단하기 애매해져 서로 반목하고 복수하는 일까지 생기는"[30] 풍조가 나날이 심각해지고 있었다. 팔고문으로 공명을 얻을 수 있는 현실은 사람들을 이익과 관직의 길로 유도했고, 학교를 과거제에 종속시켜 버렸다. 이러한 폐단은 학교 교육에 더욱 악영향을 끼쳤다. 홍희洪熙 원년(1425) 절강포정사우참의浙江布政司右參議 대동길戴同吉은 "최근 몇 년 동안 스승이 생도를 가르칠 때 암송에만 힘쓰고 경전의 뜻을 밝히거나 생도들의 행위를 바로잡는 등에 관심이 없었고, 생도들이 제멋대로 하는 행위에 대해서도 질책하지 않았으며, 질문을 받아도 제대로 답변하지 못했다. 고로 인재 양성은커녕 품행이 바르지 못한 생도가 많았다."[31] 학교의 폐단은 다음과 같았다. 첫째, 교사가 부족하여 교육의 질이 하락했다. 홍희 원년 1800여 명이 부족하여,[32] 전국적으로 43%

---

30) "賄買鑽營, 懷挾倩代, 割卷傳遞, 頂名冒籍, 弊端百出, 不可窮究, 而關節爲甚, 事屬曖昧, 或挾恩仇報復, 蓋亦有之."

31) 『明宣宗實錄』권10, "近年以來, 爲師者多記誦之學, 經不能明, 身不能正 ; 生徒放曠而不敢責 ; 有所問辯而不能對. 故成材者少, 無良者多."

의 교관 자리가 공석이었다. 후에 수차례 거인에게 교관직을 맡겼으나 "거인들은 비천한 자리라 꺼려하며 대다수가 원하지 않았다(擧人厭其卑冷, 多不願就)." 어쩔 수 없이 세공생歲貢生을 채용하였으나 세공생의 "언행과 문장은 본받기에 부족했다(言行文章不足爲人師範)." 이 같은 교사 자격 문제는 악순환을 만들었다. 임용 자격에 부합하는 사람들은 "비천한 자리라 꺼려하여(厭其卑冷)" 응하지 않고, "본받기에 부족한(不足爲人師範)" 사람은 박봉으로 장기간 능력에 넘치는 자리에 올랐다.

둘째, 학생의 질이 하락했다. 영종 연간, 변방이 느슨해지자, 정부는 변방을 튼튼히 하기 위해, 생원은 물자를 비구하면 시험 면제로 국자감에 입학시키는 정책을 실시하였다. 이로 인해 남경 국자감에 납견納絹, 납속納粟, 납미納米, 납은納銀, 납초納草, 납마納馬, 납우納牛 등으로 입학된 생원들이 넘쳐났다. 이들은 "재물로 출세할 수 있고 사리사욕을 추구하기 위해 매관매직, 추방이나 등용, 정부나 민간에서 이익을 약탈하는 등의 일을 밥 먹듯이 했다. 경전을 지푸라기처럼 하찮게 여기고 뇌물에 관심 갖고 인과 의를 저버려서" "절개가 이로 상실하게 되었다."[33] 셋째, 학교가 이익을 추구하는 곳으로 변해버렸다. 명 중기 이후 학교 제생들 중 진지하게 학업에 임하는 사람들이 매우 적었고, 열심히 공부하더라도 팔고문에만 매진할 뿐이었다. 때문에 사인들은 "급제하더라도 경전의 서목, 왕조의 교체, 글자 쓰는 법 등을 몰랐다"[34]는 기록까지 남아있다. 대부분은 물자 기부와 부역 면제 등의 우대를 받으면서 입학하여 "나라의 자원을 헛되게 낭비했고", "늙은이나 장애인 등 가르치기 불편한 사람들이 모두 포함되어 있는" 현상이 생겨났다.[35] 국자감 학생들은 심지어 경전 암송조차도 하지 않았다. 정통 13년에는 거인의 7/10 이 친척 관계를 통해 입학하여, 집에서 유유자적하며 국자감 근처에 가지도 않았다.[36] 국자감의 제생들은 인재 선발과 임용 등과 관련하여 물자 기부로

---

32) 『明宣宗實錄』 권8.

33) 『明宣宗實錄』 권40. "財利可出進身, 則無所往而不謀利, 或買賣或擧放或取之官府或取之鄕裏, 視經書如土且, 而苞且是求, 棄仁義如敝屣", "士氣士節由此而喪."

34) 淸·顧炎武, 『日知錄』 권16. "登名前列, 不知史冊名目, 朝代先後, 字書偏旁者."

35) 『明孝宗實錄』 권212. "各處儒學生員多虛糜廩祿", "衰老殘疾並不堪教養之人濫溶在學."

입학한 생도들과 자주 다툼을 벌였으며, 심지어 서로를 예부에 고발하기도 하였다.[37] 이런 현상들은 당시 과거제에 종속된 학교 교육의 폐해를 잘 보여준다. 치국과 교화의 근본인 교육이 변질되는 이 같은 상황에 대해, 많은 지식인들은 심각하게 우려하였고, 역대 왕조마다 끊임없이 시정책을 제기하였으나, 효과는 크지 않았다. 교육 이념과 현실의 괴리가 더욱 벌어지면서 사람들의 신뢰를 잃어갔으며, 이에 대한 반작용으로 서원교육을 다시 지향하게 되었다. 이에 대해 왕수인은 「만송서원기萬松書院記」에서 "우리 명나라는 도읍부터 군읍郡邑까지 모두 묘학이 세워져 있어서 전문 관리들이 우수한 인재들을 교육하니, 학교 체제는 체계적으로 완비되어 있었다. 그러나 유명 지역이나 자연환경이 좋은 곳에 서원들이 세워져 있는 까닭은 무엇인가? 학교의 부족한 부분을 보완하기 위함이었다."[38]라 했다. 여기에서 '학교의 부족한 부분을 채워 주기'라는 표현은 당시 지식인들이 온전하지 않았던 학교를 서원으로 대신하여 국가의 교육 기능을 계승해간다는 것에 공감대를 이루고 있음을 보여주고 있다. 이에 따라 한 때 냉대 받았던 서원이 다시 사회 각계의 '뜨거운 관심사'로 떠오르면서 침체기를 벗어나게 된다.

이상에서 보듯이 성화, 홍치 연간, 서원 회복 양상이 뚜렷해지면서 아래와 같이 몇 가지 특징을 드러낸다.

첫째, 변방 지역으로의 확장이다. 성화 연간 서북 지역 정녕주靜寧州에 지주知州 축상祝翔이 창건한 농간서원(隴干書院, 일명 河陽書院)은 감숙성 역사상 최초의 서원이었다. 바이신량白新良의 통계에 따르면 홍치 연간 서남 지역에 낭궁浪穹 용화서원龍華書院, 태화太和 창산서원(苍山書院, 일명 苍麓書院), 등월騰越 수봉서원秀峰書院, 몽화蒙化 명지서원(明志書院, 일명 崇正書院) 등은 운남성 역사상 처음으로 설립된 서원이다. 전술했던 순안어사巡按御史 번지樊祉가 세운 요우辽右, 요좌辽左, 송문崇文 세 서원 역시 동북

36) 『明史 · 選擧志』.
37) 『明憲宗實錄』 권146.
38) "我明自國都至于郡邑, 鹹建廟學, 群士之秀, 專官列職而教育之, 其于學校之制, 可謂詳且備矣. 而名區勝地, 往往有書院之設, 何哉？所以匡翼夫學校之不逮也."

지역에 처음 보급된 서원이었다. 당시 이러한 서원의 지역적 확장은 송원대를 넘어선 것으로, 서원이 더욱 넓은 지역에, 더욱 빠른 속도로 발전하고 있었음을 의미한다.

둘째, 저명한 학자들이 서원 강학에 열중하면서, 서원과 학술 통합의 문을 열었다. 대표적으로 오여필(吳與弼, 1391-1469)과 그의 제자 호거인(胡居仁, 1434-1484), 진헌장(陳獻章, 1428-1500)이다. 강서 숭인崇仁 출신의 오여필은 명초 숭인학파의 시조로, 정통, 경태 연간부터 성화 5년(1469) 사망할 때까지 대부분의 시간을 고향 소피서원小陂書院에서 강학하면서 보냈으며, 그가 세상을 떠난 뒤 학자들이 서원에서 그를 봉사했기 때문에 서원 역시 오여필의 호를 빌려 강재서원康齋書院이라 칭했다. 오여필의 학문(崇仁之學)은 이학으로 심신 수양, 주경주정主敬主靜을 중시하고, "정관靜觀" 중 "내 마음(吾心)"의 성찰을 주장하였다. 이는 "주희와 육구연의 장점을 두루 취했다(兼采朱陸之長)"고 평가 받으면서 실제 명대 양명학의 "발단發端"이 되었다.

호거인은 강서 여간餘干 출신으로, 오여필에 사사받았으며, 과거에 뜻을 두지 않고 학문에만 전념하였다. 숭인崇仁에서 고향으로 돌아온 후, 여간에서 예오禮吾, 남곡南谷, 벽봉碧峰 세 서원을 창건했으며, 성화 20년(1484)에 사망하였다. 이 기간 동안, 성화 3년과 16년 두 차례 여산 백록동서원에 주강으로 초청받았다. 그리고 진사 요호姚灝의 초빙으로 귀계貴溪의 동원서원桐源書院에서 주강하였다. 장원정張元楨, 나륜羅倫, 누량樓諒 등과 함께 과양戈陽의 규봉서원奎峰書院, 여간餘干의 응천사서원應天寺書院에서 회강했는데, 이는 명대 '회강'의 효시이기도 하다. 호거인의 학문은 주충신主忠信을 우선으로 하고, 구방심求放心으로 요체를 삼고, 밖에서든 안에서든 돈독한 '경敬'을 위주로 하였기 때문에 요약하여 "궁리거경窮理居敬"이라 불렸다. 그의 학문적 주장과 서원 교육 사상은 그의 「벽봉서원부碧峰書院賦」 및 「속백록동서원학규續白麓洞書院學規」에 잘 남아있다.

「속백록동서원학규」는 주희의 「백록동서원게시」 이후 가장 영향력이 컸던 백록동학규로, "올바른 방향을 좇아 뜻을 세우고, 고요하고 경건하게 마음을 보존하고, 사리事理를 깊이 궁구하여 깨달음에 이르고, 일의 기미를 먼저 살피어 처리하고, 사사로운 욕심을 다스리고 힘써 행하여 자신을 이루고, 자신이 도를 만물에 미쳐 만물을 이룬다."[39]

는 6가지 조목으로 되어 있다. 이 조목들은 경전이나 송대 유학자들의 글을 인용하여 재주장한 것이다.

광동 신회新會 사람 진헌장陳獻章은 '백사 선생白沙先生'이라 불렸으며, 강문학파江門學派의 시조이다. 일찍이 소피서원小陂書院에서 수학하던 당시 매우 흥미로운 일들이 있었는데, 이는 『명유학안明儒學案』에서 다음과 같이 묘사되었다.

> 진백사가 광동에서 학문을 위해 찾아왔는데, 아침에 제생들은 학문 토론을 하고 있고, 선생은 곡식을 키질하고 있었다. 백사가 아직도 잠에서 깨지 않자 선생은 큰 소리로 야단치며 말했다. "수재라도 게으르고 나태하면 훗날 어떻게 이천伊川 문하에 들겠는가? 또 어떻게 맹자 문하에 들겠는가?"[40]

서원에서 늦잠을 자다가 스승에게 혼이 났던 경험 때문인지, 진헌장陳獻章은 평생 서원에 관심을 크게 두지 않았다. 그는 숭인에서 고향으로 돌아가 벽옥루碧玉樓, 강문조대江門釣臺, 소려산서옥小廬山書屋, 가회루嘉會樓에서 강학했으며, 홍치 13년(1500) 사망할 때까지 그의 강학 장소는 소려산서원小廬山書院이라고도 불렸던 소려서옥小廬書屋 외에 다른 곳은 서원이라 부르지 않았다. 성화 17년(1481), 강서제학, 포정사, 안찰사가 공동으로 초빙했던 백록동서원 주강의 직을 사임하기도 했다. 진헌장은 담약수와 같은 훌륭한 제자를 양성했는데, 담약수는 가는 곳마다 백사서원을 세워 자신의 스승을 모심으로써 왕수인과 함께 서원을 학술과 함께 전성기에 올려놓았다는 차원에서, 진헌장의 서원에 대한 공헌을 논할 수 있다.

---

39) "正趨向以立其志, 主誠敬以存其心, 博窮事理以盡致知之方, 審察幾微以爲應事之要, 克治力行以盡成己之道, 推己及物以廣成物之功."

40) 淸·黃宗羲, 「崇仁學案一」, 『明儒學案』 권1. 북경:中華書局, 1985년, 15쪽. "陳白沙自廣東來學, 晨光才辨, 先生手自簸谷. 白沙未起, 先生大聲曰 : "秀才若爲懶惰, 即他日何從到伊川門下? 又何從到孟子門下?""

제3절 서원과 학술의 새로운 번창

명 중기 이래, 과거제와 관학이 일체화 되면서, 정주리학으로 대표되는 관방철학은 과거 급제의 발판으로 탈바꿈하고 『성리대전性理大全』, 『사서오경대전四書五經大典』은 팔고문의 제재로 전락했다. 사람들은 출세를 위해 과거에 응하였고 성공을 위해서라면 수단과 방법을 가리지 않았다. "천하 사람들이 하루 빨리 동생童生들이 되고자 하는 분위기 탓에, 학문은 쇠퇴하고 마음은 각박해졌다(率天下而爲欲速成之童子, 學問由此而衰, 心術由此而壞)." 게다가 납속을 기부하는 것만으로 학교 입학이 가능해지면서, "재물을 현능賢能으로 여기게 되어 사회 기풍이 날로 나빠졌다(使天下以貨爲賢, 士風日陋)."는 말처럼, 재물로 관직을 사고파는 등 수습하기 어려운 지경에 이른 것이다. 이는 관학교육이 실패하면서, 해이해지고 타락해 가는 인심을 다스리기 위한 새로운 이론을 제시해야 했던 남송 초기 상황과 비슷하다. 남송 건도, 순희 연간(1162-1189)에 등장했던 이학 대사들과 마찬가지로, 왕수인王守仁, 담약수湛若水로 대표되는 대학자들은 관방철학을 비판하는 것에서 출발하여, 이론을 재구성하고, 강상윤리를 부활시키고, 인심을 다스리는 임무를 기꺼이 자임했다.

왕수인은 다음과 같이 생각했다. 정주학이 이미 보편화되고, 특히 주희의 『사서집주』는 모든 사람들이 필독해야 할 공식 교과서가 되었지만, 주희 학문의 정수는 사라져버린 채, 사상을 속박하는 경직된 지침이나 공허한 설교로 변해버렸다. 정주학은 본래 "언사가 지나치게 상세하고 분석이 쓸데없이 정밀했는데(言之太詳, 析之太精)", "말이 상세할수록 도는 어두워지며, 분석이 정밀할수록 학문은 번잡해지니, 근본을 깨닫지 못한 채 바깥에서 진리를 추구하면서 더욱 복잡하고 어려워졌을 따름이다(言益詳道益晦, 析理益精學益支離, 無本而事于外者益繁難)." 이는 필연적으로 사람들이 "화려한 문장만을 좇게 하고(章繪句琢)", "진심을 드러내지 않고 거짓으로 꾸미게 하여(詭心色取, 相飭以僞)", 결국 성인의 학을 포기하게 만들었다.

게다가 집권층인 영왕寧王 주신호朱宸濠 집단의 반란 및 서남 지역 소수민족과 "산속의 적을 물리치는(破山中賊)" 농민봉기 진압 과정에서도 정주학의 번쇄함과 무용함을 느꼈다. 이로 인해 그는 "마음속의 적을 물리친다(破心中賊)"는 목표와 오직 마음속에서 성인의 도를 "자득自得"한다는 학문방법을 제시하며, 마침내 '지행합일知行合一'과 '치양지致良知' 학설을 창설했다. 담약수는 왕수인과 함께 강학했으나, "치양지"가 아닌 "어디서나 천리天理를 체인한다(隨處體認天理)"는 주제로 강학했으며, 사람의 마음이 아닌 천지 만물을 포함하고도 남을 만큼 큰 마음을 말하였고, 왕수인에게 결과적으로 마음이 아닌 외물에서 구하는 것이라 비판받았다. 이러한 차이 때문에, 당시 학자들은 왕학, 담학으로 분류했다. 실제 왕학王學과 담학湛學은 남송 육구연의 학설을 계승 및 발전시킨 동일한 계통이자, 정주학 외 송명리학의 또 하나의 큰 학파로서 역사에서는 이들을 '심학心學' 혹은 '육왕학陸王學'이라고 칭한다.

왕학과 담학은 정덕正德 연간에 남송대 정주이학처럼 서원과 일체화되면서 급속히 발전했다. 가정嘉靖, 융경隆慶 및 만력萬歷 연간, 왕학과 담학의 제자 및 후학들이 서원을 설립하고 강회를 주최하는 등 적극적으로 활동하면서, 왕수인과 담약수 두 사람이 추존되었고, 남송 이래 중국 서원과 학술은 다시 전성기를 맞이하게 된다.

1. 왕수인王守仁의 서원 활동과 서원관書院觀

왕수인(1472-1529)의 자는 백안伯安, 호는 양명陽明으로, 절강 여요餘姚 출신이다. 회계산會稽山 양명동陽明洞에 은거하면서 양명서원을 세웠기 때문에 '양명선생'이라 불렸으며, 신건백新建伯으로 봉해졌기 때문에 왕신건王新建이라 불리기도 했다. 부친 왕화王華 역시 성화 17년(1481) 신축년에 장원 급제하는 등 명문가 집안에서 태어났다. 이런 배경에서 독서와 학문은 양명에게도 의무였으나, 홍치 12년(1499) 진사에 급제하여 관직 생활을 시작하기 전까지 서원과는 거의 무관했다. 정덕 원년(1506) 임협任俠, 기마(騎射), 사장辭章, 신선, 불교 다섯 가지에 빠졌던 "오닉五溺"을 거쳐 "성현의 학문에 귀의했던(始歸于聖賢之學)" 왕수인은 담약수와 "교우 관계를 맺고 강학하는(定交講學)" 기쁨을 누리게 된 지 얼마 지나지 않아, 환관 유근劉瑾을 거역했다는 이유로 귀주貴州 용장역龍場驛으로 좌천되는 화를 입게 된다. 이때부터 20여 년간 서원 활동을 하면서 자신만의 서원관을 형성해간다.

문하생이 모여 사는 서원생활

정덕 3년(1508) 봄, 왕수인이 귀주로 가는 도중 장사 악록서원에서 머물며 지었던 「유악록서사遊岳麓書事」라는 부에는 "전당에서 석채례를 올린 다음 주희와 장식을 기리는 뜻으로 그들이 유학遊學했던 장소를 답사했다(殿堂釋菜禮從宜, 下拜朱張息遊地)."는 구절이 있다.[41] 여기에서 서원에서 강학했던 주희와 장식 두 대사에 대한 존경을 엿볼 수 있다.

용장역에 도착하자 현지인들은 그에게 용강서원龍岡書院을 세워 주었는데, "제생들이 이곳에 모여들면서 서원 모임은 매우 성행했다. (왕수인은) 작은 도움이라도 되고자 4가지 규정을 세워 제생들의 뜻에 답하였다. 첫째, 뜻을 세운다(立志). 둘째, 부지런히 공부한다(勤學). 셋째, 잘못을 고친다(改過). 넷째, 선한 일을 서로 권한다(責善)."[42] 이것이 그 유명한 용강서원의 학규, 「교조시용장제생教條示龍場諸生」으로, 왕수인의 오랜 서원 교육 경험의 핵심이다.

용장은 왕수인이 처음으로 서원 교육을 했던 곳일 뿐만 아니라, 득도했던 곳이기도 하다. 『연보年譜』에 따르면, 그는 "밤낮으로 단정하게 거하며, 맑고 고요하게 정일靜一을 구하였다. 그렇게 한참이 지난 뒤 가슴 속이 탁 트이는 느낌이 들었다. …… 어느 날 한밤중에 격물치지의 뜻을 크게 깨우쳤다. 꿈인 듯 현실인 듯 마치 누군가 말해주는 이가 있는 것 같았다. 나도 모르게 소리를 지르며 뛰어다니니 따르는 이들이 모두 놀랐다. 본래부터 성인의 도는 내 본성으로 자족自足한데, 외부 사물에서 격물로 이치를 구했던 것이 잘못이었다. 『오경五經』의 내용을 묵묵히 기억해보며 깨달은 바를 검증

---

41) 明·王守仁, 「外集一」, 『王陽明全集』 권19, 上海 : 上海古籍出版社, 1992, 690쪽.

42) 明·王守仁, 『教條示龍場諸生』, 『王陽明全集』 권26, 974쪽. "諸生相從于此, 甚盛. 恐無能爲助也, 以四事相規, 聊以答諸生之意 : 一曰立志,, 二曰勤學, 三曰改過, 四曰責善."

해보니, 들어맞지 않음이 없었다. 이에 『오경억설五經亿說』을 지었다."[43] 용장오도龍場悟道는 왕학의 상징적인 사건이며, 용강서원에서의 강학은 왕학 전파의 근거지였다. 왕양명의 수제자인 전덕홍錢德洪은 "스승님의 학문은 세 번 변하였고, 가르침 역시 세 번 변하였다. 어렸을 때는 사장辭章을 섭렵하였고, 그 후에는 불교와 도교를 드나들었다. 오랑캐의 땅에서 어려운 시절을 보내실 때 성현의 종지를 훤히 깨달으셨다. 이것이 세 번 변하여 도에 이르셨다는 것이다. 귀주에 머무실 때, 처음으로 학인들에게 '지행합일'설을 말씀하셨다. 저양滁陽으로 오신 후, 학자들에게 여러 차례 정좌靜坐를 가르치셨다. 강서江西로 오신 후, 처음으로 '치양지致良知' 세 자를 언급하셨는데, 이는 본체本體를 직접 가리키는 말로, 학자들은 이에 깨달은 바가 있었다. 이것이 가르침 역시 세 번 변했다는 것이다."라 했다.[44] 이를 통해 왕수인의 학문은 세 번의 전환을 거쳐 최종적으로 '용장오도龍場悟道'에서 정착했는데, 학술사에서는 이를 '왕학王學'이 공식적으로 성립된 사건으로 본다. 왕학은 용강서원 강학에서 전파되기 시작했으며 이 때의 교육방법이 바로 전술했던 "지행합일知行合一"설이다.

용장에서 유배 생활을 마친 왕수인은 여릉현廬陵縣, 저주滁州 등의 지방관 및 남경형부南京刑部, 홍려사鴻臚寺, 태부사太仆寺, 북경이부北京吏部 등의 북경과 남경의 관리를 역임했다. 이 기간 동안 여러 곳에서 강학을 했지만, 서원에서는 하지 않았다. 정덕 12~13년까지 순무巡撫 신분으로 강서성 남안南安, 감주贛州, 복건성 정주汀州, 장주漳州에서 농민봉기를 진압하는, 이른바 "산 속의 적을 물리치는" 과정에서, 서원을 설립하고 "마음속의 적을 물리친다"는 내용으로 강학 할 필요성을 깨달았다. 그리하여 정덕 13년(1518), 감주에서 서원 6곳을 건립 및 복원했는데, 그 중 새로 설립한 의천義泉,

---

43) 『王陽明全集』 권33, 1228쪽. "日夜端居澄默. 以求靜一, 久之, 胸中灑灑. ……忽中夜大悟格物致知之旨, 寤寐中若有人語之者, 不覺呼躍, 從者皆驚. 始知聖人之道, 吾性自足, 向之求理于格物者誤也. 乃以默記『五經』之言證之, 莫不吻合, 因著『五經憶說』."

44) 明·錢德洪, 「刻文集序說」, 『王陽明全集』 권41, 1574쪽. "先生之學凡三變, 其爲教也亦三變 : 少之時, 馳騁于辭章 ; 已而出入于二氏 ; 繼乃居夷處困, 豁然有得于聖賢之旨 : 是三變而至道也. 居貴陽時, 首與學者爲'知行合一'之說 ; 自滁陽後, 多教學者靜坐 ; 江右以來, 始單提'致良知'三字, 直指本體, 令學者言下有悟 : 是教亦三變也."

346

정몽正蒙, 부안富安, 진녕鎭寧, 용지龍池 이상 5곳은 사학 성격을 띤 서원으로 백성들을 교화하는 데 중점을 두었고, 복원한 염계서원濂溪書院은 심학 전파의 거점으로 삼았다. 남창南昌에서는 문인 기원형冀元亨을 영왕寧王 주신호朱宸濠의 양춘서원陽春書院으로 파견하여 정학正學을 강설하게 하여 그의 반역심을 다스리고자 했다. 여산廬山에서는 문인 채종연蔡宗兗을 백록동서원 동주洞主로 파견하고, 정주리학을 재해석한「주자만년정론朱子晚年定論」,「전습록傳習錄」출판했다. 이어 친필로 쓴「수도설修道說」,「중용고본中庸古本」,「대학고본서大學古本序」,「대학고본大學古本」을 "천리를 멀다 않고(千裏而致之)" 백록동서원으로 "보내면서", "문공(주희-역자)의 견해와 비교하여 증명해 보기를 원하노라(是欲求證于文公也)"라는 글귀를 명륜당에 석각했다.45) 이로써 정주리학 학파에 대한 실질적인 도전이 시작된 것이다. 15년 정월, 16년 5월, 그는 직접 두 차례 백록동서원을 방문하여 문인들을 모아 강학하고 시 구절을 남겼으며, 전답을 마련하여 "동문들이 오래 모여 학문을 함께 연구하도록(欲同門久聚, 共明此學)" 하는 등 많은 공로를 세웠다.46) 추수익鄒守益에게 보낸 서신에서 왕수인은 주자학의 기지인 백록동서원을 점령하라는 요청까지 했다.

동지 우중于中, 국상國裳, 여신汝信, 유준惟俊에게 백록동서원에서 당을 열어 강학하라고 요청했다. 그들은 나의 뜻을 잘 알고 있을 터, 특별히 폐가 되지는 않을 것이다. 내가 은거한 지 여러 날이 되었는데 천자께서 새 정치를 훌륭하게 펼치시니, 이에 나도 채비하여 백록동서원으로 갈 생각이다. 이번 강회는 미루지 말고 빠른 시일 내에 열어야 할 것이다. 근래 채희원이 백록동서원을 주관했는데, 동지들이 모두 이곳으로 와서 강학하고 있으니, 더욱 아름답다. 지금 분주하여 마음을 다 전할 수는 없으나, 그대에게 몇 마디라도 전할 수 있어서 다행이다.47)

---

45) 明·鄭廷鵠,『白鹿洞志』권6,『白鹿洞書院古志五種』, 北京：中華書局, 1995, 212쪽.

46)「年譜二」,『王陽明全集』권34, 1280쪽.

47) 明·王守仁,「與鄒謙之」,『王陽明全集』권5, 178쪽. "同事者于中, 國裳, 汝信, 惟浚, 遂令開館于白鹿. 醉翁之意蓋有在, 不專以此煩勞也. 區區归遁有日, 圣天子新政英明, 如謙之亦宜束裝北上, 此會宜急图之, 不當徐徐而来也. 蔡希渊近已主白鹿, 诸同志须仆已到山, 却来相講, 尤

백록동서원에서 당을 열어 강학하고, 백록동행 채비를 한 것 등은 사실 자신의 문인들이 하루 빨리 백록동서원에서 자리 잡게 하여 왕학의 진지로 만들고자 했던 것이다. 이때부터 왕문 제자들이 백록동서원을 출입하면서 옛 이학의 성지는 심학의 본거지가 되었다.

정덕 16년(1521) 8월부터 가정 6년(1527) 9월까지, 왕수인은 공이 지나치다는 이유로 비난 받고 자신의 학문이 위학僞學으로 지목되자, 강서江西에서 고향으로 돌아가 여요餘姚, 소흥紹興 등지에서 강학에 힘쓰면서 날마다 문인들과 함께 '치양지'설을 설파했다. 이 기간 동안 왕수인은 직접 「계산서원존경각기稽山書院尊經閣記」, 「만송서원기萬松書院記」를 저술하고 "육경六經은 내 마음의 기록이다(六經者, 吾心之記籍也)"라는 핵심 주장을 정립했으며, 그의 문인들은 계산, 양명 두 서원을 창건 및 복원하여 스승의 학문을 제창하는 본거지로 삼았다.

계산서원은 절강성 와룡산臥龍山 서강(西崗, 현 紹興)에 남송의 주희를 기리기 위해 세워진 서원으로, 원대에는 이곳을 학교로 운영하였다. 가정 3년(1524), 소흥지부紹興知府 남대길南大吉은 양명의 학문을 신봉하여, "좌주(座主: 과거 시험관-역자)로서 스스로를 왕수인의 문하생이라 칭하며(以座主稱門生)" 명덕당明德堂, 존경각, 서천정사瑞泉精舍 등을 지어 규모를 확장시켰으며, "8개 읍의 언사彥士를 모아 직접 강습하며 관리하였다(聚八邑彥士, 身率講習以督之)." 당시 강학은 전에 없는 성황을 이루었고, "둘러 앉아 듣는 이들이 300여명에 이르렀는데(环坐而听者三百余人)" 대다수가 왕수인의 핵심 제자들이었다. 이들 중 "소구蕭璆, 양여영楊汝榮, 양소방楊紹芳 등은 호광湖廣에서, 양사명楊仕鳴, 설종개薛宗凱, 황몽성黃夢星은 광동廣東에서, 왕간王艮, 맹원孟源, 주충周沖 등은 직예直隸에서, 하진何秦, 황홍강黃弘綱 등은 남감南贛에서, 유방채劉邦采, 유문민劉文敏 등은 안복安福에서, 위량정魏良政, 위량기魏良器 등은 신건新建에서, 증변曾忭은 진화泰和에서 왔다." 최고령은 당시 68세로, "시를 잘 짓기로 유명했던(以能詩聞于江湖)" 해녕海寧 사람 동운董澐이었다. 왕수인은 강학 당시 "『대학』의 만물동체萬物同體의 종지만

妙. 此时却匆匆不能尽意也, 幸以语之."

으로, 사람들이 각자 본성을 추구하여 지극한 양지를 실현시켜 지극한 선에 이르게 하였다. 사람의 상황에 맞게 가르침으로써 공부에 실질적인 얻음이 있으니, 사람들마다 따르기 쉬움을 기뻐했다."⁴⁸⁾

양명서원은 소흥 도심부 서곽문 안 광상교光相橋 동쪽에 위치했으며, 가정 4년(1525) 10월 문인들의 모금으로 창건되었다. 이곳은 '위학'이라는 비방 속에서도 당당하게 '양명'이라는 이름을 내건 서원으로, 양명학파가 발전해가는 객관적 표지였다. 이는 양명 제자들이 대폭 늘어났을 뿐만 아니라, 이곳을 기반으로 미래를 개척해 나갈 의지를 보여주었다는 뜻이다.

가정 6년(1527) 9월, 6년 동안 한가롭게 강학하며 지내던 왕수인은 다시 등용되어 광서, 광동 및 호광 군무를 관리하는 좌도어사左都御史의 신분으로, 전주田州, 사은잠맹 思恩岑孟의 난을 진압하기 위해 광서로 떠났다. 부임하는 길에 구주瞿州, 상산常山, 남창 南昌, 길안吉安, 조경肇慶 각지를 지나는 중에도 강학을 쉬지 않았으며 나천螺川에서는 300여명이나 되는 사우士友와 모임을 갖기도 했다. 그리고 절중浙中의 전덕홍錢德洪과 왕기王畿에게 서신을 보내, 그들이 "소흥서원의 동인(紹興書院中同志)"을 단결케 하여 "회강의 약속(會講之約)"을 이행하고 "최선을 다해 이끌며(振作接引)" 고향 서원을 한시 도 잊지 않았다. 광서 군대에서는 "용산龍山의 강학이 지금까지도 이어지고 있다는 소식을 듣고 매우 기뻐했다(聞龍山之講, 至今不廢, 亦殊可喜)."⁴⁹⁾ 왕수인은 난을 평정함 과 동시에 향약을 만들고 예교를 중시하고 학교를 세워, "아침저녁으로 학교 사제들에 게 강학을 열고(日與各學師生朝夕開講)", "성현의 학을 힘껏 일으켜(務在興起聖賢之學)" 날로 인심만을 추구하는 사풍을 바로 잡고자 힘썼다. 7년 6월 그는 남녕南寧에 부문서 원敷文書院을 세우고 문인 계본季本을 주강으로 초빙했다. 8월 「경리서원사의經理書院 事宜」를 발표하고 서원의 "제도 수립과 집행(法立事行)"을 요구하며 제도화에 앞장섰

---

48) 「年譜三」, 『王陽明全集』 권35, 1290쪽. "只發『大學』萬物同體之旨, 使人各求本性, 致極良知 以至于至善. 功夫有得, 則因方設教, 故人人悅其易從."

49) 「別集十」, 『王陽明全集』 권18, 638쪽.

다. 9월 창오도蒼梧道 오주부梧州府에 답신을 보내 "남녕서원 규제에 따라 서원 한 곳을 세우고(照依南甯書院規制, 鼎建書院一所)", "인심을 교화했다(以淑人心)."[50] 10월, 전덕홍, 왕기, 하승지何勝之와의 서신에서 근래 "여요, 소흥의 여러 동지들이 다시 만나 모여 강학하면서, 하루도 빠짐없이 부지런히 학문 분위기를 조성하여 오도吾道가 퍼져나감이 불길이 타오르고 샘물이 흘러나가는 것과 같으니, 기쁘고 다행스럽기 그지없다."며[51] "전당錢塘 지역의 키를 돌려(早鼓錢塘之舵)", "양명동으로 돌아와(一還陽明洞)" 절중 서원의 제우들과 모임을 가지고 싶어 했다. 그러나 11월, 안타깝게도 그는 고향집으로 돌아오는 길에 병사하였다. 이는 왕수인이 만년에 서원에 많은 관심과 애정을 기울였음을 보여준다.

가정 9년(1530) 2월, 왕수인의 운구가 소흥 자택으로 돌아왔다. "날마다 100여 명의 문인들의 조문을 왔으며, 장례 첫날부터 마지막 날까지 돌아가지 않은 이도 있었다. 여러 서원과 사원에서 자신의 스승을 모시듯 모여들었다. 이에 조정에서는 이의를 제기하여 작위와 시호 하사 및 기타 의전을 거행하지 못하게 하고 위학으로 금지하도록 조령을 내렸다."[52] 그러나 이는 각 지 문인들의 추모하는 마음까지 저지하지는 못했다. 11월 하관할 때 "참여한 문인이 천 여 명으로, 상복을 갖춰 입고 운구하면서 통곡했다. 사방에서 참석한 이들 역시 눈물을 감추지 못했다."[53] 왕양명 인생의 마지막 장면은 수백 년 전의 남송이학 대가였던 주희와 매우 비슷하다. 선생의 혼은 서원에서 잠들었으며, 문인들은 위학이라는 정부 지침에도 불구하고 서원으로 모여들어 경애하는 스승을 눈물로 배웅했다.

---

50) 明·王守仁, 「批蒼梧道創建敷文書院呈」, 『王陽明全集』 권30, 1123쪽.

51) 「年譜三」, 『王陽明全集』 권35, 1323쪽. "余姚, 紹興諸同志又能相聚會講切, 奮發興起, 日勤不懈, 吾道之昌, 眞有火燃泉達之機矣, 喜幸當何如哉!"

52) "每日門人來吊者百余人, 有自初喪至卒葬不歸者. 書院及諸寺院聚會如師存. 是時, 朝中有異議, 爵蔭贈益諸典不行, 且下诏禁僞學."

53) 「年譜三」, 『王陽明全集』 권35, 1327쪽. "門人會葬者千余人, 麻衣哀屨, 扶柩而哭. 四方來觀者莫不交涕."

2 왕수인의 서원관

20여년에 걸친 서원 강학 경험을 토대로 왕수인은 서원에 대한 관점, 교수법, 서원 제도화, 서원과 학술의 관계, 서원 교화 기능 등에 걸쳐 자신만의 서원관을 형성해갔다. 이 부분에서는 왕수인의 서원에 관한 기록을 토대로 그의 서원관에 대해 논의하고자 한다.

왕수인은 서원이 "학교를 보완하는 곳으로 간주하며(匡翼夫學校之不逮)", 서원은 관학의 폐단을 시정하고 옛 성현의 인륜을 밝히는 학문을 추구하는 곳이라 정의했다. 이에 관한 내용은 주로 「만송서원기萬松書院記」에 잘 나타나 있다. "우리 명나라는 도읍부터 군읍郡邑까지 모두 묘학이 세워져 있어서 우수한 인재들을 전문 관리들이 교육하고 있으며, 학교 체제는 체계적으로 완비되어 있다. 그럼에도 유명 지역이나 자연환경이 좋은 곳에 서원들이 세워져 있는 까닭은 무엇인가? 학교의 부족한 부분을 보완하기 위함이었다."[54] 왕수인은 "국가 건학의 의의(國家建學之初意)"는 바로 인륜을 밝히는 데 있다고 생각했다. 그러나 과거제의 영향으로 이러한 건학의 취지는 관철되지 못했다. "과거 시험이 보편화되면서 사인들은 모두 암송과 문장력(記誦辭章)에만 몰두하고 공리득실에 마음이 미혹되었으므로, 스승이 가르치고 제자가 배우는 것의 핵심인 인륜을 밝히는 것을 알지 못했다." "세도世道를 근심하는 자는 이를 깊게 고민하여 되돌려 놓기 위해", "서원을 중수하여" "백록동서원게시를 내걸어 인재를 선발하고 교육하여 각 지역의 사인들을 창도하니", "옛 성현의 학문을 기약할 수 있다." "옛 성현의 학문은 인륜을 밝히는 것일 따름이다."[55] 즉 서원은 관학이 "더 이상 인륜을 밝히는 것에 뜻을 두지 않는(不復知有明倫之意)" 상황에서 관학을 대신하여 명륜의 학을 강학했던 것이다. 따라서 서원 설립은 "학교를 보완하는 곳으로 간주되었다(所以匡

---

54) "惟我皇明, 自國都至于郡邑, 鹹建廟學, 群士之秀, 專官列職而教育之. 其于學校之制, 可謂詳且備矣. 而名區勝地, 往往復有書院之設, 何哉? 所以匡翼夫學校之不逮也."

55) "自科擧之業盛, 士皆馳騖于記誦辭章, 而功利得喪, 分惑其心, 于是師之所教, 弟子之所學者, 遂不復知有明倫之意矣". "懷世道之憂者, 思挽(亦作勉)而復之", "乃增修書院", "揭以白鹿洞之規, 掄彥選俊, 肄習其間, 以倡列郡之士", "期我以古聖賢之學". "古聖賢之學, 明倫而已."

翼夫學校之不逮也).” 왜 서원으로 관학을 보완하려 했겠는가? 왕수인은 군대에 비유하여 이를 설명한다. “병사兵事에 비유하면 조직이 느슨해지고 기율이 해이해질 경우, 반드시 새 장수를 선발하여 오伍를 점검하고, 깃발을 교환하고, 더 많은 보상으로 병사들을 고무시켜야만 사기가 진작될 수 있다.”56) 이 비유에는 서원과 관학이 국가 교육을 담당하는 두 부대나 다름없지만, 과거제의 폐단으로 인해 관학이 명륜의 학이라는 목표를 상실하자 이를 서원으로 대체하여 인륜을 밝히는 옛 성현의 학문을 지향한다는 의미가 담겨 있다. 서원으로 학교를 보완하는 것은 부대가 방어 임무를 교대하는 것과 같다.

이상의 내용을 통해서 왕수인은 국가에서 설립한 학교와 지방에서 설립한 서원이 인륜을 밝히는 강학을 한다는 점에서 취지가 같지만, 관학이 본 역할을 수행하지 못한다면 서원으로 '보완'할 수 있다고 생각했다는 것을 알 수 있다.

왕수인 서원관의 핵심은 서원은 자신의 학설을 선전하고 제창하는 기지이며, 이곳에서의 강학을 통해 정주이학의 본거지를 전복시킬 수 있다는 것이었다. 양명학의 세 번에 걸친 변화(三變)는 서원에서 이루어졌는데, 양명학의 변화가 서원에서 시작되었다는 정황은 앞 절에서 이미 소개했다. 여기에서는 계산서원의 강학 자료를 인용하여 그 구체적인 상황을 살펴보고자 한다. 가정 4년(1525) 왕수인 문인 소흥지부 남대길(南大吉)은 “말학의 지리함을 개탄하며(慨然悼末學之支離)” 계산서원을 짓고 존경각을 만들었으며, 8읍의 선비들을 모아 “성현의 도로 나아갈 수 있게 격려하였고(將進之以聖賢之道)” 왕수인에게 “이들에게 한 말씀 남겨줄 것을(一言以諗多士)” 청하였다. 이 때 그는 육경은 “내 마음의 기록(吾心之記籍)”이며, “육경의 본질은 내 마음에 있다(六經之實, 則具于吾心).”는 유명한 주장을 펼쳤다.

육경은 다름이 아니라 내 마음의 상도이다. 따라서 『역경』은 내 마음의 음양의 변화를 기록한 것이다. 『서경』은 내 마음의 기강과 정사政事를 기록한 것이다. 『시경』는

---

56) 明·王守仁,「萬松書院記」,『王陽明全集』권7, 252-254쪽. “譬之兵事, 當玩弛偷惰之余, 則必選將閱伍, 更其號令旌旗, 懸逾格之賞以倡勇敢, 然後士氣可得而振也！”

내 마음의 성정을 기록한 것이다. 『예기』는 내 마음의 사리와 절도를 기록한 것이다. 『악경』은 내 마음의 기쁨과 평안을 기록한 것이다. 『춘추』는 내 마음의 진실과 거짓, 사악함과 올바름을 기록한 것이다. 군자가 육경을 대함에, 자기 마음의 음양의 변화를 찾아 때에 맞추어 행하면 『역경』을 존중하는 것이다. 내 마음의 기강과 정사를 찾아 때에 맞추어 펼치면, 『서경』을 존중하는 것이다. 내 마음의 성정을 읊고 노래하는 것을 찾아 때에 맞추어 표현하면, 『시경』을 존중하는 것이다. 내 마음의 사리와 절도를 찾아 때에 맞게 드러내면, 『예기』를 존중하는 것이다. 내 마음의 진실과 거짓, 사악함과 올바름을 찾아 때에 맞추어 분별하면 『춘추』를 존중하는 것이다.

옛 성인들이 사람 사회의 기강을 만들고 후세를 염려하시어, 육경을 저술하셨다. 이는 마치 부잣집 선조가 그의 사업과 재물이 자손대에 이르러 망실되거나 흩어져버려 결국 궁핍해져 생활마저 어려울까 염려되어, 집안의 모든 소유를 기록하여 남겨두고 대대로 조상의 산업과 재물을 누리고 사용할 수 있도록 하여 가난을 걱정하지 않게 한 것과 같다. 그러므로 육경이란 내 마음의 기록이며 육경의 실질은 내 마음에 갖추어져 있다. 이는 갖가지 산업과 재물이 가득해도 모두 집안에 있고 기록된 것은 물품 상황과 숫자인 것과 같다. 그럼에도 세상의 학자들은 육경의 실질을 자기 마음에서 찾을 줄 모르고, 지엽적인 뜻에 얽매이면서도 옹졸하게도 그것이 육경이라고 착각한다. 이는 부잣집 자손이 자신의 산업과 창고의 재물을 지켜 누리는 데 힘쓰지 않고 매일 읽고 흩어버려 거지가 되었으면서도 거들먹거리며 기록을 가리키며 "이것이 내 산업과 재물이다"라고 하는 것과 같으니, 어찌 이와 다르겠는가? 아, 슬프도다! 육경의 학문이 세상에 밝혀지지 못한 것은 하루아침에 생긴 연고가 아니다. 공리를 숭상하고 사설을 존숭하는 것을 경서를 어지럽히는 것이라 하고, 주석이나 익히고 암송을 전하며 좁은 견문과 소견에 빠져 천하의 눈과 귀를 가리는 것을 경서를 모독하는 것이라 하며, 방탕한 말을 쏟아내고 궤변을 늘어놓으며 간사한 마음과 도둑 같은 행동을 꾸미면서 세속을 따르고 이익을 독점하면서도 오히려 스스로 경서에 통달했다고 착각하는 것을 경서를 해친다고 하는 것이다.[57]

---

57) 明·王守仁, 「稽山書院尊經閣記」, 『王陽明全集』 권7, 254-255쪽. "六經者非他, 吾心之常道也. 故『易』也者, 志吾心之陰陽消息者也 ; 『書』也者, 志吾心之紀綱政事者也 ; 『詩』也者, 志吾心之歌詠性情者也 ; 『禮』也者, 志吾心之條理節文者也 ; 『樂』也者, 志吾心之欣喜平和者也 ; 『春秋』也者, 志吾心之誠僞邪正者也. 君子之于六經也, 求之吾心之陰陽消息而時行焉, 所以

경서를 '어지럽히고', '모독하고', '해친다'는 표현에서 왕수인의 지리말학支離末學에 대한 강한 비판을 엿볼 수 있으며, "세상의 학자들이 내 말에서 깨달음을 얻고 각자의 마음에서 찾아야 한다(世之學者既得吾說而求諸心焉)."는 간절한 희망 속에서, 그가 서원을 빌려 자신의 학설을 전파하는 절박한 심경을 읽을 수 있다.

왕수인은 난을 평정했던 기세를 몰아 주희의 학설을 와해하는 글을 천리길을 보내 백록동서원에서 간행하고, 자신의 문인들을 모아 거기서 강학하였다. 이는 정주리학의 진지를 점령하려는 뜻이었다. 그는 서원이라는 진지를 이용하여 자신의 사상을 동남 지역 각지에 신속히 보급하고, 조정과 민간을 감동시키면서, 정주리학 대신 100여 년 동안 풍미했다.

왕수인의 서원 교학 방법과 이론은 주로 「교조시용장제생敎條示龍場諸生」에 잘 나타나 있다. 정덕 3년(1508)에 만들어진 이 교조는 용강龍岡서원에서 학습하는 "이민족자제(諸夷子弟)"들을 가르치기 위해 만들어진 것으로 내용이 입지, 근학, 개과, 책선의 '네 가지 상규(四事相規)' 중심의 비교적 평이한 내용으로 되어 있었지만, 강학과 구도의 논리는 충분히 담겨있어서 교육 규율에 부합한다. 다만 첫 지행합일설 강의이자 서원에서의 첫 학설 변화였기 때문에, 그때까지는 심학적 특색이 뚜렷하지는 않은 편인데, 이에 관해서는 자세히 논하지 않겠다.

尊『易』也；求之吾心之紀綱政事而時施焉，所以尊『書』也；求之吾心之歌詠性情而發焉，所以尊『詩』也；求之吾心之條理節文而時著焉，所以尊『禮』也；求之吾心之誠僞邪正而時辨焉，所以尊『春秋』也.

蓋昔聖人之扶人極，憂後世，而述六經也，猶之富家者之父祖，慮其產業庫藏之積，其子孫者或至于遺忘散失，卒困窮而無以自全也，而記籍其家之所有以貽之，使之世守其產業庫藏之積而享用焉，以免于困窮之患. 故六經者，吾心之記籍也，而六經之實，則具于吾心，猶之產業庫藏之實積，種種色色，具存于其家，其記籍者，特名狀數目而已. 而世之學者，不知求六經之實于吾心，而徒考索于影響之間，牽制于文義之末，硁硁然以爲是六經矣. 是猶富家之子孫，不務守視享用其產業庫藏之實積，日遺忘散失，至于窶人丐夫，而猶囂囂然指其記籍曰："斯吾產業庫藏之積也." 何以異于是？嗚呼！六經之學其不明于世，非一朝一夕之故矣. 尙功利, 崇邪說，是謂亂經；習訓詁, 傳記誦，沒溺于淺聞小見，以塗天下之耳目，是謂侮經；侈淫辭，竞詭辯，飾奸心盜行，逐世壟斷，而猶自以爲通經，是謂賊經. 若是者，是並其所謂記籍者而割裂棄毀之矣，寧復知所以爲尊經也乎！"

왕수인의 강회에 대한 애정과 강회제도 확립을 위한 노력에서 서원에 대한 공헌을 찾을 수 있으며, 왕문王門 최초의 강회 역시 왕수인이 직접 주관했다. 『연보年譜』에 따르면, 가정 4년(1525) 9월 "선생이 돌아오면 용천사龍泉寺 중천각中天閣에서 매월 삭, 망, 초팔일, 23일에 강회하기로 정하였으며" "모두 이곳에 모여 학문 교류를 한다.[58] 그는 강회가 자기의 거취에 의해 흩어지지 않고 정규화 되도록 하기 위해, 서벽書壁의 형식으로 강회의 일정, 규정 및 구체적인 절차, 방법 등에 대한 것들을 정하였다. "제군들이 나의 거취에 의해 흩어지거나 모이거나 하지 않아야 하며, 바쁜 일이 있더라도 5-6일, 8-9일만에는 한 번 모여야 한다. 서로 도와주고 격려하고, 서로 연마하고 교류하는 것을 통해 도덕과 인의를 배우는 것은 날로 가까워지고, 권세, 이익에 물드는 것은 날로 멀어질 것이니, 이를 여러 장인들이 함께 모여 작품을 완성하는 것, 이른바 '서로의 장점을 보며 선해지는 것(相觀而善)'이라 한다. 모일 때는 마음을 비우고 겸손한 태도로 서로 가까이 지내고 공경해야 한다. 대체로 벗과의 사귐은 스스로 낮추는 것을 미덕으로 여겨, 혹 의견에 차이가 있어도 너그럽게 양해하고 서로 교감하고 견해를 나눈다. 화를 내서 상대를 이기려 들지 말아야 한다. 오만함은 결국 잘못으로 이어지니 침묵으로 관계를 이어가고 말하지 말고 믿어야 한다. 자기 장점을 내세우며 남의 단점을 공격하고, 침착하지 못하고 덤벙거리고, 명예를 사칭하고, 질책하는 것을 옳은 것이라 여기고, 분에 못 이겨 상대를 미워하고, 공동체에 해를 끼치는 것에 뜻을 둔다면, 이곳에서 날마다 회강하고 수시로 강습해도 유익한 바가 없을 것이다."[59] 10월, 양명서원이 들어서고 강회가 서원으로 옮겨져 진행되었다. 그 후 전덕홍, 왕기 등이 이곳에서

---

58) "先生歸, 定會于龍泉寺之中天閣. 每月以朔, 望, 初八, 二十三爲期", "鹹集于此, 以問學爲事."

59) 『王陽明全集』 권35, 1294쪽. "予切望諸君勿以予之去留爲聚散, 或五六日, 八九日, 雖有俗事相妨, 亦須破冗一會于此. 務在誘掖獎勸, 砥砺切磋, 使道德仁義之習日親日近, 則勢利紛花之染亦日遠日疏, 所謂相觀而善, 百工居肆以成其事者也. 相會之時, 尤須虛心遜志, 相親相敬. 大抵朋友之交, 以相下爲益, 或議論未合, 要在從容涵育, 相感以成 ; 不得動氣求勝, 長傲遂非, 務在默而成之, 不言而信. 其或矜己之長, 攻人之短, 粗心浮氣, 矯以沽名, 訐以爲道, 挾勝心而行憤嫉, 以圮族敗群爲志, 則雖日講時習于此, 亦無益矣."

수십 년 동안 꾸준히 강회를 진행하면서 절중浙中 왕문王門의 요충지가 되었다.

2. 발길이 닿는 곳마다 서원을 세웠던 담약수湛若水

담약수(1466-1560)의 본명은 노露 혹은 우雨, 자는 부명符明, 호는 민택民澤이다. 학자들은 광동 증성현增城縣 감천甘泉 출신인 그를 감천선생甘泉先生, 그의 학문을 감천학甘泉學이라 칭했다. 29세에 강문학파의 진헌장陳獻章에 사사받았으며, "이르는 곳에서 천리를 체득한다(隨處體認天理)"는 심학적 방법을 깨달았으며, 진헌장은 그를 전수자로 받아들였다. 담약수는 스승을 존경하여 도의의 모범으로 삼고 평생 부모의 예를 갖추었다. 홍치 18년(1505) 40세에 진사에 급제하여 북경에서 왕수인과 교우하면서 "함께 성학을 제창했다(共以倡明聖學爲事)." 홍치 정덕 연간 북경에서 10년 동안 편수編修, 시독侍讀 등의 직책을 역임했다. 이 기간에 안남(安南, 현 베트남)에 사신으로 가기도 하고, 친족의 사망으로 자택에서 거상하기도 했다. 가정 3년(1524) 남경국자감 좨주에 올라 19년 사직하기까지 줄곧 남경에 머물면서 남경예부시랑 및 이, 예, 병 삼부의 상서 등의 직을 역임했다. 담약수는 왕수인과 "함께 성학을 제창하기로(共以倡明聖學爲事)" 약속했기 때문에 관직에 있든 홀로 기거하든 강학을 자임했다. 북경에 있을 때도, 남경에서 학정을 주관할 때도 그랬으며, 사직 후에도 강학에만 전념했다. 가정 39년(1560) 4월 19일 병이 위중하여 임종할 즈음 학생들에게 회약會約에 따라 강습하고 서로 돌보며 선을 베풀라고 당부했다. 22일 95세 고령의 나이로 우산서원(禹山書院 혹은 精舍)에서 서거했다. 이를 통해 스승의 학설을 널리 알리고 왕수인과의 약속을 지키기 위해, 담약수는 평생 40세에서 95세까지 반세기 동안 하루도 빠짐없이 강학하면서 "도덕을 존숭하는 것으로 천하에 이름이 알려져 이민족이 사는 지역에서까지 존경 받았으며 추종자가 3900여 명에 이르렀다"는 것을 알 수 있다.[60] 혹자는 "천하의

---

60) 明·羅洪先,「墓志」,『湛甘泉先生文集』권32, 청 강희20년 본. "道德尊崇, 四方風動, 雖遠蠻夷, 皆知向慕, 相從士三千九百有余."

356

사인을 모아보면 그 중 담문湛門이 4000여 명에 이르러서 마차가 이르는 곳마다 정사가 있었다."라 하기도 했다.[61]

담약수는 가는 곳마다 강학을 빼놓지 않았으며, 국자감이든, 주현학이든, 서원이든, 정사든, 회관이든, 사관이든, 행소든 장소에 구애받지 않았지만, 유독 서원에는 남다른 애정이 있어서 "평생 가는 곳마다 서원을 지어 스승 진헌장을 제사지냈다(平生足迹所至, 必建書院以祀白沙)."이것이 그의 스승 진헌장과의 큰 차이점이기도 했다. 담약수는 이렇게 함으로써 스승의 서원의 인연을 맺지 못했던 점을 보완하려 했을지도 모른다.

담약수의 서원관에도 심학적 특색이 있다. 그는 "이르는 곳에서 천리를 체인한다(隨處體認天理)."는 것을 표방했지만, 왕양명의 '치양지致良知'와 본질적으로 다르지 않았다. 둘 다 심학 제창을 자임하여 서원의 강학, 회강에 애정을 갖고, 깨달음을 중시하며 지식 축적을 대수롭지 않게 생각하였고, 송원대 정주학으로 대표되는 '도문학道文學' 서원관을 비판했다. 왕문王門의 고제高弟 추수익鄒守益은 광덕주(廣德州, 현 安徽 廣德縣)에서 존경각尊經閣을 세웠는데, "육경을 위쪽에 놓고, 제생들은 아래쪽에서 학습했다. 3칸 6기둥으로 이루어진 누각으로, 양측 앞쪽으로 휴식 공간이 있었고, 문 앞에서 회강했는데. 이곳이 바로 복초서원이었다."[62] 이에 관해서는 담약수에게 기록하기를 청하였다.

감천 선생은 "경經이 경徑인 이유는 성인이 되는 길(徑)이기 때문이다. 혹은 경警이라고도 하는데, 스스로를 깨우쳐주기 때문이다. 옛말에 "옛 가르침에서 배운다" 했으며, 배움(學)은 곧 깨달음이니 일깨워 깨우치는 것(警覺)을 일컫는다. 때문에 육경은 내 마음을 주석한 것이며, 내 마음을 깨우칠 수 있다. 『역경』은 내 마음의 때를 주석한 것이고, 『서경』은 내 마음의 알맞음을 주석한 것이고, 『시경』은 내 마음의 성정을 주석

61) 明·洪垣,「墓志銘」,『湛甘泉先生文集』권32, 청 강희20년 본. "合天下之士, 出其門者四千人, 車從所至, 鹹有精舍."

62) "居六經于其上, 而習諸生于其下, 凡爲閣三間六楹, 而列二翼于前爲燕居, 會之以門爲復初書院."

한 것이다. 『춘추』는 내 마음의 시비를 주석한 것이고, 『예기』, 『악경樂經』은 내 마음의 조화와 질서를 주석한 것이다"라 했다. 혹자는 "어찌 이런 것들을 존중하는가?"라 물었다. 감천 선생은 다음과 같이 답했다. '마음'이기 때문이다! 『역경』을 배워 마음의 때를 깨닫는 것이 『역경』을 존중하는 것이고, 『서경』을 배워 마음의 알맞음을 깨다는 것이 『서경』을 존중하는 것이고, 『시경』을 배워 마음의 성정을 깨다는 것이 『시』를 존중하는 것이고, 『춘추』, 『예기』, 『악경』을 배워 마음의 시비와 조화와 질서를 깨닫는 것이 『춘추』, 『예기』, 『악경』을 존중하는 것이다. 이러한 위치를 깨달아 마음에 간직하면 총명해지고 양지를 확장시킬 수 있다. 육경이 특별히 총명해지게 해주고 양지를 확장시켜주는 것이 아니라, 스스로 이를 깨달으면 총명해지고 확장시키게 될 뿐이다. 마치 잠에 든 사람, 술에 취한 사람을 부르면 알아채는 것이, 부르는 것 외에 다른 깨달음이 있는 것이 아니라 깨우치는 것 자체에 그것이 있기 때문이다. 때문에 육경은 나를 깨닫는 것이다."[63]

지혜와 양지는 내 마음에 본래부터 있는 것으로, 『육경』은 고유한 지혜와 양지를 소환하여 스스로 깨닫고 열어주고 확장시키는 역할을 할 뿐이다. 이러한 논리는 필연적으로 지혜와 양심이 "깨달은覺之" 이후, 『육경』은 불필요하다는 결론에 이르게 된다. 감천선생이 보기에 일부 사람들이 "외부에서 경을 구할 필요가 없다(不必外求諸經)"고 하는 것은 "무언가에 의지하지 않아도 스스로 깨달을 수 있는 사람들을 가리키는 것이었다(不必呼而能覺之類也)." 그들이 보기에 경전은 무의미한 것을 넘어 불필요해진 것이다. 다른 한편으로는 "육경은 모두 내 마음에 존재하기(六經皆注我心)" 때문에, 경을

---

63) 明·湛若水, 『甘泉文集』 권18, 「廣德州儒學新建尊經閣記」, 資政堂, 同治丙寅본. "夫經也者徑也, 所由以入聖人之徑也. 或曰警也, 以警覺乎我也. 傳說曰'學于古訓'. 夫學覺也, 警覺之謂也. 是故六經皆注我心者也, 故能以覺吾心. 『易』以注吾心之時也, 『書』以注吾心之中也, 『詩』以注吾心之性情也, 『春秋』以注吾心之是非也, 『禮』, 『樂』以注吾心之和序也". 曰 : "然則何以尊之？"曰 : "其心乎！故學于『易』而心之時以覺, 是能尊『易』矣 ; 學于『書』而心之中以覺, 是能尊『書』矣 ; 學于『詩』而心之性情以覺, 是能尊『詩』矣 ; 學于『春秋』, 『禮』, 『樂』, 而心之是非和序以覺, 是能尊『春秋』, 『禮』, 『樂』矣. 覺斯存之矣, 是故能開聰明, 擴良知. 非六經能外益之聰明, 良知也, 我自有之, 彼但能開之, 擴之而已也. 如夢者, 醉者, 呼而覺之, 非呼者外與之覺悟也, 知覺彼固有之也, 呼者但能覺之而已也. 故曰六經覺我者也."

존중하더라도 마음에서 완성할 수 있기에 굳이 경전을 체인할 필요가 없다는 것이 이 글에서 거듭 강조되고 있다. 그 결과 필연적으로 서적을 중시하지 않게 된다. 이러한 사상은 직접적으로 명대 서원 장서사업에 영향을 끼쳐 전왕조인 송원대보다도 뒤떨어지고 후왕조인 청대에도 미치지 못하는 결과를 낳게 되었다. 비록 부정적인 영향이지만, 이 역시 명대의 특색이기도 하다.

서원의 회강, 강회의 전통을 부흥시키고, 강회제도 확립에 힘쓴 것은 왕수인, 담약수 서원관의 중요한 내용이다. 서원 회강과 강회는 송원대의 전통으로, 왕수인과 담약수는 서원 부흥과 강회 창도에 공을 세웠다. 담약수의 경우, 남경 주변, 부산富山을 시작으로 두산斗山, 천천天泉, 신천新泉 등 각지의 여러 서원에서 강회하였다. 그는 아흔이 넘어서도 남악南嶽을 여행하며 석고서원石鼓書院, 백사서원白沙書院, 감천서원甘泉書院 등을 들러, 상감湘贛의 문인 및 양명후학인 추수익鄒守益 등과 함께 강학하고 도를 논했다는 것은 잘 알려져 있으므로 여기에서 부연하지는 않겠다.

3. 왕수인, 담약수 후학과 서원들의 번창

왕수인, 담약수 두 대사 모두 서원 건설을 중시하여 자신의 학문을 연구하고 선전하는 진지로 삼았다. 학문도 서원에서 발전하고 그 내용도 서원에서 전파되었으며, 서원의 강학을 통해 자신의 학문적 주장과 사상체계를 정비하고 발전시켰다. 정덕正德, 가정 연간, 이들의 노력으로 중국 역사상 남송에 이어 두 번째로 서원과 학문이 일체가 되어 발전하는 추세가 생겨났다. 새로운 이론은 서원에서 탄생했고, 탄생한 이론은 서원에서 발전해갔다. 기록에 따르면 "무종 이래 왕수인이 치량지致良知 사상을 강절江浙 및 광동, 광서 지역에 전파했는데, 나염암羅念庵, 당형천唐荊川이 그의 학문을 계승하면서 남동쪽 지역에 서원이 성행했다. 세종이 엄금하려 했으나 그 추세는 막을 수 없었다."[64] "진신縉紳과 유로遺老들이 여기저기에서 강회를 열거나 서원을 세웠다(縉紳

---

64) 明·沈德符, 『野獲篇』 권24. "自武宗朝王新建以良知之學行江浙兩廣間, 而羅念庵, 唐荊川諸

之士, 遺佚之老, 聯講會, 立書院, 相望于遠近)", 이러한 "추세는 조정과 민간을 뒤흔들었고 (流風所被, 傾動朝野)" 더 이상 막을 수 없었다. 이는 몇 백 년 전 남송 서원과 정주리학의 일체화 되어 발전한 상황과 일치하는 것으로, 서원이 문화 창조 기능으로 인해 강한 생명력을 갖게 되었고, 되돌릴 수 없는 대세가 형성되었음을 보여준다.

명대 서원의 눈부신 발전은 왕수인, 담약수 및 그들의 후학들이 정덕, 가경, 융경, 만력 연간(1506-1619) 100여 년에 걸친 강회와 서원 설립을 통해 이루어진 것이다. 이 시기에 새로 짓거나 복원된 서원은 1108개로 전체의 72.37%를 차지하는데, 이 중 가정 융경 연간(1522-1572) 50년 동안, 663곳이 창건 및 복원되어 전체 43.3%를 차지할 정도로 흥성했던 것을 알 수 있다. 정덕, 가정, 융경, 만력 연간에 창건 및 복원된 서원은 연평균 각각 9.375, 13.244, 11.166, 6.027개의 유례없는 높은 수치로, 전체 명대의 3위, 1위, 2위, 4위를 차지했다. 특히 가정, 융경 연간은 명대 절정을 이루었으며, 그 전후인 정덕, 만력 연간이 이 추세를 뒷받침해준다. 이상의 수치를 분석하면, 왕수인, 담약수 두 사람에서 시작된 서원의 발전 추세는 정덕, 연간에 시작되었으며, 두 사람이 세상을 떠난 가정 연간에도 이러한 상승세는 꺾이지 않고 융경, 만력 시기에 고속성장을 유지할 수 있었던 것은, 이들의 문인 및 후학들이 공이었다는 것을 알 수 있다.

이 중 왕수인의 제자의 경우 전국적으로 널리 활동하고 있었는데, 절강, 강소, 강서, 안휘, 호남, 복건, 광동, 광서, 산동, 하남 등지에 특히 많았다. 『명유학안』에서는 이들의 본적에 따라 절중왕문浙中王門, 강우왕문江右王門, 남중왕문南中王門, 초중왕문楚中王門, 북방왕문北方王門, 월민왕문粵閩王門 등 각 권으로 나누어 별도로 소개하고 있다. 왕수인이 세상을 떠난 후 각지의 왕문 제자들은 서원, 사우祠宇, 정사精舍, 강사講舍 등을 설립하여 스승의 학설을 전파하거나 널리 알리는 것을 자임했으며, 이로 인해 서원 수가 대폭 증가했다. 왕수인의 『연보』에만 기록된 유명 서원만 해도 20여개나 된다. 강서 안복현安福縣의 경우, 가정 13년 추수익이 옛 서원을 복원하여 스승의 학설을 제창하자, 동문 유문민劉文敏, 유자화劉子和, 유양劉陽, 유조곤劉肇袞, 구양유歐陽瑜, 유

公繼之, 于是東南景附, 書院頓盛, 雖世宗力禁而終不能止."

오劉敖, 조신趙新, 팽잠彭簪, 유효劉曉 등은 잇달아 연산連山, 복진復眞, 복례復禮, 전계前溪, 식인識仁, 도동道東, 중도中道, 중남中南 8개 서원 및 천향회관天香會館, 석옥산방石屋山房, 매원서옥梅源書屋, 근성회관近聖會館 등을 세워 회강했으며, 석음회惜陰會를 사향회四鄉會로 확장하여, 봄, 가을 두 차례 근처 5개의 군현 동문들을 모집하여 "청원산靑原山에서 회강을 열어 군읍 사대부들 모두 참석하게 했다." 당시 이를 청원회靑原會라 불렸다. "이에 사방 동문들의 회합이 잇달아 열렸는데"[65] 그 중 가장 유명한 곳으로 만안萬安의 운흥회雲興會, 영국寧國의 동선회同善會, 여릉廬陵의 서원회西原會, 용유龍遊의 수남회水南會와 난서회蘭西會, 경현涇縣의 수서회水西會, 강음江陰의 군산회君山會, 귀지貴池의 광악회光岳會, 태평太平의 구룡회九龍會, 광덕廣德의 복초회復初會, 신안新安의 정씨세묘회程氏世廟會, 북경의 영제궁靈濟宮 강회가 있었고, 그 중 남중왕문南中王門 제자 서계徐階가 주관하는 영제궁 강회 규모가 가장 커서 그 영향력이 조정과 민간에까지 이르렀다. 안휘 경현涇顯 수서서원水西書院의 경우, 왕수인의 수제자 추수익, 전덕홍, 왕기가 주강을 맡았다. "요강지학(姚江之學, 왕학)이 수서서원에서 흥성한(姚江之學(王學)盛于水西)" 후 "경현의 각 향(鄉: 명나라 지방의 최소 행정단위-역자)에서는 이를 모방하여 서원을 세워 친구를 초청하고 백성을 계몽시키는 장소로 삼았다. 태천臺泉에는 용운서옥龍雲書屋, 마계瓩溪에는 고계서옥考溪書屋, 적산赤山에는 적록서원赤麓書院, 남령藍嶺에는 남산서원藍山書院이 세워졌다. 수서서원에서 강학했던 스승이 한가할 때 다른 서원의 초청으로 교류하거나 강학을 열었다. 모이면 학문 연구에 힘쓰며 성명性命을 논하였고, 흩어지면 어록을 정리하고 저술하여 풍속을 교화하는 데 전력을 기울였다."[66] 이렇게 "수서서원이 천하에 이름을 떨쳤다."[67]

---

65) 「年譜附錄一」, 『王陽明全集』 권36, 1330쪽. "出靑原山爲大會, 凡鄉大夫在郡邑者皆與會焉". "于是四方同志之會, 相繼而起."

66) 淸·趙紹祖, 「赤山會約跋」. 鄧洪波, 『中國書院學規集成』, 503-504쪽.

67) 淸·趙紹祖, 「水西會條跋」. 위의 책, 495쪽. "各鄉慕而興起, 莫不各建書屋, 以爲延納友朋, 啓迪族黨之所, 其在臺泉則有龍雲書屋, 瓩溪則有考溪書屋, 赤山則有赤麓書院, 藍嶺則有藍山書院. 一時講學水西諸前輩, 會講之暇, 地主延之, 更互往來, 聚族開講. 故合則考德而問業, 孜孜以性命爲事 ; 散則傳語而述敎, 拳拳以善俗爲心", "而水西之學名天下."

위의 두 가지 예는 왕문 제자들이 서원을 토대로 지방의 강학 바람을 일으키며 지방문화의 번영을 이끌어냈다는 점에서 동일한 상황을 보여준다.

왕문 제자 중에는 벼슬길을 마다하며 평생 서민들에게 강학하고 전도했던 이들도 있었다. 전덕홍은 "재야에 있는 30년 동안 하루도 빠짐없이 강학했는데, 강서, 절강, 안휘 선성宣城, 안휘 흡현歙縣, 호남과 호북(楚), 광동 등에 강사講舍가 있었으며"[68] 왕기 역시 "산림에 은거한 40여 년 동안 하루도 빠짐없이 강학했는데, 남경, 북경, 오(吳: 강소성 남부와 절강 북부-역자), 호남과 호북, 복건, 절강(越), 강서, 절강 등지에 강사가 있었다."[69] 이들의 노력으로 양명학은 더욱 광범위한 사회적 기초를 다지게 되었다. 왕문 제자 중 공경公卿, 심지어 재상까지 오른 이들도 있었는데, 이들 때문에 양명학은 관리들 사이에서도 영향력이 있었다. 서계의 경우 가정, 융경 연간 조정에서 일하면서, "요강제자姚江弟子라 불리며 양지의 학에 열중했다. 그를 따르는 이들이 앞다투어 양명학을 연구하고 그의 학설을 제창했다."[70] 이에 각지에 서원을 세우고 강회를 열었다. "이러한 추세는 조정과 민간을 뒤흔들 정도여서(其流風所被, 傾動朝野)" 왕학 및 왕학을 전파한 서원은 광범위하고 높은 사회적 명예를 얻을 수 있었다. 바로 이러한 사회 각 계층에 분포된 왕문제자 및 재전제자들의 노력으로 왕학은 서원과 일체화되어 절정으로 발전했으며, 명대 서원 역시 전대 100년의 정체기를 벗어나 찬란하게 발전했다.

---

68) 「浙中王門學案一」, 『明儒學案』 권11, 北京 : 中華書局, 1985년, 225쪽. "在野三十年, 無日不講學, 江, 浙, 宣, 歙, 楚, 廣, 名區奧地, 皆有講舍."

69) 「浙中王門學案二」, 『明儒學案』 권12, 北京 : 中華書局, 1985년, 238쪽. "林下四十余年, 無日不講學, 自兩都及吳, 楚, 閩, 越, 江, 浙, 皆有講舍."

70) 明·沈德符, 『野獲篇』 권8. "素稱姚江弟子, 極喜良知之學. 一時附麗之者, 竟依壇坫, 旁暢其說."

제4절 민중으로의 전파: 서원의 평민화

명 중기, 서원에는 생기가 넘쳐났다. 이곳에서 활동하던 사인들은 충만한 자신감으로 사회 각 방면으로 진출하여 관리, 사대부가 되었을 뿐만 아니라 서원은 하층 백성의 정치, 문화, 교육 생활에서도 빼놓을 수 없는 구성원이 되었다. "육경은 내 마음의 주석(六經注我)"이라는 사유에서 비롯된 학문적 열정, 비판의식이 팽배한 개혁의지, 그리고 사인, 시민계층의 정치적 자각 등이 서원의 발전을 이끌면서, 명대 서원은 서민화, 조직화, 정치화의 경향을 띠게 되었다. 본 절에서는 서원과 유학 해석의 서민화 및 이로 인한 문화와 학술의 하향화 문제를 분석하고자 한다.

1. 평민으로의 전파: 서원 발전의 새로운 동향

100여 년 간의 침체기를 지나 명대 서원이 중흥하면서 교육 대상이 서민으로까지 확장되었다. 먼저 도시(城鎭)의 서원들이 서민에게 개방되어 산림지사山林之士, 마을의 연장자, 일반 백성, 불교 승려 모두 서원에서 강의를 들을 수 있게 되었으며, 심지어 직접 강설할 수도 있었다. 이는 송원대에는 보기 드문 현상이었다.

부, 주, 현 각급 정부의 교육과 학술 중심지로서의 관부서원은 각급 관아주둔지에 세워졌으며, 이곳을 드나드는 사람들은 당시 관례대로 관사진신, 사대부 유생 등 중상층 인사들이었다. 명 중기 서민유학자의 출현 및 서민교육 실시로 하층민중들이 서원 강당에 모습을 드러냈고, 서원의 문이 시정포의에도 개방되면서 서민교육의 수요를 충족시키는 긍정적인 경향도 나타났다. 문화적으로 발달하고 교육 수준이 높았던 강절 지역의 인문仁文, 우산虞山 두 곳의 사례를 들어 이러한 경향을 설명하고자 한다.

인문서원은 가흥부성(嘉興府城, 현 浙江 嘉興市)에 위치했다. 만력 31년(1603), 지부 차대임車大任은 "오늘날 천하에 서원이 없는 군이 없는데(今天下無一郡無書院者)", 가흥은 "최고로 이름난 군임에도 유독 서원만 없으니(首藩名郡獨茲缺典)", 가흥현嘉興縣 지현知縣 정진선鄭振先에게 서원을 창건하여 부속府屬 각 현의 최고학부로 삼기를 강력하게 주장했다. 인문당은 강학 및 강회 장소로서, 숭현당崇賢堂에서는 설선薛瑄, 진헌장, 호거인, 왕수인 네 명을 제사지냈으며, 향신 생도들이 모여 강학했던 곳이다. 이듬해, 제학부사提學副使 악원성岳元聲 등과 큰 강회를 열면서 숙강의(肅講儀: 강회 의식을 엄숙히 진행), 작기회(酌期會: 일자를 기약), 엄마력(嚴磨砺: 엄격한 스승 초빙 및 생도 모집), 광여진(广與進: 산림은사 및 시정포의 모두 참가 가능-이상 역자) 네 조목으로 된 「강규講規」를 제정했다. 동시에 학전을 마련하고, 장도후蔣道厚를 비롯한 부학 생원들의 공정(公呈: 공적 명의로 쓴 청원서-역자)을 허가하였으며, 학전 마련(創置田), 학전 임대(收院租), 명확한 조사(淸稽査), 지출 명세 공개(明支給), 조세지수 제도 시행(酌支數), 호적 밝힘(淸册户), 학관 임명 중시(重主典), 제사 의례 결정(定禮祀), 신중한 수리(謹修理), 신중한 봉록 지불(愼請給), 엄격한 준수(嚴看守) 등의 내용이 포함된 「조리원전사의條理院田事宜」를 집행함으로써 경제적으로 강학, 강회 활동의 원활한 운영을 보장하였다.

우산서원虞山書院은 소주 상숙성常熟城에 위치했으며, 원래 문학서원文學書院 혹은 학도서원學道書院이라 불렸다. 원 지순 2년(1333), 읍 사람 조선성曹善誠이 설립하였으며, 공자 제자 언언(言偃, 子游)을 중사지내고, 강당과 재사齋舍를 지었다. 유사가 이 일을 조정에 올려, 산장을 학관으로 두어 서원의 정무를 주재하도록 하였으나, 지정 말년에 파괴되었다. 명 선덕 연간에 재건되어 '학도서원'으로 개명되었으나, 얼마 지나지 않아 다시 허물어졌다. 가정嘉靖 43년(1564), 우산虞山에 재건되면서 문학서원이라는 옛 이름으로 개칭되었다. 만력 초, 장거정張居正이 전국의 서원을 모두 허물면서 언자사言子祠만이 남게 되었다. 34년(1606), 상숙현 지현 경귤耿橘이 중건하면서 '우산서원'으로 개명했다. 일반적으로 매월 3일에는 제생들이, 6일에는 거인들이 회문했으며, 9일에는 학도강學道堂에서 강학했다. 매년 3월 3일, 9월 9일에는 "각지의 동문들이 3일 동안 모임을 가졌다(大會四方同志三日)." "허심구익虛心求益"을 "회강의 제1요의(會講第一要義)"로 삼고, "진실구명眞實求明"을 강학의 요강으로 삼았으며, "성인의 당일지학當日之學을 강구하여 금인의 학성지로學聖之路를 열어야 한다(講求聖人當日之學, 以開今人學聖之路)."고 주장했다. 학문 성향은 무석無錫의 동림서원東林書院에 빗댈 수 있었으며, 고헌성高憲成, 고반룡高反龍 등까지도 이곳에서 강학했을 정도로 동림서원의 영향력과 맞먹었다.

우산서원은 인문서원보다 더 광범위하게 일반 백성들에게 개방된 데다가 제도적으로도 보장되어 있었다. 백성들 역시 몇 등급으로 나뉘어 있었는데, 효자, 선인, 산림은 일 등은 빈부賓簿에 등록되어 제생과 같이 착석하였으며, 일반 백성은 회부會簿에 등록되었을 뿐, 바닥에 착석하였다.

하층민들에 서원 출입을 허용하여 당에 올라 강의에 참석케하고 강설의 기회까지 부여한 데에는 이론적 근거가 있었다. "누구나 요순이 될 수 있다(人皆可以爲堯舜)."는 유가의 옛 가르침이 그것인데, 당시 왕간王艮을 필두로 하는 태주학파泰州學派가 이를 주장했다. 소금장수, 거지, 노복 같은 이들도 강학할 수 있었던 분위기에서, 시정포의, 농부도 예외가 될 수는 없었던 것이다. 그들의 주장에서 서원 개방의 정신과 백성들 모두 요순이 될 수 있다는 신념을 엿볼 수 있다. 이것이 바로 명대 서원의 서민화의 이론적 근거 및 서민 교육 종사의 토대였으며, 이를 통해 우리 조상들이 일반 민중들의 정신문명 건설을 위해 부단히 노력했음을 알 수 있다.

둘째, 도시에 위치했던 관부서원이 하층민에게 개방되면서 본래 향촌에 있던 가족서원, 마을 서원의 직책에도 변화가 생겨났다. 교육 대상이 자제에만 국한시키지 않고 종족, 향당으로까지 확대되었으며, 아이부터 어른까지 전 세대를 아우르면서 서원 사업은 독서 및 문자 교육뿐만 아니라, 예의 교육, 강학을 통한 교화 역시 일상적 수업이 되었다. 이에 관해서는 안휘, 강서 두 지역의 서원을 예로 들 수 있다.

안휘성 경현涇縣의 경우 "요강지학姚江之學이 수서서원에서 흥성하자 경현의 각 향(鄕: 명나라 지방의 최소 행정단위-역자)에서는 이를 모방하여 서원을 세워 친구를 만나고 백성을 계몽시키는 장소로 삼았다. 태천臺泉에는 용운서옥龍雲書屋, 마계麻溪에는 고계서옥考溪書屋, 적산赤山에는 적록서원赤麓書院, 남령藍嶺에는 남산서원藍山書院이 세워졌다. 수서서원에서 강학했던 스승이 한가할 때 다른 서원의 초청으로 교류하거나 강학을 열었다. 모이면 학문 연구에 힘쓰며 성명(性命)을 논하였고, 흩어지면 어록을 정리하고 저술하여 풍속을 교화하는 데 전력을 기울였다."71) 이들 서원은 학문을 연구하고 학파를 설립했을 뿐만 아니라 학설을 널리 전파하여 민간에까지 전했다. 이들은 학문을 통해 사람들을 교화하고 좋은 풍속을 형성하는 데 더 많은 관심을 기울였다.

　　강서성의 안복安福은 강우왕문江右王門의 거점 지역으로, 대표적인 인물로 왕수인에 사사받았던 추수익, 유효劉曉, 유방채劉邦采, 유문민劉文敏, 유양劉陽 등 10여 명을 들 수 있다. 가정 5년(1526), 유방채, 유효 등은 석음회惜陰會를 열었으며, 격월 보름마다 만나 사방 동문들과 5일간 모임을 가져, 함께 학문을 갈고 닦으며 사설師說을 깊이 공부했다. 가정 15년 추수익과 지현 정문덕程文德은 현성縣城에 복고서원復古書院을 세워 강회 장소로 삼았고, 가정 32년 추수익과 유양은 현 북부지역 뽕밭에 연산서원(連山書院, 혹은 연산서옥連山書屋)을 세웠다. 37년 추수익이 앞장서서 유방채, 윤일인尹一仁 등과 함께 현 남부지역 주호洲湖에 복진서원(復眞書院, 復貞書院이라고도 함)을 세웠다. 그 후 현 서쪽 편에 복례서원(復禮書院, 융경6년, 1572, 現 蓮花縣), 식인서원(識仁書院, 만력 19년, 1591)을 현 동쪽 편에 도동서원(道東書院, 만력 21년, 1593)을 세웠다. 이처럼 현성縣城에 복고서원을 중심으로 동서남북 네 방향의 서원이 모두 강회장소로 사용되었다. "한동안 강회 분위기가 조성되어 사람들마다 분발하여 선을 권하고 잘못을 지적하였으며, 강회에 참가하지 않는 것을 부끄럽게 생각했다."[72] 안복은 강우에서 가장 활발하게 활동했던 왕학의 거점 지역으로, 전덕홍이 「석음회어惜陰會語」에서는 "산간벽지의 전부야로田夫野老까지도 강회를 알고 있었으며 모두 이를 존경하면서 편안히 여겼다"라고 했다.[73]

---

71) 淸·趙紹祖,「赤山會約跋」. 鄧洪波, 앞의 책, 503-504쪽. "自姚江之學盛于水西(書院), 而吾泾各鄕慕而興起, 莫不各建書屋, 以爲延納友朋, 啓迪族黨之所, 其在臺泉則有雲龍書屋, 麻溪則有考溪書屋, 赤山則有赤麓書院, 藍嶺則有藍山書院. 一時講學水西諸前輩會講之暇, 地主延之, 更互往來, 聚族開講. 故合則考德而問業, 孜孜以性命爲事, 散則傳語而述教, 拳拳以善俗爲心."

72) 明·鄒守益,「創建復眞書院序」. 淸·王吉 외,『復眞書院志』권7. "一時意氣翕聚, 人人思奮, 勸善規過, 以不預爲恥."

73) 李才棟,『江西古代書院硏究』, 南昌, 江西教育出版社, 1993년, 327쪽. "窮鄕邃谷, 雖田夫野老皆知有會, 莫不敬業而安之."

이처럼 명대 서원은 평민화되는 분위기 속에서 서민 교육의 장이 되었다. 이는 서원 역사상 유례없는 현상 필자 역시 이 점을 중점적으로 서술하였다.

2. 유학 해석의 평민화: 서원 강학의 새로운 특징

유학 해석의 평민화는 명대 서원 강학의 새로운 특징으로, 이러한 상황이 출현한 데에는 세 가지 이유를 들 수 있다.

첫째, 왕학과 담학湛學 중에서도 특히 왕학은 반란 평정과 농민봉기 진압, 그 후 사회질서의 재건 과정에서 발전한 학문으로 이른바 '산 속의 적'이 아닌 '마음의 적'을 격파하여 민중의 문제를 해결하는 것을 중요한 의제로 설정했으며, 이에 따라 민중 강학은 현실적으로 요청된 것이었다. 둘째, '육경이 내 마음의 주석(六經注我)'이라는 학문적 열정이 주체적 능동성을 추동하면서 고매한 이론은커녕 글자조차 모르는 민중들에게 강학할 수 있었으며, 왕학과 담학의 서민적 해석도 가능할 수 있었다. 셋째, 서민 서원의 등장으로 유가 경전을 서민적으로 해석할 수 있는 이상적인 기관이 마련되었다.

서원에서 이루어지는 교육은 역시나 유학이었으나, 높은 수준의 이론이 아닌, "백성일용지도百姓日用之道" 이념에 근거한 "백성일용지학百姓日用之學"이었다. 일상적인 윤리 강상과 풍속 교화에 중점을 두고 일반 서민들에게 유가 이론에 걸맞는 이념을 확립하는 것이 임무였으며, 교육대상은 유생, 선비가 아닌 산림포의, 전부야로, 심지어 글자도 모르는 "보통 사람들(愚夫愚婦)"이었다. 때문에 반드시 학술적 언어가 아닌 평이한 언어로 강학해야 했으며, 최대한 구어로 진행하여 기억하기 쉽게 해야 했다. 이처럼 "현지의 풍속을 감안하여 뜻은 평이하면서도 상세하게 설명하는 것(本爲地方風俗計, 意不厭淺, 而語益加詳)"을 유학 해석의 서민화라고 한다. 당시 쉬운 언어로 서민들에게 유학을 가르치는 사람들이 많았으며, 이는 일반 백성을 위한 서원의 발전과 함께 새로운 강학의 특징으로 자리 잡았다.

왕수인과 담약수, 서원 평민화를 최초로 이끄는 인물

명대 서민화 유학 해석은 왕수인, 담약수 등의 대사가 시초를 열었으며, 이는 그들의 서원 교육을 통해서 확인할 수 있다.

귀주 용강서원에 머무는 동안 왕수인은 '이민족(夷人)'과 함께 강학하면서 서민적 해석의 단초를 열었다. 정덕 13년(1518), 감주(贛州)의 '산 속의 적'인 '도적떼의 난(寇亂)'을 평정한 뒤 「흥거사학패興舉社學牌」, 「사학교조社學教條」, 「남감향약南贛鄉約」을 발표했으며, 감주 염계서원의 강학을 복원하여 민중의 '마음속의 적'을 다스리고자 했다. 「사학교조」는 교사들이 "학생 교육을 집안일로 여겨 학생뿐만 아니라 그들의 부모와 형제도 감화해야 한다. 시경과 예기 장구를 가르치는 데 부지런할 뿐만 아니라 덕행과 마음가짐(心術) 수련에도 힘써서 예의를 지키고 겸손하게 하여 풍속이 날로 좋아지도록 힘써야 한다."[74] 총 15개 조목으로 되어 있는 「향약」에는 생로병사, 예의와 풍속, 친족 및 이웃과의 관계, 임대 및 대출, 의례 일정 등이 포함되어 있었으며, 자서에는 다음과 같은 내용이 있다.

> 향민들이 화목하게 살기 위해 향약을 제정하였다. 이제부터 향약에 따라 부모에게 효도하고, 윗사람을 공경하고, 자손을 잘 교육하여, 이웃 간에 사이좋게 지내고, 상고에 서로 돕고 환난에 서로 서로 구휼하고, 서로 선행을 권면하고, 악행을 교계하고, 송사를 그치고 다툼을 없애고, 신의를 강구하고 화목을 도모하여, 선량한 백성이 되고 인후한 풍속을 만드는 데 힘써야 한다.[75]

이 구절에는 백성의 풍속을 교화시킨다는 의미가 담겨있다. 전덕홍의 「양명연보부록」에 따르면, 사학을 일으키라는 령이 반포된 이후 감주 성내城內 동쪽에는 의천서원義

---

74) 明·王守仁, 『王陽明全集』 권17, 661쪽. "以啓迪爲家事, 不但訓飭其子弟, 亦復化喩其父兄. 不但勤勞于詩禮章句之間, 尤在致力于德行心術之本, 務使禮讓日新, 風俗日美."

75) 위의 책, 600쪽. "今特爲鄉約, 以協和爾民. 自今凡爾同約之民, 皆宜孝爾父母, 敬爾兄長, 教訓爾子孫, 和順爾鄉裏, 死喪相助, 患難相恤, 善相勸勉, 惡相告戒, 息訟罷爭, 講信修睦, 務爲善良之民, 共成仁厚之俗."

368

泉書院, 남쪽에는 정몽서원正蒙書院, 서쪽에는 부안서원富安書院과 진녕서원鎭寧書院, 북쪽에는 용지서원龍池書院의 사학社學 5개가 설립되었다. 유생 중에 모범이 되는 이들은 교독教讀으로 세웠다. 우수한 자제들은 서원으로 보내져 시가의 예를 가르치고 효제를 베풀도록 하였다. 1년이 채 되지 않아 백성들이 크게 감화하여 악행이 사라지고 선량하게 변하였다. 시전市廛의 백성들조차 긴 옷을 입고 두 손을 모으고 읍하며 골목마다 낭송소리가 울려 퍼지면서 삼대의 유풍에 젖어들었다."[76]

난이 진압되고 경제가 낙후되었던 감주 남부 지역에서 왕수인의 서원 강학은 어떻게 단기간에 효과를 낼 수 있었을까? 이는 그가 추진했던 "이해하고 실천하기 쉬운(淺近易行)" 교학방법과 밀접한 관련이 있다. 그는 "어린이를 가르치는 자는 효제孝悌, 충신忠信, 의례義禮, 염치廉耻를 주요 내용으로 삼아야 한다. 심신수양을 가르치려면 시가詩歌 공부를 통해 그들의 의지를 돋우고, 예의 습득을 통해 용모와 태도를 엄숙하게 하고, 독서를 통해 지혜를 계몽시켜야 한다. 요즘 세상에 시가를 통해 예의를 습득하는 것이 부적절하다고 생각하는 이들이 많으나, 이는 근시하고 비루한 사고이다. 그들이 옛 성인의 교육을 어떻게 알겠는가!"[77]

이러한 교학 방법은 윗사람을 공경하는 것에서 시작하여 일상생활에서 쉽게 행할 수 있는 내용들이어서, 아이들에게 적합했다. 쉽게 보고 듣고 행할 수 있었기 때문에 빠른 시간 내에 체화할 수 있었으며, "자제들 훈육(訓飭其子弟)"에서 "부형을 교화(亦復化喻其父兄)"하는 것으로 확장되었다. 일반 백성들에게 쉬운 실천법을 전하고 웃어른 공경과 진실한 언행과 같은 유학 개념의 해석에서 서민적 요소를 찾아볼 수 있다.

담약수가 정덕 15년(1520)에 대과서원大科書院에서 제정한 『대과훈규大科訓規』는

---

76) 「年譜附錄一」, 『王陽明全集』 권36, 1343쪽. "東曰義泉書院, 南曰正蒙書院, 西曰富安書院, 又西曰鎭甯書院, 北曰龍池書院. 選生儒行義表俗者, 立爲教讀. 選子弟秀穎者, 分入書院, 教之詩歌習禮, 申以孝悌, 導之禮讓. 未期月而民心丕變, 革奸宄而化善良. 市廛之民皆知服長衣, 又手拱揖, 而歌誦之聲溢于委巷, 浸浸乎三代之遺風矣."

77) 明·湛若水, 『湛甘泉先生文集』 권6. "今教童子者, 當以孝悌, 忠信, 義禮, 廉恥爲專, 務其培植涵養之方, 則宜誘之歌詩, 以發其志意 ; 導之習禮, 以肅其威儀 ; 諷之讀書, 以開其知覺. 今人往往以歌詩習禮爲不切時務, 此皆末俗庸鄙之見, 烏足以知古人立教之意哉 ?"

「서규敍規」, 「훈규도訓規圖」, 「대과서당훈大科書堂訓」 세 부분으로 나누어져 있는데, 모두 『문집文集』한 권 분량의 몇 십 개의 조목으로 되어 있다. 여기에는 일용지사日用之事로 의리義利를 분별하여, 이해하고 실천하는 처신법을 통해 평민화된 유학사상이 담겨있다. 다음은 「서규」의 일부 내용이다.

『대과훈규』를 완성한 뒤, 이를 배우는 사람이 느리고 체계적으로 학습하지 못할 것이 걱정되어 『대과훈규』의 주요 부분을 간추려서 「서규」를 지었다. 무릇 '규'란 무엇인가? '학심學心'에 불과하다. 어찌 '심'이라 하는가? 자신의 직분에서 심득心得하면 경敬하게 되고, '경'하면 의로워진다(義). 자신의 직분에서 심실心失하면 방자하게 되고(肆), 방자함은 리利로 이어진다. 의와 리의 구분은 마음의 득得과 실失 사이에 있다. '의'는 '도'에 뜻을 두고, 천리天理를 체인하고, 일상생활에서 즐거움을 찾고, 인간관계에서 도를 추구하고, 독실하고, 말과 행동이 심을 따르고, 하늘을 원망하거나 타인을 허물하지 않고, 부모와 형제를 정성스럽게 모시고, 좋은 이를 스승으로 모셔 전수받아 익히고, 웃어른을 겸손하게 대하고, 동문들과의 사귐에서 예의를 지키고, 약속을 잘 지키고, 편견을 버리고, 덕업德業과 거업擧業을 모두 이루고, 안과 밖의 언행이 일체되고, 독서를 통해 심신이 합일되고, 겸손한 자세로 글을 짓고, 학업에 최선을 다하고, 경험한 바가 많아도 초심을 잃지 않고, 육경을 널리 배워 견식을 넓히고, 글을 쓰는 능력을 충분히 발휘하고, 집안 노복들을 단속하는 것이다. 이상의 조건들을 만족시키면 '군자'라 할 수 있다.

도에 뜻을 두지 않고, 방종하고, 헛된 향락을 추구하고, 인륜 밖에서 도를 구하고, 문예文藝를 우선시하고, 교언영색으로 거짓으로 행하고, 분노를 다스리지 못하고, 부모나 형제를 정성스럽게 모시지 못하고, 스승에게 도를 묻지 않고, 전수만 하고 배우지 않고, 동문들을 질투하고, 타인을 함부로 대하며 오만하고, 약속을 어기고, 편견에 치우치고, 과거 급제하여 벼슬에 오르는 것에만 관심을 두고, 작은 것에만 치중하느라 조리가 없고, 독서와 주경을 분리하여 이해하고, 눈앞에 있는 성공과 이익만 급급하고, 덤벙대고, 초심을 잃고, 선불仙佛에 혹하여 옳지 않은 심술心術에 의지하고, 남을 이기려고만 하고, 집안 노복을 단속하지 못하는 것이다. 이상의 조건에 해당하면 '소인'이라 할 수 있다

370

이런 까닭으로 옛 사람들은 항상 자강불식하는 군자들이었으나, 오늘날 사람들은 작은 이익에도 집착하는 소인임에도 이를 깨닫기조차 못한다. 이들은 어찌 옛 사람들의 지혜만 못하는가? '술術'이 다르기 때문이다. 따라서 배우기 전에 '술'을 변별하는 것이 중요하다. 배우는 사람이 「훈규도」를 보면 대체로 이해할 수 있다.[78]

태주학파泰州學派의 "백성일용지학百姓日用之學"

유학 해석의 서민화를 논하려면 서민 유학의 기치를 드높인 태주학파와 그들이 강학했던 서원을 빼놓을 수 없다. 이들은 유학의 서민적 해석의 주역이었으며, 서원 서민화 역시 태주학파의 영향을 받았다. 앞서 인용했던 인문서원仁文書院과 우산수원虞山書院에 관해 인용된 문헌에서 모두 태주학파의 창시자 왕간王艮을 언급하고 있다.

왕간(1483-1541)은 자는 여지汝止, 호는 심재心齋이며, 태주 안풍장(安豊場, 현 江蘇 東臺) 출신이다. 염업 가문 출신으로, 명나라 사람 능유陵儒는 "(왕간) 스승은 농가 출신으로, 부뚜막에서 자라 서른이 되어야 글을 읽을 수 있었다(先生本農家子, 生長竈間, 年三十才可識字)." 이지李贄는 "심재 선생은 본래 제염 종사자로 낫 놓고 기역자도 모르는 문맹이었다(心齋本一竈丁也, 目不識丁)." 그는 장사와 의료 행위를 통해 부를 이루었

---

78) 위의 책. "予旣爲『大科訓規』, 又慮夫習之者慢不知統. 是故, 括而圖之, 作「叙規」. 夫規何爲者也. 夫學心而已焉者也. 何莫非心也, 心得其職則敬, 敬爲義; 心失其職則肆, 肆爲利. 利義之判也, 間焉者也. 義爲志道, 爲體認天理, 爲尋樂也實, 爲求道于人倫之間, 爲笃實, 爲言動由中出, 爲不怨尤遷怒, 爲事父兄也誠切, 爲自得師, 爲傳習, 爲遇長者謙讓, 爲處同門久敬, 爲約信, 爲去成心, 爲二業並, 爲內外混合, 爲讀書調心合一, 爲作字也敬, 爲考業用心也精, 爲觀山水不失己, 爲博六經以開知見, 爲作文也發揮所得, 爲教束家仆. 充其類焉, 及其成也, 爲君子.
利爲無志, 爲肆欲, 爲虛樂, 爲外倫求道, 爲先文藝, 爲巧令以滋僞, 爲暴怒, 爲事父兄也不誠, 爲不求師, 爲傳而不習, 爲抗倨, 爲同門猜嫌, 爲期約不信, 爲師成心, 爲徒事擧業以幹祿, 爲支離, 爲讀書主敬兩途, 爲作字欲好, 爲粗心, 爲牿亡, 爲泛濫仙佛以壞心術, 爲欲勝人, 爲縱放家童. 充其類焉, 及其成也, 爲小人.
是故, 古之人有終日乾乾爲君子而不息矣, 今之人有終身弊弊爲小人而不知者矣. 豈其智不若欤? 其術使然也. 是故, 學莫先于辨術矣. 學者觀其圖焉, 斯過半矣."

는데, 그 과정에서 도를 자임하고자 하는 뜻을 품게 되어 날마다 『효경』, 『논어』, 『대학』
을 외우면서 "사람을 만날 때마다 뜻을 묻는(逢人質義)" 방식으로 10년 동안 독학으로
유교 경전을 습득했다. 후에 8년 동안(1520-1528) 왕수인을 따르면서 양지지학良知之學
을 전수받아 서민유학자로 이름을 떨쳤다. 그의 사상은 "백성 일상생활의 배움(百姓日
用之學)", "백성 일상생활의 도(百姓日用之道)", "백성 일상생활이 바로 도(百姓日用即道)
로" 특징 지울 수 있으며, 이것의 핵심은 세 가지로 정리할 수 있다. 첫째, '평범한
사람(愚夫愚妇)', 사농공상 등 '백성'을 근본으로 삼아 '성인의 도(聖人之道)'를 '백성
일상생활(百姓日用)'의 종지로 삼았다. 일반 백성들의 일상생활에 걸맞는 사상과 학설
만이 진정한 '성도聖道'라는 것이다. 둘째, '백성 일상생활의 도'에는 도덕적 정신뿐만
아니라 최소한의 물질적 안정에 대한 요구도 포함되어 있다. 셋째, "우부우부와 같은
이들까지도 배움의 중요성을 깨닫게 되는(愚夫愚婦皆知所以爲學)" 서민 교육을 주장했
다. 나이, 지위, 지식을 막론하고 학문에 뜻이 있다면 가르쳤다.79) 왕간은 유가경전에
정통하는 데까지는 이르지 못했으나, 본인의 지식을 토대로 서민을 교육했는데, 이러한
그를 대표하는 이미지로 작은 "수레(蒲車)" 하나를 몰고 "천하를 주유하며(周流天下)"
"발길 닿는 대로 사람들을 모아 강학하고(沿途聚講)", "산촌에 들어가 은둔하기도 하고
시정을 떠돌아다니며 사람들을 깨우치는 것(入山村求會隱逸, 過市井啓發愚蒙)"을 들 수
있다.80)

　　기록에 따르면 그는 "경서를 강의하면서도(講議經書)" "전주傳注에 얽매이지 않고(不
泥傳注)" "대부분 자득했으며(多發明自得)," "옛 성현들에게 배운 것을 자기만의 관점으
로 해석했다(貌焉希如聖賢人, 信口談解)."고 한다. 그는 자신의 사상과 언어로 유가경전
을 해석했는데, 이는 그의 "경서로써 자신의 깨달음을 점검하고 깨달음으로써 경서를
해석한다(以經證悟, 以悟釋經)."81)는 주장과 일치한다.

---

79) 侯外廬 외, 『宋明理學史』 하권, 北京: 人民出版社, 1987년, 433 - 437쪽.

80) 明 刊本 『年譜』, 『重鑴心齋王先生全集』 권2.

81) 侯外廬 외, 앞의 책, 421쪽.

왕간은 일개 평민으로 재야에서 일어나, 도통을 자임하며 태주학파를 창시했으며, 그의 영향은 한 시대를 넘어 몇 백 년 동안 지속되었다. 원승업袁承業의 「명유왕심재선생사승제자표明儒王心齋先生師承弟者表」통계에 따르면, 그의 학문은 5대에 걸쳐, 총 487명의 제자를 통해 전승되었다. 사보師保, 공경公卿, 강신疆臣, 목령牧令부터 사대부, 서인, 나무꾼, 도공陶工, 농민, 말단관리까지 두루 포함되어, 하층민이 주를 이루었고, 지역적으로는 현 강서, 안휘, 호북, 절강, 복건, 호남, 산동, 사천, 하북, 하남, 섬서, 광동 등지에 해당하는 전국에 두루 분포되어 있었으며, 그 중 강소 태주에 가장 많았다. 이들 대다수는 평민교육의 전통을 계승하면서 하층 민중에게 지식과 학문을 전수하는 데 주력하였다. 한정(韓貞, 1509-1584)은 자는 이정以貞, 호는 악오樂吾로, 강소 흥화興化 출신이었다. 가문 대대로 도자기업을 하였으며, 나무꾼 주서朱恕에게서 『효경』을 배우고 그 후에 왕간에게 사사받았다. "천성적으로 벼슬자리가 어울리지 않아 어부와 나무꾼으로 살며 성현의 도를 추구했던(生成難並衣冠客, 相泮漁樵樂聖賢)" 그 자체로 서민 유자의 전형이었다. 일생 동안 "교화를 자임하여 농공상農工商 백성을 일깨웠으며, 그를 따르는 이들이 천 여 명이나 되었다. 가을 추수가 끝나고 농한기가 되면, 생도를 모아 마을을 돌면서 강학했다. 앞에서 묻고 뒤에서 답하며 낭독하는 소리가 끊이지 않을 정도로 성황을 이루었다."[82] 이는 황종희黃宗羲가 우리에게 남겨준 강학의 이미지이다. 시골 마을에서 강학한 것 외에 무림武林의 양명서원에서도 강학했다. 그는 평이하고 쉽게 기억할 수 있는 말로 유학을 해석하는 데 능통했으며, 그의 저작인 『면주평부勉朱平夫』는 경전으로서의 특징을 갖추고 있었는데, 일상생활에서도 촌부에서 성현이 될 수 있다고 강학했다. 이는 학자들에게 자주 인용된다.

하늘과 닿는 단 하나의 길은 오직 일상생활에 있으니,
정좌하여 관공觀空하는 것도 물物이요, 마음 없이 물에 응하는 것도 공이다.
촌부村夫도 성인이 될 수 있으니 강 속 물고기가 용이 될 수 있다고 누가 생각이나

---

82) 黃宗羲, 『明儒學案』 권32, 720쪽. "以化俗爲任, 隨機指點農工商賈, 從之遊者千余. 秋成農隙, 則聚徒講學, 一村既畢, 又之一村, 前歌後答, 弦誦之聲, 洋洋然也."

했겠는가.

　　스스로 수련하지 않아서 그러할 뿐 우부와 요순이 본래부터 같은 존재다.[83]

「유재민喩災民」은 유가의 강상윤리로 민란을 진압한 내용으로, 다음과 같다.

　　생계는 신중하게 논의해야지 경솔하게 결정해서는 안 된다.
　　물고기는 배고픔을 참지 못해 낚시 바늘에 걸려 죽고
　　새는 먹을 것을 탐하다 그물에 걸려 죽는다.
　　안회는 안빈하여 명성이 자자했으며,
　　백이, 숙제는 굶어 죽었어도 이름을 남겼다.
　　남자는 음식과 무기가 없어도 신의만 있으면
　　강상綱常을 세운 것이다.[84]

　　이 시는 융경 3년(1569), 당시 흥화興化 지역은 대홍수를 맞아 "밭과 집들이 모두 침수되고 민심이 흉흉하여 난이 일어날 것 같은(田廬俱滅, 人心洶洶思亂)" 지역이었다. 지현은 한정에게 민란 해결을 청하였는데, 한정이 문인을 데리고 작은 배를 몰고 마을을 두루 다니면서 집집마다 이 시를 알려주며 설득했다. 기록에 따르면, "백성들은 이에 감동 받아 아내와 자식은 팔지언정 도적떼가 되지 않고 마을의 안정을 지켰다."[85]

---

83) 「韓貞集 · 七言律詩」, 黃宣民 수정본 『顔鈞集』, 北京: 中國社會科學出版社, 1996년, 810쪽.
　　"一條直路與天通, 只在尋常日用中.
　　靜坐觀空空亦物, 無心應物物還空.
　　固知野老能成聖, 誰道江魚不化龍.
　　自是不修修便得, 愚夫堯舜本來同."

84) 「韓貞集 · 七言律詩」, 『顔鈞集』, 185쪽.
　　"養生活計細商量, 切莫粗心錯主張.
　　魚不忍饑鉤上死, 鳥因貪食網中亡.
　　安貧顔子聲名遠, 餓死夷齊姓字香.
　　去食去兵留信在, 男兒到此立綱常."

85) 위의 책, 193-194쪽. "民爲之感動, 故雖賣妻鬻子, 而邑中無崔符之警."

이처럼 한정은 시에 유가 윤리 강상을 담아내어 천재天災로 인해 생겨난 인재人災를 해결했다.

안균顔鈞(1504-1596)은 자는 자화子和, 호는 산농山農 혹은 경초耕草로, 만력 황제의 이름을 피휘하기 위해 탁鐸으로 개명했으며, 강서 길안부吉安府 영신현永新縣 사람이다. 황종희는 그를 태주학파 중 "맨 손으로 뱀과 용을 때려잡는다(赤手搏龍蛇)."는 계열로 분류하였다. 평생을 협객으로 살아가면서 민간에서 강학했으며, 각지 서원 강회마다 그의 족적을 남겼다. 양주의 한강서원邗江書院에서 회강할 때 「양성동지회약揚城同志會約」을 짓기도 했다. 그의 학문은 "자연에 순임(純任自然)"할 것을 종지로 하여, 『대학』, 『중용』을 토대로 "대중학大中學" 즉 "대학중용지학大學中庸之學"이라는 쉽게 이해하고 실천을 위한 새로운 학문을 만들어냈다. 지위 고하, 지식의 많고 적음을 막론하고 안균은 모든 이들에게 강학했지만, 서민의 자녀, 마을 노인, 장정, 하인, 농부, 나무꾼, 도공, 나아가 승려, 도사 등 대부분이 하층 민중들로 항상 수백 수천 명에 달했다. 그의 저작은 전란 중이었던 청 함풍咸豊 6년(1856)에 간행되었으나, 머지않아 실전失傳되었다. 1996년에 와서 황선민黃宣民의 교점 작업을 거쳐 세상에 나오게 되었다. 그 중 서민적 색채가 풍부한 일부 내용을 살펴보고자 한다.

「잠언육장箴言六章」은 「성유육조聖諭六條」를 설명한 것으로, 압운을 갖춘 평이한 표현으로 되어 있다. 「화목향리和睦鄉里」에는 "새도 무리에서 홀로 떨어지면 무리를 찾느라 울면서 날아다니는데, 사람이 세상을 살면서 화목하게 지내지 않으면 되겠는가. 한 마을에 사는 사람은 한 공동체이니, 한 몸으로 여기고 서로 돌보며 시비가 일지 않게 해야 한다."[86]라는 구절이 있는데, 입에 잘 붙어서 기억하기도, 행하기도 쉬웠다. 조목 마지막마다 시 두 수를 덧붙여 유가의 윤리강상을 설명했다. 「효순부모孝順父母」라는 시는 다음과 같다.

　　부모에게 효도하면 늙을 때까지 원만하고,

---

86) "鳥雀失群, 飛躍呼尋. 人生處世, 和鄉睦群. 居住一鄉, 事同一體, 一體相關, 是非不起."

부모에게 효도하면 귀신도 보살펴주며,

부모에게 효도하면 장수하고,

부모에게 효도하면 가난해도 바랄 것 없다.

부모가 가난해도 원망하지 않아야

자손의 명이 좋아 자립할 수 있다.

부지런히 노력해도 성공하기 어려워도

부모에게 효도하면 복을 얻을 것이다.[87]

　「권충가勸忠歌」,「권효가勸孝歌」는 오언시라는 형식을 통해 유학의 핵심 관념을 표현한 것이다. "고금을 막론하고 충과 효에 관한 주제는 늘 책 첫머리에 실려 있게" 해서 "하늘의 그물은 매우 성글지만 충성하지 않는 이는 용납하지 않으며, 이런 사람들에게 인간 세상에서는 왕의 벌이, 저승 세계에서는 귀신의 징벌이 기다리고 있다는 것(天網雖恢恢, 難容不忠族. 明則有王誅, 幽則有鬼戮)"을 알게 하고 세상 사람들에게 "불효하면 집에 살 자격이 없고 옷을 입을 자격이 없고 양식을 먹을 자격이 없다(勿以不孝頭, 枉戴人間屋. 勿以不孝身, 枉著人衣服. 勿以不孝口, 枉食人五谷.)."고 알려줬다. 특히「권효가」에서 "자식이 십리를 가면 어미의 마음은 천리를 간다. 아내를 얻어 화목하게 지내다가, 어머니만 보면 안색이 굳어지고, 아내를 보면 환해지며, 어머니의 한 마디에는 불같이 화내도, 아내의 백 마디에는 그저 웃기만 한다. 사람으로서 부모에게 효도하지 않으면 금수와 다름없다. 까마귀 새끼도 늙은 어미에게 먹을거리를 물어다 줄 줄 알고, 새끼 양도 무릎 꿇고 젖을 빨 줄 안다. 사람의 자식이라면 경전을 많이 읽어야 한다."[88] 부모의 하소연 같은 이 표현은 유가의 가장 충효 관념을 분명하고도 유쾌하게 사람들에게 설명하고 있다.

---

87) "孝順父母好到老, 孝順父母神鬼保. 孝順父母壽命長, 孝順父母窮也好. 父母貧窮莫怨嗟, 兒孫命好自成家. 勤求不遂大家命, 孝順父母福祿加."

88)『顔均集』, 57-58쪽. "儿行十里程, 母心千里逐. 一娶得好妻, 鱼水情如睦. 看母面如土, 觀妻颜如玉. 母若責一言, 含嗔怒双目. 妻若骂百句, 陪笑不为辱. ……人不孝其亲, 不如禽與畜. 乌鸦尚反哺, 羔羊犹跪足. 劝尔为人子, 经書需诵读. ……"

제5절 번창 가운데 나타난 새로운 동향

명 중기, "육경은 모두 내 마음에 있다(六經皆注我心)."라는 기치를 드높인 사인들의 학문적 열정과 이를 토대로 한 자발성으로, "강회를 열고 서원을 세우고 서로 격려해주며(聯講會, 立書院)" 서원과 학술 모두 전성기를 향해 나아갔다. 서원과 학술의 관계 및 서원의 계층이동, 그리고 서민화의 문제에 관해서는 이미 두 절에 걸쳐 토론하였다. 이 절에서는 서원의 발전 현황과 그 가운데 나타난 새로운 발전 동향을 살펴보고자 한다.

1. 서원의 확산과 보급

명나라 영토는 원나라보다 작았지만, 서원은 원대보다 훨씬 많은 현 요녕, 하북, 북경, 천진, 산동, 산서, 하남, 호북, 호남, 광동, 광서, 해남, 강소, 안휘, 강서, 절강, 복건, 섬서, 감숙, 영하, 사천, 운남, 귀주 등 23개 성에 분포되어 사방으로 확장되는 양상을 보였다. 서남 지역의 서원은 귀주, 사천으로 뻗어 운남 지역으로까지 발전하면서 서원이 없던 운남성의 역사는 막을 내렸다. 주의周宜「운남서원목록雲南書院名錄」(미간행원고)의 통계에 따르면 명대 운남 한 성에서 창건 및 복원된 서원은 69곳으로, 연대별로는 홍치 연간 7개, 정덕 연간 4개, 가정 연간 23개소, 융경 연간 13개소, 만력 연간 14개소, 천계 연간 1개, 숭정 연간 5개가 건립되었으며, 2곳은 정확한 시기를 알 수 없다. 총수는 가정 연간이 가장 많으며, 연 평균은 융경 연간이 연 2.2개로 가장 높고 가정 연간이 약 0.5개로 그 다음을 차지한다. 지역별로는 보산保山, 라차羅次, 숭명崇明, 삼박三泊, 태화太和(현 大理), 하양河陽(현 澄江), 건수建水, 심순尋甸, 등월騰越(현 騰沖), 요주姚州(현 姚安), 조주趙州(현 鳳儀), 학경鶴慶, 낭궁浪穹(현 洱源), 녹풍祿豊, 곤명昆明, 미륵彌勒, 몽자蒙自, 검천劍川, 남녕南寧(현 曲靖), 노남路南, 운남雲南(현 祥雲), 초웅楚熊, 석병石屏, 진녕晉寧, 몽화蒙化(현 巍山), 경동景東, 정원定遠(현 車定), 등천鄧川, 빈천賓川, 안녕安寧, 강천江川, 무정武定, 역문易門 등 30개 주현에 분포되어 있었으며,

가장 서쪽으로 중국, 미얀마 접경지역인 현 등충현騰冲縣까지 이르렀다. 이 책의 〈표 6.1〉 통계에 따르면, 운남성은 명대 새로 창건된 서원은 79개로, 주의周宜의 통계보다 10개 더 많은데, 이는 서원이 서남쪽으로 확장, 및 발전되어 가는 양상을 잘 보여주고 있다.

서북 지역의 서원은 섬서성에서 현 영하寧夏, 감숙甘肅까지 확장되었다. 가정 42년 (1563), 융경 원년(1567)에 건립된 은천銀川의 삭방서원朔方書院과 규문서원揆文書院은 명대 서원 발전의 산물이었다. 가정 연간 부사副使 탕관湯寬이 창건한 감숙성 주천서원 酒泉書院은 가욕관嘉峪關과 가깝고 서쪽으로는 옥문관玉門關을 향하고 있다. 서북 지역 은 명대 사건 사고가 많았던 최전방 중 하나로, "담장 하나만 넘으면 바로 이역異域(一 墻之外卽爲殊域)"이어서 "전쟁 분위기(戰鬪之俗)"가 짙었으며, 문풍을 일으켜 "가르치는 이는 현지에서 보기 매우 드물었다(敎之者甚爲闊疏)"데에 서원의 지역적 특색이 있었 다. 영하 삭방서원의 사례를 살펴보자.

옛 북쪽의 영하위寧夏衛는 화마지花馬池에 있는 영하후위寧夏後衛와 담장 하나를 사 이에 둔 이역異域이었다. 변방 사람들은 병기 사용법만 익혔을 뿐, 학문에는 무지했다. 가정 29년 순무 왕봉천王鳳泉의 청으로 학교를 세웠다. 왕봉천의 넓은 식견으로 이 지역 사람들의 전투적인 습성은 예의礼義가 아니면 위급한 상황이 닥쳤을 때 신속히 해결할 수 없다고 판단했던 것이다. 그러나 제생들 대부분은 장구章句를 거칠게 배웠 고, 추鄒, 노魯 지역과 같은 가법家法이 없어 학문으로 등용될 수 없었기에 교육도 등한 시하였다.

계해년 북직예北直隷 광평부廣平府의 채국희蔡國熙는 명을 받아 군량미를 운송했다. 공무를 처리한 여가 시간에 성현지학으로 제생들을 계몽시켰는데, 제생들이 모두 깨달 아서 자발적으로 못 다한 학업에 매진하기를 원하였다. 채국희는 학궁의 규제가 완비되 지 않았고 자신이 여러 차례 오갈 수 없는 상황에서 성 안 빈터에 서원을 짓기로 하였 다. 터 한가운데에 당堂 3 칸을 짓고 '체인당體仁堂'이라 칭했다. 양측에는 호방號房 12칸을, '체인당' 앞에서부터 순서대로는 의문儀門, 대문大門을, '체인당' 뒤편에는 가옥

3칸을 세웠다. '체인당' 뒤 가옥 좌우 양측에 사랑채 3칸을 지었고, 그 뒤에 사당 하나를 세워 공자를 주사하고, 송나라 장재를 향선생鄕先生'이라 칭하며 배사했다. 또한, 흙을 쌓아 1000척尺에 달하는 고대高臺를 세웠다. 고대에 올라 멀리 바라보면 중원이나 변경이나 한 눈에 환하게 들어왔다. 제생들은 채국희의 은혜를 잊지 않겠다는 뜻으로 이곳을 채국희의 별호인 '춘대春臺'로 명명했다. 인자仁者는 물物과 하나가 될 수 있다 했으니, 온화한 마음으로 춘대에 오르면 그 기쁨이 지기知己를 만난 듯하기도 했고, 교훈의 의미도 담겨 있었다. 고대의 오른쪽은 활쏘기 연습장으로, 제생들아 외적 침입을 막으려는 뜻을 잊지 않게 하기 위해 강학 후 활쏘기 연습을 하도록 했다. 완공된 후, 대문 앞에 '삭방서원朔方書院'이라는 패방을 세웠다.[89]

이 내용은 삭방서원이 "전쟁이 몸에 배어 있으면서 학문을 모르는(習乎兵矢, 不知有學)" 영하 지역 제생들에게 학문을 널리 알리는 것과 동시에 원로들을 모시고 『향약鄕約』과 『성훈聖訓』을 강독함으로써, 변경 주민들과 수비병들 모두 "감화하여 선을 행하도록 함(感發興起于善)"으로써 풍속을 교화시키는 두 가지 임무가 있었음을 잘 보여준다. 주목해야 할 점은 서원에 무예를 연습하는 사포射圃가 있었으며, 제생들은 학문 외의 시간에는 평소와 다름없이 "활쏘기 연습에 매진하면서 방비태세도 놓지 않았다(習射其中, 以示不忘御侮之意)." 이는 강남 지역에서는 보기 드문, 변경 지역 서원만의 특색을 잘 보여주는 상황이다.

---

89) 寧夏衛, 古之朔方也, 其後衛在花馬池, 一牆之外卽爲殊域. 邊民習乎兵矢, 不知有學. 建學自嘉靖二十九年始, 則巡撫王公鳳泉之癸請也. 夫戰鬪之俗, 非漸以禮義, 緩急固未易使. 若王公者, 識度宏遠矣. 諸生粗習章句, 無鄒魯家法, 不得以文學辟擧, 所以敎之者甚爲闊疏.

歲癸亥, 廣平蔡君國熙奉命督餉至. 視事之暇, 進諸生迪以聖賢之樂, 鹹惕然有所省, 願請卒業. 君視學宮制未備又難數往, 則相城中隙地爲書院. 中作堂三楹, 曰"體仁堂", 兩翼爲號院十二楹, 前爲宜門, 又前爲大門. 堂之後爲廳三楹, 左右廂各三楹, 後爲餐堂一楹, 以祠夫子, 而有宋橫渠先生配焉, 曰是其鄕先生也. 又最後起土爲臺, 高千尺. 登臺遠眺, 則內夏外夷, 若指諸掌. 諸生以君之別號請名之曰'春臺', 志不忘也. 蓋仁者與物同體, 熙熙然如登春臺, 其樂或知己. 是亦有微訓焉. 臺之右爲射圃若幹武, 命諸生輟講則習射其中, 以示不忘御侮之意. 旣成, 而坊于大門之外, 曰'朔方書院'雲.

동북 지역의 서원은 산해관을 넘어 요하療河 평원에 위치했다. 홍치 연간에 창건된 금주錦州의 요우서원療右書院, 요양療陽의 요좌서원(療左書院, 가정 연간 正學書院으로 개칭), 북진北鎭의 앙고서원仰高書院은 명대 동북 지방에 최초로 생긴 서원이었으며, 가정 연간에 창건된 요양의 요좌습무서원療左習武書院, 북진의 하서서원河西書院, 심양 의 포양서원蒲陽書院, 철령鐵嶺의 읍청서원挹淸書院 등은 모두 서원이 전국적으로 확장 되고 있었음을 잘 보여준다. 특히 중국의 서원은 명 영락 연간에 황해, 압록강을 넘어 동쪽에 위치한 조선으로까지 확장되면서 세계화에 교두보橋頭堡가 마련되었으며, 융 경, 만력 연간에 이르러 조선의 서원 발전이 절정에 달하면서 유학 전파의 중심지가 되었다는 점을 지적하고 싶다. 구체적인 상황과 문화적 의의에 관해서는 별도로 다루고 자 한다.

2. 새로운 형태의 서원

사회 각층의 문화적 욕구를 충족시키기 위해 서원의 문화적 함의가 지속적으로 확장 되어 갔다. 덕분에 송원대보다 더 다양한 형태와 종류의 서원들이 생겨났을 뿐만 아니 라, 일반 지식인들의 개인적인 설립, 권문세가의 창설, 마을 공동체의 공동 설립, 지방 관공서의 설립 외에도, 군사軍事, 사단社團, 왕부王府, 정부관원까지 서원 설립에 뛰어들 면서, 명대 서원은 새로운 국면을 맞이하게 되었다.

군사軍事 서원

문무를 겸비하는 것은 중국 지식인들의 오랜 꿈이었다. 『당육전唐六典』에는 "문무를 익힌 자를 사인(士)이라 한다(凡習學文武者爲士)."는 표현이 있으며, 당대 초 산동 청주 靑州의 이공서원李公書院은 이정李靖이 말을 관장하고 병법을 익힌 장소였다. 이는 서 원의 초기 발전은 군사와 관련이 있다는 것을 보여준다. 송, 원대에는 서원을 활용하여 군사 교육을 실시했다는 기록이 곳곳에서 보인다. 소정紹定 5년(1232) 지주 이화李華가 창건한 복건성 정주汀州의 와룡서원臥龍書院은 제갈량을 봉사했으며, "팔진도八陣圖를 그려 기정奇正[90] 전술을 익히며, '왕업은 일부 지역만으로 안주할 수 없고 한나라는 역적과 양립할 수 없다.'는 구절을 좌우 양쪽 벽에 써넣고 아침저녁으로 예를 다했는데, 여기에는 본보기로 삼아 열심히 배우라는 뜻이 담겨 있었다."[91] 원대 몽골족 천노千奴는 역산서원歷山書院을 세우고 제생들이 "틈이 날 때마다 활쏘기와 말타기를 연습케 하여 전쟁을 대비하도록(暇日習射御, 備戎行)" 했으며, 이와 관련에서는 앞에서 서술하였다. 이처럼 서원에서의 군사 교육은 오랜 전통을 갖고 있었다. 명대에는 이러한 전통의 토대 위에서 군사교육을 전문으로 하는 무예서원이 생겨났다는 데에 의미가 있었다. 이처럼 무예 서원武書院은 문예 서원文書院과 함께 발전하면서 중국 군사 전문 교육에 본격적으로 역할을 하게 되었다. 이러한 서원의 등장은 서원의 문화적 함의를 크게 확장시켰다는 점에서 중국 서원발전사에 기념비적인 의미를 갖는다.

명대 군사 전문서원의 출현은 위소제衛所制와 관련이 있다. 명나라는 전국적으로 군사조직인 위衛, 소所를 배치했는데 이들은 각 성의 도사都司에 소속된 동시에 중앙의 오군도독부五軍都督府에서 각각 관할하는 체제로 되어 있었다. 내륙의 위, 소는 민정과 분리되어 군정만 관할했던 것과 달리, 변경 지역의 위, 소는 군정軍政이 합일된 실토위소제實土衛所制로, 위는 부주에, 소는 현에 해당하는 행정권력을 가지고 있었다. 군과 민에서 날로 증가하는 문화교육에 대한 수요를 충족시키기 위해 병비도兵備道, 참장參將, 수어守御 등의 군사지휘관들은 위소 주둔지에 서원을 세워 무신 자제들과 군 내의 우수한 학생들을 모아 교육했다. 처음에는 무신 자제들에 교육 기회를 제공하기 위해 무관만이 서원 설립에 참여했다. 정통 2년(1437), 광동도 지휘첨사廣東都指揮僉事 장옥張玉과 광동 포정사 유영청劉永淸, 안찰사 양병楊昺의 "수업 개설을 제창하면서(倡義協課)", 광주廣州 성남城南의 염계서원을 중건하고 사당을 세워 주돈이를 제사 지냈으며,

90) 역자주. 奇正은 『孫子兵法』의 '奇正相生'에서 나온 말로, 전쟁에서의 奇襲法과 正攻法이 절대적으로 구별되는 것이 아니라 서로 因果가 된다는 말이다.

91) 宋·陳元晉, 「汀州臥龍書院記」. 陳谷嘉·鄧洪波, 앞의 책, 208쪽. "圖八陣奇正之勢, 書'王業不偏安, 漢賊不兩立'語于左右壁, 而朝夕瞻敬, 以寓願學思齊之意."

"사당 좌우에 재사를 세워 왼쪽에는 군郡의 우수한 이들을, 오른쪽에는 무관자제들(祠之左右創建齋舍, 左屬郡之秀民, 右居武官子弟)"을 머물게 했다.[92] 이런 서원은 내지의 위소衛所가 있는 곳이라면 대부분 흔적을 찾을 수 있다. 수어守御 이선원李善源은 호남 계양주桂陽州 자룡서원子龍書院을 설립하여, 삼국지의 명장 조자룡趙子龍에게 제사 지내고 참장 황도黃燾는 정주靖州에 무공서원武功書院을 세워 정주의 공로자를 제사 지냈다. 후에 이러한 문무를 겸비한 서원 설립 방식이 필요를 충족시키지 못하자, 무관들이 창건한 무신자제들을 위주로 한 서원, 무신자제들만을 위한 서원, 전문적인 무예 서원까지 등장하면서, 문서원文書院, 무서원武書院(무서원> 무예 서원, 문서원>문예 서원으로 전체 바꾸기) 두 가지가 각각 발전하는 추세가 형성되었다.

기존의 통계를 통해 최초의 무예 서원은 가정嘉靖 연간 남방 지역 구강위九江衛(현 강서 九江市)의 이무서원肄武書院이라는 것을 알 수 있다. 서원의 형태, 학생 모집, 교사, 교재 등은 가정 연간의 『구강부지九江府志』 권10에 간략하게 기록되어 있다.

> 이무서원肄武書院은 구강九江 부치府治 동쪽 구강위九江衛 안 동남쪽에 위치한다. 가정 6년, 병비兵備 하비何棐는 무신자제들을 교육할 곳이 없다며, 중청中廳과 양측 사랑채를 세우고 앞에는 대문을 설치하여 가옥들을 총 30여 칸 지었으며, 벽돌로 깔린 길을 닦고 담장을 쌓았다. 학문에 통달한 사람을 초청하여 무경武經과 육예六藝 등을 가르치게 하였다.

기록에 따르면 하비何棐는 자는 보지輔之, 명 직예 대흥현大興縣(현 북경) 출신으로 진사에 급제하고 태복사소경太仆寺少敬를 거쳐 가정嘉靖 5-7년(1625-1628)에 구강병비부사九江兵備副使를 지냈다. 전술했던 이무서원은 명대 지방 군사지역, 즉 구강위 부속 교육기관인데, 일반 사졸士卒이나 병사 자제가 아닌 무신 자제들을 모집한 것을 보면, 군사를 지휘할 수 있는 예비인력을 양성하는 목적이 있었음을 알 수 있다 학문에 정통한 문인을 스승으로 모셨지만, 학습 내용으로 보면 무경武經과 육예를 교육했던 것으로

---

92) 明·楊溥, 「濂溪書院碑記」. 위의 책, 493쪽.

보인다. 무경과 육예는 당시 북경과 남경 및 지방 문학에서 통용된 교재이자 주요 학습 과목이었다. 따라서 구강위 이무서원은 전술했던 무예를 보충했던 문예 중심 서원과는 달리, 문예로 무예를 보충했던 완전한 군사학원이었다.

만 리나 떨어진 북방 변경 지역 요동도사성遼東都司城(현 요녕성 遼陽市)은 강서 구강위의 이무서원을 창건한 이듬해인 가정 7년(1528)에 요양무서원遼陽武書院을 세웠다. 원래 이름은 요좌습무서원遼左習武書院으로,[93] 연혁, 규제, 성과 등은 가정 『전요지全遼志』 권1 「도고圖考·요양성遼陽城」에 간략하게 남아있다.

무서원은 도사치都司治 북서쪽에 위치하며, 중당中堂 5칸, 동서 양쪽 가옥 각 10칸, 관덕청觀德廳 3칸, 전루箭樓 1채, 대문 3칸, 무변군영방武弁群英坊 하나로 구성되어 있었다. 가정 무자년(7년, 1528) 순안어사巡按御史 왕중현王重賢이 세웠다. 갑자년(43년, 1564), 순안어사 이보李輔가 중건하여 호방號房 3칸을 증축하여 향시鄕試 무거武擧 응시자들을 서원에 거주하게 하면서 정기 모임을 통해 교육하고, 물자도 후하게 지원하고, 말타기와 활쏘기를 익히게 하고, 병법에 정통하도록 했다. 을추년(44년, 1565) 무시武試에서 20명이 합격하였다.[94]

기록에 따르면, '도사都司'는 명대 '도지휘사사都指揮使司'의 약칭으로, 당시 전국 13 행성의 각 1명 외에도 대녕大寧, 요동遼東, 만전萬全까지 모두 16명의 도사가 있었으며, 위, 소에 소속된 지방 최고의 군정 기관이었다. 요동도사遼東都司에 속한 요양무서원遼陽武書院은 일반 무신자제가 아닌 향시鄕試에 응시할 무거인武擧人을 모집했다. 따라서 구강위九江衛 이무서원보다 등급이 더 높은 고등교육이었으며, 당사청루문방堂舍廳樓門坊이 갖추어져 있는 등 규제도 완비되어 있었고 물자 지원도 풍부했다. 30년 이상

---

93) 가정 16년『遼東志』권2의 「建置」에는 "요좌습무서원은 도사 서북쪽에 위치하며 순안어사 왕중현이 세운 곳이다(遼左習武書院, 在都司西北, 巡按御史王重賢建)."라는 기록에 따르면 '遼陽武書院'의 원래 이름은 '遼左習武書院'이었다.

94) "武書院(在)都司治西北, 中堂五間, 東西號房各十間, 觀德廳三間. 箭樓一座, 大門三間, 武弁群英坊一. 嘉靖戊子(七年, 1528), 巡按御史王重賢創建. 甲子(四十三年, 1564), 巡按御史李輔重修, 增建號房三間, 取本科鄕試武擧群居其中, 定會示程, 優以供給, 俾各閑習騎射, 精通韜略. 乙醜(四十四年, 1565)會武, 中式二十人."

동안 '정기 강회(定會示程)'의 제도적 관리, 한 번에 20명씩 과거에 급제하는 성적 등 모두 고등 군사학부로서의 위상을 보여준다. 무엇보다 주목해야 할 것은 가정 41년(1562) 어사 왕득춘王得春이 서원을 중수하면서 진섬陳暹에게 부탁한 기념글이 현존하는 유일한 무서원 문헌으로, 서원의 구조 및 무서원 설립의 이유와 목적 등이 모두 기록된 귀중한 자료라는 점이다.

사단社團 서원

명대 중후기, 독서인들은 강회를 열거나 학문 교류를 목적으로 한 모임을 갖거나, 결사結社를 맺는 방식으로 많은 사단社團 조직을 만들었다. 서원은 원래 사인들이 강학하던 곳으로, 사풍士風이 크게 일면서 시대적 특색을 지닌 사단서원이 탄생하였다. 당시 많은 사단 조직이 장기간 활동하면서 강학 활동이 활발하게 이루어졌다. "저희 고향에서 강회는 밥 먹듯이 자주 열려, 지역 마다 열리지 않은 곳이 없고 해마다 열리지 않는 때가 없었다. 만력 연간 창건된 로주서원鷺州書院은 갑오년에서 갑자년까지 30여 년 동안 지속적으로 강회를 열어 인문의 향기가 자욱한 것이 가히 대단했다."라고 묘사되기도 할 정도였다.[95] 서원의 이러한 학회식 강회는 전덕홍이 "두메산골 깊은 골짜기 전부야로가 모두 알고 있지만, 자신의 업에 여전히 최선을 다하면서도 서원에 다니고 있었다(窮鄕邃谷, 雖田夫野老皆知有會, 莫不敬業而安之)."고 설명할 정도로 널리 퍼져 있었다. 특별한 이름이 없던 이들 서원들을 사단서원이라 부르고자 한다.

사단서원이라는 명칭은 "학문에는 반드시 회약이 있고, 모임에는 반드시 회규가 있다(凡學必有約, 凡會必有規)."[96]는 말처럼, 인솔자, 기간, 의례, 계획, 지원, 기록, 토론, 과정, 규장, 계율이 있었으며[97], 종지가 명확하고 제도가 완비되어 있는 등, 오늘날의

---

95) 明·許大益,「依仁會紀事」. 陳谷嘉·鄧洪波, 앞의 책, 686쪽. "敝鄕學會如家常茶飯, 無地不有, 無歲不行. 即鷺州書院, 創于萬歷年間, 自甲午至甲子卅余年, 會講無間, 是人文炳郁, 頗有可觀."

96) 明·岳和聲,「共學書院會規」. 鄧洪波,『中國書院學規』, 92쪽.

사단과 같은 특징을 갖추고 있었기 때문에 붙여진 것이다. 이들 서원에는 '회약', '회규', '규약', '규정', '규장' 등 자신의 학술적 특징, 학문적 추구, 정치 성향이 담긴 규장이 정해져 있어서, 반드시 이를 준수해야 회원으로 가입할 수 있었기 때문에 서로를 '동지', '동맹'이라고 불렀다. 입회 후에는 '문적門籍', '회부會簿', '동문록同門錄' 등 명부에 성씨, 관적, 연령, 입회 시기 등을 기록해야 했다. "학습자의 강회 참여 횟수로 부지런한 정도를 확인하고, 미래 가능성을 판단하여 후학들의 모범으로 삼았다."[98] 회강 내용은 '강장어록講章語錄', '회어會語', '상어商語', '회기會記'의 제목을 달아 기록해 두었다. 각 회會는 서원을 보유하고 있거나 강회 자체가 서원에서 주관하는 것으로, 참여자들은 이곳에서 강학하고 수업하고 전도傳導하거나, 저술하고, 학설을 세우고, 도서를 출판하는 등 이곳을 학문의 본거지로 삼았다. 견해가 다른 이들은 서원을 학회와 또 다른 학술교류의 터전으로 삼았다. 따라서 이들 서원을 사단서원이라 부르는 것이다.

사단서원은 지방 지역 사람들이 설립했으나, 일반 유교 지식만을 전수하는 것을 넘어, 스스로 서원에서 공부하며 공통된 학문적 주장과 정치적 견해를 추구하는 것을 제1목표로 삼았다. 따라서 사단서원은 일반 서원과 최소 세 가지 점에서 차이가 있다. 첫째, 학습자의 나이. 사단서원은 부형(자제 포함) 위주, 일반서원은 자제들 위주로, 사단서원은 기본적으로 성인을 주 대상으로 하는 서원이었다. 둘째, 목표. 사단서원은 학술적 주장을 중시했다면, 일반서원은 지식전수를 중시했다. 셋째, 운용방식. 일반서원이 지식 전수를 중시했다면, 사단서원은 강회, 회강 즉 학술적 교류를 중시했다.

서원 설립과 강회 거행은 사단서원 운영의 특징 중 하나이다. 강회는 서원 고유의 학술 심포지엄, 회동강학, 학술모임 등의 회강 형식을 이용하여 활동하면서, 서원을 기반으로 사업을 전개하고 독자적으로 운영할 수 있었던 학술조직, 학술단체이다. 따라서 강회와 서원의 관계는 조직 형식상 연동되어 있으면서도 독립되어 있었다. 그러나

97) 이상의 내용은 方學漸이 萬曆 38년 (1610)에 쓴 「崇實會約」의 조목으로, 당시 徽州六邑書院에서 공동으로 준행했다.

98) 明·顧憲成, 「東林書院會約儀式」. 鄧洪波, 앞의 책, 17쪽. "一以稽赴會之疏密, 驗現在之勤惰; 一以稽赴會之人他日何所究竟, 作將來之法戒也."

실제는 '강학'이라는 공동사업, '회강'이라는 공유의 강학형식 등으로 인해, "서원을 세우고 강회를 열면서 함께 미래를 도모했다(立書院, 聯講會, 相望于遠近)." 강회와 서원의 결합은 왕잠王湛 및 그 후학들의 사단서원의 강학 정신이 깃든, 지혜로운 선택으로, 주목 받아야 마땅하다. 유명한 강회는 그 외에도 매우 많았다. 왕수인과 그의 제자 전덕홍錢德洪, 왕기王畿가 운영했던 월중서원강회越中書院講會, 요강서원강회姚江書院講會가 있었다. 그리고 휘주 자양서원강회, 동림서원東林書院강회, 관중서원關中書院강회, 수선서원首善書院강회 등에 관한 내용은 아래에서 설명할 것이므로 여기에서는 따로 부연하지는 않겠다. 그 밖에 청원회靑原會, 운흥회雲興會 동선회同善會, 서원회西原會, 수남회水南會, 난서회蘭西會, 수서회水西會, 군산회君山會, 광악회光岳會, 구룡회九龍會, 복초회復初會, 복고회復古會, 이인회依仁會, 천천회天泉會 등에 관한 기록들을 모두 남겼다.

강회 장소로서의 서원은 강회식 서원으로 부를 수도 있겠지만, 서원과 강회의 관계, 특히 이들 서원의 학술단체로서의 특징 및 시대성 있는 학문 내용과 정치적 성향을 반영할 수 있는 사단서원이라는 명칭도 주장할 수 있다.

왕부王府 서원

명대 황가의 번왕藩王이 서원 건설 행렬에 참여하여 왕부서원 각본을 창조해낸 것은 송원대에는 볼 수 없었던 독특한 현상이었다. 여기에는 황실의 서원에 대한 지지를 보여주는 동시에 번왕이라는 특수한 사람들의 문화적 수요가 담겨 있다. 황제 집권의 중앙 전제제도를 강화하기 위해 명나라 주원장 때부터 자신의 자제들을 왕으로 분봉하고 각지에 번藩을 설치하고 부府를 세웠다. 각각의 번왕부藩王府는 정치적으로 엄격하게 통제되어 있어서, 조정과 지방정사에는 관여할 수 없었으나, 높은 사회적 지위와 경제적 영향력은 가지고 있었다. 정치적으로 힘을 못 쓰게 되자, 문화사업으로 눈을 돌려 서원 건설에 참여했던 것이다.

번왕부마다 서원 건설에 참여하게 되었던 구체적인 상황은 같지 않다. 땅을 기부하여 배우는 자에게 후원하는 이도 있었다. 요번饒藩 영풍왕永豊王 주후오朱厚爍는 가정 34년(1555) 가을, 도창都昌 류씨柳氏 전산 292묘를 백록동서원에 기부하고, 자양창紫陽倉 조곡 432석을 세입하여 "인재 양성에 힘을 기울였다(以養俊髦)." 추수익鄒守益은 「종번의전기宗藩義田記」에서 이와 관련된 일을 기록하면서, 이러한 "번왕의 봉지와 세록 (藩封世祿)"을 다른 왕부처럼 "불교와 도교에 복을 비는 데(徼福佛老)" 쓰지 않고 "유학 의 도를 숭상하여(隆儒重道)" 배우는 자들을 지원하는 것을 극찬했다. 서원을 설립하고 강학하는 이도 있었다. 남창 녕왕부寧王府 주신호朱宸濠는 정덕 6년(1511)에 양춘서원 陽春書院을 창건하고 거인 유양정劉養正을 주강으로 초빙하고 인재들을 불러 모았다. 당시 그의 명성이 널리 알려지자, 왕수인은 자신의 제자 기원형冀元亨을 이곳 서원으로 보내 강학하게 하였다. 기원형은 양춘서원 강학 배후에 영왕 반란을 위한 인재들이 포섭되어 있다는 사실을 알아챈 뒤, 탈출을 계획했다. 훗날 이로 인해 누명을 쓰고 왕수인까지 연루되었으며, 기원형은 옥사하게 되었다. 반란을 평정한 후 양춘서원은 정학서원正學書院으로 개칭되면서 제자들을 모아 강학했으며, 더 이상 번왕부가 아닌 지방으로 귀속되었다. 얼마 지나지 않아 서원 강학이 정쟁으로 빠져들면서, 번왕부 서원 대부분은 강학 대신 각서刻書에 주력하게 된다.

엽덕휘葉德輝의 『서림청화書林淸話』등에 따르면, 최소 9개의 왕부서원에서 판각본이 전해진다고 한다.

왕부의 판각 서적은 세 가지 특징이 있다. 첫째, 경사요적經史要籍이 아닌, 자부子部 서적이나 집부集部 서적 위주로 판각했다. 일반적으로 경사 서적은 당시 국가 학술의 기초였기 때문에 판각하지 않으려 한 것은 아니지만 실제 불가능했기 때문에, 어쩔 수 없었다. 둘째, 『문선文選』, 『당문수唐文粹』, 『송문감宋文鑑』, 『원문류元文類』, 『고문관 건古文關鍵』등은 중국 문학사의 핵심 서적인 만큼, 왕부서원 및 주인의 순수 문학에 대한 애정을 보여 준다. 셋째, 정치적 압력으로 인해 신선의 몽환적 내면세계에 마음을 쏟은 자칭 도인道人의 왕들은 『포박자抱朴子』, 『금단대집성金丹大成集』, 『양생대요養生 大要』등을 지었다. 이들 명대 왕부서원들은 직접적으로 정치를 할 수 없는 상황에서 문학으로 마음을 돌려 극락세계에 의탁하였다는 것이 특징이다. 바로 문학 세계에 전력한 덕분에 현재까지 판본학에서 칭송받는 왕부서원 도서들이 탄생할 수 있었다.

3. 지방지 수정과 도서 출판: 서원 경험의 결정체

서원 발전사 및 강학, 회강 내용을 담은 대량의 편집물 및 간인과, 규장제도, 전산, 서목 등의 현황에 대한 기록들은, 경험과 교훈을 종합하여 서원을 운영한 흔적들로, 명대 서원제도의 성숙도를 보여주는 중요한 지표이다. 유례없는 이러한 현상은 명대 서원의 찬란한 발전상을 단적으로 보여준다.

서원의 문헌 자료에 대한 종합적 정리는 영락 연간부터 시작되었다. 『영락대전永樂大典』권16671에서 권16682까지, 총 12권에는 서원의 연혁과 문헌 자료가 별도로 기록되어 있다. 이는 권질이 방대한 『대전』에서 차지하는 비중은 극히 적지만, 전국 서원의 데이터를 최초로 수집한 사례라는 점에서 큰 의미가 있다. 안타깝게도 『대전』은 청대 후기에 다량이 산실되고 열강 8국의 침략 기간을 거치며 더 이상 이들 자료는 얻을 수 없게 되었다.

서원지 편수는 개별 서원마다 역사 문헌을 정리한 것으로 송대에 볼 수 있다. 악록서원 부산장과 백로주서원 산장을 역임했던 구양수의 문집 『선재집巽齋集』에는 그가 『내산서원지萊山書院志』를 위해 쓴 발문이 실려 있다. 이 서원지는 현재 남아있지 않지만, 중국 서원사의 최초 서원지였다는 점에서 매우 중요하다.

원대 지순 연간의 『진강지鎭江志』권11에 기록된 회해서원淮海書院에 관한 글에는 "『회해서원지淮海書院志』참고"라는 내용의 협조夾註가 달려 있는데, 이를 통해 원대 사람들이 서원지를 편찬했다는 것을 알 수 있다. 그러나 안타깝게도 너무 오래 된 데다가 재해를 거치면서 송원대 서원지의 본모습은 추측할 수밖에 없다.

명대 서원지 편수는 대체로 홍치 연간에 시작되어, 서원 발전기에 크게 유행하였다. 유명 서원들은 학술연구, 수업, 원무 관리 등의 경험을 정리하기 위해 일정 기간마다 간행되었다. 백록동서원의 경우 명대에 다섯 차례 서원지를 편수했다. 첫 번째는 성화 5년(1469)에 집성하고, 두 번째는 정덕 8년(1513)에 간행했고, 세 번째는 가정 4년

(1525)에 시작하여 34년(1555)에 간행했고, 12년 후에는 증보增補했으며, 네 번째는 만력 20년(1592)에 완성하고, 다섯 번째는 천계 2년에 간행했다. 악록서원은 정덕 9년(1514년), 가정 연간, 만력 18년(1590), 숭정 6년(1633) 네 차례 서원지를 편수했다. 다른 서원들 역시 이러한 분위기에 부응하여 서원의 문헌 자료 편집, 규장제도 기록, 강학 기록 정리, 서원 창립자 기록, 전답 재산 등기, 장서 목록 편제 등 역시 서원지, 어록, 회어, 문답, 규장, 서목, 문집, 시집 등의 이름으로 서원 문헌으로 간행되어 있다. 현재까지 필자가 참고한 자료만 해도 수십 가지가 넘으며, 이는 중국, 홍콩, 대만을 비롯해 한국, 미국, 일본 등 각지에 흩어져 보관되고 있다. 이를 〈표 5.4〉로 정리했다.

〈표 5.4〉 명대 편각서원 문헌 일람표

서원 소재지	서명/권수	저자/편찬자	간행연대
강소 상숙常熟	우산서원지虞山書院志 10권	손신행孫愼行, 장내張鼐	만력 34년
강소 무석無錫	동림서원지東林書院志	유원진劉元珍	만력萬歷 미간행원고未刊稿
절강 항주杭州	서호서원지西湖書院志	서기徐琦	영락 연간
	호림서원지虎林書院志 1권	섭심탕聶心湯	만력 연간
	호림서원회약虎林書院會约	감사개甘士价	만력 34년
절강 가흥嘉興	인문서원지仁文書院志 11권	악화성岳和聲	만력 연간
절강 영희永嘉	녹성서원집鹿城書院集	정회鄧淮	홍치 연간
절강 동양東陽	석동유방집石洞遺芳集 2권	곽부郭鈇	정덕 연간
	숭정서원지崇正書院志 11권	호희胡僖	불확실
절강 수안遂安	영산서원지瀛山書院志	방응시方應時	만력 30년
	속각영산서원지續刻瀛山書院志	방세민方世敏	천계 2년
절강 호주湖州	안정서원집安定書院集	심동沈桐	불확실
절강 숙산蕭山	남도서원록道南書院錄 5권	김분형金贲亨	가정 38년
절강 영강永康	오봉서원지五峰書院志	진시방陳時芳	천계 연간
안휘 육안六安	악록강의岳麓講義 10권	임화林华	가정 연간
휘주 무원婺源	이장선생서원록二張先生書院錄	장문화張文化	만력 17년
강서 도창都昌	경귀서원록經歸書院錄	미상	불확실
강서 성자星子	백록동서원지(白鹿洞書院志)	노탁(鲁铎)	홍치 7년
	백록동서원신지白鹿洞書院新志 8권	이동양李東陽	정덕 6년
	백록동지白鹿洞志 19권	정정곡鄭廷鹄	가정 33년
	백록동서원지白鹿洞書院志+ 2권	주위周伟	만력 20년
	백록동서원지白鹿洞書院志 17권	이응승李應升	천계 2년
강서 여릉廬陵	백로서원지白鷺書院志	하기고何其高	가정 연간

서원 소재지	서명/권수	저자/편찬자	간행연대
	백로서원지白鷺書院志	전일본錢一本, 왕시괴王時槐	만력 연간
	백로주서원지白鷺洲書院志 2권	왕가애汪可愛,감우甘雨 등	만력 연간
	백로주서원과사록白鷺州書院課士錄	감우	만력 연간
강서 안복安福	복고서원지復古書院志	윤일인尹一仁 유양劉陽	가정 연간
	안복복고서원기사安復復古書院紀事	추덕영鄒德泳	불확실
	식인서원지識仁書院志	오운吳雲	불확실
강서 길수吉水	호자형제胡子衡齊 八卷(仁文書院)	호직胡直	만력 연간
강서 옥안玉山	회옥서원지懷玉書院志	전덕홍錢德洪	가정 연간(추정)
	회옥서원지懷玉書院志	하준夏浚	불확실
	존인서원설약存仁書院說約	서일광徐日光	불확실
강서 요주饒州	학산서원록鶴山書院錄	첨릉詹陵	불확실
강서 풍성豊城	용광서원지龍光書院志	서즉등徐即登	만력 37년
강서 무원	명경서원록明經書院錄 6권	정미程美	정덕 10년
복건 복주福州	공학서원지共學書院志 3권	악화성岳和聲	만력 말년
복건 포전蒲田	명종서원지明宗書院志	진경방陳經邦	만력 23년
복건 진강晉江(불확실)	광산서원문집匡山書院文集	장손진張巽進	만력 연간
복건 우계尤溪	남계서원지南溪書院志 4권	섭정상葉廷祥, 곽이륭郭以隆, 기정예紀廷譽, 진교경陳翹卿	만력 연간
복건 혜안惠安(불확실)	임인서원회오任仁書院會語 1권	허주許朱	천계 연간
복건 장주漳州	용단문업榕壇問業 18권	황도주黃道周	숭정 연간
복건 장정長汀	숭정서원지崇正書院志	양욱楊昱	
복건 영안永安	도남서원록道南書院录 5권	김분형金贲亨	가정 38년
산동 제남濟南	호남서원훈규湖南書院訓規 1권	여고呂高	가정 연간
하남 휘현輝縣	백천서원지百泉書院志 4권	마서림馬書林, 석지石砥, 여전呂顚	가정 2년
	백천서원지百泉書院志 3권	섭량기聶良杞	만력 6년
황주黃州 황강黃冈	문진원지周津院志	황언사黃彦士	만력 연간
호남 형양衡陽	석고서원지石鼓書院志 4권	주소周詔, 왕완汪玩	가정 12년
	석고서원지石鼓書院志권	황희관黃希宽 왕대소王大韶	만력 7년
	석고서원지石鼓書院志 2권	이안인李安仁 왕대소	만력 17년
	설경찰기說經礼記 (石鼓書院)	채여남蔡汝楠	가정 연간
호남 선화善化	악록서원지岳麓書院志 10권	진풍오陳鳳梧 진론陳論	정덕 9년
	악록서원도지岳麓書院圖志 1권	손존孫存	가정 7년
	중수악록서원도지重修岳麓書院圖志 10권	오도행吳道行, 知府	만력 20년
	악록서원지岳麓書院志 10권	오도행吳道行, 山長	숭정 6년

서원 소재지	서명/권수	저자/편찬자	간행연대
호남 익양益陽	용주서원지龍洲書院志	유격劉激 용주칠자龍洲七子	가정 연간
호남 무릉武陵	도강정사桃岡精舍동인회약록同人會約錄	하봉오賀鳳梧	가정 연간
	도림제집道林諸集 十卷 桃岡精舍	장신蔣信	가정 연간
광동 문창文昌(현 해남도 지역)	옥양회기玉陽會紀		만력 연간
사천 동천潼川(불확실)	석지서원문집石池書院文集 2권	탕훼湯𤋮	정덕 연간
운남 곤명昆明	근계자명도록近溪子明道錄 8권 (五華書院)	나여방羅汝芳	불확실
귀주 청평淸平	기학공서원제회우쇄언寄學孔書院諸會友瑣言 1권	손응오孫應鰲	만력 2년
	학공정사회고學孔精舍彙稿 16권	손응오孫應鰲	만력 5년
섬서 삼원三原	홍도서원지弘道書院志		만력 연간
섬서 서안西安	관중서원지關中書院志 9권	하재도何載圖 등	만력 41년

이상의 저작들은 당시 서원 업무의 규범화, 관리 및 학술 수준 향상, 서원 확장에 긍정적인 영향을 미쳤으며, 오늘날 명대 서원 문화 연구에도 중요한 자료를 제공하고 있다.

제6절 금지와 탄압의 대상, 명 말기 서원

명대 전기에는 조정에서 서원에 대한 명확한 입장이 없어서 "학자들은 유학遊學에 그치며, 학교가 아닌 서원에서 학문했다."[99] 공식적으로 "서원 건립에 관한 명이 없다."[100]는 것은 이러한 교육 형식이 정부에서 허가받은 것은 아니라는 뜻이다. 정덕·가정 연간 이래, 서원이 왕학과 담학의 학술 및 전파 근거지가 되고, 중하층 독서인의 조정 비판과 정치권력 담론의 본거지로 발전하면서, 본격적으로 탄압받게 된다. 명대 서원은 강학 덕분에 크게 발전하며 전성기를 맞이했고, 강학 때문에 가정·만력·천계

---

99) 明·張鳳翀, 「夾江縣平川書院記」. 同治『嘉定府志』권44. "無令無禁, 學者藏修息遊, 不于學校則于書院."

100) 明·楊名鬥, 「武信書院記」. 嘉慶『四川通志』권80. "書院之建非制也."

연간 세 차례 금지되면서 쇠락했다. 한 마디로 강학으로 흥성하고 강학으로 쇠퇴한 것이다. 이 절에서는 세 차례 서원 탄압과 이러한 분위기 속에서의 명말 서원의 현황에 대해 구체적으로 살펴보고자 한다.

1. 명 말기 세 차례의 서원 탄압

명말 서원 탄압은 가정 16년(1537), 17년, 만력 7년(1579), 천계 5년(1625) 이상 이른 바 '네 차례 서원 탄압(四毁書院)'[101]이라 부르는 경우가 대부분인데, 사실은 그렇지 않다. 만력 연간만 해도, 최소 초년, 5년, 6년, 7년, 8년, 9년, 10년, 12년 등 기록으로 확인할 수 있는 횟수만 여덟 차례에 이른다. 천계 연간에도 5년, 6년 두 차례나 이루어 졌으며, 가정 연간의 두 차례까지 더하면 총 열 두 차례나 된다. 그런데 이를 두고 '열 두 차례 서원 탄압'이라고 명명하면 더 복잡해질 것이다. 때문에 필자는 강학이 금지되는 역사적 상황을 고려하여 가정·만력·천계 연간의 세 차례 탄압 혹은 명말 세 차례 서원 탄압이라고 명하고자 한다.

가정嘉靖 연간의 탄압: 왕수인王守仁·담약수湛若水 강학에 대한 탄압

왕수인과 담약수는 홍치 말년 북경에서 만나 "함께 성학聖學 천명(共以倡明聖學爲事)"을 자임하며 "위로는 학문으로 군주를 보필하고, 아래로는 백성을 선도하며, 간절하게 사람들과 함께 선함으로 돌아가 인仁으로 천하 백성을 아우르고자 했다."[102] "치양지致良知"와 "수체체인천리(隨處體認天理)"의 기치를 들고 이르는 곳마다 강학하며 송·원대 이래 관부에서 확립한 정주학의 사상계에서의 지위에 타격을 입혔다. 특히

---

101) 陳元暉 외, 『中國古代的書院制度』, 上海: 上海教育出版社, 1981, 77-86쪽. 史明, 「明末書院 的創建與毁禁」, 『齊魯學刊』 1996년 제3기.
102) "上欲以其學輔吾君, 下以其學淑吾民, 倦倦欲人同歸于善, 欲以仁覆天下蒼生."

왕수인은 몸을 사리지 않고 당시 천하의 재난이었던 영번寧藩 주신호朱宸濠의 반란을 평정하는 공을 세웠다. 그러나 왕수인의 공이 클수록 집권자의 미움도 깊어졌다. 반대파들은 정주리학을 수호한다는 구실로 왕수인과 담약수의 심학을 위학偽學, 사학邪學이라 비판했고, 이를 추종하는 이들을 사당邪黨, 무뢰배(無賴)로 칭하며 사지로 몰아넣었다. 사람에서 학문이, 학문에서 서원이 표적이 되면서, 명대 서원은 첫 번째 재앙을 겪게 된다.

화살은 가장 먼저 왕수인을 향했다. 가정 원년(1522), 왕수인이 상을 당하여 기거하며 강학했는데, "각지에서 왕수인을 찾아오는 사람이 점점 더 많아지자, 과도관科道官은 권력자의 마음에 영합하여 위학偽學을 퍼뜨렸다는 죄목으로 왕수인을 탄핵했다."[103] 급사중給事中 장교章僑, 모옥毛玉, 어사 양세표梁世驃, 정계충程啓充 차례로 다음과 같이 상소를 올렸다. "삼대 이래 정학正學은 주희 같은 이가 없습니다. 근래에 총명하고 지혜가 있다는 이들이, 이학異學을 제창하며 천하에 호소하고 있습니다. 헛되고 고상한 것을 추구하는 사람들이 육구연의 간편함만 취하여 주희를 지리하다고 힐난하며, 천하를 어지럽게 하여 금지해야 할 것입니다."[104] 가정 2년 회시에서 이들은 책문과 시제를 빌려 왕학을 공격했다. 책문에서는 "주희와 육구연의 학설은 궁극적으로 일치하지 않는데, 오늘날 학자들이 이를 억지로 같게 보려는 것은 육구연 학설의 간편함으로 주희의 학설을 암묵적으로 폄훼하려는 것인가? 그들의 동기를 살펴보면 하담何澹, 진가陳賈 등과 큰 차이가 있는가? 그들은 자신들의 관점을 추앙하기 위해 책을 써서 공공연히 주희의 학설을 폄훼하는데, 이는 자신들의 견해를 고취하기 위한 것인가? 예관禮官은 그들의 책에서 선황제를 예로 든 것을 발견하고는 그들의 책을 소각하고 금지했는데, 이는 당연한 일 아닌가?"[105] 왕수인 사후에도 그들은 포기하지 않고 "왕수인은 선현을

---

103) 明·黄绾,「陽明先生行狀」,『王陽明全集』권38, 1424쪽. "四方來遊其門益衆, 科道官迎當路意, 以偽學擧核."

104) 『明紀』권28. "三代以下, 正學莫如朱熹. 近有聰明才智, 倡異學以號召天下. 好高務名者靡然宗之, 取陸九淵之簡便, 诋朱熹爲支離, 乞行天下, 痛爲禁革."

105) 清·顧炎武,『日知錄』권18. "朱陸之論, 終以不合, 而今之學者, 顧欲強而同之, 樂彼之徑便,

모범으로 삼지도 않고 선현을 따르지도 않았으며, 자신을 내세우기 위해 주희의 격물치지 학설을 비판했다. 그는 대중이 자신의 의견에 동조하지 않을 것을 알고 『주희만년정론朱熹晚年定論』을 써서 제자들을 불러 서로 화답했다. 재능 있는 사람들은 그의 방종함을 좋아하고, 평범한 사람들은 그의 허명虛名에 기대는 바람에, 제자들에게 전해지고 잘못이 악화되면서 상황이 더욱 황당해지고 있다."[106]라 비판했다. 따라서 왕수인의 탁월한 공로에도 불구하고 어떠한 특전도 주어지지 않았을 뿐만 아니라, 각종 구실로 왕학 제자들에 대한 공격도 계속되었다. 사료에서 "학금學禁이 매우 엄중하다(學禁甚嚴)"라 불렸던 탄압의 서막이었다.

왕수인이 곤경에 처했던 당시, 담약수는 대학자로서 '심학'의 기치가 되었으며, 왕수인의 제자들에게도 두루 인정과 존경을 받았다. "학금學禁이 엄준했던(學禁方嚴)"당시 담약수는 남경에 부임해 있었는데, 서원을 설립하여 강학하던 습관은 여전해서 왕문의 제자 추수익, 하동학파의 여남呂柟과 "9년 동안 남경에서 강학했으며" "그들과 함께 수업을 진행하자 동남 지역에서 온 학자들이 그들의 활동에 참여했다."[107] 뿐만 아니라, 담약수는 가정 7년(1528) 6월 황제에게 진상한 「격물통格物通」에서 송대 도학이 금지된 후 쇠퇴했고 몽골족의 태극서원 건립 후 부흥했던 역사적 사례를 들어, 서원강학 금지에 대한 비판의 목소리를 냈다.

담약수는 송나라를 가리켜 "도학의 발전을 제한하고 억압하여 위학이라고 폄하한 탓에, 사람들의 마음속에서 천리와 정의의 관념이 완전히 사라져버렸고, 결국 나라가 망하고 말았다."[108]고 했다. 특히 송은 "천하를 지킬 수 있는 자(能保天下者)"의 도학을 위학으로 간주했기에, "망하지 않으려는 것이 더 어려웠을 것이다(欲其不亡難矣)."라며

而欲陰诋吾朱子之學欤？究其用心，其與何澹，陳賈輩亦大相遠欤？至筆之簡冊，公肆诋訾，以求售其私見. 禮官舉祖宗朝故事燔其書而禁斥之，得無不可乎？"

106) 『明紀』권30. "王守仁事不師古, 言不稱師, 欲立異以爲高, 則非朱熹格物致知之論. 知公衆論之不與, 則爲『朱熹晚年定論』之書, 號召門徒, 互相倡和, 才美者樂其任意, 庸鄙者借其虛聲, 傳習轉訛, 背謬彌甚."

107) 『明儒學案』권8, 『河東學案下』138쪽. "九載南都", "共主講席, 東南學者, 盡出其門."

108) "禁錮道學, 指爲僞學, 使天理民彝之在人心漸滅殆盡, 以歸于敗亡之轍."

탄식했다. 이는 실제 학금을 반대하는 선언으로 볼 수 있다. 이는 왕수인과 담약수로 대표되는 강학자들이 학금에 아랑곳 않고 서원을 열어 강학했을 뿐만 아니라, 어람의 서적을 올렸던 시기를 빌어 반대파를 비판했음을 보여준다. 이에 따라 반대파는 결국 담약수가 세운 서원이나 강학했던 서원에 손을 내밀 수밖에 없었다.

가정 연간의 서원 탄압의 해악은, "세종이 서원 철폐를 금지하려고 노력했지만, 결국 완전히 막지는 못했다."[109]는 기록 때문에 담약수가 활동했던 남경 지역과 그가 세운 서원에만 국한되어 일반적으로 그리 크지 않은 것으로 여겨져 왔으나, 실제로는 그렇지 않다. 담약수를 비롯하여 공격 대상은 남경에서 시작해 전국적으로 활동했던 왕양명과 그의 문인들이었다. 호남에서는 다음과 같은 사례가 있었다. 만력 『자리현지慈利縣志』 권2에 따르면, "월천서원月川書院은 관가저觀嘉諸에 위치하고 있으며, 가정 10년 1551년, 지현知縣 유장춘劉長春이 새원들을 교육하기 위해 창건했다. 우당宇堂은 반듯하고, 크고 아름다웠으며, 애월당愛月堂, 유월소留月所, 흡월단吸月溺, 농월기弄月矶 등이 갖추어져 있었다. 그러나 상급 관청에 자세히 보고하지 않은 이유로 폐원되었다. 현재는 터만 남아있다."[110] 유장춘은 애월당, 유월소, 흡월단, 농월기는 모두 하늘의 달로, 월신月神 숭배자였으며, 낭만적이고 정취가 있어서 의도적으로 서원을 월궁月宮으로 세운 듯하다. 그러나 아쉽게도 세워진 지 6-7년 만에 금지령이 내려졌다. 때문에 "보고하지 않았다는 이유로(以未經申詳)", "폐원되고 말았다(當路革去)." 만력 연간 다시 권신이 엄금하면서 그 해 지방지에는 "현재는 터만 남아있다(今廢)"고 기록되어 있다.

만력萬歷 연간의 탄압: 강학에 대한 장거정張居正의 증오

만력 서원 철폐는 내각수보內閣首補 장거정이 주도했다. 당시 서원 철폐의 이유와

---

109) 明·沈德符, 『野獲篇』 권24. "雖世宗力禁, 而終不能止."

110) "月川書院在觀嘉諸, 嘉靖十年, 知縣劉長春建爲庠土肄業之所. 宇堂整飾, 規制宏敞, 有愛月堂, 留月所, 吸月溺, 弄月矶, 極爲佳勝. 尋以未經申詳, 當路革去. 今廢."

경위, 결과에 대해서는 역사서에도 기록되어 있으며, 여러 지방지에도 남아 있어서 방증할 수 있다.

> 『명사明史』권20에는 "7년 봄 정월 무진일, 천하의 서원을 철폐하라는 조서를 반포했다."111)고 기록되어 있다.
> 『명기明紀』에는 "7년 정월 무진일, 천하의 서원을 철폐하라는 조서가 반포되었다. 응천부를 시작으로 모두 64곳이 있었는데 모두 공해公廨로 바뀌었다."112)고 실려 있다.
> 『명통감明通鑒』권67에는 "7년 봄 정월 무진일, 천하의 서원을 파괴하라는 조서가 반포되었다. 전 창주지부常州知府 시관민施觀民은 백성을 수탈하여 서원을 창건했다는 죄목으로 파직되었다. 그러나 당시 사대부들은 앞다투어 강학했는데, 장거정이 이를 매우 싫어하여 각 성의 서원을 모두 공해로 바꾸고 응천부 등 부의 서원 64곳을 차례로 철폐하였다."113)고 기록되어 있다.
> 『어비역대통감집람御批歷代通鑒輯覽』권110에는 "기묘 7년 봄 정월, 천하의 서원을 철폐하라는 조서가 반포되었다. 사대부들이 앞다투어 강학하는 것을 장거정이 싫어하여 각 성의 서원을 모두 공해로 바꾸었다."114)고 기록되어 있다.

장거정은 강학을 미워하는 것을 넘어 "절치부심(言之切齒)"까지 한 데에는 역사적 배경이 있다. 가정 32년(1553)부터 내각 대학사 서계徐階는 왕수인의 재전제자로 북경 영제궁靈濟宮에서 강회를 대대적으로 열면서 스스로를 '지도자(盟主)'로 간주하면서 "구양덕歐陽德, 섭표聶豹, 정문덕程文德 등 왕문을 초청하도록" 청하였는데, 당시 "학도가 천 명까지 운집하며, 계축년과 갑인년에 거행된 이 두 차례 강회는 전례 없는 성황을 이루었다."115) 가정 37년, 하길何吉은 영제궁에서 개최될 강회에 참석하러 남경에서

---

111) "七年春正月戊辰, 诏毀天下書院."
112) "七年正月戊辰, 诏毀天下書院. 自應天府以下, 凡六十四處, 盡改爲公廨."
113) "七年春正月戊辰, 诏毀天下書院. 先是原任常州知府施觀民, 以科斂民財, 私創書院, 坐罪褫職. 而是時士大夫競講學, 張居正特惡之, 盡改各省書院爲公廨, 凡先後毀應天等府書院六十四處."
114) "己卯七年春正月, 毀天下書院. 時士大夫競講學, 張居正特惡之, 盡改各省書院爲公廨."

왔는데, 역시나 서계를 '지도자(主盟)'로 추대했다.[116] 이때 서계의 권세가 매우 드높아 가정 융경 연간에 이르러서는 대학사에서 내각수보가 되면서 10년 동안 집정하게 된다. 윗사람이 선호하는 것은 아랫사람이 반드시 따르게 되기 마련이다. "한동안 사람들은 스스로를 양명학설의 추종자라 칭하며 무대撫臺가 진鎭으로 부임하면 반드시 서원을 세우고 학생들을 모아 인정받고 발탁되기를 원했다."[117] 때문에 서원 강학은 승진을 위한 아부용으로 변질되어, 원래의 의미를 잃어버리게 되었다.

장거정은 각료로서 당시 영제대회에 참석했지만, 이에 대한 좋지 않은 인상만 가진 채 혐오감만 품게 되었다. 「답남사성도평석론위학答南司成屠平石論爲學」에는 당시 그의 경험이 남아있다.

"예전에 동지로서 나도 그들 속에 끼어 그들의 의논을 경청한 적이 있다. 그러나 자세히 살펴보니 모두 한패가 되어 사리를 도모하고 교언영색으로 명예를 좇고 있었고, 그들이 내세우는 도덕에 관한 논의는 모두 허무맹랑하니, 장자의 '남에게 굴복하는 사람은 말소리가 마치 토하는 듯하다(其嗑言者若哇).' 불가에서 '진리는 깨닫지 못하면서 다른 사람을 미혹하게 만든다(蝦蟆禪).'고 한 것과 같았다. 그리고 넘쳐나는 제자들은 사리사욕만을 좇고 있고 어떤 이들은 조정의 근간을 흔들며 명실을 어지럽혔으며, 어떤 이들은 추악한 행위를 감추기에 급급하고 사욕을 추구하며 책임을 회피했다. 이런 상황은 가정, 융경 연간에 큰 재앙을 불러왔고 지금도 사라지지 않고 있다. 세상의 교화를 주재하는 사람들은 이를 크게 염려한다."[118]

---

115) "學徒雲集至千人, 其時在癸醜, 甲寅, 爲自來未有之盛."

116) 「南中王門學案三」, 『明儒學案』권27, 618쪽.

117) 明·沈德符, 『野獲篇』권24. "一時趨鶩者, 人人自托吾道, 凡撫臺位鎭, 必立書院以鳩集生徒, 冀當路見知."

118) 明·張居正, 『張太嶽文集』권29. "夫昔之爲同志者, 僕亦嘗周旋其間, 聽其議論矣. 然窺其微處, 則皆以聚黨賈譽, 行徑捷舉, 所稱道德之說虛而無當, 莊子所謂其嗑言者若哇, 佛氏所謂蝦蟆禪耳. 而其徒侶衆盛, 異趨爲事, 大者搖撼朝廷, 爽亂名實, 小者匿蔽醜穢, 趨利逃名. 嘉隆之間深被其禍, 今猶未殄. 此主持世教者所深憂也. ……僕願今之學者, 以足蹈實地爲功, 以崇尙本質爲行, 以遵守成憲爲准, 以誠心順上爲忠, 免魚未獲無舍筌蹄, 家當未完毋撤藩

만력 초년, 장거정이 서계, 이춘방李春芳, 고공高拱을 이어 내각수보가 된 후 그는 개혁의 바람에 힘입어 강학을 금지시키고 서원을 폐원시켰다. 만력 3년(1575) 5월 초 3일, 「청신구장칙학정이진흥인재소請申舊章飭學政以振興人才疏」에서 그는 처음으로 "새로운 서원 창건을 허하지 않는다(不許別創書院)."는 주장을 펼쳤다.

장거정은 강학을 싫어하여 서원을 금지한다는 주장에 대해 여러 차례 변명했다. "요즘 어떤 이는 제가 강학을 좋아하지 않는다고 함부로 말하는데, 이것은 매우 큰 모함입니다. 제가 명주明主를 보좌할 수 있었던 것은 요, 순, 주공의 도를 저버린 언행이 없었기 때문입니다. 그러나 제가 하는 일은 모두 열심히 실천하고 정진하는 것이기에 한담을 용납할 수 없습니다."119) "내가 증오하는 것은 거짓이 참된 것을 욕보이고, 잡초가 벼의 성장을 방해하고, 정나라 소리가 바른 음악을 어지럽히고, 거짓으로 학문을 뒤흔드는 것입니다. 배움은 우리 모두의 본분이므로 잠시도 어긋날 수 없습니다. 도학을 좋아한다는 것도 터무니없는 소리고, 좋아하지 않는다는 것도 터무니없는 소리입니다. 자신의 사리사욕을 위해 수단과 방법을 가리지 않고 도학을 싫어하지 말아야 한다는 소리는 망언 중의 망언입니다."120) 이런 변명을 통해, 장거정은 당시 일부 사람들과는 달리 "제자, 당우와 외지에서 빈둥거리며 품행이 바르지 못한 사람들이나 불러 모으고, 헛된 말만 하고 본업을 등한시 한다."121)는 평계로 서원 강학을 저애하고 금지했다는 것을 알 수 있다. 그러나 서원 철폐의 진의는 사제들의 "제자들은 넘쳐나는데 각자 이익을 좇는 것(徒侶衆盛, 異趣爲事)"을 넘어 "조정의 근간을 흔들고 명실名實을 어지럽히며(搖撼朝廷, 爽亂名實)" 조정의 통치를 위협하는 것을 방지하고자 함이었다. 이에

衛, 毋以前輩爲不足學而輕事诋毁, 毋相與造爲虛談, 逞其胸臆以撓上德也."

119) 明·張居正, 「答憲長周友山明講學」, 『張太嶽文集』 권30. "今人妄謂孤不喜講學者, 實爲大誣. 孤今所以佐明主者, 何有一事一語背于堯舜周孔之道. 但孤所爲皆欲身體力行, 以是虛談者無容耳."

120) 明·張居正, 위의 책, 권31. "吾所惡者, 惡紫之奪朱也, 秀之亂苗也, 鄭聲之亂雅也, 作僞之亂學也. 夫學乃吾人本分內事, 不可須臾離者. 言喜道學者, 妄也, 言不喜亦妄也. 幹中橫計去取, 言不宜有不喜道學者之名, 又妄之妄也."

121) "群聚徒黨, 及號招他方遊食無行之徒, 空譚廢業."

장거정은 "군주의 권한을 존중하고, 이직吏職을 심사하고, 상벌을 준수하고, 호령號令을 통일한다."[122]는 강권으로 전면적 개혁 정책을 추진한다는 기존 방침에 따라 반대를 무릅쓰고 서원 철폐를 강행했다.

만력 5년(1577), "강회와 향약으로 다스리던(講會鄉約爲治)" 나여방羅汝芳은 고지도 없이 북경 광혜사廣慧寺에서 강학했는데, "많은 조정 인사들이 이를 지지했지만 장거정은 이를 탐탁하지 않아 했다."[123] 이어 장거정은 고향으로 돌아가 경야의 예를 지키지 않았다고 맹비난을 받았는데, 그 중 하심은何心隱, 추원표鄒元標 등을 비롯한 강학자들이 "자리를 탐하느라 부모도 잊었다", "높은 자리의 권력자가 필부들도 지키는 예를 지키지 않는다."[124]고 비판하면서 장거정의 원한을 샀다. 만력 7년 봄, 상주지부常州知府 시관민施觀民은 서원을 창건하였다가 민재民財를 축재하였다고 고발당했는데, 이것이 서원 철폐의 빌미가 되었다. 이때부터 "서원 신축 불허(不許別建書院)"가 아닌 "천하서원 철폐(詔毁天下書院)", "뿌리 근절(芟草除根)"이 되었다. 장거정은 "서원을 점검하고 (查改書院)" 서원의 전량을 사들인 섬서학정 이익헌李翼軒에 대해 매우 만족하면서 서원 학전을 군대 둔전으로 변경시켜 "뿌리를 근절하자(芟草除根)"는 건의를 내고 "다시금 이 일을 언급하지 않자(不得議復)."고 했다.[125] 이는 서원 철폐가 개인적 원한과 보복 심리에서 비롯되었다는 혐의를 살 수밖에 없었다. 서원 철폐는 매우 엄준하고 거칠었으며, 추원표는 이에 대해 "만력 경진년, 장거정이 천하의 서원을 철폐시키면서 시가지의 땅이 민간으로 귀속되었다."[126] "기억컨대, 경진, 신사 연간, 장거정이 재상으로 있으면서 천하의 서원을 철폐하라는 조서를 내렸다. 모든 성인과 현인의 영정이

---

122) "尊主權, 課吏職, 信賞罰, 一號令."

123) 「泰州學案三」, 『明儒學案』 권34. "朝士多從之者, 江陵惡焉."

124) "忘親貪位", "位極人臣, 反不修匹夫之節."

125) 明 · 張居正, 「答陝西學政李翼軒」, 『張太嶽文集』 권31. "承示, 查改書院並田糧事, 一一明悉. 必如是而後爲芟草除根, 他日亦不得議復矣."

126) 明 · 鄒元標, 「仁文書院記」, 『願學集』 권5 상, 文淵閣 『四庫全書』 본. "萬歷庚辰, 江陵盡毁天下書院, 市地歸民間."

묶여 강물에 던져졌다."[127) 당시 성현의 영정에 대한 이러한 불경스러운 태도는 상상할 수 없는 일이었다.

국익을 위해서든 사적 욕망에서였든 장거정 집권 10년 동안 서원 철폐가 만력 7년에만 이루어진 것이 아니라 장기적 정책이었다는 사실을 만력 5-12년 지방지에서도 확인할 수 있다. 만력 연간 서원 철폐에 관해서 아래 표로 작성하였다.

〈표 5.5〉 만력 연간 금지 서원 현황 일람표

서원 명	서원 소재지	폐원 시간 및 기사	자료 출처
숭정서원 崇正書院	정정부正定府(冀)	만력 연간	광서『기보통지畿輔通志』권115, 순치『정정부지正定府志』권3
항양서원 恒陽書院	진정현眞定縣(冀)	만력 6년 유격장군서遊擊將軍署로 개칭	
지도서원 至道書院	제남부濟南府(魯)	제학서提學署로 개칭	시윤장施閏章,『학여당문집學余堂文集』 권11 옹정『산동통지山東通志』권14 『도서집성图書集成·직방전職方典』권 195
송림서원 松林書院	청주부靑州府(魯)	폐원됨	
원학서원 願學書院	장청현長淸縣(魯)		
삼립서원 三立書院	태원부太原府(晉)	만력 초 폐원 상주	광서『산서통지山西通志』권76
하동서원 河東書院	운성현運城縣(晉)	만력 8년 폐원, 삼성묘三聖廟로 개칭	
문진서원 周津書院	엽현葉縣(豫)	만력 초 폐원	『도서집성图書集成·직방전職方典』권 453
용성서원 龍城書院	상주부常州府(蘇)	만력 7년 철거	『도서집성·직방전』권714 『우산서원지虞山書院志』권1 『명문해明文海』권369
문학서원 文學書院	상숙常熟(蘇)	만력 초 언자사言子祠만 남았음	
당선생서원唐先 生書院	오흥吳興(蘇)	명 신종神宗 시기 장거정張居正이 개혁을 주도할 때 당선선당으로 개칭	
영산서원 瀛山書院	수안현遂安縣(浙)	만력 10년 상인방 철거	도광道光『영산서원지瀛山書院志』권1 조소조趙紹祖『계산회약발稽山會約跋』 『서호유람지西湖遊覽志』권6
계산서원 稽山書院	소흥부紹興府(浙)	명 신종神宗 시기 장거정張居正이 개혁을 주도할 때 철거됨	

---

127) 明·鄒元標,「重新岳麓書院」,『願學集』권5 上, 文淵閣『四庫全書』본. "予憶庚辰, 辛巳間, 江陵在事, 有诏盡毁天下書院, 諸凡先聖賢遺像, 捆而投于江者."

서원 명	서원 소재지	폐원 시간 및 기사	자료 출처
천진정사 天眞精舍	항주부杭州府(浙)	만력 8년 이갑소裏甲所로 개조	
관란서원 觀瀾書院	용계龍溪(閩)	만력 12년 공씨孔氏 가문 사당으로 개조	건륭『우계현지龍溪縣志』권4 동치『복건통지福建通志』권63 『도서집성·직방전』권1059 강희『복건통지福建通志』권14
함강서원 涵江書院	흥화부興化府(閩)	만력 8년 폐원 및 부지 매각	
서장서원 瑞樟書院	건양현建陽縣(閩)	만력 8년 철거	
자양서원 紫陽書院	무원婺源(皖)		이재동李才棟『강서고대서원연구江西古代書院研究』339쪽 조소조趙紹祖『수서회조발水西會條跋』
명경서원 明經書院	무원현婺源縣(皖)		
수서서원 水西書院	경현泾縣(皖)		
도원서원 道源書院	남안부南安府(贛)	만력 초 철거	광서光緒『강서통지江西通志』권81, 82 이재동李才棟『강서고대서원연구江西古代書院研究』339-340쪽 『예문정집倪文貞集』권11
회옥서원 懷玉書院	옥산현玉山縣(贛)	만력 9년 폐원	
단명서원 端明書院	옥산현玉山縣(贛)	만력 연간 폐원	
동산서원 東山書院	여간현余幹縣(贛)	만력 8년 철거 논의	
첩산서원 疊山書院	상요上饒(贛)		
상산서원 象山書院	귀계貴溪(贛)	만력 8년 상산사象山祠로 개조	
옥계서원 玉溪書院	귀계貴溪(贛)		
백록동서원 白鹿洞書院	성자星子(贛)	만력 8년 폐원 및 부지 매각	
염계서원 濂溪書院	덕화德化(贛)		
면강서원 綿江書院	서금瑞金(贛)	만력 8년 사학社學으로 개조	
일봉서원 一峰書院	용풍永豊(贛)		
복고서원 復古書院	안복安福(贛)	만력 9년 삼현사三賢祠로 개칭	
복진서원 復眞書院	안복安福(贛)		

서원 명	서원 소재지	폐원 시간 및 기사	자료 출처
백로주서원 白鷺洲書院	길안吉安(贛)	호서공서湖西公署로 개칭	
균양서원 筠陽書院	고안高安(贛)	만력 초 명에 따라 폐원 및 부지 매각	
면강서원 錦江書院	안인安仁(贛)		
문강서원 文江書院	길수吉水(贛)	만력 8년 민간에 매각	
석음서원 惜陰書院	장사長沙(湘)	만력 6년 석음사惜陰祠로 개조	조녕趙寗 『악록서원지岳麓書院志』 권3 광서 『동안현지東安縣志』 권4
청계서원 清溪書院	동안東安(湘)	만력 초 경렴정사景濂精舍로 개조	
대과서원 大科書院	광주부(廣州府, 粵)	만력 9년 폐원	
철천서원 鐵泉精舍	광주부(廣州府, 粵)	만력 연간 철거	
옥천정사 玉泉精舍	광주부(廣州府, 粵)	만력 연간 철거	
천계정사 天階精舍	광주부(廣州府, 粵)	만력 연간 철거	『도서집성圖書集成·직방전직方典』 권 1306 유백기劉伯驥 『광동서원제도廣東書院 制度』 36쪽
서초서원 西樵書院	광주부(廣州府, 粵)	만력 연간 철거	
운곡서원 雲谷書院	광주부(廣州府, 粵)	폐원 후 백사사白沙祠만 남았음. 그 후에 폐허로 전락	
사봉서원 四峰書院	광주부(廣州府, 粵)	폐원 후 서장사西莊祠만 남았음. 그 후에 폐허로 전락	
석천서원 石泉書院	광주부(廣州府, 粵)	하서下書는 보존되었으나 후에 폐허로 전락	
우인서원 友仁書院	등현(藤縣, 광서)	만력 9년 민가로 됨	
귤원서원 橘園書院	잠계현(岑溪縣, 광서)	만력 10년 폐원	가경嘉慶 『광서통지廣西通志』 권137, 148
부문서원 敷文書院	선화부(宣化府, 광서)		
대익서원 大盆書院	성도부(成都府, 사천)	만력 5년 철폐 논의, 후에 대유사大儒祠 로 개원	호소희胡昭曦 『사천서원사四川書院史』 97-99쪽 가경嘉慶 『사천통지四川通志』 권80
학산서원 鶴山書院	공주(邛州, 사천)	만력 초 학명공관鶴鳴公館으로 개원	
아형서원 阿衡書院	합양(郃陽, 섬서)	만력 연간 상평창常平倉으로 개원	조우변曹于汴 『양절당집仰節堂集』 권4

402

서원 명	서원 소재지	폐원 시간 및 기사	자료 출처
천중서원 天中書院	?		
천진서원 天眞書院	?	장거정이 개혁을 주도할 때 철거	추원표鄒元標 『원학집愿學集』 권5 하
우고서원 石鼓書院	?		

위 표에 수록된 만력 5-12년 간 장거정의 강학에 대한 미움으로 인해 폐원된 서원은 55곳으로, 현재의 하북, 산동, 산서, 하남, 강소, 절강, 복건, 강서, 안휘, 호남, 광동, 광서, 사천, 섬서 이상 14개 성에 널리 분포되어 있었다. 그러나 주로 강우왕문江右王門의 활동 지역인 강서, 담약수의 고향인 광동에 집중되어 있었으며, 예로부터 전체 사건의 출발지로 여겨져 왔던 강소에는 상주常州, 상숙常熟 2개 서원만이 파괴되었고, 역사서에 기록된 응천부(현 강소 남경지역)는 한 곳도 없다. 이는 위의 통계가 완전하지 않다는 것을 의미한다. 전술한 철폐된 서원으로 표창을 받았던 산서성에 대한 기록도 없다. 이에 따르면 만력 연간의 철폐로 실제 피해를 입었던 서원은 55개보다 훨씬 많았으며, 심지어 『사지史志』에 기록된 64개를 초과할 수도 있다. 때문에 이 피해에 대해서는 과소평가해서는 안 된다.

둘째, 철폐의 화살은 주로 강학을 향해 있었는데, 장거정의 강학에 대한 미움으로 철폐된 서원에 대한 문헌 자료 및 통계는 강학이 발달한 강서, 복건 두 성에 집중되어 있음을 알 수 있다. 백성의 재물을 점유하는 것, 즉 경제적 문제는 부차적이었기 때문에 경제, 민생의 관점에서 서원 철폐를 논하는 것은 옳지 관점이 아니다. 장거정의 본의는 경제적 피해를 과장하여 철폐를 위한 구실을 찾는, 일종의 전략이었다. 따라서 경제적 차원에서 서원 철폐를 논하지 않고, 반드시 강학에 대한 믿음으로 인한 서원 철폐를 논해야 한다. 본질적으로 만력 연간의 서원 철폐는 가정, 천계 연간과 다른 바가 없다. 모두 학문의 자유를 구속했던 것으로 비판 받아 마땅하며 이에 대한 책임을 벗어날 수는 없다.[128]

---

128) 任冠文의 「論張居正毀書院」은 장거정 정책의 폐단은 과소평가하는 반면 개혁의 의의를 적극

장거정의 서원정책은 처음부터 공론空論 반대, 신축 서원 금지, 관학 교육 부활, 그리고 자신의 정치적 이익 보호를 위한 철폐의 과정을 거쳤다고 봐야 한다. 서원을 금지하여 관학을 중흥시키는 것, 특히 서원을 철폐하여 천하의 강학과 청담 의정이라는 자유로운 움직임을 말살하려는 것은 당시 많은 사람들의 반대와 저항에 부딪혔다. 허부원許孚遠의「당일암선생사당기唐一庵先生祠堂記」에는 다음과 같은 사례가 남아 있다. "오흥성吳興城 북문에는 당선생唐先生 서원이 있는데, 서원 앞에는 강당이 있고, 뒤에는 침실이 있고, 그 옆에는 학사가 있고, 밖에는 방표坊表가 있었으며, 규모가 방대하여 웅장한 경관을 이루고 있었다. …… 장거정은 강학과 당도들의 집결을 엄격히 금지하고 천하의 서원을 철폐하라고 명령했다. 그러나 군수 이후권李侯權은 현판을 당선생사唐先生祠로 바꾸었고, 감사監司에게 문서를 보내 군 내에 서원이 없기 때문에 당선생사는 훼손되지 않았다고 알렸다."[129] 위에서 언급된 것처럼 규모가 크고 경관이 화려한 서원이 있음에도 지방 관원들이 서원이 없다고 한 것은 명백한 기만이며 바람직하지는 않지만, 그 이면에는 서원 철폐에 반대하는 태도가 잘 나타나 있다.

만력 10년(1582), 장거정 사후 얼마 지나지 않아 추원표의 주청에 따라 조정에서는 "천하의 서원을 모두 복원하라."[130]는 명을 내렸다. 천하의 서원을 철폐하자는 잘못된 주장이 끝이 난 것이다. 그러나 권신 여위와 정책의 관성이 서원 설립에 끼친 폐해는 무시할 수 없다. 만력 12년, 복건성 용계현龍溪縣에서는 서원 철폐를 빌미로 관란서원觀瀾書院을 공씨가묘로 바꾸었다는 기록도 찾아볼 수 있다.[131] 만력 후기 나여방羅汝芳, 고헌성顧憲成은 영국부寧國府 지학서원志學書院, 무석無錫 동림서원東林書院의 강학을 둘러싸고 여야논쟁을 벌였으며, 결국 천계天啓 연간 위충현魏忠賢에 의해 동림당은 혁

적으로 평가하는 등 장거정의 입장을 대변하는 내용의 글로,『晉陽學刊』1995년 제5기에 게재됐다.

129)『明文海』권369. 文淵閣『四庫全書』본. "吳興城北門有唐先生書院. 前有講堂, 後有寢室, 傍有號舍, 外有坊表, 規模宖敞, 煥焉成一方之觀. ……江陵柄國, 嚴禁學徒, 盡毀天下書院. 而郡守李侯權易坊額爲唐先生祠, 乃移文報監司曰, 郡故無書院, 得不毀."

130) "凡天下書院, 俱准復之."

131) 乾隆『龍溪縣志』권4.

파되고 천하의 서원은 철폐되었다.

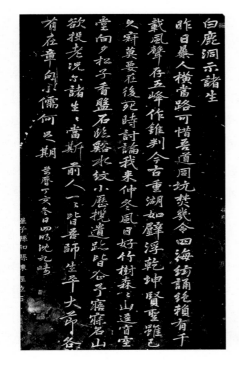

〈그림 5.2〉 명 만력 15년지 장거정 서원 철폐를 비평한 백록동시제생시비白鹿洞示諸生詩碑

천계天啓 연간의 탄압: 동림당東林黨에 대한 위충현魏忠賢의 학살

일대 명재상 장거정은 중국 역사상 가장 유능한 정치인 중 한 명이자 드문 개혁가였다. 만력 10년은 많은 문제에도 불구하고 활기 넘치는 발전의 시대였다. 장거정 사후, 명나라는 정치가 부패하고 사회 갈등이 격화되면서 쇠락의 길로 접어들게 된다. 정계에서 만력 황제는 권신의 구속에서 벗어나 일탈하여 주색잡기에 빠져 궁궐에 틀어박혀 마음껏 즐기면서 재물을 축재하고 정사를 돌보지 않았는데, 대신들 역시 이를 답습하여 무위도식 하면서 자기 한 몸 지키기에 바빴다. 그 결과 조정은 혼란에 빠져 기강이 흐트러졌으며 관리들은 "황제에 대한 신하들의 충성심은 사라지고 뇌물을 받을 수 있는 통로는 시장처럼 뚫려 있었다."132) 국가 경제와 백성들의 생활에 무관심하고 더 많은 이익을 위해 당을 결성하여 사익을 도모하면서, 절당浙黨, 선당宣黨, 곤당昆黨, 초당楚黨, 진당秦黨, 촉당蜀黨 등의 파벌이 생겨났다.

동시에 민간서원에서는 강학의 바람이 불면서 만력 말 동림, 관중, 자양, 강우의 4대 서원이 형성되었다. 강학자들 대부분은 정쟁에서 숙청된 청렴한 관리들로, 가정, 만력 연간의 서원 철폐 교훈을 경계삼아, 서원 규장에서 시정時政과, 조정, 군읍의 득실을 논하지 않는다고 정해 놓았지만, "일이 즉 배움이고 배움이 즉 일이니, 일 외에 다른 배움이 없다."133)는 학문적 원칙에서 출발하여 서원은 여전히 "바람소리 빗소리, 책 읽는 소리, 귓가에 들려오고, 집안일, 나랏일, 천하의 일, 모든 일에 관심을 기울였으며,"134) 정치 논평과 공정의 화신이 되었다. 게다가 반대파의 탄압과 재촉으로 서원은 강학하는 곳에서 점차 결사적, 정치적 성격을 띤 사회민간조직으로 바뀌어 '동림당東林黨'이라는 이름까지 붙게 되었다. 악한 자는 '동림'이라는 이름을 '당'이라 비판하며 없애려고 했고, 선한 자는 동지의 이름으로 모이게 된 것이다. 특히 이삼재李三才의 입각入閣, 만력 23년 경관京官 평가, 만력 43년 태자궁의 팽격, 홍약 복용으로 인한 태창 황제의 사망, 태창 황제 병사 후 새 황제 즉위로 인한 이궁移宮 폭동 등 여러 정치적 사건을 거치면서 동림서원은 천하강학서원의 대명사가 되면서 동림당과 같은 선상에 놓이게 되었다.

동림서원의 기본적 상황 및 동림 강학을 둘러싼 논란은 다음과 같다. 여기에서는 새로운 자료를 토대로 동림서원 복원 전, 만력 초 나여방이 영국부寧國府 지도서원志道書院에서 강학했던 일을 둘러싸고 서원 건립 금지 사건 및 상도에서 벗어난 저서 인쇄 금지 사건 등을 논하고자 한다. 이 사건의 주인공은 양시교楊時喬와 여계등余繼登 두 사람으로, 때는 만력 26년(1598)이다. 『명사明史』에 따르면, 양시교는 "영풍의 여회呂懷

---

132) 『明神宗實錄』 권450. "報君之心已灰, 納賄之門如市."
133) "事即是學, 學即是事, 無事外之學."
134) "風聲雨聲讀書聲, 聲聲入耳; 家事國事天下事, 事事關心."

에게 수학하면서 왕수인의 학설을 가장 싫어하고 배척했으며, 특히 나여방을 싫어했다. 통정사사通政使司로 재직할 때 불씨의 학은 처음에는 유학과 섞이지 않았으나 나여방이 성현인의심성聖賢仁義心性 설을 빌려 견성성불見性成佛의 종교로 제창하면서 자신의 학설은 간결하여 수도修道할 필요가 없다고 주장했다. 따라서 전주傳注는 지루하고, 경서는 조박糟粕하고, 실천은 진부하고, 기강과 법도는 속박이라 여기며, 예법을 거스르고 도덕을 문란하게 하는 것이 이처럼 심할 수가 없으니, 해당 관리에게 금지령을 내려 풍교를 교화하기를 청했다. 신종은 이에 조서를 내렸다."135) 여계등은 양시교의 말이 일리 있다고 생각하여 "그의 견해에 동의하며(服其有見)" 나아가 각지의 학관들에게 통문을 보내어 "지방에서 한가한 관리, 산인방사山人方士, 불교와 도교를 수도하는 사람이 있으면 산림의 한적한 곳에서 각자 수행하도록 허락할 것을 건의했다. 만일 대읍大邑 수십 명의 인파가 나타나면 즉시 추방해야 한다. 무안撫按의 승인 없이 서원의 사당을 세운 자는 즉시 금지시키고 경을 벗어나고 상도에 어긋나는 신설新說을 새긴 서적의 판매를 금지시켰다. 사인은 글을 쓸 때 반드시 정주가 편찬한 집주와 대전을 위주로 하고, 『몽인蒙引』과 『존의存疑』 등을 참고해 도의道義를 밝히고 선기禪機를 뒤섞지 말아야 한다. 학교에 문장을 제출할 때 반드시 경의經義에서 벗어나지 않고 우아한 작품을 선택해야 한다. 동유童儒 중 신설에 의지하는 이는 입학을 허용하지 않으며, 생원 역시 신설을 믿는 이는 바로 퇴출한다. 향시, 회시에 대한 글쓰기도 규정에 따라 엄격하게 수행되어야 한다. 규정을 위반한 자는 과거시험관이 법에 따라 처리하여, 이설異說이 점차 사라지고 성학이 밝혀지고 사인의 마음이 안정되고 학풍이 올바르게 되고, 국가의 장래에 도움이 될 것이다."136) 여기에서 여계등余繼登은 나여방 등 양명학

---

135) 「楊時喬傳」, 『明史』 권224. 5909쪽. 楊疏의 말은 「爲文體日壞, 士習漸移, 懇祈敕諭儒臣申明祖制, 尊聖諭, 辟邪說, 以維世道人心事」이다. 원문은 明·余繼登의 『淡然軒集』 권2 「覆楊止庵疏」에서 찾아볼 수 있다. "受業永豐呂懷, 最不喜王守仁之學, 辟之甚力, 尤惡羅汝芳. 官通政時, 其疏斥之曰: 佛氏之學初不涵於儒, 乃汝芳假聖賢仁義心性之言, 倡爲見性成佛之敎, 謂吾學直捷, 不假修爲. 于是以傳注爲支離, 以經書爲糟粕, 以躬行實踐爲迂腐, 以綱紀法度爲桎梏, 逾閑蕩檢, 反道亂德, 莫此爲甚, 敕所司明禁, 用彰風教. 诏從其言."

136) 明·余繼登「覆楊止庵疏」, 『淡然軒集』 권2. "地方中但有罷閑官員, 山人方士, 學佛學仙者,

자와 불교와 도교를 배운 이들을 동급으로 취급하여 대도시의 서원에서 강학하는 것과 서적을 인쇄하여 학설을 전파하는 것을 금지시켰는데, 이는 학문적 이유뿐만 아니라 정치적 영향 때문이었다. 산림의 적막한 곳에서 도를 닦는 것은 허락하면서도 도시의 수십 명이 모여 강학하는 것은 금지시킨 것은 서원이 사인들의 결사하는 곳이 되어 조정과 반대되는 힘을 축적할 것을 두려워하여 "강학에 참여하기만 하면 축출하고(即行驅逐)" "금지시킨 것(即行禁約)"이다. 이는 학문적인 것에서 정치적인 것으로 확장되는 전형적인 사유 방식이다. 때문에 천계 연간 동림당 사건의 발생은 필연적이었다고 할 수 있다.

천계 초, 환관 위충현과 희종熹宗의 유모 객客 씨는 더욱 부패한 엄당閹黨을 결성하여, 특무기관인 동장東廠, 금의위錦衣衛를 장악하고 백성들에게 해악을 끼치고, 권력을 독점하며 정사를 어지럽혔는데, 이로 인해 동림당 사람들의 분노를 사게 된다. 이렇게 양자의 대립은 불가피해지게 되면서 동림당은 참혹한 결과를, 천하 동림 강학 서원까지 불똥이 튀면서 명대 서원은 세 번째로 철폐라는 수난을 당하게 되었다.

거슬러 올라가 천계 연간 서원 철폐는 위충현과 그의 수하가 일방적으로 만든 것이다. 천계 4년(1624), 엄당이 난을 일으키자 교응갑喬應甲은 한 달 만에 13소를 연달아 올려 고헌성의 도움을 받았던 회무(准撫, 漕運總督-역자)를 일컬어 "동림이 회무의 지지를 얻으면 은연 중에 의지하게 되고, 회무가 동림을 얻으면 서로 의지하게 된다."[137]라고 공격하며 동림당의 당수로 지목하였다. 장눌張訥은 이부상서 조남성趙南星을 탄핵하고 연루된 17명을 파면했다.

천계 5년(1625) 정월, 엄당의 '열 아이(十孩兒)' 중 하나인 병과급사중兵科給事中 이로

聽其于山林空寂之處, 各修其業. 有于通都大邑中聚徒至數十人者, 即行驅逐. 其不由撫按具題, 擅立書院祠宇者, 即行禁約, 並禁坊間所刻離經叛道新說諸書, 不許鬻賣. 士子行文, 務依二祖所頒示集注, 大全爲主, 而參以蒙引, 存疑諸書, 各闡理道, 勿雜禪機. 提學校文, 務取不背經義, 純正典雅者. 童儒仍用新說者不准入學, 生員仍用新說者徑自黜革. 至于鄉試會試行文, 知會一體遵行. 有仍前不遵者, 容臣部及該科指實參治, 庶異說漸熄, 聖學自明, 士心既定, 士習自端, 國家將來或可收得人之效矣."

137) 『明熹宗實錄』(梁本) 권49. "東林得准撫則暗有所恃, 准撫得東林則兩有所扶."

생李魯生은 "가짜 도학은 진짜 절의보다 못하다(假道學不如眞節義)."는 이유로 경성 수선서원首善書院 현판을 모두 철거하고 '충신사忠臣祠'로 바꾸어 요양遼陽 전투에서 사망한 장병들을 봉사할 것을 건의했다. 5월, 어사御史 주유지周維持는 위충현에게 "그 사악한 무리들을 엄하게 질책하고 사사로이 서원을 세우고 파벌을 모으는 것을 허락하지 않아야 합니다. 성의 직속 주, 부, 현을 막론하고 전국에 있는 모든 서원을 즉시 철폐해야 합니다."138)라고 보고했다. 7월, 어사 예문환倪文煥은 '동림 괴수(東林巨魁)'라는 이름으로 이방화李邦華, 이일선李日宣, 주순창周順昌을 탄핵하고 "(수선)강학서원을 철폐했다(毁其講學書院)." 또 수선서원을 포충사당褒忠祠堂으로 바꾸었지만, 강학자들에게 강학의 기치를 남길까봐 "서원 비속을 모두 부수었다(請碎講院碑)." 경성 수선서원의 폐원은 전국적인 서원 철폐가 본격적으로 시작되는 신호탄이었다.

8월, "위충현의 충견(鷹犬)"으로 알려진 어사 장눌張訥은 전국의 서원을 철폐해 줄 것을 주청했다. 당시 전국적으로 가장 흥성했던 서원은 동림, 관중關中, 강우江右, 휘주徽州 네 곳이었다. 동림서원은 "이미 오래전부터 있어왔는데, 이삼재李三才 등이 동남 지역의 재물을 모아 많은 백성의 피땀으로 지은 것이다. 서원은 좋은 밭과 아름다운 저택을 보유하고 있어서 수십만 금의 가치가 있었다. 손신행孫愼行, 고반룡高攀龍 등이 이곳에 둥지를 틀고 권세 있는 자들과 결탁하여 뇌물과 사영私營으로 사용했다. 소작인 고전손高轉遜 등은 거액의 세금을 내도록 강요받았지만, 그동안 제대로 납부하지 못했다. 최근 재해를 빌미로 세금 체납이 더 심해지자 관련 부처는 엄두도 내지 못했다."139) 게다가 풍종오馮從吾는 관중서원을 개설하여 관민의 전산 1,300여 묘를 가로채고, 휘주서원은 일상적으로 걷는 세금이 몇 만금에 달하며, 강우서원은 동림을 자처하여 떠벌리

---

138) 淸·莊廷鑨, 「明史抄略·哲皇帝本紀下」, 『四部叢刊』본. "嚴斥邪黨, 不許別創書院, 群聚朋徒. 乞敕中外, 並將舊日所建書院, 不論省直府縣, 立時改毀." 이는 『明嘉宗實錄』 권58의 "將黨人舊日凡有倡建書院, 不論省直州縣, 立時改毀"의 내용과는 차이가 있다.

139) "其來已久, 乃李三才科聚東南財賦, 竭民膏血爲之修建者, 良田美宅, 不下數十萬金. 孫愼行, 高攀龍輩窟穴其中, 以交結要津, 納賄營私, 皆是物也. 如租佃戶高轉遜編樸千余, 從來硬不完納. 近日借口災傷, 埔欠尤多, 有司不敢問."

는 것이 모두 나라를 그르치는 일이라고 했다. 이런 죄명을 꾸며낸 후, 장눌은 서원의 사람, 일, 언론에 대해 대대적으로 공격하면서 철폐를 요청했고, 장눌의 주청 후 위충현은 교지를 내려 서원을 허물고 서원 강학자들을 처벌했다.

동림서원의 철폐는 동림당 사람들과 관련된 여러 정치적 사건들과 관련이 있다. 엄당은 동림서원과 동림당을 함께 묶어서 처단하고자 했다.

천계 연간의 서원 철폐는 동림당에 대한 정치적 박해를 주요 목표로 삼았다. 철폐된 서원은 만력 연간보다 적었으며, 통계 낼 수 있는 곳은 28곳뿐이다. 이에 따라 천계 연간 서원 철폐 상황 일람표는 아래와 같다.

〈표 5.6〉 천계 연간 서원 철폐 상황 일람표

서원 명	부지	폐원 시간 및 기사	자료 출처
수서서원 首善書院	경사京師(京)		『기보통지畿輔通志』 권112
관중서원 關中書院	서안西安(陝)		
동림서원 東林書院	무석無錫(江)	기와 및 서까래 일체 소실	허헌許獻 외 『동림서원지東林書院志』 권18
명덕서원 明德書院	가정嘉定(江)	권농공소勸農公所로 개조	유이정柳詒征, 『강소서원지초고江蘇書院志初稿』
서호서원 西湖書院	항주杭州(浙)	천계 5년, 육지사당陸贄祠堂으로 개조	『서호지찬西湖志纂』 권3
자양서원 紫陽書院	휘주徽州(徽)		
자양서원 紫陽書院	무원婺源(徽)		
복산서원 福山書院	무원婺源(徽)		
중천서원 中天書院	이현黟縣(徽)		이재동李才棟 『강서고대서원연구江西古代書院研究』, 354쪽 건륭乾隆『강남통지江南通志』 권164 도광道光『휘주부지徽州府志』 권3
벽양서원 碧陽書院	이현黟縣(徽)		
임응서원 林應書院	이현黟縣(徽)		
환고서원 還古書院	휴녕休寧(徽)		

서원 명	부지	폐원 시간 및 기사	자료 출처
박양서원 泊陽書院	악평樂平(贛)		
환옥서원 懷玉書院	옥산玉山(贛)		
염계서원 濂溪書院	덕화德化(贛)		
인문서원 仁文書院	길수吉水(贛)		
정사서원 征士書院	진현進賢(贛)	천계 연간, 위충현의 서원 폐지 이후 영춘정迎春亭으로 개조	
종릉서원 鍾陵書院	진현進賢(贛)		
서현서원 栖賢書院	진현進賢(贛)		
아호서원 鵝湖書院	연산鉛山(贛)		이재동李才棟 『강서고대서원江西古代書院研究』 354쪽 옹정雍正 『강서통지江西通志』 권21
쌍계서원 雙溪書院	부량浮梁(贛)	천계 연간 위충현의 서원 폐지 이후 민간으로 귀속	
우교서원 友敎書院	남창南昌(贛)		
정학서원 正學書院	남창南昌(贛)		
복고서원 復古書院	안복安福(贛)		
복고서원 復眞書院	안복安福(贛)		
백로주서원 白鷺洲書院	여릉廬陵(贛)		
췌화서원 萃和書院	태화太和(贛)		
균양서원 筠陽書院	고안高安(贛)	천계 연간, 위충현의 서원 폐지 이후, 지부 도이중陶履中이 공서公署로 개조	

가정 초금初禁은 서원의 발전 추세를 억눌렀으며, 만력 재금은 서원의 부흥을 종식시켰다면, 천계 삼금三禁으로 서원의 기세는 거의 꺾여버렸다. 왕수인, 담약수 두 대사가 어렵게 강학하여 발전시킨 명대 서원은 이렇게 서서히 퇴보했으며, 이것이 세 번에 걸친 철폐가 가져온 가장 직접적인 결과였다.

2. 동림당의 강학 서원

　　명대 서원 철폐는 정치적 의미가 담겨 있던 서원 강학으로 인한 것이었다. 명말 유행했던 "천하동림강학서원天下東林講學書院"은 강학이 정치로 탈바꿈했던 대표적인 예이다. 만력 후기부터 태창, 천계, 숭정, 심지어 청대 초기까지 긴 기간 동안 실질적으로 당시 서원의 상황과 발전 방향을 제약했던 명말 서원의 이러한 특징에 대해 논의해 왔다. 이는 청대 초기 서원 방향에 영향을 미치기도 했으므로, 관심 있게 볼 필요가 있다.

천하동림강학서원

　　『명사·희종본기明史·熹宗本紀』에는 천계 5년 "8월 임오일, 천하동림강학서원을 철폐하라."[140]는 기록이 남아 있다. "천하동림강학서원"이란 무슨 의미인가? 이는 분명하면서도 애매한 표현이다. 분명하다는 것은 직접적으로 동림서원을 지적했기 때문이고, 애매하다는 것은 당시 강학자라면 모두 동림당 사람으로 간주되었기 때문이다. 당시 장눌의 철폐를 청하는 상소와 위충현의 교지에는 "동림, 관중, 강우, 휘주의 모든 서원을 철폐하라."[141]는 내용이 있다. '동림'이 '관중'으로 확장되었다는 것은 이미 문화가 확장되었다는 뜻이지만, '관중'에는 일반화되기 전 구체적으로 '관중서원'이라는 서원이 실제로 존재해 있으며, 강우, 휘주는 지역 명이었다. 그 지역의 모든 서원은 구체적인 서원명을 의미하는 동림, 관중과 함께 나열할 수 없다. 그런데 이 네 가지를 함께 나열하는 것은 엄당 스스로도 확정하지 못해서 적을 공격하는 데 사용했다고 할 수밖에 없다. 이는 받아들일 수 있다. 상소문에서는 추원표와 여무형 등의 이름을 지적했는데, 사람을 서원으로 확장시키면, 추원표 고향의 길수 인문서원, 여무형 고향의 신안 자양서원, 환고서원을 강우, 휘주와 무리하게 대응시켰다. 그런데 당시 실제

---

140) "八月壬午, 毀天下東林講學書院."
141) "其東林, 關中, 江右, 徽州一切書院, 諸著拆毀."

상황은 더 황당했다. 손승택孫承澤의 말을 살펴보면 "사람들은 각지의 서원의 존재에 대해 모른 채 통칭하여 동림이라 불렀으며, 사람들은 동림서원이 언제부터 있었는지 모른 채 이 두 자를 빌려 군자를 모함하는 도구로 사용했다."[142] 이렇듯 좋은 일이나 나쁜 일이나 모두 동림과 관련되어 있었다. "(그래서 사람들은) 국가 대사에 관한 얘기를 하는 것도 동림이라 부르고, 과거 시험장에서 논의를 벌이는 것도 동림이라 부르고, 권력을 휘두르고 부패한 관리를 비난하는 것도 동림이라 불렀으며, 탈정奪情, 간상奸相, 토적討賊과 같은 올바른 제안을 하거나 세속을 거스르는 인물이라면 동림이라 불린다. 이렇듯 동림의 명성이 전역에 퍼져 있고 세대에 걸쳐 이어져 왔다."[143] 숭정 연간 위충현을 사형시킨 후에도 일부에서는 "다시 동림당의 설을 제창했으며(復倡黨說)", 의견이 다른 사람들도 모두 동림으로 지목되었다. 이를 통해 명말 "동림"이라는 말은 정치화되어, 동림서원, 동림강학과는 무관한 이른바 "군자를 모함하는 빌미가 되었다(排陷君子之具)." 이렇게 하여 "천하동림강학서원"이라는 용어는 정치와 연관된 대명사가 되어 버렸다.

"동림은 어찌 불행히도 그러했는가? 동림은 어찌 운 좋게 그러했는가? 그렇다면 동림이란 명칭이 진실로 있었던 것인가? 이 역시 소인들이 그들에 붙인 이름일 따름이다."[144] 이는 황종희黃宗羲가 「동림학안東林學案」 저술하면서 느꼈던 감회이다. 동림의 행운은 강학으로 천하 서원의 대표적 상징이 되었기 때문이며, 동림의 불행은 정사에 대한 의견 개진으로 세상 정의의 화신이자 희망이 되었지만, 이는 당시 정치적 주장과 반대되었기 때문이다.

---

142) "人不知有各處書院也, 而統謂之東林, 又不知東林所自始也, 而但借此二字以爲排陷君子之具."

143) 「東林學案一」, 『明儒學案』 권58, 1375쪽. "乃言國本者謂之東林, 爭科場者謂之東林, 攻逆奄者謂之東林, 以至言奪情, 奸相, 討賊, 凡一議之正, 一人之不隨流俗者, 無不謂之東林. 若似乎東林標榜遍于域中, 延于數世."

144) 위의 책. "東林何不幸而有是也？東林何幸而有是也？然則, 東林豈眞有名目哉？亦小人者加之名目而已矣！"

학통學統의 재건: 동림서원의 중건과 강학

강소성 무석無錫에 위치한 동림서원은 북송 정화 원년(1111) 이학자 양시楊時가 성동城東에 창건하였다. 양시는 이학대사 정호, 정이의 제자로, 중국 사상사에서는 사설師說을 남쪽으로 전파한 것으로 잘 알려져 있다. 동림서원은 사설을 널리 알리고 이학을 전파했던 중점 기지로, 양시는 이곳에서 18년 간 강학하면서 많은 인재를 배출했다. 그의 학문은 주희를 통해 집대성되어 중국 전통사회에 몇 백 년 동안 영향을 끼친 관방철학이 되었다. 따라서 동림서원은 정주를 계승하여 "낙민중추洛閩中樞"로 불리며[145], 주목을 받았다. 남송 초년, 금군이 침략하면서 양시는 고향인 복건 장락將樂으로 돌아갔고, 서원은 폐원의 수순을 밟았다. 이학이 성행하던 남송 중기, 무석의 사인들은 사당을 짓고 양시를 모시면서 '구산서원龜山書院'이라 명하였다. 원 지정 10년(1350) 승려에 의해 동림암東林庵으로 바뀌었다. 이때부터 200여 년 동안은 불교의 전파지가 되었다.

명 성화成化 연간, 소보邵寶는 성남城南에 재건되었으며, 거인의 신분으로 "사인들을 모아 강학하였다(聚徒講誦于其間)." 소보가 진사가 되어 벼슬에 오른 뒤, 그 터가 "다시 황폐해지면서(復荒)" 읍인 화운華雲의 소유가 되었다. 화운은 소보의 문인으로 "부지를 계속 서원으로 삼아 스승의 업적을 기리고 구산지학의 옛 모습을 회복하기로 결정했다."[146] 이러한 행동은 지현 고문치高文豸의 지지를 받았다. 덕분에 소보 본인 및 고문치의 요청에 따라 정덕 8년(1513) 왕수인은 관련된 내용을 기록하였다.

전기에서 왕수인은 양시의 남쪽 지역으로의 도학을 전파한 공로에 대해 존경을 표하면서도, 구산의 학문이 후에 불교와 도교로 유입된 것에 의문을 제기했으며, 심학으로 구산의 학문을 되살릴 기대는 소보에 걸었다고 했다.

---

145) 역자 주. 洛閩中樞는 명대 행정 중심지로, 洛陽과 閩南 지역을 포함한다. 낙양은 명나라의 정치, 경제 및 문화의 중심지 중 하나였고, 민남 지역은 명나라에서 중요한 상업과 해양 활동의 중심지 중 하나였다. "낙민중추"는 명대에 중요한 정치와 경제적 지위를 가지며, 전체 국가의 통치와 발전에 중요한 역할을 했다.

146) "仍讓其地爲書院, 以昭先生之迹, 而復龜山之舊."

414

가정, 융경, 만력 연간, 왕학은 크게 흥하였고, 가정 13년(1534) 제학 문인전聞人詮, 융경 원년(1567) 제학 경정리耿定理, 만력 원년(1573) 제학 사정걸謝廷傑은 모두 왕문 후학의 요청에 따라 동림서원 복원을 허가했다.[147] 특히 태주학파의 주역이기도 했던 경정리가 남경에서 제창했으며, 그의 열렬한 지지자였던 주장 중 하나인 경정리가 남경에서 창도할 때 그의 숭배자인 성반盛鏊이 융경 원년(1567), 만력 원년(1573)에 두 차례에 서원 복원을 청원하고 서원에서 허가를 받았으나, 안타깝게도 만력 7년 성반이 사망할 때까지 그 "복원하겠다는 고매한 뜻은(修復雅意)" 여전히 '헛된 소원(虛願)'이었다. 그럼에도 이러한 10여 년에 걸친 이번 노력은 왕문후학이 동림서원을 중시하였음을 보여준다.

역사적으로 동림서원 발전에 공헌한 이들이 많다. 그들 중에 이른바 '동림팔군자東林八君子'로 알려진 고헌성顧憲成, 고윤성顧允成, 고반룡高攀龍, 안희범安希範, 유원진劉元珍, 엽무재葉茂才, 전일본錢一本, 설부교薛敷敎가 있으며, 이들 중 앞의 6명은 모두 무석 출신이어서 '무석육군자無錫六君子'로도 불렸다. 그러나 강학을 했던 이들로 명말 동림을 이끌었던 자는 고헌성, 고반령, 오계삼吳桂森 단 세 명뿐이었다.

동림선생으로 불렸던 고헌성은 만력 32년에 강학을 시작하여 만력 40년에 사망할 때까지 8년 동안 동림의 주축이었다. 이 때는 동림서원의 강학이 성행했던 시기로, 특히 처음 5년간은 "진신縉紳들이 몰려들면서 당시 성황을 이루었다(縉紳輻湊, 其時盛而繁)." 그러나 이후 3년간은 이삼재 입각 논쟁, 계사경찰(癸巳京察: 계사년에 실시한 북경 중앙 관료들을 대상으로 한 인사 고과-역자) 사건 등 정치적 사건에 휘말리면서, 강학이 영향을 받는 "위기를 맞이했다(見崎于當途)."[148] 고헌성이 임시로 자신의 회무를 대신 맡아 주었던 고반룡에게 "회강이 예전처럼 계속 진행되는 것이 중요합니다. 세상은 변화무쌍하나 나의 길은 한결같습니다. 어찌 그런 사람의 한 마디 때문에 제 원칙을

147) 清·許獻 외. 「東林軼事」, 『東林書院志』 권21, 790쪽.
148) 明·吳桂森, 「息齋筆記」. "東林開講于甲辰(萬歷32년), 縉紳輻湊, 其時盛而繁. 未幾, 見崎于當途. 庚戌(38년)以後, 漸簡漸眞. 癸醜(41년) 講「易」, 則二三君子蒼然隆冬之松柏矣."

어찌 쉽게 바꾸어 소인배로 전락할 수 있겠습니까?"[149]라는 내용의 편지를 쓰면서 제때에 강회를 열어야 한다고 강조했으나, 정치적 국면의 제약에 부딪혀 어사 서조규徐兆奎는 만력 39년 "오늘날 천하의 대세는 동림으로 기울고 있는데, 올해 계전(計典: 3년마다 지방관의 성적을 考課하는 일-역자)이 잘못된 것은 사실 이 때문이다."[150] 그후, '동림서원'은 갈수록 '동림당'으로 대체되면서 강학활동은 바닥세를 치게 된다. 고헌성의 강학 상황을 기록한 「동림상어東林商語」[151]를 살펴보면, 만력 36년 그가 남경 광록사소경光祿寺少卿으로 부임하면서 16조목의 어록이 남아있다는 기록만 있을 뿐이다. 이는 한편으로 동림강학이 만력 37년부터 실질적으로 "더욱 간이해지고 진실되어 갔다(漸簡漸眞)."

고판룡은 동림 중건 때부터 고헌성을 도와 서원 업무를 주관하다가 고헌성 사후 만력 40년부터 천계 원년(1612-1621)까지 북경에서 10년 동안 어사 부임 기간에 동림을 이끄는 주축으로 성장하였다. 당시 그는 「동림강회규칙」을 제정하고 강학을 견지하면서 「동림론학어」 200여 조목을 남겼으나,[152] 안타깝게도 그때 동림은 이미 당쟁에 휘말려 있었다. 정치에 참여하면서 강학을 유지하는 것이 이 시기의 특징이다. 기록에 따르면 만력 40-41년 이후, 동림은 "정쟁이 일어나자(鋒鏑紛起)" 용감히 맞서며 "큰 화로 항아리처럼 되어야 한다. 그렇지 않으면 진짜여도 진짜가 될 수 없고, 거짓이어도 거짓이 될 수 없으며, 동림이어도 진짜 동림이 될 수 없다고 했다."[153]

동림을 이끌었던 또 다른 인물인 오계삼은 천계 원년(1621) 겨울 고반룡이 북경에 온 날부터 숭정 5년(1632)에 사망할 때까지 12년 간 강학을 지속했으며, 천계 5년 서원

---

149) 明·顧憲成, 『泾皐藏稿』 권5. "大會只照舊爲要. 世局無常, 吾道有常, 豈得以彼婦之口, 遽易吾常, 作小家相哉."

150) 『明神宗實錄』 권483. "今日天下大勢盡趨東林, 今年計典之誤, 實由于此."

151) 清·許獻 외, 「東林商語」 상, 하권. 『東林書院志』 권3, 권4, 38-65쪽.

152) 清·許獻 외, 「東林論學語」 상, 하권. 『東林書院志』 권5, 권6, 88-157쪽.

153) 清·許獻 외, 「劉(元珍)本孺先生傳」, 『東林書院志』 권8, 295-296쪽. "謂此吾輩一大爐缸, 不如是, 眞者不成其眞, 贋者不成其贋, 東林不成其東林."

이 폐원되고 숭정 원년 다시 복원되는 일희일비를 겪으면서도 최선을 다해 유지했다. 강학이 가장 성행했던 천계 초년 "이때 많은 현인들이 두각을 나타내면서 조정과 민간이 크게 번성하였고, 오계삼은 경일景逸선생의 뒤를 이어 동림의 강단을 주관하였다. 경일은 경성에서 정무를 보던 중 수선서원에서 강학을 하였다. 3천 리나 떨어져 있었음에도 서로 호응했는데, 당시 풍종오, 추원표 등 걸출한 학자들이 동림에서 강학한다는 소식을 듣고 모두 동경하며 찾아와 우정을 맺었다."154) 그러나 서원이 철폐되고 숭정 연간 복원된 후에도 고헌성, 고반룡, 정이, 정호, 주희를 근본으로 삼았지만, "아호鵝湖, 요강姚江의 변론은 다시 일어나지 않았고", "시정에 대한 논의도 멈추었으며", "이제부터 경서와 사상에 대해 논하는 것 외에 조정과 지방의 시비득실에 대해 무엇을 들어도 말하지 않고, 질문이 있어도 대답하지 않았다."155) 모두 과거의 풍경일 뿐 명맥만 유지할 따름이었다.

오계삼 이후 "동림서원의 주도할 지도자를 잃게 되었고, 이후 여택당의 강학도 점차 중단되었다."156) 숭정 16년(1643) 고세태高世泰가 호광제학 부사로 귀향하여 서원을 복원하면서 "동림을 34년 간 이끌었다."157) 그런데 이때는 명나라가 망한 2년이 지난 청 초기로, 명 유민의 신분이었다.

---

154) 明·鄒期楨, 「(吳桂森)墓志銘」. 清·許獻 외, 『東林書院志』 권9, 327-337쪽. "是時群賢蔚起, 朝野蒸蒸, 先生代景逸先生司其壇坫, 而景逸在都中以政暇講學于首善書院, 三千裏外遙相應和, 一時大儒如少墟馮(從吾)先生, 南臯鄒(元標)先生輩, 聞東林有先生, 群然向往, 脈脈神交."

155) 明·吳桂森, 「東林會約」. 鄧洪波, 『中國書院學規』, 17-18쪽. "即如鵝湖, 姚江之辨, 亦不必再煩擬議", "絕議論以樂時", "自今談經論道之外, 凡朝廷之上, 郡邑之間是非得失, 一切有聞不談, 有問不對."

156) "東林遂無主盟. 嗣後, 麗澤堂會講亦輟."

157) 清·許獻 외, 『東林書院志』 권21, 802쪽. "主盟東林者歷三十有四年."

사단社團과 정치: 동림당이 개창한 서원의 새로운 전통

서로 스승이자 벗이었으며, 참혹한 현실에서 뜨거운 열정으로 세상의 그릇된 풍조를 바로잡으려 했던 동림서원 사우들은, 명대 중기의 기존 결사 전통에서 출발하여 정부의 철폐 지침 와중에도 끈질기게 20여 년을 버티며 서원의 학문 풍조를 전환하고 천하 시정時政의 새로운 전통을 개척했다.

동림서원의 결사적 성격은 분명하다. 우선 동림서원은 그해 모임에 참석했던 사람들의 공감대에서 비롯되었다. 동림 창시자 중 대부분은 지방에서 강학을 했던 경험이 있었다. 고헌성은 만력 22년 이래 이부 시험을 주재하면서 황제와 권신의 뜻을 거스르고 관직을 그만두고 10년 간 강학했으며, "경리(泾裏: 고헌성의 고향-역자)의 집에서 강학을 했는데(泾裏家學)" "몇 년째 수많은 제자들이 모여들었다(連年弟子雲集)." 그리고 '동인당同人堂'을 지어서 "매달 각지의 유학자들이 모아들였다(月集諸從遊者會焉)."[158] 고반룡은 무석 도심에 낙지당樂志堂을 세워 "사인들을 모아 회강을 열었다(偕四郡同志會講)." 유원진은 상주성常州城의 집에서 강의를 하며, 전일본錢一本과 함께 '동선회同善會'를 만들어 "절의 있는 이를 표창하고, 홀아비와 과부를 배려했다(表章節義, 優恤鰥寡)." 전일본은 무진武進에서 경정당經正堂을 세워 강학했다. 무진, 무석 모두 상주부의 지역으로 남북으로 100리가 안 되게 마주보고 있다. 고헌성은 만력 26년(명나라 만력 26년) "우리 오나라 땅에는 군자가 많으니 결속하여 서로 지지하고 견인하여 천지의 선善을 끝없이 이어간다면 어찌 큰 승리가 아니겠는가?"[159]라고 했는데, 이 표현에는 오 지역의 군자를 하나로 연대하여 흩어져 있던 강학 활동을 하나로 조직하여 묶어내려는 절박함이 담겨 있다. 그는 고반룡에 대해서도 다음과 같이 언급했다. "시간은 빠르게 흘러가고 기술자들도 자신의 작업장이 있어야 자신의 일을 완성할 수 있듯이, 우리에게도 강학할 장소가 있어야 하지 않겠는가?"[160] 동림서원의 중건은

---

158) 康熙 『無錫縣志』 권7.

159) 明·顧憲成, 『泾皐藏稿』 권5. "我吳盡多君子, 若能聯屬爲一, 相牽相引, 接天地之善脈于無窮, 豈非大勝事哉！"

418

이러한 결사의 의지를 담은 표현이다.

둘째, 「동림회약」은 서원의 규장으로 여기에는 동림의 학문적 주장, 심지어 정치적 성향까지 담겨 있으며, 서원 강회 참여자들을 회적會籍으로 등록하도록 규정하고 있다. 강회에서는 이들을 "동지우同志友", "동지同志", "오당吾黨", "각군각현동지各郡各縣同志", "동지회집同志會集"으로 칭하고 있는데, 이는 모두 서원 운영의 결사적 특징을 보여준다.

셋째, 당시 서원을 '동림사東林社'라 부르는 이도 있었다. 무진 사람 호가윤胡佳胤은 다음과 같이 말했다. 만력 37년(1609) "중추 19일, 오계삼은 동림사에 참석했다. 당시 경양 선생(고헌성)이 강회를 주재하고 고반룡, 유원진 등이 선생 옆을 보조했다. 나는 오계삼과 함께 앞으로 갔는데 외지에서 온 초나라 사람이 양쪽으로 자리하고 있었다. 착석하자 경양 선생이 『맹자』 첫 장의 의리義利의 종지를 분석했다. 그 후 서로 난제를 제기하면서 진심盡心, 천명天命 등을 논의했다. 강학이 끝나고, 한 선생이 동쪽에서 몸가짐을 바로하고 예를 갖추며 위장거魏莊渠 선생의 여학어勵學語를 읽었다. 이 말을 듣고 현장에 있던 사람들은 마음이 움직였다. 강회가 끝나자 손님을 대접하는 요리가 준비되었고, 술잔이 몇 차례 오간 후에야 손님들은 돌아갔다. 함축적이고 정미한 언사가 단절된 지 오래되었던 당시, 동남 지역의 가장 영향력 있고 사방을 풍미한 이번 강회는 천고에 남을 만한 일이다."161) 호가윤의 기록에서 결사적 성격의 서원 강학의 일반적 정황과 이를 토대로 동림서원을 동림사로 부르는 것이 적절하다고 판단했음을 알 수 있다.

학풍의 전환이 동림서원 강학의 최우선 임무였기 때문에 학술사적으로는 '동림학파'

---

160) 明·高攀龍,「(顧憲成)行狀」. 淸·許獻 외,『東林書院志』 권7, 197-220쪽. "日月逝矣, 百工居肆以成事, 吾曹可無講習之所乎？"

161) 淸·許獻 외,『東林書院志』 권21, 795쪽. "仲秋十九日, 吳子往邀余入東林社. 時泾陽先生爲會主, 而高, 劉諸公翼之. 予與子往, 及一方外楚人爲客, 列東西坐. 坐定, 泾陽先生講『孟子』首章, 析義利之旨. 自是互相送難, 及盡心, 天命諸義. 講罷, 一人從東席趨下, 正立揖, 出所書魏莊渠先生勵學語讀一過, 聞者悚然. 罷會, 設雞黍供客, 酒數巡, 各散出. 微言久絶, 此會爲東南領袖, 風動四方, 眞千古一事矣！"

로 알려져 있다. 왕학 말류의 폐단을 감안하여 동림의 제군들은 이를 구제하고자 했던 것이다. 이러한 의도는 다음 세 가지를 통해 알 수 있다. 첫째, 동림원사를 중건할 때 이들은 정덕 연간 이래 왕수인 및 왕문후학이 동림을 건설하려는 노력을 외면하고 왕양명의 「동림서원기東林書院記」를 일부러 「성남동림서원기城南東林書院記」로 바꾸었는데, 이는 왕양명을 인정하지 않고 자신들을 계보적으로 양시와 잇기 위함이었다. 둘째, 왕학에 대해 직접적으로 비판했다. 구양동봉歐陽東鳳은 "구산이 이정二程을 떠나 고향으로 돌아가자, 정호가 내 도가 남쪽으로 갔다고 했을 정도로 아꼈던 인물로, 진릉晉陵의 송학宋學도 구산에서 비롯되었다. …… 오호! 세상 사람들이 진헌장의 자연과 양명학의 양지를 제일 요지로 삼으며, 그 근원을 궁구하는데, 이는 실로 인성人性에 하나 더 한 것과 다른 일이 아니며, 이를 주경主敬하고 궁리窮理하는 것 역시 솔성 외에 다른 일이 아니다. 천고의 비밀이 하필 오늘에서야 알려져서 송대 유학의 정통성을 무너뜨리려 하는가! 나는 이를 항상 염려하며 고민한다. 다행히 어떤 이들은 위의 그릇된 주장들을 넘어 근원으로 돌아가 함께 단결하며 전통을 회복하였는데, 이는 덕을 높이고 도를 즐거워하는 것이며, 대강 공부하는 것이 아니라 깊이 연구하고 실천하는 것이다."[162] 왕수인과 담약수를 겨냥하고 있으나, 비판의 정도는 심하지 않은 편이다.

셋째, 비판의 과정에서 심학에서 이학으로 전환되었다. 왕수인을 배척하고 주희를 숭배하는 것으로의 학풍의 전환은 명말의 특징이다. 휘주 자양 강회를 주재한 방학점方學漸은 학문적으로 주자를 추숭하여 「성선역性善繹」을 저술하여 왕양명의 심체가 무선 무악의 관점이라 비판했다. 만력 39년(1161), 그는 72세의 고령으로 두 달 넘게 동림을 여행하며 회중會中의 동지와 함께 "깊이 토론하면서 학맥을 찾는 데 주력했다." "동림의 학은 주희를 근본으로 삼는다"[163]는 것으로 결론을 내렸다. 오계삼도 "양명학과

---

162) 明·歐陽東鳳,「重修東林書院記」. 陳谷嘉·鄧洪波, 앞의 책, 820쪽. "龜山者, 固程夫子所目 爲道南者也. 晉陵之有宋儒學也, 自龜山始也.……嗟乎! 世皆以新會之自然, 姚江之良知爲 第一義, 而究其所以, 實非于人性上另添一物也. 主敬主此, 窮理窮此, 亦非于率性外另爲一 事也. 何必曰千古秘密至今日始泄機, 欲閾宋儒之統哉! 余爲此懼, 私心時時念之, 幸而有人 焉, 超然反其所自始, 相與聯集同好, 恢宏遺緒, 此其尊德樂道, 又非第泛涉其涯而已."

주자학은 본질적으로 일치하며 모두 진리를 추구하는 기치인데", "왕학을 숭상하는 사람들이 분위기를 주도하며 심학, 이학이라는 명칭이 생겨나면서 학문적 맥이 두 갈래로 갈라진 듯하다. 심학은 깨달음의 경지를 강조하고 깨달음의 경지를 좇는 인식의 문이 열리면 궁리거경에 관한 모든 학설은 쓸모없는 것으로 간주하기 때문에 이로 인한 폐해가 더욱 깊어진다. 따라서 동림군자가 일어나 언행은 반드시 실제에 부합해야 하며, 인식은 반드시 실천을 통해 검증되어야 한다 했으니, 정주의 학설은 다시 일어날 것이다. …… 이 때 함께 일어나 기세를 함께 하고 도맥道脈을 합한 이가 풍종오 선생이다."164) 바로 "동림군자東林君子"와 "천하동림강학서원天下東林講學書院"의 공동 노력으로 명대 학문은 심학에서 이학으로 전환되어 정주리학이 "다시 세상에 드러나는(復揭中天)" 새 시대를 열었다.

"바람소리 빗소리, 책 읽는 소리, 귓가에 들려오고, 집안일, 나랏일, 천하의 일, 모든 일에 관심을 기울였다."165) 이는 고헌성의 강학에서의 활약이자 만력, 천계 연간 동림 서원 강학의 특징이기도 하다. 동림이 강학할 때 관련된 국정에 관한 내용을 예로 들고자 한다. 아래의 글은 여남呂楠의 「동림서원어東林書院語」이다.

"백성은 관리들이 요처를 차지하는 해에 시달리는데, 왜 그렇게 되었는가?" 선생은 "칙령을 만드는 자의 잘못이 아니겠는가! 백성을 기만하는 명을 내리지 않는다면, 조정에서 왜 그들을 부양하겠는가? 백성을 기만하는 명령을 내리지 않는다면, 요처를 차지하는 일이 어떻게 발생하겠는가? 저들 관리들이 무슨 칭찬할 만한 것이 있겠는가!"라 답했다.166)

---

163) 明·方學漸, 「東遊紀小引」. 清·許獻 외, 『東林書院志』 권16, 627-628쪽. "幽討劇譚, 務尋學脈之所在", "東林之學, 以朱爲宗."

164) 明·吳桂森, 「眞儒一脈序」. 清·許獻 외, 위의 책, 636-637쪽. "蓋良知之說與紫陽氏原自立一赤幟也." "尊王學者導流揚波, 至有心學, 理學之名, 而脈若分爲二矣. 悟門旣辟, 一切窮理居敬之學視爲塵垢秕糠, 而流弊且中于人心. 于是, 東林君子起而維之, 言體則必合之于用, 言悟則必證之于修, 程朱之說復揭中天……其一時並興, 聲氣同而道脈合者, 則有關中馮恭定少虛先生云."

165) "風聲雨聲讀書聲, 聲聲入耳; 家事國事天下事, 事事關心."

관리들이 요처를 차지하여 각 지역에 해를 끼쳤던 것은 명대 유근劉瑾이 권력을 휘두른 이래 나타난 주요 폐단이었다. 서원에서는 강학과 문답으로 이에 대답하며 관리들이 요처를 차지하는 해로움을 조정의 황제에게 화살을 돌렸다. 조정과 지방을 아우르며 격렬한 이 비판은 날카롭게 반복되었다.

천하 대사에 관심을 갖고, 정치적 이해득실에 주의하고, 선을 선양하고 악을 물리치고, 세상을 구하자는 것이 고헌성의 일관된 주장이다. 그는 "뜻이 있는 선비들 중 시국 구제에 절박하게 힘쓰지 않는 사람이 없다."[167]고 했다. 고헌성은 "학문을 논할 때는 현실을 근본으로 삼아야 한다. 일찍이 고관들은 군주에게 마음이 없고, 지방 관리들은 백성에게 마음이 없었다. 재야에서 삼삼오오 모여 '성명性命'의 학문을 추구하고 덕의를 갈고 닦으며 마음은 현실에 있지 않으면, 다른 장점이 있어도 군자는 경멸하지 않는다. 그래서 강회에서 인물 평가와 국정 비판도 많이 이루어지는데, 집정자들은 이를 약으로 삼았다. 천하의 군자들은 청의淸議를 동림에게 귀속시켰는데 조정에서도 이를 두려워하고 꺼렸다."[168] 이 기간 동안 가장 유명한 사건은 고헌성의 이삼재 입각에 대한 논쟁, 고반룡의 호서관 탈세 폭로로, 만력 39년 경찰京察에 수록되어 어사 여조규余兆奎의 "동림당"이라는 비판적 어조로 인용되었다. (다음 문단 전체 삭제)

근거 없는 공격에 대해 동림 강학의 제군들은 "순금은 타오르는 불길 속에서도, 오히려 불길의 힘을 빌려 세상에 진정한 본색을 드러낸다."[169]며 서로 격려하고 강학하고 수련하면서 세상에 우뚝 서서 정의의 상징이 되었다.[170] 『명사』에는 "당시 도의를

---

166) 明·呂楠,「東林書院語」,『泾野內篇』권2. "用問: 鎮守之害, 使人不能聊生, 何也? 先生曰: 此非知制敕者之過邪! 故不爲作欺人敕, 則朝廷奚遣? 故不爲作欺人敕, 則鎮守奚害? 彼鎮守者, 又何足道哉! "

167) 明·顧憲成,『泾皐藏稿』권8. "士之號爲有志者, 未有不亟亟于救時者也."

168) 「東林學案一」,『明儒學案』권58, 1377쪽. "論學與世爲體. 嘗言官華轂, 念頭不在君父上; 官封疆, 念頭不在百姓上 ; 至于水間林下, 三三兩兩, 相與講求性命, 切磨德義, 念頭不在世道上, 即有他美, 君子不齒也. 故會中亦多裁量人物, 訾議國政, 亦翼執政者聞而藥之也. 天下君子以淸議歸于東林, 廟堂亦有畏忌."

169) "赤金在烈焰中借火之力得眞色見于世."

지키면서도 시류에 편승하지 않은 사대부들은 대부분 벼슬을 그만두고 은거했는데, 고헌성이 서원을 세웠다는 소식을 듣고 잇달아 호응하면서 학사에 수용할 수 없을 정도가 되었다."는 내용이 수록되어 있다. 그는 서원에서 "강학하는 동안(講習之余)" 여전히 "조정에 대해 비평하고 인물을 품평했다. 조정의 관리들은 그의 풍모를 흠모하여, 멀리에서도 이를 지지했다. 이로써 동림의 명성은 널리 알려졌다."[171] 진정陳鼎의 「동림열전東林列傳」에는 다음과 같은 내용이 수록되어 있다. "아이, 노인, 부녀자, 여자들까지도 동림은 현인이었음을 알고 있었다. 시정잡배들도 말다툼 하면서 '너 혹시 동림 현자냐? 어쩌면 이렇게 청렴해?'라고 할 정도였다."[172] 동림의 현명하고 청렴결백한 명성이 백성들 사이에서 깊이 인식되어 있다는 것을 통해 당시 사회가 나름 공정했음을 알 수 있다. 때문에 "조야에서 의론이 분분하여 천하가 동요하던"[173] 상황에서도 왜 여전히 "멀고 가까운 명현名賢들이 서로 호응하고 천하의 학자들이 동림을 자신의 소속으로 여겼는지"[174] 알 수 있다.

강학으로 정사를 논하여 민심과 사심士心을 얻은 것이 동림의 행운이자 재앙이었다. 모든 것은 지나기 마련이고, 강학의 공과와 시비는 역사에서 평가할 것이므로 이에 관해서는 논하지 않겠다. 여기에서 강조하고 싶은 것은 동림은 "서로 스승이자 벗이었으며, 참혹한 현실에서 뜨거운 열정으로 세상의 그릇된 풍조를 바로잡으면서"[175] 명말 위기 국면에서 서원의 국정에 관해 논쟁하는 전통을 열었다는 것이다. 이러한 전통은 얼마 지나지 않아 숭정 11년(1638)에 장사 악록서원에서 수학하여 천하에 이름을 떨쳤던 왕부지王夫之와 20세기 신문화운동의 사령관이었던 호적胡適에게 환영받게 된다.

---

170) 明・高攀龍,「(顧憲成)行狀」. 清・許獻 외, 『東林書院志』 권7, 197-220쪽.

171) 「顧憲成傳」, 『明史』 권231. "當是時, 士大夫抱道忤時者, 率退處林野, 聞風向附, 學舍至不能容". "諷議朝政, 裁量人物. 朝士慕其風者, 多遙相應和. 由是, 東林名大著."

172) "雖黃童, 白叟, 婦人, 女子, 皆知東林爲賢. 販夫豎子或相诮讓, 辄曰'汝東林賢者耶？何其清白如是耶？'"

173) "朝論紛纭, 海宇震撓"

174) "遠近名賢, 同聲相應, 天下學者鹹以東林爲歸."

175) "一堂師友, 冷風熱血, 洗滌乾坤."

호적은 "물불을 가리지 않고 정의를 위해 옳은 말을 하기 위해" "희생을 무릅쓰고 앞으로 용감히 나아가" "정치적 여론 조성에 힘씀으로써" 서원이 "민의를 대표하는 기관"으로 거듭났기 때문에 "고대 정사를 토론하는 정신을 대표할 수 있었다."[176]고 했다.

수선서원首善書院, 동림서원을 계승하다

북경성의 대시옹방大時雍坊(현 宣武門 안)에 위치했던 수선서원은 천계 2년(1622), 어사대 동인同仁들이 자금을 모아 창건하여 도어사都御使 추원표鄒元標 부도어사 풍종오馮從吾가 강학하던 곳이다. 천계 초년에 추원표와 풍종오가 상경하여 임명되고 고반룡이 동림 주맹을 사직하고 좌도어사로 부임하고 위무형余懋衡이 병부우시랑으로 부임하면서, 한때 강학 엘리트들이 경성京城에 집결하게 된다. 당시 경사京師에만 유독 강학 장소가 마련되어 있지 않아서, "통도대읍이 있는 곳에는 다 있었던(通都大邑所在皆有)" 서원이 강학의 장소로 사용되었다. "강학하고자 하는 학자들은 화려한 불교 승려와 도교 법사가 거하는 곳에 기거했으나, 서로 화목하게 어울릴 수 있는 곳은 없었다."[177] 이에 어사대 5청廳 13도道 동인들은 180냥의 은을 모아 "민간에 위탁하여(貿易民間)"사무 여극효呂克孝와 어사 주종건周宗建의 감독 하에 서원을 창건하였고 "경사에서 으뜸되는 곳(以在京師爲首善地也)"이라는 의미로 수선서원이라 이름 붙였다.[178]

수선서원은 창건 당시부터 분쟁에 휩싸였다. 병과급사중兵科給事中 주동몽朱童蒙은 "어사御使가 강학의 단을 열면 조정에서는 학파 간의 분쟁이 일어날까 두려워하니, 동림을 경계삼아 본분만 다하면 된다."[179]며 조속히 금유禁諭할 것을 간청했다.

---

176) 胡適,「書院制史略」,『東方雜志』 21권 제3기 (1924년2월). "赴湯蹈火, 尙仗義執言", "前者死, 後者繼", "制造輿論", "代表民意的機關", "亦可代表古時候議政的精神."

177) "欲講學者, 率寄迹于琳宮梵宇, 黃冠緇流之所居, 而無壹敬業樂群之地."

178) 明·葉向高,「首善書院記」. 陳谷嘉·鄧洪波, 앞의 책, 813-814쪽.

179)「江右王門學案八」,『明儒學案》』권23, 534쪽. "憲臣議開講學之壇, 國家恐啓門戶之漸, 宜安

그러자 추원표는 상소에서 다음과 같이 반박하며 팽팽히 맞섰다. "사람이 태어나서 도를 깨달아야 자신의 본분과 의무를 깨달을 수 있다. 도를 깨닫지 않으면 도대체 참된 책임과 의무인지 알 수 없다. 천하의 치란은 인심人心에 달려 있고, 인심의 사정邪正은 학술에 달려 있다. 법도와 풍속의 제정, 공정하고 명확한 형벌, 현명한 인재 등용, 아첨꾼 퇴출 등의 결정은 모두 그 도를 밝히지 않고는 할 수가 없다. ……지난 20년 동안 동림의 신하들은 학문 수준이 높고 덕망이 있었지만, 지금은 과거의 일로만 남아 있다. 그들은 예전 조정의 권력자들 간의 투쟁에서 의견 차이로 인해 집단적으로 배척되었거나 오명이 붙여졌다. 과거의 잘못을 처벌한다면, 동림의 신하들에게 책임을 묻는 것이 아니어야 한다."[180] 풍종오는 중년에 출사하여 사람들과 강학에 참여하였는데, 만력 20년(1592) 병을 이유로 귀향을 청했으나, 경사 강학은 소홀히 하지 않았다. 천계 초년 가을 상경하여 인심이 옛날 같지 않음을 보고 추원표와 함께 강학에 참여했다. 풍종오는 "한나라의 고조 유방과 광무제 유수는 육경을 표창하여 천하에 시행했다. 천자는 궁내에서 선생을 모셔 강학했으며, 황태자는 어렸을 때부터 교육을 받았다. 강학이라는 말은 옛날에는 엄격히 금지되었지만, 오늘날에는 법령이 되었다. 주나라가 농업으로 나라를 열었듯이 우리 왕조는 이학으로 나라를 열었다. 얼마 전 요동에서의 여진족 침입으로 어전 강학이 잠시 중단되었지만, 사람들은 멈추지 말고 계속되어야 한다고 생각했고, 강학이 다시 복구되자 모두들 기뻐했다. 신하로서 군주가 강학하기를 바라면서 자신은 하지 않는다면 그것은 기만하는 것이다. 게다가 이적의 침입이 빈번하고 사교邪敎가 난무하고 있으니, 강학을 통해 인심人心과 충의忠義를 일깨워야 한다. 선신先臣 왕수인王守仁은 전쟁과 유배 상황에서도 강학을 포기하지 않았다. 이것이 저희 신하들이 감히 주제넘을 죄를 무릅쓰고 견지하는 이유이다."[181]라 했다. 이 글에는

本分, 以東林爲戒."

180) 위의 책. "人生聞道, 始知本分內事, 不聞道, 則所謂本分者, 未知果是本分當否也. 天下治亂, 系于人心, 人心邪正, 系于學術, 法度風俗, 刑清罰省, 進賢退不肖, 舍明道其道無由……前二十年, 東林諸臣有文有行, 九原已往, 惟是在昔朝貴, 自歧意見, 一唱衆和, 幾付淸流. 懲前覆轍, 不在臣等."

국가와 신민臣民에 대한 강학의 중요성이 잘 언급되어 있다. "강학은 원래 충효를 가르치는 것인데 조상 때부터 이런 금제는 없었으나, 다만 학파를 세워 나라를 어지럽히면 안 된다."[182]는 것은 추원표와 풍종오 두 사람을 위로하는 취지이다. 이는 중립적 견해이다.

이런 상황에서 한때 강학을 지지해오던 내각수보 엽향고葉向高는 추원표와 풍종오를 지지하겠다고 나섰다. 먼저 "두 과도관은 송나라의 화평과 재난이 모두 강학 때문이라고 여러 차례 올린"[183] 상소는 모두 옳지 않다는 다음과 같은 내용의 상소를 올렸다. "송나라 전성기 때 염학, 낙학, 관학, 민학은 모두 적극적으로 학문하고 강학했습니다. 그러나 남송대에 이르러 왕애王涯, 한탁주韓侂胄, 진가陳賈 등이 위학僞學으로 남을 현혹하고 주희와 같은 어질고 선량한 군자를 모함함으로써 송나라의 국운도 끝이 났습니다."[184] 그리고 강학 금지가 송나라 멸망의 원인 중 하나였음을 지적했다. 상소문에서는 수십 년 간 이어온 추원표의 강학활동에 대해 높이 평가하면서도 강학이 결당과 무관하다고 지적했다.[185] 그 후 엽향고는 추원표와 풍종오의 요청에 따라 수선서원에 기념글을 남겼다.

엽향고는 기념글에서 풍종오와 추원표의 학문을 찬양하고, 강학에 대해 가장 확고한 지지를 표명했을 뿐만 아니라, 장거정의 서원 철폐를 비판하는 등, 추원표, 풍종오 및 수선서원과 궤를 같이 했다. 따라서 서예의 대가 태상사경太常寺卿 동기창董其昌은 엽

---

181) 『明熹宗實錄』 권26. "我二祖開基, 表彰六經, 頒行天下. 天子經筵講學, 皇太子出閣講學. 講學二字, 昔爲厲禁, 今爲功令.是周家以農事開國, 我朝以理學開國也. 昨因東事(指遼事)暫停經筵講學, 而言者以爲不可, 旋復擧行, 人人稱快. 然臣子望其君以講學, 而自己不講, 是欺也. 況今夷虜交侵, 邪教猖獗, 正爲講學以提醒人心, 激發忠義. 先臣王守仁當兵戈倥傯之際, 不廢講學, 卒能成功. 此臣等所以甘心冒昧爲此也."

182) 위의 책. "講學原是教人忠孝, 自祖宗朝未有此禁, 但不可自立門戶, 致起爭端."

183) "二科臣之疏, 屢奉內傳, 頻更票擬, 至謂宋室禍敗由于講學."

184) "宋方盛時, 正以濂, 洛, 關, 閩講明學術, 比及南宋王涯, 韓侂胄, 陳賈輩始立僞學題目, 構陷朱熹諸賢, 而宋祚遂終."

185) 『明熹宗實錄』 권27.

향고의 기념글을 비석에 세우고 좌통정左通政 하교원何喬遠이 「수선서원상량문首善書院上梁文」[186]을 지으면서 서원은 정식으로 완공되었다. 서원에는 강당 외에도 공자에 봉사하는 원학사願學祠가 있었다.

천계 2년(1622) 겨울 10월, 수선서원이 정식으로 개원한다. 추원표와 풍종오는 공사 외에 손님을 맞거나 연회에는 참석하지 않고 곧장 서원에 들어가 강학에 임했으며, 배움에 뜻을 둔 경성의 관신들은 둘러 앉아 마음을 터놓고 토론하는 등 분위기가 크게 변하였다.

수선서원 강학은 추원표, 풍종오 외에 오랫동안 동림서원의 이끌었던 고반룡 및 그의 동향인 화윤성華允誠 등이 있었다. "당시 덕을 겸비한 많은 사람들이 두각을 나타내내면서 조정과 민간이 크게 번창했다." 고반룡은 "경성에서 바쁜 정무를 마친 뒤 수선서원에서 강학을 했다." 이곳은 동림서원과 "삼천리 떨어져 있었으나 같은 학문 분위기를 공유했다. 당시 풍종오, 추원표 등 많은 저명한 학자들이 동림에 선생(고반룡의 뒤를 이어 동림서원을 주맹하던 吳桂森-역자)이 있다는 소식을 듣고 동경하여 우정을 맺었다."[187] 이는 동림서원의 관점에서 볼 때 고반룡의 상경과 강학이 동림, 수선서원을 남북으로 호응하는 기세로 만들어 동림서원의 영향력을 확장시켰다는 것을 보여준다.

수선서원은 "동림을 계승한(以繼東林者也)"서원으로[188], 개원 이후 강학에 관심을 가진 사람과 정직한 관신들의 각광을 받았다. 그들은 서원을 "벼슬자리에 올랐어도 여력이 있을 때 수학하는(仕而優則學)" 장소로 간주하고, 서원에서 자신을 수양하고 정치적 능력을 향상시키고자 했다. 그러나 당쟁으로 인해 경성 안에서 지속적으로 엄당

---

186) 「何氏上梁文」, 陳谷嘉·鄧洪波, 앞의 책, 815쪽.

187) 明·鄒期楨, 「(吳桂森)墓志銘」, 淸·許獻 외 『東林書院志』 권9, 327-337쪽. "當是時, 群賢蔚起, 朝野蒸蒸", "在都中以政暇講學于首善書院", "三千裏外遙相應和. 一時大儒如少墟馮先生, 南皐鄒先生輩, 聞東林有先生(洪波按：指繼高攀龍主盟東林書院的吳桂森), 群然向往, 脈脈神交."

188) 淸·王昶, 『天下書院總志』 권1, 청사본. 현재 臺北古宮博物院에 소장되어 있다.

의 비난을 받았다. 이러한 중압감 속에서도 강학을 계속할 수 있도록 국정에 관한 언급을 최소 혹은 하지 않는 것으로 갈등을 완화하려는 사람들이 있었다. 그러나 이 방식은 소위 정직한 '동림 제군東林諸子'들에게는 인정받지 못했다. 기록에 따르면 병부주사 북직(北直, 현 하북) 정흥定興 사람 녹선계鹿善繼는 "수선서원에서 강학을 들으려고 계획했는데 국정과 직무 등에 관해서는 논하지 않을 것이라는 소식을 듣고 '국정을 떠나 연구하는 학문은 무의미하고, 국정을 떠난 학문 연구자도 무용하다'며 계획을 취소했다."189) 이는 조정과 강학을 결합하여 사회와 관청의 나쁜 풍조를 바로잡는 것이 바로 사람들의 수선서원에 대한 기대였음을 잘 보여준다. 그러나 이것이 바로 엄당이 원하지 않거나 매우 두려워하는 결과였다. 때문에 그들은 서로 공격하며 갈등을 일으키게 된다.

천계 4년(1624), 엄당이 득세하면서 엽향고, 추원표, 풍종오, 고반룡, 조남성 등이 차례로 파직되었고, 강학은 중단되었다. 천계 5년, 어사 예문환倪文煥이 위학僞學이라는 핑계로 천하 동림강학서원을 철폐해 달라고 요청하면서, 수선서원은 마침내 충현사로 바뀌고 비석도 부서져버렸다. 숭정 초, 당쟁으로 인해 회복되지 못하고 곧 예부상서 서광계가 나서 주청을 올리면서 서양인 탕약망湯若望이 주관하는 역국歷局이 되었다. 한 시대를 풍미했던 명 서원의 운명에 안타까울 따름이다. 명청교체기, 수선서원은 결국 복원되지 못하고 서양 선교사들의 천주교당으로 탈바꿈해버렸다. 청초 저명한 학자 주이존朱彝尊은 강희 연간 "서원은 사라졌지만 복원될 날이 오지 않겠는가?"190)라는 소망을 품으며 「서풍상서원폭제수선서원시후書馮尙書元飆題首善書院詩後」191)와 「발수선서원비跋首善書院碑」192)를 남겼고, 현재까지도 이곳은 천주교당이다. 수선 회복은 복원될 가망이 없을 뿐만 아니라 서원이었다는 것을 아는 사람조차 많지 않으니 안타까울 따름이다.

---

189) 「諸儒學案下二」,『明儒學案』권54, 1305쪽. "將入", "首善書院之會", "聞其相戒不言朝政, 不談職掌, 曰 : '離職掌言學, 則學爲無用之物, 聖賢爲無用之人矣'. 遂不往."
190) "是碑傳, 書院雖毀, 安知無有復之者."
191) 淸·朱彝尊,『曝書亭集』권44.
192) 淸·朱彝尊,『曝書亭集』권51.

제6장
서원의 보급과 변천

　청대 서원의 가장 큰 특징으로 전국적 보급과 형식상, 내용상의 변화를 꼽을 수 있다. 이 시기에는 관, 민의 노력으로 유례없는 번영기를 맞이했는데, 창건 및 복원 서원이 5,836개에 달하는 등 도시와 시골에 거의 보급되었다. 옹정 연간 성도省都 서원 설립을 시작으로, 정부에서 서원 건설을 강력하게 추진하면서, 각급 관 설립 서원이 전국 각지 학술 교육의 크고 작은 중심지가 되었다. 민간에서 설립한 향촌, 가족 서원은 문화지식을 보급하는 기초 교육의 역할을 담당했다. 도광道光 이래 대포와 전함을 앞세워 들어온 서양 문화에 대응하기 위해, 서원은 내용과 형식을 개조한 후, 서학, 신학新學을 도입하여 창건한 신식 서원의 등장은 긍정적인 변화였다. 반면 관공서원, 민간서원 모두 과거제의 유혹에서 빠져나오지 못했다는 점은 부정적인 변화로, 이로 인해 서원 개혁이 중단되기도 했다. 이 시기, 새로 생겨난 교회서원敎會書院, 화교서원華僑書院은 중국과 서양을 아우르고 서로 연결하는 역할을 했기 때문에, 주의 깊게 살펴봐야 한다. 그리고 서원이 동양에서 서양, 남양을 거쳐 전 세계적으로 확장되었다는 점은 청대의 주목할 만한 특징이기도 하다.

제1절 청대 서원의 발전 개황

청대에는 순치 세조, 강희 성조, 옹정 세종, 건륭 고종, 가경 인종, 도광 선종, 함풍 문종, 동치 목종, 광서 덕종 및 마지막 황제 선통 부의까지 총 10명의 황제가 재위했으며, 268년(1644-1911)간 5,836곳의 서원이 있었다. 이 수치는 당, 오대, 요, 송, 금, 원, 명대의 각 서원 총 수의 1.96배에 달한다. 그 무렵 18개 성의 대도시에는 서원이 없는 곳이 없어서, 산골과 수채水寨(水軍의 진영-역자)까지도 서원의 흔적을 찾아볼 수 있다. 이는 천 년의 발전을 거쳐 청대에 이르러 서원이 천하에 널리 보급되었음을 말해준다.

1. 청대 서원의 기본 상황

청대의 서원 5,836곳 중 4,961곳이 관신, 사민에 의해 새로 창건되었고, 875곳이 복원 및 중건되었다. 필자가 주관한 『청사淸史·서원학교표書院學校表』에 따라[1] 각 성의 시기별 서원 데이터를 황제 연호를 세로로, 성을 가로로 하여 〈표 6.1〉과 같이 작성할 수 있다. 여기에는 청대 서원의 지역별, 시기별 창건 및 복원, 분포의 대략적 상황이 담겨있다.

〈표 6.1〉 청대 서원 통계

연간 지역	순치 順治	강희 康熙	옹정 雍正	건륭 乾隆	가경 嘉慶	도광 道光	함풍 咸豊	동치 同治	광서 光緒	선통 宣統	미상	소계	합계
직예 直隸	4/1	31/12	10/4	71/20	13/1	26/5	3/	23/3	24/5		9/22	214/73	287
봉천 奉天		2/		7/1	1/	2/		1/	10/	1/	1/	25/1	26

---

1) 이 책의 초판(東方出版集團版本) 및 번체자 수정본(臺灣에서 발행)은 모두 白新良 선생의 『中國書院發展史』 제3,4,5장 내용을 토대로, 창건 및 복원된 서원 수를 4,365개로 집계하였다. 『淸史·書院學校表』의 통계에 따르면 그보다 1,471개가 많은 5,836개이다. 본서에서는 후자를 채택했다.

연간 지역	순치 順治	강희 康熙	옹정 雍正	건륭 乾隆	가경 嘉慶	도광 道光	함풍 咸豊	동치 同治	광서 光緒	선통 宣統	미상	소계	합계
길림 吉林		1/			1/			3/	5/			10/	10
흑룡강 黑龍江									1/			1	1
강소 江蘇	4/5	39/13	4/1	49/10	19/	23/4	9/1	24/1	53/1		16/1	240/37	277
안휘 安徽	5/7	22/17	6/1	57/13	83/	182/	1/	10/4	7/		13/10	147/57	204
산서 山西	3/1	38/17	8/1	57/18	2/1	13/3	7/	3/2	23/	1/	4/1	159/44	203
산동 山東	/4	31/17	8/	47/7	16/	32/1	7/1	11/1	33/1		9/4	194/36	230
하남 河南	8/3	85/14	23/	74/10	9/	20/2	7/	5/1	25/4		37/56	293/90	383
섬서 陝西	3/1	5/5	7/1	75/7	12/2	9/3	4/	5/2	16/4		3/2	139/27	166
감숙 甘肅		7/3	3/	40/3	9/	10/	1/	7/	21/		11/2	109/8	117
절강 浙江	4/3	46/29	5/4	76/21	21/2	29/5	11/	45/8	67/4		55/1	359/77	436
강서 江西	15/15	64/41	11/3	57/21	13/3	74/9	17/4	118/1	74/		24/3	467/100	567
호북 湖北	3/7	20/11	7/3	44/8	4/2	17/3	2/2	14/	17/		8/1	136/37	173
호남 湖南	6/8	27/14	8/	67/23	18/1	30/2	20/1	22/	45/1		55/12	298/62	360
사천 四川		19/12	6/6	110/16	46/6	72/1	24/1	51/	90/	1/	138/3	557/45	602
복건 福建	/6	48/26	115/3	97/13	28/1	24/3	3/	18/	43/2		13/2	389/56	445
대만 臺灣		12/	10/	10/	8/	15/	3/		12/			70/	70
광동 廣東	4/3	85/19	44/5	114/12	45/5	64/4	49/1	51/1	114/1		37/1	607/52	659
광서 廣西		26/8	10/	42/4	9/2	14/2	1/	8/	50/2		17/	177/18	195
운남 云南	2/	40/16	28/5	42/9	15/1	20/2	2/	9/2	47/1		13/1	218/37	255
귀주 貴州		12/3	10/1	29/7	19	21/2	2	11/2	15/1		20/2	139/18	157

연간 지역	순치 順治	강희 康熙	옹정 雍正	건륭 乾隆	가경 嘉慶	도광 道光	함풍 咸豊	동치 同治	광서 光緒	선통 宣統	미상	소계	합계
신장 (新疆)				8/					1/		2/	11/	11
내몽고 內蒙古			1/					1/				2/	2
소계	61/64	660/277	324/38	1173/223	316/30	533/53	173/11	440/28	793/27	3/	485/124	4961/875	5836
합계	125	937	362	1396	346	586	184	468	820	3	609	5836	

2. 청대 서원의 지역별 분포

청대의 5836개 서원은 직예, 봉천, 길림, 흑룡간, 강소, 안휘, 산서, 산동, 하남, 섬서, 감숙, 절강, 강서, 호북, 호남, 사천, 복건, 대만, 광동, 광서, 운남, 귀주, 신장 총 23개 성 및 내몽고 지역에 분포했으며, 총 24개 성으로 계산하면 명대의 103,263을 훨씬 넘어서는 평균 매 성 243.167개의 서원이 있었다는 것을 알 수 있다. 성 별 서원 통계를 아래 〈표 6.2〉와 같이 작성할 수 있다.

〈표 6.2〉 청대 성별 서원 통계

지역	신축서원		중건서원		합계		차오송예 曹松葉 통계	1997년 통계	바이신량 白新良 통계
	통계	순위	통계	순위	총 수	순위			
직예 直隸	214	10	73	4	287	8	4		251
북경 北京								18	
천진 天津								15	
하북 河北								151	
내몽고 內蒙古	2	22			2	23		5	
봉천 奉天	25	19	1	16	26	20			
길림 吉林	10	21			10	22		10	

지역	신축서원		중건서원		합계		차오송예 曹松葉 통계	1997년 통계	바이신량 白新良 통계
	통계	순위	통계	순위	총 수	순위			
흑룡강 黑龍江	1	23			1	24		6	
요녕 遼寧								20	
동북 東北							11		33
산서 山西	159	13	44	10	203	13	127	107	168
산동 山東	194	11	36	12	230	11	8	149	213
하남 河南	293	7	90	2	383	6	76	276	211
섬서 陝西	139	15	27	13	166	16	5	109	160
감숙 甘肅	109	17	8	15	117	18	91	62	101
청해 靑海								7	
영하 寧夏								11	
강소 江蘇	240	8	37	11	277	9	24	115	253
상해 上海								37	
안휘 安徽	147	14	57	6	204	12	165	95	188
절강 浙江	359	5	77	3	436	5	31	395	336
강서 江西	467	3	100	1	567	3	60	323	392
호북 湖北	136	16	37	11	173	15	68	120	172
호남 湖南	298	6	62	5	360	7	341	276	233
사천 四川	557	2	45	9	602	2	6	383	353
복건 福建	389	4	56	7	445	4	361	162	351

지역	신축서원		중건서원		합계		차오송예 曹松葉 통계	1997년 통계	바이신량 白新良 통계
	통계	순위	통계	순위	총 수	순위			
대만 臺灣	70	18			70	19		56	
광동 廣東	607	1	52	8	659	1	270	342	531
해남 海南								39	
홍콩·마카오 港澳								26	
광서 廣西	177	12	18	14	195	14	82	183	117
운남 云南	218	9	37	11	255	10	161	229	219
귀주 貴州	139	15	18	14	157	17	11	141	83
신장 新疆	11	20			11	21		10	
합계	4961		875		5836		1902	3878	4365
성 평균	206,708		36,458		243,167		100,105	129,266	229,736

243.167이라는 평균 수치를 기준으로 청대 서원을 세 등급으로 분류할 수 있다.

1급 평균 이하. 내몽고, 봉천, 길림, 흑룡강, 산서, 산동, 섬서, 감숙, 안휘, 호북, 대만, 광서, 귀주, 신장, 이상 서원이 발달하지 않은 14개 성. 이 중 흑룡강, 내몽고, 길림, 봉천, 신장, 대만 6개 성은 100개 이하로 서원 최낙후 지역에 속한다.

2급 평균 이상. 직예, 강소, 하남, 호남, 운남 5개 성은 400개 이하로 서원 발달 지역에 속한다.

3급 절강, 강서, 복건, 광동, 사천 5개 성은 400개 이상으로 서원 최고 발달 지역에 속함. 이 중 광동, 사천은 각각 659, 602개로 1, 2위에 등극한다.

이상의 통계들은 청대 행정구역을 단위로 하고 있기 때문에, 현대인들이 보기에는 불편할 수 있다. 1997년, 오늘날의 행정구역 단위로 재집계한 결과, 청대 3878개 신축서원은 31성에 분포되어 있는데, 구체적으로 살펴보면 북경 18개, 천진 15개, 하북 151개, 요녕 20개, 길림 10개, 흑룡강 6개, 내몽고 6개, 산서 107개, 산동 149개, 하남 276개, 안휘 95개, 강소 115개, 상해 37개, 절강 395개, 복건 162개, 대만 56개, 강서 323개,

호북 120개, 호남 276개, 광동 342개, 광서 183개, 해남 39개, 사천(중경 포함) 383개, 귀주 141개, 운남 229개, 섬서 109개, 감숙 62개, 청해 7개, 영하 11개, 신장 10개, 홍콩 26개이다. 절강, 사천, 광동, 강서는 1위부터 4위를 차지한다. 대만, 신장, 내몽골, 흑룡 강, 길림 등 주변 지역에서의 서원 출현은, 서원이 유교 문화를 전파하는 문화교육 조직으로써 신장(新疆)을 제외한 모든 성에 보급되었음을 보여준다. 청대 서원이 오늘 날의 행정구역에 어떻게 분포되어 있는지 알기 위해, 1997년 통계를 토대로 지도상에 기록한 것이 아래 〈그림 6.1〉이다. 〈그림 5.1〉과 비교해 보면 명청대 서원의 지리적 분포 및 변방으로의 확장 상황을 한눈에 볼 수 있다.

〈그림 6.1〉 청대 서원 분포도

제2절 명말 유풍과 청초의 정책

청나라는 원나라에 이어 중국 역사상 두 번째로 소수민족이 세운 대통일 중앙정권이 다. 만주족의 통치자는 군사를 이끌고 산해관山海關을 넘어섰고, 말 위에서 명나라보다 더 넓은 영토를 개척했다. 그러나 경제문화가 발달한 중원, 강남 대지에서 이자성李自成, 장헌충張獻忠의 대순大順, 대서大西 정권 잔여 세력의 저항에 맞서는 등 남명 정권과 20여 년의 반청전쟁을 치러야 했다. 게다가 많은 한족 사대부들이 새로운 이민족 정권에 대항하며 비협조적으로 관직에 나가지 않는 비폭력적 항거책을 취하면서, 청초에는 명 유민이 생겨났다. 수 백 년 전 송 유민과 마찬가지로, 명 유민들은 조국을 잃은 상실감을 위로하기 위해 강학을 선택했고, 명말처럼 서원을 세우고 강회를 열어 청초에도 명말의 유풍을 계승했다.

1. 청 초기 서원의 명말 유풍

명청대의 수십 년 동안의 전쟁으로 인해, 대다수 서원이 폐허로 변해버렸다. 그러나 이 와중에도 서원 강학을 고수했던 이들 중 대부분은 충직한 명 유민들이었다. 청초 3대 유민인 손기봉孫奇逢, 황종희黃宗羲, 이옹李顒을 예로 살펴보자.

손기봉(1584-1675)은 자는 계태啓泰, 호는 종원鍾元으로, 하봉선생夏峰先生으로 불렸으며, 보정保定 용성容城 출신이다. 명 만력 12년에 태어나 청 강희 14년에 사망했으며, 만력 28년(1600)에 거인으로 합격했다. 천계 연간에는 깃발을 들고 북을 두드리며 목숨을 걸고 좌광두左光斗 등 동림지사東林志士를 구조하면서, '범양范陽 세 열사(范陽三烈士)'에 이름을 올렸다. 숭정 연간에는 친족을 이끌고 수도 근교를 위협하는 청병에 맞서 관병과 함께 용성容城을 방비내면서 성을 보전한 것으로 유명하다. 명나라가 멸망하자, 청나라에서 벼슬하지 않고 학문에만 열중했다. 순치 7년(1650), 만주족 귀족, 왕공에게 용성의 논과 밭이 점거되자, 온 집안이 하남 휘현輝縣으로 남천하여 소문산蘇門山 아래 백천서원百泉書院에서 강학하였다. 정교(定交 : 아무나와 벗하지 않음), 숭검(崇儉 : 근면절약), 수선(受善 : 선을 행함), 망기(忘己 : 개인의 득실을 내세우지 않음)를 골자로 하는 「소문회약蘇門會約」을 제정하고 강학 결사를 맺었다. 당시 "매월 두 차례(每月兩會)" "정오에 모여, 촛불이 다 탈 때까지 교류했다(亭午即集, 燭不及跋)." 입회한 사람들은 자연에서 한가로이 노니는 이들이거나, 벼슬길에는 올랐으나 길들여지기는 어려운 이들이거나, 거친 환경에도 유유자적하며 참선에 깊이 빠지거나, 주경야독하며 깊이 명상하는 등 각양각색이었다. 그러나 이들 모두 "경세의 능력은 있었으나, 현실을 벗어나고자 하는(均抱用世之才, 俱有脫塵之想)"[2] 왕조 교체기에 등장하는 전형적인 유민들이었다.

손기봉의 학문은 원래 육왕학陸王學이었으나, 말년에 정주학적 경향을 보이기도 했다. 그는 "문성(文成: 왕수인-역자)의 양지와 자양(紫陽: 주희-역자)의 격물이 본래 다르지 않으며(文成之良知, 紫陽之格物, 原非有異)" 육왕학이 "주희의 익우益友와 충신忠臣으로, 서로 잘 어울리며 어긋나는 부분이 없다(紫陽之益友忠臣, 有相成而無相悖)."[3]고 생각했다. 그의 저서 『이학종전理學宗傳』은 바로 이러한 사상적 토대에서 완성되었다. 손기봉은 백천서원百泉書院에서 25년 간 강학했는데, "사방에서 학업을 위해 이곳으로 몰려오는 이가 나날이 많아졌다(四方負笈而來者日衆)." 탕빈湯斌, 장목張沐, 위상추魏象樞 등의 명망가들이 모두 그의 문하 출신이었으며, 당시 저명한 학자인 황종희, 부산傅山, 장이기張爾岐 등도 모두 그를 학문적 스승으로 모셨다. 강희 12년(1673)에 손기봉이 제자 위일오魏一鰲에게 「북학편北學編」을 지어 북방지역의 학문을 종합하게 하였는데, 양계초梁啓超의 『중국근삼백년학술사中國近三百年學術史』에서는 이 저작을 북방 학문의 핵심 저작으로 칭하였다.

황종희(1610-1695)는 자는 태충太沖, 호는 여주黎洲이며, 절강 여요餘姚 출신이다. 명 만력 38년에 태어나 청 강희 16년에 사망했으며, 왕양명과 동향 사람이자 후학이다. 명나라가 멸망하고 노왕 주이해朱以海를 보좌하여 적극적으로 반청 무장투쟁에 나서며 중원을 회복하려 했다. 이에 실패한 뒤, 은거하고 강학하면서, 청나라에서는 버슬하지 않았다. 그가 강학한 곳은 증인서원證人書院이다. 회계會稽에 위치한 증인서원은, 본래 그의 스승 유종주劉宗周가 왕학의 정신을 잃어버린 유파들을 교정하기 위해 강학하던 곳으로, 천계 연간에 시공하여 숭정 4년(1631)에 완공되었다. 유종주는 「증인사약언證

---

2) 明·孫奇逢, 「蘇門會約」, 『夏峰先生集』 권10.

3) 明·孫奇逢, 「大學之道章」, 『四書近指』 권1.

人社約言」,「약계約戒」,「증인사회의證人社會儀」등의 규장제도를 만들어, 회기會期, 회례會禮, 회강會講, 회비會費, 회계會戒 등을 정하여, 매월 3일을 회강하는 날로 규정하여 "이른 아침에 모여 오후에 해산(辰而集, 午而散)"시켰다. 순치 2년(1645), 유종주가 단식하며 순국할 때까지 오랜 시간 지속되었다. 강희 초년 황종희는 서원 강회의 전통을 부활시켜 "사문의 학문을 빛나게 하여(表師門之學)"수백 명의 강학자를 배출했다. 7년(1668), 은현鄞縣 연경사延慶寺에서도 서원을 세우면서 '증인證人'이라는 이름을 사용했는데, 이와 구별하기 위해 사람들은 용상증인서원甬上證人書院이라 불렀다. 이로써 강회는 두 곳의 증인서원에서 열리게 되었다. 이 두 곳에서 70여 명의 유명한 학자들을 배출했으며, 그 추종자로는 만사선萬士選, 만사대萬斯大, 만사동萬士同, 동윤도董允瑫, 동윤린董允璘, 만언萬言, 진기陳夔, 진석하陳錫嘏, 정량鄭梁 등이 있었다. 절동학파는 바로 이들로부터 시작되었다.

황종희의 학문은 양명 심학에 뿌리를 두고 있었는데, 그의 저서『명유학안明儒學案』은 왕학을 총체적으로 종합하여 청대 '왕학의 정통'이라 불리기도 했다. 그러나 그는 실제로 '행行'으로 '치致'를 해석하면서 실천에 힘썼으며, 경사의 근본을 닦고, 경세치용을 중시하여, 새로운 시대 풍토를 개척함으로써, 마침내 경사經史와 경세經世로 유명한 절동학파를 만들어냈다. 이것이 증인서원 강학의 가장 큰 공헌이었다.

이옹(李顒, 1627-1705)은 자는 중부中孚, 호는 이곡二曲이며, 섬서 주지周至 출신이다. 명 천계 6년에 태어나 강희 44년에 사망했으며, 명 유민으로 자처하면서, 청 정부의 '은일지사(隱逸)', '해내진유海內眞儒', '박학홍사博學宏辭'등을 추천받았으나 일절 사절하고 관직에 나가지 않았다. 강희 42년(1703), 황제가 관중(關中 : 현 陝西 渭河 지역-역자)을 순행할 때 행재소(行在所 : 임금이 순행할 때 임시로 머무는 곳-역자)의 관직을 하사했으나, 끝내 거절하고 나타나지 않았다. 그는 후에 강희제가 '관중의 대유大儒'라 표창될 정도로 절개가 있었다. 이옹은 학문을 세상을 구원할 수 있는 최우선 임무로 여기고, 평생 강학하였으며, 그의 학문은 정주의 주경궁리主敬窮理와 양명의 치양지致良知를 비판적으로 계승하여 "스스로를 돌아보며 실천하고(返躬實踐)", "잘못을 뉘우치고 스스로를 새롭게 할 것(悔過自新)"을 주장했다. 강희 10년(1671), 무석無錫, 강음江陰,

정강靖江, 무진武進, 의흥宜興 각 지에 초청되어 강학했다. 그는 무석 동림서원東林書院
에서 고반룡高攀龍 영정을 참배하며 "옛 터를 거닐다 보니 절로 눈물이 흐른다(徘徊故
地, 不覺泫然)"고 했으며, 고세태高世泰와 회강하면서 "인재들이 함께 모여 있으니 각자
의 의문들이 사라진다(賢達環集, 得各質疑而去)"고 했다.4) 당시 남쪽 지역에서의 강학으
로 강남 일대에 그의 이름이 널리 퍼지면서, 관중 강회 재개를 위한 학술시연을 개최하
기도 했다.

강희 12년(1673), 총독 악선鄂善의 초청으로 이옹은 명 천계 연간에 멈추었던 관중서
원 강회를 다시 주재하게 되었다. 강회가 시작하던 날 총독, 순무, 장군 및 그 이하
관료 또한 "향신, 현인, 진사, 거인, 문학, 유생들이 모여들어 수 천 명에 달하였다(德紳,
名賢, 進士, 擧貢, 文學, 子衿之衆, 環階席而聽者幾千人)", 풍종오馮從吾가 활동했던 때처럼
성황을 이루었다. 강회를 잘 조직하기 위해, 그는 명대의 경험을 살려, 「관중서원회약關
中書院會約」 10조, 「관중서원학정關中書院學程」 11조를 새로 만들었다. 여기에는 강학
시기, 내용, 방법, 목적 및 제자 일상 의례 규범에 대한 구체적인 규정이 담겨있다.5)

『관중서원학규關中書院學規』의 소서小序에는 다음과 같은 구절이 있다. "풍종오 선생
이후 관중서원의 강회가 끊겼는데, 이제 다시 열리게 되었다. 이것은 오늘날 가장 훌륭
한 사례로, 세상인심에 기쁨이 되고 있다."6) 이를 통해 관중강회가 명대 이후 '끊어진
강회 전통(學會絶響)'을 계승했음을 알 수 있다.

동림서원東林書院은 명대 만력 이래 강학으로 이름난 유자 몇 명이 유민의 신분으로
강학하면서 강학의 상징이 되었으며, 청초 30여 년 간 고반룡高攀龍의 조카 고세태高世
泰 주관 하에 천하의 강학인들이 교제하며 강남 일대에 명성을 떨치면서 동림東林 강학
의 위대한 전통을 빛냈다.

고세태(高世泰,1604-1677)는 고헌성顧憲成, 고반룡高攀龍이 동림서원東林書院을 복원

---

4) 清·許獻 외, 『東林書院志』 권21, 807쪽.
5) 清·李顒, 「關中書院學程」. 鄧洪波, 『中國書院學規』, 258쪽.
6) "關中書院自少墟馮先生而後, 學會久已絶響, 今上臺加意興復, 此當今第壹美擧, 世道人心之
幸也."

한 만력 32년에 태어나, 숭정진사崇禎進士에 올라, 호광학정湖廣學政까지 역임했다. 명 멸망 후 고향으로 돌아가 두문불출하며, 34년 간 명 유민으로 지내다가 강희 16년에 사망했다. 그는 만년에 34년에 걸쳐 유민 생활을 하면서 "동림의 유업을 자신의 소임으로 삼지 않는 날이 없었다(無日不以東林先緒爲己任)." 한편으로는 "도남사道南祠와 여택당麗澤堂을 수선하고 연거묘燕居廟를 개조하고, 초려草廬와 삼공사三公祠를 지어 제사 의기를 마련하고 제사 의례를 정돈했다."[7] 원사 복원 후, 엄중한 청초의 분위기 속에서도 동림서원을 우뚝 세웠다. 더 중요한 점은 "뜻 있는 동지를 모아 충헌忠憲이라는 전승되어 온 회규를 존수하여 봄, 가을 두 차례 회강하면서"[8] 동림서원의 강학 전통을 빛냈다는 점이다. 이를 위해 강회 규칙을 다시 제정했는데, 그 내용으로는 "시사時事를 논하지 말라(勿談時事)."라는 말이 있을 정도로 "의젓하게 행동하며(勿亂威儀)" "질문이 있을 때는 회강 후 일일이 제출하며(質疑問難, 俱于聽講畢後任從枚舉)", "매회 참석자들은 차후의 평가를 위해 반드시 이름을 기록하여야 한다(每期會友, 必登姓氏, 以誌後日操履)" 등의 규정은[9] 의연하고 강직한 모습도 있었음을 잘 보여준다. 당시 오吳, 월越 지역의 동지들 외에 사방의 학자들이 천리를 마다하고 회강으로 모여들어 매우 감동적이었다는 기록이 있는데, 관련해서는 청초 학자 웅사리熊賜履의 글이 있다.

봄, 가을 회강 시, 각지 학자들이 학문을 위해 동림서원에 모여들었다. 그 중 기양祁陽 출신 조포刁包는 고반룡高攀龍의 학문을 독신篤信하여 그를 스승으로 모시면서 학문을 배웠다. 그리하여 당시 '남쪽에는 고세태, 북쪽에는 조포(南梁北祁)'라 불릴 정도로 유명했다. 선종禪宗을 20여 년 동안 연구하는 독실한 불자인 안휘安徽 휴녕休寧 출신의 왕학성王學聖은 고세태가 동림서원에서 강학한다는 소식을 듣고 평민복의 차림으로 학문을 청하고자 고세태를 찾아왔다. 후에 그는 공맹을 계승한 정주학을 연구하여, 정주학을 정통으로 신봉하고 정주학을 비난한 학파는 모두 비정통 학파라 여겼다. 당시 불자들은

---

7) "昔道南祠, 麗澤堂, 更建燕居廟, 再得草廬, 三公祠, 備俎豆, 飭威儀."
8) 淸·熊賜履, 「高彙旃先生傳」. 淸·許獻 외, 『東林書院志』 권11, 465-468쪽. "集一時同志, 恪遵 忠憲遺規, 春秋會講."
9) 明·高世泰, 「東林講會規則」. 鄧洪波, 앞의 책, 19쪽.

성性을 제멋대로 해석하여, 선종과 유가사상을 헷갈리게 하고 '삼교일가三教一家' 설을 견지하며 본질을 잘못 이해하였다. 수십일 동안 머무르며 고세태와 교류한 왕학성은 드디어 예전에 배운 것들이 잘못되었음을 깨닫게 되었다. 관중關中 출신 이옹李顒은 양명학을 숭상하여 동림서원 회강에 참가했다. 고세태는 그에게 "천하에 틀린 말을 하지 않는 사람은 오직 주희뿐이다. '육경은 모두 나를 위한 각주에 불과하다'는 것은 육상산의 말실수이고, '길거리에 넘쳐나는 사람들 모두 성인이다'는 왕신건(王新建, 왕양명)의 말실수였다."라 했다. 이옹은 이에 "육상산과 왕신건은 잘못을 바로잡고 문제를 해결하기 위해 말한 것으로, 대황大黃과 파두巴豆와 같은 한약처럼 사람 몸에 쌓인 것들을 뚫는 효능이 있긴 하지만, 원래 몸이 허한 사람들에게는 잘 맞지 않습니다."라 답했다. 고세태는 이옹의 걱정이 올바르니 본보기가 될 만하다 여기고 그의 문도들에게 말하였다. 신안新安 출신인 왕지묵汪之默, 진이전陳二典, 호연胡淵, 왕우汪佑, 오신吳愼 주홍朱弘, 시황施璜 등도 자양서원紫陽書院에서 주자학을 강학했다. 후에 고세태는 왕학성이 수차례 학문을 청하여 오고 자신의 문하생이 되었다는 사실을 감안하여, 학문이 널리 퍼질 수 있도록 『자양통지록紫陽通志錄』을 수정하였다. 또한 『중용』을 토대로 자양서원 유생들과 질문을 주고받는 형식으로 『중용문답中庸問答』을 지었다.[10]

동림 강학에 참여하는 이들은 오, 월 지역을 넘어, 천리 넘게 떨어진 환남(皖南: 안휘성 양자강 이남 지역-역자)과 관중關中에서 오는 경우도 허다했다. 위에서 언급한 관중

---

10) 淸·熊賜履,「高彙旃先生傳」. 淸·許獻 외, 앞의 책, 권11, 465-468쪽. "春秋會講, 四方學者相率造廬問學. 祁陽刁先生包, 篤信忠憲爲師, 與先生往復論學, 朔南相望, 學者有南梁北祁之稱. 休甯汪學聖參究禪宗幾二十年, 聞先生講道東林, 野服造門, 而請先生與言. 後學宗派惟程朱, 程朱宗派惟孔孟. 闡發程朱是爲正宗, 厭薄程朱是爲亂宗. 世之談者旣荒唐于禪宗之徒, 尤荒唐于援儒入禪之徒. 必欲堅持三敎一家之說, 惜誤用其精神矣, 留語數十日而學聖遂悟從前所學之非. 關中李顒學尙姚江, 特造東林會講, 先生因語之曰 : 言滿天下無口過, 其惟紫陽朱子. 乎六經皆我注腳, 是陸象山之口過也 ; 滿街都是聖人, 是王新建之口過也. 顒因答雲, 陸, 王矯枉救弊, 其言如藥中大黃, 巴豆, 疏人胸中積滯, 未可槪施之虛怯之人. 先生所慮極是, 退而語其從遊, 謂宜奉爲典型, 新安汪知默, 陳二典, 胡 , 汪佑, 吳曰愼, 朱弘, 施璜輩講朱子之學于紫陽書院. 因汪學聖遊先生門相次問學, 于是更定『紫陽通志錄』, 以廣薪傳. 又以『中庸』一書與紫陽諸子答問往復著『中庸問答』."

이옹李顒의 동림회東林會가 열린 시기는 강희 10년(1671) 중춘仲春이었다. 이듬해, 휘주의 유명 학자 시황施璜은 천리를 마다하고 때마다 강학하러 갔는데, 그의 "성실하고 신의 있던(必誠必信)" 행동은 다음과 같이 미담으로 전해졌다.

시황施璜은 신안新安의 자양서원, 환고서원還古書院에서 매월 회강했는데, 매번 수석 주강으로 초빙되었다. 시황은 회강 전 반드시 재계하고 의관을 정돈하고 용모를 바로잡고 엄숙한 자세로 앉아 있었기에, 엄한 스승이자 좋은 벗이기도 했다. 선유先儒들의 어록에 대해 자신만의 견해를 가지고 있어서 사람들이 시간 가는 줄 모르고 경청했다. 이에 사방 학자들에게 존경을 받았다. 강희 20년壬子 석산錫山에 유학遊學하러 왔는데, 당시 향선생鄕先生 고세태가 충헌공忠憲公 조카의 신분으로 동림서원을 주관하고 있었다. 시황은 자신의 도를 다시 일으키겠다는 뜻을 품고 오월吳越지역을 건너고 양계梁溪강을 거슬러 동림서원에 유학遊學와서 충헌공 학문을 이어받은 고세태에게 스승의 예를 치르고 학문을 배웠다. 고세태도 시황을 아끼고 존중하여 회강 때마다 그를 좨주(祭酒)로 추천하였다. 이에 그는 한 번도 마다하지 않았다. 시황은 후학 양성에도 힘을 다해 '구용九容[11]'으로 몸가짐을 단정하고, '구사九思[12]'로 마음가짐을 수련하며, '구덕九德[13]'으로 품행을 닦아야 한다고 정했는데, 그 중에서도 서로 격려하여 수신입성修身立誠하기를 가장 중요시하게 여겼다. 생도들이 모두 그의 품행을 숭상하여 그 분위기가 신안新安에 있을 때와 같았다. 동림서원의 한 어른에 따르면 시황은 동림서원에서 회강하다가 떠날 때 고세태와 차후 회강하는 어느 날 오겠다고 약속했다. 회강 날을 앞두고, 고세태가 시황을 맞이하는 준비를 하자, 어떤 이는 "천리나 먼 거리를 두고 시황 선생이 약속을 지킬 수 있겠는가"라고 의심하였는데 고세태는 "시황은 늘 군자의 행실을 지켜서 반드시 올 것이오. 만일 약속이 지켜지지 않는다면 나는 천하의 벗들과 모두 절교할 것이오."라고 대답했다. 이 말이 다 끝나기도 전에 시황은 짐을 지고 아들과

---

11) 역자주. 足容重, 手容恭, 目容端, 口容止, 聲容靜, 頭容直, 氣容肅, 立容德, 色容莊.

12) 역자주. 視思明, 聽思聰, 色思溫, 貌思恭, 言思忠, 事思敬, 疑思問, 忿思難, 見得思義.

13) 역자주. 忠, 信, 敬, 剛, 柔, 和, 固, 貞, 順.

함께 도착했다. 사람들은 고세태 선생이었기에 시황 선생을 믿어줄 수 있었고 시황 선생이었기에 고세태 선생의 신의를 살 수 있었다고 했으며, 이 둘의 일화는 지금까지 전해지고 있다.14)(이하 일부 문장 삭제. 확인 부탁)

위의 내용에서도 볼 수 있듯이 동림과 휘주 두 지역은 주희를 숭상하고 왕양명을 비판하는 학문적 경향 때문에 왕래가 활발했으며, 이는 명말 이래의 전통이기도 했다. 이 점을 감안하면 고세태는 조포, 왕학성汪學聖, 시황 등은 명대의 "동림서원의 강학(天下東林講學書院)" 전통을 계승했으며, 덕분에 명대의 강학, 강회 유풍은 청초까지 이어질 수 있었다.

휘주학자들은 "주자 동향인(朱子鄕人)"으로 자임하며, 주자학을 빛내는 데 힘썼다. 조정에서 정주리학을 관방철학으로 재천명한 기회를 빌려, 유리한 고지를 확보하였고, 명 만력 25년부터 청 건륭 6년(1597-1741)까지 140여 년 동안 신안新安의 자양서원紫陽書院 강회를 운영하면서 제대로 형식을 갖춘 강회 기록인 '회기會記'를 남기기도 했다. 이는 서원 강학의 기적이기도 했다.

신안新安 환고서원还古書院의 강회는 학술적 특징이 돋보인다. 「환고체연강학회기소서還古遞年講學會紀小序」에는 이에 관해 다음과 같은 기록이 남아있다. "학문을 강설하지 않으면 도가 밝혀지지 않으며, 도가 밝혀지지 않으면, 학문은 본질을 잃게 된다.

---

14) 清·秦源寬, 「施虹玉先生傳」. 清·許獻 외, 앞의 책, 권12, 505-507쪽. "(施璜)講學也, 在新安紫陽, 還古兩書院, 每月會講, 皆首推先生主講席. 先生必先齋戒, 肅衣冠, 斂容止, 危坐正論, 儼然以一身當嚴師益友, 而于先儒語錄, 尤多所發明, 能使聽者亹亹忘倦, 以故四方學者翕然宗之. 其來遊錫山也, 以康熙壬子歲. 時鄕先生前楚學憲彙旃高公, 以忠憲公猶子主持東林書院. 先生負笈遊學, 歷吳越, 溯梁溪, 登東林講堂, 慨然有吾道復興之志. 以彙旃先生實得忠憲公家學淵源, 遂執贄行師事禮. 高公固雅重先生, 每會輒推爲祭酒, 先生亦直任不辭. 其立法引接後進也, 九容以養其外, 九思以養其內, 九德以要其誠, 而所尤諄切者, 惟以修身立誠, 深相策勵, 學者佩服景行, 一如在新安時. ……又聞之東林故老雲: 先生始來會講也, 臨別時與高公約以某年月日必赴講. 及期, 高公設榻以待. 或謂公曰: "遙隔千余裏, 安能必施君之果如約耶?"公曰: "不然, 施生篤行君子也, 如失期不來者, 吾不復交天下士矣." 言未竟, 先生果攜其子擔囊而至. 論者謂非高公不能信先生, 非先生不能取信于高公. 以此兩賢之. 至今傳爲講堂佳話.(뒤의 문장 삭제)"

명말 환고서원에서 초청한 이들은 요강학파의 고제高第들뿐이었고, 강회 내용은 양명의 깨달음뿐이었으니, 오도吾道가 어두워지지 않을 수 있겠는가? 순치 황제 이래 여러 선현들이 제창한 덕분에 봄, 가을 두 차례 한 자리에 모여 강회하며 풍속과 제도가 한 자리에서 어우러지며 빛나니, 힘써 구습舊習을 없애고 공자와 주자를 받들게 되었다."15) 양명학에서 주자학으로 전환되는 계기는 천계 원년에 동림서원 고반룡 주교를 초빙한 것으로 거슬러 올라갈 수 있으며, "천계 원년 고반룡을 주강으로 초청할 때부터 강회의 주요내용이 주자학으로 바뀌기 시작했다(天啓辛酉延請高忠憲公主教之擧, 始開後來宗朱之漸)"가 그것이다.16) 청초의 환고 강회는 명말 강학을 계승한 것으로, 매년 봄, 가을 두 차례, 수십 명의 사람들이 3일 동안 회강하였는데, 이는 명대 서원의 전통을 계승한 것일 따름이다. 그러나 명대 유민의 색채가 짙은 민간 강학의 전통을 경시해서는 안 된다. 그리고 왕조 교체의 영향도 받지 않고 100년 동안 지속되었으며, 관중關中에서 무석無錫, 휘주에서 오월吳越 지역까지 천리를 넘어 서로 연대하면서 보이지 않는 힘을 보여주었다. 이러한 잠재력은 소수민족으로 중원에 입성한 청 정권이 두려워하기에 충분했다. 특히 명대 이래 민감했던 동림강학과 연관된다면 더욱 위협적일 수밖에 없었다. 이런 두려움과 위협은 큰 틀에서 청초 서원정책의 향배를 좌우했다.

2. 청 초기 서원의 정책

청초의 서원정책은 우환 방지(防患)에서 유인(疏引)으로, 통제에서 개방하는 추세로 변화했는데, 이는 '유민遺民'을 '신민臣民'으로 변화시켜 '유민' 문제를 해결하기 위함이었다. 궁극적 목표는 서원을 '체제 밖(外在)'에서 '체제 안(內在)'으로 국가의 문화 교육 시스템 안으로 편입시키는 것이었다.

---

15) 清 · 施璜, 『還古書院志』 권12. "學不講則道不明, 道不明則學失其正已. 當明季之末, 還古主會, 所請者無非姚江高弟, 所講者無非陽明秘旨, 非吾道之一晦也欸? 自我國朝順治以來, 幸得諸前賢同心倡率, 春秋集講, 文物衣冠, 彬彬一堂, 盡去舊習, 化爲尊孔宗朱."

16) 위의 책, 권11.

건립 불허에서 서적과 편액 하사로 : 순치, 강희 연간의 서원 정책

순치 연간(1644-1661) 명 복왕福王, 한왕韓王, 당왕唐王, 계왕桂王 등이 잇따라 정권을 세우고 조직적인 무장투쟁을 벌이면서 명의 복권을 기도했다. 이자성李自成, 장헌충張獻忠 등의 농민군 역시 남북으로 이동하여 명과 연합하여 청에 대항할 태세를 갖추자, 청 정권의 통치는 급격히 불안정해졌다. 이에 청 조정은 '압박'과 '유화' 정책을 병용하게 된다. 정치적으로는 강화 통치를 실시하여 각지에 군대를 주둔시키고 변발을 강요하면서 학살을 자행했으나, 문화적으로는 이학을 추앙하면서 대대적으로 과거를 시행하고 학교를 설립하여 인심을 회유하고 반발을 해소했다. 이에 "제왕의 다스림에 교화가 우선이다(帝王敷治, 教化爲先)"라는 순치의 조령 하에 각급관학이 빠르게 회복되었고 중앙에는 국자감을 설립하여 육당六堂으로 나누어 가르쳤고, 지방에서는 부, 주, 현학 외에도 사학, 의학 등이 설립되었다.

순치 원년(1644), "곡부 지현 공정감孔貞堪은 원래의 관직을 계속 맡고 문상현汶上縣 성택서원聖澤書院을 주관하며, 태상사太常寺 박사를 세습하며 옛 규정에 따라 연성공 셋째 아들의 신분으로서 니산서원을 관리하고 사씨학록四氏學錄을 맡도록 하라."[17]는 조령이 하달되었으나, 이는 "공자 65대손 공윤식孔允植을 연성공으로 봉하고 원래 품계로 태자태부를 임명한다"는 조령, "공윤옥孔允鈺, 안소서顔紹緖, 증문달曾文達, 맹문새孟文璽 등은 오경박사로 임명한다"는 조령과 함께 집행되었다.[18] 이는 청대에 유가문화를 인정하고 성현의 후예들을 우대하는 정책의 일부일 뿐이었다. 게다가 니산尼山, 성택聖澤 등과 같은 서원은 "사문斯文의 발원지였으니, 아무도 강단을 설치할 수 없었다."[19] 이처럼 명대 이래 강학활동이 줄어들면서 독서 및 교육 기능은 사라지고 성현 제사가

---

17) "曲阜知縣孔貞堪仍爲原官, 其在汶上縣管聖澤書院事, 世襲太常寺博士, 仍然舊制, 以衍聖公第三子承襲尼山書院及四氏學錄等官."

18) 『淸朝文獻通考』 권73. "以孔子六十五代孫孔允植世封衍聖公, 以原階兼太子太傅." "仍命孔允鈺, 顔紹緖, 曾聞達, 孟聞璽承襲五經博士."

19) 淸·乾隆의 詩作「洙泗書院」. 鄧洪波, 『中國書院詩詞』, 161쪽. "自從傳鳳(風？)躅, 誰敢設皐比."

가장 중요한 기능이 되었다. 이로 인해 청대에는 큰 틀에서 유교를 존숭했다는 것은 알 수 있지만, 구체적인 서원 정책은 밝혀지지 않았다.

청 정권이 수립된 초기에는 명말의 민족주의 사상, 자유로운 강학, 조정에 대한 비평, 인사권 관여 등의 부활을 비롯하여, 서원의 집단적 움직임과 반청운동을 염려하여, 청 정부는 갖은 방법을 동원하여 억압했다. 순치 9년(1652), "제학관은 교관 및 생도들에게 경서의 의리를 연마하고 실천에 옮기라고 독촉해야 한다. 별도의 서원을 설립할 수 없고 문하생을 모을 수 없으며, 일 없이 배회하는 이들을 모으는 등의 일을 하지 말라."는 조령이 내려졌다.[20] 명 만력 연간 장거정張居正이 서원을 금지할 때의 표현과 한 글자도 다르지 않다는 사실은 매우 놀랍다. 이민족임을 자각했던 청 조정은 "한족의 문화로 한족을 다스리(以漢治漢)"고자 서원의 발전을 제지하고자 했던 것일 수도 있다. 다른 한편으로 현존하거나 복원된 서원의 경우 명대「학교금례18조學校禁例十八條」와 8조로 된「훈사와비문訓士臥碑文」을 제정하여 견제했다. 이 비문에는 "군민軍民과 관련된 모든 폐단에 대해 생원은 상소를 올릴 수 없으며, 만일 이를 어길 시 처벌을 내리거나 면직한다." "생원은 사람들을 모아 당을 결성하거나 결사조직을 만들 수 없고, 관부官府를 좌우하며 민간에서 독단적으로 행동할 수 없다. 허가 없이 글을 간행할 수 없고 이를 어길 시 제조관提调官에게 처벌 받는다."[21]고 규정되어 있었다. 이 같은 강도 높은 억압 정책으로 서원 정신을 탄압한 것은 정권의 위협을 사전에 차단하겠다는 의미로, 조령과 마찬가지로 서원 발전시키지 않겠다는 의지가 담겨있었다.

그러나 이미 수 백 년 동안 지속되어 온 서원제도의 사회적 영향력으로 인해 서원 복원에 대한 지속적인 요청이 있었다. 때문에 정부가 이를 강제하는 것은 쉽지 않았으며 설사 그렇게 한다면 "성현의 가르침을 널리 전한다(推廣聖教)" 뜻에도 반하게 되는 것이었다. 이에 순치 14년(1657)에 무신 원곽우袁廓宇가 유명한 형양 석고서원의

---

20) 『古今圖書集成・選擧典・學校部』권383. "各提學官督率教官, 生儒, 務將平日所習經書義理, 著實講求, 躬行實踐. 不許別創書院, 群聚徒黨, 及號召地方遊食無行之徒, 空談廢業."

21) "軍民壹切利病, 不許生員上書陳言, 如有一言建白, 以違制論, 黜革治罪", "生員不許糾黨多人, 立盟結社, 把持官府, 武斷鄉曲 ; 所作文字, 不許妄行刊刻, 違者聽提調官治罪."

복원을 청하자 조정에서는 이를 허락하게 된다. 이를 기점으로 억압 정책이 다소 느슨해지면서, 각지의 서원들 역시 점차 회복되기 시작했다. 통계에 따르면, 순치 연간 복원된 서원은 64개, 창건된 서원 역시 61개로, 전국적으로 125개 서원이 있는 것으로 집계됐다.

강희 2년(1663), 남명南明 한왕韓王 정권의 멸망을 끝으로 왕조 교체가 마무리되면서 사회는 안정으로 접어들었고, 강희 황제는 문화적, 군사적 업적을 세웠다. 동쪽으로는 대만 정씨鄭氏 가문의 할거 정권을 섬멸하고, 남쪽으로는 오삼계吳三桂의 삼번三藩의 난을 평정하고, 서북쪽으로는 준가르准噶爾 반란을 진압하고, 동북쪽으로는 야샤크雅克薩와의 두 번의 전쟁을 통해 제정러시아와 「네르친스크조약(尼布楚條約)」을 체결하면서, 국가 통일의 대업을 완성하고 청 정권의 위엄을 과시했다. 동시에 정주리학을 제창하고 박학홍사과博學鴻詞科를 재개하고, 관련 기관을 설치하여 『명사明史』 편수 및 『고금도서집성古今圖書集成』, 『전당시全唐詩』, 『패문운부佩文韻府』, 『강희사전康熙字典』 등을 편찬함으로써 천하의 인재들을 모두 불러들였다. 이때 청 정부는 보다 완화된 서원 정책을 채택하면서도, 금지령을 완전히 해제하지는 않았다. 이는 명말 서원에서의 조정 비판의 분위기 및 명 유민이 서원을 반청에 이용할 가능성을 원천적으로 차단하여 정부 계획 하에 서원을 발전시키고자 하기 위함이었다.

강희 연간 조정에서는 서원 건립을 지지하기 위해 지방정부 고관의 요청에 따라 서원에 사액을 하사하기도 했다. 악록서원의 경우, 강희 24년(1685) 호남 순무 정사공丁思孔이 관신官紳을 거느리고 오삼계 반군에 의해 파괴된 원사院舍를 대대적으로 재건하고 산장을 초빙하고 생도를 모집했다. 당시 정사공은 "조정에서 서원을 중시하지 않으면 서원은 발전이 지체되거나 다른 것으로 대체될 것이 염려되어(不重以朝廷之明命, 虞其久而或替也)" 두 번의 상소를 올리고 황제의 편액과 경사 서적 하사를 요청했다. 여기에는 서원의 위상을 다지려는 의도와 함께 자신의 서원 복원 공적에 대한 조정의 인정을 요청하는 의미도 담겨 있었다.

강희 25년(1686), 조정에서 그의 청을 허락했다. 강희 26년 봄, 어서 '학달성천學達性

天' 편액과 13경經, 21사史, 경서 강의를 서원에 하사했다. 이로써 악록서원의 학문은 크게 발전하게 된다.[22]

악록서원과 함께 '학달성천學達性天' 편액을 하사 받은 곳은 백록동서원 및 주돈이, 장재, 정호, 정이, 소옹, 주희를 모시는 7개 사당이었다. 모덕기毛德琦의 『백록동서원지』 권3에는 "강희 24년 순무 안세정安世鼎은 국자감 간행 13경, 21사 하사를 요청하고 강서 남풍南豊 출신 탕래하湯來賀를 동주로 초빙하자는 상소를 올렸다. 지부 주찬상周燦詳은 이륜당彝倫堂에서 어서각御書閣 건립을 요청했다." "강희 26년 어서 '학달성천學達性天' 편액 및 경사를 하사했고 관원을 보내 이를 걸었다"는 기록이 남아 있다.[23]

국자감에서 간행한 경사도서 하사는, 국가 정본定本을 지방 학술의 중심지역에 보내 이학의 지위를 재확인하고 사상 통일을 도모한다는 의미가 담겨 있었다. 사액은 "황제의 어서를 감상하고 성현의 학문을 숭상한다(恭睹辰章, 仰窺聖學)."는 의미 외에도 사액 서원이라는 특수한 지위의 서원을 형성하였다. 일부 통계에 따르면, 강희 연간에만 사액서원이 23개가 있었는데, 이는 아래 〈표 6.3〉에 정리되어 있다.

〈표 6.3〉 강희 연간 사액서원 일람표

사액 시기	서원 소재지	서원 명	사액 편액 대련
15년	흑룡강 영안寧安	용성서원龍城書院	龍飛勝地
25년	강서 성자현星子縣	백록동서원白鹿洞書院	學達性天
	호남 장사長沙	악록서원岳麓書院	學達性天
32년	안휘 휘주徽州	자양서원紫陽書院	學達性天
	휘주 무원婺源	자양서원紫陽書院	學達性天
33년	하남 개봉開封	유양서원游梁書院	昌明仁義
41년	경사京師	금대서원金臺書院義學	樂育英才

22) "康熙二十五年(1686), 部議准其所請. 二十六年春, 御書"學達性天"匾額, 並十三經, 二十壹史, 經書講義遣送到山. 從此岳麓書院辦學重又興盛起來."

23) 『白鹿洞書院古志五種』, 1095쪽. "二十四年乙醜, 巡撫安世鼎疏請國子監十三經, 廿一史, 延南豊名宦湯來賀主洞事. 知府周燦詳請建御書閣于彝倫堂", "二十六年丁卯, 欽頒御書'學達性天'匾額及經史, 遣官懸挂."

사액 시기	서원 소재지	서원 명	사액 편액 대련
42년	운남 곤명昆明	곤명서원昆明書院	育才
	산동 제남濟南	백설서원白雪書院	學宗洙泗
44년	강소 소주蘇州	문정서원文正書院	濟時良相
	강소 단도丹徒	보진서원寶晉書院	宝晉遗踪
		호안국서원胡安國書院	經術造士
	절강 항주杭州	숭문서원崇文書院	正學闡教
	복건 건양建陽	고정서원考亭書院	大儒世澤 誠意在心, 闖鄒魯之實學; 主敬窮理, 紹濂洛之心傳.
50년	봉천 열하热河	악산서원樂山書院	"樂山書院"匾額
55년	절강 항주杭州	부문서원敷文書院	浙水敷文
	복건 장악將樂	귀산서원龜山書院	程氏正宗
	복건 복주福州	오봉서원鰲峰書院	三山養秀 瀾清學海
	복건 우계尤溪	남계서원南溪書院	文山毓哲
56년	강서 연산鉛山	아호서원鵝湖書院	窮理居敬 章岩月朗中天鏡 石井波分太極泉
58년	하남 개봉開封	대량서원大梁書院	兩河文教
	강서 남창南昌	예장서원豫章書院	章水文淵
61년	강소 양주蘇州	자양서원紫陽書院	學道還淳(純)
강희 연간	강소 양주揚州	안정서원安定書院	經術造士

　　사액서원의 학문적 배경과 사액 내용에는 강희제의 정주리학에 대한 강력한 지지가 담겨 있다. "자양전서紫陽全書를 흠정하여 세상 사람들을 가르침으로써", "배우는 이들은 배움의 내용으로, 가르치는 이들은 가르침의 내용으로 삼았는데", 모두 "자양전서를 근본으로 삼았다." 이로써 "학문이 점차 일치하게 되어" "속학俗學, 이학異學 등은 전해지기 어려웠다."24) 기록에서도 알 수 있다. 이처럼 정주리학이 서원 강학의 전통이 되면서, 강회가 성행했던 명대 동림강학의 전통은 비판받게 되었다. 이학대신 웅사리熊賜履는 동림서원 중수에 관해 기념글에서 "근래에는 종종 강학을 연고로 군주와 재상의 분노를 사곤 했다(晚近以來, 往往以講學之故, 致幹時君時相之怒)"는 관점에서 동림서

---

24) 「陳宏謀傳」, 『淸史稿』 권307. "欽定紫陽全書, 以教天下萬世", "學者之所以爲學, 與教者之所以爲教", "以紫陽爲宗", "其論逐歸于壹", "而俗學, 異學者有不得參焉者矣."

원의 역사적 교훈을 참고하여 "우리 중 뜻 있는 인사들은 묵식黙識을 진수眞修로, 독행篤行을 지교至教로 삼아 자신을 과시하지 말고 남을 경시하지 말아야 한다. 현인을 존중하고 너른 마음으로 남을 이해하여 선인을 찬미하고 우인을 연민하여 대도大道가 행해지는 공평한 세상에서 조화롭게 살아가고 사욕을 위해 타인을 억압하지 말아야 할 것"[25] 요구했다. 이는 정권에 방해되는 동림강회를 점진적으로 폐지하면서 서원 강학을 통치에 유리하게 끌어 들이고자 함이었다.

강희제는 사액 외에도 강희 15년(1676), 닝구타寧古塔 장군 하달哈達의 주청으로, 길림 영안(寧安, 현 흑룡강 일대) 만주학방滿洲學房을 용성서원龍城書院이라 하명하고, 어서 "용비승지龍飛勝地"라고 쓰인 편액을 하사했다. 서원에서는 만주족과 한족의 교습(教習: 명대 학관의 일종-역자)을 설치하고 만주 귀족 자제들을 집중적으로 교육시키면서, 청대 만주족 자제만을 위한 서원의 시초가 되었다. 특히 22년 타이완(臺灣) 수복 이후에는, 최초로 대만에 서원을 보급하면서 대만서원의 신기원을 열기도 했다. 50년 황자 윤진(胤禛, 옹정제)을 위해 열하熱河의 피서산장에 위치한 악산서원樂山書院, 어서 서원御書書院을 세워,[26] 황가 서원의 선례를 열었다.

이들 사례를 통해 강희제의 서원에 대한 애정을 엿볼 수 있다. 당시 서원 창건에 관한 명문화된 규정은 없었으나,[27] 황제의 지지는 서원에 대한 조정의 입장을 보여주었다. 이에 각지의 관부 및 민중들은 앞다투어 서원을 복원 및 창건하였다. 통계에 따르면, 강희 연간 창건된 서원은 660개, 복원 된 서원은 277개, 총 937개로, 이는 건륭 연간에 이어 청대 두 번째로 높은 수치였다.

---

25) 淸·熊賜履,「重修東林書院記」, 陳谷嘉·鄧洪波,『中國書院史資料』, 1345쪽. "吾黨有志之士, 以默識爲眞修, 以笃行爲至教, 勿口舌軋擊以矜能, 勿意見紛拏以長傲, 尊賢容衆, 嘉善矜愚, 偕遊于大道爲公之世, 而絶無所爲怙己淩人之弊."

26) 淸·乾隆帝,「樂山書院詩」,『御制詩三集』권68, 文淵閣四庫全書本 권1306, 383쪽.

27) 淸·阿思哈,『河南通志』권39. 三蕃叛亂 진압 후 조정에서 "각 성에 서원을 세우라는 칙명을 내렸다(特命各省並建書院)."는 기록이 있지만,『實錄』이나 정사에서는 관련 기록을 찾지 못했다.

450

관설 서원 체계의 구축: 옹정, 건륭 시기의 서원

옹정 연간(1723-1735), 청 정부는 고민 끝에 소극적 통제에서 적극적 지원으로 서원에 대한 정책을 변경했다. 옹정 원년(1723), "각 성省의 생사生祠[28]와 서원을 공적 학교로 변경하고 스승을 초빙하여 문교文教를 보급하라(命各省改生祠書院爲義學, 延師教授以廣文教)."는 령을 하달했다.[29] 옹정 2년, 양강총독兩江總督 사필납查弼納이 강녕江寧에 종산서원鍾山書院을 설립하자 옹정제는 친필로 쓴 '돈숭실학敦崇實學' 편액을 통해 학교의 방향을 제시하였다. 옹정 4년, 강서순무 배헌도裴憲度는 백록동서원의 장교掌教 선발을 주청했는데, 부의部議[30]에서는 이를 허락하지 않았다. 옹정제 역시 이에 동의하여 즐비한 서원들이 "잘못을 숨겨주면서(藏汙納垢)" 반대파들과 연대하여 통치를 위태롭게 할 가능성이 농후하다고 판단했다. 어쩌면 즉위하는 데 떳떳하지 못한 점이 마음에 걸리면서도 이를 인정하고 싶지 않았는지 여느 서원이 수학자가 많으면 많다고 적으면 적다는 평계를 들어 지방 정부가 서원에 유명한 학자를 산장으로 발탁하는 것을 막고자 했을 수도 있다. 이는 옹정제의 서원에 대한 경계심을 잘 보여준다.

옹정 6년(1728), 옹정제가 정음正音 조령을 발표하면서, 복건성정부에서는 자발적으로 11개의 정음서원 건설에 착수했다. 이곳에서는 현 복건성, 대만 지역에 관화를 널리 보급하여, "도를 존숭하고(以成遵道之風)" "통일된 통치(着同文之治)" 분위기를 조성했다. 이처럼 생각에 변화가 생기면서 서원에 대한 의구심도 일부 해소되었다. 몇 년 더 고심 끝에 옹정제 11년, 성도省都 서원을 창건한다는 유명한 상유를 발표했다. 각지 총독와 순무는 명령에 따라 공금을 동원하여, 신축, 증축, 개축하였고, 보정保定의 연지서원蓮池書院, 제남濟南의 악원서원濼源書院, 태원太原의 진양서원晉陽書院, 개봉開封의 대량서원大梁書院, 강녕江寧의 종산서원鍾山, 소주蘇州의 자양서원紫陽書院, 안경安慶의

---

28) 역자주. 백성들이 감사나 수령의 선정을 찬양하기 위하여, 이들 생전에 제사지내던 사당을 이르던 말이다.

29) 『清朝文獻通考』 권70.

30) 역자주. 중앙 부처 내부적으로 특정 문제에 관해 논의를 거친 후 내린 결정을 의미한다.

경부서원敬敷書院, 항주杭州의 부문서원敷文書院, 복주福州의 오봉서원鰲峰書院, 남창南昌의 예장서원豫章書院, 무창武昌의 강한서원江漢書院, 장사長沙의 악록서원, 장사의 성남서원城南書院, 조경肇慶의 단계서원端溪書院, 광주廣州의 오수서원粤秀書院, 계림桂林의 수봉서원秀峰書院, 계림의 선성서원宣成書院, 성도成都의 금강서원錦江書院, 곤명昆明의 오화서원五華書院, 귀양貴陽의 귀산서원貴山書院, 서안西安의 관중서원關中書院, 난주蘭州의 난산서원蘭山書院, 봉천奉天의 심양서원沈陽書院 등 23개의 서원을 창건했다. 성도 서원의 창건으로 18개의 행성에는 최고 학부가 생겨나고 관립서원의 교육체계 확립의 토대를 마련하면서, 청대 서원은 크게 발전할 수 있었다.

건륭 연간(1736-1795) 청 정부 서원 정책은 더 이상 우왕좌왕 하지 않고 상하일통, 제도 개선, 체계적인 관립서원 교육 시스템 완성을 핵심 목표로 하는 지지를 바탕으로 통제하는 방향으로 결정되었다. 건륭 원년(1736), 건륭제는 다음과 같은 상유를 공표했다.

서원은 학교 교육의 부족한 부분을 보완하기 위한 인재 양성을 하는 곳이다. 세종헌황제(憲皇帝: 옹정제-역자)는 성도 서원의 설립을 적극 지원하였으니 그 은혜가 지극하였다. 옛날 향학鄕學의 인재는 진급하여 제후국의 학교로 보내질 수 있었으나, 오늘날에는 각 부, 주, 현 모두 학교가 설립되어 있음에도 생도들이 더 높은 곳으로 진급하는 체계가 구축되어 있지 않다. 경사에는 국자감이 설치되어 있지만 지방과 천만리 떨어져 있어 사인들이 모여들어 공부하기 불가능하니, 서원은 옛 '고후국古侯國의 학'처럼 교육의 역할을 보완해 주어야 할 것이다. 서원에서는 교육 경험이 풍부하고 덕망이 있는 사람을 주강으로 모셔야 하고, 종유從遊하는 인사들 역시 덕을 닦고 부지런히 배우며, 수양하고 연마하는 데 집중해야 한다. 그래야 조정에서 등용할 수 있는 인재를 배출할 수 있고 교육의 의미를 저버리지 않게 될 것이다. 과거 출세를 위해서만 공부하는 것은 가장 지엽적인 일이다. 하물며 문장 형식과 고담준론을 중시하는 것은 안으로는 심신에 무익하며, 밖으로는 백성과 만물에도 도움이 되지 못한다. 게다가 문장으로 명성을 얻거나 후세에 모범이 될 만한 훌륭한 말을 하는 사람을 보기가 매우 드물었으

452

니, 교육의 초지初旨가 어떠했을지는 불 보듯 뻔하다. 지금 각 행성의 독무督撫에게 서원 산장은 반드시 경학에 밝고 행실이 바르며 다른 사인의 모범이 되기 족한 사람을 예를 갖춰 초청해야 하고, 서원의 생도는 반드시 향리의 준수俊秀와 학문에 몰두한 사람을 선발해야 한다는 조령을 내리니, 자기 재간만 믿고 방자한 사람을 서원에 들이지 말아야 한다. 주희의 「백록동규조」를 참고하여 생도들의 심신을 단속할 수 있는 예의규범을 제정하고, 「분년독서법分年讀書法」을 참조하여 경서와 사서를 관통할 수 있는 과정을 설치해야 한다. 가르침을 따르지 않는 이는 서원에서 내보낸다. 교사진은 임기 3년이 되면 시험을 치루고, 교육 방법이 우수하고 배출된 인재가 많으면 상을 수여받는다. 6년 후 생도 교육에 성과가 뛰어나면 조정에 통보되어 승진의 기회를 가진다. 생도들 중에서는 우수한 이는 과거시험에 응시할 수 있도록 상을 내려야 한다.[31]

이는 청대 서원 정책과 관련된 가장 중요한 관문서로, 다음의 몇 가지 내용을 포함하고 있다. 첫째, 서원은 교육기관으로, '서원 체제'는 '인재 양성'에 중점을 둔다고 규정하고 '학교가 보급되지 않은 곳까지 확장/학교가 미처 하지 못한 부분을 보충(廣學校所不及)'한다고 간주했다. 둘째, 성도 서원을 수도 국자감과 지방 부주현학 학교의 가교 역할을 하는 곳으로 정의하고, '고후국古侯國의 학'이라는 신분으로 국가 교육 체계에 포함시켜, 경사京師와 지방관학 사이에 '점진적으로 승급할 수 있는 법遞升之法'을 만들

---

31) 陳谷嘉・鄧洪波, 앞의 책, 857쪽. "書院之制, 所以導進人材, 廣學校所不及. 我世宗憲皇帝命設之省會, 發帑金以資膏火, 恩意至渥也. 古者鄉學之秀, 始升于國, 然其時諸侯之國皆有學. 今府, 州, 縣學並建, 而無遞升之法, 國子監雖設于京師, 而道裏遼遠, 四方之士不能婚會, 則書院即古侯國之學也. 居講席者, 固宜老成宿望, 而從遊之士, 亦必立品勤學, 爭自濯磨, 俾相觀而善. 庶人材成就, 足備朝廷任使, 不負教育之意. 若僅攻舉業, 已爲儒者末務, 況藉爲聲氣之資, 遊揚之具, 內無益于身心, 外無補于民物, 即降而求文章成名. 是希古之立言者, 亦不多得, 甯養士之初旨耶？該部即行文各省督撫學政, 凡書院之長, 必選經明行修, 足爲多士模範者, 以禮聘請；負笈生徒. 必擇鄉裏秀異, 沈潛學問者, 肄業其中. 其恃才放誕, 佻達不羈之士, 不得濫入書院中. 酌仿朱子「白鹿洞規條」, 立之儀節, 以檢束其身心；仿「分年讀書法」, 予之程課, 使貫通乎經史. 有不率教者, 則擯斥勿留. 學臣三年任滿, 诸訪考核, 如果教術可觀, 人材興起, 各加獎勵. 六年之後, 著有成效, 奏請酌量議敘. 諸生中材器尤異者, 准令薦舉一二, 以示鼓勵."

었다. 셋째, 서원의 설립방침을 '인격 수양과 학문 연구(立品勤學)' 및 안으로는 심신을 다스리고 밖으로는 인심과 풍속을 구제하고 인재를 양성하여 '조정의 인사人事를 대비하는 것(備朝廷任使)'으로 정하고, 과거 시험을 위한 학업과 문장만으로 유명해지는 것은 교육의 취지가 아니라고 지적했다. 넷째, "경학에 밝고 행실이 바르면 다른 사인의 모범이 되기 족한(經明行修, 足爲多士模範)" 경명행수經明行修하면 다사多士의 모범이 되는 '성숙하고 신망받는老成宿望' 유자를 산장으로 영입한다는 조건을 내걸었다. 서원 교사진은 임기 3년 후 시험을 치러야 하고, 교육 방법이 우수하고 배출한 인재가 많으면 상을 받는다. 6년 후에 생도 교육에 뛰어난 성과를 보이면 조정에 통보하여 승진의 기회를 부여했다. 다섯째, "향리에서도 특별히 우수하고, 학문에 몰두한 이(鄕裏秀異, 沈潛學問者)"는 생도로 선발한다는 조건으로, 방종한 이들이 서원에 함부로 들어오는 것을 막고 학업이 우수한 학생은 천거하여 관리가 될 수 있게 하였다. 여섯째, 「백록동규조白鹿洞規條」를 학규로, 「독서분년법讀書分年法」을 교과 과정으로 제정하여, 예식을 바로 하고, 심신을 단속하고, 경사를 중시하고, 기율을 엄숙히 하여 가르침을 따르지 않는 이들을 "서원에서 내쫓았다(擯斥勿留)."

이후 건륭제는 여러 차례 유지를 통해 서원 관리, 원장 초빙, 생원 선발 관련 규범을 제시했다. 산장은 원장으로 개칭되었고, "독무督撫는 본성本省이나 외성外省, 출사 여부를 막론하고 경서에 밝고 행실이 바르며 다른 사람의 모범이 될 만한 이를 예를 갖추어 초청해야 했다. 서원의 생도는 각 행성行省의 관원이 직접 관리하였는데, 각 주현에서 공평하게 선발한 다음에 포정사布政使와 관련 부서가 한 번 더 추가로 시험하여 재능이 출중한 사람만이 서원에서 학습할 수 있게 했다. 기타 주, 부, 현에서 향신이 출자하여 세운 서원이든 관부의 지원을 받아 세운 서원이든, 모두 관부에 신고하고 지속적으로 강학하도록 했다. 부모상을 당한 휴직 관원은 원장으로 초빙할 수 없고 서원 교관은 강학을 담당할 수 없게 하는" 등32) 제도를 갖추었다. 특히 각 부주현府州縣에 관립서원

---

32) 『欽定大淸會典事例·禮部』 권33, 光緖二十五年御制本. "由督撫學臣不分本省鄰省, 已仕未仕, 擇經明行修, 足爲多士模範者, 以禮聘請" ; "書院生徒, 由駐省道員專習稽察, 各州縣秉公選擇, 布政使會同該道再加考驗, 果系材堪造就者, 方准留院肄業". "其余各府州縣書院, 或紳

이 생겨나면서, 기존의 성도 서원과 함께 통일적인 서원 교육체계를 갖추어 나갔다.

일반적으로 관립서원의 공통적인 특징은 창건, 복원, 경비, 임용, 모집 등의 권한이 각급 행정수장에게 있었으며, 각급 행정구역의 최고 학부였다는 것이다. 차이점은 지역마다 관할구역이 달라서 현, 주, 부, 도, 성 심지어 총독의 관할구역은 성을 넘어서기도 했는데, 단위가 커지고 관할구역이 넓어질수록 모집 인원도 많아졌으며, 교육과 학문 수준도 높아졌다는 것이다. 중국은 관본위사회로 관부 직급이 올라갈수록 권력도 커져서, 더 많은 경비를 활용할 수 있었고, 더 좋은 산장주교를 임용할 수 있었다. 그리고 행정구역이 클수록 지식인도 많아지고 생도 모집 선택의 여지도 넓어져 더 우수한 학생을 선발할 수 있었다. 이 두 가지가 합해진 결과, 자연히 행정구역이 넓어질수록 학습 수준이 높아지는 분위기가 조성되었다.

이처럼 교학 능력과 학술 수준의 차이로 인해 서원에도 등급이 생겨났다. 하단에는 사립 가족 서원과 향촌 서원이, 중간에는 현립 서원이, 상단에는 주, 부, 도, 성 및 연성(聯省: 둘 이상의 성이 공동으로 설립한 서원-역자)의 각급서원이 자리했다. 하단의 서원은 수도 많고 분포도 넓어서 문화 지식 보급과 유가 사상의 대중화에 공헌하여 민간의 신앙을 형성했으며, 향촌사회에 정착하여 중국 서원 등급이라는 탑의 기반과 같았다. 중간의 현급縣級 서원은 가족 서원과 향촌 서원의 윗 등급에 위치하면서도 관립 서원 중에서는 가장 낮은 위치로, 문화 지식 전파와 유가 이념의 정치화라는 두 가지 역할을 담당하면서 민간 신앙에 조정의 입장을 반영하는, 탑의 몸체와 같았다. 상단의 각급 서원은 학술 이념의 정치화라는 공적 책임을 분담하는 한편, 학문 연구를 진행하며 유가정신을 쇄신하고 학파를 양성하는 역할을 수행하여, 탑의 꼭대기보다도 위에 위치했다고 할 수 있다. 학술대사가 주관하거나 창건한 서원은 관립이든 민영이든 탑의 꼭대기와 같은 위치였다. 중국 서원의 등급 탑은 하나의 완비된 서원 교육 시스템을 갖추고 있었다. 이 체계는 서원이 더욱 보편화되고 성숙한 단계에 들어섰음을 보여

士捐資倡立, 或地方官撥公款經理, 俱申報該管官查核, 各處書院, 不得久虛講習", "不得延請"丁憂在籍官員爲院長, 教官"不得兼充書院師長".

준다.

제3절 서원의 보편화

옹정 후기 서원 탄압 조치가 해제되고 서원 지원 정책이 전면적으로 실시되면서, 조정에서부터 성, 부, 주의 각급관부에 이르기까지 본격적으로 서원 건립 행렬에 뛰어들어, '고후국의 학(古侯國之學)'의 관립서원의 체계를 만드는 데 힘썼다. 이러한 분위기에 힘입어 민간에서도 적극적으로 서원을 세우기 시작하면서 가족서원, 향촌서원이 지속적으로 생겨났다. 이처럼 관과 민의 역량이 결합하면서 청대 중후기, 전국적으로 서원이 보급되는 전례 없는 발전 단계에 이르게 된다.

1. 서원의 비약적 발전과 그 단계적 특징

청대 서원의 발전 과정은 크게 네 단계로 나눌 수 있다. 첫째, 순치, 강희 연간의 회복기이다. 둘째, 옹정, 건륭 연간의 본격적인 발전기이다. 셋째, 가경, 도광, 함풍 연간의 쇠락기이다. 넷째, 동치 광서 연간 고속 발전기이자 변혁기이다. 각 시기의 단계별 특징 중 첫 번째 단계에 관해서는 이미 전술하였으므로, 나머지 세 단계에 대해서 간략하게 서술하고자 한다.

옹정, 건륭 시기의 서원과 그 발전 특징

옹정이 통치했던 13년(1723-1735) 동안, 전국 각지에는 324곳이 창건되고, 38곳이 복원되었으며(총 362곳), 합계로는 청대 6위였으나 연평균은 27.846개로 2위를 차지할 정도로 빠른 성장세를 보였다. 이는 현 복건성, 대만 두 성에서 112개의 정음서원正音書院 창건으로 관화官話가 보급된 것과도 관련이 있다.33) 이처럼 빠르게 발전한 것이

옹정기 서원의 가장 큰 특징이다. 뿐만 아니라, 성도서원을 건립하고 23개의 국가급 학술교육센터를 건설하였으며, 정음서원을 세워 "방언이 심한 지역(凡有鄕音之省)"에 관화를 보급한 것 역시 중요한 특징이다.

60년 동안의 건륭 연간(1736-1795)은 중국 역사에서 잘 알려진 태평성대였다. 이 기간 동안 1,173개의 서원이 신축되고 223개가 복원되면서 총 1396곳으로, 2위와 459곳이라는 압도적인 차이로 역대 최고를 차지했으며, 연평균은 23.267곳으로 청대 전체 4위를 차지했다. 이는 청나라의 전성기와 서원 발전기가 일치하였음을 보여준다. 건륭 연간 60년 동안 1396개 서원이 있었는데, 이는 명대 1962개보다 불과 566개 적은 정도로, 원대 406개의 3.438배, 송대 515개의 2.71배, 당, 오대, 요, 송, 금, 원대 서원의 총 수인 1004개보다 392개나 많은 수치였다. 이 자료를 통해 건륭 연간 전례 없는 발전을 이룩했다는 것을 알 수 있다. 청대에 국한해서 보면, 건륭 연간의 1396개 서원이라는 수치는 전체 5,836개의 23.92%를 차지한 것이다. 즉 건륭 한 황제 연간의 서원 수치가 청대 전체의 1/4에 근접했다. 급격히 번성했던 기세가 바로 이 지점에서 확연히 드러난다.

요컨대 옹정제부터 건륭제까지, 티베트, 몽골 등 소수민족이 모여 사는 몇몇 지역을 제외하고 18개 행성에 서원이 즐비하게 된다. 이때는 서원 발전사에서 남송, 명 중기에 이어 세 번째 절정기였으며, 앞선 두 시기에 비하여 신축 서원이 많고 운영 시기도 길고 지역도 넓어졌다. 아울러 당시 문화사업이 적극적으로 추진되면서 강건성세康乾盛世의 도래로 이어졌다.

건륭 연간의 서원에는 두 가지 특징이 있다. 첫째, 서원 강학의 내용이 정주리학에서 경사 고증학으로 바뀌었다. 청초 순치, 강희 연간, 서원은 명대의 유업을 계승하여 양명학이 아닌 주자학을 제창하며 정주리학을 다시금 관방철학으로 확립하였다. 건륭, 강희 연간 서원 강학자들은 한대 유자들을 본받아 명물名物과 이에 관한 해석을 고증하는 것, '고증학자(朴學)' 혹은 '한학(漢學)'에 치중하였다. 이에 청초의 송명(宋明) 대의 변증

---

33) 鄧洪波, 「正音書院與淸代的官話運動」, 『華東師範大學學報』, 1994년 제3호.

이 한송(漢宋) 대의 논쟁으로 전환되면서, 건륭 연간에 학풍이 크게 변하였다. 서원과 건가한학은 다시 한 번 연동되어 크게 발전하면서 함께 전성기를 누리게 된다. 서원과 한학의 관계에 대해서는 별도로 논의하도록 하겠다. 여기에서 강조하고 싶은 것은 서원의 강학 풍조가 건륭 연간에 나타난 변화이다. 건륭 2년(1737), 종산서원 산장 양승무(楊繩武)는 훈고, 의리, 문장 세 가지로 '경학을 궁구하고(窮經學)' '사학을 연구한다(通史學)'는 학교를 제정하여 박학의 기틀을 마련했다. 이후 노문초盧文弨, 전대흔錢大昕, 요내姚鼐, 호배휘胡培翬, 무전손繆荃孫 등 역대 산장을 거치며 크게 발전했고, 종산서원은 양강(兩江, 현 江西省安, 安徽省, 江蘇省, 上海 일대-역자) 지역에서 가장 큰 영향력을 지닌 한학의 중심지가 되었다. 건륭 10년, 전시殿試 책문策問에 심성心性, 천리天理, 일통천하一統天下가 아닌 경사 내용을 넣은 것을 보면, 관방에서도 경사 사장을 박습하는 학풍을 제창하는 표지가 되었다.

둘째, 서원이 과거와 결합하여 관학을 대체했다. 청나라는 명의 체제를 계승하여, 국자감을 비롯해 부, 주, 현학 등 각급 학교를 세워 사인을 교육, 육성하고, 과거 시험으로 인재를 선발하는, 즉 교육법과 선발법을 취하여 규제의 핵심을 완성했다. 건륭 원년(1736) 상유에 따르면, 서원의 본질을 '고후국의 학古侯國之學'으로 정하고, '인재를 끌어들이고(導進人材)' '학교가 못하는 역할을 보완(廣學校所不及)'하는 데 있었다. 즉 당초 구상대로 관학이라는 국가 인재 양성의 정도 외에 서원이라는 경로를 추가하여 인재를 양성하겠다는 것이었다. 당시 많은 지방의 대관원이 양강 총독처럼 "관리로 부임하자마자 서원으로 가서, 제생들을 직접 만나 겉만 화려한 것을 버리고 실제적인 것을 따르며, 학업은 반드시 고금을 아우르고 인품은 반드시 내외를 고루 닦기를 명하였으며, 매년 그들의 능력을 평가하여 결과에 따라 승급하거나 강급했다. 그리고 성에서 임무를 수행하는 감독관에게 월마다 학생들을 평가할 것을 명했다. 학생에 대한 사랑과 배려 차원에서는 부모를 넘어서는 수준이었다."[34] 또한, 관학이 과거의 부속품으로

---

34) "既下車, 即詣書院, 進諸生而面命之, 一以崇實效, 黜浮華爲本, 業必古今並肄, 品必內外交修, 每歲親較其藝之甲乙, 而進退之. 又命監司方面駐節會城者, 按月而分課之. 至于愛護之課, 體恤之至, 則又有家人父子之所不能逾者."

458

전락하는 전철을 밟지 않기 위해 "성심을 다해 인재를 육성하고, 교양 있는 사람을 기르는 것(樂育之盛心, 作人之雅化)"을 목표로 하여 서원 특유의 '사인 교육 방법(教士之法)'을 제시했다. "상급은 옛 길을 계승하여 성현의 업을 이어받고, 중급은 열심히 갈고 닦아 영웅의 재능을 얻고, 하급은 과거 시험만을 위해 분투하며, 반드시 경에 밝고 실천하며 우아한 문장을 구사하여, 독서인으로서 부끄럽지 않게 되면 마침내 서원의 사인으로서도 부끄럽지 않게 될 수 있었다."35) 이는 상, 중, 하 세 가지 등급의 인재 양성의 목표하는 것으로, 과거 성과와는 별개로 성현, 영웅을 중시함으로써 과거제에 대한 고민과 노력이 담겨 있다. 이러한 노력의 결과, "지난 몇 년 간 서원 제생들은 과거시험을 통해 등용되거나, 우수한 학문과 품행으로 선발되거나, 학정의 세과歲科나 절사의 민간에서의 작품 수집을 통해 선발되었는데, 대부분 서원에서 배출된 사람들이었다."36) 이에 서원은 점차적으로 관학을 대신하여 국가 인재 양성의 중요한 기구로 자리 잡았는데, 정정조程廷祚가 "오늘날 교육 방법과 인재 등용 방법은 매우 자세한데, 이른바 교육 기관은 오직 각 성의 서원이다."37)라고 한 것과 같다. 이는 건륭 연간 국가 문화교육 사업에 관한 사실적인 묘사로, 당시 서원의 발전 상황을 잘 보여준다. 이것이 바로 얻는 것이 있으면 잃는 것이 있다는 것이니, 한편으로는 "사통팔달한 도시부터 외진 곳까지 모두 학당이 없는 곳이 없다." "그런데 어떻게 교육시키는지는 들어 본 적이 없으니", 다른 한편으로 "서원의 발달은 군현의 교육 사업에서 더 잘 엿볼 수 있다는 것에서"38), 교육의 직책을 대행했음을 알 수 있다.

물론 관학을 대체하여 인재를 교육 및 선발하게 된 서원은 과거제가 실행되는 상황에서는 관학과 마찬가지로 과거에 예속될 위험이 있었다. 때문에 서원과 과거제의 관계

---

35) "上則開來繼往, 爲聖賢不朽之業, 次則砥節勵行, 爲豪傑有用之才; 即等而下之, 而僅僅以科舉之學自奮, 亦必經明行修, 文章爾雅, 不愧爲讀書種子, 而後可不愧爲書院之士."

36) 淸·楊繩武,「鍾山書院碑記」. 陳谷嘉·鄧洪波, 앞의 책, 878쪽.

37) "方今用與取之法, 不可謂不詳矣, 而所謂敎者, 惟各省之書院."

38) 淸·程廷祚,「與陳東皐論書院書」, 위의 책, 1431쪽. "通邑大都以及幽遐阻絶之區, 莫不有學", "而未聞其所以敎", "書院之興, 于郡縣諸學爲特隆."

설정이 문제가 되었다. 이에 관한 내용은 별도의 논의가 필요하므로 여기에서는 논하지 않겠다. 다만 서원의 관학화는 서원이 발전할 수 있는 좋은 기회였고 서원이 실제 이를 통해 크게 발전하게 되었다는 점은 지적하고 싶다.

청 중기 서원과 발전 특징

가경(嘉慶, 1796-1820), 도광(道光, 1821-1850), 함풍(咸豊, 1851-1861) 세 황제가 통치했던 기간은 총 66년이다. 강건성세를 뒤 이은 이 시기는 태평천국의 운동을 비롯해 외국의 침략까지, 내우외환으로 국세가 쇠퇴하는 상황이었다. 그러나 청 전기의 대대적인 발전의 분위기 속 서원은 1116개로 여전한 규모를 유지하고 있어서 그 수치는 강희제(937개)를 제치고 건륭제(1396개)를 이은 연 평균 16.909개였으며, 강희 연간의 15.361개보다도 많았다. 이는 이 시기에 서원 건립 추세가 약화되었지만, 여전히 빠른 속도로 발전하고 있었음을 보여준다. 청 중기 서원에는 세 가지 단계적 특징이 있다.

첫째, 한학의 기치가 서원에 높이 들리면서, 완원阮元은 항주의 고경정사詁經精舍, 광주의 학해당學海堂으로 대표되는 개조형 서원을 세웠고, 완원, 왕인지王引之, 단옥재, 진수기陳壽祺, 호배휘胡培翬, 주존朱珔, 진례陳澧, 전의길錢儀吉 등의 한학자들과 함께 한학을 강의하면서 경사사장을 박습하는 것을 학술적 특징으로 삼았으며, 서원의 생도들을 모아 『경적찬고經籍纂詁』, 『십삼경주소十三經注疏』 120권, 『학해당경해學海堂經解』(『황청경해皇清經解』) 1412권, 『대량서원경해大梁書院經解』(『경원經苑』) 250권 등을 출판하는 등 기념비적인 학술 성과도 남겼다. 이 시기는 한학의 발전기로 당시 서원 강학의 주류가 되었다. 이와 함께 정주리학을 강의하고 '통경치용通經致用'을 제창하는 금문경학今文經學 서원 역시 활성화되어 한학과 함께 우열을 가리기 힘들 정도로 발전하면서 세 종류의 서원으로 발전하였다. 그 중 동성桐城의 요내姚鼐, 방동수方東樹는 정주파의 대표로, 강녕의 종산서원, 휘주의 자양서원 및 여주廬州, 박주亳州, 숙송宿松, 염주廉州, 소주韶州의 각지 서원이 기점이 되었다. 양호陽湖 이조락李兆洛은 '통경치용' 파의 대표로, 강소학정江蘇學政이 관할하는 기양서원暨陽書院에서 20년 간 주강으로 있으면서 수백 여 종의 서적을 간행했으며, 이곳에서 학업했던 이들이 수 천 명에 달했다.

둘째, 조정에서는 수차례 조령을 내려 서원을 정비하려고 했다. 이에 관한 가경 이래의 유지諭旨의 일부를 소개하고자 한다.

가경 22년(1817) 상유에는 "각 성의 교관들은 직책을 소홀히 하고 매월 고과 업무를 게을리 하며, 서원과 의학義學도 사적 인연에 따라 추천하여 자격이 없는 사람을 초빙해 머릿수만 채우며, 사례금을 받고도 학당에 나와 수업을 하지 않으니, 교사 선발의 신중함을 완전히 잃어버렸다. 지금 각지의 독무, 학정 등은 경학에 정통하고 품행이 바른 사람을 초빙하여 학문을 논하고 토론해야 할 것이다. 만일 학문과 인격 수준이 낮고 머릿수에 급급해 채운 사람이 있다면, 즉시 해고하여 교사의 자격을 격려하고 교육 수준을 높여야 한다."[39]

도광 2년(1822) 유지에는 다음과 같은 내용이 있다. "각 성, 부, 청, 주, 현마다 서원이 있었는데, 본래는 학교와 역할을 보완하는 관계였다. 근래 황폐화되고 본 업무를 게을리 하는 서원이 많으나, 정비하는 경우는 드물다. 일부 원장은 서원에 직접 부임하지도 않으면서 여러 직책을 겸할 수 있도록 허용되었을 뿐만 아니라 과거 출신이 아닌 사람이 임용되었다. 자격이 없는 이가 여기저기 임용되어 서원이 유명무실해졌으니 교육에 무슨 도움이 되겠는가. 이제 각 직할성의 독무에게 소속 서원을 철저히 검사하고, 품행과 학문이 뛰어난 신사를 초빙하여 서원에서 거주하며 교육하도록 명한다. 아울러 서원에서 가르치지도 않으면서 급여를 수령하는 행위를 영원히 금지하도록 명한다. 모든 교직원은 사인들의 학업을 평가하는 본인의 책임을 다 해야 하며, 업무에 전념하고 전적으로 책임질 수 있도록 다른 직책을 겸임할 수 없다."[40]

---

39) "4各省教官廢棄職業, 懶于月課, 書院, 義學寅緣推薦, 濫膺講席, 並有索取束修, 身不到館者, 殊失愼選師資之意. 著該督撫學政等, 務延經明行修之士講習討論, 如有學品庸陋之人, 濫竽充數者, 立即斥退, 以勵師儒而端教術."4

40) "各省府廳州縣分設書院, 原與學校相輔而行. 近日廢弛者多, 整頓者少. 如所稱院長並不到館及令教職兼充, 且有並非科第出身之人腼居是席, 流品更爲冒濫, 實去名存, 于教化有何裨益.

도광 14년(1834)에는 각급 관립 서원의 원장 인선 문제를 해결하기 위해, 다음과 같은 유지를 내렸다. "앞으로 각 성의 서원 원장은 학정이 독무, 사도와 함께 추천한다. 각 부, 주, 현의 원장은 지방 관리가 교관, 지방 명사 및 장로와 함께 추천한다. 경학에 정통하고 품행이 바른 사람을 선발하여 열심히 가르친다. 상급자의 추천은 일체 허용되지 않으며, 원장의 이름을 거짓으로 열거하는 것도 허용되지 않으며, 서원에 직접 가서 수업하지 않는 것도 허용되지 않았다. 학정 시찰 시 점검하여 진실된 정보를 확보한다."⁴¹⁾ 이듬해에는 "원장을 초빙할 때는 반드시 인품이 고상하고 학문이 우수한 사인을 정선 精選해야 하며, 사적인 정으로 추천하지 않는다."⁴²⁾라고 거듭 천거하면서 학문과 실천 을 겸비하며 교육에 최선을 다하는 장사 악록서원의 산장 구양후歐陽厚에게 칭찬을 아끼지 않았다.

도광 30년(1850), 함풍 황제는 즉위하자마자 지방 각급 관리들에게 "서원과 서당에 서 학생들을 가르칠 때 「어찬성리정의御纂性理精義」와 「성유광훈聖諭廣訓」을 수업과 강의의 요지로 삼게 하라."⁴³⁾는 유지를 내려 "성리에 관련된 서적들性理諸書"로 "백성 을 바른 길로 인도(導民正軌)"하려는 염원을 밝혔다.⁴⁴⁾ 이는 갈수록 심각해지는 사회문 제에 직면해 통치자가 한학에 대한 지지를 내려놓고 송학을 지지하는 입장으로 선회했 음을 의미한다.

이상의 유지는 황제가 필두로 교수진 부족으로 인한 서원 설립과 관련된 규장제도, 교육 내용 등 여러 문제들을 해결하여 쇠퇴하는 서원을 되살리려 했음을 보여준다.

셋째, 민간이 서원 관리에 참여한다. 관부의 교수진 관리 강조에 발맞춰 민간에서는

著通諭各直省督撫, 于所屬書院, 務須認眞稽查, 延請品學兼優紳士, 住院訓課. 其向不到館支 取幹俸之弊, 永行禁止. 至各屬教職, 俱有本任課士之責, 嗣後亦不得兼充, 以責專成."

41) "嗣後各省會書院院長, 令學政會同督撫司道公同舉報. 其各府州縣院長, 由地方官會同教官, 紳耆公同舉報. 務擇經明行修之人, 認眞訓課. 槪不得由上司挾薦, 亦不得虛列院長名目, 並不 親赴各書院訓課, 仍令學政于案臨時, 就便稽查, 以昭核實."

42) 淸·光緒,『大淸會典實例』권396. 白新良,『中國古代書院發展史』, 210-211쪽.

43) "于書院, 家塾教授生徒, 均令以『御纂性理精義』,『聖諭廣訓』爲課讀講習之要."

44) 『東華錄』, 道光 30年12月 己巳條.

산장의 임용권, 경비 관리권 등을 관부에서 사신士臣으로 이관하도록 장정을 개정하는 서원이 많아졌다. 운남 광남부 배풍서원培風書院의 경우 "산장은 부현의 두 토사土司가 공동으로 기부한 은냥을 사례금으로 주었기 때문에, 신사들은 이에 간섭할 수 없었으며, 역대 관료들은 인정에 끌려 초빙하였으므로 산장은 서원에서도 관례에 따라 행했을 뿐이었다. 때문에 백여 년 동안 서원에 개설된 과목은 매우 제한적이었다."45)고 한다. 가경 연간 "필수적으로 품행과 학문을 겸비하고, 부지런히 가르칠 뿐 아니라, 과갑 출신이 아닌 자는 초빙할 수 없다."46)고 개혁했다. 도광 연간에는 현지 인재가 날이 갈수록 많아져서 "여론을 수렴하고 지역의 과거시험 주강을 초빙하여 서원에서 장기간 머무를 수 있도록 보장한다. …… 만일 성품과 명망에 있어서 대중의 요구에 부합할 수 없으면 초빙할 수 없다."라고 조정했다. 또 서원 경비를 유지하는 점포 역시 "일반인에게만 임대하고 신사에게 임대할 수 없도록 합의했(議定只准租給人民, 不准租給紳士)"으나 "서원은 모두 신사紳士가 관장했다(書院皆紳士管事)."47) 그리고 직예 정주(定州, 현 하북 定县)의 정무서원定武書院의 경우, 함풍 7년(1857) 새로 논의한 장정에 다음과 같은 내용이 있다. "최근 몇 년 동안 서원의 관리가 소홀했던 것은 산장이 권세가 출신이기 때문이다. 지금 서원의 모든 일은 신사들이 논의로 토론하고 결정하고, 이후의 산장 역시 신사들이 초빙하므로, 문인들이 실질적인 이익을 얻을 수 있기를 바란다. 만약 여전히 사적인 감정과 체면을 생각해서 사적인 부탁을 들어주거나, 산장이 초빙을 받았지만 서원에서 근무하지 않거나, 서원에서 근무하지만 성실하게 직무를 수행하지 않는 경우, 감원監院 및 다른 신사들이 공동으로 처벌을 받아 1년 보수 비용을 청구한다. 개인적 사정으로 산장을 추천할 경우 관련 규정을 제출하고 공개적으로 사퇴하며 다시는 같은 문제가 발생하지 않아야 한다." "서원의 모든 사무는 관신官紳의 논의를 거쳐 신사들이 책임 및 관리한다. 모든 이사董事는 서원 감독, 건축 수리, 자금 징수,

---

45) "山長向由府縣兩土司公捐銀兩以作束修, 紳士自不應預議, 在歷任公祖延請, 不過情面薦托, 山長到館亦不過因循于事, 故百余年來科目寥寥."

46) "必擇素悉品學兼優, 勤于教誨, 且非科甲出身者不得延請."

47) 鄧洪波, 「廣南紳士公議書院條規」, 『中國書院章程』, 256-257쪽.

지출 분배를 관리 책임이 있으며, 각자 직무를 수행한다. 최선을 다해 관리해야 하며, 책임을 회피하거나 태만해서는 안 된다."48)

이를 통해 산장 임용 권한이 상헌에서 주현 장관으로, 주현 장관에서 다시 지방공론을 주관하는 신사(首士)로 하향 이동했음을 할 수 있다. 지방장관이 권력 자원을 동원하여 관련 업무를 좌지우지할 수는 있었지만, 지방 공론의 제약을 받아야 했기 때문에, 관부의 일률적인 관리 방식을 깨고 민간 사인들의 논의가 어느 정도 산장 선임과 임기에 영향을 미칠 수 있는 추세였다. 이것이 바로 "인품과 명성 면에서 대중을 납득시키지 못하는 사람이 있다면 채용할 수 없다(若有品望不孚衆論者, 不得延請)."는 의미였다. 민간 신사는 제한적으로 서원 관리에 참여할 수 있었는데, 특히 서원의 토지 재산을 서원 수사首士가 관리하는 서원의 경우 관료의 힘을 제한했다는 점에서 '공론公論'을 역량을 제대로 보여준 것이라 할 수 있다. 이는 봉건전제 하에서 엿볼 수 있는 한 줄기 민주의 빛이라는 점에서 진보라 할 수 있다. 또한 이것이 서원의 부패와 외국 침략 세력과의 장기간의 전쟁 중에서도 지속적으로 발전할 수 있었던 이유이기도 했다.

청 말기 서원의 급속한 발전

동치(同治, 1862-1874) 13년 간은 청대의 '중흥기'로 알려져 있다. 이때 동남쪽 지역의 태평천국운동이 진압되었다. 악록서원의 학생인 증국번曾國藩, 증국전曾國荃, 호림익胡林翼, 좌종당左宗棠, 곽숭도郭嵩燾, 이원도李元度, 유장우劉長佑 등의 "중흥을 이끈 문무대신中興將相"들이 지휘하던 상군(湘軍: 증국번이 의용병을 모집하여 훈련시킨 군대-역자)의 탄압으로 태평천국운동이 실패하면서 14 년간의 전쟁이 끝나자, 사회가

---

48) 鄧洪波,「定武書院新議經理章程」,『中國書院章程』, 18-19쪽. "書院連年廢弛, 皆因山長多來自權要. 今書院壹切事宜, 既議歸紳士經管, 嗣後山長亦歸紳士延聘, 務期士林能收實益. 倘仍有瞻徇情面, 暗受請托, 或山長受聘而不到館, 及到館而不久于其事, 所有一年修脯. 著落監院與衆紳士罰賠. 如當道有情薦山長者. 即抄呈條規. 公同力辭, 不得再蹈覆轍. " "書院一切事宜, 經官紳議定, 俱由紳士經理. 所有董事分監院, 營造, 催收, 支發, 各司其事. 俱要實心經管, 勿許推诿懈怠."

464

안정되고 양무운동과 함께 서학동점이 가속화되었다. 오랜 난이 평정되고 국가가 "중흥하면서中興" 서원은 사회의 기대 속에서 크게 발전했다.

통계에 따르면, 동치 연간에는 440개의 서원이 창건되었고, 28개 서원이 복원되어 총 468개의 서원이 있었는데, 합계로 보면 청대 5위였지만, 연평균 36개에 달하는 수치로, 옹정 연간의 27.846개를 크게 제치고 청대 1위에 등극했다. 광서 연간(1875-1908) 계속해서 빠른 속도로 발전하면서 793곳이 신축되고, 27곳이 복원되어 총820개 서원이 있었다. 합계로 보면 건륭, 강희 연간에 이어 3위, 연평균 24.118개였으며, 이는 동치, 옹정 연간에 이어 3위를 차지하는 수치이다.

이러한 상황은 약 40년 동안의 동치, 광서 연간에 서원이 1300여 년의 역사에서 전례 없었던 고도성장기에 접어들었음을 보여준다. 광서 27년(1901), 전국 서원을 대, 중, 소 3급 학당으로 개정하라는 조령은 이러한 분위기를 단칼에 내리치면서 중국 제도사制度史상 유례없는 비극으로 몰아넣었다. 서원의 학당으로의 개정으로 인해 중국 고대와 근현대 교육의 맥이 이어지면서 서원은 새로운 생명을 얻게 되었다고 할 수 있다. 그러나 살신성인하여 성불이 되는 순간의 변화를 논하기에는 너무나 많은 문제들이 있다. 이처럼 청말 서원이 초고속으로 발전하다가 급격히 쇠퇴했다는 것을 첫 번째로 들 수 있다.

둘째, 관과 민의 역량의 합일은 동치, 광서 연간 초고속을 발전할 수 있었던 주요 원동력이었다. 관으로 말하면, 동치 2년 태평천국운동을 진압하자 조정에서는 전쟁으로 인해 유실된 서원의 재산을 정리하고 학교를 개재하였는데, 다음과 같은 내용의 조서가 있었다.

최근 군무軍務가 있는 성의 부, 주, 현들은 서원의 특별 경비를 유용하면서 학생들이 학업을 할 수 없게 되고 매달 시험도 중지되었다. 이후 각 독무는 소속 지역을 엄격히 단속하여 상황이 안정되면 서원의 경비를 재정비하고 이전에 공금과 토지를 보유하던 곳도 신속히 정리한다. 원래 남아있던 경비도 없는 상황 역시 잘 마무리 지어 사인들이 모여 서로 교류하고 과거 준비를 장기간 포기하지 않도록 마음을 안정시켜야 한다.[49]

혼란이 진압되자, 군사에서 문교로 눈을 돌려 서원으로 인심을 '진정(底定)'시키고 국가를 중흥하려는 것은 정치적 식견이 아닐 수 없다. 이러한 사상적 지도 아래, 증국번曾國藩, 증국전曾國荃, 좌종당左宗棠, 이홍장李鴻章, 정보정丁寶楨, 유곤일劉坤一, 장지동張之洞 등의 지방군정 대원들이 직접 나서거나 전란 중 폐허가 된 서원을 창건 및 복원을 부하들에게 명령하기도 했다. 대표적인 인물로 전기에는 좌종당, 후기에는 장지동이 있다.

좌종당은 젊은 시절, 호남성의 성남城南, 악록 두 서원에서 수학한 후, 예릉醴陵 축강서원淥江書院에서 교편을 잡았다. 서원의 덕으로 출사한 후 서원 건립에 관심을 가졌다. 복건, 절강의 총독을 역임할 때, 복주에 정의서원正誼書院을 창건하고, 거인, 공생을 모집하여 이학명저『정의당전서正誼堂全書』525권을 수정, 인쇄했다. 그는 섬서, 감숙의 총독을 역임하면서, 난산蘭山, 관중關中 등 성도의 서원을 경영하는 것 외에도, 서북지역에 37개의 서원을 신축, 복원했다. 이 중 복원 및 수리한 서원은 19개, 신축 서원은 18개였다.50) 양강 총독을 역임하는 동안 학정을 지원하여 새로운 성도 서원인 강음江陰의 남청서원南菁書院을 창건하여 경사실학을 제창하고, 천문, 산학, 지리를 교학 내용으로 삼았다.

장지동은 개혁을 직접 주도하면서 서원의 새 장을 열기도 서원의 쇠퇴를 목격하기도 했다. 호북 학정을 역임하는 동안 성도의 강한서원江漢書院을 경영했던 것 외에도 경심서원經心書院을 창건하여(동치 8년) 경의經義, 치사治事로 사인을 가르쳤다. 사천 학정을 역임하는 동안 존경서원尊經書院을 창건하여(동치 13년), 왕개운王闓運을 주교를 초빙하여 "통경학고通經學古"로 사인들에게 수업하고 존경서국尊經書局을 열어 서적을 판각했으며, 「서목문답書目問答」을 간행, 배포하여 제생의 독서, 치학을 지도하였으며,

---

49) 淸·光緖,『大淸會典事例』권396. "近來軍務省分各府州, 竟將書院公項藉端挪移, 以致肄業無人, 月課廢弛. 嗣後, 由各督撫嚴飭所屬, 于事平之後, 將書院膏火一項, 凡從前置有公項田畝者, 作速淸理. 其有原存經費無存者, 亦當設法辦理, 使士子等聚處觀摩, 庶擧業不致久廢, 而人心可以底定."

50) 王興國,「左宗棠與西北書院」,『中國書院』제7기, 135쪽.

마침내 촉성蜀省 지역의 우수한 학풍을 이룩하였다. 산서성 순무를 역임할 때 영덕서원 令德書院을 설립하여(광서 8년) 진성晉省의 우수한 인재들을 유치하여, 전문적으로 경사고학을 수업했던 덕분에, 이 지역의 많은 인재들이 이곳 출신이었다. 또한 「추광흥학반법推廣興學辦法」을 반포하였는데, 그 중 '경비를 모아 서원을 수리하라(籌經費以修書院).'는 조항이 있었다. 양광총독을 역임하면서 조경肇慶의 단계서원端溪書院을 대신하여 광주에 광아서원广雅書院을 창건했는데(광서 13년) 광서, 광동에 각각 100명을 모집하여 수학하였다. 광아서원의 가장 큰 특징은 경학, 사학, 이학, 문학 네 개의 계열로 나누어, 경, 사, 이학, 경제 네 과목으로 나누어 수업했다는 것이다. 그리고 광아서원의 부속부서로 광아서국을 세워 서적을 판각하였으며, 국파정사菊坡精舍를 세워 사인을 교육했다.

그리고 사인을 남양南洋에 파견하여 동남아시아 영사관 소재지 등에 서원을 설립하여 화교 자제들을 가르칠 것을 제안했다는 점은 높이 평가할 만하다. 장지동은 호광총독湖廣總督을 역임할 때 양호서원兩湖書院을 창건하여(광서 16년), 호남, 호북 지역의 학생들 100명을 교육했으며, 상적商籍 40명을 두고 경학, 사학, 이학, 문학, 산학, 경제 여섯 계열로 분류하여 교육했으며, 산장은 두지 않고 제조관 및 감원을 두어 서원 업무를 관장하게 하였다. 후에 경학, 사학, 지리, 교학, 박물, 화학 및 병조 등의 과를 두고 서원으로 하여금 근대화의 길을 걷게 하였다. 그는 또한 「권학편」을 발표하여, 저명한 '중학을 체體로, 서학을 용用으로 삼는다(中學爲體, 西學爲用)'는 사상을 내세웠다. 서원 외에도 방언상무학당方言商務學堂, 자강학당自強學堂, 육군학당陸軍學堂, 무비학당武備學堂, 농무학당農務學堂, 공예학당工藝學堂, 사범학당師範學堂, 소학당小學堂, 중학당中學堂, 대학당大學堂 등 학당 계열의 교육기관을 설립하여 중국 교육 근대화에 직접 참여했다. 이 기간 동안 양강兩江 총독을 맡으면서 강녕(현 남경)에 삼강사범학당三江師范學堂을 창건하였다(광서 28년). 광서 31년(1905) 원세개袁世凱와 함께 과거 폐지를 상주함으로써 중국 고대 교육 체제를 완전히 종식시켰다.[51]

---

51) 周漢光, 『張之洞與廣雅書院』, 臺北 : 中國文化大學出版部, 1983년.

동치 광서 연간의 서원의 열기는 관부 외에도 민간에 힘입은 바가 크다. 관부가 청말 서원의 발전 방향을 주도하면서 서원의 '질'을 잡았다면, 민간에서는 수로 승부하며 서원의 '양'을 유지했다. 강서의 경우 동치 연간, 전 성을 통틀어 118개의 신축 서원이 있었는데, 그 중 낙안현樂安縣 43개, 영신현永新縣 12개, 총 55개로 절반 가까이 농촌 자금 조달을 통해서나 지방 명문가에서 세운 것이었다. 광서 연간 강서성에는 74개의 서원이 새로 지어져 만재현萬載縣 한 곳에서만 23개로 성 전체의 31.08%를 차지했으며, 모두 향민들이 지은 것이었다. 광동성의 경우, 동관현東莞縣은 광서 연간에 서원 13개를 신축하였고, 모두 향촌 민간에서 건립한 것이었다.[52] 호남의 상황도 이와 비슷하여 다릉茶陵에는 청대 18개 서원이 세워졌는데, 현성의 미강서원洣江書院 외에는 모두 민간 향촌이나 족성에서 세운 것이었다. 시기별로 분석하면, 건륭 연간에는 미강 서원만 세워졌으며, 함풍 연간 2개, 동치 연간 15개였다. 신전현新田縣은 청대 16개 서원이 세워졌는데, 그 중 옹정 연간에는 2개, 건륭 연간 1개, 함풍 연간 1개, 광서 연간 12개가 세워졌으며, 광서 연간에 세워진 서원은 모두 향촌에 세워졌으며, 문중 사람과 마을 사람이 함께 건립했으며, 함풍 연간에는 현성縣城에 1개 세워졌으며, 읍 사람이 세운 것이다. 오직 옹정 건륭 연간의 3곳 현성 서원만이 지현이 세운 것이었다.[53] 사천성의 경우 통계에 따르면 수녕遂寧, 삼태三臺, 달현達縣의 서원들도 모두 유사한 상황으로[54] 세 현은 각각 90%, 93%, 92%의 서원이 민간에 세워졌다. 이는 민간의 힘이 청말 서원을 지탱하는 가장 중요한 대들보이자, 청말 서원의 발전의 원동력이었음을 보여준다.

52) 白新良, 『中國古代書院發展史』, 237-238쪽, 244쪽, 246쪽.

53) 『湖南教育史』 제1권, 460-465쪽.

54) 胡昭曦, 『四川書院史』, 164쪽, 166쪽, 168-170쪽, 184-185쪽.

2. 서원의 보급

청대 서원은 다층적, 전방위적으로 보급되었다. 서원은 현 흑룡강, 길림, 요녕, 내몽고, 하북, 북경, 천진, 산동, 안휘, 강소, 상해, 절강, 강서, 복건, 대만, 하남, 호북, 호남, 광동, 해남, 광서, 운남, 귀주, 중경, 사천, 산서, 섬서, 영하, 청해, 감숙, 신장 31개 성 및 홍콩, 마카오 2개 특별 자치구에 분포되어 있었다. 오늘날 중국 영토로 치면, 티베트를 제외한 전역에 서원이 보급되었는데, 이는 역사상 유례가 없었던 일이다. 구체적으로 다음 몇 가지 측면에서 나타난다.

먼저, 변방에 진출하여 역사적으로 서원이 없던 지역에 서원을 창건하고 유가문화를 정착시킨 것이 서원 보편화의 가장 두드러진 사례이다. 동쪽 해안에서는 강희 22년 (1683) 대만 수복 후, 청 정부에서는 대만부臺灣府를 두어 섬 전체를 통할하였으며, 복건수사제독 시랑施琅이 부성(府城, 현 臺南市) 서정방서원西定坊書院을 창건하면서부터 대만의 서원은 200여 년의 발전 노정을 걷기 시작했다.

청나라가 대만을 통치했던 110여 년 간 설립된 서원은 최소 70개로, 유교문화 확산에 크게 기여하며 지방문화의 중심지로 자리 잡았다. 이에 대해 왕계종王啓宗은 "대만(臺澎) 지역은 먼 바다 속의 한 섬에 불과하지만 수백 년 만에 중국 전통문화가 확산된 케이스로, 서원 교육 발전과 관련이 있다"고 평가했다.[55]

동북 3성은 청나라의 본거지로 간주되어 오랫동안 만주족 통치자들은 한족에게 "그들의 교화를 닦을 뿐 습속을 바꾸지 않으며, 그들의 정치를 정제할 뿐 마땅한 바를 바꾸지 않는다(修其敎不易其俗, 齊其政不易其宜)."는 민족 정책을 추진하였다. 한족을 통치하기 위해 피지배인인 이들의 우수한 문화를 학습하도록 장려하여 만주족 자제들에게도 유가문화를 학습하고 신봉하도록 하여 주자학이 국가 공식철학으로 지정했다. 다른 한편으로는 이들이 동화될 것을 염려하여 팔기군이 일어난 땅에서는 서원 같은 한족의 고유한 문화조직이 금지되었다. 순치 원년(1644) 11월, 청 병사가 산해관으로

---

55) 王啓宗, 『臺灣的書院』, 79쪽. "臺澎地區, 海外壹荒陬耳, 不數百年間壹變爲我國傳統文化推廣發展之典型, 卽與此書院敎育之發達有關."

들어서고 국자감 좨주 이약림李若琳은 다음과 같은 상소를 올렸다. "만주 팔기가 있는 곳에 적당한 공간을 찾아 서원을 세우고, 국자감 2청 6당의 교관을 각 서원에 배치하여 팔기 자제를 교육해야 합니다. 각 기의 산하에 학장 4명을 두고, 모두 각자 기가 속한 서원에 거주하면서 아침, 저녁으로 지도해야 합니다. 저희들도 수시로 직접 방문하여 수업의 근면과 태만을 점검할 것입니다. 매월 6일마다 사장師長들이 자제들을 아문衙門에 인솔하여 제가 직접 고과를 통해 상벌을 주관하고 있습니다. 관아에서 인솔하고, 제가 직접 시험을 주관하여 상벌과 격려를 할 것입니다."56) 그러나 팔기서원 건립에 대한 건의는 부결되고 각지에서는 팔기관학을 설립하여 팔기의 자제들을 가르쳤다. 이후 200여 년 동안 청 정부는 팔기서원 건립에 반대했다. 도광제의 경우, 동북, 서안, 신장에 팔기서원을 세우기를 요청했던 신하를 여러 차례 꾸짖기도 했다. 그러나 재능과 지능이 뛰어난 강희제는 예외적으로 15년(1676년)에 영고탑(寧古塔, 현 흑룡강 寧安) 장군 하다哈達가 세운 만주의 학방學房 방안 10례를 흠모하여 '용비승지龍飛勝地', '용성서원龍城書院'이라는 현판을 하사하여 관할 지역마다 우록牛錄당 최대 6명을 서원에 보내어 수학하도록 명하고, 만주족, 한족 교습을 두어 만주족의 귀족 자제들을 교육시켰다.

용성서원龍城書院은 흑룡강성 역사상 최초의 서원이자, 청대 동북지역의 최초 서원이면서, 중국 역사상 최초로 만주족 자제들을 초빙한 서원이었다. 따라서 용성서원의 창건은 동북서원사의 신기원을 열었다. 그 영향으로 금지의 땅 동북지역에도 최소 37개의 서원이 설립되었다. 이들 서원 중 봉천奉天의 심양서원瀋陽書院은 옹정 11년(1733) 성도서원으로 세워져, 동북지방의 최고 학술과 교육의 중심지가 되었다. 가경 19년(1814), 길림성 장군 부준富俊이 세운 백산서원白山書院은 길림성의 첫 서원으로, 주로 팔기의 자제들을 모집하는 동시에 (일반) 민중 학생들도 수용하였다. 광서 14년(1888), 길림장군 희원希元이 세운 훈춘琿春의 아문서원俄文書院은 러시아인과 중국인을 각각

---

56) 清·鄂爾泰 외, 『八旗通志初集』 권47. "滿洲八固山地方, 各覓空房一所, 立爲書院, 將國子監二廳六堂教官分教八旗子弟. 各旗下仍設學長四人, 俱就各旗書院居住, 朝夕誨迪. 臣等不時親詣稽察勤惰. 仍定每月逢六日, 各師長率子弟同進衙門, 臣當堂考課, 以示懲勸."

정교습, 부교습으로 초빙하였으며, 영고탑(현 흑룡강 寧安), 삼성(현 흑룡강 依蘭), 훈춘 세 곳의 팔기 자제 15명(후에 30명으로 증가)을 모집하여 전문적으로 러시아어를 교육 하는 등 시대적 특징을 나타냈다.

서쪽 신장에는 건륭 연간 우루무치烏魯木齊의 동화서원桐華書院, 적화주(迪化州, 현 烏魯木齊)의 호봉서원虎峰書院, 창길현서원昌吉縣書院, 수래현서원(綏來縣書院, 현 瑪納 斯), 부강현서원阜康縣書院, 제목사서원(濟木薩書院, 현吉木薩爾), 호도벽서원呼圖壁書院, 기대현서원奇臺縣書院 이상 8개 서원이 세워지면서, 서원이 없던 역사는 막을 내렸다. 이 중 동화서원은 장군 아계阿桂에 의해 창건되었는데, 유배 중이던 신하 서세좌徐世佐, 기운紀昀이 차례로 주강을 맡았다. "변방에 처음 연 서원에서 부지런해 공부하여 사인 의 기운을 돋우었던 것이다(邊疆初開, 專勤訓迪, 士氣蒸蒸)."[57] 다른 일곱 서원은 모두 공공기금으로 건립된 것으로 건륭제 32년(1767)에 사무대신 온구주溫具奏가 창건하였 다. "신장의 군인과 백성들의 자제들에게 기예技藝를 가르치는 것은 주요 업무이지만, 동시에 문리文理 역시 배워야 한다. 이를 위해 도시마다 몇 칸씩 집을 짓고 의학義學을 세워, 백성 중에서 품행이 단정하고 문리에 정통하며 잘 가르치는 이를 선발했다. 또 나이가 들어 더 이상 군역에 종사하지 않는 병사들 중에서 무사에 능통한 사람을 학교 마다 두 명씩 선발하여 교육을 맡겼다. 이에 필요한 자금 마련을 위해 각 도시 부근의 공터에 필요한 양을 측정하여, 토지를 할당하고 일손을 고용하여 농사를 지어 매년 수확한 곡물을 교육비로 사용하도록 명했다."[58] 이들 서원에 소수민족 자제들이 수학 했는지 여부는 분명하지 않다. 광서 연간, 성도 적화(迪化, 현 우루무치)에 박대서원博 大書院이 세워졌는데,[59] 이곳 학생들의 출신 민족은 알 수 없다. 위의 9개 서원의 생도

57) 清·光緒, 「徐世佐傳」, 『湖南通志』, 권177.

58) 清·嘉慶, 「三州輯要·義學」, 臺北 : 臺北成文出版社, 『中國方志叢書』本, 219쪽. "新疆地方兵 民子弟, 教演技藝固屬要務, 而講習文理亦當稍知文墨, 請于每城置房數間, 各設義學一所, 于 民人內擇其品行端方, 文理通順, 堪以教讀, 並于年老辭糧兵丁內擇其弓馬閑熟者, 每學揀選 二名, 作爲教習. 其應需膏火, 令各該處于附城空閑地內量其支用, 撥給田畝, 雇人耕種, 每年 所獲糧石作爲教習之費."

59) 王樹相 외, 「學校二」, 袁大化 교정판, 『新疆圖志』 권39.

들은 위구르족 자제들이 있었다고 추측하는 것이 일리 있으나, 확실한지는 의문이지만, 하밀哈密의 이주서원伊州書院이 위구르족을 모집한 것은 논란의 여지가 없는 사실이다. 이주서원은 광서 초년, 위구르족 왕자 사목호색특沙木胡索特이 창건하여, 위구르족, 한족을 모집하여 이곳에서 교육시켰으며, 만주족, 한족 두 언어로 기초 교육 내용에 해당하는 『백가성』, 『천자문』, 『삼자경』, 『논어』, 『맹자』 등을 가르쳤다. 수료 제생은 서원을 나간 후 대부분 통역관을 맡으며 번역업에 종사했으며, 남강(南疆, 현 신장 天山以南 지역을 가리킴-역자)에 파견되어 벼슬하는 이도 있었다.

북쪽 내몽골 지역에도 서원 건립이 시작되었다. 청대 만몽연맹滿蒙聯盟이 정권을 잡고 몽골족 거주지에도 서원이 있어서 자제들을 교육했다. 옹정 2년(1724), 토목특 도통 단진丹津은 귀화성(歸化城, 현 내몽고 呼和浩特)에 학궁, 문묘를 세웠는데 후에 서원으로 바뀌었다. 광서 연간 계운서원啓運書院을 설립하여, 몽골 자제를 모집하여 입학시켰으며, 이는 만학滿學 서원인 장백서원(長白書院, 일명 長白書院)과 한학漢學 서원인 고풍서원古豐書院과 함께 수원綏遠 지역의 세 서원으로 불렸다.

둘째, 기존 서원이 존재한 지역에 서원을 더 많이 세운 것은 청대 서원 보급의 또 다른 중요한 사례이다. 운남의 경우 명대 79개의 서원이 30개 주현(본서 5장 5절 참조)에 분포되어 있었는데, 청대에 오면 255개가 건립, 복원되어 명대의 3.227배에 달할 정도로 급속하게 성장했다. 서원이 가장 많았던 광동성(현 해남성 瓊州府 8현 및 崖州 4현, 광서성 廉州府 2현, 欽州 1현 포함)의 경우, 당시 관할했던 84개의 현급 구역에는 중심지와 농촌에도 두루 서원이 있었다. 전체 서원 수 659개를 기준으로 하면, 현縣당 7.845곳으로, 비율도 매우 높다.

이상 두 가지 외에도 서원 보급은 일부 지방의 서원들이 연계되고 서로 연대하면서, 송대의 담주삼학潭州三學과 같은 진급 체제를 형성했다. 복주성福州城이 대표적인 경우데, 강희 연간 먼저 명대 만력 연간에 창건된 공학서원共學書院을 복원하여 복건성 제생들을 교육했다. 강희 46년(1707), 순무 장백행張伯行이 창건한 오봉서원鰲峰書院에서는 송대 주돈이, 정이, 정호, 장재, 주희 5명을 제사지내고, 이학총서인 『정의당전서正誼堂全書』를 간행했다. 공학서원과 오봉서원은 서로 보완하여 사람들에게 전자는 "글을 가르치는 서원(課文之書院)" 후자는 "강학과 서적을 편찬하는 서원(講學修書之書院)" 이라 칭해졌다. 당시 "자질에 대해 확실하지 않은 사인들은 먼저 공학서원에 입학한 후에 뛰어난 인재는 다시 선발되어 오봉서원에서 수학하게 된다."[60] 다시 말해, 공학서원의 제생 중 우수자는 오봉서원에 진학하여 학문을 닦아야 한다는 의미로, 이 둘은 실제 "상하급(上下庠)" 체계가 형성되었던 것이다. 호남 장사의 성남城南, 악록은 성도서원으로, 건륭 연간 성남서원은 장사부長沙府 소속 13현의 생원과 동생童生만을 모집한 데 반해, 악록서원은 호남성 모든 부현의 생원들을 모집하였으며, 성남서원의 제생들 중 시험 성적이 우수한 학생들은 악록서원으로 진학할 수 있었다. 하남성 개봉開封의 대량서원大梁書院은 성도서원으로 생원과 동생이 함께 수학했으며, 이산서원彝山書院은 개봉부에서 창건되어 동생들만 수업을 받을 수 있어서 두 서원의 역할이 나뉘어 있었다. 이는 서원 보급이 더욱 심화된 단계로 발전하였음을 보여준다.

제4절 성도 서원 : 전국에 분포된 교육, 학술의 중심

서원 보편화의 추세에 발맞춰 송원 이래의 천하 4대 서원에 얽매이지 않고 성회서원을 설립했던 것, 그리고 조정에서 반포된 우대 정책 하에 지역의 인력과 재력 및 학문적 인재 등의 장점을 고려하여 성마다 한 두 개의 중점 서원을 세워 문화, 학술 교육의 중심지로 자리매김 시켜, 지역 교육의 발전을 이끌게 한 것이 서원 발전사에서의 청대의 공헌이다. 이러한 경험은 오늘날 중점대학 및 학술연구기지 설립에 귀감이 될 것이다.

1. 성도 서원의 건립

오늘날 성에 해당하는 단위인 송대의 노路는 지방에서 가장 높은 행정 구역 단위로,

---

60) 清·陳壽祺, 「福州鳳池書院碑記」, 『左海文集』. "以觀風所得之士未深悉其素者, 且進之共學中, 然後超而選之鰲峰."

북송 대에는 전국을 15, 18, 23, 26노路로 나뉘어 있었는데, 이 중 18노가 가장 오랜 기간 유지되었고, 남송 대에는 16노로 나뉘어 있었다. 북송과 남송 300여 년 동안 천하 4대 서원이라는 설이 있었지만, 노路에는 설립한 노급路級 서원은 없었다. 원대에는 노급 서원이 있었으나, 당시는 행성行省이 지방 최고 행정구역이었으며 노는 송대 주, 부가 바뀐 것이었다. 당시 전국은 11개의 행성으로 나뉘어져 있었으며, 그 밑으로 노, 부, 주, 현이 있었기 때문에 노급 서원은 송대의 주, 부, 군급 서원에 해당되거나 명청 대 부급서원에 해당된다. 따라서 원말까지도 성급 서원은 생겨나지 않았다.

명대부터 성급 서원이 생겨나기 시작했다. 명초 원의 행성을 중서성으로 개칭한 지 얼마 지나지 않아 중서성은 포정사사布政使司로 개칭되었다. 전국을 13개의 포정사로 나누고, 남경과 북경 두 곳을 수도로 두었으며, 각 포정사에는 좌우포정사, 도지휘사, 안찰사를 두어 민정民政, 군정軍政, 형정刑政을 분권시켜 지방의 권력 독점을 방지했다. 중기 이후 포정사 위에 총독, 순무 등의 관직을 두었으나, 명말 총독순무는 고정 관직도 지방장관도 아닌 임시로 파견되었으며, 각 성에는 포정사, 도지휘사, 안찰사를 각각 장관으로 세웠다. 그 외 제학사提學使, 순염사巡鹽使, 염운사鹽運使, 참정參政 등은 모두 성급 부처 장관으로 볼 수 있다. 이 관리들은 각지에서 서원을 창건한 사례가 있다. 광동성의 경우, 조경肇慶에는 총독 진대과陳大科, 대요戴耀가 세운 경운慶雲, 경성景星 서원 두 곳 외에도, 유백기劉伯驥의 『광동서원제도廣東書院制度』에 의하면 순무 이운경 은 조주潮州에 봉서서원鳳栖書院을, 포정사 서각재徐覺齋는 고주에 붕래서원朋来書院을, 안찰사 서용검徐用檢은 광주에 영도서원營道書院을, 장자홍은 장락長樂에 동산서원東山書院을 세웠으며, 대경戴璟은 광주에 월주서원粵州書院을 재건했으며, 제학사 번부潘府는 은평에 봉황서원鳳凰書院을, 구양탁歐陽鐸은 합포合浦에 요재서원了齋書院을, 위교魏校는 광주오양廣州五羊, 회옹晦翁, 해풍문산海豊文山, 서봉西峰, 육풍청명陸豊清明, 계림桂林 이상 6개 서원을, 참정 정정곡鄭廷鵠은 경산에 석호서원을 세웠다. 그러나 이들 서원 모두 성 전체적으로 제생을 선발하여 강학하거나 수료했다는 기록은 찾아볼 수 없어서 성급 서원으로 보기는 어렵고 성급 서원의 태동 정도로 이해할 수 있다.

본격적인 의미의 성급 서원은 가정, 만력 연간에 등장하는데, 선성서원宣成書院과

474

역산서원歷山書院을 예로 들고자 한다. 남송대 창건된 선성서원은 광서 포정사가 있는 수부(首府: 성회가 있는 부-역자) 계림에 위치했는데, 이학자 장식(宣公: 張栻), 여조겸(成公:呂祖謙)을 기리기 위해 두 사람의 시호를 따서 서원의 이름을 지었으며, 이종 황제가 직접 쓴 편액도 하사받았다. 원대에도 계속 학교로 운영되었다. 명대에는 더욱 발전하여 가정 연간 감찰어사 임부林富 제학첨사 요막姚鏌 등 전 성의 학조學租를 모아 "학업을 돕는 기금(佐讀之資)"으로 삼았으며, 5명의 경사를 초빙하여 여러 부, 주, 현의 인재와 생원 3백 명을 입학시켜 오경의 공통점과 차이점에 대해 강론했는데, 이것이 계림에서 학문적으로 흥성했던 일로 『명사』, 『명유학안』에 기록되어 있다. 당시의 선성서원은 명실상부 성급 서원이라 할 수 있다. 역산서원은 산동 포정사가 있는 제남부성濟南府城의 박돌천趵突泉 동쪽에 위치했으며, 만력 42년(1614)에 순염어사巡鹽御史 필무강畢懋康이 창건하였는데, 원사의 규모가 큰 편이어서 각 부의 여러 제생들이 이곳에서 수학하였으며, 관련된 내용은 지방지에 매우 상세하게 기록되어 있다.

역산서원의 건축구조는 다음과 같다. 중앙에 6개의 기둥이 세워진 아름다운 대당이 있고, 대당 뒤쪽에는 툇마루와 6칸으로 된 후당后堂이 있다. 마당에 4개의 정원이 있으며, 각 정원마다 4개의 부속가옥이 있다. 서원 주위에는 수십 칸의 서사書舍가 있으며, 서원 앞쪽에는 의문儀門, 좌우 양쪽에는 액문掖門이 있다. 의문 앞에는 백룡천에서 끌어온 맑은 물이 서원을 거쳐 박돌천趵突泉으로 흘러 들어가는 다리가 있다. 서원 정문은 4개의 기둥이 서 있으며, 문 앞에는 '역산서원'이라고 쓰인 방문坊門이 있다. 초기에는 6개 군郡에서 온 백 명이나 되는 사인들이 수학했다. 그러나 천계초년에 서원이 우정郵亭으로 사용되었기 때문에 사인들이 감히 서원에 들어가 질문할 수 없었다.[61]

산동 포정사가 제남, 곤주袞州, 동창東昌, 청주靑州, 내주萊州, 등주登州 6부府를 관리

---

61) 淸·乾隆, 『歷城縣志』, 권12. "其制, 中爲精一堂六楹, 堂後有穿廊, 有後堂六楹, 庭四楹, 各有配房四楹, 周圍書舍數十楹, 堂前爲儀門, 左右有掖門, 儀門前有橋, 引白龍泉水, 經趵突泉東注之, 後會趵突泉, 前爲大門四楹, 門前有坊曰"歷山書院". 初, 六郡士子讀書其中者以百計. 天啓初, 爲郵亭, 士人不敢過而問矣."

했던 점을 고려하면 윗글에서 '육군六郡'은 '육부六府'에 해당하는 것으로, '여섯 군郡의 사인들이 이곳에서 글을 읽었다(六郡士子讀書其中).'는 점에서 산동 전역의 최고급 서원이었음은 분명하다. 아쉽게도 이 성급 서원은 오래 지속되지는 못해서, 천계 초년 위충현魏忠賢에 의해 폐원되고 10년이 안 되어 우정郵亭으로 바뀌게 되었다.

청대에는 명대의 포정사를 성省으로 바꾸면서, 전국이 15, 18, 22개의 성으로 차례로 구획되었다. 옹정 11년(1733), 각 총독과 순무가 주재하는 곳에 성도 서원 설립을 명함으로써, 청대 성급 서원의 건립은 공식화되었다. 그러나 그 전 90년 동안 성급 서원은 명대부터 전승되어 지속적으로 발전하고 있었다. 산동성의 경우, 전술했던 명대 건립된 역산서원은 강희 초 포정사 장진언張縉彦이 중수할 때 백설루白雪樓를 증축하면서 백설서원白雪書院으로 개칭되었다. 강희 25년(1686), 순무 장붕張鵬은 학사를 수십 칸으로 확장시키면서 역산서원으로 개칭했다. 27년, 포정사 위기제衛既齊는 다시 학사 10여 칸을 증축했다. 39년, 학정 서형徐烱은 "산동성 전역에서 120명의 선비를 뽑아 역산서원에 입학시키고, 서원의 규모를 더욱 확대하였다(拔六郡之士百二十人肄業其中, 復廣齋舍庖福)."[62] 옹정 12-13년, 무정武定, 태안泰安, 기주沂州, 조주曹州 이상 네 주州를 부府로 승격시키기 전, 산동성은 6개의 부府만으로 편성되어 있었기 때문에, '육군지사六郡之士'는 산동 전역의 사인을 가리키게 된다. 이상의 산동 주요 인사들이 역산 건설에 지속적으로 관여하면서, 서원 규모는 계속 커져갔다. 역산서원에서 수학한 사인들이 전 성 각 부에서 선발되어 온다는 사실은, 역산서원이 명대를 계승한 산동성 성급 서원으로 청대 초기 몇 십 년 동안 지속적으로 발전해왔다는 것을 말해준다. 나아가 이러한 지속적 발전이 성도 서원이 본격적으로 설립되기 위한 조령으로 이어졌으며, 조령이 내려진 후 총독, 순무는 조령에 따라 각자 관할하고 있는 성도에 23개 성급 서원을 세웠다.

연지서원蓮池書院, 직예성(현 하북, 북경, 천진) 보정保定

---

62) 淸·道光, 『濟南府志』, 권17.

낙원서원瀼源書院, 산동성 제남濟南

진양서원晉陽書院, 산서성 태원太原

대량서원大梁書院, 하남성 개봉開封

종산서원鍾山書院, 강남성(상해, 강소, 안휘) 강녕江寧

자양서원紫陽書院, 강소성(현 강소, 상해) 소주蘇州

경부서원敬敷書院, 안휘성 안경安慶

예장서원豫章書院, 강서성 남창南昌

부문서원敷文書院, 절강성 항주杭州

오봉서원鰲峰書院, 복건성(현 복건, 대만) 복주福州

한강서원江漢書院, 호북성 무창武昌

악록서원, 호남성 장사長沙

성남서원城南書院, 호남성 장사

관중서원關中書院, 섬서성 서안西安

난산서원蘭山書院, 감숙성(현 감숙, 영하) 난주蘭州

면강서원錦江書院, 사천성 성도成都

단계서원端溪書院, 광동, 광서성(현 광동, 해남, 광서장족자치구) 조경肇慶

오수서원粤秀書院, 광동성(현 광동, 해남) 광주廣州

수봉서원秀峰書院, 광서성 계림桂林

선성서원宣成書院, 광서성 계림

오화서원五華書院, 운남성 곤명昆明

귀산서원貴山書院, 귀주성 귀양貴陽

심양서원沈陽書院, 성경(盛京, 현 요녕) 봉천(奉天, 현 심양)[63]

　청대의 성급 서원에는 총독, 순무가 업무를 보던 성도 서원 외에도 학정이 창건하고 주재하는 서원도 있었다. 청제淸制에 따르면, 한 성의 교육행정과 과거시험을 주관하는 학정은 총독, 순무와 마찬가지인 지부 이하 직급이었기 때문에 학정 역시 성 정부 소속 장관이었다. 청대에는 순천, 봉천, 산동, 산서, 하남, 강소, 아휘, 강서, 복건, 대만,

---

63) 「書院事例」, 『學政全書』 권63. 『欽定大淸會典事例』 禮部 권33, 光緖己亥夏御制本.

절강, 호북, 호남, 섬서, 감숙, 사천, 광동, 광서, 운남, 귀주에 각 1명씩 전국에 20명의 학정을 두고 있었으며, 일반적으로는 성도에 주재했으나, 강소는 강음현江陰縣에, 안휘는 태평부(太平府, 현 當涂)에, 섬서는 삼원현三原縣에 주재했으며, 광동은 처음에는 조경肇慶에 있다가 후에 광주로 옮겼다. 그 외 대만에는 별도의 학정이 없었으며, 성으로 승급되기 전 대하도臺廈道, 순대어사巡臺御史, 대만도臺灣道, 복건순무福建巡撫 등이 겸임하였다가 성으로 승격된 후 대만순무가 겸임하였는데, 이러한 차이로 인해 학정이 주재하는 성급서원이 생기게 되었다.

학정이 주재하는 성급서원 중 복건 대만부의 해동서원海東書院이 특별한 사례이다. 기록에 따르면, 해동서원은 대만 부성(府城, 현 臺南市)에 강희 59년(1720) 대하도臺廈道 양문선梁文煊에 의해 창건되었다가 곧 세과歲科 시험장으로 바뀌었으며, 건륭 5년(1740)에는 시원試院이 신축되었다. 대만도臺灣道 유양벽劉良璧이 봉급을 옛 해동원사를 보수비용으로 기부하고, 공생 시사안施士安이 벼 1000곡(斛), 논 1000무畝 등을 서원 운영 기금으로 기부하면서, 경비가 일정 규모를 갖추게 되었다. 당시 순대어사巡臺御使 겸 학정 양이유楊二酉는 조정에 주청하였고, 해동서원은 "성회 서원의 제도에 따라, 하급학교에서 생원 몇 명을 추천받아 서원에서 공부하게 했으며, 해당 부府 교수에게 사훈司訓 과목을 겸하게 하였다(照省會書院之制, 每學各保數人送院肄業, 令該府教授兼司訓課)."[64] 이때부터 부급府級 서원이었던 해동서원이 성급 서원이 되면서, 대만 학정이 중시되었고, 대만과 팽호열도 최고 학부로 발전하여 '전 대만 문교文教의 지도자'로 불리게 되었다.[65]

강소학정은 전기에는 기양서원暨陽書院에 속해 있었다가 후기에는 남청서원南菁書院에 속하게 되었다. 기양서원의 원래 이름은 징강서원澄江書院으로 강음현江陰縣 동성東城에 건륭 3년(1738) 학정의 명으로 지현 채팽蔡彭이 창건했다. 20년 후 학정 이인배李因培가 재건하면서 기양서원으로 개칭되었다. 그 후 이곳에서 활발하게 교육이 이루어

---

64) 『欽定大清會典事例』 권395.
65) 王啓宗, 『臺灣的書院』, 臺北 : 臺灣省政府新聞處, 1987년6월.

지면서 유명 산장이 32명이나 되었는데, 이들은 모두『강음현지江陰縣志』에 실려 있다. 함풍 연간 전화에 휩쓸리게 되어, 동치 11년(1872)에 중건하면서 예연서원禮延書院으로 개칭되고 현급 서원으로 격하되었다. 강음성에 위치한 남청서원은 광서 9년(1883) 학정 황체방黃體芳이 창건하여 양강총독 좌종당左宗棠의 지원을 받았다. "남청서원은 고경정사의 제도를 본떠 경학과 고학을 전문적으로 강의하면서(書院仿佶經精舍之制, 專課通省經古)"66) 팔고문의 편향을 보완했다. 당시 성리性理를 기반으로 한 경학과 천문, 산학, 여지, 사론을 기반으로 한 고학古學은 전 성의 거인, 공생, 생원, 감생을 대상으로 매년 안으로는 50명(경학 20명, 고학 30명), 밖으로는 정원을 제한하지 않았다. 서원은 앞뒤 7진進67) 정원으로 규모가 매우 크고 관상대를 설치하여 제생들이 천문을 관찰할 수 있도록 했다. 11년, 왕선겸王先謙이 학정을 이어받아 서원에 서국書局을 설치하여『황청경해속편皇淸經解續編』(일명『南菁經解』)1430권,『남청총서南菁丛書』144권,『남청찰기南菁札記』21권,『남청강사문집南菁講舍文集』6권을 간행하면서, 전국에서 가장 영향력 있는 학술, 출판의 중심지 중 한 곳이 되었다. 서원 산장이었던 장문호張文虎, 황이주黃以周, 무전손繆荃孫, 임이산林頤山, 왕역증王亦曾, 진창신陳昌紳 모두 당대 유명 학자들이었다. 청말에 이르러 서원이 개제되자 남청서원은 성도서원의 제도에 따라 광서 24년(1898)에는 남청고등학당南淸高等學堂으로, 28년(1902)에는 강소전성고등학당江蘇全省高等學堂으로 개칭되었다.

2. 성도 서원의 특징

회성서원會城書院, 성성서원省城書院이라고도 불렸던 이와 같은 성도 서원들은 청대 성급 서원의 근간을 이루고 있으며, 옹정 이래 중앙정부 및 각 성의 인사들의 도움으로

---

66) 淸·左宗棠,「奏創建南菁書院片」, 光緒9년12월 초이틀.

67) 역자주. 進은 '정원으로 들어간다'는 의미로, 앞의 숫자가 바로 정원으로 들어가는 수, 즉 정원의 수를 의미한다. 한 번 들어가면 單進, 두 번 들어가면 二進, 세 번 들어가면 三進이며, 부자나 왕족의 큰 저택의 경우 六進, 七進까지도 있었다.

문화교육의 중심지로 발돋움했다. 이들 서원은 아래와 같은 특징이 있다.

첫째, 충분한 경비. 각 성도서원은 옹정 11년에 정식으로 인정되었던 당시, 황제에게 하사금을 받았는데, 일반적으로 한 서원 당 은 1200냥, 적게는 두 서원 합해서 1000냥 정도였다. 이 은냥으로 관리를 초빙하여 서원을 운영하거나, 전산(田産)을 마련하여 조세를 받았는데, 이로 받은 수입들은 모두 서원 사제들에 사용되었다. 수입이 지출에 비해 적을 경우, "공적 비용에서 지출하여 차액을 보충하는 것을 허용하고, 매년 명세서를 작성하여 이를 결산하였다(存公項下撥補, 每年造冊報銷)." 『청회전淸會典』에는 성도서원별로 청구된 목록을 확인할 수 있는데, 이를 통해 성도서원은 관부 은고와 연계되어 충분한 재정적 지원을 받았음을 알 수 있다.

둘째, 황제의 관심. 옹정제의 성도서원 건립 및 지원금 하사 이래로, 역대 황제들은 여러 가지 방식으로 서원 설립과 발전을 주목했다. 건륭제는 산장의 선택과 대우, 생도의 선발과 상벌 및 관련 책임자의 호칭 등에 관해 수없이 관련 조서를 내리고, 악록, 자양 등 많은 서원들에 사서와 사액을 내려 표창했다. 건륭 11년(1746), 13년, 15년, 16년, 22년, 27년, 30년, 45년, 49년, 건륭제는 보정保定, 연지蓮池, 강녕江寧 종산钟山, 소주蘇州 자양紫陽, 항주杭州 부문敷文, 곡부曲阜 수사洙泗, 등봉登封 숭양嵩陽 등의 서원을 차례로 시찰하고, 서원의 사제들과 학문을 논하고 시를 지었는데, 왕창王昶의 『천하서원총지天下書院總志』에만 당시 시찰한 서원에 관해 기록된 어제시御制詩 18구가 남아 있다.[68] 이는 청대에 극히 드문 일이었다. 황제가 친히 서원에 와서 사제를 접견한 것은 해당 서원의 영광임을 넘어 다른 성도 서원에도 고무적인 일로, 천하 모든 서원의 발전에 큰 원동력이 되었다. 건륭제 이후, 가경, 도광, 동치제 모두 성도서원의 설립을 지시했다. 봉건사회에서 지고무상한 황제의 지지 하에 성도서원은 본격적으로 발전했을 뿐만 아니라 엄청난 사회적 영향력까지 얻게 되면서 관할 지역의 도, 부, 현, 향촌의 각 서원의 명성도 이끌어가게 되었다.

---

68) 淸·王昶, 『天下書院總志』 권두, 사본. 洙泗, 嵩陽 외에 모두 성 소재지이다. 건륭제는 蓮池에 3번, 부浮文, 子陽에 6번, 그 나머지는 1번 간 바가 갔다.

셋째, 수준 높은 교사진. 성도서원의 학문적 권위를 보장하기 위해 "성도 서원은 성에 소속되어 있어서 산장의 초빙 임명은 반드시 조정의 비준을 받아야 했다."[69] 성도서원의 원장은 어떤 사람이 맡아야 하는지에 대해서는 조령과 예부 모두 "서원 강습 직책을 맡은 이는 성숙하고 명성이 높아야 한다.", "서원의 학장은 경학에 통달하고 품행이 단정하며 실력과 덕행이 사인들에게 귀감이 될 만한 사람을 예의를 다해 초빙한다." "서원 강학자는 독무와 학신이 정성껏 선발하되, 본성本省과 타성他省에 국한하지 않고, 벼슬 여부와 상관없이 품행이 단정하고 학식이 풍부하며, 사림士林에게 높이 평가받은 인재를 예를 다해 초빙하여, 그들이 안심하고 가르칠 수 있도록 후하게 대우한다."[70] 등의 요구 사항이 거듭 강조되어 있다. 또한 6년 동안 훌륭하게 교육하고 우수한 인재를 배출하며 뛰어난 업적을 쌓은 교직원은 황제의 표창을 청할 수 있다고 교정되어 있다.[71] 이 때문에 각 성도서원에 초빙된 원장들은 널리 알려진 명사들이었다. 소주 자양서원의 경우, 광서 초년의 『장원제명掌院題名』에 따르면 풍호馮晧, 주계곤朱啓坤, 한효기韓孝基, 진조범陳祖範, 오대수吳大受, 왕준王俊, 심덕잠沈德潛, 요홍장遼鴻章, 한언증韓彦曾, 팽계풍彭啓豊, 장원익蔣元益, 전대흔錢大昕, 풍배馮培, 오성란吳省蘭, 오자吳鼐, 오준吳俊, 석온옥石韞玉, 주천朱珵, 옹심존翁心存, 동국화董國華, 조진조趙振祚, 유월俞樾, 정정계程庭桂, 하동선夏同善, 반준기潘遵祁 등 25명의 원장이 있었고, 오대수의 자료가 부족하다는 것을 제외하면 나머지 24명 모두 하나같이 진사 출신으로 학문적으로 뛰어난 인물들이었다. 그 중 팽계풍, 석온옥 두 사람은 장원이기도 했다. 수준 높은 학자들이 서원을 주관하고 있다는 것은 성도서원이 성 내 교육과 학술 연구 중심지로서 높은 지위를 유지하고 있음을 잘 보여준다.

---

69) 淸 · 王玦, 「紫陽書院課藝序」. 柳詒征, 『江蘇書院志初稿』. "直省書院隸會垣者, 凡山長充補必請朝廷, 特重其事."

70) "居中講習者, 固宜老成宿望"; "凡書院之長, 必選經明行修足爲多士模範者, 以禮聘請"; "書院講席, 令督撫學臣悉心采訪, 不拘本省都省, 亦不論已仕未仕, 但擇品行方正, 學問博通, 素爲士林所推重者, 以禮延請, 厚給廩饩, 俾得安心訓導."

71) 雲南五華의 張甄陶, 貴州貴山의 孫見龍, 湖南嶽麓書院의 羅典, 歐陽厚均 등은 모두 이 특별한 영예를 받은 바 이다.

넷째, 서원 수료생은 반드시 성 전체 내에서 엄격하게 선발. "(서원에 들어오기 전에는) 성에 주재 전문 관료들이 엄격하게 심사하고, (그 다음에는) 각 주와 현에서 공정한 원칙에 따라 선발하며, (마지막으로) 포정사와 성의 관원이 다시 심사했다. 교육할 가치가 있다고 판단되는 학생만이 서원에 남아 공부할 수 있었다."[72]이는 부에서 반포하면서 거듭 강조했던 선발 기준이었다. 입학 후 각 총독, 순무는 학정과 "(入院 후에는) 입학생들이 모두 학식과 덕목을 갖춘 이들이라는 것을 재확인하여 기준에 미달하는 사람들이 섞이지 않게 했다. 이를 위해 성 주재 전문 관원까지 두어 엄격하게 심사했다."[73] 이처럼 겹겹이 추려내고 많은 관리들이 엄격히 관리했을 뿐만 아니라 전문적으로 관리 감독하는 도원道員을 둔 것에는 엄격한 통제의 의미를 넘어 성급생도들에 대한 정부의 관심도 엿볼 수 있다. 이는 같은 기간 동안 도, 부, 주 현급 서원에는 하지 않았던 일이었고, 당, 송, 원, 명대에도 볼 수 없었던 일이었다.

다섯째, 큰 규모와 많은 모집 인원. 성도서원 모두 큰 규모를 갖추고 있어서 전 성에서 가장 원사가 웅대했으며, 모집인원도 각 도, 부, 현, 청의 서원중에서 가장 많았다.

여섯째, 수업 과목은 조정에서 논의를 거쳐 발표함. 각지 성도서원의 교육내용, 교과과정 등은 건륭 9년(1744)에도 부의 논의를 거쳐 발표되었는데, 이에 관해서는 아래의 내용을 참고할 수 있다.

이후 서원에서 수학하는 사인들 중 원장이 자질이 뛰어난 이를 선발하여 경학, 사학, 치술 등 각종 서적을 중점적으로 가르치고, 동시에 여력의 범위 내에서 대우성률 공부도 겸하도록 한다. 자질이 뛰어난 이는 먼저 팔고문을 배우고 전문 경전을 깊이 연구한 다음 점차적으로 다른 경전을 비롯하여 사학, 치술, 대우성률 등을 학습한다. 팔고문을 중심으로 논술(論), 책문(策), 상소(表), 판례(判) 등에 관해 매월 시험을 실시하며, 각 방면의 종합적인 평가와 시험성적을 우수한 성적을 보여준 이에게 상을 수여한다. 아

---

72) "生徒由駐省道員專司稽察, 各州縣秉公選擇, 布政使會同道再加考驗, 果系材堪造就者, 方准留院肄業."
73) "將現在書院細加甄別, 務使肄業者皆有學有品之人, 不得秀良混雜, 即令駐省道員專司稽查."

울러 각 성의 학교에는 강희제가 흠정한 『역경』, 『서경』, 『시경』, 『춘추전설회찬春秋傳說匯纂』, 『성리정의性理精義』, 『통감강목通鑒綱目』, 『어찬삼례御纂三禮』 등의 서적을 하사하고, 각 서원의 원장은 해박한 지식을 가진 사람이 초빙되어 강해한다. 『삼통三通』 등의 서적이 아직 비치되지 않은 경우 학생들이 읽을 수 있도록 공용 비용에서 구매하도록 행정관에게 명한다.[74]

경학과 사학의 경우, 서원이라는 매개를 통해 성, 부, 주, 현급을 관통하여 전국적으로 중시되었는데, 이것이 건가乾嘉 고증학의 형성에 중요한 역할을 했다고 생각한다. 이 점에 대해 과거過去 학계의 관심이 부족했기 때문에, 이에 관해 언급할 필요가 있다. 치술 관련 서적과 팔고문 학습을 성급서원의 필수 과정으로 정해진 것은 당시 인재 양성에 필요했는데, 팔고문은 과거시험의 수단이었고 과거제는 국가 인재 선발의 통로였으며, 치술은 국가를 다스리는 방법과 기술이었기 때문이다. 이 둘을 동시에 중시할 수만 있다면, 모든 서원 제생들이 벼슬길에 오르는 방법과 국가를 다스리는 방법을 갖추게 되어 이론상으로는 흠잡을 데가 없지만, 안타깝게도 시행 과정에서 팔고문을 중시하고 치술을 경시하는 경향이 생기게 되는, 특히 서원을 과거시험의 종속물로 만든 것은 예상하지 못했던, 바람직한 현상이 아니었다.

요컨대 성도서원은 중국 서원이 천 년 동안 발전을 거듭한 후, 중앙정부가 주관하고 지방 최고 행정구역에 인계하여 건설하는 국가 중점 교육 프로젝트로, 전국 각 성에 분포하면서 성의 교육, 문화, 학술 중심지가 되었으며, 자금조달, 교사진 양성 및 선발, 학생관리 등의 방면에서 오늘날 교육주관부서의 참고할 만한 점이 있다.

---

74) 『欽定大淸會典事例』 권395. "嗣後書院肄業士子, 令院長擇其資稟優異者, 將經學, 史學, 治術諸書留心講貫, 以其余力兼及對偶聲律之學. 其資質強者, 且先工八股, 窮究專經, 然後徐及余經, 以及史學, 治術, 對偶聲律. 至每月課試, 仍以八股爲主, 或論或策或表或判, 聽其量兼試, 能兼長者酌賞, 以示鼓勵. 再各省學宮陸續頒到聖祖仁皇帝欽定『易』, 『書』, 『詩』, 『春秋傳說彙纂』及『性理精義』, 『通鑒綱目』, 『御纂三禮』諸書, 各書院院長自可恭請講解. 至『三通』等書, 未經備辦者, 飭督撫行令司道各員, 于公用內酌量置辦, 以資諸生誦讀."

3. 차세대 성도 서원의 등장

청대 중후기, 변화된 학문적 분위기와 교육적 수요에 부응하기 위해, 기존의 성도서원 외에도 여러 성도들에 전 성이나 두 성에 걸쳐 신입생을 모집하는 성급서원들이 새로 생겨났는데, 이들 신흥 성급서원은 옹정, 건륭 연간의 성도서원들과 달리 나름의 특색이 있었다.

첫째, 고경정사詁經精舍, 미경서원味經書院 등과 같이 경사 실학으로 과거제에 얽매여 있는 폐단을 고치는 것을 목적으로 한 서원이다. 즉 전통으로 돌아가 옛 것을 바탕으로 새로운 것을 추구한다는 뜻에 기초해 서원 사업을 다시 일으켜 세웠다. 교경서원, 양호서원과 같이 중학을 바탕으로 서학을 도입하여 중서결합으로 전통 서원 사업에 새로운 활력을 불어넣고자 하는 서원들이 한 유형이다. 또한 구시서원, 숭실서원처럼, 신학, 서학을 바탕으로 중국의 오래된 서원제도와 서구 근대교육제도를 접목하여 소통하려 한 서원도 있었다. 이들 서원들은 서원 개혁의 산물로 전통시대에서 근대로의 부단한 발전 궤적을 보여준다.

둘째, 이들 서원은 오래된 성도서원들과 마찬가지로 성의 문화, 학술, 교육의 중심지였지만, 영향력만큼은 훨씬 크고 강했다. 가경, 도광 연간에 고경정사, 학해당學海堂에서 일어난 고증학 열풍이든 광서연간에 교경서원, 시무학당時務學堂 등에서 일어나 삼상신정대조三湘新政大潮든 그 당시 큰 영향을 끼쳤다. 이들 영향의 정도는 오래된 성도서원과 비교할 수 없을 정도로, 연지蓮池, 종산鍾山, 악록岳麓, 수봉秀峰 등과 같은 유서 깊은 서원들도 이들 서원의 영향으로 장정과 수업 과목을 개선하는 방책을 내놓았다.

셋째, 이들 서원 중에는 응원서원應元書院처럼 거인만 모집하거나 구충서원求忠書院처럼 호남의 전사한 장교 자제만 모집하는 전문 서원이 있었고, 경훈서원經訓書院, 국파정사菊坡精舍 등과 같이 경사를 중시하고 거업을 가르치지 않은 서원이 있었으며, 숭실서원崇實書院처럼 '격치格致'를 추구하여 제조과정을 설치하여 중국 근대기계공업교육의 선구자가 된 서원도 있었다. 이들 다양화, 전문화된 서원들은 옛 성도서원의 단일하고 중복된 분포 상황을 변화시켰으며, 서원의 진보와 근대화 과정을 단적으로 보여준다.

제5절 건가한학乾嘉漢學: 서원과 학술의 재융합

건가한학乾嘉漢學은 청 건륭, 가경 연간에 생겨난 경학을 주요 연구 대상으로 하는 학술 유파이다. 이 학파의 출현과 발전은 청 정부가 강압적인 이데올로기 정책을 펼친 결과로, 관방의 도움으로 전국적으로 영향을 끼치게 되었다. 그리고 "송학宋學의 성과 도에 관한 논의를 존숭함과 동시에 한대 유가경전을 실천 원리로 삼은 것은, 성학聖學 의 가르침으로 전국적으로 광범위한 영향을 미쳤다."[75] 건가한학의 발생과 발전 및 확장은 서원과 밀접한 관련이 있어, 대다수의 건가한학 학자들이 서원의 수업, 강학, 교직을 맡았을 뿐만 아니라 완원阮元으로 대표되는 건가한학의 중견 인물들이 손수 고경정사와 학해당을 설립하여, 경사, 훈고학을 전문적으로 가르치며 건가한학을 제창 하여 건가한학 연구 및 전파, 인재양성에 주력했다. 동남 지역에는 한학을 중시하는 학풍이 형성되었을 뿐만 아니라 각지 서원 개혁의 모범이 되기도 했다.

1. 서원과 건가한학의 흥성

건가한학은 명말 청초의 사상 계몽학자 황종희黃宗羲, 고염무顧炎武에게서 기원하는 데, 강번江藩은 『국조한학사승기國朝漢學師承記』에서 다음과 같이 언급했다. "명대 학 자들은 강학할 때 어록의 찌꺼기를 답습하여 육경을 근본으로 삼지 않고 책을 치워놓 고 읽지 않기도 했다. 명말 여러 학안이 등장했지만, 경적과 의리에 대한 해석과 학설은 거의 알려지지 않았고, 유림의 명성은 허황되고 몽매한 곳에만 머물러 있었다. 그러나 황종희를 필두로 쇠퇴하는 학문을 진작시키고 고염무가 이를 계승하였으며, 이를 이어 받은 사인들은 옛 경전의 참 뜻을 이해하게 되었다."[76] 황종희는 일찍이 유종주劉宗周

---

75) 淸·阮元,「擬國朝儒林傳序」,『揅經室壹集』 권3. "崇宋學之性道, 而以漢儒經義實之, 聖學所 指, 海內響風"

76) 淸·江藩,『國朝漢學師承記』. "明人講學, 襲語錄之糟粕, 不以六經爲根底, 束書不讀. 終明之 世, 學案百出, 而經訓家法, 寂然無聞; 儒林之名, 徒爲空疏藏拙之地. 自黃梨洲起而振其頹

가 관장하는 소흥紹興 증인서원證人書院에서 수학하였는데, 유종주가 순국한 후 폐원되었다. 강희 6년(1667) 9월 황종희와 강희철姜希轍을 비롯한 유종주의 제자들이 증인서원의 강학활동을 재개하였다. 이듬해, 황종희는 용상(甬上: 현 절강성 寧波 일대-역자)에서 증인서원을 창건해 8년 가까이 강학했다. 강희 15년(1676), 그는 해녕海寧의 여러 서원에 초청되어 5년간 강학하는 동안 "추종자가 전국에서 모여들었다(大江南北, 從者骈集)."[77] 황종희는 서원에서 강학하면서 경사학에 대한 연구에 집중하며 『역학상수론易學象數論』6권, 『수서수필授書随笔』1권, 『명유학안』 62권, 『송원학안』(미출간) 등을 완성했다. 그는 '마음에서 리를 구한다(求理于心)'는 왕학의 울타리를 완전히 벗지는 못했지만, 왕학의 말류인 순수한 '존덕성(尊德性)'이 세상에 무의미하다고 판단하여 '도문학(道問學)'이라는 실학實學을 추구함으로써 '도문학(道問學)'을 통해 '존덕성(尊德性)'의 궁극적 목적을 달성하려 했다. 황종희의 경사를 중시하는 경향은 매우 뚜렷했다고 할 수 있다. 황종희와 같은 시대의 인물인 고염무는 영가永嘉 학파의 경제지학經制之學와 영강永康 학파의 사공지학事功之學을 계승하여 실학을 숭상하고 경세치용經世致用을 추구하면서 도소박한 고증방법을 제창했다. 두 사람의 학문적 취지와 연구 방법은 옹정, 건륭 연간 학자들에게 직접적으로 영향을 미치면서 건가한학의 선도자가 되었다.

황종희, 고염무에 이어 청대의 한학이 크게 발전하자, 강번江藩은 "세 명의 3대 혜씨 학자(惠周惕, 惠士奇, 惠棟)의 학설이 오吳 지역에서 대두되었고, 강용江永과 대진이 흡歙 지역에서 이를 계승 발전하였다. 그 후 한학이 번영하면서 천 년의 그늘이 사라지고 새로운 빛이 발하게 되었다."[78] 때문에 이 시기를 번영기라 한다. 혜동惠棟으로 대표되는 학자들이 먼저 고문경古文經 형식으로 순한학을 연구하면서 강성江聲, 여소객余蕭客, 왕명성王鳴盛, 전대흔錢大昕, 왕중汪中, 유대공劉臺拱, 강번江藩으로 대표되는 건가학풍의 '오파吳派'를 이루었다. 오파보다 조금 늦게 부상한 대진으로 대표되는 '완파皖派'의

波, 顧亭林繼之, 于是承學之士, 知古經義矣."

77) 淸·全祖望, 「梨洲先生神道碑文」, 『鮚埼亭集』 권3.

78) 淸·江藩, 『國朝漢學師承記』. "三惠(惠周惕, 惠士奇, 惠棟祖孫三代)之學興于吳, 江永, 戴震繼起于歙, 從此漢學昌明, 千載陰霾, 一朝復旦."

486

유명한 학자로는 단옥재段玉裁, 왕념손王念孫, 왕인지王引之, 임대춘任大椿, 왕불汪紱, 노문4초盧文弨, 공광삼孔廣森, 김방金榜, 정요전程瑤田, 능정감凌廷堪, 호배휘胡培翬 등이 있다. 학문적으로 완파가 오파보다 앞서 있었으며 "완파의 출현은 청대 학술 발전의 절정이었다."[79] 오파, 완파에 이어 양주학파도 한학을 연구했는데, 연구 범위가 세 학파 중 가장 넓었다. 양계초는 "초리당焦理堂과 왕용보汪容甫를 지도자로 둔 양주학파의 연구 범위는 비교적 넓고 여러 영역에 걸쳐 있었다."[80]고 평가했다. 장순휘張舜徽는 이들 세 학파의 특징을 비교한 후 양주학파가 건가학파를 발전시키는 데 지대한 역할을 했다고 생각했다. 그는 "나는 일찍이 청대 학문을 연구했는데, 오학吳學이 가장 전문적이고, 휘학徽學이 가장 정밀하며, 양주학파가 가장 폭넓게 연구한다고 생각했다. 오와 완(皖, 휘주)의 전문성과 정밀함이 없었다면 청대 학술은 흥성할 수 없었을 것이고, 양주학파의 정통함이 없었다면 청대 학술은 강대해질 수 없었을 것이다"라고 했다.[81]

오파, 완파, 양주학파 이들 세 학파의 탄생과 발전은 모두 서원과 불가분의 관계를 맺고 있다. 각 학파의 지도자 및 중견학자들은 서원에서 수학하거나 관리하거나 강학했는데, 구체적으로 오파는 소주 자양서원, 남경 종산서원에서, 완파는 휘주 자양서원, 양천洋川 육문서원毓文書院, 무원婺源 명경서원明經書院에서, 양주학파는 양주揚州 안정서원安定書院과 매화서원梅花書院에서였다. 아래에서는 서원과 학파의 관계에 대해서 서술하고자 한다.

옹정 건륭 연간, 한학은 강소성에서 점차 흥성하였는데, 유이징柳詒徵은 이에 관해 "건륭 이래 고증학을 숭상하며 성회와 같은 대도시에는 명사들이 많이 배출되었는데,

---

79) 戴逸, 「漢學探析」, 『淸史硏究』 제2집. 中國人民大學淸史硏究所編, 北京 : 中國人民大學出版社, 1982년, 1쪽.

80) 梁啓超, 『中國近三百年學術史』, 北京: 東方出版社, 1996년, 27쪽.

81) 張舜徽, 『淸代揚州學記』序, 上海: 上海人民出版社, 1962년. "余嘗考論淸代學術, 以爲吳學最專, 徽學最精, 揚州之學最通. 無吳, 皖之專精, 則淸學不能盛 ; 無揚州之通學, 則淸學不能大."

이들은 칭찬할 만한 많은 학생들을 배출하였다."라 했다.[82] 오파가 활동하던 소주의 많은 서원들은 한학을 학습하는 주요 장소가 되었다. "강소 순무가 주재했던 소주는 문화유산이 풍부하고 성치省治가 되면서 상관上官에서는 서원 설립을 주창했으며, 과거 시험과 경전 수업으로 나누어서 교육했는데, 그 분위기가 강녕과 양주 못지않았다. 옛 서원 외에도 청대에 새로 창건된 서원이 있었는데, 그 중에서도 자양서원과 정의서원이 가장 유명하다."[83] 그 중 자양서원은 '오파吳派'의 한학 인재 양성과 연구의 본거지였다.

강희 52년(1713)에 창건한 소주 자양서원에서는 "주자를 숭사하면서(崇祀朱子其中)" 심성心性의 학을 추구했다. 옹정 3년(1725), 강소 포정사 오르타이(鄂爾泰)가 중수한 뒤 학풍이 계고지학稽古之學과 고문지학考文之學으로 바뀌었다.[84] 오파의 창시자 혜동惠棟은 서원에서 주강하고, 고증학으로 제자들을 가르쳤다. 건륭 10년(1745), 서원생도 왕명성王鳴盛은 혜동의 가르침에 대해 "자양서원에서 수학할 때 혜정군(惠征君, 혜동)이 송애松厓에서 경의經義를 가르쳤는데, 고대 한어 어의를 고증하기 위해서는 반드시 한대 유학을 토대로 해야 한다는 것을 알고『상서』를 굳게 신봉했다. 오랜 탐색 끝에 동진시대 고문이 위조된 것이며, 마정馬鄭이 주석한 판본이 실제로 공벽고문孔壁古文이라는 것을 알게 되었다."라 기록했다.[85] 혜동의 강학은 왕명성의 한학관에 중요한 영향을 미쳤다. 건륭제 이후 자양서원을 관장한 산장은 모두 한학의 대가로서 왕준王峻, 심덕잠沈德潛, 팽계풍彭啓豐, 전대흔錢大昕, 오자吳鼐, 석온옥石韞玉, 유월俞樾 등이 대표

---

82) 民國·柳詒徵,「江蘇書院志初稿」,『江蘇省立國學圖書館年刊』, 제4기. "乾隆以來, 崇尙樸學, 轉于古學法有合, 省會若大郡, 多名師, 其所造就, 尤有可稱."

83) 民國·柳詒徵,「江蘇書院志初稿」,『江蘇省立國學圖書館年刊』, 제4기. "江蘇巡撫駐蘇州, 蘇之人文固盛, 益以省治所在, 大府倡立書院, 分課制藝經古, 其風氣不下江寧揚州也, 舊有書院之外, 淸代創建者, 曰紫陽, 曰正誼爲最大."

84) 淸·光緒「學校一」,『蘇州府志』권25.

85) 黃文相,「淸王西莊先生鳴盛年譜」, 王雲五가 편집한『新編中國名人年譜集成』제12집, 臺北 : 商務印書館, 1980년, 9-10쪽. "肄業紫陽書院, 與惠征君松厓講經義, 知訓估必以漢儒爲宗, 服膺『尙書』, 探索久之, 乃信東晉之古文固僞, 而馬鄭所注, 實孔壁之古文也."

적이며[86]), 그들은 모두 한학 숭양을 자임하면서 많은 한학의 인재를 양성하였을 뿐만 아니라 오파의 학문적 영향을 확장시켰다.

자양서원의 역대 산장 중 전대흔錢大昕의 영향력이 가장 컸다. 전대흔은 자양서원에서 수학하던 중 동문과 함께 "고학을 수학하며 서로 격려했다(以古學相策勵)." 진사에 합격한 후 24년간 종산서원鍾山書院, 누동서원婁東書院, 소주 자양서원紫陽書院 산장을 역임했다.[87] 전대흔은 오랫동안 서원에서 교육하면서 건가한학으로 제자들을 가르쳤고, 종산서원에서는 "제생들과 경사 통독을 중심으로 고학을 강론했다(與諸生講論古學, 以通經讀史爲業)."[88] 누동서원에서는 "처음에 같은 현의 이갱운李賡芸에게 학업을 전수하고, 늘 고학으로 서로를 격려했다(先是同縣李方伯賡芸授業及門, 公每以古學相勉)."[89] 소주의 자양서원에서 산장으로 재직했던 16년 동안에는 "2천 명 이상의 현사賢士가 자양서원에서 공부했는데, 모두 고학 연구에 전념하면서 실사구시의 학문 태도를 중시했다."[90] 훈고를 연구방법으로 삼아 역사적 사건과 인물에 대한 고증을 중시했던 전대흔은 주자학을 연구할 때 이학자들의 관심사였던 의리를 밝히는 데 초점을 맞추지 않고 원류, 사승, 교유, 문인 및 문인어록의 수집상황 등을 고증적 시각에서 연구했다. 『죽정선생일기초竹汀先生日記鈔』권3에는 전대흔의 강학 내용이 수록되어 있다. "주희의 저서는 학자들이 어려서부터 공부해 왔는데, 주자학의 원류를 논한 적이 있는가? 주자의 학은 정문程門에서 비롯하여 누구에게 계승되었는가? 소싯적에 누구를 스승으로 모셨는가? 누구와 가장 친밀하게 지냈는가? 정사正史에는 그의 제자가 몇 명이나 기록되어 있는가? 그의 발언을 기록한 사람은 몇 명인가? 이를 분류하고 편찬한 이는 누구인가?

---

86) 淸·光緖, 「紫陽書院掌院題名」, 『蘇州府志』 권25.

87) 「錢辛楣先生年譜」에 의하면 錢大昕은 건륭 43년부터 46년까지 钟山書院의 산장을, 건륭 50년부터 53년까지 婁東書院의 산장을, 건륭 54년부터 가경 9년까지 紫陽書院의 산장(총 16년)을 역임했다. 陳文和, 『嘉定錢大昕全集』 제1권, 「錢辛楣先生年譜」, 南京: 江蘇古籍出版社, 1997년.

88) 陳文和 교정, 「錢辛楣先生年譜」, 『嘉定錢大昕全集』 제1권, 南京: 江蘇古籍出版社, 1997년, 28쪽.

89) 위의 책, 33쪽.

90) 위의 책, 39쪽. "一時賢士受業于書院門下者, 不下二千人, 悉皆精硏古學, 實事求是."

이들 문제에 대해 상세하게 서술하고 있다."[91] 전대흔은 오랜 수업 과정에서 연구와 교학을 접목하여 다량의 한학 저작을 저술했는데, 종산서원에서 완성한 유명한 한학저서 『이십이사고이卄十二史考異』를 예로 들 수 있다. 그는 "무술년 종산서원에서 강의했는데 수업이 없는 동안 더 많은 토론을 통해 선인들의 관점과 일치하는 부분이 있으면 이를 걸러냈고 때로는 학생들로부터 유사하거나 일치하는 점이 발견되면 이를 걸러냈다. 때로는 학생들로부터 시사점을 얻기도 했는데, 그런 경우 해당 학생을 표기해두었다."[92] 전대흔은 자양서원에서 장교로 있는 동안 "모든 학생들에게 허명虛名을 추구하지 말고 실학을 열심히 공부하라고 분부했다. 오중吳中 지역의 학생들은 이에 크게 영향을 받았다."[93]

소주 자양서원의 생도 중에는 전대흔 외에도 왕명성王鳴盛, 왕창王昶, 동국화董國華, 비사기費士玑, 주준성朱駿聲 등 한학 연구자들이 배출되었는데, 한한 연구뿐만 아니라 서원을 발판으로 한학 전파와 인재 양성에도 열심이었다. 왕명성은 오강吳江 입택서원笠澤書院, 왕창은 누동서원, 항주의 부문서원敷文書院, 고경정사詁經精舍에서, 주준성은 승산嵊山, 섬산剡山, 송릉松陵, 청계淸溪, 기양暨陽 등 서원 5곳의 산장을 역임했다. 자양서원에서는 이러한 제자들의 서원 교육 활동으로 많은 한학 인재들이 양성되었을 뿐만 아니라, 오파의 학문적 주장이 적극 제창되면서 건가한학을 발전시켰다.[94]

옹정, 건륭 연간에는 자양서원 외에 강녕江寧의 종산서원에서도 한학으로 교육했으며, 한학의 대가인 양승무楊繩武, 노문초盧文弨, 전대흔, 손성연孫星衍, 주천朱珏등이 산장을 역임했다. 양승무의 「종산서원규약钟山書院規約」은 종산서원의 한대 훈고학을 중

---

91) 陳文和 교정, 「竹汀先生日記鈔」, 『嘉定錢大昕全集』 제8권, 51쪽. "紫陽朱子之書, 學者童而習之, 亦嘗論其世而考其學術之源流乎? 朱子之學, 出于程門, 遞相接受者何人? 少時師事者何人? 交遊最密者何人? 其門人士見于正史者幾人? 錄其語者幾人? 類而編之者又何人? 其各條舉以對."

92) 陳文和 교정, 『嘉定錢大昕全集』 제1권, 28쪽. "戊戌, 設教鍾山, 講肄之暇, 復加討論, 間與前人暗合者, 削而去之. 或得于同學啓示, 亦必標其姓名."

93) 위의 책, 35쪽. "諭諸生以無慕虛名, 勤修實學, 由是吳中士習, 爲之一變."

94) 王建梁, 『淸代書院與漢學的互動關系硏究』, 北京師範大學 박사학위논문, 2002년, 19쪽.

시한다는 기본 방향이 되었다. 노문초는 종산서원을 11년 동안 두 번 관장했다.[95] 한학의 일대종사인 노문초는 경학저술이 풍부했으며, "사람이 중년 이상이 되면 공부하기가 실로 어려우니, 젊고 총명한 인재들에게 오경을 토대로 가르쳐야 속학의 비루함에 빠지는 것을 피할 수 있다."[96] 따라서 14-15세의 신입학자 4-5명을 한학 인재 양성 대상으로 선발하여 "매월 여섯 차례 정기 시험을 실행하여(每月定期考核者六次)"을 중점적으로 "이들을 위해 어려운 문제를 분석하고 경학 암송 여부를 확인했다(爲之析疑陳義, 且察其成誦與否)."[97] 수업 과정에서 노문초는 특별히 교감학 훈련을 중시하였는데, 엄원초嚴元照는 "포경 선생은 고서를 매우 좋아하여 희귀한 판본을 만날 때마다 학생들에게 필사하게 하고, 그 후 색이 있는 붓으로 직접 교감했다. 이렇게 필사한 책이 수 백 권에 달한다."[98] 이는 노문철의 연구를 가속화했을 뿐만 아니라, 생도들의 교감 수준 역시 높이면서, 한학 연구의 기초를 다지는 데 일조했다. 노문초가 종산서원을 관장하는 동안, 서원의 학풍은 확연히 개선되어 일부 생도들은 한학 연구에 뛰어들기도 했고 서원을 찾는 생도들도 많아졌다. "노문초가 처음 종산서원에 도착했을 때 처음 종산서원에 도착했을 때 재학생은 백여 명이었는데 지금은 두 배가 되었다."[99] 노문초의 제자 손성연은 저술이 풍부할 뿐만 아니라 고경정사와 종산서원을 관장하면서, 종산서원은 "경서를 들고 글자를 묻는 제생들이 매일 정원에 가득 차는(諸生執經問字者, 日盈于庭)" 등 성황을 이루었다.

육문서원毓文書院은 한학을 전파하고 한학 인재를 양성했던 또 다른 안휘성 서원이었다. 서원은 원래 송명이학을 숭상했는데, 홍량길洪亮吉이 관장하면서 여러 서적을 구입

---

95) 柳詒徵의 『盧抱經年譜』에 의하면 盧文弨는 건륭 37년부터 43년까지, 건륭 50년부터 53년까지 두 번 종산서원의 주교를 맡았다. 『中央大學國學圖書館第一年刊』, 민국 17년.

96) 淸·盧文弨, 「寄孫楚池師書」, 『抱經堂文集』 권18. "且人當中年以上讀書實難, 惟童髫穎秀者, 可敎之以五經爲根柢, 庶有異于俗學之陋."

97) 위의 책.

98) 民國·柳詒徵, 『盧抱經年譜』. "抱經先生嗜古好書, 每現罕見之本, 輒課生徒分抄, 抄竣, 親以彩筆校勘, 所抄之書, 卷以百計."

99) 淸·盧文弨, 앞의 책. "始文弨初至時, 肄業者百數十人, 今則倍之矣."

하여 훈고학으로 생도들을 가르치며 한학 학풍을 서원에 정착시켰다. 오경현吳景賢은 "처음에 육문서원의 산장 양륜楊掄과 주문한朱文瀚 등은 이학을 근본으로 삼았는데, 홍량길이 주강 교사가 된 후 훈고학을 제창하면서 서원 학풍에 변화가 생겼다."[100] 이에 안휘독학 심유교沈維鐈는 홍량길 후의 육문서원의 한학 중시 학풍을 다음과 같이 신랄하게 비판했다. "문사文詞를 세세히 따지는 것이나 힘을 쏟으면서 쓸데없는 것에 집착하며 문장의 화려함만 좇고 있다(斤斤焉考據文詞是務, 黨枯雒朽, 繪句絺章)."[101] 이러한 비판은 홍량길의 강학이 서원 학풍에 끼친 영향을 반증한다. 홍량길 이후, 건가학자 조양수趙良澍, 하흔夏炘, 포세신包世臣 등이 주강을 맡으면서 육문서원의 한학 학풍은 상당 기간 유지되었다.

양주학파의 형성은 안정, 매화 두 서원과 밀접한 관련이 있다. 이 두 서원의 중수 이후 진조범陳祖範, 장공비蔣恭斐, 항세준杭世駿, 장사전蔣士銓, 조익趙翼, 대진戴震, 홍량길洪亮吉, 요내姚鼐 등 다수의 한학대가들이 관장하면서, 한학 연구와 교육을 결합하여 많은 한학 연구 성과를 학생들에게 직접 가르쳤다. 조익은『칠십자술七十自述』에서 "다시 양주에 와서 강학을 개설하고 글을 쓰는 데 수 년이 걸렸다. 밤에는 촛불을 켜고 글을 쓰고, 낮에는 창 아래 앉아 담론을 나누었다."[102] 그의 경학 저서인『해여총고陔余쓰考』는 안정서원에서 주강할 때 편찬한 것이다. 여러 한학 대가들의 강학과 관장으로 안정, 매화 두 서원에서는 단옥재, 임대춘, 왕중, 왕손념, 이형, 홍양길, 손성연, 초순, 와인지 등 많은 건가학자들을 배출했다. 이들 서원에서 수학한 건가학자들은 다른 서원들에서 강학하기도 했다. 단옥재는 산서의 수양서원壽陽書院, 절강의 원호서원鴛湖書院, 누동서원, 항주 고경정사에서 주강했으며, 임대춘은 회안의 여정서원을 관장하면서 양주학파 사상을 전파하는 데 일조했다.

서원은 오파, 완파, 양주학파를 포함한 건가한학의 연구, 인재양성 및 전파를 위한

---

100) 民國·吳景賢,「洋川毓文書院考」,『學風』권7, 제4기, 1936년, 1-34쪽.

101) 위의 책, 1-34쪽.

102) "重到揚州設絳帳, 論文又作數年淹. 蠅頭細字宵燃燭, 塵尾淸談晝下簾."

토대가 되었던 동시에 건가한학의 형성과 발전과정에서 대체할 수 없는 역할을 수행했다. 많은 서원이 건가한학을 추구하면서 자유로운 강학, 교학과 연구를 병행하는 분위기를 회복하면서, 서원은 청대에 새로운 존재 정당성을 얻게 되었고, 송대이래 서원과 학술의 일체화가 청대까지 이어질 수 있었다. 그러나 과거가 벼슬길에 오르는 거의 유일한 통로였던 청대에 과거 시험 내용과 거의 무관한 건가한학을 전수하는 것은 매우 어려웠는데, 건가한학대가조차도 과거를 통해 공명을 얻은 후에야 한학을 전공할 수 있는 정도였다. 오파의 본거지인 소주 자양서원이나 양주학파의 안정, 매화서원 모두 한학을 추구하면서도 과거학을 강의했으며, 시험 역시 과거와 한학을 병행하는 경우가 많았다. 심지어 어떤 서원은 일부 시간대에 과거학 위주로 진행하기도 했다. 매화서원의 경우, 가경 13년(1808) 입학 정원을 늘렸을 뿐만 아니라 거인의 입학을 모집하여 이들을 위한 교육을 하기까지 했다. "이듬해에는 과거시험이 성대하게 치러졌는데, 한 수험생이 전시에서 장원이 되었다. 5칸짜리 문창루文昌樓를 세웠고, 그 아래에는 효렴孝廉들이 모여 교류하던 문당이 있으며, 왼쪽에는 사자使者가 잠시 쉬어가는 곳, 오른쪽에는 장원청狀元廳이 있었다."[103] 매화서원은 시험 훈련기관이나 다름없이 되어버렸는데, 이때 서원 산장은 유명한 한학 대가인 오자吳鼐였다. 노문초가 종산서원에서 주강할 때에는 그를 따라 한학을 공부하려는 학생이 거의 없었다. 그는 "종산에서 몇 년 동안 운이 좋게도 뜻을 같이하는 친구들이 하나 둘 나를 믿고 따라와 (한학을) 탐구했다"고 말했다.[104] 노문초의 겸어로 이해할 수도 있지만, 추종자가 적은 궁핍한 사정을 내비친 그는 "점차 속학의 영향을 깊게 받은 사람들을 다시 바꾸기는 어렵다"[105]고 인정할 수밖에 없었다. 이들 "속학에 물든(染俗學)" 과거학에 대한 수요 때문에, 어떤 때는 "어쩔 수 없이 팔고문을 가르쳤다(不得已而看時文, 講時文)."[106] 경세치용

---

103) 淸·嘉慶,「梅花書院」,『重修揚州府志』권19. "次年, 禮闈中式, 濟濟稱盛, 得殿試及第第一人. 又建文昌樓五楹. 下爲孝廉會文堂, 左爲使者課士廳, 右爲狀元廳."

104) 淸·盧文弨, 앞의 책. "在鍾山幾五載, 幸有一二同志信而從焉."

105) 위의 책. "漸染俗學已深者, 始終不能變也."

106) 淸·盧文弨,「答彭允初書」,『抱經堂文集』권18.

을 주장했던 사학자 장학성이 청장서원清漳書院에서 주강할 때도 사인들에게 "과거 시험 내용(揣摩擧業文字)"을 가르쳤다. 서원의 이러한 상황으로 건가학자들의 수요를 충족시킬 수 없었기 때문에, 건가학자는 한학을 전문으로 하는 새로운 서원 설립을 희망했으며, 이에 건가한학의 중견인 완원阮元이 이 역사적 사명을 맡게 된다.

2. 고경정사, 학해당과 건가한학의 전성기

고경정사와 학해당 창건 후 탁월한 한학연구, 인재양성, 학술저서 간각 등을 통해 건가한학의 영향력을 직접적으로 확장시키면서 건가한학 전파에 큰 역할을 했다. 이는 청대 건가한학의 발전이 성숙기에 접어든 중요한 징표이자 기념비이다.[107]

완원(1764-1849)는 자는 백원伯元, 호는 운대雲臺로, 강소 의정儀征 사람이다. 건륭 54년(1789) 진사에 합격하였고, 산동학정, 절강학정, 내각학사, 예부시랑을 역임했다. 가경 4년 회시의 주 시험관, 절강, 강서, 하남 3성의 순무, 호광, 양광, 운귀云貴의 총독을 역임했으며, 건륭, 가정, 도광 '세 황제 연간 오랫동안 높은 지위에 있었고(三朝閣老)', '9개 성에서 중요한 벼슬을 지낸 신하(九省疆臣)'로 꼽혔다. 그는 벼슬하는 동안 지위를 크게 떨쳤을 뿐만 아니라, 양주 학파의 왕중王中, 초순焦循, 대진戴震의 적전 사숙私淑 제자 왕손념王念孫, 임대춘林大椿등과 교류하면서, 경학 대가로 성장해갔다. 완원은 자신의 지위와 명성을 활용하여 "실학만 가르치고(專勉實學)"[108] "덕행과 학문을 겸비한 인재를 장려하며(以勵品學)"[109] 경학과 한학을 존숭하는 취지를 살리기 위해 한학 전문 연구 기관인 고경정사와 학해당을 설립했다.

완원은 가경 5년(1800) 절강순무로 역임할 때 항주 서호西湖에 고경정사詁經精舍를 세웠다. 그는 "성현의 도가 경에 있어서(聖賢之道存于經)" "경서가 고서 중 가장 중요하

---

107) 李國鈞, 『中國書院史』, 長沙 : 湖南敎育出版社, 1998년, 906쪽.

108) 淸 · 林伯桐, 『學海堂志 · 設學長』.

109) 淸 · 阮亨, 『瀛舟筆談』 권4.

기에(古書之最重者, 莫逾于經)"110) 사인들의 독서는 경학에서부터 시작해야 하며, "한나라 사람들의 주해가 성현에 가장 가깝다(漢人之估, 去聖賢尤近)"고 생각했기 때문에 특히 한나라 경을 추앙했다. 치경(治経)의 방법으로 그는 성현의 도를 깊이 터득하고 훈고로 의리를 통하게 하는 방법을 써야 한다고 생각했다. 그는 이학자의 "종지宗旨를 세우면 명성을 떨칠 수 있다는(但立宗旨,即居大名)" 경향에 불만을 표시하면서도 한학자의 "명물名物만 연구하고 성도聖道는 논하지 않는다(但求名物, 不論聖道)"는 관점에는 동의하지 않았으며, "훈고와 고증으로 경전을 탐구하며 실사구시를 추구해야 한다(推明古訓, 實事求是)"고 주장했다.111) 고경정사의 한학 숭상 취지를 가장 직관적으로 엿볼 수 있는 것이 바로 "『공양전』은 유교 경전을 전수하고, 『사기』는 역사를 기록하고, 『백호통덕론白虎通德论』은 도덕 윤리를 논하고, 『문심조룡』은 문학 작품을 기록하고 있다(公羊傳經, 司馬記史; 白虎論德, 雕龍文心)."라는 대련이다.112) 한나라 경을 숭상하는 종지는 손성연의 건의를 받아들여 정사 생도의 한학 숭상을 격려하기 위해 정주가 아닌 한유 허신과 정현을 함께 봉사했다.

완원이 절강 고경정사를 본떠 세운 학해당은 한학을 전문적으로 연구하는 또 다른 서원이다. 가경, 도광 연간 강소 절강 일대에 성행했던 건가한학이 광동 지역 선비들의 학풍까지는 바꾸지 못해서 이들은 여전히 팔고문과 진백사, 담약수의 심학 사상을 중시하고 있었다. "과거시험 외에 각종 경전 주소와 역사 전기를 깊이 연구하려는 사람은 손에 꼽을 정도이고, 만 권의 장서를 가진 사람은 더욱 적다. 이로 인해 주, 군의 서원은 과거시험의 팔고문과 시첩으로 학생들과 득실을 따지고, 사인들도 과거시험과 관련된 경전에만 공을 들인 것이 오래되어서 이러한 기풍을 바로 잡기가 어렵다."113) 이런

---

110) 清·阮元, 「王伯申經義聞序」, 『揅經室壹集』 권5.
111) 清·阮元, 『揅經室集』 序.
112) 民國·張崟, 「估經精舍志初稿」, 『文瀾學報』 제2권 제1기.
113) 清·崔弼, 「新建粤秀書院學海堂記」, 『學海堂集』 권16. "制舉之外, 求其淹通諸經注疏及諸史傳者屈指可數, 其藏書至萬卷者, 更屈指可數, 故州郡書院止以制藝試帖與諸生衡得失, 而士子習經但取其有涉制藝者, 簡煉以爲揣摩, 積習相沿, 幾乎牢不可破."

학풍을 바꾸기 위해 완원은 양광 총독으로 부임한 후[114] 학해당 건립에 착수하고 문란서원文瀾書院 내에 직접 쓴 '학해당學海堂' 현판을 걸었으나, "시험을 보고 성적을 발표하기만 했을 뿐(收卷懸榜)" 교수 활동은 하지 않았다. 그는 진수기陳壽祺와의 서신에서 "광동 지역의 학문은 복건 지역에 미치지 못하는데, 최근 문란서원에서는 학해당 건립, 경사經史 수업 등을 진행하면서 우수한 사인들이 조금씩 배출되고 있다."고 말했다.[115] 도광 4년(1824)에 와서 "광동 지역이 산봉우리에 둘러싸여 있어 경치가 아름다워(粵秀山林巒幽勝處)" 학해당을 지었는데, "단지 단계端溪, 월수粵秀, 월화越華, 양성羊城 4개 서원의 학생들을 위해 분기마다 경학, 사필史筆, 사부詞賦에 관한 시험을 볼 수 있는 장소를 제공하기 위한 것이기도 했다."[116] 완원은 학해당에서 한학을 강의하고 사인들을 교육하면서 "각종 경의經義, 자사子史, 전현前賢들의 집록을 비롯하여 부, 시가, 고문사 등을 선별하여 제생들과 함께 학습 과정을 모색하고 토의하면서 잘못된 방향을 피하도록 지도한다."[117] 그러나 이때의 고경정사는 여전히 시험 위주로 교육 기능은 활성화되지 않았다. 도광 6년(1826) 완원은 광동을 떠나 운남의 운귀총독雲貴總督으로 부임하기 전까지 직접 학해당 장정을 수립하면서 학해당이 제도적으로 발전할 수 있도록 토대를 만들었다.

학해당의 종지 역시 고경정사를 모방하여 경의 원의를 중시하고 한나라의 '실학에 오로지 힘쓰는 학풍(專勉實學)'을 중시했다. 학해당의 대련 역시 고경정사와 동일하여 "『공양전』은 유교 경전을 전수하고, 『사기』는 역사를 기록하고, 『백호통덕론白虎通德論』은 도덕 윤리를 논하고, 『문심조룡』은 문학 작품을 기록하고 있다"라고 되어 있었

---

114) 阮元은 가경 22년 (1817)에 양광총독으로 임명되었지만 바쁜 정무 탓으로, 3년 후에야 學海堂을 기획하기 시작했다.

115) 「致陳壽祺」, 『左海文集』의 앞머리. "粵中學術故不及閩, 近日生于書院中立學海堂, 加以經史雜課, 亦略有三五佳士矣."

116) 光緒 「學海堂」, 『廣州府志』 권66. "端溪, 粵秀, 越華, 羊城四書院諸生經學, 史筆, 詞賦季課公所."

117) 淸·吳嶽, 「新建粵秀山學海堂記」, 『學海堂集』 권16. "凡經義子史前賢諸集, 下及選賦詩歌古文辭, 莫不思與諸生求其程, 歸于是, 而示以從違取舍之途."

다.[118) 고경정사와 학해당은 '전적으로 실학에 힘쓸 것'을 표방하고 한학의 종지를 숭상하기 위해, 완원은 교과 내용에 과거제와 관련된 내용은 완전히 배제하여 "한 달에 한 번 경해사책經解史策, 고금체시古今體詩에 대해서만 시험을 진행하고 팔고문과 시첩시는 시험 치지 않았다."[119] 뿐만 아니라 고경정사는 정주이학에 대해서도 기본적으로 반대했는데, 손성연은 완원이 "제생들로 하여금 배움의 핵심은 마음을 맑게 하여 본성을 발견하는 것과 같은 공담空談이나 뜬구름 잡는 문장이 아니니, 한대의 학풍을 좇고 문장의 우아함을 추구하게 했다."고 말했다.[120] 고경정사는 "『십삼경』, 『삼사』에 대한 의문점"을[121] 주 학습내용으로 채택하였다. 학해당의 수업 내용도 경사 고증학이 주를 이루었다. 완원을 뒤이은 양광총독 노군盧坤은 전임자의 경사 고증의 전통을 계승하여 『십삼경주소十三經注疏』, 『사기史記』, 『한서漢書』, 『후한서後漢書』, 『삼국지三國志』, 『문선文選』, 『두시杜詩』, 『창려선생집昌黎先生集』, 『주자대전집朱子大全集』 등을 채택하여 가르쳤다.

전통적인 경사, 계고 연구 외에도 고경정사와 학해당은 자연과학을 교과내용에 포함시킨 최초의 서원이다. 이를 통해 완원으로 대표되는 건가학자 개개인의 시야가 넓혀졌을 뿐만 아니라 서학동점이라는 문화적 배경 속에서 자발적 조율을 통해 서원 발전의 새로운 흐름을 보여주었다.

교학 방면에서 고경정사의 장교掌教는 모두 학식이 풍부한 한학대사였다. 완원 외에도 왕창, 손성연, 천수기, 유월, 황체방 등을 비롯해, 당시 명망이 높았던 학자 단옥재, 장용臧庸, 고천리顧千里 등을 초청하여 강학했다. 이들 대가들이 관장하고 강학했던 서원 덕분에 고경정사는 뚜렷한 한학 전통을 유지할 수 있었을 뿐만 아니라, 교육과

---

118) 清·阮福, 『雷塘盦主弟子記』 권5, 「學海堂」. "公羊傳經, 司馬記史; 白虎論德, 雕龍文心."

119) 民國·張崟, 「估經精舍志初稿」, 『文瀾學報』 제2권 제1기. "月率一課, 只課經解史策, 古今體詩, 不八比文, 八韻詩."

120) 清·俞越, 『估經精舍文集四集』의 서문, 『估經精舍文集四集』의 앞머리. "使學者知爲學之要, 在乎研求經義, 而不在乎明心見性之空談, 月露風雲之浮藻, 期精舍之舊章, 文達之雅意也."

121) 清·孫星衍, 『孫淵如詩文集』, 『平津館文稿』 下. 「估經精舍題名碑記」, 『四部叢刊』本.

한학 연구를 결합하는 데도 유리했다. 고경정사의 교사는 매월 정기 수업 외에 주로 질의응답으로 진행되었는데, 손성연은 "한가할 때 함께 모여 의복, 기물 등 전장典章에 대해 논의하며 같은 점과 다른 점을 토론했는데, 이는 공부와 쉼이 결합된 옛 사람들의 뜻과 상통하는 것이었다."[122] 사제들은 종종 학술 문제를 둘러싸고 격론을 벌이곤 했다. 전영운錢泳雲은 "호수에서 쉴 때마다 고경정사에서 하루 이틀씩 머물며 학자들의 열띤 토론을 듣기도 했고, 의견이 맞지 않아 얼굴을 붉히기도 했다"[123]고 말한 적이 있다. 이는 고경정사의 활발한 학문적 분위기와 교수법의 다양성과 융통성을 잘 보여준다.

학해당의 교육 형식은 전문적인 경전 학습과 전문과정 수료생 제도를 채택했다는 점에서 고정정사와는 차이가 있었다. 수료생들은 학습 과정에서 규정된 교수 내용 중 "자신의 흥미와 특기에 따라 자신에게 맞는 책을 선택하여 깊이 있게 학습했다(各因性之所近, 自擇一書肄業)." 이러한 변화에 적응하기 위해 8명의 학장이 함께 수업을 진행하도록 하고 절대 산장을 천거하지 못하게 하여 생도들이 "이 중 한 명을 스승으로 모시고 8명의 선배 중 한 명을 스승으로 선택해 조언을 구하고 지도를 구하(于學長八人中擇師而從, 謁見請業)"는 수요를 충족시키도록 했다.[124] 완원은 이러한 조치에 대해 다음과 같이 해설했다. "학장은 산장과 책임이 동일하지만, 수업에 가르치는 경서에 정통해야 할 뿐만 아니라 많은 학생들의 요구를 충족시켜야 하기 때문에 한 사람이 책임질 수는 없지만 산장을 너무 많이 둘 수도 없었다. 따라서 학해당은 실학에 전적으로 힘쓰고 8명의 학장들이 각자의 장점을 발휘하여 협력 및 교육함으로써 더 많은 인재를 양성할 수 있도록 해야 했다."[125] 실제 이 개혁의 근본 원인은 과목별 수강 제도 실행 이후 교사는 반드시 학문이 뛰어나야 했기에 한 명의 산장으로는 감당하기 어려웠으며, 학문

---

122) "暇日聚徒講議服物典章, 辨難同異, 以附古人教學藏修息遊之旨."

123) "余每遊湖上, 必至精舍盤桓壹兩日, 聽諸君議論風生, 有不相能者, 輒吵嚷面赤."

124) 清·瞿兌之,「學海堂文獻」,『人物風俗制度叢談』甲集.

125) 위의 책. "學長責任與山長無異, 惟此課既勸通經, 兼該衆體, 非可獨理, 而山長不能多設, 此學堂專勉實學, 必須八學長各用所長, 協力啓導, 庶望人才日起."

이 뛰어난 여러 명의 교사진을 두어야 교육에 대한 수요를 만족시킬 수 있었다. 학해당 학장은 선발은 매우 엄격해서 "학장은 공개적 천거를 통해 문학적 소양, 특히 향내 대중의 평가를 조사하는 데 중점을 두었다." "학장 후보 선정에는 신중해야 했다." "이후 학장을 추천할 때에는 먼저 품행에 흠집이 있는가를 살핀 뒤 재능을 논한다는 것은 옛 규약에 부합하기 위해 영원히 변하지 않는다."[126) 첫번째는 오난수吳蘭修, 조균 趙鈞, 임백동林伯桐, 증소曾釗, 서영徐榮, 웅경성熊景星, 마복안馬福安 등이 학장을 맡았 다. 학장의 주된 임무는 시험 출제와 채점을 비롯해 서원 경비를 관리하는 것이었다.

교육 효과를 측정하기 위해 고경정사와 학해당 모두 시험을 중요하게 생각했다. 고정정사에서는 월별로, 학해당은 계절별로 실시했는데, 다른 서원이 채택했던 "익명 채점 제도(扃試糊名之法)"와는 달리, 일반적으로 주강이나 학장이 출제한 후 학생들에 게 "시험 내용을 서로 토론하도록 허락하고(各搜討書傳條對)", 일정 기간 내에 답안지를 제출하도록 했다. 학해당 계과季課는 "제목을 출제하면 즉시 인쇄하여 학해당 및 학장 처소에 붙여놓고 수험생에게 상황에 맞게 수험생들에게 배포하여 거리와 상관없이 모두 알게 해서(發出題目, 即行刊刷, 粘貼學海及各學長寓所, 隨便分給, 俾遠近周知)." 수험 생이 일정 기한 내에 답안을 제출하도록 제한했다. "이전에는 답안지 제출에 기한이 없었기 때문에 멀리 있는 학생들은 불편했다. 이를 고려하여 논의 끝에 문제 공표 후 답안 작성은 1개월을 초과할 수 없고 정해진 2일 이내에 제출하는 것으로 결정했 다." [127)이러한 시험은 현재 오픈북 시험과 유사한 것으로, 수험생의 지식 암기가 아닌 독립적 견해와 판단 능력을 측정하는 데 중점을 둔 것이었다. 시험 내용은 주로 경사고 증학으로, 「학해당장정」에는 "학장이 경해, 문필, 고금시제를 제출한다(由學長出經解, 文筆, 古今詩題)." 즉 시험내용은 경해, 부와 시로 출제한다고 규정되어 있었으며, 독창

126) 李緖柏, 『淸代廣東樸學研究』, 廣州 : 廣東省地圖出版社, 2001년, 33-34쪽. "向來公擧學長, 固推文學, 尤重鄉評." "擬補學長, 當倍愼." "嗣後保擧學長, 先求素行無玷, 然後論其才, 永 不改更, 以符舊約."

127) 淸·林伯桐, 「學海堂志」(陳澧 수정보완), 『中國歷代書院志』. 南京 : 江蘇教育出版社, 1995년, 286쪽. "向來交卷無期, 在遠處者不便, 後公議發題之後, 不得過壹月以外. 定期兩日收完."

적 견해를 제출한 수험생에게 물질적 상을 수여했다. "천거된 모든 생원은 한 달 학비로 은 한 냥을 지원해주었다. 덕분에 우수한 답안지가 많아졌고 학생들도 더욱 분발하게 되었다. 일부 학생은 한 편의 답안지로 수 개월의 학비를 지원 받기도 했다."[128) 고경정사와 학해당은 우수한 작품은 책으로 출판했는데, 가경 5년(1800) 완원이 『고경정사문집詁經精舍文集』 간행을 주관한 것을 시작으로, 광서 22년(1874)까지 『고경정사문집』 8집을 출간했다. 이들 작품의 수준은 상당히 높아서 매계조梅啓照는 『고경정사문집』에 수록된 작품을 다음과 같이 크게 칭찬했다. "고정정사의 저작은 수정할 곳 없이 매우 정밀했으며, 제생들의 글은 저작으로 편찬해도 될 정도로 모두 전문가 수준이었다."[129) 학해당 역시 작품 4집을 간각했다. 서원의 작품 간각은 학생들을 격려하는 동시에 포상이었을 뿐 아니라, 후학들에게 학습 자료를 제공함으로써, 서원 교육의 효과적인 방법 중 하나였다.

고경정사와 학해당에서는 한학 인재 다수를 양성했는데, 이들은 한학 연구 계승자일 뿐만 아니라 한학의 영향력 있는 전파자이기도 했다. 손성연은 "10년이 안 되는 기간 동안 상사(上舍)의 사인 중 많은 이들이 조정이나 중앙관서에 들어가는 등 고위직에 올랐다. 출사한 후 절도를 지키며 사인을 공정하게 평가하였으며, 그 외의 사람들은 과거에 급제하고 관설 최고 학부에 추천되었으며, 선정을 베풀어 백성을 잘 다스렸다. 저서로 학문의 일가를 이룬 사람들은 셀 수 없이 많아 다른 지역에 비할 수 없을 만큼 동남쪽 지역의 인재들이 넘쳐났다."[130) 고경정사의 생도 수는 주중부周中孚, 전림錢林, 이부손李富孫, 조단趙坦, 홍희훤洪熙煊, 홍진훤洪震煊, 최응류崔應榴, 방관욱方觀旭, 엄걸嚴傑, 엄무조嚴無照, 서양원徐養原, 김악金鶚, 왕분王棻, 장태염章太炎 등 수천 명이 넘었

---

128) 清·阮福,「學海堂」,『雷塘盦主弟子記』권5. "所有貢擧生員獎給膏火一月者, 折銀一兩, 佳卷漸多, 學者奮興, 有佳文一卷而給膏火者數月者."

129) 清·俞越,『詁經精舍文集四集』앞머리. 梅啓照,『詁經精舍文四集』序. "蓋精舍之作, 論各不刊, 若以諸生之文, 人自爲集, 俱可專家."

130) 清·孫星衍,『平津館文稿』하권.「詁經精舍題名碑記」,『孫淵如詩文集』,『四部叢刊』본. "不十年間, 上舍之士, 多致位通顯, 入玉堂, 進樞密, 出則建節而試士, 其余登甲科, 擧成均, 牧民有善政, 及撰述成一家言者不可勝數, 東南人材之盛, 莫與爲比,"

다.[131] 학해당에서는 진례陳澧, 이광정李光廷, 주인청周寅清 등 많은 한학자들이 배출되어 광동 한학의 주요 원동력이 되었다.

이들 생도들은 한학 연구에서 많은 업적을 남겼는데 다수의 연구 성과가 『황청경해皇淸經解』와 『속황청경해續皇淸經解』에 수록되어, 건가한학 발전에 직접적인 영향을 끼쳤을 뿐만 아니라 완원의 조직 하에 대량의 경학 저서들이 편찬 및 간행되었다. 완원은 절강에 부임했을 때, "서호의 고경정사에서 명사名士를 모아 서적들의 같은 점과 차이점을 상세히 분석하고 이를 모아 정리하게 했다. 쉬는 시간까지도 촛불을 켜고 밤늦게까지 시비를 가리는 데 여념이 없었다."[132] 5년에 걸쳐 학자와 고경정사 학생들의 협력 하에 고금 경전 교감을 집대성한 『십삼경주소十三經注疏』 및 『교감기校勘記』는 한학 연구의 중요한 자료가 되었다. 『황청경해』는 완원이 학해당의 학장 및 생도들과 함께 편찬한 것으로 총 1412권으로 되어 있다. 이 책은 청대 이래 유명한 한학의 저술들을 모아 놓은 것으로, 당시 사람들은 "한 세대와 각 학파의 학문적 성과를 망라하고, 이를 산각에 소장하는 동시에 세상에 널리 알렸다."고 했다.[133] 『황청경해』는 학해당에서 편찬, 간각했기 때문에 『학해당경해學海堂經解』라고도 불렸다. 이들 대저작의 편찬, 간각은 건가한학 연구 성과의 총결산일 뿐만 아니라, 서원과 건가한학의 일체화를 잘 보여주는 증거이기도 하다.

건가한학은 고경정사와 학해당 덕분에 크게 발전한 동시에 송대 이래 서원과 학술의 일체화의 새로운 형태를 보여주었다. 즉 서원은 송명이학, 양명심학과의 일체화라는 토대 위에 건가한학과의 일체화로 문화 조직으로서의 내실을 더욱 공고히 다졌다. 적지 않은 지방 고관들이 고경정사와 학해당을 본떠 서원의 폐단을 개혁하는 돌파구

---

131) 楊念群의 연구에 의하면 당시 이 지역의 인구는 1,500명 정도였다. 楊念群, 『儒家地域化的近代形態―三大知識群體互動的比較研究』, 北京 : 生活·讀書·新知三聯書店, 1997년, 441쪽.

132) 淸·段玉裁, 「十三經注疏釋文校勘記」, 『經韻樓集』 권1. "集名士授簡西湖㳂經精舍中, 令詳其異同, 鈔撮荟萃之, 而以官事之暇, 乙夜燃燭, 定其是非."

133) 淸·陳澧, 「勞制府六十壽序」, 『東塾續集』 권3. "囊括一代, 整齊百家, 藏之山閣, 而誦聲四起."

로 삼으면서, 경사 고증학을 전문으로 연구하고 학습하는 서원들도 잇달아 설립했다. 도광 18년(1838) 양강兩江 총독 겸 강소순무 도수陶澍는 남경에 석음서원惜陰書院을 창건했는데, 이에 대해 감희甘熙는 "서호의 고경정사를 본떠 석음서사惜陰書舍를 창건 하고 산장을 초빙하여 경해, 시, 고문을 전문적으로 강의하여 거인들이 학습하고 과거 를 준비하도록 했다." [134] 동치 4년(1865), 소송순도蘇松巡道 정일창丁日昌은 용문서원龍 門書院을 창건하고 고광예顧廣譽, 유희재劉熙載 등을 주강으로 초청하고 "매월 진행되 는 시험에서는 『성리정의性理精義』, 『소학』, 『근사록』 등을 중심으로 경해經解와 사론史 論을 겸하여 출제된다." [135] 그 외 유반중劉伴重은 강서江西 남창南昌에 경훈서원經訓書 院을, 광서포정사廣西布政使 정조침鄭祖琛은 계림에 용호경사榕湖經舍를, 왕개태王凱泰 는 복건에 치용서원致用書院을, 장지동은 무한武漢에 경심서원經心書院, 성도成都에 존 경서원尊經書院, 태원太原에 영덕서원令德書院, 광주廣州에 광아서원廣雅書院 등을 세웠 으며, 모두 완원의 고경정사, 학해당의 영향으로 건립되어 경사 고증학 중심의 서원이 었다. 이는 건가한학의 영향력과 건가한학이 구서원 개혁의 원동력이었음을 보여준다.

그러나 송대 이래 서원은 정주이학, 양명심학과 일체화 되었으며, 이러한 이학의 역사적 관성으로 인해 한학을 숭상하는 서원이라도 이학과는 완전히 절연하기 어려웠 다. 더군다나 과거제도는 사인들이 출세하는 거의 유일한 방법이었으며, 대다수 사인들 은 이미 무의식적으로 과거제를 통해 '치국평천하'라는 유가의 이상을 숭상하기 때문 에, 과거제도를 근본적으로 반대할 수 없었다. 따라서 서원 발전의 전통, 과거제를 통한 사인 선발 제도로 인해 과거제도에 반대하면서 한학을 전문적으로 연구하는 서원 수는 극소수였을 뿐만 아니라 서원의 주류가 될 수도 없었다. 경사고증학을 위주로 하는 서원 역시 서원 존재의 정당성을 위해 변칙적인 선택을 할 수밖에 없었다. 상수湘水의 교경당校經堂이 창건된 이후부터 교육 내용에 변화를 주어 "허신과 정현의 학문을 깊

---

134) 淸·甘熙, 「惜陰書舍記」, 『白下瑣言』 권8, 光緖十六年 築野堂 간본. "仿西湖估經精舍爲惜陰 書舍, 延請山長, 專課經解, 詩, 古文詞, 擧人與試焉."

135) 「龍門書院」, 『上海縣志』 권9, 同治 11년 편본. "按月考課, 以『性理精義』, 『小學』, 『近思錄』等 書命題, 兼及經解史論."

이 이해하고 연구하여 주희와 장식의 학문을 지켰다(奧衍總期探許鄭, 精微應並守朱張)."
즉 한학과 송학宋學을 함께 교육함으로써[136] 고경정사, 학해당의 정주리학을 반대하는
것과는 상당히 달라진 것이다. 사실 완원은 과거科擧가 사인들이 벼슬길에 오르기 위한
주요 통로라는 사회적 분위기 속에서 대다수 선비들이 팔고문을 버리고 한학에 완전히
집중하는 것이 불가능하다고 명확하게 인식하고 있었다. 그는 "상급자는 어떤 학문을
하든 정도正道를 추구하며, 하급자는 어떤 학문을 하든 사도邪道로 귀결된다. 대다수의
사람은 중급에 속하는데, 『사서』에 지나치게 국한되어 총명함이 다른 방면에까지 미치
지 못하고 공명功名에 국한된다. 평소 공부하는 것은 오직 정주학설로 젊었을 때 탐구
한 것이 모두 도리道理에 관한 문헌들이었다. 어떻게 보면 성실하고 정직하게 묵묵히
주위를 감화시켜 세도世道와 인심人心에 시부詩賦보다는 도움이 될 수도 있겠다."고
했다.[137] 이는 서원에서 송명이학을 강조하고 과거 교육을 실시하는 것에 대한 완원의
깨어있는 인식이자 어쩔 수 없는 심정일 것이다.

---

136) 季嘯風 편, 『中國書院辭典』, 杭州 : 浙江敎育出版社, 1996년, 221쪽.
137) 淸·阮元, 『揅經堂續集』 권3, 『四書文話序』. "上等之人, 無論爲何藝, 皆歸于正, 下等之人,
無論爲何藝, 亦歸于邪, 中等之人最多, 若以『四書』文囿之, 則聰明不暇旁涉, 才力限于功令,
平日所習, 惟程朱之說, 少壯所揣摩, 皆道理之文, 所以篤謹自守, 潛移默化, 有補于世道人心
者甚多, 勝于詩賦遠矣."

해외로 전파된 서원: 서원제도의 이식

중국 서원은 명대에 와서 해외로 전파되기 시작했는데, 주자학으로 대표되는 유학 문화 연구 및 전파의 본거지로 꼽히는 한반도에도 널리 보급되어 한민족의 문화, 학술, 교육사업에 크게 기여했다. 청대 광서 연간까지 450여 년 동안 이어져 왔던 관련 상황에 대해서는 앞 장절에서 서술했다. 이 장에서는 한반도의 서원이 중국의 왕조 교체에도 불구하고 명대 만력 연간에서 청대 강희 연간까지 오히려 절정을 이뤘다는 점에 주목하고자 한다. 즉 청 건국 이후 해외로 전파된 서원이 80여 년 동안 한반도에서 크게 번성했던 것이다. 순치 초년 일본의 나가사키長崎, 시가滋賀 등에도 서원이 창건되었다. 옹정 연간, 서원은 외국인 선교사에 의해 서양의 이탈리아로, 화교에 의해 남양南洋의 인도네시아 등으로 전파되었다. 이로 인해 중국 서원은 청나라 초 동양에서 서양, 남양으로 뻗어 나가는 형세를 띠게 된다.

해외로 전파된 서원은 주로 제도 수출이나 이식의 방식으로 건립되어 중국 본토의 문화적 기능은 유지되면서도 전파 시기, 지역, 동기 등 다방면에서 중국 서원들과는 많은 차이가 있었다. 일반적으로 지역 별로 크기에 따라 세 종류로 나눌 수 있다. 첫째, 화교 밀집지역에 화교들이 세운 서원은 교포 및 그 자제들이 자신의 뿌리를 잊지 않도록 하는 것이 주 목적이어서 본토 서원과 크게 다르지 않았다. 둘째, 중화문화권인 동아시아에서 중국 문화 영향을 받아 창건된 서원은 내용이나 형식면에서 중국 서원을

504

토대로 하면서도, 한국 서원이 제사 기능을 중시하거나, 일본 서원이 장서 출판 기능을 중시하는 등 각 지역마다 나름의 특징이 있었다. 그러나 이들 지역이 서양을 학습하면서 중국 유학생을 위한 서원은 서양 교육제도의 영향으로 현지 학교와 더욱 유사해졌다. 셋째, 서양인들이 건립한 이탈리아의 성가서원(聖家書院, 혹은 文華書院)은 서양문화를 공부하는 중국인을 위한 서원으로, 내용과 형식면에서 중국 서원과는 큰 차이가 있었다.

제1절 동양으로의 전파: 한반도와 일본의 서원

서원제도는 명대부터 전파되기 시작했는데, 첫 목적지는 황해와 압록강을 사이에 두고 인접한 '동국東國' 조선이었다. 가장 영향력 있는 조선 서원의 주창자는 바로 '동국의 주자'라 불렸던 이황李滉으로, 그는 서원 창건 해에 올린 상서에서 "우리나라에서는 줄곧 중국의 교육제도에 따라 교육해왔는데, 수도에는 성균관, 사학四學이 있고, 지방에는 향교가 있어 그럴 듯해 보인다. 그러나 유독 서원이라는 기관을 들어본 적이 없으니 우리나라의 큰 흠이라 할 것이다."라 했다.[1] 따라서 『명일통지明一统志』에 수록된 300여 서원의 사례를 들어 중국 서원 제도를 전면 도입하자고 제안했다. "우리나라의 서원 설립은 가정 연간에 시작되었는데, 만력 이후에는 사당이 해마다 늘어나 고을마다 즐비하게 되었다."[2] 이렇게 중국 서원은 한반도의 조선을 거쳐 일본, 동남아, 유럽과 미국으로 전파되면서 중국과 해외 문화 교류의 가교가 되었다.

---

1) (한)李溪,「上沈方伯通源書」,『퇴계선생문집』권9, "惟我東國, 迪教之方一遵華制. 內有成均, 四學, 外有鄉校, 可謂美矣. 而獨書院之設, 前所未聞, 此乃吾東方一大欠典也."
2) 『인조실록』권45, 인조22년8월 기미條. 丁淳睦의「한국서원교육제도연구」(민족문화연구소 편, 『민족문화총서3』, 대구: 영남대학교, 1989년 제3기, 30쪽)에서 재인용. "我東書院之作, 委于嘉靖年間, 逮至萬歷以後, 朝宇之作, 歲益浸盛, 比邑相望."

1. 조선의 서원

조선 서원의 발전사

한반도 역사에서 '서원'이라는 용어는 중국이 당말오대唐末五代였던 신라 말부터 사용되기 시작했다. 고려시대에 편찬된 『삼국사기三國史記』권46 「최치원전崔致遠傳」에는 "최언위崔彦撝는 18살에 중국 당나라로 유학을 갔다가 42살에 귀국하여 집사부 시랑과 서서원瑞書院 학사로 임명되었다(崔彦撝爲年十八, 入唐遊學……四十二還國, 爲執事侍郎瑞書院學士)."라는 기록이 있다. 여기에서 "서서원"은 국가 기밀을 관장하는 기관으로, 교육의 기능은 전혀 없었다. 고려 성종 9년(990, 송 淳化 원년), 서경西京에 '수서원修書院을 설립하고 "제생이 사적을 필사하여 보관하게 하였다(令諸生抄(詩)書史籍而藏之)."[3] 이는 당대 장안, 낙양의 집현서원, 여정서원과 유사한, 소장 도서 및 전적을 정리하는 기관이었다. 조선 세종 원년(1419, 명 영락 17)에 오면 다음과 같은 교령이 반포된다. "유사(儒士)들이 사사로이 서원을 설립하여 생도를 가르친 자가 있으면, 위에 아뢰어 포상할 것이다(其有儒士私置書院, 敎誨生徒者, 啓聞褒賞)."[4] 이때 '서원'은 독립 명사로 자리 잡았으며, 교학 기능도 생겨났다. 그 이후 조선 서원은 450여 년 동안 지속적으로 발전했다.

조선의 서원은 대체로 사묘祠廟와 서재書齋라는 두 개의 기원이 있는데, 이는 중국 서원과 무관하게 독립적으로 생겨난 것으로 보인다. 이후 중국 서원제도의 영향을 받아 제사와 학문을 겸비한 '정궤(正軌: 正道-역자) 서원' 개념이 형성되면서 "고을마다 즐비하게 될 정도(比邑相望)"로 큰 발전을 이루었다. 이 과정은 세 시기로 나눌 수 있다.[5]

---

3) 『고려사』 권3.

4) 『세종실록』 권2.

5) 최근 한국 지인인 영남대 국사학과 이수환 교수로부터 정순목 교수의 저서 『韓國書院制度硏究』를 받았다. 이 책에는 조선 서원의 수가 903곳에 달하고 서원 발전사도 3 단계로 나눌 수 있다고 되어 있다. '藏修優位時代'라 불리는 첫 단계는 16세기로, 이 시기의 서원은 講學 및 祀廟 두 가지 기능을 가졌다. 제2단계는 17-18세기로, '享祀優位時代'이다. '書院整備時代'로 불리는 제3단계는 19세기이다. 서원 발전의 시기 구분과 특징에 관해서는 학자들마다 약간의

세종 원년에서 명종 말년(1419-1567, 명 영락 17년-융경 원년)까지, 세종, 문종, 단종, 세조, 예종, 성종, 연산군, 중종, 인종, 명종 이상 10명의 왕의 재임 기간인 총 149년은 조선의 서원 발전사에서 제1기로 볼 수 있다. 이 시기는 다시 두 단계로 나눌 수 있다. 중종 원년(1506) 이전의 87년간이 첫 단계로, 이 때 서원은 교학 기관에서 교학과 선현 숭사를 아우르는 문화기구로 발전했다. 조선시대의 교육은 인재 양성을 위한 학교 제도와 인재 선발을 위한 과거제도, 두 가지로 이루어져 있었는데, 세종 연간까지 운영되는 동안 몇 가지 문제들이 발생했다. 첫째, 과거제도 문란으로, 양반 자제들은 과거를 치르지 않고 벼슬에 오를 수 있었던 데 반해, 가난한 집 선비들은 그런 특권이 없었다. 설령 일반 선비들이 양반 자제들과 함께 과거에 응시하더라도, 합격 자리는 언제나 양반들 차지였다. 이로 인해 인재 양성으로서의 학교는 더 이상 흡인력이 없었다. 동시에 병조兵曹에서는 20세 이상의 자제들을 군적軍籍으로 입적시켰는데, '군적'이라는 이 특혜로 인해 재학생들, 특히 가난한 선비들이 학문에 집중하지 못하고 군에 속하려는 현상을 만들면서 관학의 쇠퇴를 가속화했다. 관학이 쇠퇴해도 교육은 지속되어야 했기 때문에, 조정에서는 관학의 결함을 보완하면서도 민간의 학문 사업을 지원하고 장려하는 쪽으로 방향을 전환하게 된다. 전술했던 세종 원년의 공포된 '서원을 설립하여 생도를 교육하라(私置書院, 教誨生徒)'는 교령은 이를 잘 보여준다. 이러한 상황으로 인해 조선 역사상 서원의 최초 기능은 교육에 집중되며 관학을 대체 및 보완하는 역할을 하게 된다.

중국 서원이 조선에 전래되었다는 가장 명확한 기록은 조선의 『세종실록』에 보인다. 세종 21년(1439, 명 정통 4년) 9월 갑술일 조목에는 "처음에 겸성균주부兼成均注簿 송을개宋乙開가 상서上書하여 각 관官의 학교로 하여금 밝게 학령學令을 세우기를 청하였다. 명하여 예조禮曹에 내려 성균관成均館과 더불어 의논하게 하니, 성균관에서 의논하기

견해 차이가 있지만, 이 저서는 참고할 만하다. 참고로 이수환 교수는 조선시대 서원제도에 대해 깊이 연구한 한국학자이다. 그의 연구 성과로는 『조선후기서원연구』(서울: 삼신문화사, 2001년), 『도동서원지』(경상북도: 영남대학교출판부, 1997년), 『옥산서원지』(대구: 영남대학교출판부, 1993년) 등이 있다.

를, "삼가 상고하옵건대, 주문공朱文公이 순희淳熙 연간에 남강南康에 있을 때에 조정에 청하여 백록동 서원白鹿洞書院을 짓고 학규學規를 만들었는데, 그 대략에 이르기를, '부자유친父子有親, 군신유의君臣有義, 부부유별夫婦有別, 장유유서長幼有序, 붕우유신朋友有信' 이라 하였으니, 이상이 오교五教의 조목입니다…."라는 내용이 있다.[6] 여기에는 조선 역사서 최초로 주희가 제정한 「백록동서원학규白鹿洞書院學規」가 언급되었다. 조선 서원 연구자인 김상근金相根은 이때부터 "송대 백록동서원이 새롭게 언급되면서 '서원' 두 자가 단순한 교학 장소로만 삼지 않게 되었으며" "당시 사람들은 '서원'이 교육에 그치지 않고 선현을 봉사하는 사묘여야 한다는 것을 알게 되었다."고 했다. 따라서 '교육과 제사'라는 두 가지 사명을 가지면서도 선현 봉사를 더 중시하는 것은 '정궤正軌 서원' 개념이 점차 확립되고 있음을 보여준다.[7]이런 '정궤 서원'에는 사우祠宇, 사祠, 영당影堂, 별사別祠, 정사精舍, 이사里社, 이사里祠, 영전影殿, 사당(廟), 향사鄉社, 향사鄉祠, 당우堂宇, 서원 등 14가지 이름이 포함되어 있었다. 조선에 이러한 '정궤 서원'으로는 670곳으로 집계된다.[8] 조선 서원의 시공간적 분포 현황을 살펴보기 위해, 각 서원을 왕조 및 행정구역별로 다음의 〈표 7.1〉, 〈표 7.2〉에 정리하였다.

---

6) 『세종실록』 권86. "初, 兼成均主簿宋乙用上書, 請令各官學校, 明立學令. 命下禮曹, 與成均館議之. 成均館議曰: '謹按: 朱文公淳熙間在南康請于朝, 作白鹿洞書院, 爲學規, 其略曰: 父子有親, 君臣有義, 夫婦有別, 長幼有序, 朋友有信, 右五教之目……'"

7) (한)김상근, 『韓國書院制度之研究』. 대만: 嘉新水泥公司文化基金會, 1965년, 27쪽.

8) 대만 高明士의 『韓國李朝教育機構祭祀制度諸問題的探討』에서 재인용한 이춘희의 『李朝書院文庫目錄』(서울: 대한민국국회도서관, 1969년, 17쪽)에 따르면 서원 수는 650 곳이며, 일본 학자 와타나베 마나부(渡部學)의 통계에는 680곳, 674곳, 650곳 등으로 되어 있다. 이 책에서는 김상근 『李朝書院文庫目錄』의 통계를 토대로 하고 있으며, 이하 관련 수치도 김상근의 통계를 기준으로 하기에 별도로 주석을 표기하지 않는다.

<표 7.1> 조선시대 역대 왕 재임 기간 서원 통계[9]

연대	창건 서원 수	사액 서원 수
중종(中宗, 1506) 이전	9(13)	(1)
중종(1506-1544)	4(1)	
인종(仁宗, 1545-1146)	2	
명종(明宗, 1546-1566)	16(17)	2(3)
선조(宣祖, 1567-1608)	86(82)	21(21)
광해군(光海君, 1609-1622)	38(38)	16(15)
인조(仁祖, 1622-1649)	57(55)	6(5)
효종(孝宗, 1650-1659)	35(37)	10(10)
현종(显宗, 1660-1674)	70(72)	43(44)
숙종(肅宗, 1674-1720)	287(327)	132(131)
경종(景宗, 1721-1724)	9(29)	7
영조(英祖, 1725-1776)	20(159)	13(13)
정조(正祖, 1777-1800)	6(7)	14(13)
순조(純祖, 1801-1834)	1(1)	1(1)
헌종(憲宗, 1835-1849)	1(1)	1(1)
철종(哲宗, 1850-1863)	1(1)	2(1)
고종(高宗, 1864-1907)	(1)	(1)
연대 미상	28(62)	
합계	670(903)	269(270)

<표 7.2> 조선시대 도별 서원 통계

도	서원 수	사액 수
경기도	56	50
충청도	94	36
전라도	139	48
경상도	251	68
강원도	34	8
황해도	30	23
평안도	36	25
함경도	30	11
합계	670	269

9) (한)丁淳睦의 『韓國書院教育制度研究』(31쪽) 및 (한)鄭萬祚의 『朝鮮時代書院研究』(서울 : 集文堂, 1997년, 141쪽)에 따르면 조선시대의 서원은 총 903곳으로, 그 중에서 賜額 서원은 270곳에 달한다. 이는 김상근의 통계와 약간 다르고, 왕 재위 기간 별 서원 수에도 차이가 있다. 두 수치를 비교하기 위해 괄호로 표기했다.

670개 서원 중 56.1%인 376곳을 정궤 서원으로 칭할 수 있다. '정궤 서원'이라는 개념의 확립은 조선 서원이 독립적으로 발전해가고 있다는 것을 의미하며, 이후 중국 서원은 조선 서원의 발전 및 제도적 보완에 큰 영향을 끼쳤다. 그러나 이 단계에서 서원은 명초와 마찬가지로 크게 발전하지 못했고, 10년에 한 곳만 설립되어 한반도 전체에 9개의 서원이 있는 정도였다. 따라서 이 시기는 조선 서원의 초기 단계라 할 수 있다.

두 번째는 중종 원년부터 명종 말기까지(1506-1567, 명 정덕 원년-융경 원년) 62년간 으로 조선 서원이 발전하기 위한 준비 단계이다. 중종(1506- 1544)이래 관학은 더욱 쇠퇴하여 중앙 성균관(太學) 및 사학 유생들은 "전부 모이지도 않고 교사와 선배들 역시 힘써 가르치지 않았고(全不聚會, 師長亦不勤教誨)", 지방 '향교'는 더욱이나 "유적儒 籍에 이름만 걸쳐 놓을 뿐, 나이가 예순이 다 되었어도 글자 한 자도 모르는(托名儒籍, 年幾六十而不識一字)"10) 사람이 넘쳐나는 등, 인재 양성의 기능과 대중적 신뢰를 상실했 다. 식견 있는 학자들은 "오늘날 서원의 교육이 번창하면 학정의 부족함을 구제할 수 있을 것(惟有書院之教盛興于今日, 則庶可以救學政之缺)"이라 생각했다.11) 한편, 조선 초기 에는 중국의 유교를 건국 정치사상으로 삼았으며, 중종 때 명나라의 영향으로 숭유존현 崇儒尊賢을 위한 사묘 건립운동이 생겨났다. 『중종실록』 권34에는 중종 13년(1518) 10 월 정묘일, 성균관 직강 임제광林霽光이 조정에 상소한 일이 실려 있는데, 내용은 다음 과 같았다. "신이 『대명일통지大明一統志』를 보건대 선현先賢의 사묘祠廟가 없는 곳이 없으니, 이는 덕의德義를 숭장崇獎하여 후세 사람을 권면하는 아름다운 일입니다. 우리 나라의 전장典章과 문물文物은 모두 중국을 따랐으되 사묘의 제도는 결여되었으니 어 찌 성치聖治에 흠 되는 일이 아니겠습니까?"12) 이로써 '동방 이학의 조상(東方理學之 宗)'으로 불리는 정몽주, '멀리는 공자의 주공을 향한 꿈을 계승하고 염락(濂洛: 주돈이

---

10) 『중종실록』 권44, 권29.

11) (한)李滉, 「上沈方伯書 通源」, 『退溪先生文集』 권9,

12) "臣伏見『大明一統志』, 先賢祠無處不有, 此崇德義以勸後來之美事也. 我國家典章文物悉仿 中朝, 而獨于祠廟之制蓋闕如也, 豈非聖治之欠典也."

와 정이, 정호 형제)을 깊이 탐구한(遠紹夢周之緒, 深求濂洛之源)' 김광필, '동방 문헌의 시초(東方文獻之首)' 최치원 등을 위해 조선 유학자들이 사당을 세워 성치의 부족함을 보완하면서, "사묘 건립 운동은 후대 서원 발전의 강한 원동력이 되었다." 바로 이런 배경 속에서 교육과 선현 제사를 겸비한 첫 '정궤서원'인 백운동서원白雲洞書院이 탄생한 것이다.

후에 소수서원紹修書院으로 개명된 백운동서원은 중종 36년(1514, 명 가정 20년) 풍기군수豐基郡守 주세붕周世鵬이 순흥현(順興縣, 현 경상북도 榮州郡)의 문성공文成公 안유(安裕, 후에 安珦으로 개명) 생가에 설립하여 안유를 제사 지내고 제생들을 모아 학문을 닦은 곳이다. 서원의 구체적인 상황에 대해서는 『중종실록』 권95에 다음과 같이 기록되어 있다. "주세붕은 안향의 옛 집터에 사우祠宇를 세워 봄, 가을에 제사 지내고 이름을 백운동서원이라 하였다. 좌우에 학교를 세워 유생이 거처하는 곳으로 하고, 약간의 곡식을 저축하여 밑천은 간직하고 이자를 받아서, 고을 안의 모든 백성 가운데에서 준수한 자가 모여 먹고 배우게 하였다. 당초 터를 닦을 때에 땅을 파다가 구리 그릇 3백여 근을 얻어 경사京師에 책을 사다 두었는데, 경서뿐만 아니라 무릇 정주程朱의 서적도 없는 것이 없었다."13) 이곳은 제사, 교학, 장서 세 가지 기능이 일체화된 서원으로, '정궤 서원'이라는 개념에 정확히 부합했다. 때문에 다음의 일반 연구자들은 이곳을 조선서원의 시초로 보고 있다. 박상만朴尙萬의 『한국교육사韓國敎育史』에서는 '동방 서원의 시초(東方書院之始)'로, 이병도李丙燾의 『국사대관國史大觀』에서는 서원의 '효시嚆矢'로 보았으며, 유홍열柳洪烈의 「조선에 있어서 서원의 성립在于朝鮮書院的成立」에는 백운동서원 전에 서원이 있긴 했지만 "규모의 완성은 백운동서원 설립 이후의 일이다(所謂規模完成之書院, 爲白雲洞書院設立以後之事矣)."라는 내용이 있다. 김상근金相根 역시 백운동서원을 조선서원의 '효시'로 간주했다.14)

---

13) "世鵬于珦之舊居爲建祠宇, 春秋享之, 名曰白雲洞書院. 左右有序, 以爲儒生棲息之所. 儲谷若幹, 存本取利, 使郡中凡民俊秀者聚會而學焉. 當初開基時, 掘地得銅器三百余斤, 貿書冊于京師而藏之, 非徒經書, 凡程朱之書, 無不在焉."

14) (한) 김상근, 『韓國書院制度之硏究』, 25-43쪽.

백운동서원을 조선 서원의 시원으로 간주하게 된 것은 선현 제사와 생도 교육이 일체화 되어 있었을 뿐만 아니라, 서원에 중종 39년 안보安輔, 안축安軸 형제 배사하면서, 최초로 선사 주사主祀 외에 배향종사 혹은 선현 추사追祀를 했으며, 그리고 명종 5년(1550, 명 가정 25), 이황의 청으로 '소수서원紹修書院'이라는 명칭으로 조정에서 사액을 내린 최초의 서원이기 때문이다. 이후 중요한 제도의 확립과 이황으로 대표되는 많은 유학자들의 주창으로 조정에서 높이 평가받았다. 2단계에는 62년 동안 22개의 서원이 신축되었는데, 이는 이전 단계보다 4.2배 증가한 수치이다. 그 중 명종 연간 (1546-1566)에만 매년 1개, 총 16개가 건립되는 뚜렷한 상승세를 보이면서 조선에서의 서원 번창을 예고했다.

두 번째 시기는 선조 원년부터 경종 말년까지(1568-1724, 명 융경 2년-청 옹정 2년), 총 7명의 왕이 재위했던 117년 간, 조선서원의 발전기이다. 연간 별 서원 설립 수는 다음과 같다. 선조 연간(1567-1608, 명 융경 원년-만력 36년) 86개, 광해군 연간 (1609-1622, 명 만력 37년-천계 2년) 38개, 인조 연간(1623-1649, 명 천계 3년-청 순치 6년) 57개, 효종 연간(1650- 1659, 청 순치 7년-16년) 35개, 현종 연간(1660-1674, 순치 17년-강희 13년) 70개, 숙종 연간(1675-1720, 강희 14-59) 287개, 경종 연간(1721-1724, 강희 60년-옹정 2년) 9개이다. 평균 수치를 계산해보면 매년 2곳 이상이 설립되었으며, 그 중 선조 연간이 가장 낮은 2.09, 숙종 연간이 가장 높은 6.23이다. 숙종 연간을 정점으로 한 포물선을 그리면서 선조 전 연간이 첫 번째 정점인 발전 추세는 명 만력 연간의 서원 발전 상황과 유사하다. 효종 연간 "서원이 점차 번성하여 향교 유생은 모두 서원 생도가 되었다(書院漸盛, 鄕校儒生, 鹹皆書院)." 최절정기였던 숙종 연간은 "한 도에 8-90 개의 서원이 설립되었으며 건물의 아름다움과 보호의 극진함이 성묘를 뛰어넘기도 한"15) 것을 보아 매우 번성했다고 할 수 있다. 이는 중국의 서원이 명 청 교체기의 전란을 거친 뒤 청 강희 시대 부흥기를 맞이한 상황과 비슷하다. 그 후 경종 연간

---

15) (한) 『增補文獻備考』 권210. "書院之設, 一道至八九十者, 宮室之美, 守護之盛, 往往逾越聖廟."

수치가 대폭 감소했을 뿐만 아니라 연 평균 수치 역시 연 2.5개로 크게 감소했다. 뒤이어 영조 연간에는 20개가 설립되긴 했지만, 그의 재위 기간이 51년이었음을 감안하면 연 평균은 0.39에 불과하다. 따라서 경종 연간을 조선서원의 절정기가 끝나는 상징으로 볼 수 있다.

이 시기에 서원이 크게 융성한 이유는 크게 두 가지다. 우선 관부의 제창이 가장 중요한 원인이었다. 이에 관해서는 두 가지로 나누어서 구체적으로 설명할 수 있다. 첫째, 조정의 대대적인 사액이었다. 조선의 '사액 서원'은 중국의 '사액 서원'과 마찬가지로 일반 서원보다 '호신부護身符' 하나가 더 많았으며, 지위 역시 높아서 더 큰 명성을 누렸다. 때문에 사액제도가 설립되자 관부에서는 이를 활용하여 적극적으로 서원을 장려 및 표창하였고, 이는 서원 발전에 큰 영향을 끼쳤다. 선조연간의 경우 사액을 신청하여 받은 서원이 21곳으로 전체 신축서원(86개)의 24.4%를 차지했으며, 현종 연간에 설립된 70개 서원 중 43곳에 이 사액을 받아 전체의 61.4%를 차지했다. 둘째, 서원의 부역이 면제된 원노院奴 보유를 인정하였다. 원노의 직책은 '서원 사무 처리(院事齋事)', '원전院田 경작(耕作院田)'이었다. 그리고 '다른 사람이 원노를 시킬 수 없고 관리가 원노를 빼앗을 수도 없다(人不得, 官不得奪).' 원노의 수는 서원마다 차이가 있었다. 국가 규정으로는 효종 연간 사액서원에는 7명, 비사액서원에는 5명을 두었다가, 효종 연간 사액서원은 20명으로 증가하였고, 비사액서원은 정원을 정하지 않았다. 원노의 설치와 부역 면제 특권은 서원이 정상적으로 운영될 수 있도록 국가에서 보장해준 것이었다. 아울러 관리들을 파견하여 제사를 주관하고, 제품祭品을 하사하기도 했다. 이들 모두 정부가 서원을 중시하고 제창했음을 잘 보여준다. 조정의 역할이 잘 이루어지면 아래에서도 잘 운영되었기 때문에 서원은 발전할 수밖에 없었다.

둘째, 지방 유림들의 열정적 설립도 서원이 발전할 수 있었던 중요한 원인이었다. 서원의 교육과 제사라는 두 가지 사업 중 특히 제사를 중시하여, 각지 사신士紳들은 특별히 향현과 선유선철의 행적에 관심을 기울이며 그들과 관련된 곳에 서원을 지어 봉사했다. 김상근의 통계에 따르면 조선 서원에 공봉된 선현은 무려 1,300명에 달했는데, 이 중 2개 이상 서원에 봉사된 이는 185명, 5개 이상은 44명, 10개 이상은 14명으로,

조선의 송시열, 이황, 이이 등은 각각 34개, 31개, 20개 서원에 공봉되었다. 이는 지역 인사들이 서원 건립에 얼마나 큰 열정을 가지고 있었는지를 잘 보여준다. 이러한 열정에 정부의 지원이 더해져 한반도에서 서원 문화는 꽃피우게 된 것이다.

세 번째 시기는 영조 원년부터 고종 8년(1725-1871, 청 옹정 3년-동치 10년)까지 영조, 정조, 순조, 헌종, 철종, 고종 총 6명의 왕이 재위했던 147년간으로, 29개 서원만이 신축된 서원 쇠퇴기이다. 서원의 번창은 쇠퇴할 수 있다는 것을 예고한 것이기도 하다. 가장 크면서도 먼저 나타났던 문제가 바로 '쓸데없는 신축(濫設)'과 '중복 설립(迭設)'이었다. 인조 연간 조정에서는 이러한 상황을 감지하고 조정의 허가 없이 서원을 세울 수 없게 했다. 효종 연간에는 '사적 건립(私建)'을, 숙종 연간에는 '중복 설립'을 금지시켰으며, 이를 위반했을 시, '중률重律로 논하였다(論以重律)'. 그러나 수 차례 금지령에도 불구하고, 서원은 늘어나기만 했다. 뿐만 아니라 서원이 토지를 강점하고 원노를 끌어 모으고 '제수금祭需錢'을 갈취하고, 사적으로 '원보(院保: 세금의 한 종류)'을 징수하고 범죄를 비호하고 당쟁에 참여하고, '유통儒通'과 '청의淸議'라는 명목 하에 시정을 간섭하는 등의 갖가지 폐단이 생겨나면서, 국가의 경제적 수입, 병역 인원 조달, 사회 안정 등에 큰 위협이 되어버렸다. 서원이 몰락할 지경에 이르러 대책이 없게 되자 국가에서는 장려 및 지원 정책에서 엄격한 관리, 조정으로 정책을 변경했다.

영조 17년(1741, 청 건륭 6년), 300여 개의 서원을 '철폐'하도록 조령을 내린 것[16]이 대규모 서원 철폐의 시초였다. 순조 원년(1801, 청 가경 6년), 온양군溫陽郡, 금산군金山郡, 석성현石成縣 이상 3읍의 유생들이 사적으로 서원을 설립하면서 "검열(嚴勘)"받았으며, 행정장관 역시 "감찰(從重推考)" 처분을 받았다. 철종 9년(1858, 청함풍 8년) 관신 사민들의 "절치부심(切齒蓄怨)"을 불러일으킨 화양서원에 대한 엄격한 조치인 '황양동묵패華陽洞墨牌'를 공포했고, 이곳의 행정장관 복주촌福酒村은 "영구 파직되었다(永久革罷)". 이들 모두 서원을 대폭 정비했던 선례였다. 고종 2년(1865, 청 동치 4년) 섭정했던 대원군大院君은 여론을 무시하고 원래 있던 '대표 서원'인 동만東萬 사당을 철폐하면서

---

16) (한)『增補文獻備考』 권210.

전면적 철폐를 시작했다. 8년(1871, 청 동치 10년), 결국 "문묘에 종향從享하는 사람 이외의 서원에 서 제사지내는 것을 전부 그만두도록 하라(文廟從享人以外書院, 竝爲撤享)."라는 조령이 내려졌다. 조령은 다음과 같았다. "처음에는 전조前朝의 사람인 문성공文成公 안유安裕의 도학을 사모하는 뜻에서 서원을 세우고 신위를 안치하였다. 그런데 근래에는 끝없는 폐단이 일어나 집집마다 서원이 있는가 하면, 한 사람이 대해서 4, 5, 6개의 서원을 세운 경우도 비일비재하다. 각기 본손本孫들이 주선하여 가묘家廟를 세우는 것은 본래 제현諸賢을 존경하는 뜻에서 비롯된 것인데, 근래에는 조상을 위한 것으로 변해버렸다. 도학에 대한 충절이 있는 사람은 고사하고 한 차례 보도輔導 직에 있은 사람이면 매번 서원을 세우고 산 사람을 위한 사당을 세우는 일이 많으니, 이것은 타당한 일이 아니다. 이번에 서원 문제를 바로잡는 것은 멀리 내다본 계책이다. 나에게도 제현을 존경하는 마음은 있지만, 중첩하여 서원을 설치하는 것은 진실로 제현을 존경하는 본의가 아니기에 그렇게 하였다."[17] 이에 따라 전국의 47개 서원을 제외하고 모든 서원이 강제로 철거되었다. 47개 서원의 기본 정보는 다음과 같다.

〈표 7.3〉 조선 말 서원 현황

서원 명칭	위치	건립 시기	사액 시기	주 배향 인물
숭양서원崇陽書院	경기 개성開城	선조 6년(1573)	선조 8년(1575)	정몽주鄭夢周
우저서원牛諸書院	경기 김포金浦	인조 16년(1648)	숙종 원년(1675)	조헌趙憲
심곡서원深谷書院	경기 용인龍仁	효종 원년(1650)	효종 원년(1650)	조광조趙光祖
룡연서원龍淵書院	경기 포천抱川	숙종 17년(1691)	숙종 18년(1692)	이덕형李德馨
포산서원坡山書院	경기 파주坡州	선조 원년(1568)	효종 원년(1650)	성수침成守琛
사충서원四忠書院	경기 광주廣州	영조 원년(1725)	영조 2년(1726)	김창집金昌集
대노사大老祠	경기 여주驪州	정조 9년(1785)	정조 9년(1785)	송시열宋時烈
덕봉서원德峰書院	경기 안성安城	숙종 21년(1695)	숙종 26년(1700)	오두인吳斗寅
충열사忠烈祠	경기 강화江華	인조 20년(1642)	효종 9년(1658)	김상용金尙容

---

17) 위의 책. "書院設置, 始以前朝人文成公安裕之道學, 有所寓慕, 建院, 妥靈者. 而邇來無窮之弊. 家家有院, 且一人之四五六處建院, 比比有之. 各其本孫之周旋爲家廟矣, 本以尊賢之義, 近作爲先之事. 且道學, 忠節姑舍, 一次輔導之人, 則每多建院與生祠, 此非當然之事. 今此書院歸正, 卽是經遠之謨也. 予有尊賢之心, 則疊設, 實非尊賢之本意, 故如是矣."

서원 명칭	위치	건립 시기	사액 시기	주 배향 인물
노강서원鷺江書院	경기 의정부議政府	숙종 21년(1695)	숙종 23년(1697)	이태보朴泰輔
현제사顯節祠	경기 광주廣州	숙종 40년(1688)	숙종 19년(1693)	김상헌金尙憲
기공사紀功祠	경기 고양高陽	헌종 7년(1841)	헌종 7년(1841)	권율權慄
축암서원遯岩書院	충청 논산論山	인조 12년(1634)	현종 원년(1660)	김장생金長生
노강서원魯岡書院	충청 논산	숙종 원년(1675)	숙종 8년(1682)	윤황尹煌
창열사彰烈祠	충청 부여扶余	숙종 43년(1717)	경종 원년(1721)	윤집尹集
충열사忠烈祠	충청 충주忠州	숙종 23년(1697)	영조 3년(1727)	임경업林慶業
표충사表忠祠	충청 청주淸州	영조 7년(1731)	영조 12년(1736)	이봉상李鳳祥
서악서원西岳書院	경상 경주慶州	명종 6년(1561)	인조 원년(1623)	설총薛聰
소수서원紹修書院	경상 영주榮州	중종 38년(1543)	명종 5년(1550)	안향安珦
금오서원金烏書院	경상 선산善山	선조 3년(1570)	선조 8년(1575)	길재吉再
도동서원道東書院	경상 달성达城	선조 38년(1605)	선조 40년(1607)	김굉필金宏弼
남계서원灆溪書院	경상 함양咸陽	명종 7년(1552)	명종 21년(1566)	정여창汝昌
옥산서원玉山書院	경상 월성月城	선조 6년(1573)	선조 7년(1574)	이언적李彦迪
도산서원陶山書院	경상 안동安東	선조 7년(1574)	선조 8년(1575)	이황李滉
흥암서원興岩書院	경상 상주尙州	숙종 28(1702)	숙종 31년(1705)	송준길宋浚吉
옥동서원玉洞書院	경상 상주尙州	숙종 40년(1714)	정조 13년(1789)	황희黃喜
충렬사忠烈祠	경상 동래東萊	선조 38년(1605)	인조 2년(1624)	송상현宋象賢
병산서원屛山書院	경상 안동安東	광해군 5년(1613)	철종 14년(1863)	유성룡柳成龍
창렬사彰烈祠	경남 진주晉州	선조 연간	선조 40년(1607)	김천일金千鎰
충렬사忠烈祠	경남 충무忠武	광해군 6년(1614)	경종 3년(1723)	이순신李舜臣
포충사襃忠祠	경남 거창居昌	영조 14년(1738)	영조 14년(1738)	이구원李逑原
무성서원武城書院	전북 정읍井邑	광해군 7년(1615)	숙종 22년(1696)	최치원崔致遠
필암서원筆岩書院	전남 장성長城	선조 23년(1590)	현종 3년(1662)	김인후金麟厚
포충사襃忠祠	전라 광산光山	선조 34년(1601)	선조 36년(1603)	고경명高敬命
창절서원彰節書院	강원 영월寧越	숙종 11년(1685)	숙종 25년(1699)	박팽년朴彭年
충렬서원忠烈書院	강원 금화金化	효종 원년(1650)	효종 3년(1652)	홍명구洪命耈
포충사襃忠祠	강원 철원鐵原	현종 6년(1665)	현종 9년(1668)	김응하金應河
청성묘淸聖廟	황해 해주海州	숙종 17년(1691)	숙종 27년(1701)	백이伯夷
태사사太師祠	황해 평산平山		정조 20년(1796)	신숭겸申崇謙
문회서원文會書院	황해 백천白川		선조 원년(1568)	이이李珥
봉양서원鳳陽書院	황해 장연長淵	숙종 21년(1695)	숙종 22년(1696)	박세채朴世采
노덕서원老德書院	함경 북청北靑	인조 5년(1627)	숙종 13년(1687)	이항복李恒福
삼충사三忠祠	평안 영유永柔	선조 36년(1603)	현종 9년(1668)	제갈량諸葛亮
무열사武烈祠	평안 평양平壤	숙종 19년(1693)	숙종 19년(1693)	석성石星
충민사忠愍祠	평안 안주安州	숙종 7년(1681)	숙종 8년(1682)	남이흥南以興
표절사表節祠	평안 정주定州			정저鄭著
수충사酬忠祠	평안 영변寧边		정조 8년(1784)	휴정休靜

이로써 서원은 조선에서 자신의 사명을 다 하고 역사 속으로 사라지게 되었다. 26년 후, 고종은 국호는 대한제국大韓帝國으로, 연호는 광무(光武, 1897, 청 광서 23년)로 바꾸었다. 13년, 순종 융희 4년(1910, 청 선통 2년, 일 메이지 43년), 「한일병합조약韓日並合條約」이 체결되면서 한반도 전체가 일제에 병탄되었다.

주희 및 백록동서원이 조선 서원에 미친 영향

제사에 치중했던 조선 서원 중에서 필자는 중국 선현의 위패에 주목했다. 김상근의 통계에는 시대별로 이름과 봉사서원이 열거되어 있다. 이를 인용하면 은나라 사람 백이 1곳, 숙제 1곳, 서주 사람 기자 3곳, 동주 사람 공자 8곳, 안자 1곳, 삼국시대 사람 제갈량 4곳, 한나라 사람 관녕 1곳, 당나라 사람 소정방 1곳, 송나라 사람 호안국 1곳, 정명도 3곳, 정이천 1곳, 악비 1곳, 여대림 1곳, 문천상 1곳, 주희 25곳, 정신보 1곳, 명나라 사람 유정 1곳, 이성량 1곳, 이여매 1곳 총 19명, 57개 서원이다. 이들 모두 중국 서원 사제들에게 친숙한 명현 명유들로, 조선 서원에서 향을 피우고 절을 올렸다는 것은 중국 유가의 영향이 얼마나 컸는지를 잘 보여준다. 명종 5년(1550, 명 가정 29년) 조선의 이학대사 이황이 백운동서원의 사서와 사액을 청할 때 "우리나라의 교육 제도는 줄곧 중국을 모방해왔는데, 수도에서는 성균관, 사학四學이 있고, 지방에서는 향교가 있어 족해 보이는 듯하다. 그러나 유독 서원이라는 기관만이 들어본 적이 없으니, 이는 큰 흠이라 할 것이다."[18] 따라서 "송나라의 선례에 따라 서적과 편액을 하사하고(請依宋朝故事, 頒降書籍, 宣賜匾額) '선정先正의 자취가 남아 있는 곳(先正遺塵播馥之地)'에 서원을 세워 우리나라에서도 서원에서 교육을 할 수 있도록 주청하였다."[19] 이는 '동국'의 서원이 중국 서원 제도를 모방하여 형성, 발전되었다는 것과 다름없다. 그렇다면 조선 서원의 발생과 발전, 그리고 제도적 완비 과정은 어떠했을까? 또 어떤

---

18) "惟我東國, 迪教之方, 一遵華制, 內有成均, 四學, 外有鄉校, 可謂美矣. 而獨書院之設, 前未有聞, 此乃吾東方一大欠典也."

19) (한)이황, 『退溪先生文集』 권9. "興書院之教于東方, 使可同于上國也."

점이 중국 서원 문화의 영향을 받았을까? 이 문제에 답하기 위해 서원 교육자 주희와 그가 운영했던 백록동서원을 예로 들고자 한다.

조선에서는 주희를 봉사하는 서원은 25개로 전체 중국 선현을 봉사한 서원의 43.8%를 차지하여 1위를 기록한 것에 반해, 지성선사至聖先師라고도 불렸던 공자가 각지 문묘에 전사專祀된 곳이 8개에 불과해 2위를 차지하였던 것을 보면, 주자의 학설의 조선에 대한 영향력을 엿볼 수 있다. 조선팔도 중 7개 도道에 분포되어 있었던 서원들 중 성주星州의 천곡서원川谷書院은 중종 22년(1528, 명 가정 7년)에 창건되었는데, 이는 조선 서원의 '효시嚆矢'라 불리는 백운동서원보다 13년 이른 것으로, 주자 사상이 전사회적으로 끼친 영향을 잘 보여준다. 이에 각 서원의 기본 상황을 다음과 같이 정리하였다.

〈표 7.4〉 조선서원의 주희 향사 현황 일람표[20]

서원 명	소재지	창건 시기	사액 시기	향사 인물	배사 인물
임장서원臨漳書院	경기도 연천漣川	숙종 경진년(1700)	숙종 병신년(1716)	송 주희	조선 송시열
운곡서원雲谷書院	충청도 충주忠州	현종 신축년(1661)	숙종 임진년(1676)	송 주희	조선 정구鄭逑
충현서원忠賢書院	충청도 공주公州	선조 신사년(1581)	인조 을해년(1625)	송 주희	고려 이존오李存吾 등
종해당영당宗晦堂影堂	충청도 회덕懷德	숙종 정축년(1697)		송 주희	조선 송시열
도동서원道東書院	충청도 목천木川	인조 기축년(1649)	숙종 임진년(1676)	송 주희	조선 정구
집성사영당集成祠影堂	충청도 예산禮山	숙종 무자년(1708)		송 주희	조선 송시열 등
회암서원晦庵書院	충청도 덕산德山	숙종 기묘년(1699)		송 주희	조선 이담李湛 등
성전영당星田影堂	충청도 진금鎭岑	숙종 임진년(1712) 공주에 건립, 영조 무오년(1738) 진잠으로 이전		송 주희	조선 송시열
룡호영당龍湖影堂	전라도 무주茂朱	영조 을축년(1745)		송 여대림呂大臨, 주희	
삼천서원三川書院	전라도 용담龍潭	현종 정미년(1667)	숙종 을해년(1695)	주 안연, 송 정호, 정희, 주희	한 제갈량
자양서원紫陽書院	전라도 함평咸平	영조 병오년(1726)		송 주희	
천곡서원川谷書院	경상도 성주星州	중종 무자년(1528)	선조 계유년(1573), 정미년(1607)	송 정이, 주희	조선 김굉필 등
신양영당新安影堂	경상도 영덕盈德	숙종 임오년(1702)		송 주희	조선 송시열 등

20) 이 표는 김상근의 『韓國書院制度之研究·地方書院簡介』를 토대로 작성했다.

서원 명	소재지	창건 시기	사액 시기	향사 인물	배사 인물
소현서원紹賢書院	황해도 해주海州	선조 정축년(1577)	광해 경술년(1610)	송 주희	조선 조광조 등
백록동서원白鹿洞書院	황해도 황주黃州	선조 무자년(1588)	현종 신축년(1601)	송 주희	조선 김굉필
비봉서원飛峰書院	황해도 연안延安	선조 병신년(1596)	숙종 임술년(1682)	송 주희	고려 최충崔冲 등
룡암서원龍岩書院	황해도 장연長淵	숙종 기축년(1709)	경종 신축년	송 주희	조선 이이李珥
정원서원正源書院	황해도 신천信川	선조 무자년(1588)	숙종 경인년(1710)	송 주희	조선 조광조趙光祖
취봉서원鷲峰書院	황해도 안악安岳	선조 기축년(1589)	숙종 정축년(1697)	송 주희	조선 이이李珥
경현서원景賢書院	황해도 재녕載寧	효종 을미년(1655)	숙종 을해년(1695)	송 주희	조선 이이李珥
봉강서원鳳岡書院	황해도 문화文化	효종 병오년(1656)	숙종 무오년(1678)	송 주희	조선 조광조 등
도동서원道東書院	황해도 송화松禾	선조 을사년(1605)	숙종 무인년(1698)	송 주희	조선 조광조 등
봉암서원鳳岩書院	황해도 은율殷栗	광해 계축년(1623)		송 주희	조선 김굉필 등
신안서원新安書院	평안도 정주定州	숙종 임진년(1712)	숙종 병신년(1716)	송 주희	
주문공서원朱文公書院	평안도 선천宣川	숙종 신사년(1701)		송 주희	조선 이이

한편 한국 학자 이춘희李春熙의 「조선의 교육문고에 관한 연구關于朝鮮的教育文庫研究」[21]에 첨부된 「전국서원일람표全國書院一覽表」집록에 따르면, 조선에서는 이들 25개 서원 외에 아래 6개 서원에서 주희를 봉사했다.

한천사寒泉祠, 경기도 개성에 위치, 순조 정인년(1707) 창건. 주희 및 고려 안류 등 봉사
주계학당朱溪講堂, 전라도 무주에 위치, 영조 병자년(1726), 주희 제사
신안서원新安書院, 전라도 임실에 위치, 창건 연대 미상, 주희 주사主祀, 송 경원慶元 황제 등 배사
성남서원城南書院, 경상도 영천에 위치, 창건 연대 미상, 주공, 기자, 공자, 안자, 주자, 이형상李衡祥 제사
신안사新安祠, 평안도 평양에 위치, 창건 연대 미상, 주희 제사
부남서원府南書院, 평안도 선천宣川, 숙종 신사년(1701), 주희 주사主祀, 이이 배사

이 두 가지 내용을 합하면, 조선에 주희를 봉사했던 서원은 최소 31개가 넘는다. 그러나 김상근의 통계에 따르면, 10곳 이상 서원에 봉사된 사람은 14명이었다. 순서대

---

21) (한)이춘희, 『조선조의 교육문고에 관한 연구』, 서울: 경인문화사, 1984년, 299- 333쪽.

로 언급하면 송시열(宋時烈, 34곳), 이황(李滉, 31곳), 주희(25곳), 이이(20곳), 조광조(趙光祖, 17곳), 이언적(李彦迪, 16곳), 정구(鄭逑, 15곳), 김굉필(金宏弼, 14곳), 정몽주(鄭梦周, 13곳), 조헌(趙憲, 11곳), 김상헌(金尙憲, 10곳), 김장생(金長生, 10곳), 민정중(閔鼎重, 10곳), 정여창(鄭汝昌, 10곳)으로, 이 중 주희만 유일한 중국 선현으로 세 번째로 많았다. 이와 달리 정순목丁淳睦의 통계에 따르면, 10곳 서원에 봉사된 사람은 13명으로, 송시열(44), 이황(29), 주희(25), 이이(20), 정구(鄭逑, 16), 조광조(15), 이언적(14), 송준길(12), 정몽주(12), 조헌(12), 김장생(12), 김상헌(11), 김굉필(10) 순이었는데,[22] 마찬가지로 주희만 중국인이었으며 세 번째로 많았다. 이를 통해 주희의 조선 서원에서의 지위와 영향력이 얼마나 중요했는지 알 수 있다.

주희와 백록동서원이 조선서원에 끼친 영향은 구체적으로 다음과 같다. 첫째, 주희의 학설은 조선에 전래 및 전파되어 조선시대의 정치 철학이 되었고, 조선 서원의 발전을 위한 사상적 토대가 되었다. 신라시대 초기, 유교 사상과 불교 교리가 동시에 조선에 전해졌는데, 머지않아 무사도武士道의 '화랑도花郞徒'와 결합해 공식 철학이 되었다. 신라 후기에는 성당盛唐 시기 문화의 영향으로 불교사상이 점차 융성하였다. 고려왕조가 신라를 대체하고 불교가 한반도의 국교가 되면서, 전국의 향촌 도읍까지 사원이 들어섰다. 불교는 명실상부 사대부의 정치사상이 되었다. 그러나 정치에 승려가 관여하면서 부패하기 시작했고, 이는 왕씨王氏 고려왕조가 망하게 된 가장 큰 원인 중 하나였다. 때문에 고려를 계승한 이씨 왕조는 조정과 민간을 막론하고 불교에 반감을 가졌으며, 결국 유교를 정치사상으로 채택하였다. 조선 건국 당시, 명 태조 주원장은 정주리학을 대대적으로 제창하고 있었는데, 당시 명나라의 속국이었던 조선이 수용한 유교사상 역시 집대성된 정주학설이었다. 아울러 조선 통치자들은 새로운 공식 사상 확립을 위한 연구 기관이 필요하며 유교 서원이 고려의 불교 사원을 대체해야 한다는 것에 통감했다. 유홍렬柳洪烈은 「조선 서원 설립에 관하여」에서 "사원은 소멸되었으나, 통치자는 존재했고 통치자에게 철학을 보급하는 기관은 여전히 필요했다. 때문에 사원

---

22) (한)정순목, 『조선조의 교육문고에 관한 연구』, 3쪽.

과 같은 유교 서원이 간판을 걸고 등장했다."23)고 했다. 이씨 조선은 "전적으로 중국의 문물제도를 모방했으며, 건립 초 임금과 백성, 위아래를 막론하고 주자사상을 지배관념으로 삼았다. 주문공朱文公의 『가례家禮』는 국가 및 사회의 갖가지 의례의 유일한 준칙으로, 『소학』을 수신과 경세의 대법으로 받들었다."24) 때문에 주자학설은 "간판을 들고 등장한(高揚招牌登場)" 서원의 사상적 기반이었다고 할 수 있다.

둘째, 앞서 언급한 바와 같이 백록동서원에서의 주희의 업적, 특히 그가 제정한 학규의 전래는 조선 교육사에서 제사와 교학의 두 가지 기능을 겸비한 '정궤 서원'이라는 개념을 확립했다. 뿐만 아니라 이황, 황중거(黃仲擧, 俊良) 등 주자학설 학자들의 '고증'과 '집해' 등의 작업을 통해25) 「백록동학규」의 정신이 대다수 조선서원들에 수용되어 사제를 지도하는 보편적 준칙이 되었으며, 조선서원의 발전에도 큰 영향을 끼쳤다. 전라도 장성의 필암서원에는 지금도 「백록동학규」가 걸려 있다. 이는 일본에도 전해졌다. 일본 게이안 3년(1650, 청 순치 7년, 조선 효종 경인년), 일본 야마자키 안사이山崎闇齋의 중국어본 『백록동학규집주』 서문에는 "요즘 퇴계의 『자성록自省錄』을 읽었는데 매우 상세하게 논의되어 있었다. 반복해서 여러 번 참독하여 이 학규의 정수를 알게 되었다. 그리하여 선유의 학설을 집성하여 「백록동학규」 조목마다 일일이 주석을 달아 동지들과 강습하였다."26)

셋째, 조선 서원의 '효시'인 백운동서원은 주희의 백록동서원 규제를 토대로 세운 것이다. 조선 『명종실록』 권10에는 다음과 같은 내용이 있다. "명종 5년(1550, 명가정 29년) 2월 병오일丙午日, 영의정 이기李芑, 좌의정 심연원沈連源, 우의정 상진尚震, 예조

---

23) "寺院雖然消滅, 支配者仍存, 供給支配者哲學的機關仍頗需要. 所以有似寺院的儒敎之書院, 高揚招牌而登場."

24) "所有文物制度, 皆始終模仿中國, 且已自國初, 上下君民以朱子思想爲壹大支配觀念. 朱文公 『家禮』爲國家社會百般禮儀上唯一之准則, 遵奉『小學』爲律身經世修道之大法."

25) 李滉은 黃仲擧와 松堂 朴公의 『白鹿洞學規集解』 간행과 관련해 편지로 여러 차례 논의하였다. 이는 일본학자들에게도 영향을 미쳤다.

26) "近看李退溪(滉)『自省錄』, 論之詳矣. 得是論反復之, 有以知此規之所以爲規者, 然後集先儒之說, 注逐條之下, 與同志講習之."

판서 윤개尹漑, 예조참의 서고徐固가 다음과 같이 의논드렸다. '풍기豊基의 백운동서원은 황해도 관찰사 주세붕周世鵬이 창립한 것인데, 그 터는 바로 문성공文成公 안유安裕가 살던 곳이고, 그 제도와 규모는 대개 주문공朱文公이 세운 백록동을 모방한 것입니다. 무릇 학령學令을 세우고 서적을 비치하며, 전량田糧과 공급의 도구를 다 갖추어서 인재를 성취시킬 만합니다.'27) "같은 책 13권에도 "풍기군에는 소수서원이 있어서 유생들이 함께 모여 있으니 주문공의 백록동과 같다"28)는 내용이 있다.

넷째, 조선서원의 사액제도는 백록동 고사의 영향을 많이 받았다. 조선서원 발전사에서 중요한 제도가 바로 조정의 사액이다. 사액을 받은 서원을 '사액 서원'이라고 하는데, 통계에 따르면 조선에는 이런 유형의 서원이 269개로 전체의 40%를 차지하며 한반도 서원 발전을 이끌었다. 이러한 제도는 주희와 깊은 연관이 있었다. 『증보문헌비고增補文獻備考』 권210 「학교고學校考 9」에는 다음과 같은 내용이 실려 있다. "명종 경술년(1550, 명 가정 29년) 문순공文純公 이황이 군郡에서 직위를 이어 맡았는데, 조정에서 교육을 주도하지 않으면 반드시 쇠퇴하게 될 것이라 여겨, 감사監司에게 중국 송나라 백록동 고사에 따라 서원에 서적과 학전을 하사해달라는 내용의 편지를 조정에 전해 달라고 하였다. 감사 심통원沈通源이 이황의 말대로 계문하니 소수서원에 편액 및 『사서』, 『오경』, 『성리대전』 등이 하사하고 대제학大提學 신광한申光漢에게 이 일을 기록하라고 하교하였다. 이로부터 서원 사액賜額이 시작되었다."29)

다섯째, 조선 서원은 유가사상, 특히 주희학설 전래의 산물로, 주자학설 전파에 크게 기여했다. 중국 서원과 마찬가지로 조선 서원은 교육의 장이자 학술의 중심지로서 많은

---

27) 領議政李芑, 左議政沈連源, 右議政尙震, 禮曹判書尹漑, 禮曹參議徐固議: "豊基白雲洞書院, 黃海道觀察使周世鵬所創立, 其基乃文成公安裕所居之洞, 其制度規模, 蓋倣朱文公之白鹿洞也. 凡所以立學令置書籍, 田糧供給之具, 無不該盡, 可以成就人才也."

28) 豊基郡有紹修書院, 壹道儒生濟濟相聚, 如朱文公之白鹿洞.

29) 明宗庚戌(1550, 明嘉靖二十九年), 文純公李滉繼位本郡, 以爲敎不由上, 則必墜廢, 以書遺監司請轉聞于上, 而依宋朝白鹿洞故事, 賜額頒書給土田臧獲, 俾學子修藏. 監司沈通源從其言, 啓聞, 賜額紹修書院, 命大提學申光漢作記, 仍頒'四書' '五經', 『性理大全』等書. 書院賜額始此.

인재를 배출하면서, 주자학 중심의 조선 유학 발전에 크게 공헌했다. 김상근은 이에 대해 "서원제도 탄생 이전, 유학자들은 정치와 학술을 분리하지 않고 하나로 여겼으나, 서원 제도 발전 후, 학자들은 서원을 낙원으로 삼으며 정계를 떠나 서원으로 발길을 돌려 수기치인에 전념하며 학문을 정치에서 독립시켜 독자적으로 발전시켰다. 그 결과 서경덕徐敬德, 이언적李彦迪, 김인후金麟厚, 이황, 조식曹植, 기대승奇大升, 이이, 성혼成渾, 장현광張顯光 등 우수한 유학자들을 배출하여 조선 유학의 체계를 확립하게 된다. 이들은 주자의 영향 속에서 성리론에 대한 전무후무한 성과를 올렸다. 그러므로 후대 사람들은 이 시기를 조선 유학의 황금기로 여겼다."[30]

한중 서원의 차이점

한중 양국의 서원은 연원과 문화적 배경의 차이로 인해 공통점과 동시에 차이점도 보여준다. "한국서원은 중국 서원 제도를 모방했기" 때문에 "유가학설 중심으로 경전을 교재 삼은, 조직된 공인 기구로 설립된 학교"라는 점에서 "유사점 및 공통점이 있다."

그러나 양국의 서원은 이식과 이식되었다는 관계를 넘어 서로 다른 문화적 토양을 가지고 있었기 때문에 각기 다른 특징을 지닌다. 첫째, 중국의 서원은 교육을 위주로, 선현 봉사를 부수적으로 여겼지만, 조선에서는 이와 정반대였다. 둘째, 중국 서원에서 봉사된 선현은 "숭고한 덕망과 성학에의 공헌이 유일하거나 가장 중요한 기준"이었던 데 반해, 조선에서는 공적 역시 겸비해야 했다. 셋째, 양국의 서원 모두 유교학설을 토대로 했으나, 중국에서는 특정 학파의 학설만을 존숭하지 않고 학술적으로는 일정 정도 개방성을 유지했기 때문에 정주리학, 육왕심학, 건가한학 등이 모두 서원에서 성행했던 것과 달리 조선은 주자학파를 종주로 하여 당시 중국에서 성행했던 양명심학, 건가한학에 대해서 기본적으로 배척적인 태도를 취하면서 학문적으로 보수적인 면모

---

30) (한)김상근, 「韓國書院制度與儒家思想」, 中國臺北: 『孔孟月刊』 권3, 제5기.

를 보여주었다. 넷째, 국가가 서원에 주는 특권과 우대는 조선이 중국보다 많았다. 원전의 면세, 원노의 부역 면제 등은 중국 서원에서는 보기 드물었다. 다섯째, 국가의 서원에 대한 구속력으로, 다시 말해 서원의 면세, 면역 특권이 없었기 때문에 중국에서는 전지를 넓게 차지하거나 국가 개정에 위협이 되는 폐단이 발생하지는 않았던 데 반해, 조선에서는 대대적인 원노 조달로 인해 병역에 악영향을 끼치는 폐단이 발생하기도 했다. 여섯째, 학술의 개방성 등의 장점으로 중국 서원 대부분은 신지식을 수용하여 청말 근대적 학당으로 개조하면서 신, 구교육의 가교 역할을 했다면, 학술의 보수성은 및 국가 경제와 안전을 위협했던 폐해를 비롯해 외진 위치와 작은 규모 등은 조선 서원이 완전히 몰락하는 형국을 초래했다. 이로 인해 문화사적으로 중국서원처럼 가교 역할을 하지 못한 채 역사의 종지부를 찍었으며, 일본 제국주의 침략자들의 고의적인 파괴까지 더해지면서 조선 서원의 역사는 단절되고 과거 문화제도의 대명사에 그치게 된다.

2. 일본의 서원

문화 교육제도 기구로서의 서원은 가까운 일본에도 전해졌으나, "국가의 문물전장文物典章이 중국(中朝)과 같았"던 조선과는 달리, 전면적으로 실시되지는 않았다. 무로마치室町시대(1338-1573) 말기, 일본에 '서원'이 등장했는데, 당시까지만해도 하나의 건축양식으로 '서원조書院造'라고도 불렸다. 처음에는 무사의 주택으로 설계되어 실내에는 모두 다다미를 깔고 벽감壁龕을 설치했다. 일본 근대 주택 형식이 바로 여기에서 유래되었다. 에도시대에 주자학과 양명학이 전래되면서 중국의 서원이라는 개념이 일본 학자들 사이에도 전해졌다. 도쿠가와 막부의 3대 쇼군 에미츠家光 시대 말(1640년 경)에 사숙을 서원이라 부르기 시작하면서, 학교와 출판기관으로서의 서원이 생겨났다. 메이지유신 이후 일본이 발전하면서, 당시 일본(東瀛)으로 유학가는 중국 학생들이 많아졌고, 서원은 중국인 유학생을 수용하는 교육기관이 되었다. 청일전쟁에서 중국이 패한 후, 일본인들은 중국 본토에 서원을 설립하기 시작했다. 이러한 문화적 환류는 일제의 대만 식민지화와 대도臺島의 기존 서원들을 폐쇄 및 개조하면서 이루어졌다.

학교 역할을 수행한 일본 서원

일본 에도시대의 학교 형태는 크게 테라코야(寺子屋, 초급교육), 사숙(초급교육과 한학교육), 향학(초급교육과 서민 고등 교육), 번학(藩學,번 내 무사자제 교육), 관학(도쿠가와 막부 직할 최고 학부인 昌平阪學問所) 등이 있었으며, 그 외에 의학관醫學館 등의 전문교육기관도 있었다. 학교로서의 서원은 최소 74곳으로, 각 서원의 상황을 〈표 7.5〉에 정리했다.

〈표 7.5〉 일본 학교 특성의 서원 현황 일람표[31]

서원명	서원부지	창건시기	창건인	성격	备注
명하서원 明霞書院	도쿄부아자부구 東京府麻布區	덴포天保4년) (1833)	미야자키마코토 宮崎誠	사숙 私塾	메이지10년폐원
곡계서원 曲溪書院	도쿄	간세이寬政 연간 (1789-1800)	핫토리야스노미코토 服部保命	사숙	
강북서원 江北書院	도쿄제6대구 東京第六大區				메이지6년에도학생모집
선린서원 善鄰書院	도쿄	메이지27년 (1894)	미야지마다이하치 宮島大八	사숙	미야지마는중국에서 8년간 유학한 적이 있다
망남서원 望楠書院, 望楠軒書院	교토京都		하야시쿄오사이 林強齋	사숙	
구령서원 鳩嶺書院	교토京都	분세이文政원년(1818)		향교	
천성촌향서원 天城村鄕書院	오카야마번 岡山藩	가에이嘉永연간 (1803-1875)	오까야마번번로岡山藩藩老 이께다데와池田出羽가 유신儒臣 카모이유잔鴨井熊山을요청 하여설립	향교	

<hr>

31) 이 표는 『中國書院』제1輯(長沙:湖南敎育出版社, 1997)에 등재된 平阪謙二의 「被稱作書院的 日本學校」, 白新良의 「德川時期日本書院逑論」, 『中國書院』제4기(長沙: 湖南湖南敎育出版 社, 2002)에 실린 劉琪의 「中國書院對日本江戶時代敎育的影響」 및 필자가 일본에서 수집한 자료를 토대로 작성되었다.

서원명	서원부지	창건시기	창건인	성격	备注
순정서원 順正書院	도쿄	덴포10년 (1839)	싱구료테이 新宮涼庭	유학의학종 합학교 儒學醫學綜 合學校	
리택서원 麗澤書院	교토		키노시타쥰안 木下順庵	사숙	
경재서원 絅齋書院	교토타카시마군 京都高嶋郡		아사미케사이 淺見絅齋	사숙	
등수서원 藤樹書院	시가현타카시마군 滋賀縣高島郡	쇼호正保3년 (1648)	나카에토쥬 中江藤樹	사숙	
수한서원 歲寒書院	오오사카부서구 大阪府西區	가에이원년 (1848)	타카기쿠나사부로 高木熊三郎	사숙	메이지원년폐원
관산정서원 觀山庭書院	오사카부서구	만엔원년 (1860)	오가와칸자에몬小川勘左衛門	사자옥寺子 屋	메이지5년폐원
회덕서원 懷德書院	오사카	교호9년 (1724)	미야케사키엔 三宅石庵		
박원서원 泊園書院	오사카	분세이8년 (1825)	후지사와토가이 藤澤東畡	사숙	
영과서원 盈科書院	오사카	메이와明和 5년(1768)	무라타스에타케村田季武	사숙	
북문서원 北門書院	시즈오카현 靜岡縣	쿄와享和3년 (1803)	카케가와번번주 挂川藩藩主	항교	
덕조서원 德造書院	시즈오카현	코우카弘化 6년(1845)	카케가와번번주 挂川藩藩主	번교藩校	쿄와 2년에 설립되었다는 견해도 있음
성덕서원 成德書院	지바현 千葉縣	간세이4년 (1792)	사쿠라번번주호타마사나리 佐倉藩主堀田正順	번교	
지선서원 止善書院	에미현오오즈번 愛媛縣大洲藩	엔쿄延亨 4년(1747)	오오즈번번주카토야스미치 大洲藩主加藤泰衜	번교	
홍빈서원 弘濱書院	가가와현다도진 香川縣多渡津	코우카3년 (1846)	하야시료오사이 林良齋	사숙	
덕도서원 德道書院	마츠오번 松尾藩	쿄와2년 (1802)	마츠오번주 오오타도오칸 松尾藩主太和道灌	번교	메이지연간에도 운영
청계서원 青溪書院	효고현야부군 兵庫縣養父郡	덴포14년 (1843)	이케다쯔구 池田絹	사숙	메이지11년 폐원
호계서원 虎溪書院	효고현	안에이연간 (1772-1780)	타마다목구사이 玉田默齋	사숙	
호계서원 虎溪書院	효고현아사고군 兵庫縣朝來郡	코우카연간 (1844-1847)	슛타아쯔시簀田篤	사숙	메이지7년 폐원
대조서원 大朝書院	효고현	교호享保8년 (1864)	야기이꾸지八木郁次	사숙	메이지후 사재숙思齋塾으로개칭

526

서원명	서원부지	창건시기	창건인	성격	備注
겸대서원 謙待書院	니가타니시칸구 新潟西蒲原郡	덴포8년 (1837)	오자와센슈小澤孱守	사숙	안정4년폐원
청괴서원 靑槐書院	니가타미시마군 新潟三島郡	게이오 慶應연간 (1865-1867)	사이토사브로齋藤三郎	사숙	메이지초년폐원
전학서원 典學書院	미야기현 센다이번 宮城縣仙臺藩		오오타모리太田盛	사숙	게이오연간가장흥성
목산서원 牧山書院	미야기현 宮城縣				덴포10년 남녀학생86명 모집
미향서원 微響書院	오카야마현오카야마구 岡山縣岡山區	교호 17년(1732)	만나미 진키찌 萬波甚吉	사숙	텐메이8년 폐원
미향서원 微響書院	오카야마현오카야마구	텐메이天明 6년(1786)	만나미진타로 萬波甚太郎	사숙	텐포5년 폐원
미향서원 微響書院	오카야마현오카야마구	덴포14년 (1843)	만나미토키타로오 萬波時太郎	사숙	안세이3년 폐원
미향서원 微響書院	오카야마현오카야마구	메이지4년 (1871)	만나미 아와 萬波粟	사숙	메이지4년 폐원
성장서원 成章書院	아키타현아키타군 秋田縣秋田郡	간세이5년 (1793)	번주요시마사 藩主義和	향교	
상덕서원 尙德書院	아키타현오가찌군 秋田縣雄勝郡	간세이5년 (1793)	번주요시마사 藩主義和	향교	
시습서원 時習書院	아키타현오가찌군	간세이5년 (1793)	번주요시마사 藩主義和	향교	
육영서원 育英書院	아키타현히라카군 秋田縣平鹿郡	간세이5년 (1793)	번주요시마사 藩主義和	향교	
홍도서원 弘道書院	아키타현센복구군 秋田縣仙北郡	간세이5년 (1793)	번주요시마사 藩主義和	향교	
숭덕서원 崇德書院	아키타현야마모토 秋田縣山本郡	간세이5년 (1793)	번주요시마사 藩主義和	향교	
박문서원 博文書院	아키타현아키타군 秋田縣秋田郡	간세이5년 (1793)	번주요시마사 藩主義和	향교	
회보서원 會輔書院	에도 후카가와 江戶深川	1723	스가노켄잔 菅野兼山	향교	
온고서원 溫故書院	아키타현산본군 秋田縣山本郡	분세이7년 (1824)	아키타번마사타케 秋田藩公建	향교	온고서원溫古書院이라는 기록도 있음
칙전서원 救典書院	아키타번 秋田藩	간세이연간 (1789-1800)	아키타번주 秋田藩主	향교	
청풍서원 淸風書院	와카야마번 和歌山藩		쿠라타난안 倉田何庵	사숙	구라타씨(1827- 1919)倉田氏
조사서원 造士書院	군마현 群馬縣	안세이安政 4년(1857)	타나카세이사이田中惺齋	번교	

서원명	서원부지	창건시기	창건인	성격	备注
유정서원 留正書院	히로시마 廣島	메이지연간 (1868-1911)			메이지4년 규정제정
용산서원 龍山書院	후쿠오카현미이케군 福岡縣三池郡	안세이3년 (1856)	요코찌슌사이橫地春齋	사숙	메이지원년 폐원
죽정서원 竹亭書院	후쿠오카현	미상	마츠키다이니 松木大貳	사숙	
대도서원 大道書院	오이타현오이타군 大分縣大分郡	덴포8년 (1837)	사토류노신 佐藤龍之進	사숙	안세이원년 폐원
학산서원鶴山書院,東原 庠舍	사가현다구유 佐賀縣多久邑	겐로쿠元祿 12년(1699)	타쿠시게후미 多久茂文	향교	
진산서원 鷃山書院	사가현냐시마쯔우라군 佐賀縣西松蒲郡	가에이2년 (1849)	타니구치츄슈 谷口中秋	사숙	게이오3년 폐원
전계서원(타테야마서 원) 錢溪書院,立山書院	나가사키長崎	쇼호正保 2년(1647)	무카이겐쇼 向井元升	사숙	
앵계서원 櫻溪書院	나가사키	분큐文久3년 (1863)	쿠스모토세키스이 楠木碩水	사숙	
정수서원(세이슈 서원) 靜修書院	나가사키		스도쇼구로須藤莊九郎	사숙	메이지34년 가장융성
유흥서원 猶興書院	히라도번 平戶藩	메이지13년 (1880)		번교	
봉명서원 鳳鳴書院	사세보하리오지마佐世 保針尾島	메이지15년 (1882)	쿠스모토탄잔 楠本端山	사숙	
화합서원 和合書院	비슈尾州		카이후시키 海部士毅	사숙	
강서서원 江西書院	사세보하리오지마佐世 保針尾島	메이지연간 (1868-1911)			
효학서원 敩學書院	센다이仙臺	덴포2년 (1831)	사쿠라다시쯔 櫻田質	사숙	
심학서원 心學書院	센다이	덴포연간 (1830-1843)	오오시마겐슈大島彥集	사숙	
명륜정사 明倫精舍	에도시다야江戶下谷	쿄호享保11년 (1726)	미와시사이 三輪執齋	사숙	쿄호17년(1732) 쿄토로 이전
탁성서원 琢成書院	센다이번 仙臺藩	덴포6년 (1835)	시무라타이조 志村退藏	사숙	
상산서원 象山書院,五柳精舍	에도칸다江戶神田	덴포10년 (1839)	사쿠마쇼잔 佐久間象山	사숙	
유계정사 柳溪精舍	야마구치山口	안세이5년 (1858)	히로이요시구니 廣井良國	사숙	겐지元治원년 (1864) 폐원
학반서원 學半書院	히로시마	덴포2년 (1831)	키무라카즈마사 木村雅壽	사숙	

서원명	서원부지	창건시기	창건인	성격	備注
관물서원 觀物書院	미상	칸분寬文11년 (1671)	미상	사숙	
연지서원 蓮池書院	고치高知	미상	오구노미야조사이奧宮造齋	사숙	
악록서원 岳麓書院	이와테현 岩手縣	1852	콘사이스케金齊輔	사숙	
여택서원 麗澤書院	미에현三重縣	미상	미나미가와쇼잔南川蔣山	사숙	
대주지선서원명륜당 大洲止善書院明倫堂	오즈번大洲藩	미상	카와다유킨 川田雄琴	사숙	
죽원서원 竹原書院	다케하라시 竹原市	미상	시오노야뉴우 鹽谷生	사숙	
죽원서원 竹原書院	다케하라 竹原	간세이5년 (1793)	라이슌푸우賴春風	향교	
임기서원 林崎書院	에도江戸	겐로쿠3년 (1690)	미상	향교	내궁문고가 임기서원으로 이전, 텐메이연간 확장

일본에서 학교로서의 서원은 통계에 따르면, 히라사카켄지平阪謙二는 13곳, 바이신량白新良은 35개, 유기劉琪는 56곳으로 제시하고 있다. 〈표 7.5〉에 열거된 74곳은 히라사카켄지平阪謙二, 바이신량白新良의 수치가 포함되어 있으며, 유기의 수치 중 고의古義, 상산象山, 괄상髻山, 쌍계雙桂, 서암西庵, 함해函海, 의학醫學 등 사숙이나 사자옥은 이름만 남아있고 이를 보충할 관련 자료가 충분하지 않으므로 〈표 7.5〉에는 포함하지 않았다. 따라서 최소한으로 잡아도 학교로서의 서원은 81곳으로 추정할 수 있다. 이들 서원은 에도시대의 학교로서 주로 한학을 강의했고, 일부는 양명학파, 주자학파의 터전이기도 했으며, 다른 일부는 의학지식(순정서원 등)을 가르치기도 했다. 대표적으로 다음의 서원들이 있다.

등수서원藤樹書院(아래 학산서원 등 서원명과 글자 크기 상이), 오미국近江國 오오미 조번大沟藩 타카시마군(高島郡, 현 滋賀県 高島郡 安曇川町上) 오가와촌小川村에 위치했으며, 원래 강학하는 곳이었다. 칸에이 16년(1639, 명 숭정 12년), 나카에 도쥬中江藤樹(호 顧軒, 1606-1648)가 이곳에서 강학을 시작했는데, 주희의『백록동서원게시』를 참고하여 「등수규藤樹規」를 제정하여 교학 규장으로 삼았다. 그를 따라 수학하는 이들 90명을 모두 다 수용하기 어려워 약 60평(198㎡)을 신축하고, 이 중 여섯 칸은 신도神道와 유교를 합사合祀하는 제단 및 학사學舍였다. 새 원사는 케이안 원년(1648, 청 순치 5년)에 완공되어 등수서원이라 명했다. 그러나 그 해 도쥬가 사망하고 오오미조번 번주의 금지 조치로 서원의 학술 활동은 중지되었다. 도쥬는 처음에는 주자학을 숭상하였다가 후에 양명학 제창으로 돌아섰기 때문에, 일본 양명학의 시조로 불린다. 그의 문인들은 스승의 학설을 지선서원止善書院에서 전파하였다. 등수서원은 일본 최초의 사립학교이자 양명학파 터전으로 주목을 받았다.

지선서원止善書院, 지선서원 명륜당이라고도 불렸으며, 시국四國 오오즈번大洲藩 타이주(大州: 현 愛媛縣 大洲市) 성 남쪽에 위치했다. 엔쿄(延享)4년(1747, 청 건륭 12년) 9월, 타이주번 번주 가토 야스미치加藤泰衕가 세웠고, 번교藩校 성격의 학문소로 등수 문인 카와다한다유우川田半大夫(1684- 1760)를 초빙하여 양명학을 전파했다. 서원은 후에 정주학을 전수받게 된다.

학산서원鶴山書院, 사카번佐賀藩 타쿠유우(多久邑,현 左賀縣多久市), 겐록 12년(1699, 청 강희 38년), 읍주邑主 타쿠 시게후미多久茂文가 창건했으며, 향학 성격의 학문소였다. 이후 서원은 동원정사東原精舍, 동원상사東原庠舍로 불렸다. 서원에는 공자를 봉사하는 성당聖堂과 제사와 학비 마련을 위한 학전이 있었고 장서를 중시했으며, 현재 타쿠시多久市 향토자료관에 소장된 동원상사 교재에는 학산서원의 장서인이 찍혀 있고, 원사 규모도 큰 편이다. 분카 9년(1812, 청 가경 7년), 전정田町, 세원笹原, 지구志久 등 세 분교를 증설했다. 서원에는 교수, 조교, 교유 겸 학감學監 각 1명, 안내원 2-3명, 고문(稽古) 안내원 8-9명 및 교도敎導, 기숙사 감독 등을 여러 명 배치하여 교육 및 관리했다. 학생은 주로 가신家臣의 자제로 구성되어 있었으며, "농업 및 상업 종사자 자제"도 입학 신청을 할 수 있었다. 학생 수는 메이지 초 270명에 달했다. 주희의 「백록동서원게시」와 「경재잠敬齋箴」은 강당에 걸려 제자들 교육에 사용되었다. 그 외 「교칙」, 「동원정사규칙」, 「학과상규고시법급제칙學科常規考試法及諸則」, 「내외생규약內外生規約」 등의 규장제도를 제정하여, 서원 교육을 규범화했다. 아래「교칙」7개 조항에는 서원 교과목, 교재, 교학 조직, 분업 현황이 담겨 있으며, 이를 통해 문무를 겸학했던 특징을 살펴볼 수 있다.

[본문] 一. 大學, 孟子, 中庸, 詩經, 易經, 古文
　　　　右素讀次第.

[역문] 1.『대학』『맹자』『중용』『시경』『역경』『고문古文』
위 경전은 순서대로 소독素讀한다.

[본문] 二. 小學, 論語, 大學, 中庸, 詩經, 書經, 易經.
　　　　右講義書次第.

[역문] 2.『소학』『논어』『대학』『중용』『시경』『서경』『역경』
위 경전은 순서대로 강의한다.

[본문] 三. 蒙求, 十八史略史, 史記, 漢書, 國語, 戰國策, 左傳, 國史略, 日本外交史,
　　　　日本政記, 大日本史綱鑒, 綱目資治通鑒.
　　　　右選讀書, 各人任意.

[역문] 3.『몽구』『십팔사약사』『사기』『한서』『전국책』『좌전』『국사약』『일본외교사』
『일본정기』『대일본사강감大』『강목자치통감』. 각자 이 중 선독한다.

[본문] 四. 素讀由指南員及稽古指南員授之.

[역문] 4. 안내원 및 고문稽古 안내원은 소독을 지도한다.

[본문] 五. 講義由教授及助教授, 教諭司之.

[역문] 5. 교수, 조교수 및 교유가 강의한다.

[본문] 六. 課業時間按『登錄規則書』上第七條, 上午十時至中午十二時是習字課. 下
　　　　午二時至六時是休課時間, 除幼少外, 學習武藝.

[역문] 6. 수업시간은「등록규칙서」제7조에 따라 오전 10시-12시는 글자 학습 시간,
　　　　오후2시-6시는 휴강 시간이며, 어린이를 제외하고 모두 무예武藝를 익힌다.

[본문] 七. 學習貴堅持, 如果日久懈怠, 無理中途退學, 非常可惜. 所以, 入學時必須充
　　　　分覺悟, 以忠孝爲本, 成就自己的德行才藝.[32]

---

32) 平阪謙二,「被稱作書院的日本學校」,『中國書院』제1집, 長沙: 湖南教育出版社, 1997년,

[역문] 7. 공부는 꾸준히 하는 것이 중요하다. 날로 게을러지고 무단 조퇴가 잦은 것은 애석한 일이다. 이에 입학 시 충효를 근본으로 덕행과 재예를 갈고 닦겠다는 각오가 있어야 한다.

회덕서원懷德書院, 회덕당懷德堂이라고도 불렸으며, 오사카 아마가사키정尼崎町 오사카崎町 1가(一丁目)에 위치한 도쿠가와 막부에서 승인된 한학숙漢學塾으로 오사카 상인이 쿄호 9년(1724, 청 옹정 2년)에 창건했다. 우숙(右塾,강당), 좌숙左塾, 장옥(長屋, 생원 기숙사), 창고 등의 건물이 있다. 교육 및 관리를 위해 학주學主, 감독인監督人, 장관인掌管人, 연행사年行司 등을 두었다. 원활한 교학 질서 확립을 위해 수업, 독서, 서예, 강의 과목, 소감 나누기 모임, 소년 지도, 사례謝禮 등에 관한 일련의 규정을 제정했다. 쿄호 11년(1726) 8월 대문 벽판에 걸린 다음의 6개 조항을 통해 대략의 강학 상황을 알 수 있다.

[본문] 一. 學問盡忠孝, 鼓勵敬業, 解釋以自得其趣爲第一, 所以不帶書的人也能聽. 發生了不得已的事情, 講課中允許退出.

[역문] 1. 학문은 충효를 근본으로 전심전력하여 자신의 견해를 발표하는 것을 제일로 삼으니, 교재 없이도 강의를 들을 수 있다. 부득이한 경우 수업 중 조퇴할 수 있다.

[본문] 二. 武家子弟坐上座, 但講課中途出席者不受制限.

[역문] 2. 무가 자제는 상좌에 착석하며, 수업 중 출석한 이는 제한 받지 않는다.

[본문] 三. 首次出席的人要向中井忠藏(鰲庵)提出申請, 若忠藏不在, 向掌管人助手提出.

[역문] 3. 처음으로 출석하는 이는 나카이 다다조에게 등록해야 하고, 다다조가 부재한 경우 관리자 조교에게 등록해야 한다.

하루일과 지정 서목(日課規定書)

264-265쪽.

532

[본문] 一. 日講之書, 包括《四書》,《書經》,《詩經》,《春秋左傳》,《近思錄》等.

[역문] 1. 강의 서목에는 『사서』, 『서경』, 『시경』, 『춘추좌전』, 『근사록』 등이 포함되어 있다.

[본문] 二. 每月望, 同志會合, 老先生講《象山集要》. 每年正月十五日初會, 同志燕集, 老先生有初講.(後因故每月的會改在十六日).

[역문] 2. 매월 망일 모여 스승이 『상산집요』를 강의한다. 매년 정월 대보름날 첫 모임을 갖고 동지들이 회합하며 스승이 강의한다. (후에 매월 모임 시간은 음력 16일로 변경했다.)

[본문] 三. 休息日爲朔日, 八日, 十五日, 二十五日.[33]

[역문] 3. 매월 삭일, 8일, 15일, 25일은 휴강한다.

회덕서원의 교육은 단계가 나뉘어 있었다. 높은 단계인 성인들의 '동지회합同志會合', '동지연집同志燕集'도 있고, 소년을 대상으로 하는 사자옥寺子屋에 해당하는 교육 단계도 있어서, 학생마다 학습 과목에 차이가 있었다. 의사와 지식인의 자제들은 독서를 최우선으로, 농상공인의 자제들은 글자 공부와 산술을 최우선으로 하고, 상업과 관련된 사람은 『사서』, 『소학』 학습을 제한한 것으로 보아, 전문적으로 분업되어 있었던 듯하다. 수업 일정은 10일 주기로 이틀에 한 번 오전에는 회독會讀과 개인지도, 4일에 한 번은 전일全日 회독과 개인지도가 진행됐으며, 그리고 학주學主 강의가 이틀에 한 번씩 이루어졌다. 생도들의 서원 생활은 기숙사 생활과 통학 둘로 나뉘며, 수십 명 정도 외번外藩의 자제들도 받아들였다. 서원 창건부터 메이지시대 신학제新學制 실시까지 145년 동안 활발하게 운영되었던, 일본에서 가장 오래된 서원이다.

에도시대 후기부터 메이지시대까지는 다양한 서원의 학문적 교류가 줄기차게 이루어지고, 강학 내용이 양명학에서 주자학으로 바뀌거나 두 학문의 합일 경향이 나타나기도 했다는 점은 주목할 만하다. 시코쿠(四國: 현 德島, 香川, 愛媛, 高知 네 현) 하야시료오사이林良齋의 홍빈서원弘濱書院과 효고(兵庫) 청계서원靑溪書院의 이케다쯔구池田緝와

---

33) 위의 책, 275쪽.

깊이 학문적 교류를 나누었다. 큐슈도九州島의 쿠스모토 탄잔楠本端山, 구스모토세키스이楠本碩水는 봉명鳳鳴, 앵계櫻溪, 유흥猶興 서원에서 강학하며 인근의 서강서원西江書院, 화합서원和合書院 등에 영향을 끼쳤고, 효고의 청계서원과도 교류가 많았다. 이들 모두 주목할 만한 서원의 학술적 변화이다.

그 외에도 메이지학제 시행 이후 건립되어 중일中日 서원의 문화교류 산물인 대표적인 학교 성격의 일본 서원인 선린서원善隣書院도 있다.

선린서원善隣書院, 미야지마 다이하치宮島大八가 메이지 27년(1894, 청 광서 20년) 중국에서 유학하고 귀국한 뒤 토쿄에 세운 유서 깊은 한문학교다. 미야지마 다이하치는 메이지 20년 중국으로 유학을 가서 저명 학자인 장유쇠張裕釗를 사사했다. 처음에는 직예(현 하북) 보정保定 연지서원池書院에서 머물렀으며, 후에 호북성 무창武昌 강한서원江漢書院, 상양襄陽 녹문서원鹿門書院 등을 전전하며 8년 동안 스승의 학문과 서예를 깊이 배웠다. 귀국 후 서원을 설립하여 중일 우호사업과 스승의 서법 전파에 힘쓰며, 일본의 유명한 서예 유파를 이루었다. 1980년대 선린서원은 팀을 꾸려 베이징, 보정保定, 무한武漢 등에서 장유쇠와 제자들의 서예 작품 전시회를 열었다. 1986년 8월 일본의 카미죠 신잔上條信山과 중국서예가협회 주석主席 계공啓功 두 사람은 연지서원蓮池書院에 '장유쇠, 미야지마 다이하치 사제 기념비'를 세웠고, 1987년 4월 장유쇠의 증손녀 장서한張瑞嫻 여사는 중국 무한武漢과 일본 토쿄에서 '장유쇠 다이하치 기념실' 설립하여 중일 서원문화와 서예 교류의 새 장을 열었다. 선린서원은 지금까지도 중국과 일본의 문화 교류의 역사적 증거이다.

출판간행 기구로서의 서원

중국 서원에는 각서刻書 사업도 했는데, '서원본'은 '정밀한 교정(精校), 정밀한 각인(精刻), 용이한 유통(易行)'이라는 '삼선三善'으로 유명했다. 일본에도 도서 출판을 전문으로 하는 서원이 있다. 이런 서원은 언제부터 출현하였는지 알 수 없으나, 현재까지도 일본 출판계의 일원으로 활동하고 있다. 필자가 수집한 내용에 따르면, 도강서원刀江書

院, 명치서원明治書院, 개명서원開明書院, 급고서원汲古書院, 고동서원高桐書院, 동방서원東方書院, 일광서원日光書院 등에서 도서를 출판한 적이 있다. 그 중에서도 가장 대표적인 토쿄의 메이지서원을 소개하고자 한다.

메이지서원은 중국의 청대 후기에 해당하는 메이지시대(1868-1911)에 창건되었다는 것을 알 수 있을 정도로 역사가 깊다. 쇼와(昭和) 연간, 문사文史 저서들이 많이 출판되었는데, 필자의 조사에 따르면, 쇼와 4년(1929)에 출판된 시마지 다이토(島地大等)의 『천태교학사天臺教學史』, 39년(1964)에 출판된 카와구치 히사川口久雄의 증정본 『헤이안시대 일본 한문학사 연구(平安朝日本漢文學史研究)』, 46년(1971)에 출판된 리코 미츠오利光三津夫의 『율의 연구(律的研究)』가 있다.

이상의 서원들의 출현과 현재까지도 도서가 출판되고 있다는 사실은, 중국 서원의 각서 기능이 일본에서 보다 강화되어 도서출판만을 전문으로 하는 서원이 형성되었거나, 서원제도의 현지화 과정에서 형성된 일본 서원의 특징 중 하나로 볼 수 있다.

유학 교육 기구로서의 서원

이러한 서원은 메이지유신 이후에 나타나는데, 특히 청일전쟁에서 일본이 중국에 대승을 거두자 중국 청년들은 이에 자극을 받고 일본으로 건너가 국가와 인민을 부강하게 하는 기술을 배우고자 했으며, 일본에서 유학하는 중국 학생이 많아지던 시기에 가장 대표적이었던 토쿄의 역락서원亦樂書院, 동문서원同文書院 등이 있다.

토쿄 역락서원은 메이지 32년(1899, 청 광서 25년) 일본의 교육자 카노 지고로(嘉納治五郎)가 중국 유학생을 위해 설립한 교육기관이다.[34] 당시는 서양의 메이지유신을 배워 빠르게 강대해진 일본이 대청제국을 패배시킨 지 얼마 되지 않은 때였다. 청일전쟁의 패전 후, 중국 사대부 계층은 서양을 본받아 근대화를 시작해야 한다는 생각이 팽배해졌고, 같은 황인종이자 문화권인 일본은 자연스럽게 중국인이 서양을 배우는

---

34) 黃新憲, 『中國留學敎育的歷史反思』, 中國成都 : 四川敎育出版社, 1990년, 248쪽.

본보기가 되었다. 이에 중국인들은 잇달아 일본으로 건너가 나라를 구하고 생존을 도모할 방법을 탐색했다. 역락서원은 바로 이러한 배경 속에서 사인들이 일본을 배우기 위한 목적으로 탄생했다. 때문에 역락서원은 새로운 정세 속에서의 중일 문화교류 상황이 잘 담겨 있으며, 중국인들이 일본을 통해 서양을 배우는 중서 문화교류 기관이기도 했다. 즉 중서문화교류의 기관으로 볼 수 있다. 당시 일본에 유학하던 중국 청년들이 많았으며, 일본에 위와 같은 서원들도 적지 않았다. 토쿄 동문서원同文書院을 예로 운영 상황을 소개하고자 한다.

토쿄 동문서원은 메이지 35년(1902, 청 광서 28년), 일본 동아동문회東亞同文會로 창건되었다. 설립 초기에는 「토쿄 동문서원 장정東京同文書院章程」을 제정하여[35] 서원 운영 방침과 방법을 결정했다. 장정은 명칭, 취지, 체제, 수료 기한 및 과정, 학년 및 학기, 입학 퇴학 사례, 시험, 학비, 기숙사, 부록, 보충전형 등10장 총 37개 조항으로 구성되어 있었다. 서원은 "별도로 청나라 유학생을 모집하여 각 전문학교의 예비과정을 이수한다(專招淸國留學生, 授以各專門學校預備之課程)"는 취지로 원장, 총교습, 간사幹事 각 1명, 학감學監, 서기 몇 명을 두고 함께 원무를 관리하였다. 원장은 "서원의 책임자로 여러 업무를 총체적으로 관리했으며(總理院中諸務, 外則爲本院之代表)", "원장의 초빙과 해고는 동아동문회 회장이 주관했으며(院長或聘或辭, 東亞同文會會長主之)", 총교습 아래 각 직위의 해고 및 초빙은 "원장이 공표하고 동아동문회 회장이 별도로 정했다(由院長申明東亞同文會會長另定)." 이를 통해 동아동문회의 절대적인 권위를 확인할 수 있다.

도쿄에 본부를 둔 동아동문회는 메이지 31년(1898, 청 광서 24)에 설립되었으며, 회장은 '아시아주의(亞洲主義者)'자이자, 공작公爵, 일본 귀족원 의장 코노에 아츠마로(近卫笃麿, 호 霞山, 1863-1904)였다. '아시아주의'는 '흥아론興亞論'으로도 불리며, 일본 메이지, 쇼화 연간의 사회에 큰 영향을 미쳤다. 이 이념의 핵심은 일본을 맹주로 하여 중국과는 '합종合縱'을, 조선과는 '합방合邦'을 하여 동아시아가 일본의 지도 아래 서양

---

35) 陳谷嘉·鄧洪波, 『中國書院史資料』, 2586-2587쪽.

의 동진을 저지한다는 것이었다. 또한 중국과 일본 양국이 "인종과 문화가 같음(同種同文)"을 강조했으며, 한자문화와 유가윤리가 동아시아 세 나라가 '친밀'할 수 있는 토대이므로 한, 중, 일 세 나라는 이를 바탕으로 '협력 및 분담協力分勞'할 수 있다는 것이었다. 그러나 이는 실질적으로 일본의 통솔 하에 서방 세계에 맞선다는 '일체화'와 다름없었다. '흥아론'은 아시아의 이웃나라를 멸시하는 '탈아론脫亞論'과는 정반대인 것처럼 보이지만, 실제로는 서로 보완하면서 당시 일본의 '대륙 정책'의 기초를 형성했다. 36)동아동문회는 이러한 이론의 현실에서 구체화된 것으로, 그 산하의 동문서원(東京同文書院, 上海東亞同文書院을 모두 포함)은 설립 취지, 교육 목표, 교육 내용 등에 이러한 기본 정신이 담겨 있다.

규정에 따르면 도쿄 동문서원의 학제는 2년으로, 1년을 3학기로 나누어 봄, 여름, 겨울의 3번의 방학이 있었으며, '일청양국대전일日清兩國大典日'과 '춘추석전일春秋釋奠日' 모두 휴일이었으나, "다만 여름방학 중에는 전례대로 나들이 및 강습회를 열기도 했다(惟夏季休假中或有按例出遊及開講習會之事)". 수업은 수신, 일본어 독법, 일본어 회화, 일본 문법, 번역, 산학, 영어, 물리, 화학, 지리, 역사, 체조 등의 과목으로 이루어졌다. 시험은 학기, 학년, 졸업 3종류가 있었으며, 각 과목의 성적은 100점을 기준으로, 학년마다 '학기 점수를 합산하여 각 과목의 평균 50점 이상, 전체 평균이 60점 이상이면 합격이었고, 그렇지 않을 경우 낙제였다."37) 학비 및 생활비는 모두 학생이 부담했다. "품행이 단정하지 못하여 수차례 지적을 받았음에도 고쳐지지 않거나(品行不修, 屢戒不悛)", "서원의 장정을 위반(違犯本院章程)"할 경우에는 퇴학 처분을 받았다. 이러한 상황은 당시 중국 서원의 규제와 유사하면서도 완전히 같은 것은 아니었다. 이는 해외 서원과 근대 중국의 서원 규제가 서로 영향을 주고받았음을 말해준다.

그 외 펑톈위冯天瑜의 『상해동아동문서원上海東亞同文書院 대여행기록大旅行記录』의

---

36) 馮天瑜, 『上海東亞同文書院大旅行記・ 中文版前言』, 北京: 商務印書館, 2000년.

37) "統將學期點數合算, 以每科均平得五十點以上, 總算均平得六十點以上者則爲合格, 否則落第."

중문판 서문에 따르면, 나가사키 동아동문서원에서는 쇼와 13년(1938)에 상해 동아동문서원 34기생期生 여행지「바람이여 불어라(風啊吹呀吹)」(425쪽)을 출판했고, 토쿄 동아동문서원에서는 쇼와 14년, 15년에 상해 동아동문서원 35기, 36기생 여행지「정아행靖亞行」(498쪽),「대여행기大旅行記」(432쪽)을 출판했다. 이를 통해 동아동문회가 나가사키, 도쿄 두 곳에서 동아동문서원을 운영했음을 알 수 있다. 그러나 두 곳의 동아동문서원이 어떤 관계인지, 중국인 유학생을 모집했는지 등에 대해서는 단정할 수 없다.

일본이 중국 본토에 설립한 서원

일본이 중국 본토에 서원을 설립한 것은 청일전쟁에서 중국을 물리치고 불평등조약을 맺은 후였는데, 그 주역은 위에서 언급했던 동아동문회와 일본 대만총독부臺灣總督府 및 관동군關東軍으로, 1930년대 말까지 지속되었다. 이 기간 동안 중국은 근대화 교육을 완성했으며, 서원은 근대식 학교로 개조되었다.

일본의 대만 분할 점령 후 식민통치를 실시하면서, 문화교육 방면에서는 두 가지 통제 방법을 채택했다. 대만의 수십 개에 달하는 기존 서원을 폐쇄 및 개조하여 일본어 교육을 실시하는 동시에, 복건성과 대만 주민들의 혈연관계를 활용하여 '서원'이라는 간판 아래, 복건에 거주하는 대만에 본적을 둔 사람들에게 이른바 본적 교육을 실시하는 것이었다. 이에 하문廈門에는 동아서원(東亞書院, 1899-1910), 욱영서원(旭瀛書院, 1908- 1932?), 석마石碼에는 영하서원(瀛夏書院, 1903- ?)이 설립되었다. 이들 서원은 다른 학당, 학교명으로 등록된 기관들과 함께 일본 국적의 시민교육체계를 확립하여 일본 영사관, 특히 대만 총독부의 지도 하에 교육을 실시했다. 서원에서는 일본어, 영어, 중국어, 이과理科, 박물博物 등의 수업이 진행되었을 뿐만 아니라, 중국 교사의 수업도 있어서 객관적으로 중국 교육의 근대화와 중일 문화 교류에 도움이 되기는 했지만, 본질적으로는 식민지 교육을 벗어날 수는 없었다.

1904년 5월 러일전쟁 이후 일본 관동군이 대련 일대를 점령하자, 건륭 38년(1773)에 설립된 금주金州 남금서원南金書院은 남금서원 민립소학당民立小學堂으로 개칭되었다가, 후에 관동공립학당關東公立學堂 남금서원으로 증축되면서 당장堂長이 배치되고 식민교육이 실시되었다. 1945년 8월 일본이 항복한 후 더 이상 운영되지 않았다.[38]

동아동문회가 주도했던 서원도 발전 단계가 있었다. 동아동문회가 결성된 이듬해, 회장 코노에 아츠마로가 중국을 방문하여 남경에서 양강총독兩江總督 유곤일劉坤一을 예방하면서 중국의 서원 설립 문제를 논의하였고 양강총독의 동의를 받게 된다. 1900년(일본 메이지 33, 청 광서 26) 5월, 남경동문서원을 설립하고 같은 '흥아론'주의자인 네즈 하지메(根津一)를 원장으로 초빙하여 서원 업무를 주관케 하였다. 이듬해 5-6월, 「남경 동문서원 창립 요강(創立南京同文書院要領)」, 「남경 동문서원 교과과정표(南京同文書院課程表)」, 「동문서원 남경분원 장정(同文書院南京分院章程)」, 「동문서원 남경분원 일반과 수업 시간표(同文書院南京分院普通科功課表)」, 「동문서원 남경분원 교수 강령(同文書院南京分院教授綱領)」 등의 문서를 잇따라 발표하면서,[39]본격적으로 서원 설립에 착수한다. 그러나 얼마 되지 않아 의화단운동義和團運動이 일어나면서 전화를 피해 상해로 서원을 옮기고 '동아동문서원'으로 개칭되었으며, 원장은 네즈 하지메가 계속 맡았다. 1939년 전문학교에서 대학으로 승격되면서, 다시 '동아동문서원대학'으로 개칭되었다. 1945년 일본이 패망하고 투항하면서, 상해 동아동문서원대학도 폐교되었다. 1946년 서원 동업자 아이치현(愛知縣) 토요하시시(桥橋市)에 애지대학愛知大學을 설립하여 일본에서의 '중국학' 연구를 위해 지속적으로 노력했다고 한다.

상해 동아동문서원은 전문적으로 중국 현황을 연구하는 학교로 '중국 및 해외의 실학을 연구하고, 중국과 일본의 인재를 양성하고, 중국 부강의 기반을 구축하고, 중일 우호와 상호 협력을 강화한다'는 취지로 설립되었다. [40]일본의 각 부, 현에서 학생들을 모집하여, 각 부현에 2명의 정원을 배정하고 폐교하기까지 40여 년 동안 총 5000여 명을 모집하였다. 학제는 3년으로, 국비 대우를 받으며 중국어를 비롯해 중국사, 정치,

---

38) (日本)嶋田道弥의 『滿洲敎育史』(東京:靑史社, 1982, 『舊殖民地敎育資料集五』, 139-141쪽) 및 『蘭臺』(제6기, 2000년)에 등재한 葛坤 외의 「南金書院恢復成立」 등을 참고했다.
39) 南京同文書院에 관한 자료들은 鄧洪波의 『中國書院學規集成』(202-206쪽)에서 인용했다.
40) (日本)日野晃, 『上海東亞同文書院大旅行記·解題』, 北京: 商務印書館, 2000년, 20쪽.

경제 등을 주로 가르쳤기 때문에, 일본 청년들 사이에서 '환상의 명문대학'이라는 평판을 얻었다.

　상해 동아동문서원 운영의 가장 큰 특징은 역대 학생들을 조직하여 중국 각지에 대한 현장 조사를 수행했다는 것이다. 이러한 시찰 활동은 1901년 제1회부터 1945년 제45회까지 40여 년 동안 계속되었다. 매회 학생들은 3개월에서 6개월에 걸쳐 여러 명이 한 조를 이루어 중국 정부의 허가 하에 각지를 답사했다. 45년 동안 5,000명 이상의 학생들이 참여했으며 티베트를 제외한 중국 각 성 및 동남아시아, 시베리아, 사할린 지역을 포함해 700개 이상의 코스를 답사했다. 조사 내용은 지리, 공업, 상업, 정치, 사회 구조, 지방 행정, 풍습과 민속, 언어 등 매우 광범위했다. 이 활동의 성과는 학생 개개인이 여행기록을 정리해 졸업 논문으로 작성한 조사보고서 외에도, 각 답사팀의 기행 성격의 「대여행지大旅行志」 등 매우 많았다. 20세기 첫 50년, 중국 사회가 대격변을 겪는 동안 서원에서는 지속적인 현장 조사를 통해 중국 사회 경제, 정치, 풍습, 문화 등 각 분야에 대한 귀중한 일차 자료를 제공했다. 이는 현재 역사 연구와 이해에 매우 중요한 가치를 지닌다.

　서원의 조사는 1936년 이전에는 상사商事 중심으로, 1937년 중일전쟁이 본격화된 이후에는 군정軍政 성격이 강했다는 점을 지적하고 싶다. 서원은 남경대학살 기간에 동아동문서원의 도서관관원, 학생들이 남경 지역 도서 88만여 권을 약탈하는 등 일본의 중국 침략에 참여하기도 했다.[41] 이는 시대의 아픔이자, 중일 서원 문화 교류에서 기억해야 할 역사적 교훈이다.

　일본 동아동문회에서는 중국 각지 지부에 동문서원을 설립하기도 했다. 이곳에서는 '유신을 부흥하고, 중국을 일으키고, 황인종을 보존하다(復維新, 興中國, 保黃種).'는 기치 아래,[42] 일본인이 서원 업무를 주재했는데, 주로 중국인 위주로 학생들을 모집했다. 이는 상해 동문서원과는 일부 차이가 있어서 관련 상황은 주목할 필요가 있다. 이에

---

41) 李彭元, 「南京大屠殺期間日本對南京文獻資料之掠奪」, 『江蘇圖書館學報』 제4기, 1999년.

42) 羅維東, 「同文書院緣起」, 『中國書院學規集成』, 1329-1330쪽.

관해서는 광동 동문서원을 예로 간략하게 소개하고자 한다.

　광동廣東 동아동문서원은 중국 광주廣州 보경신가寶慶新街에 위치했다. 청 광서 25년 (1899), 일본 동아동문회 광동지부가 설립되었으며, 지부장 타카하시켄高橋謙가 원장을, 하라구치 분이치原口聞一가 총교總教를 맡았으며, 등봉청鄧逢清, 타노키쯔지田野橘次, 쿠마자와준熊澤純이 교편을 잡았다. 그 외에도 평의원評議員을 두었으며 이는 중국 신사紳士 등가인鄧家仁, 양조민梁肇敏, 성경희盛景熙, 진지창陳芝昌, 진연생陳連生, 진도황陳兆煌, 나유동羅維東, 등순창鄧純昌, 등자원鄧紫垣, 주조창朱祖昌, 진동원陳棟元, 풍소기馮紹基, 황여구黃汝駒, 양경복梁慶福, 광국원鄺國元, 막백이莫伯伊, 주운표朱雲表가 맡았다. 1기 정원은 30명, 개관일은 10월 1일이었으며, 학생 연령은 15-30세로 제한하되 중국어에 능통해야 했다. 이후 매년 가을마다 신입생을 30명씩 모집했다. 학제는 3년으로, 1, 2학년은 보통과로 중국어(中文)와 일본어(東文) 두 가지로 나뉘었으며, 전자에는 『사서』, 『좌전』, 『회남자』, 『근사록』, 『상서』, 『한비자』, 『관자』, 『손자』 및 책론, 작문, 서신기사(書牘記事) 등(글자 사이의 간격, 파란색으로 바꾼 후 정상으로 바뀜.), 후자에는 일본어, 일본문 번역, 만국지리, 만국략사萬國略史, 산학, 물리학, 생리학, 화학 등이 포함되어 있었다. 3학년은 고등과로, 일본어류에는 문명사, 상업사, 교육학, 이재학, 성리학, 행정학, 군제적요, 전시국제공법, 사회학이, 중문류에는 『역경』, 『순자』, 『묵자』 및 작문, 책론 등이 있었고, 그 외에도 『통감집람通鑒輯覽』, 『동화록東華錄』, 『황조사략皇朝史略』, 『속국사략續國史略』, 『삭방비승朔方備乘』, 『천하군국리병서天下郡國利病書』, 『통고상절通考詳節』, 『황조통고皇朝通考』, 『경제문편經世文編』, 『경사백가잡초經史百家雜抄』, 『대청회전大清會典』, 『이부칙례吏部則例』 등 독학 서목이 있었다. 학생이 졸업하면 졸업장이 발급되었고, 다른 곳에 추천하여 교습 및 통역을 담당할 수 있도록 수학했던 과정도 졸업장에 참고로 기입하였다.

주희의 「백록동서원게시」가 일본에 미친 영향

　주희 「백록동서원게시」가 일본에서 수용되는 상황을 통해, 중국서원이 일본에 미친 영향과 중국 서원제도가 일본에 이식된 과정을 대략 알 수 있다.

「백록동서원학규白鹿洞書院學規」,「백록동규白鹿洞規」,「백록동서원교조白鹿洞書院教條」 등으로도 불렸던 「백록동서원게시」는 주희가 남송 순희 7년(1180) 남강군지군南康軍知軍으로 부임했을 때, 백록동서원을 위해 제정하고 서원 문미(楣間)에 게시했던 학규이다. 소희 5년(1194), 주희는 호남안무사지담주湖南安撫使知潭州로 부임하여 악록서원을 중흥시켰는데, 이 규정을 악록서원 문미에도 '게시'했다. 순우 원년(1241), 송 이종황제 조윤趙昀이 태학을 시찰하면서 친서한 「백록동게시」를 국자감 제생에게 하사하고 천하의 학교와 서원이 함께 지키게 했다. 그 이후 「백록동게시」는 「주자교조」로도 불리며 전국에 통용되었고, 중국 후기 봉건사회의 교육 분야에서 가장 중요한 지침이 되었다.

「백록동서원게시」가 일본에 전파된 몇 가지 경로 중에서도 조선 학자를 통한 경로가 중요하다. 일본 게이안 3년(1650, 조선 효종 경인년, 청 순치 7년), 일본 케이니죠키야 마찌도오리京二條通本屋釘에 주자학자 야마자키 요시야의 「백록동학규집주白鹿洞學規集注」를 간각했는데, 앞쪽의 야마자키 자서自序에는 다음과 같은 내용이 있다. "명백하고 자세하게 논술된 「백록동서원게시」는 『소학』, 『대학』 등과 함께 대대로 전해져야 한다. 그러나 공자의 문집에 초점을 두고 있어 이를 이해하는 이가 드물었다. 나는 일찍이 이 문제를 제기하여 여러 서재書齋에 알리고 깊이 연구하였다. 근래 이퇴계의 『자성록』을 읽었는데 매우 자세히 논의되어 있었다. 『자성록』의 퇴계 선생과 여러 학자들 간의 문답을 통해, 백록동서원게시가 규정으로 될 수 있는 이유를 알게 되었다. 그러다가 선유들의 학설을 집성하여 조목마다 각주를 달아 동지들에게 강의하였다. 그리고 우리나라에서는 『소학』, 『대학』 같은 경전을 거의 집집마다 대대로 읽었음에도 그 정수를 아는 이가 없는 듯하다. 세대가 멀어졌기 때문인가? 퇴계 선생은 백록동서원게시가 세상에 나타난 지 수 백년 후 타국 조선에서 태어났지만 백록동서원에 직접 가서 친히 전수받은 듯하니, 이에 나도 감복하고 진작되었다."[43] 교호 16년(1731, 조선

---

43) 鄧洪波, 『中國書院集成』, 1910-1911쪽. "明備如此, 宜與『小(學)』, 『大(學)』之書並行. 然隱于夫子文集之中, 知者鮮矣. 嘉嘗表出揭諸齋, 潛心玩索焉. 近看李退溪(滉)『自省錄』, 論之詳矣. 得是論反復之. 有此規之所以爲規者. 後集先儒之說, 逐條之下, 與同志講習之. 且歎我國『

영조 신해년, 청 옹정 9년), 주자학자 야스마사安正의 「백록동서원게시고증白鹿洞書院揭示考證」이 간인되었는데, 뒤쪽의 야스마사 간기刊記에는 다음과 같은 내용이 있다. "갑자년甲子年 겨울 「게시」를 강의하였는데, 그 내용에 대해 일일이 고증하였으므로 이 책은 올바른 학문이라 밝힐 수 있다. 이퇴계의 『자성록』 중 일부 내용도 첨부하였다."[44] 이는 '조선의 주자' 이퇴계가 『자성록』에서 학자들과 「백록동서원학규」를 수차례 논의했던 일이, 일본 학자들이 주자학과 서원 문화를 일본에 전파하는 데 많은 영향을 끼쳤으며, 일본의 여러 학자들이 시기마다 이퇴계를 언급한 것 역시 이들이 조선 학자를 통해 백록동 학규 정신을 인식 및 이해했다는 사실을 보여준다.

야마자키 요시야山崎嘉의 「백록학규집주」는 한문으로 간행되었으며 일본어 가명이 방주로 달려 있다. 조문條文 아래에는 두 줄로 된 작은 글씨로 '공자의 말', '동자(董子, 중국 한 무제시대의 유학자 董仲舒를 말함-역자)의 말', '정자程子의 말' 등이라고 되어 있어 각 내용의 유래를 밝히고 있고, "이것이 이른바 혈구지도絜矩之道라(此所謂絜矩之道也)" 등의 간략한 평어가 달려 있으며, 전체 내용은 11쪽에 불과하다. 야스마사의 「백록동서원게시고증」은 33쪽으로 역시 한문으로 간행되었으며, 일본 독자들이 쉽게 접할 수 있도록 일본어 가명이 방주로 달려 있다. 여기서 '고증'이란 주희의 백록동서원 복원과 관련된 시문, 비기碑記 등의 역사문헌을 시간 순서대로 나열하고, 그 사이에 주석 성격의 내용을 표기한 것으로, 작은 글씨 두 줄로 간행되었다. 이들 문헌은 주로 주희의 「신수백록동서원장申修白鹿洞書院狀」, 『백록첩白鹿牒』, 『동학방洞學榜』, 『백록동부白鹿洞賦』, 『백록동성고선성문白鹿洞成告先聖文』, 『백록강회차복문운白鹿講會次蔔文韻』, 여조겸의 『백록동서원기白鹿洞書院記』 등 모두 주희가 백록동서원의 강학을 복원한 원본 기록으로, '특정 사실이 당시 상황에 부합함을 고증하는 데(考證其事實如此)' 의미가 있으며, 『게시』 제정과 직접적인 관련은 없다. 방희직方希直의 「백록동규찬白鹿

小」, 『大』之書家傳人誦, 而能明之者蓋未聞其人, 是世遠地去之由乎? 雖然, 若退溪生于朝鮮數百載之後, 而無異于洞遊面命, 則我亦可感發而興起雲."

44) (일본) 安正, 『白鹿洞書院揭示考證』(33쪽), (중국) 華東師範大學校 소장. "甲子之冬講『揭示』, 因考證事實如此, 而附以正學之贊, 退溪之書雲."

洞規贊」, 이경호李景浩의 「답금이정서答金而精書」, 이황의 「답황중거론백록동규집해答黃仲擧(俊良)論白鹿洞規集解」, 「중답황중거重答黃仲擧」 등에는 당시 조선학자들이 '게시'에 대한 논의와 보급에 관한 견해들이 담겨 있다. 이 책은 안사이가 '갑자년의 겨울(甲子之冬)'에 일본 주자학자에게 〈게시〉를 강의한' 산물로, 필자가 본 것은 쿄호 16년(1731) 간행본으로, 다음해가 바로 신해년이었다. 이 시점에서 거슬러 올라가면 첫 갑자년은 일본의 레이겐靈元 천황 조쿄貞享 원년(1684, 청 강희 23년)이고, 두 번째 갑자년은 고미즈노오後水尾 천황 간에이寬永 원년(1624, 명 천계 4년)으로, 일본에서 최초로 서원이 등장한 시기를 1640년경으로 판단하면 안사이가 「백록동서원게시」를 고증한 시기는 조쿄 원년 겨울이라 할 수 있다. 조쿄 원년부터 쿄호 16년까지 60여 년 동안 일본 학자들이 관련 서적을 출판하며 주희의 「백록동서원게시」를 전파한 것을 보면, 얼마나 큰 영향을 끼쳤는지 알 수 있다.

「백록동서원게시고증」은 그 해, 쿄토, 도쿄, 오사카 3곳의 '서림書林' 12곳에서 동시에 발간되었는데, 판매량도 많고 널리 보급되었다. 덕분에 256년 뒤인 1987년 10월, 필자는 상해 장강구長江口의 상해화동사범대학 도서관 고서열람실에서 열람할 수 있었으며, 337년 전 발간된 「백록동학규집주白規洞學規集注」도 볼 수 있었다. 이른바 같은 판본은 국경의 제한 없이, 주자의 교육 이념이라는 틀 안에서 연결되어 있었다. 특히 "퇴계 선생은 백록동서원게시가 세상에 나타난 지 수 백년 후 타국 조선에서 태어났지만 백록동서원에 직접 가서 친히 전수받은 듯하니, 이에 나도 감복하고 진작하였다."[45] 라는 야마자키 요시야의 논의를 보면 감회가 새롭다. 이 우정 넘치는 교류의 길을 따랐다면 훗날 중국과 일본의 생령이 도탄에 빠졌을까. 이 예를 통해 역사를 거울로 삼을 수 있다.

야마자키 요시야의 뒤를 이어 일본의 많은 학자들이 「백록동서원게시」 주석을 출판했다. 히라사카켄지平阪謙二의 통계에 따르면, 약 70여 종으로, 이 중 그는 20여 종을 수집했으며, 구체적 목록은 다음과 같다.[46]

---

45) 若退溪生于朝鮮數百載之後, 而無異于洞遊面命, 則我亦感發而興起雲.

집주류로는 쇼헤고(昌平黌: 에도막부에서 직접 관할했던 학교-역자)의 사토 잇사이 (佐藤一斎, 1772-1859)의 「백록동서원게시白鹿洞書院揭示」, 아사미 케사이(浅見絅斎, 1652-1711)의「백록동서원게시고증白鹿洞書院揭示考證」이있다 . 해설, 강의류로는 미야 케 쇼사이(三宅尚斎, 1662-1741)의「백록동서원게시해설白鹿洞書院揭示解說」과「필기筆 記」, 아사미 케사이의「백록동서원게시사설白鹿洞書院揭示師說」과「백록동서원게시강 의필기白鹿洞書院揭示講義筆記」, 막유幕儒 나카무라 란린(中村蘭林, 1679-1761)의「백록 동서원게시강설白鹿洞書院揭示講說」과「백록동서원게시구해白鹿洞書院揭示口解」, 가이 바라 엣켄(貝原益軒, 1630-1714)의「백록동학규강의白鹿洞學規講義」, 사토 잇사이의「백 록동서원게시해白鹿洞書院揭示解」, 나카무라 데키사이(中村惕斎, 1629-1702)의「백록동 학규강록白鹿洞學規講錄」, 츠츠미 타상(堤它山, 1783-1849)의「백록동학규발휘白鹿洞學 規發揮」, 카와사키 리(川崎履, 1805-1876)의「백록동게시답서白鹿洞揭示答書」, 이나바 모 쿠사이(稲叶默斎, 1732-1799)의「백록동게시필기白鹿洞揭示笔記」, 사쿠라 다코몬(櫻田虎 門, 1744-1839)의「백록동서원게시강의白鹿洞書院揭示講義」, 야먀구치 고사이(山口剛斎, 1734-1801)의「백록동서원게시부록白鹿洞書院揭示附錄」, 나가노시세이長野子成의「백 록동게시별록白鹿洞揭示別錄」, 사와다 비잔澤田眉山의「백록동게시약해白鹿洞揭示略 解」, 사토 타이라佐藤坦의「게시문揭示問」, 아와간후꾸阿波岩復의「백록동서원게시도해 白鹿洞書院揭示圖解」, 이와모토후쿠嚴本復의「백록동게시도해白鹿洞揭示圖解」, 카와시마 나니가시川島某의「백록동게시구의白鹿洞揭示口義」, 야마구치 슌스이(山口春水, 1692-1711)의「백록동게시연설白鹿洞揭示演說」, 가라세키 겐메(唐崎彦明, 1714-1785)의「백록 동학규강의白鹿洞學規講義」가 있다. 관련 내용은 졸고『중국서원학규집성中國書院学規 集成·일본에서의 백록동서원게시 전파(白鹿洞書院揭示在日本的傳播)』를 참고할 수 있 다. 실제 전승된 많은 문헌들이 아직까지 발견되지 않고 있다.

필자 역시 2002년 12월 일본 국립 후쿠오카福岡 교육대학 츠루나리 히사키鶴成久章

---

46) (일본)平阪謙二, 白鹿洞書院揭示在日本的傳播, 『中國書院』 제3기, 長沙: 湖南敎育出版社, 2000년, 172-173쪽.

교수의 초청으로 한 달 간 일본을 방문하는 동안, 규슈대학九州大學 도서관에서만 세 가지 판본을 발견했다. 첫째는 분큐 2년(1862, 청 동치 1년) 임술년 정월 요시무라슌吉邨駿 초본「백록동서원게시」로, 앞쪽에는 백록동서원과 주희의 관계에 관해 일본어로 되어 있다. 한문 원문 외에 방주 등도 달려 있고, 여백 윗부분에도 일본어 훈석이 적혀 있으며, 총 6쪽, 반쪽 5줄, 한 줄에 9자로 되어 있다. 둘째는 히로시마 '독아서루고본讀我書樓稿本'「백록동서원게시白鹿洞書院揭示」로, 제목 앞에는 백록동서원과 주희 소개 내용이 일본어로 되어 있고, 제목 뒤에는 백록동은 지명으로, 서원은 학문하는 곳으로, 게시는 현판으로 해설하는 한문이 적혀 있다. 본문의 방주, 여백 윗부분 방주는 훈석 성격의 글이다. 총 6쪽, 큰 글자 반 쪽, 5줄, 각 줄은 10글자로 되어 있다. 셋째는 각본刻本으로, 제목은「학규學規」라고 되어 있지만, 실제로는「백록동서원게시」를 가리키며, 간행자 및 간행지는 알 수 없다. 총 5쪽, 큰 글자 반쪽 5줄, 한 줄에 9자로 되어 있고, 작은 글자 반쪽은 8줄로, 한 줄에 16자로 되어 있다.

이상의 내용은 일본학자들의「백록동서원게시」연구 및 전파 현황이다. 이 밖에도 위에서 언급한 일본학교라는 일부 서원은 직접적으로 주희의 이 학규규범을 서원 제생들에게 적용했다. 명확하게「백록동서원게시」가 걸려 있던 곳은 학산서원鶴山書院과 회덕서원懷德書院이었다. 뿐만 아니라 서원으로 칭하지 않는 학교들 역시 주희의 학칙으로 생도들을 가르치기도 하였다. 다테야마번의 번교 경의관敬義館의 경우,「백록동서원게시」를 출판했고, 마에바시번의 번교 박유당博喻堂에서는 "주자의「백록동서원게시」를 현판에 새겨 학칙으로 삼았다." 안나카번의 번교 조사관造士館에서는「백록동서원게시」를 현판으로 걸었으며, 사노번의 번교 관광관觀光館에서는 정월 20일 오전 9시에 개교하면서 직원, 제생 등이 예복을 입고 등장하여「백록동서원게시」를 가르쳤다. 후키아게번의 번교 학취관學聚館에서는 주자의「백록동서원게시」강목을 표준으로 삼았다. 히로사키번의 번교 계고관稽古館에서는 학교 의식 때「백록동서원게시」를 낭독했다. 후쿠이번의 번교 명도관明道館에서는 정월 9일 의식을 개강의식에서 교관이「백록동서원게시」를 강의했다. 시바타번의 번교 도학당에서는 강당에「백록동서원게시」를 내걸었고, 매월 8일 오시 전에「백록동서원게시」를 강석했다. 사사야마번에서는

「백록동서원게시」를 강당규칙으로 삼았다.47) 그리고 많은 지역에서 수 백 년 동안 이를 이어오고 있으며, 지금까지도 정정한 히라사카켄지平阪謙二 선생은 중학교 5학년 때 "매일 「백록동서원게시」를 함께 낭송했다."48) 이러한 '게시'의 감화 하에, 그는 은퇴 후에도 중일서원 연구에 뛰어들었다. 이상의 내용을 통해 주희 및 그의 학규의 영향력을 살펴볼 수 있다.49)

일본 학자들은 「백록동서원학규」의 정신을 창의적으로 적용하여 일본 실정에 맞게 나름대로 특색을 살린 새로운 학칙을 내놓기도 했는데, 등수서원藤樹書院의 「등수규藤樹規」가 대표적인 예이다. 이 규정은 칸에이 기묘년(16, 1639년, 명 숭정 2년)에 제정되었으며, 전문은 다음과 같다.

[본문] 大學之道, 在明明德, 在親民, 在止于至善.
[역문] 대학의 도는 밝은 덕을 밝히는 데 있고 백성을 내 몸처럼 가까이 하는 데 있으며, 지극한 선에 머무는 데 있다.
[본문] 朱子曰 : "堯舜使契爲司徒, 敬敷五教者; 父子有親, 君臣有義, 夫婦有別, 長幼有序, 朋友有信也. 學者學此而已."
[역문] 주자는 다음과 같이 말했다. "요순은 설을 사도로 삼아 다섯 가지 가르침을 받들어 펼치게 하였다. 부모 자식 사이에는 친함이 있어야 하며, 임금과 신하 사이에는 의리가 있어야 하며, 부부 사이에는 분별이 있어야 하며, 어른과 아이 사이에는 차례가 있어야 하며, 친구 사이에는 믿음이 있어야 한다. 학자는 이것을 배울 따름이다."
[본문] 愚按 : 三綱之宗旨一是, 皆以五教爲定本, 而其所以學之術, 存養以持敬爲主, 進修以致知力行而日新, 其別如左:

---

47) 일본 文部省總務局에서 간행한 『日本教育史資料』 권1, 권2(昭和 23년 판본)을 참고했다.
48) (일본)平阪謙二, 「被稱作書院的日本學校」, 『中國書院』 제1기, 長沙: 湖南教育出版社, 1997년, 260쪽.
49) 『中村璋八博士古稀紀念東洋學論集』(東京:汲古書院, 1996년)에 등재된, 일본 九州大學 교수 柴田篤의 「白鹿洞書院揭示與江戶儒學」에서는 이를 긍정적으로 평가했다.

[역문] 생각건대, "삼강三綱은 위의 오교를 근본으로 하는데, 이를 배우는 방법은 존양은 지경을 위주로 하며, 진수는 치지역행하여 일신하는" 것이다.

[본문] 畏天命, 尊德性.

右持敬之要, 進修之本也.

[역문] 천명을 경외하고, 덕성을 존중한다. 이는 지경의 요체이며, 진수의 근본이다.

[본문] 博學之, 審問之, 愼思之, 明辨之, 篤行之.

[역문] 널리 배우고 자세히 묻고 신중히 생각하고 밝게 분별하고 성실히 행하라.

[본문] 右進修之序. 學問思辨四者, 所以致知也. 若夫篤行之事, 則自修身以至于處事接物, 亦各有要, 其別如左:

[역문] 위는 진수의 순서이다. 학문은 위의 네 가지를 사유한 후 치지하는 것이다. 독행은 수신과 처사접물에 있는데, 각 요체가 있으니 다음과 같다.

[본문] 言忠信, 行篤敬; 懲忿窒欲, 遷善改過.

[역문] 말은 충직하고 미덥게 하며, 행동은 일관되고 공손하게 하라. 분노를 다스리며 욕망을 억제하고 선을 따르고 허물을 고치라.

[본문] 右修身之要.

[역문] 위는 수신의 요체이다.

[본문] 正其義不謀其利, 明其道不計其功.

[역문] 그 의리를 바로 하고 그 이익을 도모하지 말고 그 도를 밝히고 그 공로를 헤아리지 말라.

[본문] 右處事之要.

[역문] 위는 처사의 요체이다.

[본문] 己所不欲, 勿施于人; 行有不得, 反求諸己.

[역문] 자신이 원치 않는 바를 남에게 하지 말고 행하여도 얻지 못함이 있거든 자기에게 돌이켜 구하라.

[본문] 右接物之要.

위는 접물의 요체이다.

[본문] 原竊惟今之人爲學者, 惟記誦詞章而已. 是以吾道之所寄, 不越乎言語文字之間. 愚嘗憂之也深, 故推本聖人立教之宗旨, 而參以「白鹿洞規」, 條列如右, 而揭之楣間. 庶幾與一二同志, 固守力行之也.

[역문] 요즘 학인들은 문장만 외울 뿐, 그 안에 담긴 정신과 도리는 이해하지 못하고, 문자 도의道義에 대한 이해는 문장과 훈고에 그치게 되었다. 이를 크게 우려하여 성인의 입교 종지를 기반으로 「백록동규」를 참조하여 조목별로 문미에 게시했다. 뜻있는 동지들과 함께 이를 준수하여 실천에 옮기도록 해야 할 것이다.

寬永己卯四月二十一日.

관영寬永 연간 기묘년 4월21일[50)]

후지키는 이 학규를 만든 이듬해 왕양명 고족 왕기(王畿, 龍溪)가 편찬한 어록을 본 뒤 양명학에 깊이 빠지게 되었고, 6년 후 『왕양명전집』을 받고난 뒤에는 주자의 학문을 더 이상 신봉하지 않았으며, 후에 일본 양명학의 시조가 되기까지 했다. 그러나 후지키가 문전을 바꾸기 전, 「백록동규白鹿洞規」를 참작하고 성인입교聖人立教의 취지를 추본推本하려는 노력은, 주희의 백록동서원이 일본에 영향을 끼친 중요한 역사적 증거로 기억할 만하다.

제2절 서양으로의 전파: 이탈리아와 미국의 서원

옹정 연간부터 중국 서원은 외국 선교사에 의해 이탈리아로, 광서 연간에는 중국 교민들에 의해 미국 샌프란시스코로 이식되었다. 서양에서의 서원은 설립자에 따라 두 가지 유형으로 나눌 수 있다.

1. 이탈리아 나폴리의 문화서원文華書院

외국인들이 중국 서원을 전파하게 된 중요한 이유는 중국과 서양문화 교류의 통로가

---

50) (일본)中江藤樹의 『藤樹先生全集』 권3(京都: 內外出版社, 昭和3년 판본, 17-19쪽)과 鄧洪波의 『中國書院學規集成』(1894-1895쪽) 등에 보인다.

되기 위해서였다. 외국인 선교사들이 1818년 말라카에 세운 영화서원英華書院, 1823년 싱가포르에 세운 싱가포르서원, 1839년 인도네시아 바타비아에 세운 중국서원 등이 유명하며, 가장 대표적인 곳이 이탈리아 나폴리성의 성가서원聖家書院이다. 성가서원은 성가수원聖家修院 혹은 중국학원(Collegio dei Cinesi)이라고도 불렸으며, 중국인은 이 곳을 문화서원文華書院이라고 불렀다.

문화서원의 설립자는 본명 마테오 리파(Matteo Ripa, 중국명: 馬國賢)이다. 마국현은 이탈리아 천주교 포교회(傳信部라고도 함)의 선교사로, 청 강희 48년 말(1710년 1월)에 마카오에 도착하여 이듬해 화가畵家 신분으로 입궁하여 중국 황실의 화가가 되었으며, 조각과 회화에 능하여 강희제의 신망을 얻었다. 선교에 열정적이었던 그는 중국 국적의 성직자 양성을 주장했고, 강희 61년(1722) 북경에 로마포교총회羅馬布敎總會의 첫 분설 기관을 설립했다. 이듬해 옹정제가 즉위하자, 그는 사직하고 귀국할 것을 청하였고, 허락을 받은 후, 10월(1723년 11월)에 곡문요谷文耀 등 4명의 중국 학생 및 교사, 총 5명의 중국인을 데리고 귀국했다. 귀국 8년 만에 교황의 동의를 얻어 나폴리(Napoli)에 중국인 교육을 위한 서원을 세우고 총괄을 맡았으며, 1745년(건륭 10년) 사망할 때까지 평생을 서원 건설에 헌신했다. 서원은 처음에는 중국인 유학생을 전문적으로 교육하기 위한 목적이었으나, 나중에는 극동 지역으로 선교에 뜻을 둔 서양인, 터키인까지 수용 했다. 경비는 교회가 부담하고, 학생은 졸업 후 학위를 수여받았다. 서원은 창건 후 1868년(동치 7년) 이탈리아 정부에 몰수되기까지 137년(1732-1868)에 걸쳐 중국인 학 생 106명을 모집했는데, [51]여기에는 1868년에 전학한 3명은 포함되지 않는다. 동치 이전 중국에서 유럽으로 유학한 사람은 모두 113명으로, 이 중 91명(동치 이후 18명 제외)은 이 기간 전체 유럽 유학생의 81%를 차지했으며, 나머지 19%는 이탈리아 로마,

---

51) 150년에 걸쳐 중국인 학생 106명을 배출했으며, 광서 8년에 폐원되었다는 설도 있다. 『中華讀書 報』(제19기, 2003년6월18일)에 등재된 秋葉의 "英國離中國有多遠?--漫談訪問英國的几位中 國先驅"에도 이와 같은 관점이 담겨 있다. 후술했다시피 同治 8년까지만 해도 文華書院에서 도서 출판 사업이 지속되고 있었음을 감안하면, "同治 7년에 몰수되었다"는 판단은 문제가 있 다고 본다.

포르투갈 리스본, 프랑스 파리 등지에 흩어져 있었다고 기록되어 있다.[52] 이들 자료들을 통해 초기 중국 유학사留學史, 중서中西 문화 교류사에서 문화서원이 차지하는 위상을 알 수 있다.

문화서원의 문화적 의의는 두 가지 구체적인 사례를 통해 살펴볼 수 있다. 첫째, 1869년(동치 8년) 서원 원장 호북湖北 사람 곽동신郭東臣이 나폴리에서 출간한 『중화진경中華進境』이다. 여기에는 『삼자경三字經』, 『충경忠經』, 『사서四書』(이 중 「맹자」는 한 구절만 포함) 및 『좌전左傳』의 「정백극단우鄭伯克段于鄢」, 왕희지의 「난정서蘭亭序」, 도연명의 「도화원기桃花源記」, 한유의 「원도原道」 등 9편의 글이 담겨있으며, 중국 역대 제왕국호가帝王國號歌, 삼황가三皇歌, 오제가五帝歌 등이 첨부되어 있다. 목차는 중국어와 이탈리어로 병기되어 있다. 이 책은 현재 로마에 위치한 이탈리아 국가도서관에 소장되어 있으며, 2002년 방문학자로 갔던 주진학周振鶴에 의해 발견되었다.[53] 그는 이 책의 내용이 간단하여 서양인에게 중국어를 가르치는 교과서라고 판단했다. 그러나 이 책은 내용이 간단하지만, 서양 서원의 발전을 보여주는 서원 유물로써의 가치가 있으며, 동치 7년의 서원이 이탈리아에 몰수됐다는 설이 틀렸다는 증거이기도 하다. 외국인 선교사들이 이탈리아에 세운 이 서원은 100여 년 동안 발전한 뒤 청말까지도 중국인의 주도하에 이탈리아 사회에서 여전히 활동하고 있었다고 봐야 한다. 광서 연간, 악록서원 산장 왕선겸王先謙이 『오주지리지약서五洲地理志略序』를 지으면서 이 서원을 자랑삼아 언급한 적이 있다. "본 왕조는 화하와 변방을 통일하고 영토는 중원 전체를 덮었다. 강희 연간, 판도가 대체로 정해지자, 문화의 전파지역도 제한받지 않았고 경제적 왕래도 멀리 확장되면서 번역서가 백성들 사이에서까지도 중시되니, 이에 이탈리아에 문화서원을 설립하라는 조령이 내려졌다. 이 계획은 위대한 성인이 높은 안목으로 제안했으니, 자고이래로 이처럼 규모가 크고 전도유망한 서원은 없었다."[54]

---

52) 周穀平, 「明淸之際來華耶蘇會士與西方敎育的傳入」, 『華東師範大學學報』(敎育版), 1989년, 제3기.

53) 周振鶴, 「在羅馬的'隨便翻翻'」, 『中華讀書報』, 제3판, 2002년7월10일.

54) 王先謙, 『葵園四種·虛受堂文集』 권6, 長沙:岳麓書社, 1986년, 120쪽. "本朝統一胡漢, 地盡中

둘째, 1792년(건륭 57년) 봄, 영국에서 매카트니(George Macartney) 사절단을 중국에 파견할 당시, 부사 스톤튼(Sir George Thomas Staunton) 공작은 아들 토마스와 함께 문화서원에서 통역사를 찾으라는 명을 받았는데, 그 결과 천주교인 두 명의 중국인 학생이 초빙되어 개신교인 영국 사절단의 통역을 담당했다. 매카트니 사절단은 여러 이유로 통상 교류의 주요 임무를 완수하지는 못했지만, 문화서원의 중국 학생들이 중서 문화교류에 기여한 공로까지 잊어서는 안 될 것이다.

2. 미국 샌프란시스코의 대청서원大淸書院

대청서원은 미국 서해안의 샌프란시스코에 위치한다. 샌프란시스코는 재미 화교들이 모여 사는 곳으로, 싱가포르와 상황이 유사하다. 화교 인구가 증가함에 따라, 중국어 교육이 의제로 부상했다. 광서 연간 청 정부의 지원을 받아 중국계 인사들이 새크라멘토(Sacramento) 거리 777호 다락방에 서원을 세우고, 고국을 잊지 않기 위해 당시 중국 국호인 '대청大淸'을 서원 이름으로 지었다.

서원에는 정正·부副 교습敎習을 두고 교학을 주관하였는데, 일반적으로 국내에서 거인擧人이나 수재秀才 등 어느 정도 직위가 있는 학자들을 초빙하여 중임하도록 했다. 일상 경비는 주로 청 정부수당으로 해결했지만, 학생들은 매달 중국 화폐 50전(0.5원-역자)을 별도로 지불했다. 매년 50-60명을 모집했으며, 두 반으로 나누어 수업이 진행됐다. 교육 내용은 국내 일반 서원과 같아서 '사서', '오경' 등의 유가 경전을 위주로 하고 있으며, 과거科擧 시문時文도 섞여 있기 때문에, 전통 문화의 교육 범주를 벗어나지 않았다고 할 수 있다. 화교 학생들은 낮에는 원동遠東학교에서 영어 등을 배우고 월요일부터 금요일까지 오후 4시 반부터 9시까지 수업시간으로 정해져 있었기 때문에, 원동학교에서 하루 종일 수업이 없는 토요일을 이용하여 서원의 수업일로 지정하여

區. 康熙間, 負版不增, 域名無界, 貿遷達于殊方, 重譯重于庭戶, 敕建文華書院于今之意大利. 大聖人洞矚幾先, 量包無外. 自上古以來, 未有規模宏遠若此者也."

552

오전 9시부터 오후 9시까지 수업을 진행했다. 이를 통해 해외에 거주하는 중국계 자제에게 국학을 가르침으로써 타국에서도 고국을 잊지 않게 하는 것이 대청서원의 주요 임무였음을 알 수 있다.

중국과 서양 지식을 두루 공부했던 서원생들은 대부분 그들의 부모세대처럼 해외에서 활동했으며, 일부는 귀국해 중서 문화교류에 기여했다. 장애온張愛蘊은 그 중 대표적 인물로 광서 18년(1892) 대청서원에서 수료한 후 귀국한 뒤 양광학당兩廣學堂에 입학하여 학업을 이어갔다.

광서 32년(1906) 샌프란시스코 대지진으로 원사가 파괴되자 교민들은 청 정부의 구제금으로 스톡턴(Stockton) 거리에 중화총회관 빌딩을 짓고, 서원을 이곳으로 옮겨 수업을 재개했다. 1934년, 청 조정은 내각시독內閣侍讀 양경계梁慶桂와 거인 조면曹勉을 미국으로 파견하여 사태를 파악하게 하고, 조면을 대청서원에 주강으로 임명하여 미국 화교들의 중국어 교육을 발전시켰다. 그 후 대청서원의 교육 사업은 꾸준히 발전하여 미국 전역의 중국어 교육기관의 모범으로 자리잡았다. 신해혁명 이후 대청서원은 중화교민공립학교中華僑民公立學校로 개칭되었고, 현재는 중화중학교中華中學校로 변모하였다. 해외 서원들은 국내 대다수 서원들처럼 구식교육에서 신식교육으로의 과도기를 거쳐 중국학과 서학을 융합하면서 고대에서 근현대로 넘어갔다.

제3절 남양으로의 전파: 동남아시아의 화교서원

중국인의 해외 이주 역사는 길지만, 화교서원은 청대에 들어서야 등장한다. 최초의 화교서원은 인도네시아 바타비아의 명성서원明誠書院으로 1729년 옹정 7년에 창건됐다. 그 이전에는 사숙을 열어 자제들을 교육했다. 이번에 네덜란드 동인도회사를 통해 '양제원養濟院'이라는 화교 병원을 개조하여 서원 원사와 경비를 마련했다. 1753년 네덜란드 식민지 개척자들은 서원에 여러 명의 네덜란드 아이들을 보내 한문을 교육했는데, 당시 생도 수는 30-40명이었다. 이후 관리가 제대로 되지 않아 폐원되었다. 1787년

(건륭 52년), 화교 뢰진란雷珍蘭(Liutenant)은 화교 사찰 '금덕원金德院'을 의숙(義塾: 공익을 위하여 의연금을 모아 세운 교육 기관-역자) 성격의 명덕서원으로 개조하였다. 서원 경비는 공관公館에서 부담했으며, 사서오경을 주요 교재 삼아 암기 위주의 방식으로 교육했다. 55)명성서원, 명덕서원 등 인도네시아 서원은 해외 화교 교육의 선례를 만들었다는 점에서 공로가 크지만, 아쉽게도 관련 데이터를 찾기가 어려워 더 이상 자세히 서술할 수 없다.

말레이시아 화교서원의 역사는 인도네시아보다 늦었지만, 페낭의 오복서원五福書院, 쿠알라룸푸르의 진씨서원(陳氏書院)은 현재까지도 운영되고 있다. 1896년(광서 22년) 진수련陳秀連, 진춘陳春, 진신희陳新禧가 융설隆雪 진씨서원 종친회를 발기하여 광주廣州 진씨서원의 규제에 따라 쿠알라룸푸르 페탈링로八達麟路 끝에 진씨서원을 창건하여 10년 만에 완공하였다. 이곳은 종묘와 학교가 일체화된 곳으로, 대문, 조벽, 회랑, 대당, 천정, 곁채 등이 있어 우아하고 아늑하며, 광동성 전역 72개 현縣 진씨 종친의 역량으로 창건된 광주 진씨서원과 유사했다. 서원이 완공되기 5년 전부터 국내 서원들은 연이어 조서에 따라 학당으로 개제되었다. 진씨서원은 서원으로서의 역할을 수행한 지 얼마 되지 않았지만 진씨 교민들의 정신적 터전으로 이사회를 관리기구로 설치하고 100년 동안 운영해왔다. 1988년 융설 진씨 서원의 추진으로 서원을 본거지로 삼아 설립한 말레이시아 진씨 종친 총회가 새롭게 출발하여 말레이시아의 유명한 화교문화의 상징으로 성장했다.56) 현재까지도 서원 이사회 아래, 청년부, 여성부를 두고 문화교육 활동을 펼치고 있으며, 늘 광동지역 음악(粵曲)을 연주하며 교포들의 향수를 달래주고 있다.

동남아시아의 화교서원 중 싱가포르의 췌영서원萃英書院이 대표적이다. 췌영서원을 사례로 화교서원의 해외 중국 문화 전파 현황을 간략하게 살펴보고자 한다.

싱가포르에서 중국어 교육이 시작되고 발전한 것은 최근 100년 간의 일이다. 청

---

55) 王秀南의 『東南亞教育史大綱』(싱가포르: 東南亞研究中心, 1989, 317-318쪽), 溫光益 외의 『印度尼西亞華僑史』(北京: 海洋出版社, 1985) 등 참조.

56) 진씨서원에 관해서는 『隆雪陳氏書院宗親會創辦一百周年紀念 暨書院落成九十周年慶紀念特刊』(1996년 페낭 발행)을 참조했다.

가경 24년(1819) 영국 식민지 개척자 래플스(Sir Thomas Stamford Bingley Raffles)는 싱가포르를 점령한 뒤 자유무역항으로 선포하고 중국인들의 입국을 독려하면서 화교 수가 급증했다. 화교 인구가 날로 증가하고 정치, 경제 활동이 활발해지면서, 중국어 교육 사업에 대한 요구도 함께 늘어났다. 이에 따라 19세기 중엽 이후 싱가포르 각지의 화교들이 잇달아 사숙, 의숙을 열었는데, 그 중 함풍 4년(1854) 복건성 출신 화교인 진금성陳金聲이 세운 췌영서원이 가장 대표적이다. 이곳은 싱가포르 중국어 교육의 선구자로 큰 영향을 끼쳤다.

김종金鍾이라고도 불리던 진금성은 자는 거천巨川, 횡음呔音으로 본관이 복건성 영춘 永春이며, 가경 10년(1805) 말레이시아의 말라카에서 출생했다. 싱가포르가 개항한 지 얼마 되지 않아 그는 중국계 상인과 함께 홍콩에 '금성金聲회사'를 차리고 비즈니스 활동을 했다. 경영에 일가견이 있었기 때문에 회사 업무는 점차 확장되어 수백만금을 벌어들여 막대한 부를 축적했고, 마침내 싱가포르 복건방 화교 지도자가 되었다. 진금 성은 외국에서 태어났지만, 어려서부터 엄격하고 체계적인 가정교육을 받은 덕분에 조국의 전통문화의 영향을 많이 받았다. 그는 빈곤한 이들을 구제하고, 의로운 일에 기꺼이 재산을 사용하고, 상업 외에도 화교 자제들의 교육에 더 많은 노력을 기울였다. 일찍이 도광 29년(1849), 그는 돈을 기부하여 성주복건화인종향회회관星洲福建華人宗乡 會會馆 천복궁天福宮 우측에 숭문각崇文閣을 증축했다. 그 후 중국계 자제를 모집하고 주강을 초빙하여 유가 경전을 가르쳤다. 경비도 넉넉하고 주강도 여러 명이라 배우려는 이들이 넘쳐나서 기존의 재사에 수용되지 않을 정도였다. 이를 감안하여 함풍 4년 (1854), 그는 또 거액을 기부해 별도로 서원을 지었는데, 각 지역의 인재(精英)들을 불러들인다(萃集)는 의미에서 '췌영萃英'으로 명했다. 함풍 11년(1861) 세운 서원의 비 석에는 '영국 두목(英酋)' 관할 하에 있는 우리 '고국 사람들(唐人)'을 위해 세우게 되었다 는 서원 설립 이유 및 서원 내 시설 등에 대해 소개되어 있다. 이는 현재까지 수집된 유일한 화교서원비로 매우 진귀하다.

서원 창건 후, 진금성은 공신公紳과 「의학규조략義學規條略」을 제정하여, 서원의 의 학으로서의 성격, 설립 방향, 교사 선택과 학생 모집의 조건 및 방법 등을 결정하였는데 교사는 "반드시 품행과 학문을 겸비해야 하고, 흡연과 음주를 즐기고 다망한 자는 초빙하지 않는다(必求品學兼優, 凡有嗜酒洋煙及事繁者勿聘)"는 구절도 있었다. 임용 전 "조략을 열람하게 하고, 준행할 것을 약속한 자에게 계약서를 보내고(例將條規送閱, 能如約者方送關書)" 서원으로 초빙하여 주강을 맡긴다. 화교들은 "빈부 자제를 막론하고 입학시키고(無論貧富子弟, 鹹使之入學)" "가난하지만 영특한 학생들(極貧而天資穎異)"은 우대한다. 교육내용은 『효경』, 사서, 오경, 중국 주산珠算, 격치지학 및 기본적인 생활 규범 위주의 유교 예절 등이었다. 수업은 복건 방언으로 진행되었으며, 제생들은 "학교에 와서 먼저 효경을 읽은 후 사서를 읽었다(來學, 先讀『孝經』, 次讀『四書』)." 매월 초하루와 15일, 장교掌敎는 "(중국 황제의) 성유聖諭와 효제충신과 관련된 여러 정사들을 설파하면서 학생들이 이대로 실행하도록 격려했다(須將(中國皇帝)聖諭及孝悌忠信諸政事明白宣講,冀其心體力行)." 교육 내용으로 보면 췌영서원이 당시 중국 내에 있던 일반적 서원과 거의 일치하며, 중국 전통교육의 궤도에서 벗어나지 않는 방식으로 타국으로 이식되었음을 보여준다. 주산수업이 필수과목으로 자리 잡은 데는 상업 위주의 화교교육의 특색이 반영되어 있다.

싱가포르의 중국어 교육은 췌영서원 설립 이후 급격히 발전했다. 특히 청나라 초대 싱가포르 주재 영사인 좌병륭左秉隆이 부임한 뒤, 중국학 창설에 힘썼으며, 낙영서실樂英書室, 배란서실培蘭書室, 광조의학廣肇義學 등 잇따라 창건되었다. 게다가 췌영서원의 영향으로 각 가문의 가숙家塾과 의학義學도 생겨나면서, 한 때 중국어 학교가 즐비하여 거리마다 중국어 낭송 소리가 울려 퍼지기도 했다. 이에 췌영의 명성이 더욱 높아지면서, 중국어 교육의 대표 교육기관으로 자리 잡았으며, 영국 식민지 개척자들이 설립한 래플스 서원(Raffles Institution), 현지 말레이시아 왕족들이 운영하는 말라이 전문대학(Malay College, Kuala Kangsar)과 함께 19세기 후반 싱가포르의 3대 명문 학교로 불리며, 싱가포르의 다문화 분위기 조성에 크게 기여하였다. 20세기 초 국내 교육개혁 및 남양화교중학교로 대표되는 신식 중국어학교가 부상함에 따라, 한때 높았던 췌영서원의 명성도 사라졌지만, 해외 중국어 교육에 대한 공헌만큼은 부인할 수 없다.57)

청대 화교서원의 출현은 송대 교민서원의 연장선이라고도 할 수 있다. 다만 '고향을 떠나는 것(去鄕)'과 '고국을 떠나는 것(去國)'에는 차이가 있을 뿐이다. 고향을 떠난 사람 역시 외롭기 마련이지만, 동일한 문화적 환경을 공유하면서 나름의 마음의 위안을 찾을 수 있었다. 그러나 고국을 떠난 사람은 문화가 완전히 다른 타국에서 홀로 떠돌며 뿌리내릴 수 없는 상실감, 즉 깊은 외로움을 느끼게 된다. 이러한 차이로 인해, 화교서원의 일차적 임무는 수천 년의 역사를 가진 고국의 문명을 해외로 전파하여 교민들에게 정신적 안정감을 주는 것이었다. 한편으로 생계를 유지해야 한다는 현실적 수요에 화교들이 현지 문화를 적극적 배워야 했다. 이렇게 하여 화교 서원은 해외 문명을 수용하는 통로가 되고 중국과 외국 문화를 연결하는 다리가 되었다. 이처럼 해외 문화 교류 역할을 수행했다는 점이 화교서원이 교민서원과 구별되는 가장 큰 차이점이기도 했다.

---

57) 王光華, 「萃英書院開新加坡華文教育之開端」, 『書院研究』 권2, 湖南省書院研究會編, 1989년.

제8장

근대 이래의 서원

제1절 서학동점: 교회 서원

서원은 중국 사인들의 문화 교육 조직으로, 오랜 발전 과정에서 중국 문화의 축적과 전파에 공헌했을 뿐만 아니라 중국과 서양의 문화 교류에도 공을 세웠다. 서학동점西學東漸의 시기, 중국에 온 외국인들이 세운 학원, 대학, 대학교, 연구원 등의 문화교육기관을 모두 서원이라 불렀으며, 해외로 나간 중국 사인들 역시 서양에서 마주친 근대학당, 학교, 도서관, 실험실, 과학박물관, 전시관 등을 자국 사람들에게 '서원'으로 소개했다. 이는 당시 중국과 서양 인사들이 '서원'을 문화교류의 장으로 인지하고 있었음으로 보여준다. 이 절에서는 교회 서원이라는 구체적인 사례를 통해 서원의 문화교육적 기능에 대해 살펴보고자 한다.

서양 선교사들은 명대 후기부터 중국에 들어왔다. 북경의 수선서원首善書院은 동림강학 사인들의 강회소에서 아담 샬 폰 벨(湯若望, Johann Adam Schall von Bell, 1591~1666)과 같은 선교사들이 주관하는 역국(歷局:역법을 관장하는 부서-역자), 천주당天主堂으로 변모하면서, 최초로 서학을 접하는 장소가 되었다. 항주의 야소회사(耶穌會士: 예수회 구성원들의 통칭-역자)가 창건한 건성서원虔誠書院 역시 교회적 성격을 띤 최초의 서학 전파 서원이 되었다. 그러나 전체적으로 보면, 서학동점의 추세는 명대에 시작되었을 뿐이며, 본격적으로 영향을 끼친 것은 청대 후기의 교회 서원부터였다.

　교회 서원은 중국의 외국 교회 및 선교사들이 '서원'이라는 중국의 교육 조직의 형식을 활용하여 서양 종교 사상 이념 및 과학기술, 언어문자를 더해 서학동점이라는 큰 흐름 속에서 새롭게 창조한 형식이다. 이는 중국과 서양의 문화 교류 및 융합의 결과로, 중서 문화교류와 중국 서원의 근대화에 기여하였다.

1. 중국 교회 서원의 개황

　교회 서원은 서양 선교사들이 중국에 들어온 이후에 생겨난 새로운 형태의 서원이다. 선교사와 서원의 관계는 충돌에서 융합으로의 과정을 겪는다. 이 둘 사이의 첫 번째 접촉은 명말 주이존朱彝尊의 『폭서정집曝書亭集』 권44에 다음과 같은 내용을 통해서 알 수 있다. "천계 원년(1621), 추충개鄒忠介, 풍공정馮恭定은 북경 대옹시방大雍時坊에 수선서원首善書院을 지어 강학하는 곳으로 삼았다. 천계 2년 어사 예문환倪文煥은 서원을 위학僞學이라 여겨 선성의 위패를 망가뜨리고, 경전을 불태워 버리고, 비석을 넘어뜨렸다. 아담 샬 폰 벨湯若望이 자국에서 시행하는 역법으로 대통력大統歷의 정확성에 문제가 있다고 지적하였다. 서광계徐光啓가 이를 독신篤信하여 수선서원의 옛 터에 역국歷局을 설치하고 천주당으로 개명했다. 이로써 서원이 본격적으로 폐원되고 역사逆祠가 세워졌다."[1] 여기에서 '역사逆祠'라는 일종의 원한을 담은 표현은 초기 중국에 온 선교사들이 중국 서원 및 서원의 문화적 효능에 대해 잘 알지 못했을 뿐만 아니라, 중국 사인들이 서원을 서양문명에 견줄 수 있는 중화문명의 상징으로 이해하고 있는 것도 몰랐기 때문에, 중국 사인들은 서원의 천주당으로의 개조를 '무례하기 짝이 없는' 행위였다고 생각했음을 보여준다. 선교사들은 무의식적으로 천주당과 서원을

---

[1] "天啓初元(1621), 鄒忠介, 馮恭定建首善書院于(北京)大雍時坊, 爲講學之所. 二年, 御史倪文煥诋爲僞學, 是歲毀先聖栗主, 燔經籍于堂中, 踣其碑. 西洋人湯若望以其國中推步之法, 證『大統歷』之差, 徐宮保光啓笃信之, 借書院爲歷局, 踞其中, 更名天主堂, 書院廢而逆祠建矣."

충돌하게 만들었다면, 아래의 기록에 통해서 중국 사인들은 의식적으로 양자를 대립적으로 이해했음을 알 수 있다. "화룡化龍 거리 서쪽에 위치한 이학서원理學書院은 옹정 원년(1723) 지현 소습례蘇習禮가 옛 천주당을 개축한 것이다."[2] "복청현福淸縣 서쪽 거리에 위치한 흥상서원興庠書院은 옹정 원년 옛 천주당을 개축한 것이다."[3] 이학으로 천주교에 강경하게 맞서는 이러한 태도는 중국과 서양의 문화 교류에서 나타난 충돌을 잘 보여준다. 이러한 충돌로 인해 중국에 온 선교사들은 점차 서원을 알게 되었고, 중국 땅에는 유례없던 외국 선교사들이 설립한 '교회서원'이 생겨나게 되었다. 명말 항주 야소회의 신도가 된 사대부 양정균楊廷筠은 사저에 건성서원虔誠書院을 세워 젊은 인재들을 기르고 교회를 보호하여 사람들이 주님의 품으로 돌아가게 하고자 했다는 기록이 있다.[4] 이것이 중국 최초의 교회 성격을 지닌 서원일 것이다. 그러나 외국 선교사가 아닌 중국인 신도가 세웠다는 점에서 교회적 요소가 있는 서원 정도로 칭할 수 있지만 실제 교회 서원의 기원이기도 하다.

실은 '교회 서원'은 해외에서 중국 본토로 확장되었다고 해야 타당하다. 선교사들이 세운 최초의 서원은 마국현(馬國賢, Matheo Ripa)의 문화서원文華書院이다. 마국현은 이탈리아 천주교 포교회 선교사로, 청 강희 49년(1710) 중국에 입국하여 궁정화사宮廷畫師를 지내면서 강희제의 신임을 얻었다. 옹정 원년(1723) 그는 곡문요谷文耀 등 중국 청년 4명을 데리고 귀국했으며, 이듬해 이탈리아에 도착했다. 8년 간의 고군분투 끝에 옹정 10년(1732)교황의 인가를 받아, 나폴리에 중국인 유학을 위한 서원을 설립했다. 서원 명은 성가서원(聖家書院, Collegio dei Clnesi)으로, 성가수원聖家修院, 중국학원中國學院이라고도 불렸으며, 중국인들은 문화서원文華書院이라 불렀다. 문화서원은 선교사 양성을 위해 중국 학생을 전문적으로 모집하고 가르치다가, 후에는 극동 지역 선교에

---

2) 건륭 『福建續志』 권20. "理學書院在(連江縣)化龍街西, 國朝雍正元年(1723), 知縣蘇習禮即天主堂改建."

3) 건륭 『福建續志』 권11. "興庠書院在(福淸縣)西隅大街, 舊天主堂地, 國朝雍正元年(1723)改建."

4) 黃新憲, 『基督敎敎育與中國社會變遷』, 福州: 福建敎育出版社, 1996년, 39쪽.

비전을 가진 서양인, 터키인도 받아들였다. 경비는 교회에서 지원했으며, 학생들은 졸업 후 학위를 수여 받았다. 통계에 따르면 설립부터 동치 7년(1868) 이탈리아 정부에 몰수되기까지 137년에 걸쳐 중국인 학생 106명을 교육하면서 초기 유럽 유학생의 주요 유학지로 떠올랐다.[5]

청 가경 12년(1807), 영국 런던교회 선교사 모리슨(馬禮遜, Robert Morrison)의 중국 입국은 개신교 동전東傳의 시초였다. 4년(1811)이 지나지 않아 청 정부가 외국인 선교사 선교 금지령을 재천명하자 모리슨 등은 남양 화교 밀집 지역으로 옮겨 활동할 수밖에 없었다. 1818년(가경 23년) 그는 런던선교회의 또 다른 선교사 미령(米憐, William Milne)과 협력하여 말라카에 영화서원(英華書院, Anglo-Chinese College) 및 인쇄소를 세우고 『중영잡지中英雜志』를 편집, 발송하여 화교들에게 성경의 신약新約을 전했다. 선교를 위해 『화어어법華語語法』, 『화영자전華英字典』, 『광동성토화자회廣東省土話字彙』 등을 저술한 모리슨은 1823년(도광 3년) 서원에서 성경 21권 중국어본을 간행했다. 1825년에는 여학생도 모집하여 가르치기 시작했다. 1839년 한학자 제임스 레게(理雅各, James Legge)는 후임으로 서원 원장을 지내는 34년 동안, 사서, 오경을 영어로 번역하여 1861년, 1886년 총 28권의 『The Chinese Classics(中國經典)』를 출판했다. 그 밖에 『신귀에 대한 중국인의 개념』, 『공자의 생애와 학설(孔子的生平和學說)』, 『맹자의 생애와 학설(孟子的生平和學說)』, 『중국의 종교: 유교와 도교 평론 및 기독교와의 비교(中國的宗教: 儒教和道教評述及其同基督教的比較)』 등도 저술한 가장 영향력 있는 서양 한학자이기도 했다. 유가의 '사서', '오경'과 기독교의 성경을 번역하고 출판한 제임스 레게는 중국과 서양의 문화교류에 큰 공을 세웠다.

말라카의 영화서원英華書院이 성공적으로 정착될 즈음, 823년 싱가포르 선교사들도 싱가포르서원(Institute of Singapore)을 세워 화교 자제를 모집했다. 1837년(도광 17년), 학부를 특설하여 화교 아동만을 모집하여 가르쳤는데, 당시 중국 학생 95명이 이곳을

---

5) 周谷平, 「明淸之際來華耶蘇會士與西方敎育的傳入」, 『華東師範大學學報』(敎科版) 제3기, 1989년.

졸업했다. 1839년 선교사들은 바타비아(Batavia)에도 중국서원(中國書院, The Chinese Seminary)을 설립하여 중서 문화 교류 장소로 사용하였다.[6]

1840년 아편전쟁 시기, 식민주의자들이 대포와 전함으로 중국의 문을 열자, 선교사들도 이에 따라 개항장 및 인근 지역으로 입국하면서 중국 본토에 교회서원이 생겨나기 시작했다. 모리슨서원이 가장 먼저 도광 22년(1842) 홍콩에 세워졌고, 전술했던 말라카 영화서원도 이듬해(1843) 홍콩으로 이전했다. 이후 교회 교육사업의 일환으로 교회 서원이 중국 본토에 본격적으로 생겨나기 시작했다. 통계에 따르면[7] 민국시기까지 전국적으로 최소 97개의 교회 서원이 설치되었는데, 당시 서원의 현황은 〈표 8.1〉과 같다.

〈표 8.1〉 중국 교회서원 일람표

서원 명	서원 부지	창건 시기	창건인 혹은 소속 기관	비고
모리슨서원馬禮遜書院	홍콩	도광 22년(1842)	모리슨 기금회	
영화서원英華書院	홍콩	도광 23년(1843)	영국 런던선교회	1818년 말라카에 설립
성바울서원聖保羅書院	홍콩 홍콩섬 센트럴(中環) 글렌닐리(鐵崗, Glenealy)	도광 29년(1849)	영국 성공회	
성바울여서원聖保羅女書院	홍콩		성바울서원 겸영	
파릉서원巴陵書院	홍콩 모리슨산	함풍 원년(1851)	독일 의신회 귀츨라프(郭士立)	
빅토리아여서원維多利亞女書院	홍콩 주룽九龍	함풍 10년(1860)	영국 성공회	
중앙서원(황인서원)中央書院(皇仁書院)	홍콩	동치 원년(1862)	영국 교회	광서 5년 황후서원(皇后書院,

6) 王樹槐,「基督教教育會及其出版事業」, 陳學恂,『中國近代教育史教學參考資料』(하), 97쪽.

7) 『近代來華外國人名辭典』, 北京: 中國社會科學出版社, 1981년. 陳學恂,『中國近代教育史參考資料』, 北京: 人民教育出版社, 1986년. (미국)Jessie Gregory Lutz,『China and the Christian Colleges, 1850-1950(中國教會大學史,1850-1950年)』, 杭州: 浙江教育出版社, 1987년.『香港教育手冊』, 1988년.『基督教教育與中國社會變遷』, 福州: 福建教育出版社, 1996년. 劉海峰 외, 『福建教育史』, 福州: 福建人民出版社, 1996년. 季嘯風,『中國書院辭典』, 杭州: 浙江教育出版社, 1996년 등 참조.

서원 명	서원 부지	창건 시기	창건인 혹은 소속 기관	비고
				빅토리아서원)으로 개칭, 20년에 다시 황인서원皇仁書院으로 개칭
서의서원西醫書院	홍콩	광서 13년(1887)	런던 포교회	손중산이 이곳에서 수학함
심광서원心光書院	홍콩 주룽 토과만土瓜灣	광서 23년(1897)	독일 선교사 布絲樂(Ms. Martha Postler) 여사	맹인 여성 전문 교육 기관
카노시안성심서원嘉諾撒 聖心書院	마카오	함풍 10년(1860)	이탈리아 카노시안 인애수회	
발췌여서원拔萃女書院	마카오	함풍 10년(1860)	영국 성공회	
카노시안성방제서원 嘉諾撒聖芳濟書院	마카오	동치 8년(1869)	이탈리아 카노시안 인애수회	
성요셉서원聖約瑟書院	마카오	광서 원년(1875)	천주교회	
성마리서원聖瑪利書院	마카오	광서 26년(1900)	이탈리아카노시안인애수회	
성바울여서원聖保羅女書院	마카오	1914	영국성공회	
영황서원英皇書院	마카오	1926	영국 선교사 모리스(莫理士)	
성클레어여서원聖嘉勒女書院	마카오	1927	캐나다 천주교회	
메리놀서원瑪利諾書院	마카오	1927	미국 선교사 메리놀(瑪利諾)	
라사서원喇沙書院	마카오	1932	천주교 라사회	
진광서원眞光書院	광주廣州	함풍 원년(1851)	미국 북장로회 선교사那夏理(Harriet Newell Noyes)여사	여성 전문 교육 기관
영화서원英華書院	광주	함풍 2년(1852)	미국 선교사 河伯林	
치격서원致格書院	광조 사기沙基	광서 13년(1887)	미국 장로회 앤드류 하퍼(哈巴安德, Andrew Patton Happer, 1818-1894)	
배정서원培正書院	광주	광서 16년(1890)	미국 남부 침례교	
명심서원明心書院	광주 방촌芳村	함풍 17년(1891)	미국 장로회 라이마(賴馬) 여사	여성 아동 모집
성심서원聖心書院	광주	광서 말년		
이학당대서원理學堂大書院	대만 담수淡水	광서 8년(1882)	캐나다 해외선교회 맥케이(馬偕, George Leslie Mackay, 1844-1901)	
영화서원英華書院	하문廈門	도광 30년(1850)	런던선교회 스트로나흐(施敦力, Alexander Stronach 1800-?)	
심원서원尋源書院	하문	광서 6년(1880)	미국 개혁교회美國归正會	
배원서원培元書院	복건 보전莆田	광서 4년(1878)		
바울복음서원保羅福音書院	복주福州	함풍 2년(1852)		
노하서원瀘河書院	복주	함풍 3년(1853)	미국 선교사 둘리틀(盧公明, Jus-	

서원 명	서원 부지	창건 시기	창건인 혹은 소속 기관	비고
			tus Doolittle, 1824-1880) 美國教士	
격치서원格致書院	복주	함풍 3년(1853)	미국 회중 교회	
복음서원福音書院	복주	동치 10년(1891)	미국 메소디스트 에피스코팔교회 올링거 프랭클린 (武林吉, Franklin Ohlinger, ?~1919)	
배원서원培元書院	복주	동치 10년(1891)	미국 메소디스트 에피스코팔교회 올링거 프랭클린(武林吉)	
광학서원廣學書院	복주	광서 4년(1878)		
학령영화서원鶴齡英華書院	복주	광서 7년(1881)	미국 메소디스트 에피스코팔교회 麥利和	
성마가서원聖馬可書院	복주		미국 성공회	
영화서원英華書院	복주		미국 성공회	
삼일서원三一書院	복주		미국 성공회	성마가聖馬可와 영화英華서원의 합병
성학서원聖學書院	복주			
진학서원眞學書院	복주			
화영비적서원華英斐迪書院	영파	함풍 14년(1864)	영국 감리교	
삼일서원三一書院	영파	광서 2년(1876)	영국 성공회 찰스 조세프 (霍約瑟, Joseph Charles Hoare 1898-1906)	
양정서원養正書院	영파	광서 6년(1880)	미국 침례교 衛克斯(Wexner)	
장로회서원長老會書院	영파	광서 6년(1880)	미국 장로회	
숭신서원崇信書院	영파	광서 7년(1881)	미국 장로회 매카티(麥嘉締, Divie Bethune McCartee, 1820-1900)	
화영서원華英書院	영파	광서 19년(1893)	영국 기독교회	
성도공회서원聖道公會書院	영파	청말	영국 개혁감리회 英國聖道公會	
건성서원虔誠書院	항주	명말	예수회 선교사 양정균(楊廷筠)	
육영서원育英書院	항주	동치 6년(1867)	미국 장로회	
청심서원淸心書院	상해	도광 30년(1850)	미국 북장로회 존 파넘(範約翰, John Marshall Willoughby Farnham, 1829-1917)	
성방제서원聖芳濟書院	상해	동치 2년(1863)		
배아서원培雅書院	상해	동치 4년(1865)	미국 성공회	후에 성요한서원으로 병합
도은서원度恩書院	상해	동치 5년(1866)	미국 성공회	후에 성요한서원으로 병합
성요한서원聖約翰書院	상해	광서 5년(1879)	미국 성공회 사무엘(施約, Samuel	

서원 명	서원 부지	창건 시기	창건인 혹은 소속 기관	비고
			Isaac Joseph Schereschewsky,1831-1906)	
중서서원中西書院	상해 곤산로昆山路	광서 7년(1881)	미국 감리교 앨렌(林樂知, Allen Young John, 1836-1907)	
성마리아여서원聖利亞女書院	상해	광서 7년(1881)		
맥륜서원麥倫書院	상해	광서 말	영국 런던선교회	
존양서원存養書院	소주 십전가十全街	동치 10년(1871)	미국 감리회 조자실(曹子實)	
박습서원博习書院	소주 천사장天賜莊	광서 5년(1879)	미국 감리교 앨렌(林樂知)	
중서서원中西書院	소주 궁항宮巷	광서 20년(1894)	미국 감리교 데이비드 앤더슨(孙樂文, David L. Anderson, 1850-1911)	
수주서원秀州書院	가흥嘉興	광서 말년		
회문서원彙文書院	남경 간간하幹幹河	광서 14년(1888)	미국 메소디스트 에피스코팔교회 傅羅(Charles Henry Fowler) 美國美以美會傅羅	후에 굉육서원과 합병되어 금릉대학으로 개조됨
기독서원基督書院	남경 고루鼓樓	광서 17년(1891)	미국 기독교회 메이그스(美在中, F. E. Meigs, -1915)	후에 굉육서원에 합병됨
익지서원益智書院	남경 호부가戶部街	광서 20년(1894)	미국 장로회	후에 굉육서원에 합병됨
굉육서원宏育書院	남경	광서 30년(1906)	미국 선교사	후에 회문서원과 합병하여 금릉대학으로 개조됨
덕화서원德華書院	청도	광서 24년(1898)	독일 기독교 신의회信義會 곤조昆祚	
예현서원禮賢書院	청도	광서 27년(1901)	독일 동선회同善會 리처드 빌헬름 (衛禮賢, Richard Wilhelm 1873-1930)	
등주서원登州書院	산동 등주登州	동치 3년(1864)	미국 장로회 칼빈(狄考文)	
광덕서원廣德書院	산동 청주青州	광서 20년(1894)	영국 침례교 사무엘 코울링(庫壽齡, Samuel Couling, 1859-1922)	
곽라배진서원郭羅培眞書院	산동 청주	광서 11년(1885)	영국 침례교	
광문서원廣文書院	산동 유현濰縣	광서 30년(1904)	미국 기독교와 영국 기독교의 차회 (差會, 기독교 신교의 지구교회-역자)	등주서원과 광덕서원의 합병으로 세워진 서원
문미서원 文美書院	산동 유현	광서 9년(1833)	미국 장로회 마테어 로버트(狄樂播, Mateer Robert M, 1853-1921)	
문화서원文華書院	산동 유현	광서 21년(1895)	미국 장로회 마테어 로버트 美國長老會狄樂播	여성 전문 교육 기관
신학서원新學書院	천진	광서 28년(1902)	영국 런던선교회 赫立德	

서원 명	서원 부지	창건 시기	창건인 혹은 소속 기관	비고
중서서원中西書院	천진	광서 말년		
노하서원潞河書院	통주通州	동치 6년(1867)	영국 회중 교회 妻戴德(L.D. Cha-pin)	
고목서원瞽目書院	북경	동치 9년(1870)	영국 장로회 莫偉良(William Mo-ore)	
회문서원彙文書院	북경	동치 10년(1871)	미국 메소디스트 에피스코팔교회 (The Methodist Episcopal Chur-ch)	
모정서원慕貞書院	북경	동치 11년(1872)	미국 메소디스트 에피스코팔 교회	
회리서원怀理書院	북경 동성東城	광서 11년(1885)	미국 메소디스트 에피스코팔 교회	후에 북경회문北京彙文으로 개칭
북경회문서원北京彙文書院	북경 동성	광서 14년(1888)	미국 메소디스트 에피스코팔 교회	
협화서원協和書院	북경	청말		
문회서원文會書院	심양	광서 말		
배문서원培文書院	개봉開封	청말	외국 교회	
동문서원同文書院	구강九江	광서 7년(1881)	미국 메소디스트 에피스코팔교회 쿠퍼(Carl Frederick Kupfer, 1852-1925)	
남위열서원南偉烈書院	구강	청말		
박문서원博文書院	구강	청말		
문화서원文華書院	무창武昌	동치 10년(1871)	미국 성공회	
박문서원博文書院	무창	광서 11년(1885)	영국 감리교	
훈녀서원訓女書院	한구漢口	광서 22년(1896)	영국 감리교	
박학서원博學書院	한구	광서 25년(1899)	영국 런던선교회 그리피스 존(楊格非)	
호빈서원湖滨書院	호남 악주岳州	광서 29년(1903)	미국 복초회 호이(William Endwin Hoy, 1858-1927)	
노덕서원路德書院	호남 익양益陽		스웨덴 차회差會	
날정서원辣丁書院	남녕南寧	광서 26년(1900)	프랑스 천주교 羅思思(Lauest)	
법중문서원法中文書院	남녕	광서 28년(1902)	파리 외방선교회	
날정서원辣丁書院	광서 계평백사우 桂平白沙圩	1929년	프랑스 천주교회	
공의서원公義書院	중경	청말	프랑스 선교사 구르동(Gourdon, 古洛東, 1840-1930)	

이들 97개 교회 서원은 홍콩, 마카오, 광주, 담수淡水, 하문厦門, 보전莆田, 복주, 영파, 항주, 상해, 소주, 남경, 가흥, 청도, 등주登州, 유현潍縣, 청주青州, 천진, 통주通州, 북경, 심양, 개봉, 구강九江, 무창, 한구, 악주岳州, 익양益陽, 남녕, 계평桂平, 중경 등 30개

도시에 분포되어 있었다. 교회 소속 국가별로는 영국, 독일, 프랑스, 미국, 캐나다, 스웨덴, 이탈리아 등 7개국으로, 이들 나라에서 세운 서원은 각각 23, 4, 4, 42, 2, 1, 3, 미상 17개이며, 1곳은 영국과 미국이 공동 설립했다. 이 중 미국이 43.29%, 영국이 23.71%를 차지하면서 미국이 기독교 전통의 영국을 제치고 중국 교회 서원의 주요 설립자로 부상했다.

2. 교회 서원의 발전과정 및 단계별 특징

중국 본토 교회 서원의 발전은 70여 년의 역사를 가지고 있는데, 제2차 아편전쟁, 서원 개제를 기준으로 각 단계적 특징에 따라 세 시기로 나눌 수 있다.

두 차례의 아편전쟁 사이, 즉 도광-함풍 연간(1842-1861) 약 20년 간이 첫 번째 시기이다. 「남경조약南京條約」 체결로 선교사들은 '중국 영토 내(國中之國)' 개항장에 들어와 선교할 수 있게 되었지만, 청 정부의 선교사 선교 금지령은 여전히 유효했다. 금지령의 효력으로, 선교사들의 활동이 활발하지 않았던 이 시기에는 홍콩(5), 마카오(2), 광주(2), 하문(1), 복주(3), 영파(1), 상해(1) 등 7개 도시에 15개 교회 서원 정도만이 세워졌다. 이들 서원들은 모두 선교 활동도 활발하지 않고 규모도 작아서 영향력도 크지 않았으며, 수數도 적어서, 교회 서원이 자리 잡는 초기 혹은 다음 발전기를 위한 준비단계로 볼 수 있다. 그럼에도 이들 서원의 여학생 입학은 남존여비 사상이 강한 중국에 큰 충격을 가져오면서 낡고 답답한 사회에 신선한 바람을 몰고 왔다.

두 번째 시기는 제2차 아편전쟁에서의 패전(동치)부터 불평등 조약이 체결된 1900년(광서 26년)까지 약 40년간의 교회 서원 발전기이다. 함풍 10년(1860), 제2차 아편전쟁은 중국의 패전으로 끝나면서, 청나라는 열강과 「천진조약」, 「북경조약」을 강요로 맺었다. 이들 조약에는 중국 내 외국인의 자유로운 선교를 허용하고, 교회 재산과 천주교 교회를 반환한다는 조항은 중국 정부의 교회에 대한 구속력이 더 이상 없음을 보여준다. 선교사들은 외국 침략자들의 중국과의 불평등조약을 빌미삼아 연안의 항구 몇 개에서 내륙으로 빠르게 진출했고, 교회 서원도 광주, 하문 등지에서 담수, 보전, 항주,

소주, 남경, 구강, 무창, 한구漢口, 익양, 등주, 청주, 통주, 북경, 심양, 개봉, 남녕, 중경 등 도시로 확장되었다. 이 시기에 새로 설립된 서원은 이전보다 3배 증가한 50여 개로, 매우 빠른 속도로 발전해갔다는 것을 알 수 있다.

발전기의 교회 서원은 단계적 특성이 뚜렷하다. 이에 대해 황신헌黃新憲은 다음과 같이 정리하였다.8)

첫째, 교회 서원의 모집 대상이 가난한 집 자제에서 엘리트 계층으로 옮겨갔다. 초창기의 교회 서원에서는 가난한 집 출신 학생들을 대거 모집해 학비 및 기타 비용을 면제해주고, 생활복과 서적, 문구류를 모두 서원 측에서 제공했다. 후에 학생 수가 증가하면서 상당수의 교회 서원은 더 이상 중국의 가난한 집 자제들을 위한 의무 학교를 운영할 필요가 없고, 오히려 부유하고 똑똑한 중국인들이 하느님을 먼저 만나고 이들이 널리 복음을 전하면 된다고 판단했다. 이러한 관점은 사회 전환기의 교회 서원에서 교육 대상이 어떻게 변화해 가는지를 잘 보여준다. 또한 양무운동에 따른 급격한 사회 변화에 발맞춰 중국에서 제대로 자리 잡을 수 있기 위해, 교회 서원 교육 목표도 적절하게 조정하였다. 서학에 정통하고 양무에 능숙한 인재를 양성한다 등 서원이 더 이상 성직자 양성소가 아님을 주장했던 것이다. 무창 문화서원文華書院에서는 1894년 이전 20여 년간 300여 명이 졸업했지만 교회 관련 일을 하는 인원은 15명도 안 되는 것으로 집계됐다. 더 많은 졸업생을 정치, 경제, 상업 등의 영역으로 보내는 것이 교회의 이익에도 더욱 부합했다. 또한 교회 서원은 대부분 해안 개항장에 위치했기 때문에, 현지의 양무기관 및 외국인이 장악하던 해관, 양행洋行 등과도 연관되어 있어서, 졸업생들의 진로는 보장된 편이었다. 이는 관료 및 부신富紳 가정에는 매우 매력적이어서 이들 자제들이 꾸준히 입학하면서, 서원은 정원 초과를 염려하게 될 정도였다. 상해 중서서원中西書院은 개원 당시 200여 명을 모집했는데, 1882년 1월에 오면 학생 수가 330명에 이르렀으나, 교사校舍 부족으로 많은 신청자들이 입학하지 못하기도 했다.

---

8) 黃新憲의 「敎會書院演變的階段性特徵」(『湘潭大學學報』, 1996년 제6기)와 『基督敎敎育與中國社會變遷』(297-307쪽)을 간추려 정리한 내용이다.

568

둘째, 교육 과정은 중국의 전통을 존중하는 동시에 서학, 서예西藝 등 서양 문화와 과학 지식을 적극 채택했다. 교회 서원은 중국학(中學)과 서학을 모두 중시한다는 교육 과정을 표방했다. 일부 서원에서 논어와 맹자를 숙독하여 중국 전통문화 이해를 요구하고 학생들의 과거 응시를 위해 팔고문과 시책試策에 몰두하도록 했지만 교회 서원은 서학에 대한 사회적인 요청에 부응하기 위해 중국학이 아닌 서학을 교과 과정의 주축으로 정했던 것이다. '중국학' 과정은 구실만 갖추었고 '중국학' 교사는 학생들에게 '샌님(冬烘先生)[9]'이라고 놀림까지 받았다. 당시 대부분의 서원에서는 근대 교과과정을 설치했다. 복주 학령鶴齡 영화서원에서는 수학, 대수학, 기하학, 전기학, 격물학 등의 과정을 개설했고, 상해 중서서원中西書院에서는 계몽학, 대수학, 구고법칙勾股法則, 평삼각平三角, 호삼각弧三角, 화학, 중학重學, 미분, 적분 등의 교과과정을 개설했다. 소형 천문관찰대, 격치방格致房, 기계실 등을 실습용으로 설치해 놓은 서원도 있었다. 산동성 등주서원登州書院에는 물리, 화학 실험실과 기계공장, 발전소, 천문대 등이 갖추어져 있었다. 성요한서원聖約翰書院은 거액을 들여 물리, 화학 등 전문 실험실을 갖춘 '격치루格致樓'를 짓기도 했다. 대부분의 교회 서원에서는 영어 교육을 중시했다. 1896년 이전, 성요한서원에서는 의학, 신학 두 학과의 모든 교과과목과 문리과文理科 중 자연과학 수업은 모두 영어로 강의하도록 했고, 학생들은 역시 강의실 안팎에서 영어를 사용하도록 요구되었다. 상해 중서서원의 경우, 학생들이 입학한 이듬해부터 영어 교육을 강화했다.

셋째, 교회 서원의 교육 형식은 기본적으로 서양 근대학교 형식을 모방했다. 교회 서원은 당시 서양 나라들의 학교 수업을 참고하여 쉬운 내용에서 어려운 내용으로 점차 심화시켜 나갔다. 성요한서원은 정관正館과 비관備館의 두 반으로 나뉘어 있었는데, 정관은 정과正科로 특반特班이라고도 불렸으며, 비관은 예과預科로 학제는 각각 4년이었다. 중서서원의 경우 미국식 교육제도를 본떠 총 8년간 3단계의 교육(초급, 중급, 고급)을 실시했으며, 학생들은 초급에서 고급으로 순차적으로 단계를 밟았다.

---

9) 역자주. 魯迅의 『華蓋集·幷非閑話(3)』에 나오는 표현으로, 세상 물정 모르는 우매하고 고루한 지식인을 가리킨다.

수업 분급 방법은 중국의 일부 서원에서 사용했으나, 학제는 4년이나 8년 같은 제한은 없었다. 또한 대다수의 교회 서원은 학급을 단위로 운영되었다. 이는 중국의 예전 서원에서는 보기 드문 형식이어서 전통 서원 교육 방식에 큰 충격을 가져왔다.

세 번째 시기는 광서 27년(1901)부터 민국 초년인 20세기 초까지, 10여 년 간의 교회 서원 개혁기이다. 이 전 무술변법 시기에 광서제가 서원을 각급 신식학당으로 바꾸라는 명령과 함께 중국 전통서원의 개혁은 이미 시작되었다. 이 운동이 실패로 돌아가고 개혁은 좌절되었으나, 4년도 안 되어 자희태후慈禧太後의 명령에 따라 서원을 학당으로 개조하고 임인계묘(壬寅癸卯, 1902-1903) 학제를 확립하면서, 1300년 가까운 역사를 가진 전통 서원은 근대 학당으로 변모했고 서원의 역사는 전근대에서 근현대로 넘어가게 되었다. 그 영향으로 교회는 이 시기 상해의 메드허스트 서원(麥倫書院, Me-dhurst College), 천진의 신학서원(新學書院, Tientsin Anglo-Chinese College), 중서서원, 유현濰縣의 광문서원(廣文書院, Shantung Union College), 악주의 호빈서원湖濱書院 등 일부 서원만이 건립되었는데, 이 중 광문서원은 미국 장로회의 등주서원과 영국 침례교의 광덕서원廣德書院과 합병된 곳으로, 광대대학廣大大學, 선동연합대학山東聯合大學이라고도 불렸다. 앞서 건립된 대다수 서원들도 전국 서원들과 함께 개혁의 수순을 밟았다. 광주 격치서원格致書院은 광서 29년(1903)에는 영남학당嶺南學堂으로, 1926년에는 영남대학嶺南大學으로 개칭되었다. 상해에서는 광서 31년(1905) 미국 성공회에 소속된 성요한, 배아培雅, 도은度恩 셋 서원을 성요한대학으로 통폐합했다. 남경에서는 광서 32년(1906) 미국 기독교회의 기독서원基督書院과 장로회의 익지서원益智書院이 합병되어 홍육서원宏育書院이 되었고, 선통 2년(1910) 홍육서원은 다시 미국 메소디스트 에피스코팔 교회의 회문서원과 연합하여 금릉대학金陵大學으로 개건했다. 전술했던 산동 유현의 광문서원 역시 광서 31년(1905)에 청주의 곽라배진서원郭羅培眞書院 및 제남의 공화의도학당共和醫道學堂과 연합하여 산동신교대학山東新教大學으로 개칭되었고, 선통 원년(1909)에는 산동기독교대학山東基督教大學으로, 1931년에는 제노대학齊魯大學으로 개칭되었다.

3. 교회 서원의 영향

교회 서원은 중국에서 복음을 원활히 전파하기 위해 교회에 의해 세워진 교육기관으로, 서양에서 통용되던 학교, 학원, 대학 등 명칭 대신 당시 중국에서 통용되던 '서원'이라는 이름을 사용했다. 이는 전술했던 것처럼 명말 이후 서양 선교사들이 중국 문화를 인식, 이해, 공감해 온 결과이기도 하다. 중국의 복음 전파라는 동일한 목적을 위해 선교사들은 서원에서의 중국어 사용 및 중국어 선교, 중국어 교육을 중시했다. 산동 등주서원의 설립자인 미국인 선교사 칼빈(狄考文, Calvin Wilson Mateer, 1836-1908)은 1890년 재중기독교선교사대회(基督教在華傳教士大會)에서 이에 관해 별도로 논한 적이 있다.[10] 중국 언어와 문자로 선교하라는 요구 때문에 중국에 온 선교사들은 가장 먼저 중국 문화를 배우고 이해할 수 있었고, 이 과정 자체가 문화교류이기도 했다. 선교사가 서원에서 중국 교인, 학생들에게 중국어로 선교하고 수업하면서, 선교사는 중서문화의 연결고리가, 교회 서원은 명실상부한 중서문화 교류의 거점이 되었다. 이처럼 교회서원은 서양 문명의 정신을 대표하는 기독교 교리와 동양 문명의 정신을 담고 있는 유가사상이 만나고 융합하고 충돌하는 곳으로서, 근대 중국이 서학을 흡수하는 주요 기지가 되었으며, 중국과 서양 문화 교류, 특히 서학동전에 크게 기여했다.

교회 서원의 문화적 효능을 언급하기 앞서, 이것이 서양 식민주의자들 침략의 산물로, 중국 침략이라는 서양의 이익에 기여하면서 열강의 보호를 받았다. 따라서 중국의 기독교화라는 이들의 구호에는 문화 침략적 의도가 다분했다는 것은 앞서 언급했던 발전사를 통해 살펴볼 수 있다. 이는 선교사들의 주관적인 염원이자 교회 서원의 취지이기도 했으며, 문화교류사의 관점에서는 일방적이고 부정적으로 평가될 수밖에 없다.

물론 이는 한 측면일 뿐이며, 다른 측면에서 객관적으로 보면 교회 서원의 중국 문화 발전에 대한 공헌도 물론 있었다. 이를 요약하면 다음과 같다.

첫째, 근대 서양 과학 지식을 교과과정에 포함시켜, 근대 중국의 과학기술 전파의

---

10) Calvin Wilson Mateer(狄考文), 「如何使教育工作最有效地在中國推進基督教事業」. 陳學恂, 『中國近代教育史教學參考資料』(하), 12-15쪽.

기지가 되었다. 중등교육기관인 복주 학령鶴齡 영화英華서원의 교과과정에는 영문『성경』과 중서 문사文史 등을 비롯해 수학, 대수학, 기하학, 신체학, 체조, 격물학, 전학電學 등이 포함되어 있었다.[11] 고등교육기관인 상해 중서서원은 원감院監 임락지林樂知가 제정한「교과과정 조항(課程規條)」에는 근대 과학지식에 관한 수학계몽, 대수학, 구고 법칙, 평삼각, 호삼각, 화학, 중학重學, 미분, 적분, 항해측량, 천문측량, 지학地學, 금석류고(金石類考, 지질 및 광물 관련) 등이 정해져 있었다.

둘째, 다른 기독교 학교와 함께 중국 학교 중 최초로 과학 교육을 실시했던 교육기관 중 하나로, 꽤 완성도 높은 과학교육 교재를 집필하고 과학실험실과 부속공장을 건립하는 등 근대 중국의 과학 교육 사업에 경험적 선례를 제공했다. 캘빈 마티어(狄考文,Calvin Wilson Mateer)은 산동 등주서원에서『대수비지代數備旨』,『형학비지形學備旨』(기하학),『진흥실학기振興實學記』,『이화실험理化實驗』,『전학전서電學全書』,『전기도금電氣鍍金』,『측회전서測繪全書』,『미적습제微積習題』등을 편집했고, 물리실험실과 화학실험실, 기계 공장과 발전發電 공장, 천문대 등을 세웠다.

셋째, 서양 의학 지식을 전파하고 신식 병원을 개설했다. 상해 성요한서원은 광서 6년(1880) 의학醫學을 설립하고 선교사 헨리(文恒理, Henry William Boone)를 관리자로 파견하였다. 영국 런던 선교회는 광서 13년(1887) 홍콩에 서의서원西醫書院을 설립했는데, 손문이 바로 이곳의 1회 졸업생(18년, 1892)이다.

넷째, 여학생을 모집했던 중국 여성 교육의 효시였다. 함풍 원년(1851), 북미 장로회는 광주에 진광서원眞光書院을 설립하여 여학생들을 모집했고, 민국 시기에는 진광여중眞光女中으로 바뀌었다. 광서 7년(1881), 상해에는 성마리아여서원聖瑪利亞女書院이 세워졌다. 상해 중서서원中西書院은 여학생만을 모집한 것은 아니지만, '여교사가 여학생을 가르치는 과정'을 수업을 운영하고 있었다.

다섯째, 교회 서원은 본질적으로 중국에 이식된 서양식 학교로서, 서양식 관리(분반 수업 등), 서양식 수업, 서양식 교수법(사고력 배양 등) 및 이에 따른 서양 학교의 분위

---

11) 福州 鶴齡書院에 관한 내용은 鄧洪波의『中國書院學規集成』556-566쪽을 참고할 수 있다.

기가 조성되었다. 이는 원래 모방 대상이었던 전통 서원을 변화, 개혁시키고 역으로 모방자가 모방하도록 하여 전근대에서 근대로 이행하도록 압력을 가했다.

제2절 서원의 개혁 및 서원 제도의 개조

19세기 후반 40년 간인 청 동치, 광서 연간, 서원은 1233개가 신설되면서 초고속으로 성장했고, 1300년 역사에서 유례없는 전성기를 열었다. 아울러 시대 흐름에 발맞춰 사회적으로 날로 변화하는 문화 교육 수요에 부응하기 위해, '신학新學'과 '서학西學'을 연구 및 수업 내용으로 도입하는 등 빠르게 자체적으로 변화, 개조, 개혁하면서, 전근대에서 근대로의 여정을 시작했다. 다층적, 다각적으로 진행된 개혁은 내부 적폐 혁파와 외국 교회 서원의 영향, 관리 개편과 제도 혁신, 교육 방법 개정과 교육 내용 쇄신에서 비롯되었다. 그러나 서원의 자체적인 개혁이 추진되었던 이 시기에, 조정에서는 전국의 서원을 단기간 내에 대, 중, 소 3급 학당으로 개정하는 등 보다 급진적인 개제 조령을 내리면서, 낡고 오래된 서원은 새로운 생명을 얻게 되었다.

1. 기존 서원들의 새로운 모습: 전통 서원들의 개혁

동치 광서 연간 서원 개혁에는 전통적 구식서원 개조와 신식서원 창건이라는 두 가지 방식이 있었으며, 서원 개혁이 이루어질 수 있었던 동력에는 서양 열강의 중국 침략으로 인한 국가적, 민족적 위기라는 외부적 요인과, 심각한 적폐로 인해 바꾸지 않을 수 없었던 내부적 원인이라는 두 가지 요인이 있었다. 서원의 적폐는 다방면에 걸쳐 있어, 서원은 심각한 관학화로 과거제의 부속물로 전락해버렸다고 평가받기도 했다. [12] 머릿수 채우기에 급급해서 학문과 무관한 사람을 산장으로 앉히고, 사풍士風은

---

12) 田正平·朱宗順, 「傳統教育資源的現代轉化」, 『中國書院』 제5기, 長沙：湖南教育出版社,

경박해져 사건이 빈번해졌으며, 그 많은 수업들은 첩괄(帖括 : 수험자들이 경서 구절을 뽑아 기억하기 좋기 위해 만든 것-역자)로 이루어져 아무 쓸 데 없고, 보상에만 관심을 두니 뜻이 비루하기 그지없었다.[13] 한 마디로 서구 열강의 침략으로 망국의 위기에 처했을 때, 서원에서는 팔고문에만 매달려 쇠퇴하고 있어서 이 위기를 벗어날 수 있는 인재 양성이라는 국가의 긴박한 요청을 전혀 수행할 수 없었다. "중국 각지의 시골과 도시를 살펴보면, 곳곳에 서원이 있으나, 가르치는 것은 문장, 추구하는 것은 과거시험일 뿐, 그 외에 다른 것은 없다. …… 오늘날 주변국들은 나날이 강대해지고, 풍조는 나날이 새로워지며, 서방국가들은 잇달아 신기한 기술로 우리의 돈을 벌어들이고 있는데, 우리의 팔고문과 오언시로 그들의 관심을 끌기조차 어렵다. 우리의 팔고문이 그들의 전함을 막아낼 수 있을까? 불가능하다. 총포와 맞설 수 있을까? 불가능하다. 스스로 불가능하다는 것을 알면서 하루빨리 대처방안을 생각해내지 못하면, 위독한 상태이면서도 진료를 거부하는 것과 같아 구제할 도리가 없을 것이다."[14] 이는 광서 19년(1893) 간행된 「격치서원과예格致書院課藝」에 등장하는 사회 저변의 목소리로, 서원 생도들의 이러한 견해는 당시 여론을 대변하는 듯하다.

이러한 분위기에서 서원의 개혁은 두 가지 방면으로 진행되었다. 하나는 비실용적인 과거 시험을 경세치용의 학문으로, 신학과 서학으로 개혁하는 것이었다. 다른 하나는 관부의 권력을 축소 및 제한하고 사신士紳 등 민간 역량을 관리 인력에 합류시키고, 산장이 학문과 품행을 겸비한 사람으로 임명될 수 있도록 제도적으로 보장하여 제생들의 모범이 될 수 있게 하는 것이었다.

경세치용은 본래 오랜 전통이었다. 가경, 도광 연간에 완원阮元이 고경정사詁經精舍

2003년, 85-87쪽.

13) 葛飛, 「晚淸書院制度的興廢」, 『史學月刊』, 1994년 제1기.

14) 淸·潘克先, 「中西書院文藝兼肄论」. 陳谷嘉·邓洪波, 『中國書院史資料』, 1968-1969쪽. "乃觀中國一鄕一邑, 書院林立, 所工者惟文章也, 所求者乃科擧也, 而此外則別無所事.……今日四鄰日强, 風氣日變, 泰西諸國各出奇技淫巧以賺我錢, 而我之八股五言曾不足邀彼一盼, 試問制藝能御彼之輪艦乎？曰不能也；能敵彼之槍炮乎？曰不能也。自知不能而尙不亟思變通, 是猶諱病忌醫, 必至不可救藥也."

와 학해당學海堂을 설립했는데, 이는 연경치사研經治史와 박습사장博習詞章을 토대로 하여 경세치용의 학문으로 발전했음을 보여주는 좋은 본보기였다. 이처럼 탈과거제를 목표로 경사와 실학을 연구하여 현실문제에 대응할 수 있는 경전을 연구하는 것(通經致用)은 청대 서원의 훌륭한 전통이 되었다. 동치 및 광서 연간, 많은 지역에서 이러한 새로운 전통을 계승 및 발전시키며, 개혁의 여정을 이어갔다. 동치 초년, 이홍장은 전화戰火로 파괴된 소주 정의서원正誼書院을 복원하고, 청 풍계분馮桂芬을 산장으로 초빙하여 "경학을 전담하게 했다(專課經古)."15) 광서 3년(1877) 산양현山陽縣 출신 고운신顧雲臣은 호남학정湖南學政임에서 퇴임하고 고향으로 돌아가 건륭 연간 창건된 작호서원勺湖書院을 복원하여 달마다 생원과 동생童生을 모집하여 사인들이 많이 모여들었다. 그리고 경학과 산학算學 두 글방(塾)을 설립하여 한 달에 한 번 경해經解 및 산술, 기하를 강의했다. 한 달에 한 번 수업이 있었는데, 정과正課는 생원과 동생 각 10명, 부과附課는 정원이 없었으며, 고장膏奬은 조독선후국漕督善後局에서 발급되었다.16) 이러한 상황은 광서 28년 서원이 학당으로 개제될 때까지 유지되었다. 광서 9년(1883) 산동순무 임도용任道鎔은 역성歷城 상지서원尙志書院의 장정을 개정하면서 "강의 고경정사詁經精舍을 본떠서 사인들에게 경학을 교육했다(仿浙江詁經精舍, 以經古課士)."17) 같은 해, 상지서원 서쪽에 위치한 섬서陝西 동주同州 풍등서원丰登書院에서는 고시현固始縣 출신의 장자소蔣子瀟를 주강으로 초빙하여 "박학樸學으로 관중關中 지역의 사인들을 교육하여 한때 성황을 이루면서 많은 성과를 내었다(以樸學敎關中人士, 一時蒸蒸, 成就甚衆)."18)

광서 20년(1894) 청일전쟁 패배라는 아픔을 되새기며 신임 학정 강표江標는 "기풍 변화와 새로운 방식의 관리를 자임하며(變風氣, 開辟新治爲己任)" "실용적인 학문으로 호남 지역의 사인을 지도하고자 생각을 바꾸었다(思以體用駁實之學導湘之士)." 이에 따라 개혁에 박차를 가했는데, 우선 서루書樓를 신축하여 중학과 서학에 관한 서적을

---

15) 光緒 『蘇州府志』 권25.
16) 『續修山陽縣志』. 柳詒徵 『江蘇書院志初稿』, 79쪽.
17) 民國 『續修歷城縣志』 권15.
18) 民國 『續修陝西省通志稿』 권36.

소장하고 교과과정을 개편하여 경학, 사학, 역사(掌故: 예로부터 굳어져 계속 전해 온 前例-역자), 지리(輿地), 산학, 사장詞章 이상 6개 과목으로 수업을 진행하였다. "천문, 지리, 측량 등에 필요한 각종 기구와, 광화, 광물, 전기에 필요한 실험 도구를 갖추어, 제생들이 옛 것을 연구하는 것을 넘어 오늘날의 신지식을 얻게 하였다(天文, 輿地, 測量 諸儀, 光化礦電試驗各器, 伸諸生于考古之外, 兼可知今)." 또 산학, 지리, 방언 등의 학회를 설립하고 「교경학회장정校經學會章程」을 제정하여 학생들이 모여 서로 토론하며, 시야와 사고를 넓히고 학문을 깊이 연구하고 큰 포부를 갖는 인재가 되게 하였다(爲士子群聚 講習, 以期開拓心胸, 研究求學, 造成遠大之器用)." 당재상唐才常을 주필로 초빙하여 『상학보湘學報』을 정기 발간하고, 사학, 역사, 교섭交涉, 상학, 지리, 산학 6개 항목으로 나누어 교사와 학생의 연구 결과를 발표하고 유신 변법 사상을 홍보했다. 덕분에 호남성의 기풍이 크게 변화했다.[19] 이는 여러 차례의 점진적인 개혁을 거쳐 주제가 이미 경세치용, 통경치용에서 서학, 서예西藝 등의 자연과학 지식으로 바뀌었다는 것을 나타내며, 교경서원校經書院이 전통시대에서 근현대로 바뀌는 과정에서 스스로 변모하였음을 보여준다. 안타깝게도 무술정변戊戌政變으로 인해 서원의 장정은 과거 응시를 목표 삼는 것으로 다시 개정되기도 했다. 1929년 말에 이르러 호남순무 조이손趙尔巽은 서원을 덕교사관德校士館으로 개조하면서 제생들에게 "과학을 학습하여 학당으로 개편될 준비를 하라(改習科學, 以儲學堂之選)"고 명하였다. 이때부터 지속적으로 개혁되던 교경서원이 근대 교육체제로 통합되었다.

구식 서원은 장정 개정을 통해 규범적으로 관리하면서 근대적 의미의 교학제도를 확립했는데, 이것이 청말 서원 개혁의 핵심 내용이었다. 당초 구상은 산장 영입 과정의 폐해를 근절하기 위함이었다. 이에 관해 남방과 북방 지역을 예를 들어보자. 송대에 창건된 남방 광동성 소관韶關 상강서원相江書院은 이종 황제가 사액을 내렸으며 원, 명, 청대까지 지속적으로 학교를 운영하면서 부속府屬 6현縣에서 학생을 모집한 부급府

---

19) 劉琪·朱漢民, 「湘水校經堂述評」, 『岳麓書院一千零一十周年紀念文集』, 長沙 : 湖南人民出版社, 1986, 26-34쪽.

級 서원이다. 동치 원년(1862)에 지부知府 사박史朴은 서원 규정을 개정하여 『규조規條』
를 제정했는데, 이 중 두 가지가 인원 관리에 관한 내용으로 다음과 같다.

1. 서원의 장교는 매년 신사紳士들이 과거시험 합격자 중 학문이 우수하고 인품이 뛰어
   난 이를 공동으로 선발하는데, 반드시 본부本府의 검증을 거쳐야 임용될 수 있다.
   이름만 알려지고 내실 없는 이가 선발되는 이를 방지하기 위해 고관들의 추천은
   받지 않는다. 장교는 서원에 머물면서 학생들의 과제를 윤문하고 강의하며 열심히
   교육했으며, 매년 보수 은 200냥, 식비로 은 80냥, 초빙금, 사례금, 단오, 추석, 명절
   등의 비용을 매회 4냥씩 지급받는다.
2. 감원 1명은 각 부 학교의 교직원 중 선임하여 겸임하도록 하며, 매월 식비 2냥을
   지급한다. 감원은 반드시 서원에 상주하며 학생들을 단속하여 학업에 소홀하지 않
   도록 한다.[20]

북방 지역에는 요녕성 의현義縣 취성서원聚星書院을 예로 들 수 있다. 창건 연대는
정확히 알 수 없지만, 현급 서원으로, 운영이 원활하지 않아 폐원되었다. 광서 연간
지현, 학정이 주도하여 원사를 중수하고 경비도 증액시켰다. 광서 8년(1882), 동지同知
호옥장胡玉章, 형부주사刑部主事 이광침李光琛, 부공附貢 등석후鄧錫侯 등은 장정에 대
해 함께 논의하면서 서원의 교학, 고과考課, 조직관리, 경비관리 등에 대한 규정을 명확
히 했다. 이 중 산장과 관련된 두 가지 조목은 다음과 같다.

1. 산장은 문장 평가의 책임이 있다. 현지인을 강사로 초빙하면 사사로운 폐해에 빠져
   학생들의 인정을 받기 어려우니, 경학에 정통하고 품행이 단정하며 평판이 좋은
   타지역 사람을 초청해야 한다. 신사는 규정에 따라 공정하게 인재를 추천하고, 지방

---

20) 清·史樸,「相江書院規條」. 鄧洪波,『中國書院章程』, 231쪽. "一. 書院掌教, 遞年由紳士公同
    訪定已登科第, 品學兼優之先達, 稟請本府查實, 具關聘延. 不由官薦, 以致有名無實. 掌教務
    須實在住院, 改文講書, 認眞訓迪, 每年修金銀二百兩, 膳資銀八十兩, 聘金, 贄儀, 端午, 中秋,
    年節每次銀四兩. 二. 監院一員, 由府在各學教職內遴委兼管, 月支飯食銀二兩. 該監院務須常
    川在院約束生童, 毋致曠廢."

관의 검사를 거쳐 신중하면서도 내실 있는 결과를 내야 한다. 지방관 추천을 불허하는 것은 자격 없는 사람이 연줄에 의지해 들어오는 것을 막기 위함이며, 지방관이 최종 결정을 하는 것은 신사가 자신의 개인적 선호에 휘둘리지 않게 하기 위함이니, 사심私心에 영향을 받지 않도록 서로 상의해야 한다.

1. 산장은 교육에 책임이 있으며, 유림이 되기에 충분한 인품과 학식을 갖추어야 한다. 학생 평가는 지속적으로 이루어져서 시험지는 꼼꼼하게 수정하여 학생들이 공허한 내용을 배우지 않도록 학습의 표본이 되도록 해야 한다.[21]

위에서 인용한 남방과 북방 서원 규장의 핵심은 산장 초빙 권한을 관과 지역 사대부(紳)에게 나눠줌으로써 "관리의 추천으로 내실 없는 사람이 초빙되지 않도록 하고(不由官薦, 以致有名無實)," "경학에 통달하고 품행이 단정하며 명망있는 자(經明行修素有名望)"를 서원 산장으로 초빙하는 임무를 신사에게 주어 "공정한 인재 등용(秉公薦引)"이 이루어지게 했다. 이는 지역 사대부들이 관부와 같아지는 폐단을 막는 동시에 산장의 최종 임용권을 관부에 넘김으로써, 관민의 상부상조를 통해 제도적으로 절차적 공정성을 보장하고 폐단을 원천적으로 방지할 수 있었다. 이것이 바로 "지방관 추천을 불허하는 것은 자격 없는 사람이 연줄에 의지해 들어오는 것을 막기 위함이며, 지방관이 최종 결정을 하는 것은 신사가 자신의 개인적 선호에 휘둘리지 않게 하기 위함이니, 사심私心에 영향을 받지 않도록 서로 상의해야 한다."[22]는 의미이다. 여기에는 근대적 관리제도의 민주 정신이 담겨 있으며, 이러한 제도개혁은 서원 근대화의 중요한 상징이 되므로 독자들이 눈 여겨 볼 필요가 있다. 이 제도가 신형 서원에서 더욱 두드러지게 나타난 것은 서원 개혁에 박차가 가해졌음을 의미한다.

---

21) 淸·胡玉章 외,「聚星書院條規」. 위의 책, 39-40쪽. "一. 山長有衡文之責, 如請同邑人氏, 恐蹈徇私情弊, 難服士子之心, 須由異地聘請, 擇其經明行修, 素有名望者, 紳士秉公薦引, 再由地方官擇取采訪取裁, 以昭愼重, 乃有實濟. 不由地方官擧者, 以防徒資遊士 ; 必由地方官取裁者, 恐紳士阿于所好, 互爲斟酌, 庶免于私. 一. 山長有訓課之責, 必品學端優, 堪爲士林矩矱. 考課不可間輟, 文卷細加批改, 隨時講貫, 俾學者奉爲圭臬, 庶不至有名無實. "

22) "不由地方官擧者, 以防徒資遊士 ; 必由地方官取裁者, 恐紳士阿于所好, 互爲斟酌, 庶免于私."

578

이상이 내용을 통해 구식 서원이 전통적인 경세치용을 기치로, 시대의 흐름에 발맞춰 전통시대에서 근현대로 나아가기 위해, 스스로 교과내용을 조정하고 제도를 관리하는 능력이 있었음을 알 수 있다.

2. 새로운 서원의 창건

'중흥中興'기라 불렸던 동치, 광서 연간에는 선대를 계승한 창조적인 신형 서원이 많이 설립되었다. 신형 서원의 연구 및 교육 내용에는 전례 없이 '서학'적 내용이 담겨 있었다. 이러한 신형 서원은 중국의 견식 있는 사인들이 운영하기도, 외국인이 운영하기도, 혹은 중국과 외국 인사들이 공동으로 운영하기도 했다.

주로 선교사 신분이었던 외국인들은 100여 개의 교회서원을 설립하였는데, 관련 상황은 위에서 언급한 바와 같다. 여기에서는 동치, 광서 연간 중에서도 특히 광서 연간에 교회 서원의 종교색이 옅어지고, 성광화전聲光化电[23] 등 근현대 과학기술지식이 추가된 점에 대해 설명하고자 한다. 전술했던 유명 선교사 임악지(林乐知,Young John Allen, 1836-1907)가 세운 상해 중서서원中西書院은 "중국과 서양을 모두 중시하며 인재 양성이 서원 설립의 목표(意在中西並重, 特爲造就人才之擧)"임을 강조하며 "중국의 모든 성, 부, 현에 서원을 설립하니 권학하는 마음이 간절하지 않다고 할 수 없고 학문 진흥 방법이 부지런하지 않을 수 없다. 아쉽게도 중학과 서학을 병행하는 사례가 없었을 따름이다."[24] 이에 중서서원을 창건하여 "중국 자제들을 길러냈다(栽培中國子弟)." 수학계몽, 대수학, 구고법칙, 평삼각, 호삼각, 화학, 중학, 항해측량, 천문측량, 지학地學, 금석유고金石類考, 금운琴韻, 서양어, 만국공법 등의 과목이 개설되어 있었다. 그리고 주목할 점은 서양식 학교였던 교회 서원에서는 서양식 교육 방법을 채택하여 서양

---

23) 역자주. 청말민초 서양의 화학과 물리학 중 聲學, 光學, 电學 등 과학 기술 지식을 가리키는 표현.

24) "中國各省各府各縣均設書院, 于勸學之心不可謂不切, 興學之法不可謂不勤, 惜未有中西兩學並行之耳."

문화와 과학 기술 지식을 가르쳤는데, 개혁 중이었던 중국 서원이 참고할 수 있는 외부적 대상이었으며, 발전 방향에 대한 본보기가 되었다는 점이다.

중국인들이 설립한 신형 서원은 구식 서원의 개혁과 동시에 경세치용, 통경치용을 기치로 하여, 우수한 옛 전통에 새롭고 시류에 맞는 내용을 가미하면서 크게 발전했다. 당시에는 이러한 서원이 많았다.

장지동이 호북학정, 호광총독일 때 세운 경심經心, 양호兩湖 두 서원을 예로 들어보자. 창건 초 경사를 중시하고, 산학, 경제 등 6개 분야로 나누면서 전통 서원과 구별하였다. 광서 24년(1898) 윤3월, 장지동은 학당 운영 방법에 따라 서원을 개혁하였는데, 그 방법은 다음과 같다.

> 양호서원은 경학, 사학, 지리학(地輿學), 산학 4과목으로 나누어 교육했으며, 도학은 지리에 포함되어 있었다. 각 과목마다 분교가 설립되어 있었는데, 제생들은 4과목 모두 통과해야 했으며 각 과목을 일마다 돌아가며 수업했다. 별도로 원장을 두어 학규를 정립하고 품행을 평가하며 국가 경영에 관한 강의를 감독하도록 했다. 송나라 태학의 채점법을 사용하여 매월 점수의 많고 적음에 따라 승급과 강급을 심사했다. 경심서원은 외정, 천문, 격치, 제조 4과목을 서원에서 각각 교육했다. 매 과목마다 역시 분교가 설립되어 있었는데, 제생들은 4과목을 모두 통과해야 했으며, 각 과목을 연마다 돌아가며 수업했다. 어느 과목을 공부하든 산학은 반드시 배워야 했다. 제생 중 서문西文을 학습하고자 하는 자가 있다면, 분교의 서문에 능통한 자를 통해 익혔다. 별도로 원장을 두어 학규를 정립하고, 사서, 중국 정치를 강의했으며, 과목을 평가할 때 문장만 기준으로 삼지 않고 점수 누적제를 채택하는 것은 양호서원과 같았다. 두 서원에서 교육한 8과목 모두 학인이라면 반드시 연구하고 능통해야 할 내용이다. 분교에서 전문적으로 한 번에 많은 사람을 가르칠 수 없으므로, 두 서원에서는 모두 중학을 체로, 서학을 용으로 가르쳤다, 이러한 방법을 통해 어리석고 쓸모없는 비방을 피하고 경륜을 배반하는 폐단을 근절할 수 있었다.[25]

---

25) 淸·張之洞, 「兩湖, 經心兩書院改照學堂辦法片」. 陳谷嘉·鄧洪波, 『中國書院史資料』, 2170-2171쪽. "兩湖書院分習經學, 史學, 地輿學, 算學四門. 圖學附于地輿. 每門各設分教, 諸

580

광서 25년(1899) 정월, 서태후의 규모가 큰 성성省城 서원은 천문, 지리, 병법, 산학 4개 과목으로 나누어 가르치겠다는 조령에 따라, 장지동은 무창武昌 양호兩湖, 경심經心, 강한江漢 세 서원의 교과 과정을 바꾸고, 서원생들이 일본에서는 육군, 실업, 제조, 사범 등의 전공을, 벨기에에서는 철도, 정치를, 프랑스에서는 수학을 배우도록 정기 파견했다.26) 이처럼 서양의 당시 최신 지식을 중국에 도입하여 서원 개혁을 더욱 심화 발전시켰다.

중국인들이 설립한 신형 서원은 광서 20년(1894) 청일전쟁을 분기점으로 다소 차이가 있다. 청일전쟁 이전에는 전통 서원과의 관계가 긴밀한 편으로, 대체로 구식 서원에 서학 과정을 추가하는, 중학 위주, 서학 보충의 형태였으나, 전통과 점차 멀어지면서 옛 모습은 점점 사라졌다. 청일전쟁 이후에는 서학의 성격이 점점 짙어지면서 '중학은 체體, 서학은 용用(中學爲體, 西學爲用)'이라는 장지동의 주장이 대대적으로 제창되었지만, 경심經心, 양호兩湖 서원에서 경사 두 전통 과목의 입지가 점점 줄어들고 있었던 흐름을 바꿀 수는 없었다. 중학은 나날이 줄고, 서학은 나날이 늘어나면서 서원은 근대화에 합류하게 된다.

중국, 외국 인사가 공동 운영하는 서원은 많지 않아서 상해 격치서원格致書院, 하문廈門의 박문서원博聞書院 정도가 유명했다. 박문서원은 상해 격치서원에서 영감을 받아 하문 태서泰西 각국의 사인, 상인들이 "하문 사람들의 사풍을 나날이 높이고 서학을 나날이 진전시켜(使廈地人士風氣日開, 西學日進)" "중서 사인, 상인들의 교류를 넓히고 우정을 두텁게 하고자 하는(中西仕商得以時相聯絡, 永敦和好)" 차원에서 설립을 제안했

生于四門皆須兼通, 四門分日輪習. 另設院長, 總司整飭學規, 考核品行, 講明經濟. 用宋太學積分之法, 每月終核其所業分數之多寡, 以爲進退之等差. 經心書院分習外政, 天文, 格致, 制造四門, 每門亦各設分敎, 諸生于四門皆須兼通, 四門分年輪習. 無論所習何門, 均兼算學. 分敎中即有通曉西文者, 諸生若自願兼習西文, 亦聽其便. 另設院長, 總司整飭學規, 專講四書義理, 中國政治, 其考分數而不僅取空文, 亦與兩湖書院同. 兩書院所習八門, 皆系學人必應講求通曉之事. 因專門分敎一時難得多人, 故于兩書院分習之大旨, 皆以中學爲體, 西學爲用, 既免迂陋無用之譏, 亦杜離經叛道之弊. "

26) 黃新憲, 『張之洞與中國近代敎育』, 福州 : 福建敎育出版社, 1991년, 35쪽.

다. 경비의 제한으로 실제로는 서루에는 서적, 간행물, 기계 견본이 소장되어 있고, 천구, 지구, 오금, 광석, 기로, 전상 등의 실물이 진열되어 있었으며, 사회적으로 독자증 讀者證과 유사한 "박문서원 면허(博聞書院執照)"를 발급하여 열람 가능케 하였다.[27]

격치서원은 동치 13년(1874) 상해 주재 영국 영사 월터 헨리 메드허스트(麦華陀, Walter Henry Medhurst)가 발의하고 영국 선교사 존 프라이어(John Fryer), 중국 신사 서수徐壽 등이 발기하여 북양대신北洋大臣 이홍장李洪章의 허가를 받아 중국과 서양 신상사관神商士官의 기부로 광서 원년(1875), 영국 조계租界 북해로北海路에 세워졌다. 서원은 "중국인에게 서양의 여러 학문과 새로운 문물을 소개하는 것(令中國人明曉西洋 各種學問與工藝與造成之物)"을 목표로 삼았다. 설립 당시 서수는 서원은 "전문적으로 격치를 하는 곳으로, 선교와는 아무런 상관이 없으며(系專考格致, 毫不涉其傳教)" 기본 취지는 "중국 사상士商이 서양의 일을 더욱 잘 이해하는 데 있으니 서로 돈독하고 화목하게 지내고자 함이다(意欲中國士商深悉西國之事,彼此更敦和好)"라고 명문에 규정했다. 서원 내에는 강당, 장서루 및 박물철실博物鐵室을 갖추고 있어서 서양 각국에서 생산된 기계, 생활용품, 지도 등이 소장되어 있다. 중서 이사 각 4명이 공동으로 원사를 경영했는데, 실제로는 서수가 주관했다. 광서 2년 6월 22일(1876.8.12)에 정식으로 개원 했다. 화형방華蘅芳, 적고문狄考文 등 국내외 인사들을 초청해 전기, 화학, 해부학 등을 공개 강연하고 실험을 진행했으며, 서원에 들어가 참관, 강의 토론할 수 있도록 했으며, 한 푼도 받지 않았다. 중국 근대에 서양의 자연 과학 기술을 주로 배우고 중국과 서양이 공동으로 운영하는 새로운 유형의 서원이었다. 서수, 부란아傅蘭雅 등은 초학자들을 위해 『격치회편格致彙編』을 번역했다. 광서 5년, 학생 모집 공고에는 서양어와 문자를 배우는 사람은 학비와 식비를 납부해야 하며, 격치실학을 배우는 이는 300냥을 납부하 고 3년 후에 돌려받을 수 있다고 되어 있었다. 광서 11년부터 왕도王韜는 10여 년을 산장으로 재직하면서 계절 수업을 개설했으며, 이후 남북양대신南北洋大臣이 출제하는 봄, 가을 고과를 증설했다. 계절 수업과 특강 고과 문제는 대부분 시사와 외국과 관련된

---

27) 「廈門泰西各國仕商創建博聞書院啓事」, 陳谷嘉 · 鄧洪波, 앞의 책, 2030-2033쪽.

내용들이 대부분으로, 서학이 그 다음으로 많았고, 사론史論도 있었으며, 우수 학생에게는 상도 주어졌다. 9년 연속으로 『격치서원과예格致書院課藝』를 편집하고, 개량 유신 사상 선전하고, 서학을 소개하니, "사방에서 사람들이 구름처럼 몰려들었으며" 광방언관廣方言館, 강남제조국번역관江南制造局翻譯館과 함께 청말 상해 3대 '서양학술 수입 기관'으로 자리잡았다. 광서 21년 부란아는 원무를 주재하면서, 「격치서원회강서학장정格致書院會講西學章程」, 「격치서원서학과정강목格致書院西學課程綱目」을 제정하고 매주 토요일 밤 서학에 관한 강의를 개설했으며, 뜻이 있는 사람은 누구나 학업을 이수할 수 있도록 하여 광무, 전무, 측량, 공정, 증기, 제조 이상 6과목을 개설하여 학년별로 전과全課, 전과專課를 두고 매월 시험 합격자에게 수업증을 발급했다. 이후에는 산학과 화학 두 과목만 개설했다. 광서 28년 후, 각지의 서원은 조서에 따라 학당으로 개조되었고, 서원은 1914년 정식으로 폐교되었다.

격치서원은 설립 이후 40여 년 간(1874-1914), 서수, 왕도, 부란아 등의 경영 하에, 중서 문화의 우호적 교류에 힘쓰면서 눈부신 성과를 남겼다. 첫째, 박물관을 설치 및 개방하여 서양의 각종 군사, 공업 설비, 의기儀器를 전시하고 대중에게 과학 실험을 시연하면서 사민의 식견을 넓혀주었다. 둘째, 매월 『격치회편格致彙編』에서 "서양의 격치학과 문물을 중국어로 번역하여(將西國格致之學與工藝之法, 擇其要者譯成華文)" 전국 각지에 발간하여 "천하의 모든 강국이민强國利民의 일을 알리도록 하였다(能知天下所有强國利民之事理)." 동시에 심도 있는 교류를 위해 중서 인사들의 "중화의 물리(中華之物理)"에 관한 질의응답을 게재했다. 셋째, 학생을 모집하여, 광무, 전무, 측량, 공정, 기기, 제조 6개 전공으로 나누어 전문적인 과학 교육을 실시했다. 넷째, 「격치서원과예格致書院課藝」를 발간하여 서원생들의 학습 경험을 대중들에게 전파하여 근대적 사조를 일깨워주었다.[28]

『격치회편』은 서양 유자 부란아가 주편하고, 격치서원에서 간행되었다. 광서 2년

---

28) 王爾敏, 『上海格致書院志略』, 香港中文大學出版社, 1980년. 熊月之, 「西學東漸與晚清社會」, 上海, 上海人民出版社, 1995년, 351-391쪽. 그러나 熊月之는 『격치회편』이 격치서원과 무관하다고 주장했다.

정월(1876년 2월)에 창간되었으며, 영문명은 "The Chinese Scientific Magazine", 이듬해 The Chinese Scientific and Industrial Magazine으로 개칭되었다. 월간으로 발행과 단행을 반복하다가 18년에 폐간되었으며 총 60기를 발행했다. 매회 3000권을 발행했으며, 싱가포르, 홍콩, 대만 담수淡水, 북경, 천진, 보정保定, 태원太原, 제남濟南, 등주登州, 연대煙臺, 청주靑州, 중경, 장사長沙, 상담湘潭, 익양益陽, 무창武昌, 한구漢口, 의창宜昌, 사시沙市, 남창南昌, 구강九江, 안경安慶, 남경南京, 진강鎭江, 소주蘇州, 양주陽州, 상해, 항주杭州, 영파寧波, 온주溫州, 복주福州, 하문廈門, 광주, 산두汕頭, 우장牛莊, 계림桂林 등 39개 도시에서 판매되었다. "서양 격치학을 중국에 널리 보급하여 중국인들을 유익하게 한다(欲將西國格致之學廣行于中華, 令中土之人不無脾益)"는 취지에서 폭넓은 내용과 서양과학지식 및 기술공예가 포함되어 있었다. 과학 지식으로는 과학 이론, 과학적 방법, 과학 의기, 천문, 자연 현상, 물리, 화학, 수학, 컴퓨터, 동물학, 식물학, 곤충학, 지질학, 지리학, 지형학, 수역학, 조석, 의학, 약물학, 생리학, 전학, 기계학 등이, 공예기술로는 증기기관, 포선, 개광기술, 시추기, 방직기, 설탕제조, 타작기, 도자기제조, 벽돌제조, 유리제조, 솜틀기, 가죽제조, 제빙기, 맥주제조, 사이다제조기, 단추제조기, 주사제조기, 기차, 철도, 농업기계, 타자기, 인쇄기, 제지, 제철, 시멘트 제조, 교량 축조, 착유기, 성냥 제조, 카메라, 환등기, 잠수 기술, 전등, 전보, 전화, 어업양식, 지도제작 등 과학적 이론, 방법, 기기, 장비 등에 관한 것이었다. 서양 인물의 전기도 실려 있었으며, 총 322건의 질의응답이 게재된 '독자통신 질의응답란(讀者通信問答欄)'도 있었다. 이로써 신지식을 널리 알리고 계몽하는 데 큰 공을 세웠다. 그리고 "서양 격치학과 공예법(西國格致之學與工藝之法)"을 번역 소개하면서 "중국 각지의 사람들이 집 밖을 나가지 않고도 천하의 강국이민强國利民의 일들을 알게 함으로써"[29] 사실상 중국 근대 최초의 과학 기술 잡지가 되었다.

　　왕도가 주관하던 계절 고과 및 특별 고과는 성선회盛宣懷, 이홍장李鴻章, 오인손吳引

---

29) 傅蘭雅, 「格致彙編啓示」, 『格致彙編』 제1기 제6권, 광서 2년 간행. "便于中國各處之人得其益處, 即不出戶庭, 能知天下所有強國利民之事理."

孫, 유곤일劉坤一, 설복성薛福成, 중국전曾國荃, 정관응鄭觀應, 호율분胡燏棻 등 중국 관신 및 부란아, 배식모(裴式模, M.B.Bredon) 두 외국 인사들이 당시 국가의 절박한 문제 이른바 시무時務를 주제로 진행되었는데, 이를 통해 사인들이 현 정세를 냉철하게 인식하면서 후배들이 근대 신사상을 깨우칠 수 있도록 지도했음을 알 수 있다. 「격치서원과예格致書院課藝」 광서 19, 20년에 간행된 두 가지 판본으로 전해지고 있는데, 전자는 13권으로 77문항, 후자는 15권으로 86문항으로 되어 있다. 왕이민王爾敏은 광서 19년판 「상해격치서원특과계과제칭표上海格致書院特課, 季課題称表」에 근거하여 〈표 8.2〉를 작성했다.

〈표 8.2〉 상해 경치서원 특과계과시제 통계표

격치류								어문류	교육류	부강치술류										기타류			
격치총설	천문역산	기상	물리	화학	의학	측량	지학地學	어문류	교육류	부강총설	공업工業	기선철로	상무이권利權	해군	우정	농업수리류	사회구제류	국제정세류	변방류	의원議院	형률	기부	교회사무
3	3	2	4	2	3	2	3	2	4	2	3	3	14	2	1	4	2	3	6	1	2	1	1

〈표 8.2〉에 나열된 시제는 총 77문항으로, 내용 상 과학 지식(격치류)이 22개로 전체의 28.57%를 차지하고 있어서, 이것의 필요성과 중요성을 잘 알 수 있다. 부국강민 유형은 25개로 전체의 1/3가 넘는 32.46%를 차지하여 당시 부강에 대해 강한 열망을 보여준다. 기타 인재, 교육, 국제 정세, 국경 수비 등이 모두 부강과 관련이 있었으므로, 합하면 42개로 전체의 54.54%를 차지한다. 이처럼 부강한 국가 건설이 당시 중국 관신들의 제일 관심사였다. 물론 이는 서원 후학에 대한 희망과 시대적 바람이기도 했다.[30]

3. 근대를 향하여: 서원 제도의 변화

아편전쟁 이후, 서구 열강들이 함선과 대포로 무장하여 진격해오고 청 정부가 패배

---

30) 王爾敏, 『上海格致書院志略』, 69쪽.

를 거듭하자, 국가 주권은 나날이 무력해졌다. 그러나 사림은 천조대국의 꿈에 익숙하고 무감각한 채 목숨을 부지하면서, 아직 멸망의 위기까지 느끼지 못하고 있었다. 광서 20년(1894년), 청일전쟁 당시 중국이 서양을 배우는 동쪽의 작은 이웃 나라 일본에 패하고 나서야, 사람들은 헛된 꿈에서 깨어나 가혹한 현실에 직면하게 되었고, 메이지 유신을 본받아 분주히 변법자강운동을 전개했다. 그리하여 동치 연간에 시작된 서원 개혁은 절정에 이르게 된다.

청일 전쟁 이후 고조된 서원 개혁

청일전쟁 이후 대부분의 사람들이 "시국이 급박한 만큼 흥학육재興學育材만이 위기를 구할 수 있는 방법"이기에 "무엇보다 서원 정비를 늦출 수 없었으며, 한 성省이 먼저 변화하면 다른 성省보다 우위를 점하게 되고, 한 부府가 먼저 하면 다른 부府보다 우위를 점하게 된다고" 판단했다.[31] 이러한 심리적 분위기 속에서 서원 개혁은 광서 22년에서 24년(1896-1898) 사이에 절정을 이루게 된다. 당시 조정과 민간이 함께 움직이면서 여러 가지 개혁안이 제시되었고, 각 개혁안에 따라 서원의 개혁을 지도하면서, 전국의 신식, 구식 서원들 모두 개혁대열에 합류하게 되었다. 어떤 의미에서는 이러한 개혁의 분위기가 청말 서원의 급속한 발전을 촉진했다고도 할 수 있다.

청일전쟁 이후 제시된 서원 개혁안은 크게 서원의 학당으로의 개조, 새로운 형태의 실학 서원 창건, 장정 정리를 통한 서원 정비, 이상 세 가지로 요약할 수 있다. 시간 순서에 따라 관련 내용을 구체적으로 소개하고자 한다.

첫 번째, 서원의 학당으로의 개조는 순천부윤順天府尹 호율분胡燏棻이 최초로 조정에 보고한 방안으로, 광서 21년(1895) 윤5월의 「변법자강소變法自強疏」에서 관련 내용을 찾을 수 있다. 이 상소문의 10개 조항 중 제10조는 「인재 양성을 위한 학당 설립(設立學

---

31) 林增平·周秋光編, 『熊希齡集』 상권, 49쪽. "時局日急, 只有興學育才爲救危之法", "整頓書院, 尤刻不容緩, 此省先變, 則較他省先占便利, 此府先變, 則較他府先占便利."

堂以儲人才)」으로 다음과 같은 내용이 있다. 서양(泰西)의 각국에서 배출되는 인재의 근본은 널리 설립된 학당에 있으니, 상, 공, 의, 농잠, 광무, 격치, 수사, 육사 모두 해당 학당이 있을 뿐만 아니라, 여자와 농아도 교육을 받을 수 있다. "나라에서는 백성을 버리지 않고 땅에는 폐재廢材가 없고 부강한 기반이 있어서 이를 토대로 세워졌다(以故 國無棄民, 地無廢材, 富強之基, 由斯而立)." 이와 달리 중국은 비록 각 성에 서원, 의숙義塾 이 설립되어 있고 제도도 마련되어 있지만, 팔고, 시첩, 사부, 경의 외에는 아무 것도 강구하지 않으며, 이것이 무용하다는 것을 알면서도 법령 탓에 바뀌지 않았다. "인재가 낭비되는 까닭이 여기에 있다(人材消耗, 實由于此)." 이에 그는 "특별히 각 성의 총독과 순무에게 명을 내려 반드시 선입견을 타파하고 변화를 도모할 방도를 강구하고, 장구章 句와 소유小儒의 습을 버리고, 백성과 세상을 구할 인재를 찾기 위해 먼저 성회省會 서원을 대표적으로 통폐합을 통해 학당을 건설해야 한다. … 수년 후 백성의 교육 수준이 점차 높아지면 성에서 부로, 부에서 현으로 보급될 것이다. 크고 작은 서원을 일률적으로 개조하여 학당을 개설할 것이다."[32] 이는 성회에서 시범적으로 시행한 다음, 성에서 부로, 부에서 현으로, 하향식으로 점진적으로 이루고자 했다. 그러나 당시 조정은 영토 분할 및 배상 문제로 분주했기에 이 논의는 별로 주목받지 못했다.

광서 22년(1896) 5월 초 2일, 형부좌시랑 이단분李端棻이 「추광학교이려인재소推廣學 校以勵人才折」를 상소하여 서원을 학당으로 개조할 것을 다시 제안했다. 그리고 이를 위해 그는 장서루 설치, 의기원 창설, 역서국 개설, 보관의 보편화, 유학생 파견, 이상 다섯 조항이 "학교의 이익과 함께 이루어져야 한다(與學校之益相須而成)"는 견해도 제시 했다. 이 방안이 중시되면서, 보고 당일 황제는 총리아문總理衙門에 논의하도록 승인했 다. 총리아문에서는 "다른 지방의 많은 서원들도 시대의 흐름에 따라 학과 설치를 고려 하고 있으며, 전통 학문 외에 산학과 제조 과목이 추가되었으니" "내지 각 부, 현의

---

32) 清·胡燏棻, 「變法自強疏」, 朱有瓛, 『中國近代學制史料』 제1집 하권, 473-485쪽. "特旨通飭各 直省督撫, 務必破除成見, 設法變更, 棄章句小儒之習, 求經濟匡世之材, 應先舉省會書院, 歸 並裁改, 創立各項學堂.……數年以後, 民智漸開, 然後由省而府而縣, 遞爲推廣. 將大小各書 院, 一律裁改, 開設各項學堂."

사신土臣들은 이 소식을 듣고 독무撫們들이 상황을 고려하여 기존의 서원에 해당 과정을 증설하거나 별도의 서원을 설립하여 교육하는 등의 상응하는 조치를 강구해야 한다."고 판단했다. 33)이는 총리아문이 이 방안을 지지하지는 않았지만 각 성에서 논의하도록 통보했음을 보여준다.

서원의 학당으로의 개조 방안은 사실상 개제改制로, 서원제를 학교제로 바꾸는 것은 세 가지 방안 중 가장 급진적이었다고 할 수 있다. 총리아문에서는 지지하지 않았지만, 지방에서는 어느 정도 호응을 얻었다. 광서 24년(1898) 2월, 담사동譚嗣同은 고향 유양瀏陽의 성성城과 향에서 6개의 서원 및 신설된 산학관算學館을 통합하고 학당을 현성縣城에 개축하는 견해를 제출했다.34) 그러나 이는 의결되지도, 실행되지도 않았으며, 담사동은 북경에서 처형되었다. 5월 16일 귀주貴州 순무 왕육조王毓藻는 주청을 올렸다. 그는 귀양貴陽 학고서원學古書院을 경세학당經世學堂으로 바꾸고, "산학 교사 한 명을 초빙해 교육하고, 서양 문화와 언어에 능숙한 사람을 조교로 선발하여(延算學一人教習, 擇閑習西文西語一人副之)" 귀양부지부貴陽府知府의 학생 40명 선발을 거쳐 학당에서 공부하게 했다. 그러나 "서원 관리는 옛 서원과 마찬가지로 산장과 감원에게 맡겼다(其聘山長, 委監院管理如故)."35) 학당에는 산장, 감원, 교습, 부교습을 두었는데, 비록 산학, 서문서어를 가르쳤지만, 서원과 다름없었다. 왕육조가 개조한 학당은 실제 이시랑李侍郎이 설계한 학당이 아님을 알 수 있다. 따라서 무술년 개제 이전에 서원의 학당으로의 개조는 사실상 방치된 상황이었다고 할 수 있다.

두 번째, 새로운 유형의 실학 서원을 설립하는 방안은 광서 22년(1896) 4월 12일 섬서陝西 순무 장여매張汝梅, 학정 조유희趙維熙가 공동으로 제안했다.

---

33) 「總理衙門議復左侍郎推廣學校折」. 陳谷嘉 · 鄧洪波, 앞의 책, 1985- 1986쪽. "外間各省書院, 亦多有斟酌時宜, 于肄業經古之外, 增加算學制造諸課者." "如內地各府縣紳耆聞風, 自可由督撫酌擬辦法, 或就原有書院量加課程, 或另建書院肄業專門."

34) 清 · 譚嗣同, 「改並瀏陽城鄉各書院公啓」, 위의 책, 2001-2002쪽.

35) 상계서, 2469쪽.

세상의 성쇠盛衰는 인재 양성에 달려 있고, 인재 진흥에는 학교 지원이 필요하다. 서원은 학교의 부족한 부분을 채우기 위한 곳이다. 오랜 문화 전통을 가진 섬서 지역은 유명한 관신과 지식인들이 끊임없이 기록되어 왔다. 우리 왕조의 교육 사업은 200년 이상 지속되었으며, 특히 서원은 큰 성과를 거두었다. 그러나 최근 몇 년간 전란의 재난을 겪고 원기가 회복되지 않은 상황이나, 관중 지역의 홍도서원, 미경서원에서 수학한 제생들 다수는 실학을 강구하고 경전을 깊이 연구했다. 섬서인들은 소박하고 정직하며 강직할 뿐만 아니라, 가난해도 독서를 높지 않았기 때문에 쉽게 성취했다. 그러나 이들이 배운 내용은 경사 외에 제예制藝, 시부에 한정되었다. 따라서 체는 밝힐 수 있어도 용은 통달할 수 없으며, 옛 것을 연구해도 오늘날에 통용하지 못했다. 요즘 시국이 어렵고 인재 수요가 급박하니 평소에 인재를 육성하지 않고서는 비상시에 제대로 등용하기 어려울 것이다.

이러한 상황에서 수학한 거인 형연협邢延莢, 성안成安, 생원 손징해孫澄海, 장상영張象詠 등이 연대하여 자발적으로 자금을 조달하여 격치실학서원을 설립했다. 이들은 명사를 초빙해 고금의 여러 서적을 폭넓게 구입하고, 분야별로 연구하고, 계획적으로 학습하였으며, 중학, 서학을 구분하지 않고 천문, 지리, 행정(吏治), 병법, 격치, 제조 등 실용에만 치중하여 함께 강구하며 장기간의 학습을 통해 지식의 원류를 통찰하면서, 국가의 인재를 예비했다. ……,,, 우리는 고금에 통달하고 체용을 겸비한 유자를 강사로 초빙하여 과목별로 학습하고 장정을 엄격히 제정하여, 헛된 것을 도모하지 않고 실질적인 것을 추구하여, 실학을 숭상하는 성왕의 뜻을 높이 받들고자 한다.[36]

---

36) 淸·張汝梅等,「陝西創設格致實學書院折」. 위의 책, 2249-2250쪽. "世運之升降, 視乎人材 ; 人材之振興, 資于學校. 書院者, 所以輔學校之不逮也. 陝西爲文獻舊邦, 名臣大儒史不絕書, 我朝敎澤涵儒二百余年, 尤稱極盛. 近經兵燹之余, 元氣未復, 而關中宏道, 味經各書院肄業諸生, 多能講求實學, 硏精典籍. 蓋陝人心質直而氣果毅, 貧不廢讀, 故易于有成. 惟其所服習者, 經史之外, 制藝, 詩賦而已明 ; 體或不能達用, 考古或未必通今. 迩來時局多艱, 需材尤急, 自非儲其用于平日, 萬難收其效于臨時.
兹據書院肄業擧人邢延莢, 成安, 生員孫澄海, 張象詠等聯名呈懇自籌款項, 創建格致實學書院, 延聘名師, 廣購古今致用諸書, 分門硏習, 按日程功, 不必限定中學西學, 但期有脾實用, 如天文, 地輿, 吏治, 兵法, 格致, 制造等類, 互相講求, 久之自能洞徹源流, 以上備國家之采擇. ……臣等商酌辦理, 敦請博通今古, 體用兼備之儒主講其中, 分科學習, 嚴訂章程, 總期不事空談, 專求實獲, 庶仰副聖主崇尙實學之至意."

이는 학당으로의 개조, 장정 변경과 달리 비교적 온건한 방안이다. 이듬해 7월, 절강 항주에서도 부문敷文, 숭문崇文, 자양紫陽, 학해學海, 고경詁經, 동성東城 6개 서원 외에 구시서원求是書院을 설립하였으며, 이곳은 중국과 서양의 실학을 병행 학습하는[37] 성공 사례가 되었다. 그 후 갖은 변화를 거치며 구시서원은 오늘날 절강대학교로 발전했다.

세 번째, 융통성 있게 장정을 정리하여 서원을 정비하는 방안으로, 광서 22년(1896) 6월에서 8월 사이에, 산서山西 순무 호빙지胡聘之, 한림원시강학사 진수장秦綬章이 차례로 제안했다. 호빙지는 6월 「청변통서원장정절請變通書院章程折」을 통해 서원을 학당으로 변경할 것을 강하게 반대하면서 "신법에 현혹되어 서학이라는 이름을 표방하고 서양 지식인들의 가르침을 따르면, 중국 성인들 사이에서 수천 년에 걸쳐 전해 내려온 도道가 상실될 것이며, 이대로 방치되면 폐해가 무궁무진할 것이다."[38] 그러나 서원이 정비되지 않고서는 사회의 요구에 부응할 수 없게 되자, 그는 정비안을 제시하여, 산서 성회에 있는 영덕서원에 별도의 규정을 제정하고 산학을 신설하고 신학, 서학 관련 서적을 대량 구매하는 등의 내용을 포함하는 정세에 맞는 개혁을 단행했다. 그는 이러한 변통적 장정 개혁이 "명목상의 변화만을 추구하지 않고 실질적인 개혁을 추구하며, 겉으로만 화려한 것을 추구하지 않고 내용이 우수한 것을 추구하며, 정성을 추구하며, 예의범절에 얽매이지 않고 실효를 추구하며, 외부의 선진 경험을 이용하여 자신을 변화시켜 쇠퇴를 방지하면, 학문이 더욱 순수해지고 인재는 날로 증가하니, 스스로 강해져서 외부에 다른 것을 구하지 않기를 바란다."[39]고 판단했다. 그리고 이것이 호율분 등의 개혁안보다 나으니, 각 성에서 상세한 협의를 거쳐 시행하기를 명하도록 부탁했다. 8월 24일, 진수장秦綬章의 서원 정비 방안에는 교과 과정, 교사 자격, 경비 등 더욱 상세한 내용이 포함되어 있으며, 이 방안은 당일 군기대신을 통해 예부에서 재론되었

---

37) 清·廖壽豐, 「請專設書院兼課中西實學折」. 위의 책, 2157-2158쪽.

38) "眩于新法, 標以西學之名, 督以西士之教, 勢必舉中國聖人數千年遞傳之道術而盡棄之, 變本加厲, 流弊何所底止"

39) "不惟其名惟其實, 不務其侈務其精, 收禮失求野之近效, 峻用夷變夏之大防, 學術愈純, 人才日衆, 庶幾自強之道, 無在外求矣."

다. 9월, 예부에서는 해당 안건이 "실제 수요를 토대로 각 성의 독무학정이 함께 참고 채택하여, 기존의 규정을 확장하여 실질적 효과를 얻도록 해야 한다."[40]고 판단했다.

장정을 변경하고 서원을 정비하는 방안이 각지에 배포된 후 각지의 호응이 이어졌다. 광서 22년(1896) 8월, 강서순무 덕수德壽는 호빙지의 견해에 따라 남창 우교서원友教書院의 동생童生들의 교과목 정원을 줄이고 산과로 이설移設하여 산학교습 2명을 초빙하고 산학생도 18명을 모집하여 교육했다.[41] 이듬해 6월, 장사 악록서원의 산장 왕선겸王先謙은 예부가 협의한 진수장의 방안에 따라 「월과개장수유月課改章手諭」를 발표했으며, 산학재장算學齋長과 역학교습譯學教習을 설립하고, 정원으로 산술 50명, 역학 40명을 을 모집하여 수학과 외국어 교육을 실시했다.[42] 운남雲南 곤명昆明 경정서원經正書院의 경우 산학관을 설립했으며, 운남 각 주와 현의 기존 서원에는 산학이 추가 개설되었다. 강소江蘇 금릉金陵 석음惜陰, 문정文正 두 서원에서는 서학 교육을 시작했으며, 교과목 규정을 합의했다. 소주蘇州 정의正誼, 평강平江 두 서원에서는 과장課章을 개정하고 서학 과목을 추가했다. 광서 계림 경고서원經古書院에서는 산학을 신설하고 분기마다 서원 감원에서 무헌撫憲에게 산수, 산리, 천문, 시무를 중심으로 시험 출제를 요청했다.[43]

위의 세 가지 방안은 조정에서 각 성의 총독과 순무, 학정과 함께 참작하여 처리했다. 이에 각지에서 실제 상황에 따라 시행하면서 광서 23년 개혁은 절정에 이르게 된다. 호남성의 경우, 성도의 교경서원校經書院 개제에서는 신학을 널리 보급하고 광전화광의기를 추가 설치하고 산학, 여지, 방언 세 학회를 설립하여 「상학신보湘學新報」를 발행했다. 악록서원에서는 「시무보時務報」를 주문하고 월 수업 장정을 개정하여 산학, 역학을 추가했다. 신설된 시학당時學堂 중문총교습中文總教習 양계초梁啓超는 "학당과 서원의 장점을 결합하고 중학과 서학을 함께 배우는 수업을 내과內課로 하여 학당의 방식으

---

40) "實事求是起見, 應請一並通行各省督撫學政, 參酌采取, 以擴舊規而收實效."

41) 淸·德壽, 「奏酌裁友教書院童卷移設算科折」. 陳谷嘉·鄧洪波, 앞의 책, 1992-1993쪽.

42) 「岳麓書院院長王先謙月課改章手諭」. 위의 책, 2014-2016쪽.

43) 위의 책, 2016-2019쪽.

로 가르친다. 중학을 전문적으로 배우지만 서학은 배우지 않는 수업은 외과外課로 하여 서원의 방식으로 가르친다."는 창의적인 제안을 했다.44) 수업은 중학과 서학의 두 계열로 나뉘어 있어서, 전성기 때에는 학생 200여 명에 달할 정도로, 호남성의 분위기가 크게 변했다. 성도 서원 개혁의 영향을 받아 영향寧鄕 옥담玉潭, 운산雲山 서원 등 호남성 각지 서원은 악록의 새로운 장정을 모방하여 방언, 산학을 사인들에게 가르쳤다. 상덕常德 덕산서원德山書院은「학산생동과장學算生童課章」을 새롭게 제정하고 산학을 수업했다. 그 외에 기타로는 유양현瀏陽縣 남대南臺, 사산獅山, 동계洞溪, 유서瀏西, 문화文華, 문광文光 6개 서원, 원주沅州 원수沅水 교경서원, 악주부 악양岳陽, 신수愼修, 무강주武岡州 오산鰲山, 관란觀瀾, 협강峽江, 청운靑雲 4개 서원 및 희현정사希賢精舍, 형산현衡山縣 문봉雲峰, 집현, 관상, 연경硏經 4개 서원, 평강현平江縣 천악서원天岳書院, 영명현永明縣 염계서원濂溪書院, 모두 경의, 사학, 시무, 여지, 산학, 방언 6개 과목으로 강학했으며, 강회를 만들어 새로운 분위기를 조성했다. 사람들은 이를 신학의 신바람이 최고조에 달했다고 칭했다.45) 서원 개혁은 신정新政의 일부로 호남성에서 절정을 이루었다.

4. 무술년 서원 개제와 실패

각지의 서원개혁이 절정에 이르렀을 때, 조정에서는 변법자강운동이 일어났는데, 서원 개제는 그 중 하나였다. 무술년 서원 개혁의 설계자는 강유위康有爲로,「각 성 서원의 음사淫祠(請飭各省改書院淫祠爲學堂折)」을 살펴보면 세 가지로 요약할 수 있다. 첫째, "우둔하고 학식이 없으면 가만히 앉아서 능욕을 당하게 되니(愚而無學, 坐受凌辱)" 중국은 "부강하게 자립하려면 반드시 학교를 널리 건설하여 나라에서 마을까지 퍼져나

---

44) "兼學堂書院二者之長, 兼學西文者爲內課, 用學堂之法敎之, 專學中學不學西學者爲外課, 用書院之法行之."

45) 陳谷嘉·鄧洪波, 앞의 책, 1993-2016쪽.

가게 해야 한다(欲富强之自立, 必廣建學校, 由國而遍及于鄕)." 이를 위해 교육을 대중화하고 사인에서 "아래로 백성에까지 이르게 해야 한다(下逮于民)." 둘째, 서원의 학당으로의 개조는 변법자강을 빠르게 실현할 수 있는 방법 중 하나이다. 이른바 "서양은 변법을 통해 300년 만에 강해졌고, 일본은 변법을 통해 30년 만에 강해졌는데, 우리 중국은 땅이 넓고 인민이 많으니, 변법을 제대로 실행한다면 3년 만에 일어설 것이다. 3년 만에 일어서려면, 전국 4억 인민들이 모두 배우게 하고 그들의 교육 수준을 높여야한다." 그러나 "흥학이 속히 이루어지려면" "성, 부, 주, 현 향읍에 공적 혹은 사적으로 세워진 서원, 의학, 사학, 학숙을 모두 중학과 서학을 겸하는 학교로 개조하는 것만 못하다."[46] 셋째, "중국 고대와 서양의 교육제도를 두루 배워서", "성회의 큰 서원은 고등학高等學으로, 부주현의 서원은 중등학中等學으로, 의학, 사학은 소학小學으로 개조하며" "각 성의 총독과 순무가 지방관을 엄격하게 가르치기를 명하여" "두 달 안에 보고를 제출해야 하며, 이를 위반한 자는 처벌받았다" 이는 신속하게 고, 중, 소 삼급의 근대 학교 체제를 완성하여 "모든 사람이 배움을 접하고 학당이 도처에 있어서 교화가 쉽게 이루어져 사인들도 늘어날 뿐만 아니라 이러한 풍조가 널리 퍼져나가 농공상병의 학문 역시 성행하는" 이상을 실현하기 위함이었다.[47]

광서 24년(1898) 5월 22일, 광서제는 강유위가 7일 전 「각 성 서원과 음사淫祠[48]를 학당으로 바꾸기를 요청하는 글請飭各省改書院淫祠爲學堂折」에서 제시한 급진적 방법을 완전히 채택하여, 상유를 발표하여, 두 달 내에 전국 크고 작은 서원에서 중학과 서학을 함께 배우는 학교로 개조하도록 하였다. 게재령改制令에 따라 각지에서는 이를 받들어

---

46) "泰西變法三百年而强, 日本變法三十年而强, 我中國之地大民衆, 若能大變法, 三年而立. 欲使三年而立, 必使全國四萬萬之民皆出于學, 而後智開而才足." "興學至速之法", "莫若因省府州縣鄕邑公私現有之書院, 義學, 社學, 學塾, 皆改爲兼習中西之學校."

47) 陳谷嘉·鄧洪波, 앞의 책 2466-2468쪽. "上法三代, 旁采泰西", "省會之大書院爲高等學, 府州縣之書院爲中等學, 義學, 社學爲小學", "飭下各直省督撫施行, 嚴課地方官". "限兩月報明", "違者核其一二", "人人知學, 學堂遍地, 非獨敎化易成, 士人之才衆多, 亦且風氣遍開, 農工商兵之學亦盛."

48) 역자주. 淫祠는 예의에 어긋나는 祠廟를 말함.

집행하였다. 산서성의 경우 전 성의 109개 서원을 일률적으로 학당으로 바꾸도록 명을 내렸으며, 호북성도 전 성 11부 67주현의 각 서원에 서원을 학당으로 개조하라는 명을 내렸는데, 이런 것들이 이른바 무술년 서원 개제이다. 그러나 유신 정령政令이 매일 나오자 일일이 따를 수가 없었다. 지방이나 서원에서는 긴급한 일로 취급하지 않고 형식적인 문서로 취급하는 경우가 다반사였으며, 조정에서도 두 달이라는 약속을 잊기나 한 듯했다. 게다가 개제령이 내린 지 100일이 채 되지도 않아 서태후의 쿠데타(8월 6일 초)로 중지되면서 개제의 효과는 미미했으며, 전국 각 성의 서원이 학당으로 개조된 경우는 20여 곳에 불과했다. 당시 각 지의 개조된 서원은 아래 〈표 8.3〉와 같다.

〈표 8.3〉 무술서원 개제일람표[49]

서원 명	위치	개제 후 변경된 학교 명	상주 시기	비고
학고서원學古書院	귀주 귀양貴陽	경세학당經世學堂	5월16일	무술개제戊改制 이전
남청서원南菁書院	강소 강음江陰	고등학당高等學堂	7월11일	
강한서원江漢書院	호북 무창武昌	고등학당高等學堂	7월18일	호북성 11개 부府 67개 주현州縣의 서원 모두 조령 이후 학당으로 개제
구현서원求賢書院	호남 장사長沙	무비학당武備學堂		
금강서원金江書院	호남 유양瀏陽	금강소학당金江小學堂		
도계서원桃溪書院	호남 영명永明	고등소학당高等小學堂		
존경서원尊經書院	호남 봉황鳳凰	자치학당資治學堂		
영덕서원令德書院	산서 태원太原	성회학당省會學堂	7월20일	산서성 109개 서원 모두 학당으로 개제
연지서원蓮池書院	직예 보정保定	성회고등학당省會高等學堂	7월21일	
집현서원集賢書院	천진天津	북양고등학당北洋高等學堂	7월 21일	
회문서원會文書院	천진	천진부중학당天津府中學堂	7월21일	회문, 계고, 삼취서원은 합병된 후 천진부중학당天津府中學堂, 현소학당縣小學堂으로 개제
삼취서원三取書院	천진			
계고서원稽古書院	천진	천진현소학당天津縣小學堂		
문진서원問津書院	천진		7월21일	
보인서원輔仁書院	천진		7월21일	
우교서원友教書院	강서 남창南昌	산학당算學堂	7월28일	
숭실서원崇實書院	강소 청하현淸河縣	중서학당中西學堂	7월30일	
금대서원金臺書院	경사京師	천순부중학당順天府中學堂	8월초4일	
종산서원钟山書院	강소 강녕江寧	××학당		이하 6곳은 양강총독 유곤일劉坤一에 의해 부, 현의 학당으로 개제
존경서원尊經書院	강소 강녕	××학당		
석음서원惜陰書院	강소 강녕	××학당		

49) 陳谷嘉·鄧洪波, 앞의 책, 2469-2482쪽.

서원 명	위치	개제 후 변경된 학교 명	상주 시기	비고
문정서원文正書院	강소 강녕	××학당		
봉지서원鳳池書院	강소 강녕	××학당		
규광서원奎光書院	강소 강녕	××학당		

5. 20세기 초 서원 제도의 변화

19세기 말 무술년의 서원개제는 설계자 강유위康有爲가 너무 이상주의적이었던 데다가 1300여년 역사를 지닌 서원을 단 두 달 안에 학당으로 바꾸라는 무모한 실수를 저지르면서, 이 실패는 도마에 오르게 된다. 게다가 변법자강운동의 실패로 서원 개제와 정치 개제가 결합된 시대적 특성이 드러나면서 청말의 '신정'이라는 물결 속에서 서원 재개혁의 불가피성을 예고하는 듯했다.

20세기의 첫해인 광서 26년(1900), 의화단이 일어나고 영국, 프랑스, 독일, 러시아, 미국, 이탈리아, 일본, 오스트리아 8개국 연합군이 침입하여 베이징을 점령하자 조정은 서안西安으로 도주했다. 자신을 보호하기 위해 12월 10일(1901.1.29)에 서태후는 어쩔 수 없이 변법을 선포하고 문무백관과 해외주재 사신에게 '신정新政'의 재실행 건의를 요구했다.

광서 27년(1901) 5월, 한 때 막중한 권력을 가졌던 호광총독 장지동張之洞, 양강총독 유곤일劉坤一은 공동으로 '강초(江楚: 浙江, 湖廣, 江西 일대-역자) 지역 번법' 중 첫 번째 상주서인 「절충적 정치 인재를 우선으로 발탁하기를 요청하는 글變通政治人才爲先遵旨籌議折」를 상주하였는데, 그 중에는 "국내외 정세를 고려하여 오늘날 학당 설립 방안을 감안해주십시오(參酌中外情形, 酌以今日設學堂辦法)" 등의 문, 무, 농, 상, 광礦 등 각종 각급 학당을 포함한 근대 학제 체제 구축을 주장하는 내용이 담겨 있었다. 구체적인 설계 방안을 살펴보면 "목적을 분명히 하고, 분류를 명확히 하고, 등급을 나누고, 수학 기간을 정해놓고, 진로를 기획하고, 걸림돌이 되는 것을 제거하는(明宗旨, 標門類, 分等級, 計年限, 籌出路, 除妨礙)" 여섯 개 방면으로 나뉘어져 있는데, 이 주장은 네 가지로 요약할 수 있다. 첫째, 일본 학교 규장을 본떠 서양식 대, 중, 소 삼급 학교 제도를 신속하게 설립한다. 둘째, "동서東西의 학제를 참작하여(參酌東西學制)" 교학 내용에 전문적으로 설치한 경학을 비롯하여, 사학, 격치, 정치, 병학, 농학, 공학 등 7개를 설계하되 경학을 이 중 가장 우선순위로 삼을 것을 강조한다. 셋째, "단계별 채용 방법(層遞考取錄用)"을 차용하여 학당과 과거제를 통합하여, 각 학당의 학생들이 수학 기간이 만료되면 시험을 통해 부생附生, 늠생廩生, 거인, 진사 등의 신분을 부여한다. 생원, 거인, 진사의 합격 인원수는 원래 세과歲科, 향시, 회시의 인원수를 기준으로 하였는데, 과거제에서 학당으로 변하면서 과거 인원수가 점차 감소되어 "10년 3과科 후 옛 과거 인원이 모두 감원되어, 생원, 거인, 진사는 모두 학당 출신이었다(十年三科之後, 舊額減盡, 生員, 擧人, 進士皆出于學堂矣)." 넷째, 전통시대에서 근현대로의 신속한 학제 전환을 위해 서원을 학당으로 바꾼다. 이 네 가지는 "새로운 것은 아닌 듯하지만, 옛 것과 같지는 않다(看似無事非新, 實則無法非舊)"는 것을 보여주며,[50] 이 중 서원을 학당으로 개조하는 것은 수단이고, 일본의 서양식 3급 학교 체계를 본떠 세우는 것이 목적이었다. 그리고 전통 경학 등 7과목을 교과 내용을 삼은 것, 학당과 과거제의 합일, 이 두 가지가 '중체서용(中體西用)'의 핵심 가치를 가장 잘 보여주므로 주의 깊게 볼 필요가 있다.

학당과 과거제를 합하자는 주장은 호광총독 장지동의 속관인 호북순무 담계순譚繼洵의 견해로, 광서 24년 5월 27일(1898년 7월 15일)의 팔고문 폐지를 취소하자는 상소에서 비롯된 것으로, 핵심은 "학교 교육을 바탕으로 과거제를 만들고, 과거에서 선발된 인재를 활용해 학교 교육을 지원한다(以學校立科擧之體, 以科擧成學校之用)."는 것이다. 이는 "하나는 학교의 규모를 확장하는 것이고, 다른 하나는 과거시험 준비를 학교에 맡긴다(日立學校之規模, 日籌科擧即出于學校)"는 두 가지 조목으로 나뉘었다. 학교 규모는 학부[51]를 설치하여 주관하도록 하고 서원을 학당으로 바꾸고, 사범학당을 설립 및 교사

---

50) 張之洞·劉坤一, 「變通政治人才爲先遵旨籌議折」. 朱有瓛, 『中國近代學制史料』 제1집 하권, 華東師範大學出版社, 1986년, 772-776쪽.

51) 역자주. 청말 전국 교육을 관리하는 중앙 관서, 현 교육부에 해당.

양성이라는 세 가지 방법으로 이루어졌다. "학교가 널리 설립되면서 인재 양성은 과거 시험을 통해 되었다(學校既已林立, 所以用之之道, 以科擧考試之法求之)." 현의 학당 학생들은 지현의 주도 하에 해당 학당에서 시험을 보고, 학정 면접에 보내 합격하면 생원으로 간주되며 "부 학당에 들어가 계속 공부할 수 있도록(准入府學堂肄習稍深之學)" 규정되어 있다. "부 학당 수료기간 만료 후 합격한 자(府學堂肄業期滿功課及格者)"는 지부知府의 주도 하에 해당 학당의 교습평가를 거쳐 성도로 보내 감독관이 면접을 보고 합격하면 거인擧人이 되어 "성 학당에 들어가 보다 자세하고 깊은 내용의 공부를 하도록 했다(准入省學堂肄習精深之學)." "성省 학당 수료기간 만료 후 합격한 자(省學堂肄業期滿功課及格者)"는 학부대신學部大臣에게 보내 면접을 보고 합격하면 진사가 된다. "경사대학당에 들어가 수학하여 황제가 친히 문제를 내는 것을 기다렸다(准入京師大學堂肄業, 以待皇上臨軒而策之)." 그래서 "과거 시험에 요행으로 통과되지 않고 학교에서 관련 수업을 한다는 것은 이 준비를 학교에 맡긴다는 뜻이었다(科擧無倖進而學校不虛設矣, 所謂籌科擧即出于學校者此也)." 또 "학부 주도 하에 학교와 과거 합일 사업을 추진해야 하며" "변법자강變法自強의 핵심은 학교 개혁이고, 학교 개혁의 핵심은 학부 설립이라고"고 강조했다.[52] 이 방안은 무술년 서원 개제 때 시행되지는 않았지만, 3년 후 강초江楚 지역 변법에 대한 장지동과 유곤일의 상주문에 나타나 시행됨으로써 착상에서 현실이 되었다.

청말 대부분의 서원 개제가 완료된 가운데, 일부는 중화민국 초까지 연장되었으나, 자료의 한계로 전반적인 상황을 현재로서 정확하게 파악하기는 어렵다. 필자는 최근 몇 년 동안 『청사淸史 서원학교표書院學校表』 편찬을 주관했는데, 이와 관련하여 불완전한 통계에 따르면 전국에 최소 1,606개 이상의 서원이 각급 학당으로 변경되었으며, 이에 따라 개편 시기와 개편된 학당의 종류는 다음과 같다.

---

52) 「湖北巡撫譚繼旬折」. 朱有瓛, 앞의 책, 691-694쪽. "學校科擧合一之制, 又必視學部爲轉移" "變法自强莫先于變通學校, 變通學校又莫先于設立學部也."

〈표 8.4〉 전국 서원 개제 시기 일람표

시기	광서 24년	광서 27년	광서 28년	광서 29년	광서 30년	광서 31년	광서 32년	광서 33년	광서 34년	광서 말	선통 연간	청말 민초	민국 초년	미상	합계
수량	11	40	209	256	178	247	229	69	39	25	62	165	60	16	1606
백분율	0.68	2.49	13.01	15.94	11.08	15.37	14.25	4.29	2.42	1.55	3.86	10.27	3.73	0.99	

〈표 8.5〉 전국 학당 분류 통계표

분류	대학당, 고등학당	중학당	소학당	학당	몽학당 蒙學堂	사범학 당	교사관 校士館	존고학당 存古學堂	여자 학당	실업학당 實業學堂	기타 학교	합계
수량	34	180	1103	110	4	53	34	4	8	14	33	1577

전국 데이터는 수집하기 어렵고 위의 통계는 완전하지 않아 참고만 할 수 있다. 통계의 완전성을 높이기 위해 범위를 좁혀 호남성을 예로 들어 보고자 한다. 호남성에는 최소 152개의 서원이 각급 학당과 학교로 변경되었는데 자세한 내용은 아래와 같다.

〈표 8.6〉 호남성 서원 개제 일람표

행정구역	서원 명	개제 시기	학당, 학교 명칭	비고
장사부 長沙府	구현서원求賢書院	광서 24년(1898)	무비학당武備學堂	
	구실서원求實書院	광서 28년(1902)	호남대학당湖南大學堂	1903년 고등학당으로 개제
	악록서원岳麓書院	광서 29년(1903)	호남고등학당湖南高等學堂	1926년 호남대학으로 개칭
	성남서원城南書院	광서 29년(1903)	호남사범학당湖南師範學堂	현 호남제1사범학교湖南第一師範學校
	효렴서원孝廉書院	광서 29년(1903)	달재교사관達材校士館	
장사현 長沙縣	상수교경서원 湘水校經書院	광서 29년(1903)	성덕교사관成德校士館	
	구충서원求忠書院	광서 29년(1903)	충예학당忠裔學堂	민국 시기 태택중학兌澤中學으로 개제
유양현 瀏陽縣	금강서원金江書院	광서 24년(1898)	금강소학당金江小學堂	
	남대서원南臺書院	광서 28년(1902)	소학당小學堂	현 유양 제1중학교(瀏陽一中)
	동계서원洞溪書院	광서 29년(1903)	소학당	
	위산서원圍山書院	광서 31년(1905)	상동위산고등소학당上東圍山高等小學堂	
	문화서원文華書院	광서 33년(1907)	문화공립고등소학당文華公立高等小學堂	민국 시기 이인학교里仁學校로 개제
	사산서원獅山書院	광서 33년(1907)	사산공립고등소학당 獅山公立高等小學堂	

행정구역	서원 명	개제 시기	학당, 학교 명칭	비고
	문광서원文光書院	광서 34년(1908)	문광고등소학당文光高等小學堂	
상담현 湘潭縣	소담서원昭潭書院	광서 28년(1902)	현립소담고등소학당縣立昭潭高等小學堂	
	용담서원龍潭書院	민국	용담향립고등소학당龍潭鄉立高等小學堂	
풍릉현 醴陵縣	녹강서원淥江書院	광서 27년(1901)	고등소학당高等小學堂	1903년 고등소학당으로 개제, 현 예릉교사연수학교(醴陵教師進修學校)
	근사서원近思書院	청말	주자사소학朱子祠小學	
상향현 湘鄉縣	동고서원東皋書院	광서 29년(1903)	중학당中學堂	
	연빈서원漣濱書院	광서 29년(1903)	사범관師範館	현 상향시 제3중학교(湘鄉市第三中學)으로 개제
	동산서원東山書院	광서 28년(1902)	교사관校士館	현 동산학교東山學校
	연벽서원漣壁書院	광서 28년(1902)	교사관	현 누저시제2소학婁底市第二小學
	쌍봉서원雙峰書院	광서 28년(1902)	교사관	현 쌍봉 제1중학교(雙峰一中)
다릉현 茶陵縣	미강서원洣江書院	광서 28년(1902)	소학당	
녕향현 寧鄉縣	옥담서원玉潭書院	광서 28년(1902)	고등소학당高等小學堂	
	운산서원雲山書院	광서 28년(1902)	고등소학당	현 운산학교雲山學校
익양현 益陽縣	용주서원龍洲書院	광서 32년(1906)	익양학당益陽學堂	현 익양시제2중학교(益陽市二中)
	잠언서원箴言書院	광서 30년(1904)	교사관	현 익양현제1중학교(益陽縣一中)
	노덕서원路德書院	청말		교회 서원. 민국 시기 화중대학華中大學으로 합병
안화현 安化縣	빈자서원濱資書院	광서 28년(1902)	후향소학당後鄉小學堂	
	숭문서원崇文書院	광서 28년(1902)	고등소학당	현 안화현제일1중학교安化縣第一中學
형양 衡陽	석고서원石鼓書院	광서 28년(1902)	중학당中學堂	남로사범학당南路師範學堂으로 개제
	서호서원西湖書院	광서 33년(1907)	형청중학衡清中學	
	연호서원蓮湖書院	광서 28년(1902)	소학당	
청천현 清泉縣	악병서원岳屛書院	광서 28년(1902)	소학당	
	선산서원船山書院	광서 31년(1905)	존고학당存古學堂	선산중학船山中學, 형양시제1중학교(衡陽市第一中學)로 개제
형산현 衡山縣	집현서원集賢書院	광서 29년(1903)		
	관상서원觀湘書院	광서 29년(1903)		
	문봉서원雯峰書院	광서 29년(1903)		민국 시기 고등소학교로 개제
	백산서원白山書院	광서 29년(1903)	민립소학당民立小學堂	
	애련서원爱蓮書院	선통 원년(1911)	향씨상덕소학向氏尙德小學	현 백련중학교(白蓮中學)
	경현서원景賢書院	민국	경현고등소학景賢高等小學	
	연경서원研經書院	광서 30년(1904)	소학당	현 성관진 중학교(城關鎮中學)

행정구역	서원 명	개제 시기	학당, 학교 명칭	비고
	중주서원中洲書院	민국	소학교小學校	
	문병서원文炳書院	민국	문병고등소학교文炳高等小學校	
	문정서당文定書堂	민국	호씨문정소학胡氏文定小學	
안인현 安仁縣	의계서원宜溪書院	광서 28년(1902)	소학당	교사관校士館으로 개제
상녕현 常寧縣	쌍준서원雙蹲書院	광서 28년(1902)	소학당	
녕현 酈縣	미천서원渼泉書院	광서 34년(1908)	미천일고渼泉一高	
뇌양현 耒陽縣	사릉서원杜陵書院	광서 말	현립고등소학당	
파릉현 巴陵縣	악양서원岳陽書院	광서 28년(1902)		
	신수서원愼修書院	광서 28년(1902)	중학당	
	호빈서원湖濱書院	광서 33년(1907)		교회 서원. 민국 시기 화중대학華中大學으로 합병
임상현 臨湘縣	순호서원莼湖書院	광서 28년(1902)	소학당	
평강현 平江縣	천악서원天岳書院	광서 29년(1903)	고등소학당	현 평강기의기념관平江起義紀念館
무릉현 武陵縣	덕산서원德山書院	광서 28년(1902)	소학당	
	낭강서원朗江書院	청말	교사관	
도원현 桃源縣	담강서원漳江書院	광서 30년(1904)	속성사범학당速成師範學堂	제1고등소학당第一高等小學堂으로 개제
	도계서원桃溪書院	광서 28년(1902)	소학당	
용양현 龍陽縣	용지서원龍池書院	광서 28년(1902)	소학당	
원강 沅江	경호서원瓊湖書院	광서 28년(1902)	소학당	
예주 澧州	예양서원澧陽書院	광서 28년(1902)	중학당	이듬해 소학당으로 개제
	심류서원深柳書院	광서 29년(1903)	소학당	
	담진서원澹津書院	민국 원년(1912)	담진澹津	
자리현 慈利縣	어포서원漁浦書院	광서 33년(1907)	어포고등소학교漁浦高等小學校	
	양계서원兩溪書院	광서 32년(1906)	양계고등소학교兩溪高等小學校	
안복현 安福縣	도수서원道水書院	광서 28년(1902)	소학당	
영정현 永定縣	숭량서원崧梁書院	광서 28년(1902)	소학당	
영주부 永州府	염계서원濂溪書院	광서 28년(1902)	중학당	관립고등소학당官立高等小學堂으로 개제
녕릉현 零陵縣	평주서원苹洲書院	광서 29년(1903)	중학당 겸 사범관師範館	

600

행정구역	서원 명	개제 시기	학당, 학교 명칭	비고
	군옥서원群玉書院	광서 32년(1906)	고등소학당	현 영주시제3중학永州市第三中學
도주 道州	염계서원濂溪書院	광서 28년(1902)	교사관	현 영주제3중학교(永州三中)
	옥성서원玉城書院	광서 28년(1902)	소학당	
	사향서원四鄉書院	광서 28년(1902)	교사관	
동안현 東安縣	자계서원紫溪書院	광서 28년(1902)	소학당	
녕원현 寧远縣	숭정서원崇正書院	광서 28년(1902)	소학당	
	영남서원泠南書院	광서 33년(1907)	사범관	
영명현 永明縣	도계서원桃溪書院	광서 24년(1898)	관립고등소학당官立高等小學堂	
강화현 江華縣	삼숙서원三宿書院	민국	동미소학洞尾小學	
기양현 祁陽縣	영창서원永昌書院	광서 28년(1902)	소학당	현 기양사범학교祁陽師範學校
	오계서원浯溪書院	민국	경관經館	
침주직예주 郴州直隶州	동산서원東山書院	광서 30년	침주관립중학당郴州官立中學堂	현 침주제1중학교(郴州一中)
흥녕현 興寧縣	한녕서원漢寧書院	광서 29년(1903)	한녕고등학당漢寧高等學堂	현 자흥제1중학(資興一中)
	문창서원文昌書院	민국	고급소학당53)(高小)	현 청시중학교(青市中學)
	난계서원蘭溪書院	광서 31년(1905)	고급소학당	현 난시중학교(蘭市中學)
	숭의서원崇義書院	광서 말	봉황고급소학당(鳳凰高小)	
	정수서원程水書院	광서 31년(1905)	정수고급소학당(程水高小)	
	침후서원郴侯書院	광서 30년	침후고급소학당(郴侯高小)	현 요시중학교蓼市中學
	악성서원樂城書院	광서 29년(1903)	악성고급소학당(樂城高小)	
	숭정서원崇正書院	광서 32년(1906)	이도고급소학당(二都高小)	
	성성서원成城書院	민국	성성고급소학당(成城高小)	현 향화중학교香花中學
	진강서원辰岡書院	광서 31년(1905)	정수고급소학당(程水高小)	
의장현 宜章縣	양정서원養正書院	광서 28년(1902)	소학당	
	서산서원西山書院	민국 2년(1913)	고급소학당	현 파력중학교(巴力中學)
	율원서원栗源書院	민국 3년(1914)	고급소학당	현 율원소학교(栗源完小)
	겸암서원謙岩書院	광서 32년(1906)	초등소학당(初小)	
	승계서원承启書院	청말	고급소학당	현 승계학교承啓學校
	백사서원白沙書院	선통 원년1909	고급소학당	현 백사소학교(白沙完小)
	사성서원沙城書院	광서 32년1906	초등소학당(初小)	현 황사보소학교(黃沙堡完小)
계양현 桂陽縣	조양서원朝陽書院	광서 28년1902	소학당	현 현성縣城 제1중학교(縣一中)
	운조서원雲朝書院	광서 28년1902	소학당	
	운두서원雲头書院	민국	제일향고급소학당(第一鄉高小)	
	염계서원濂溪書院	광서 33년(1907)	염계고급소학당(濂溪高小)	
	감호서원鉴湖書院	선통 원년(1909)	고급소학당	현 사전감호초급중학佘田鉴湖初級中學
계양주	녹봉서원鹿峰書院	광서 29년(1903)	소학당	

행정구역	서원 명	개제 시기	학당, 학교 명칭	비고
桂陽州 계양주	용담서원龍潭書院	광서 29년(1903)	중학당	
임주현 臨武縣	쌍계서원雙溪書院	광서 28년(1902)	관립소학당官立小學堂	현 현성縣城 제1중학교(縣一中)
	청의서원淸漪書院	민국 8년(1919)	동구고급소학당(東區高小)	
	연천서원淵泉書院	민국 8년(1919)	서구고급소학교(西區高小)	
남산현 蓝山縣	오강서원梧岡書院	광서 29년(1903)	봉감향립고급소학당鳳感鄉立高等小學堂	
	오산서원鰲山書院	광서 31년(1905)	소학당	
	남평서원南平書院	광서 31년(1905)	남평향립고급소학당南平鄉立高等小學堂	
가화현 嘉禾縣	벽천서원珠泉書院	광서 29년(1903)	소학당	현 현성縣城 제1중학교(縣一中)
	금오서원金鰲書院	민국 원년(1912)	남향연합고급소학당(四鄉聯合高小)	현 보만중심소학교(普滿中心小學)
신화현 新化縣	지강서원資江書院	광서 28년(1902)	소학당	현 성관진제3소학교(城關鎮第三小學)
	구실학당求實學堂	광서 28년(1902)	구실소학당求實小學堂	
무강주 武岡州	협강서원峽江書院	광서 28년(1902)	향간소학당鄉間小學堂	
	쌍강서원雙江書院	광서 28년(1902)	향간소학당	
	희현정사希賢精舍	광서 28년(1902)	관립소학당	
성보현 城步縣	청운서원靑雲書院	광서 28년(1902)	소학당	
신녕현 新寧縣	구충서원求忠書院	광서 28년(1902)		두 서원을 합병하여 소학당으로 개제
	금성서원金城書院	광서 28년(1902)		
정주 靖州	학산서원鶴山書院	광서 28년(1902)	교사관	고급소학당(高小)으로 개제
	거수교경당渠水校經堂	광서 28년(1902)	정주중학당靖州中學堂	
회동현 會同縣	삼강서원三江書院	광서 28년(1902)	소학당	
통도현 通道縣	공성서원恭城書院	광서 28년(1902)	소학당	
원주 沅州	명산서원明山書院	광서 28년(1902)	교사관	
	원수교경서원沅水校經書院	광서 28년(1902)	원주중학당沅州中學堂	
지강현 芷江縣	수수서원秀水書院	청말	관립고급소학당(官立高小)	
검양현 黔陽縣	용표서원龍标書院	광서 28년(1902)	소학당	현 검양현제3중학교(黔陽縣第三中學)
	보산서원宝山書院	광서 28년(1902)	소학당	
봉황청 鳳凰厅	삼담서원三潭書院	민국 3년(1914)	존성학교存誠學校	
	경수서원敬修書院	미상		묘강苗疆 지역 6개 서원 학당으로 개제
	존경서원尊經書院	광서 24년(1898)	자치학당資治學堂	
건주청 乾州厅	입성서원立誠書院	광서 28년(1902)	소학당	

602

행정구역	서원 명	개제 시기	학당, 학교 명칭	비고
영수청 永綏厅	수양서원綏陽書院	광서 28년(1902)	중학당	
	수길서원綏吉書院		미상	
영순부 永順府	영계서원灵溪書院	광서 28년(1902)	영순중학당永順中學堂	
영순현 永順縣	대향서원大鄉書院	광서 28년(1902)	소학당	현 영순민족사범학교永順民族師範學校
보정현 保靖縣	아려서원雅丽書院	광서 28년(1902)	소학당	
용산현 龍山縣	백암서원白岩書院	광서 28년(1902)	고급소학당	
상식현 桑植縣	예원서원澧源書院	광서 28년(1902)	소학당	현 상식현제1중학교(桑植縣一中)
진주부 辰州府	호계서원虎溪書院	광서 29년(1903)	중학당	
노계현 泸溪縣	남계서원南溪書院	광서 28년(1902)	소학당	현 현성縣城 제1중학교(縣一中)
	포양서원浦陽書院	광서 29년(1903)	관립고급소학당	
원릉현 沅陵縣	학명서원鶴鳴書院	청말	원릉고급소학당沅陵高等小學堂	
진계현 辰溪縣	대유서원大酉書院	광서 28년(1902)	교사관	
서포현 溆浦縣	노봉서원盧峰書院	광서 29년(1903)	현립고급소학당	
	정추서원正趨書院	선통 원년(1909)	초등소학당	
	부랑서원郎梁書院	민국	이구구교(二區區校)	
	삼도서원三都書院	광서 31년(1905)	삼구구교(三區區校)	
	봉상서원鳳翔書院	민국	사구구교(四區區校)	

호남성의 총 152개의 서원이 각각 대학당, 고등학당, 중학당, 초등학당, 사범학당, 교사관, 존고학당存古學堂, 무비학당武備學堂, 여자학당女子學堂 등으로 변경되었으며, 각 학당의 수는 다음과 같다.

〈표 8.7〉 호남성 서원의 학당 개제 후 일람표

학당 분류	고등 학당	중학당	소학당	사범 학당	교사곤	존고 학당	경관 經館	여자 학당	무비학당 武備學堂	미상	합계
수량	3	17	103	4	15	1	1	1	1	6	152

---

53) 역자주. 고학년 초등학교, 즉 초등학교 5학년, 6학년만 설치하는 학교를 말함.

통계에 따르면 서원의 학당으로의 개조는 청대 대부분은 완료되었지만, 일부 서원은 민국 초까지 연기되어 각급, 각종 학교로 전환되었다. 따라서 학당으로의 개조는 학교로의 개조라고 할 수도 있다. 이러한 상황은 청말 마지막 10년 서원과 학당의 공존기, 즉 서원에서 학당으로 넘어가는 시기였음을 보여줄 뿐만 아니라, 전통 서원이 근대적 학당으로 거의 전환되었으나 완전히 완료된 것은 아니었기 때문에 청대 민중들의 세대적 경계를 넘어서야 서원 개제의 의미를 보다 온전하게 이해할 수 있다는 것을 보여준다. 그리고 1,606개의 서원의 학당, 학교로의 개조는 전통 서원이 근대적 학당, 학교라는 형식을 빌려 존속해왔음을 보여준다. 동시에 중국 전통시기와 근현대 학제 사이에 넘을 수 없는 격차는 없으며 둘은 서원 개제를 통해 서로 연결되어 있음을 보여주기도 한다. 특히 호남, 사천 등 일부 성의 통계 자료를 살펴보면, 청말 현존하던 서원이 거의 대부분 학당, 학교로 전환되었다는 것을 알 수 있다. 이는 전통과 근대의 연결이 총체적이었으며, 서원은 중국 근현대 교육의 출발점이자 기점이었으며, 서원에서 학당에 이르기까지 근대 학제의 가장 견고한 토대가 되었으며, 중국 교육은 이 기반 위에서 점차 발전하여 오늘날과 같은 형식에 이르렀다.

6. 서원 개제에 대한 평가

서원 개혁은 역사발전의 필연적인 과정으로, 학당으로의 개조, 전통서원 개조, 신식 서원 창건이 청말 서원 개혁의 세 가지 방안이었다. 전통서원 개조, 신식 서원 창건이 성공적으로 이루어지면서, 서원 스스로 형식에서 내용으로의 실질적으로 변화할 수 있는 능력이 있음을 보여주었다. 즉 서원은 자신의 역량으로 명칭을 바꾸지 않으면서도 전통에서 근현대로의 전환을 이루어 낸 것이다. 역사적 현실에서는 세 가지 방안을 병행한 것이 아니었고 개조, 창건(新創) 대신 개제하면서, 서원이 학당 및 학교로 전환되었으나, 서원 개제가 역사적 필연이라는 판단에는 신중할 필요가 있다. 서원 개제는 청말 사회라는 특수한 배경 속에서 어쩔 수 없었던 정치적 선택이자 국가 위기 상황에서 생존을 위한 특별한 조치였다. 이러한 측면으로 볼 때 서원 개제가 반드시 교육발전의 법칙에 부합한다고만은 볼 수 없다. 그 이유는 아래 세 가지로 설명할 수 있다.

첫째, 서원은 초고속의 발전 속에서 이루어진 강제적 개제는, 자연사自然死와는 다른 비정상적 죽음에 비유할 수 있다. 통계에 따르면 동치, 광서 50년간(1862-1911), 청대 전체 신축 서원 수의 1/4에 해당하는 1,233개의 새로운 서원으로 급속히 신축되었으며, 재건 서원 수는 각각 468개, 820개로 청대 5위, 3위를, 연평균은 각각 36개, 24.118개로 청대 1위, 3위를 차지했다. 이는 청대 서원 260여 년 역사에서 기적에 속하는 것이자, 중국 서원 1300여 년의 역사에서 볼 수 없었던 찬란한 발전으로, 쇠락할 기세가 보이지 않을 정도로 드높은 기세를 자랑했다. 광서 27년(1901)의 서원 개제령은 한 칼로 이러한 분위기를 끊어내며 활력이 넘치게 발전하는 서원을 참살하며, 중국 제도사制度史에서 보기 드문 눈부신 비극을 인위적으로 만들어냈다. 이러한 개제와 죽음은 비정상적 상황으로, 역사 발전의 필연적 법칙이라고 하기는 어렵다.

둘째, 시대에 발맞춰 날로 성장하고 급변하는 문화교육 수요에 부응하고 신학, 서학을 연구 및 학습 내용으로 도입하여, 신속하게 스스로를 개변, 개조, 개혁한 것은 청말 40년 서원 발전의 원동력이자, 초고속으로 발전할 수 있었던 중요한 원인 중 하나였다. 개혁의 원동력에는 서구 열강이 중국을 양분하면서 국가와 민족을 위기로 몰고 갔던 외압과, 오래된 적폐로 인해 변할 수밖에 없었던 내부적 원인도 있었다. 개혁은 다층적, 다방면으로 내부 적폐의 혁파를 위해서였을 뿐만 아니라 외국 교회 서원의 영향을 받았으며, 내용적으로는 관리 개편과 시스템 혁신을 비롯해 교육 방법을 변화시키고 교육 내용도 업데이트했다. 개혁의 핵심 내용은 두 가지였다. 하나, 실용에 도움이 되지 않는 과거제를 위한 학업을 경세치용의 학문으로 변화시키고, 둘째, 신학, 서학으로 바꾸는 것이었다. 둘, 규장을 개정하고, 관부 권한을 축소 및 제한하고, 신사 및 기타 민간 세력을 도입하여 관리 팀에 합류시키고, 학식과 인품이 높아서 제생들에게 모범이 될 수 있는 사람이 산장이 될 수 있도록 제도적으로 보장하는 것이었다. 서원 개혁의 실행은 전통적인 경세치용의 기치를 바탕으로 시대 흐름과 발맞추면서 서원이 자신의 교육 내용, 관리 제도를 조정하여 전통에서 근현대로 나아갈 수 있었음을 보여준다.

셋째, 학당으로의 개조가 서원 개혁의 유일한 선택지는 아니었다. 그 외에도 구서원 개조, 신식 서원 창건 등도 가능했는데, 전술했던 바와 같이 모두 과거제에 얽매이는 것을 막고 서학, 신학으로 대표되는 과학기술 지식을 도입하며, 나아가 민주적 관리 체제를 실시하는 등 성공 사례가 있었다. 따라서 서원이 신학, 서학과 처음부터 적이 되는 것은 아니었고, 모든 유용한 학문은 서원에서 담당했다. 서원과 학당 역시 절대 양립 불가능한 관계가 아니라 이 둘은 신지식을 전수하여 증가하는 문화교육 수요를 충족시켰다는 점에서 공통점이 있었고 병존하는 데에도 아무 문제가 없었다. 그런 의미 에서 서태후의 다음 표현은 인정할 수밖에 없다. "서원은 원래 훈고사장이 아니라 실학 實學을 연구하는 곳이다. 천문, 지리, 병법, 산학 등 경세에 힘쓰는 것은 유생儒生의 본분이며, 학당에서 배우는 것 역시 이를 벗어나지 않는다. 이에 서원과 학당은 이름만 다를 뿐 실질은 같기에 굳이 바꿀 필요가 없다. 현재 어려운 시국에서는 더욱이 실질적 인 학문을 닦아야 하니, 모든 유용한 학문을 서원이 아닌 곳에서 공부하는 것이 적절하 다고 볼 수 없다."54) 실제로 서원 개혁의 대표적 인물인 장지동은 『권학편勸學編 설학设 學 제3』에는 "서원이 곧 학당이다(書院即學堂也)"라는 표현이 있고, 호빙지胡聘之도 "학 당은 서원과 이름만 다를 뿐, 실제는 두 곳 다 같은 인재를 양성하는 곳으로 서원을 단순히 학당으로 새롭게 바꾸는 것이 아니라 실력 향상을 기원했다."55) 유곤일劉坤一도 "서원과 학당은 서태후가 말했듯이 이름만 다를 뿐 실제는 동일하고" "서원은 바꿀 필요도, 학당은 문 닫을 필요도 없이 둘 다 병존하며 서로를 확장시켜주며 인재를 양성했다."56) 그렇다면 서원과 학당의 차이는 넘을 수 없는 것이 아니라 인위적인

---

54) 陳谷嘉·鄧洪波, 앞의 책, 2486쪽. "書院之設, 原以講求實學, 並非專尙訓估詞章. 凡天文, 輿 地, 兵法, 算學等經世之務, 皆儒生分內之事, 學堂所學亦不外乎此, 是書院之與學堂, 名異實 同, 本不必定須更改. 現在時勢艱難, 尤應切實講求, 不得謂一切有用之學非書院所當有事 也."

55) 위의 책, 2474쪽. "學堂之與書院, 名異而實同, 均爲造就人才之地, 但期實力振興, 不在更新營 建."

56) 劉坤一, 「書院學堂並行以廣造就折」. 高時良, 『洋務運動時期教育』, 上海教育出版社, 1992년, 702쪽. "書院與學堂, 誠如懿旨, 名異實同." "書院不必改, 學堂不必停, 兼收並蓄, 以廣造就, 而育其才."

개입과 조율을 통해 서로 소통하고 전환할 수 있다고, 즉 서원이라는 명칭의 변화 없이 본질을 전통시대에서 근현대로 전환할 수 있으며, 서원의 학당으로의 개조가 불가피한 것만은 아니라는 것, 결론적으로 서원 개제가 역사 발전의 필연이 아니라고 결론 내릴 수 있다.57)

20세기 초, 장지동 등은 서원을 학당으로 바꾸고 중체서용의 원칙으로 전통과 근현대, 중학교와 서학의 관계를 다루자는 취지의 서원 개제 방안을 고안했다. 당시의 역사적 조건에서 근현대를 향한 서학 지식체계와 서양 학교 도입은 대세의 흐름으로, 반드시 시행되어야 할 자명한 일이었으며, 보수적이지 않은 상식적인 사람이라면 모두 이렇게 했을 것이다. 중요한 것은 장지동은 서학을 끌어안고 근현대를 향해 나아가면서도 중학을 버리지도, 근현대와 전통시대 사이에 넘을 수 없는 간극을 설정하지도 않았다는 것, 명석한 문화 자각自覺, 자주 정신(自主), 책임감(担當)을 갖고 자아와 중국을 주체로 여기며, 서양 지식과 학제의 장점을 수용하는 동시에 학당과 과거제를 통합하고 경학과 다른 학과 모두를 우선순위로 두고 전통과 근현대가 끊어지지 않고 연결될 수 있도록 했다는 것이다. 임인년, 계묘년(1902-1903)의 학제 설계는 서원 개조의 사고방식과 거의 일치했기 때문에 시너지 효과를 내면서 원래 목표했던 것을 달성할 수 있었다. 그러나 광서 31년(1905)에 과거제가 폐지되면서 학당과 과거제의 합일은 거의 무산되었고 서원을 학당으로 개조하는 것은 결과적으로 서원은 폐원되고 학당이 번성하는 결과를 낳았다. 때문에 장지동은 선통 원년(1909)에 옛 학당을 보존하는 반포를 내리도록 청 정부에 건의하여 추세를 돌리도록 했으나, 때는 이미 늦어버렸다. 게다가 혁명을 강조했던 민국 정부는 임자년, 계축년(1912-1913) 학제를 반포하여 독경讀經을 폐지하고 대학에 문과, 이과, 법과, 상과, 의과, 농과, 공과 이상 7개 학과만을 두면서 경학을 학교 교육체계에서 완전히 배제하고 서원을 학교로 바꾸면서, 사실상 서원은 학교로 대체되었다. 이는 청년 모택동이 "서원이 폐원되고 학교가 들어서자 세상 사람들은 앞다투어 서원을 허물고 학교가 번영했다." 58) 따라서 20세기 초 20년 동안 과거제가

---

57) 劉少雪, 『書院改制與中國高等教育近代化』, 上海交通大學出版社, 2004년, 9-11쪽.

폐지되고 경학이 학교 교과목에서 배제되면서 서원을 학당으로 개조하는 것도 전통을 계승할 두 기둥을 잃게 되었고 서원 개조가 서원 폐원, 심지어 철거로까지 이어졌다.

개조(改)와 폐원(廢), 철거(毀)는 비록 한 글자 차이지만 문화적 의미와 전통에 대한 태도는 천양지차이다. 서원을 폐원하거나 철거하면서, 전통 수호에 대한 멸시는 점차 역사 허무주의로, 서양을 향한 절박한 의탁도 신식화, 서양화, 배외拜外라는 강력한 세력으로 변모했다. 이렇게 한편으로, 1600여 개의 서원이 인위적으로 증발했고, 중국 교육은 갈 길이 끊긴 채 돌아올 방법 없이 그저 갈 수밖에 없었고, 전통시대와 근현대 사이의 연결고리는 인위적으로 끊어지면서 넘기 힘든 격차와 단층을 만들어버렸다. 이것이 5000년의 역사를 지닌 중국에 수 백 년 된 대학, 100년 역사의 중학이 있을 수 없다는 억설이 당연한 이론적 근거가 된 이유이다. 반면 200년 역사의 미국에 300여 년 된 대학은 당연히 존재했으며, 암흑의 중세를 지나온 파리, 옥스퍼드, 케임브리지 등 유럽 대학은 고대사와 근대사를 뛰어넘는 800-900년 동안의 찬란한 역사를 이어왔다. 다른 한편으로, 중국 근현대 학교 제도는 이 시기 이후 전통과 단절된 채 서구화되는 방향으로 달려왔고, 강력한 반전통反傳統 의식 및 연속적인 과거 부정과 혁명이 중국 근현대 교육의 가장 뚜렷한 흔적이 되었다. 그러나 중국은 서양과 달리 나름대로의 뿌리와 자신만의 문제를 안고 있어 반드시 혼자 맞서야 하며, 아무리 서구화해도 서양이 될 수는 없었다. 이것이 바로 중국 현대 교육이 눈부신 성과를 거두면서도 "중국 문화의 역사적 전통과도, 서양 문화의 역사적 전통과도 단절된" 딜레마에 빠진 이유이며, 자신의 역사를 무시하고 남의 제도를 베꼈기에 치러야 할 대가이기도 하다. 이 딜레마를 벗어나려면 장기간 무의미했던 서원제도와 그 정신의 귀환에 희망을 걸 수밖에 없다.59)

서원의 정신은 학문적 독립, 자율적 연구, 인성 함양, 학문과 실천 겸비, 스승 존중,

---

58) 毛澤東, 「湖南自修大學創立宣言」. 陳谷嘉・鄧洪波, 앞의 책, 2590쪽. "書院廢而爲學校, 世人 便爭毀書院, 爭譽學校."

59) 朱小蔓, 『對策與建議 : 2006-2007年度教育熱點難點問題分析』, 教育科學出版社, 2009년.

사제 간의 돈독한 정 외에도 아래 두 가지를 강조할 필요가 있다. 첫째, 문화적 자각, 자신감, 책임감이다. 우리는 사도斯道를 전하여 백성을 구제한다는 포부를 가지고, 민족의 우수한 문화를 발전시키는 것을 자임하며, 새로운 시대에 천지를 위하여 마음을 세우고, 백성의 삶을 위하여 명을 세우고, 떠나간 성인을 위하여 끊어진 학문을 계승하고, 만세를 위하여 태평함을 연다는 송유의 위대한 포부를 다시 실천해야 한다. 둘째, 개방의 추세를 유지하면서 전통을 잘 보존하며, 낡은 것은 버리고 새 것을 받아들이되 좋은 전통을 익히고 새 것을 배운다는 것이다. 우리는 전통과 현대 모두를 중시하면서, 유럽과 미국의 서학의 장점을 배우면서도 전통 경전을 중시하고 중학의 정수를 잘 활용해야 할 것이다. 시대와 발맞추어 옛 것을 새롭게 하는 것이 바로 천 년의 서원 교화 정신이다. 이와 같이 서원의 축적, 연구, 혁신 및 문화의 지속적인 활력을 계승할 때, 새로운 문화적 자신감을 확립하고 세계 민족 문화의 숲에 우뚝 설 수 있을 것이다.

서원은 독서인들의 정신적 고향이다. 책과 이상을 품은 독서인이 있는 한, 서원은 존재할 수 있고 성장할 공간이 있으며, 사회로 복귀하여 다시 번영할 수 있는 무한한 희망이 있다. 우리는 서원이 중화민족 문화의 위대한 부흥과 함께 되살아날 것을 기대한다.

중국서원문헌

元·黃裳, 胡師安 외, 원서호서원 중정 서목元西湖書院重整書目, 민국 6년, 송린재총서본松鄰齋叢書本.

明·李夢陽, 백록동서원 신지白鹿洞書院新志, 명 가정嘉靖 본.

明·馬書林 외, 백천서원지百泉書院志 권4, 명 가정2년 본.

明·聶良杞, 백천서원지百泉書院志 권3, 명 만력萬曆6년 본.

明·李安仁 王大韶, 중수 석고서원重修石鼓書院志, 명 만력17년 본.

明·陳論, 吳道行, 중수 악록서원 도지重修岳麓書院圖志 권10, 명 만력20년 본.

明·程美 외, 명경서원록明經書院錄 권6, 명 가정, 롱경隆慶 증보판.

明·何載圖, 관중서원지關中書院志 권9, 명 만력38년 본.

明·嶽和聲, 공학서원지共學書院志 권3, 명 만력 본.

明·嶽和聲, 인문서원지仁文書院志 권11, 명 만력 본.

明·孫愼行, 張鼐 외, 우산서원지虞山書院志, 명 만력 본.

明·翟臺, 석음서원 서언惜陰書院緒言, 경천총서본涇川叢書本, 청 가경嘉慶 본.

明·查鐸, 초중 회조楚中會條, 경천총서본涇川叢書本, 청 가경嘉慶 본.

明·蕭雍, 적산 회약赤山會約, 경천총서본涇川叢書本, 청 가경嘉慶 본.

明·蕭雍, 적산 회어赤山會語, 경천총서본涇川叢書本, 청 가경嘉慶 본.

明·翟臺, 수서 문답水西問答, 경천총서본涇川叢書本, 청 가경嘉慶 본.

明·查鐸, 수서 회조水西會條, 경천총서본涇川叢書本, 청 가경嘉慶 본.

明·蕭良榦, 계산 회약稽山會約, 경천총서본涇川叢書本, 청 가경嘉慶 본.

明·來時熙, 홍도서원지弘道書院志』 홍치弘治 본.

明·張文化, 이장선생 서원록二張先生書院錄, 명 만력 17년 본.

明·馬書林 외, 맥천서원지百泉書院志, 명 가정 12년 본.

明·聶良杞, 백천서원지百泉書院志, 명 만력 6년 본.

淸·王昶, 천하서원 총지天下書院總志, 청 필사본.

淸·張伯行, 학규 유편學規類編, 청 강희康熙 46년 간, 정의당전서正誼堂全書 본.

淸·黃舒昺, 국조선정 학규 휘초國朝先正學規彙抄, 청 광서 19년 十九年 개봉開封 중간본.

淸·尹繼美, 사향서원지士鄕書院志, 청 동치 11년, 황현지黃縣志 부각본附刻本.

淸·湯椿年, 종산서원지鍾山書院志, 청 간본.

저자미상, 용성서원 비고龍城書院備考, 청 광서 간본.

淸·趙佑辰, 중수 보진서원지重修寶晉書院志, 청 광서 6년 본.

淸·薛時雨, 석음서원 서재과예惜陰書院西齋課藝, 청 광서 4년 본.

淸·傅蘭雅, 격치서원 서학과정格致書院西學課程, 청 광서 21년 본.

저자미상, 상해 격치서원 장서루 서목上海格致書院藏書樓書目, 청 광서33년 본.

淸·施璜 외, 환고서원지還古書院志, 청 건륭乾隆6년 본.

淸·吳瞻泰, 자양서원지紫陽書院志, 청 강희康熙 본.

淸·洪亮吉, 육문서원지毓文書院志, 청 가경9년 본.

淸·姚鼐, 경부서원 과독사서문敬敷書院課讀四書文, 청 도광13년 중간본.

저자미상, 동향서원지桐鄕書院志, 청 도광 간본.

淸·廖文英, 백록동서원지白鹿洞書院志, 청 강희 12년 증보본.

淸·王岐瑞, 주자백록동 강학록朱子白鹿洞講學錄, 청 동치4년 중간본.

淸·劉繹, 백록주서원지白鷺洲書院志, 청 동치 10년 본.

淸·王吉, 복진서원지復眞書院志, 청 강희 23년 본.

淸·陶成, 예장서원 사서강습록豫章書院四書講習錄, 청 옹정雍正3년 우려장판吾廬藏板 인
　　쇄본.

淸·鄭之僑, 아호 강각회편鵝湖講學會編, 청 도광 29년 중간본.

淸·吳嵩梁, 아호서전지鵝湖書田志, 청각淸刻 오씨吳氏 향소산관香蘇山館 전집본.

淸·鍾世楨, 신강서원지信江書院志, 청 동치 6년 본.

淸·陳鴻猷, 수수서원지秀水書院志, 청 도광 13년 본.

清·龔鳳書, 배원서원지培元書院志, 청 광서 원년 본.

清·朱點易, 봉헌서원지鳳巘書院志, 청 광서 본.

清·方季和, 오각영산서원지五刻瀛山書院志, 청 도광 16년 본.

清·邵廷采, 요강서원지략姚江書院志略, 청 건륭 59년 본.

清·張振珂, 충청서원지忠淸書院志, 청 광서 9년 본.

清·楊毓健 외, 중수 남계서원지重修南溪書院志, 청 강희 56년 본.

清·游光繹, 오봉서원지鰲峰書院志, 청 도광 10년 정의당正誼堂 증보판.

清·來錫蕃 외, 오봉서원 기략鰲峰書院紀略, 청 도광 18년 본.

저자미상, 등영 기록登瀛紀錄, 청 도광 원년 본.

저자미상, 헌정정의서원 장정憲定正誼書院章程, 청 동치 본.

清·葉大綽, 정의서원 과예正誼書院課藝, 청 동치 본.

清·楊學曾, 용진서원지龍津書院志, 청 광서 8년 본.

清·孟殿榮, 서산서원 학범西山書院學範, 청 광서 21년 본.

清·戴鳳儀, 시산서원지詩山書院志, 청 광서 31년 본.

저자미상, 명지서원 안저明志書院案底, 대만은행 1951년 판, 대만문헌총간본臺灣文獻叢刊本.

清·陳以培, 악정현 신건 존도서원록樂亭縣新建遵道書院錄, 청 광서2년 본.

清·黃彭年, 연지서원 수료일기蓮池書院肄業日記, 청 광서 5년 본.

清·耿介, 숭양서원지嵩陽書院志, 청 강희 23년 본.

清·李來章, 남양서원학규南陽書院學規, 청 강희 32년 본.

清·李來章, 칙사 자운서원지敕賜紫雲書院志, 청각 이씨예산원 전집본清刻李氏禮山園全集本.

清·竇克勤, 주양서원지朱陽書院志, 청 강희 47년 본.

清·顧璜, 대량서원 장서 총목大梁書院藏書總目, 청 광서 24년 본.

清·顧璜, 대량서원 속장서 목록大梁書院續藏書目錄, 청 광서 30년 본.

저자미상, 하삭서원지河朔書院志, 청 도광 19년 홍부손 서간본洪符孫序刊本.

清·史致昌, 이산서원지彝山書院志, 청 도광 23년 본.

清·朱壽鏞, 창건 예남서원 존략創建豫南書院存略, 청 광서 21년 본.

清·黃舒昺, 명도서원약언明道書院約言, 장사구실서원長沙求實書院 청 광서 중간본.

清·呂永輝, 명도서원지 부 명도서원일정明道書院志附明道書院日程, 청 광서 26년 본.

淸·王會厘, 문진원지問津院志, 청 광서 31년 본.

淸·董桂敷, 한구 자양서원지략漢口紫陽書院志略, 청 가경 11년 본.

淸·余雅祥 서간, 마성서원 학궁전무휘책廳城書院學宮田畝彙冊, 청 광서 8년 본.

淸·經心書院 집간, 경심서원 여지과정經心書院輿地課程, 청 광서 29년 인쇄본.

淸·趙甯, 신수 장사부 악록서원지新修長沙府嶽麓書院志, 청 강희 26년 본, 청 함풍鹹豐
    11년 재판본.

淸·丁善慶, 속수 악록서원지續修岳麓書院志, 청 동치 6년 본.

淸·周玉麒, 악록서원 속지보편岳麓書院續志補編, 청 동치 12년 본.

淸·周玉麒, 악록서원 과예岳麓書院課藝, 청 동치 11년 주씨자서 필사본.

淸·羅典, 악록서원 과예岳麓書院課藝, 청 가경 5년 귀양貴陽 본.

淸·歐陽厚均, 악록시문초岳麓詩文鈔, 청 도광 10년 본.

淸·陳應綸 외, "렴계서원혜정록濂溪書院惠政錄", 1931년에 민지民智 석인국石印局에서
    동치同治간행본에 의해 만든 석인.

淸·陳應綸 외, 렴계서원전구濂溪書院田丘, 1931년에 민지 석인국에서 간행본에 의해 찍
    은 석판.

淸·周在熾, 옥담서원지玉潭書院志, 청 건륭 32년 본.

淸·張思炯, 주수옥담서원지략重修玉潭書院志略, 청 가경 5년 본.

淸·陳三恪, 군옥서원지群玉書院志, 청 가경 17년 보간본.

淸·左輔, 성남서원 신치 관서조항 목록城南書院新置官書條款目錄, 청 도광 3년 본.

淸·余正煥, 성남서원지城南書院志, 청 도광 5년 본.

淸·陳本欽, 성남서원 과예城南書院課藝, 청 함풍 4년 본.

淸·曹維精, 침후서원지郴侯書院志, 청 동치 3년 본.

淸·周瑞松, 녕향운사서원지寧鄉雲山書院志, 청 동치 13년 본.

淸·胡林翼, 익양잠언서원지益陽箴言書院志, 청 동치 5년 본.

淸·文蔚起, 녹강서원지淥江書院志, 청 광서 3년 본.

淸·蕭振聲, 류동사산서원지瀏東獅山書院志, 청 광서 4년 본.

淸·羅汝廉, 류동동계서원지瀏東洞溪書院志, 청 광서 25년 본.

淸·張頌卿 외, 석산서원휘기石山書院彙紀, 청 광서 10년 본.

淸·張作霖, 파릉현금악서원지략巴陵縣金鶚書院志略, 청 광서 본.

淸·曹廣祺, 악양심수양서원합지岳陽愼修兩書院合志, 청 광서 22년 본.

淸·張亨嘉, 교경서원지략校經書院志略, 청 광서 17년 호남학정서湖南學政署 간행본.

淸·胡元玉, 동산서원과집東山書院課集, 청 광서 18년 장사익지서국長沙益智書局 간행본.

淸·胡元玉, 연경서원과집硏經書院課集, 청 광서 21년 장사익지서국 간행본.

淸·胡元玉, 수교경당과집元水校經堂課集, 청 광서 23년 장사익지서국 간행본.

저자미상, 구실서원학규속초求實書院學規續抄, 청 광서 26년 본.

淸·趙敬襄, 단계서원지 부 단계과예端溪書院志附端溪課藝, 청 도광죽풍재道光竹風齋 구종
본九種本.

淸·梁廷楠, 월수서원지粵秀書院志, 청 도광 27년 본.

淸·梁鼎芬, 풍호장서 연서 편목豐湖藏書捐書編目, 청 광서 본.

淸·梁鼎芬, 풍호서장사약豐湖書藏四約, 청 광서 본.

淸·林伯桐, 학해당지學海堂志, 청 도광 18년 초판본. 진례함풍속보본陳澧鹹豐續補本.

淸·李來章, 연산서원지連山書院志, 청각 이씨례산원전집본淸刻李氏禮山園全集本.

淸·廖廷相, 광아서원동사록廣雅書院同舍錄, 청 광서 23년 본.

淸·朱壹新, 廖廷相, 광아서원장서목록廣雅書院藏書目錄, 청 광서 27년 본.

淸·林邦輝, 울문서원전지蔚文書院全志, 청 가경 24년 본.

淸·張之洞, 사천존경서원기四川尊經書院記, 1932년 면량려씨심시재沔陽盧氏愼始齋 본.

淸·王闓運, 존경서원초집尊經書院初集, 청 광서 11년 본.

淸·伍肇齡, 존경서원2집尊經書院二集, 청 광서 17년 존경서국尊經書局 간행본.

淸·阮元, 학해당초집學海堂初集, 청 도광 5년 본.

淸·錢儀吉, 吳蘭修, 학해당2집學海堂二集, 청 도광 18년 본.

淸·張維屛, 학해당3집, 청 함풍 9년 본.

淸·陳澧, 金錫齡, 학해당4집, 청 광서 12년 본.

淸·阮元, 고경정사문집佁經精舍文集, 청 가경 6년 본.

淸·俞越, 고경정사문3-8집, 청 동치-광서 연간 간행본.

淸·劉岳雲, 존경서원강의尊經書院講義, 청 광서 22년 본.

淸·楊名揚, 채운서원 조규彩雲書院條規, 청 도광 19년 본.

清·潘楷, 봉오과예전집鳳梧課藝全集, 청 도광 본.

清·陳燦, 경정서원 조규經正書院條規, 청 광서18년 전남염서滇南鹽署 간행본.

清·陳榮昌, 경정서원 과예經正書院課藝 초급-4집, 청 광서 23년-26년 본.

清·黎培敬 외, 삼서원 조규三書院條規, 청 동치 본.

清·李元春, 동천서원지潼川書院志, 청 도광 본.

清·劉光蕡(1936), 미경서원지味經書院志, 관중총서본關中叢書本.

清·許獻 외(2004), 동림서원지東林書院志, 중화서국中華書局.

民國·魏頌唐(1936), 부문서원지략敷文書院志略, 절강재정학교浙江財政學校 활판본.

趙所生, 薛正興(1995), 중국역대서원지中國歷代書院志(전 16권), 남경南京, 강소江蘇교육
    출판사.

陳連生(1994), 아호서원지鵝湖書院志, 합비合肥, 황산서사黃山書社.

朱瑞熙, 孫家驊(1995), 백록동서원고지오종白鹿洞書院古志五種, 북경, 중화서국.

중국서원연구문헌

季嘯風 외(1996), 『中國書院辭典』, 항주杭州: 절강교육출판사.

陳谷嘉, 鄧洪波(1998), 중국서원사 자료中國書院史資料 (전 3권), 항주: 절강교육출판사.

鄧洪波(1999), 중국서원 영련楹聯, 장사長沙: 호남대학출판사湖南大學出版社.

鄧洪波(2000), 중국서원 학규學規, 장사: 호남대학출판사.

鄧洪波(2000), 중국서원 장정章程, 장사: 호남대학출판사.

鄧洪波, 彭愛學(2000), 중국서원 람승攬勝, 장사: 호남대학출판사.

鄧洪波(2002), 중국서원 시사詩詞, 장사: 호남대학출판사.

鄧洪波(2011), 중국서원 학규집성學規集成(전 3권), 상해: 중서서국中西書局.

李才棟, 熊慶年(1995), 백록동서원 비기집白鹿洞書院碑記集, 남창南昌: 강서교육출판사江
    西教育出版社.

孫家驊, 李科友(1994), 백록동서원 비각마애선집白鹿洞書院碑刻摩崖選集, 북경: 연산燕山
    출판사.

柳詒征(1931), "강소서원지 초고江蘇書院志初稿", 강소성립국학도서관 연간江蘇省立國學

圖書館年刊, 제4기.

王蘭蔭, "하북서원지 초고河北書院志初稿", 1936년 사범대 월간 개제.

盛朗西(1934), 중국서원제도中國書院制度, 중화서국.

陳元暉, 王炳照, 尹德新(1981), 중국고대의 서원제도中國古代的書院制度, 상해: 상해교육출판사.

章柳泉(1981), 중국서원 사화中國書院史話, 북경: 교육과학출판사.

陳谷嘉, 鄧洪波(1997), 중국 서원제도 연구中國書院制度研究, 항주: 절강교육출판사.

李國鈞 외(1994), 중국서원사中國書院史, 장사: 호남교육출판사.

白新良(1995), 중국고대서원발전사中國古代書院發展史, 천진天津: 천진대학출판사.

朱漢民(1993), 중국의 서원中國的書院, 북경: 상무인서관.

劉伯驥(1978), 광동서원제도廣東書院制度, 타이베이: '국립편역관國立編譯館' 중화총서편심위원회中華叢書編審委員會.

李才棟(1993), 강서고대서원연구江西古代書院研究, 남창南昌: 강서교육출판사.

劉衛東, 高尙剛(1991), 하남서원 교육사河南書院教育史, 정주鄭州: 중주고적中州古籍출판사.

胡昭曦(2000, 2006), 사천서원사四川書院史, 성도成都: 파서서사巴蜀書社, 2000. 또한 사천대학四川大學출판사, 2006.

楊愼初, 朱漢民, 鄧洪波(1986), 악록서원사략岳麓書院史略, 장사: 악록서사岳麓書社.

李才棟(1989), 백록동서원사략白鹿洞書院史略, 북경: 교육과학출판사.

陳美健, 孫待林, 郭铮(1998), 연지서원蓮池書院, 북경: 방지方志출판사.

朱文傑(1996), 동림서원과 동림당東林書院與東林黨, 북경: 중앙편역中央編譯출판사.

朱漢民(1991), 호상학파와 악록서원湖湘學派與嶽麓書院, 북경: 교육출판사.

吳萬居(1991), 송대서원과 송대학술의 관계宋代書院與宋代學術之關系, 타이베이: 문사철文史哲출판사.

丁剛, 劉琪(1992), 서원과 중국 문화, 상해: 상해교육출판사.

楊布生 외(1992), 중국서원과 전통문화中國書院與傳統文化, 장사: 호남교육출판사.

周漢光(1983), 장지동과 광아서원張之洞與廣雅書院, 타이베이: 중국문화대학출판부.

호남성서원연구회(1988), 서원연구 제1집, 장사: 호남대학출판사.

호남성서원연구회(1989), 서원연구 제2집, 장사: 1989년 편인編印.

李邦國(1989), 주희와 백록동서원朱熹和白鹿洞書院, 무한武漢: 호북교육출판사.

張正藩(1985), 중국서원제도 고략中國書院制度考略, 남경: 강소교육출판사.

郝萬章(1993), 정호와 대정서원程顥與大程書院, 정주: 중주고적출판사.

楊布生(1986), 악록서원산장고岳麓書院山長考, 상해: 화동華東사범대학출판사.

楊金鑫(1986), 주희와 악록서원朱熹與岳麓書院, 상해: 화동華東사범대학출판사.

王爾敏(1980), 상해격치서원 지략上海格致書院志略, 홍콩: 중문대학출판사.

강서의춘江西宜春지역 고대서원학회(1995), 서원연구 문집, 강서의춘江西宜春.

鄒友興(1998), 풍성서원연구豐城書院硏究, 강서풍성.

胡靑(1996), 서원의 사회 기능 및 문화 특색書院的社會功能及其文化特色, 무한武漢: 호북교
육출판사.

徐梓(2000), 원대서원연구元代書院硏究, 북경: 사회과학문헌출판사.

方彦壽(2000), 주희서원과 문인고朱熹書院與門人考, 상해: 화동사범대학출판사.

朱文傑(1989), 동림당 사화東林黨史話, 상해: 화동사범대학출판사.

陳美健, 孫待林, 郭铮(1998), 연지서원蓮池書院, 북경: 방지方志출판사.

孫彦民(1963), 송대 서원제도 연구宋代書院制度之硏究, 타이베이: '국립정치대학'교육연구소

王鎭華(1986), 서원교육과 건축-대만서원 실례 연구書院教育與建築——臺灣書院實例之硏
究, 타이베이: 고향출판사.

王啓宗(1987), 대만의 서원臺灣的書院, 타이베이: 대만성 정부신문처 편인.

林文龍(1999), 대만의 서원과 과거臺灣的書院與科擧, 타이베이: 상민常民문화사업주식유
한회사.

黃新憲(2002), 대만의 서원과 향학臺灣的書院與鄕學, 북경:구주九州출판사.

王欣欣(2009), 산서서원山西書院, 태원太原: 삼진三晉출판사.

외국서원문헌

조선 · 저자미상, 동유서원총록東儒書院叢錄 2권, 조선간본朝鮮刊本.

조선 · 안봉울安鳳郁(1934), 정북원사현실기靖北院四賢實記 6권, 함경북도 경성군鏡城郡, 쇼
와 9년.

조선 · 문학석文鶴錫(1928), 장연원지長淵院志 4권, 장성군長城郡, 쇼와 3년.

조선·김상욱金相旭, 효암서원지孝岩書院志 3권, 조선간본朝鮮刊本.

조선·김준곤金峻坤(1926), 자계서원지紫溪書院志, 부산, 대정大正 15년.

조선·안교환安教煥(1939), 록동서원원지鹿洞書院院志 4권, 경기도 시흥군, 쇼와 14년.

조선·공성학孔聖學(1937), 두문동서원지杜門洞書院志 3권, 서울, 서울국회주식회사, 쇼와 12년.

조선·조상하曹相夏(1939), 독천서원청금록德川書院靑衿錄 8권, 진주군晉州郡, 진주개문사晉州開文社, 쇼와 14년.

조선·유치명柳致明, 수암지秀岩志 2권, 조선간본朝鮮刊本.

조선·조문순趙鬥淳, 충현서원지忠賢書院志 2권, 조선간본朝鮮刊本.

조선·김린기金麟基(1936), 무성서원지武城書院志 2권, 전라북도, 무성서원武城書院인쇄부, 쇼와 11년.

한국·이수환李樹煥(1993), 옥산서원지玉山書院志, 경북 경산시: 영남대학교출판부.

한국·이수환李樹煥(1997), 도동서원지道東書院志, 경북 경산시: 영남대학교출판부.

일본·신미야 사다요시(1869), "順正書院記並詩", 교토, 신궁씨 장판新宮氏藏版, 메이지 2년(1869) 본.

일본·나카에 후지카(1928), 후지카 선생 전집藤樹先生全集, 교통, 내외內外출판사, 쇼와 3년.

외국서원연구문헌

한국·김상근金相根(1965), "한국 서원제도 연구", 타이베이臺北: 대만시멘트회사문화기금회臺灣嘉新水泥公司文化基金會.

한국·정순목丁淳睦(1990), 중국서원제도, 서울: 문음사.

한국·정순목(1989), "한국서원 교육제도 연구", 대구: 영남대학교민족문화연구소.

한국·이춘희李春熙(1969), "이조 서원 문고 목록李朝書院文庫目錄", 서울: 대한민국국회도서관.

한국·김은중金銀重(1994), 한국의 서원 건축韓國的書院建築, 서울: 문운당文運堂.

한국·이기웅李起雄(1998), 서원, 서울: 열화당悅話堂.

한국·정만조鄭萬祚(1997), 조선시대 서원 연구, 서울: 집문당.

한국·이수환李樹煥(2001), 조선 후기 서원 연구, 서울: 일조각一潮閣.

일본·오쿠보 히데코大久保英子(1976), "명청시대 서원 연구", 도쿄: 국서간행회國書刊行會.

미국·Barry C. Keenan(1994), *Imperial China's Last Classical Academies: Social Change the Lower Yangzi*, 1864-1911, The Regents of University of California.

미국·Linda A.Walton(1999), *Academies and Society in Southern Sung China*, University Hawaii Press.

본서의 초안은 2003년 12월 초에 완성되어, 2004년 7월 중국출판그룹 동방출판센터에서 상하이동방본으로 출판되었다. 2006년 1월, 제2판이 발행되었는데, 2쇄까지 출간되면서 누적 인쇄량이 약 만 부에 달하기도 했다. 기대를 넘어선 이러한 성과를 통해 서원이 다시 학자들의 시야로 들어왔음을 알 수 있었다.

2003년 말, 타이완대학교 동아시아문명연구센터에서 초청을 받았던 당시, 책임자였던 리홍치李弘祺, 황준지에黃俊杰 교수의 관심 덕분에, 본서의 일부 내용을 수정하고 『동아시아문명연구총서東亞文明硏究叢書』에 포함시켜 타이완에서 번체자판으로 출판하기를 결정했다. 2005년 6월 대만대학출판센터에서 출판된 개정판은 타이베이 타이완대학교본이다.

올해 여름, 후베이대학교에 재직 중인 동료 허샤오밍何曉明 교수의 추천으로 본서는 우한대학교출판사의 『중국전문사문고中國專門史文庫』 출판 계획에 포함되었다. 몇 달 후, 증보판이 완성되자, 우창武昌 우한대학교출판본 출판을 위해 우한대학교출판사로 송고했다. 본서는 번체자판 수정본을 전체적으로 재수정한 새로운 개정판이다.

본서의 재수정 작업은 텍스트 윤문, 삭제, 교정 외에도 아래 몇 가지 사항이 이루어졌음을 독자들에게 알려드리고자 한다. 첫째, 새로운 내용을 추가했다. 당대 민간의 나산서원, 관부의 봉래서원, 원대 태극서원의 영향, 명대 관원사학官員仕學 서원, 청대 해외에 건립된 일본의 순정서원, 말레이시아의 진씨서원 등이 그것이다. 둘째, 데이터를 업데이트했다. 주로 명청대에 해당되는 내용으로, 특히 청대의 서원 통계표의 경우, 모두 저자가 주관한 『청사·서원학교표淸史·書院學校表』를 참고해서 최신 성과로 수정했다. 이를 토대로 서원 수는 종래의 4,365개에서 1,471개 늘어난 5,836개로, 서원은 각급 학당 수로 변경되고 약 5-600개에서 1,606개로 수정되면서, 역사적 진실에 한층 더 가까워졌다. 셋째, 위의 '둘째'에 상응하는 이론 및 서술의 변화이다. 청대 서원의 발전에 관한 내용의 경우, 상해동방본, 타이베이 타이완대학교본과 일부 차이가 있다. 넷째, 서원개제 110주년을 맞이하여 서원이 학당으로 개정된 역사에 관해 재확인하고, 6장 마지막 절을 다시 저술했다. 또한 '나가며(餘論)' 부분을 추가하여 광서제가 서원을 학당으로 개정한 것으로 서원의 역사가 종결되지 않았으며, 이러한 광서제의 결정이 교육 발전 법칙에 부합되지 않는다는 점을 지적했다. 지식인의 정신적 보금자리인 서원은, 책과 이상을 품은 지식인이 있는 한 여전히 존재하고 성장할 수 있으며, 언제든 사회로 회귀하여 창건될 수 있는 무한한 희망이 있다는 새로운 관점을 제시했다. 다섯째, 새로운 사료를 채택했다. 본서의 증보 작업 중, 졸고 『중국서원학규집성中國書院學規集成』이 상해 중서 서국中西書局에서 출판되었다. 10여 년의 공력을 들인, 280만 여 자로 되어 있는 이 책은, 새로운 자료가 많이 수록되어 있으며 사료를 바탕으로 이론화했기 때문에 더욱 설득력이 있다. 여섯째, 「역대서원통계표歷代書院統計表」가 부록으로 실려 있다. 이 자료를 통해 독자들은 서원의 시공간 분포와 1200년 여 년 역사의 궤적을 한눈에 파악할 수 있다. 일곱째, 도표를 삽입했다. 고대에는 왼쪽 페이지에는 그림을, 오른쪽 페이지에는 글을 실었기 때문에 '도서圖書'라 했는데, 그 의미를 계승하여 관련 도표를 삽입했다.

증보판은 번체자 판을 저본으로 했기 때문에, 리훙치 선생의 긴 서문을 본서의 서문으로도 사용했다. 오랫동안 송대사 및 중국 교육사 연구에 전념해 온 리 선생은, 미국을 비롯해 홍콩, 대만의 유명 대학에서 가르치는 등 중국과 해외를 오가며 활동해왔다. 리 선생에 대한 찬사를 넘어 서원 문화에 대한 그의 견해는 졸저에도 소개 글이 될 수 있기에 중요하다고 판단했다. 본서에는 청대 서원과 학술, 과거와의 관계에 관한 두 절이 포함되어 있어서 리빈李兵 선생의 글 역시 실어야 하지만, 그러지 못했다는 점을 언급한다. 다시 한 번 감사의 뜻을 전한다.

타오쟈뤄陶佳珞 책임 편집자님이 문장 윤색과 교정에 많은 도움을 주신 덕분에, 보다 완성도 높은 증보판을 출간할 수 있었다. 이 자리를 빌려 감사를 표한다.

2011년 12월 26일,
악록서원에서 저자 덩훙보 씀

덩훙보鄧洪波

호남성 악양嶽陽 출신. 역사학 박사. 호남대학교 악록서원 2급 교수, 박사
과정 지도교수, 국무원 정부 특수보조금 전문가, 현 악록서원 학술위원회
부주임, 호남대학교 고적정리연구소장, 중국 사고학四庫學 연구센터장,
중국 서원연구 센터장, 중국 서원학회 부회장, 호남성 서원연구회 부회장,
호남성 사회과학중점기지 중국사고학센터 수석전문가, 호남성 대학 사
회과학중점기지 서원문화연구전파센터 수석전문가, 『중국서원中國書院』
부편집장, 『중국사고학』 편집장.

서원 문화를 주축으로 역사 문헌과 과거제를 연구한다. 중국 국내외에
100여 편 이상의 논문을 발표하고 20여 권 이상의 저서를 출판한 성과로 인해, 서원 전문가라는
의미로 '덩 서원'이라 불리기도 한다. 국가사회과학기금 중점사업 『중국서원 문헌정리 및 연구(中國書
院文獻整理與研究)』, 『동아시아 국가서원 문헌정리 및 연구(東亞國家書院文獻整理與研究)』, 국가 청사淸史
새로 쓰기 중점사업 『서원학교표書院學校表』, 국제협력사업 『중국서원교육규약집적 및 연구(中國書院
教育規章集成與研究)』, 국가사회과학기금사업 『청대 호남향촌서원 문헌정리 및 연구(淸代湖南鄉村書院
文獻整理與研究)』, 국가교과계획사업 『중국 서원 교육제도 연구中國書院教育制度研究』, 호남성 사회과학
기금 중점사업 『중국 서원문화 연구 및 혁신(中國書院文化研究與創新)』 등 10여 개 프로젝트를 주관했다.
저서로는 『중국서원사中國書院史』, 『중국서원제도연구中國書院制度研究』(이상 합본), 『호남서원사고湖
南書院史稿』, 『악록서원사嶽麓書院史』(이상 합본), 『동아시아역사연표(東亞歷史年表)』 등이 있으며, 『중
국서원사자료中國書院史資料』(전 3권), 『중국서원학규집성中國書院學規集成』(전 3권), 『중국서원문헌총
간中國書院文獻叢刊』(전 300권), 『중국서원문화총서中國書院文化叢書』(전5권), 『중국서원문화건설총서
中國書院文化建設叢書』(전 5권) 등을 주편했고, 『중국장원전시권대전中國狀元殿試卷大全』(전 2권)을 편
집했으며, 『흠정사고전서총목欽定四庫全書總目』(전 2권), 『호남문정湖南文征』(전 10권) 등을 정리했다.
국무원 정부 특별수당 전문가, 호남성 정부 특별수당 전문가이며, 교육부 대학 인문사회과학 우수성
과상 2등, 호남성 철학사회과학 우수성과상 1등, 2등, 전국고서적상 1등, 2등을 수상했다.

| 옮긴이 소개 |

임려林麗

원광대학교에서 문학박사를 받았으며, 현 중국 魯東大學校 한국어학과 교수로 재직 중이다. 한중 언어 및 문화 비교를 중점적으로 연구하고 있으며, 국가사회과학기금 中華學術外譯 프로젝트에 선정된 『世界孔子廟硏究』, 『中國書院史』의 번역 책임자이다. 주요 논문으로, 「'화학'이라는 용어의 한국어 유입과 정착」, 「한국 근대 신생한자어에 대한 고찰-일본 차용어와의 관계를 중심으로」 등이 있고, 저서로는 『근대기 중국기원 신생한자어의 한국어 유입과 정착』, 역서로는 『중국 공자문묘 연구』, 『당나라의 정치 질서』, 『역사 속의 중화민족 정신』(이상 공역) 등이 있다.

장윤정張允瀞

북경대학교 철학과 박사수료. 『중국 공자문묘 연구』, 『대륙신유가』(이상 공역) 등 번역.

중국서원사

초판 인쇄 2024년 9월 19일
초판 발행 2024년 9월 30일

지 은 이 | 덩훙보鄧洪波
옮 긴 이 | 임려林麗·장윤정張允瀞
펴 낸 이 | 하운근
펴 낸 곳 | 學古房

주　　소 | 경기도 고양시 덕양구 통일로 140 삼송테크노밸리 A동 B224
전　　화 | (02)353-9908 편집부(02)356-9903
팩　　스 | (02)6959-8234
홈페이지 | http://hakgobang.co.kr/
전자우편 | hakgobang@naver.com
등록번호 | 제311-1994-000001호

ISBN 979-11-6995-524-9　93150

값 : 58,000원

■ 파본은 교환해 드립니다.